Seit Jahrtausenden treffen Menschen Vorkehrungen, um vergangenes Wissen zu konservieren. Woher kommt dieses Interesse am Aufbau von Erinnerungsräumen? Wie werden Erinnerungen, die doch zunächst immer individuell sind, allgemein verbindlich? Wie nutzt man solche Erinnerungen – zur Bestätigung der Gegenwart, zum Anstoß einer Erneuerung oder zur Relativierung des eigenen Standpunkts? Und wie wirken sich die Medien der Erinnerung wie Buchdruck, Photographie oder digitale Speicherung auf die kulturellen Erinnerungsräume aus? Um diese Fragen zu beantworten, überschreitet Aleida Assmann souverän die Grenzen der Nationen, Epochen, Künste und wissenschaftlichen Disziplinen. Und obwohl literarische Texte im Mittelpunkt der Untersuchungen stehen, kommen ebenso historische, kunsthistorische, philosophische und psychologische Fragen zu Sprache.

Aleida Assmann ist Professorin em. für Anglistik und Allgemeine Literaturwissenschaft an der Universität Konstanz. Sie hat außerdem in Los Angeles, Princeton, Houston, Chicago, Wien und an anderen Orten gelehrt und geforscht und wurde vielfach ausgezeichnet, etwa mit dem Max-Planck-Forschungspreis (2009), Ernst-Robert-Curtius-Preis (2011), A.H.-Heineken-Preis für Geschichte (2014), Karl-Jaspers-Preis (mit Jan Assmann, 2017), Balzan Preis (mit Jan Assmann, 2017) sowie dem Friedenspreis des Deutschen Buchhandels (mit Jan Assmann, 2018). Bei C.H.Beck erschienen von ihr außerdem „Der lange Schatten der Vergangenheit" (3. Aufl. 2018), „Geschichte im Gedächtnis" (2. Aufl. 2014) und „Das neue Unbehagen an der Erinnerungskultur" (2. Aufl. 2016).

ALEIDA ASSMANN

ERINNERUNGSRÄUME

Formen und Wandlungen
des kulturellen Gedächtnisses

C.H.BECK

Dieses Buch erschien zuerst 1999 in gebundener Form
in der Reihe C.H.Beck Kulturwissenschaft.

Durchgesehene broschierte Sonderausgabe. 2003
3. Auflage. 2006
4., durchgesehene Auflage. 2009
5., durchgesehene Auflage. 2010

Mit 15 Abbildungen

1. Auflage in C.H.Beck Paperback. 2018

© Verlag C.H.Beck oHG, München 1999
Satz: ottomedien GmbH, Darmstadt
Druck und Bindung: Druckerei C.H.Beck, Nördlingen
Umschlagentwurf: Konstanze Berner, München
Umschlagabbildung: David de Heem (1606–1683/84), «Vanitas».
© Kunstsammlungen Graf von Schönborn, Pommersfelden
Printed in Germany
ISBN: 978 3 406 72990 4

www.chbeck.de

VORWORT

Bevor die vorliegende Arbeit das Licht der Publikation erblickte, hat sie verschiedene Metamorphosen durchlaufen. In einer frühen Fassung ist sie 1992 von der Philosophischen Fakultät der Universität Heidelberg als Habilitationsschrift angenommen worden. Zwei Abschnitte aus jener Arbeit sind stark überarbeitet separat in Buchform erschienen: *Arbeit am nationalen Gedächtnis. Eine kurze Geschichte der deutschen Bildungsidee* (Frankfurt a. M. 1993) und *Zeit und Tradition. Kulturelle Strategien der Dauer* (Wien 1998). Auch der Rest hat sich in einem langen Gärungsprozeß gegenüber der ersten Fassung durchgreifend verändert. Produktive Anstöße zum Um- und Weiterschreiben gingen dabei insbesondere von zwei Forschergruppen aus, von denen ich im März 1995 am Getty Center in Santa Monica und im Sommersemester 1995 am Zentrum für Interdisziplinäre Forschung in Bielefeld profitieren durfte. Salvatore Settis danke ich für die Anbindung an die ‹Gedächtnisgruppe› in Santa Monica, Jörn Rüsen für die Aufnahme in seine Forschergruppe ‹Historische Sinnbildung›.

Streckenweise nahm der Schreibprozeß die Qualität eines Penelope-Gewebes an, das sich wohl noch lange auflösend und erneuernd im Gleichgewicht gehalten hätte, wenn da nicht die regelmäßigen Briefe gewesen wären, in denen nach dem Verbleib des Buches gefragt wurde. Denn unvorsichtigerweise hatte Jan Assmann in einem seiner Bücher das baldige Erscheinen meiner Arbeit angekündigt und damit, wie ich befürchte, viel zu hohe Erwartungen geweckt. Ich danke diesen unbekannten Leserinnen und Lesern in spe für den sanften psychologischen Druck, der nun schließlich doch zum materiellen Druck geführt hat. Bei der Endredaktion des Manuskripts standen mir Andreas Kraft mit seiner unendlichen Sorgfalt, Loyalität und Ausdauer sowie Ernst-Peter Wieckenberg mit seinem großen Engagement, seiner Kompetenz und unfaßlichen Einsatzbereitschaft zur Seite. Danken möchte ich vor allem Jan Assmann für unser animiertes Dauergespräch und meinen Kindern Vincent, David, Marlene, Valerie und Corinna, die die Eskapaden ihrer wissenschaftlichen Mutter nicht nur geduldig ertragen, sondern auch substantiell mitgetragen haben. Ihnen ist das Buch gewidmet.

Konstanz, im August 1998   Aleida Assmann

INHALT

Zweiter Teil
MEDIEN

Dritter Teil
SPEICHER

EINLEITUNG

«Nur deshalb spricht man so viel vom Gedächtnis, weil es keines mehr gibt» lautet ein vielzitierter Satz von Pierre Nora.[1] Dieser Satz bestätigt die bekannte Logik, nach der ein Phänomen erst abhanden gekommen sein muß, um voll ins Bewußtsein zu gelangen. Bewußtsein entwickelt sich generell «im Zeichen des Abgelaufenen». Diese Logik paßt gut zum retrospektiven Charakter der Erinnerung: setzt diese doch erst dann ein, wenn die Erfahrung, auf die sie sich bezieht, abgeschlossen im Rücken liegt. Nehmen wir uns zunächst den zweiten Teil des Satzes vor, die These, daß es kein Gedächtnis mehr gibt. Stimmt das? Gibt es wirklich kein Gedächtnis mehr? Und was für ein Gedächtnis gäbe es nicht mehr?

Wer zum Beispiel wirkliches Wissen mit Auswendigwissen gleichsetzt, wird feststellen müssen, daß es mit dieser Kunst heute nicht weit her ist. Das Erlernen vielstrophiger Balladen gehört nicht mehr zum Pensum des Deutschunterrichts. Gewiß gibt es auch heute noch Gedächtnisvirtuosen, die alljährlich in London zu einem Memorier-Wettkampf antreten und für das *Guinness-Buch der Rekorde* mit spektakulären Spitzenleistungen aufwarten.[2] Doch ist nicht zu leugnen, daß die kulturelle Blüte dieser Kunst lange vorüber ist. Während man in der Antike die Fähigkeit eines überragenden Gedächtnisses noch Feldherren, Staatsmännern und Königen zuschrieb, rücken heute die Gedächtnisvirtuosen eher in die Sphäre des Varietés oder gar des Pathologischen: der Schritt von der Gedächtniskunst zur Gedächtniskrankheit erscheint nicht mehr als sehr groß. Warum soll man auch auswendig lernen, was man doch überall in Büchern nachlesen kann? Dem Rückgang des Auswendiglernens korrespondiert die sprunghaft angestiegene Kapazität der elektronisch hochgerüsteten externen Wissensspeicher. Doch lange bevor die Computer dem Gedächtnis seine Arbeit abnahmen, war der Wert des Auswendiglernens bereits in Frage gestellt. Schon Platon hatte die Meinung vertreten, daß auswendig gelerntes Wissen kein echtes Wissen ist. In seinem Dialog *Phaidros* hatte er ja nicht nur die Schrift kritisiert, sondern sich auch über die neue sophistische Technik lustig gemacht, die dazu verhelfen sollte, Geschriebenes im Wortlaut zu memo-

---

[1] Pierre Nora, Zwischen Geschichte und Gedächtnis, Berlin 1990, 11.

[2] Gedächtnisvirtuosen von der Antike bis zur Gegenwart, in der Fiktion und im Leben hat Ulrich Ernst mit Akribie zusammengestellt. «Die Bibliothek im Kopf: Gedächtniskünstler in der europäischen und amerikanischen Literatur», in: Zeitschrift für Literaturwissenschaft und Linguistik 105 (1997), 86–123.

rieren. Die Geschichte der Gedächtniskunst war von Anfang an von einer fundamentalen Kritik an ihr begleitet, zumal das, was tiefsitzend eingeprägt war, nicht immer den Standards der Vernunft und Empirie
standhielt. «Die Ammenmärchen rupfe ich dir aus dem Kopf!» heißt es
in einer Satire des Persius[3], und in der Mitte des 17. Jahrhunderts kündigte der Arzt und Theologe Sir Thomas Browne die Allianz von Überlieferung, Wissen und Gedächtnis auf, als er schrieb: «Wissen wird durch
Vergessen gewonnen; wenn wir also einen klaren und triftigen Bestand
an Wahrheiten erwerben wollen, müssen wir uns von vielem trennen,
was in unseren Köpfen festsitzt.»[4] In der Epoche der Renaissance, die
einen neuen Aufschwung der Gedächtniskunst erlebte, wurde auch die
Gedächtniskritik erneuert. Harald Weinrich hat auf diese Tradition aufmerksam gemacht, zu der u. a. Montaigne und Cervantes gehören. Der
Roman *Don Quijote* kann als ein Manifest für «die grundsätzliche Dissoziation von Geist und Gedächtnis» gelesen werden, und in den Essais
findet sich eine radikale «Absage an die Pädagogik des Hochleistungsgedächtnisses».[5] Überhaupt fanden sich bei neuzeitlichen Autoren
schon immer Diffamierungen des Gedächtnisses im Namen der Vernunft, der Natur, des Lebens, der Originalität, der Individualität, der Innovation, des Fortschritts und wie die Götter der Moderne alle heißen
mögen. Weinrich konstatiert:

«Bemerkenswert ist jedenfalls, daß die erstmalig von Huarte festgestellte ‹Feindschaft› zwischen der Vernunft und dem Gedächtnis seit der Aufklärung in ganz
Europa zu einem allgemeinen Krieg gegen das Gedächtnis geführt hat, bei dem
die aufgeklärte Vernunft schließlich die Siegerin geblieben ist. Seitdem haben
wir alle, ohne uns dessen zu schämen, ein schlechtes Gedächtnis; die Klage hingegen, von schwachem Verstande zu sein, hört man seltener.» (579)

Möglicherweise meint Nora mit ‹Gedächtnis› jedoch weniger das *Lerngedächtnis* der Mnemotechnik als die kulturelle Tradition im allgemeinen, das *Bildungsgedächtnis*, durch das der einzelne mit einer bestimmten
Nation oder Region verbunden ist.[6] In den Feuilletons unserer Zeitungen können wir regelmäßig Klagen über kulturellen Gedächtnisschwund lesen und bei Joachim Fest z. B. die These finden, daß der «En-

---

[3] «... ueteres auias tibi de pulmone reuello.» A. Persi Flacci et D. Ivni Ivvenalis,
Satirae. Edidit Breviqve Adnotatione Critica Denvo Instrvxit W. V. Clausen, Oxford
University Press 1992. Satvra V, 92/21 (meine Übersetzung).

[4] «Knowledge is made by oblivion, and to purchase a clear and warrantable body
of Truth, we must forget and part with much we know.» Sir Th. Browne, Selected
Writings, ed. by Sir G. Keynes, London 1968, 227.

[5] Harald Weinrich, «Gedächtniskultur – Kulturgedächtnis», in: Merkur 508 (1991),
569–582. Der Essay ist inzwischen als Kapitel des Buches: Lethe. Kunst und Kritik
des Vergessens, München 1997 zu lesen.

[6] Beides, Lern- und Bildungsgedächtnis, wird von Gedächtnis-Psychologen in der
Kategorie des «semantischen Gedächtnisses» zusammengefaßt.

thusiasmus der Zerstörung» kein neues Phänomen sei. Im Deutschland des 19. und 20. Jahrhunderts seien «ein ums andere Mal aus Überdruß oder Wirrnis» die Zusammenhänge im Politischen wie im Kulturellen zerrissen, und zuletzt habe die Jugendrevolte der späten sechziger Jahre «neben vielem Überlebten, Autoritäten, Tabus» auch Herkunftslinien und Erinnerungen getilgt.[7] Der Germanist und Goetheforscher Albrecht Schöne konstatiert in der Gegenwart eine schleichende Kulturrevolution, eine «epochale Verschiebung», bei der «ein ganzer geistlich-geistiger Kontinent» abdriftet:

«Was da wegbricht im kulturellen Fundament und verlorengeht an kollektiven, die Generationen übergreifenden Verständigungsgrundlagen und Verstehensfähigkeiten, betrifft ja keineswegs nur die großen alten Werke. Es gilt nicht weniger für die Tagebücher unserer Urgroßväter oder die Großmutterbriefe.»[8]

Die Kommunikation zwischen den Epochen und Generationen bricht ab, wenn ein bestimmter Fundus an gemeinsamem Wissen abhanden gekommen ist. Ebenso, wie die «großen alten Texte» wie Goethes *Faust* nur lesbar bleiben vor dem obligatorischen Hintergrund großer, älterer Texte wie der Bibel, die von William Blake «the great Code of Art»[9] genannt worden ist, bleiben die Aufzeichnungen der Urgroßväter und Großmütter nur lesbar vor dem Hintergrund mündlich weitererzählter Familiengeschichten. Es besteht also eine Parallele zwischen dem *kulturellen*, epochenübergreifenden Gedächtnis, das durch normative Texte gestützt ist, und dem *kommunikativen*, in der Regel drei Generationen verbindenden Gedächtnis der mündlich weitergegebenen Erinnerungen. Auf beiden Ebenen, im kulturellen wie im kommunikativen Gedächtnis, diagnostiziert Schöne Gedächtnisschwund.

Nora beschreibt die Gedächtniskrise als eine Abkoppelung der Gegenwart von der Vergangenheit. Er spricht von einem «immer schnelleren Absturz in eine unwiderruflich tote Vergangenheit», von einem Herausreißen dessen, «was an Erlebtem noch in der Wärme der Tradition, im Schweigen des Brauchtums und in der Wiederholung des Überlieferten wurzelte», und er identifiziert auch die zerstörerische Kraft, die hier am Werke ist: «fortgespült von einer Grundwelle der Historizität». Alles, was man heute noch als Gedächtnis ansieht, ist «dessen endgültiges Verschwinden im Feuer der Geschichte».[10] Man könnte diese Sätze auf eine aktuelle Krise des *Erfahrungsgedächtnisses* beziehen, welche dar-

---

[7] Joachim Fest, «Das Zerreißen der Kette. Goethe und die Tradition», in: FAZ vom 21. Juni 1997, Nr. 141. Die Formulierung vom «Enthusiasmus der Zerstörung» stammt von Goethe.

[8] Albrecht Schöne, Dankrede bei der Verleihung des Reuchlin-Preises am 17. Juni 1995 in Pforzheim, in: Die Zeit Nr. 34, vom 18. 8. 1995, S. 36.

[9] Vgl. Northrop Frye, The Great Code. The Bible and Literature, London 1982.

[10] Nora, Zwischen Geschichte und Gedächtnis, 11, 18.

in besteht, daß mit einem weiteren Generationenwechsel die über-
lebenden Zeugen der größten Katastrophe dieses Jahrhunderts, der
Shoah, allmählich aussterben. Dazu schreibt der Historiker Reinhart
Koselleck:

«Mit dem Generationswechsel ändert sich auch der Gegenstand der Betrachtung. Aus der erfahrungsgesättigten, *gegenwärtigen Vergangenheit* der Überlebenden wird eine *reine Vergangenheit*, die sich der Erfahrung entzogen hat. (...) Mit
der aussterbenden Erinnerung wird die Distanz nicht nur größer, sondern verändert sie auch ihre Qualität. Bald sprechen nur noch die Akten, angereichert
durch Bilder, Filme, Memoiren.»[11]

Den Wandel von noch gegenwärtiger zu reiner Vergangenheit beschreibt Koselleck als Ablösung von lebendiger Geschichtserfahrung
durch wissenschaftliche Geschichtsforschung. Was bedeutet das im einzelnen?

«Die Forschungskriterien werden nüchterner, sie sind aber auch − vielleicht
farbloser, weniger empiriegesättigt, auch wenn sie mehr zu erkennen oder zu
objektivieren versprechen. Die moralische Betroffenheit, die verkappten
Schutzfunktionen, die Anklagen und die Schuldverteilungen der Geschichtsschreibung − all diese Vergangenheitsbewältigungstechniken *verlieren* ihren
politisch-existentiellen Bezug, sie *verblassen* zugunsten von wissenschaftlicher
Einzelforschung und hypothesengesteuerten Analysen.»[12]

Farblos werden, Verlieren, Verblassen − das sind Umschreibungen eines
unaufhaltsamen Vergessensprozesses, der nach Kosellek zielstrebig in die
Verwissenschaftlichung mündet. Damit stellt er persönlich leibhaftige
Erinnerung und wissenschaftlich abstrakte Geschichtserforschung einander gegenüber. Die Geschichte, so legt dieses Modell nahe, muß in
den Köpfen, Herzen und Körpern der Betroffenen erst ‹gestorben› sein,
ehe sie sich als Wissenschaft wie der Phoenix aus der Asche der Erfahrungen erheben kann. Solange es noch Betroffene und damit konkrete
Affekte, Ansprüche, Einsprüche gibt, unterliegt die wissenschaftliche
Perspektive der Gefahr der Verzerrung. Objektivität ist also nicht allein
eine Frage der *Methode* und der kritischen Standards, sondern auch der
Mortifikation, des Absterbens, des Verblassens von Leid und Betroffenheit.
    Man möchte behaupten, daß gegenwärtig das genaue Gegenteil des
von Koselleck geschilderten Prozesses stattfindet. Das Ereignis des Holocaust ist mit zeitlicher Distanz nicht farbloser und blasser geworden,
sondern paradoxerweise näher gerückt und vitaler geworden. Formulierungen wie die folgende sind nicht selten: «Je weiter wir uns von
Auschwitz entfernen, desto näher tritt dieses Ereignis, die Erinnerung

---

[11] Reinhart Koselleck, Nachwort zu: Charlotte Beradt, Das Dritte Reich des
Traums, Frankfurt a. M. 1994, 117−132, hier: 117.
[12] Koselleck, Nachwort, meine Hervorherbung, A. A.

an dieses Verbrechen an uns heran.»[13] Wir haben es heute nicht mit einer Selbstaufhebung, sondern umgekehrt mit einer Verschärfung des Gedächtnis-Problems zu tun. Das liegt daran, daß das Erfahrungsgedächtnis der Zeitzeugen, wenn es in Zukunft nicht verlorengehen soll, in ein kulturelles Gedächtnis der Nachwelt übersetzt werden muß. Das lebendige Gedächtnis weicht damit einem mediengestützten Gedächtnis, das sich auf materielle Träger wie Denkmäler, Gedenkstätten, Museen und Archive stützt. Während im Individuum Erinnerungsprozesse weitgehend spontan ablaufen und den allgemeinen Gesetzen psychischer Mechanismen folgen, werden auf kollektiver und institutioneller Ebene diese Prozesse durch eine gezielte Erinnerungs- bzw. Vergessenspolitik gesteuert. Da es keine Selbstorganisation eines kulturellen Gedächtnisses gibt, ist es auf Medien und Politik angewiesen. Der Übergang vom lebendigen individuellen zum künstlichen kulturellen Gedächtnis ist allerdings problematisch, weil er die Gefahr der Verzerrung, der Reduktion, der Instrumentalisierung von Erinnerung mit sich bringt. Solche Verengungen und Verhärtungen können nur durch öffentliche begleitende Kritik, Reflexion und Diskussion aufgefangen werden.

Noras Aussage über Gedächtnisschwund in unserer Gegenwart steht die These eines Buches entgegen, das von einer Gruppe amerikanischer Ärzte, Psychologen und Kulturwissenschaftler verfaßt ist. Dort ist nämlich gerade umgekehrt von der wachsenden Rolle der Erinnerung im öffentlichen Leben die Rede, von einer neuen, ungekannten Bedeutung des Gedächtnisses in der Gegenwartskultur:

«Wir leben in einer Zeit, in der die Erinnerung wie noch niemals zuvor zu einem Faktor öffentlicher Diskussion geworden ist. An die Erinnerung wird appelliert, um zu heilen, zu beschuldigen, zu rechtfertigen. Sie ist zu einem wesentlichen Bestandteil individueller und kollektiver Identitätsstiftung geworden und bietet einen Schauplatz für Konflikt ebenso wie für Identifikation.»[14]

Während bestimmte Arten von Gedächtnis im Rückzug begriffen sind, wie das Lerngedächtnis, das Bildungsgedächtnis und, in bezug auf die Shoah, das Erfahrungsgedächtnis, nehmen andere Formen des Gedächtnisses wie das der Medien oder der Politik offensichtlich an Bedeutung zu. Denn die Vergangenheit, von der wir uns zeitlich immer weiter entfernen, geht nicht vollends in die Obhut professioneller Historiker über, sie drückt in Gestalt von rivalisierenden Ansprüchen und Verpflichtungen auch weiterhin auf die Gegenwart. Der abstrakten Synthese einer Geschichte im Singular stehen heute die vielen unterschiedlichen und

---

[13] Linda Reisch, Geleitwort in: Hanno Loewy, Hg., Holocaust: Die Grenzen des Verstehens. Eine Debatte über die Besetzung der Geschichte, Reinbek 1992, 7.
[14] Paul Antze, Michael Lambek, Hgg., Tense Past. Cultural Essays in Trauma and Memory, New York und London 1997, VII.

z. T. einander widerstreitenden Gedächtnisse gegenüber, die ihr Recht auf gesellschaftliche Anerkennung geltend machen. Niemand wird leugnen, daß diese Gedächtnisse mit ihren je eigenen Erfahrungen und Ansprüchen zu einem umkämpften, vitalen Teil der Gegenwartskultur geworden sind.

Der erste Teil des von Nora zitierten Satzes ist viel leichter zu bestätigen. Daß seit einem Jahrzehnt viel vom Gedächtnis die Rede ist, bezeugt eine ständig angewachsene und in ihrer Dichte noch immer nicht nachlassende Forschungsliteratur. Das Interesse am Gedächtnis geht dabei deutlich über die üblichen Konjunkturphasen wissenschaftlicher Mode-Themen hinaus. Die nachhaltige Faszination des Gedächtnisthemas scheint ein Indiz dafür zu sein, daß sich hier unterschiedliche Fragen und Interessen kreuzen, stimulieren und verdichten: kulturwissenschaftliche, naturwissenschaftliche und informationstechnische. Der Computer als ein simuliertes, ausgelagertes Gedächtnis bildet ebenso wie die Hirnforschung mit ihren neuen Erkenntnissen über den Auf- und Abbau neuronaler Netzwerke einen signifikanten Horizont kulturwissenschaftlicher Fragestellungen. Schon diese Vielfalt der Zugänge macht deutlich, daß das Gedächtnis ein Phänomen ist, auf das keine Disziplin ihr Monopol anmelden kann.

Das Phänomen des Gedächtnisses ist in der Vielfalt seiner Erscheinungen nicht nur transdisziplinär in dem Sinne, daß es von keiner Profession aus abschließend und gültig zu bestimmen ist, es zeigt sich auch innerhalb der einzelnen Disziplinen als widersprüchlich und kontrovers. «Memory is inexplicable», heißt es bei Virginia Woolf.[15] Diese Arbeit ist von dem Interesse geleitet, möglichst viele Ansichten auf das komplexe Erinnerungsphänomen zu ermöglichen und dabei längere Entwicklungslinien und Problemkontinuitäten aufzuzeigen. Deshalb werden im folgenden immer wieder die *Traditionen* – Mnemotechnik und Identitätsdiskurs, die *Perspektiven* – individuelles, kollektives, kulturelles Gedächtnis, die *Medien* – Texte, Bilder, Orte, sowie die *Diskurse* – Literatur, Geschichte, Kunst, Psychologie usw. gewechselt. Auch nach einer einheitlichen *Theorie* wird man auf den folgenden Seiten vergebens suchen, weil diese der Widersprüchlichkeit der Befunde kaum gerecht werden würde. Diese Widersprüchlichkeit ist aber selbst ein irreduzibler Teil des Problems.

I would enshrine the spirit of the past / For future restoration

Ich möchte den Geist der Vergangenheit für zukünftige Heilung einbalsamieren

schrieb der Dichter William Wordsworth, und die folgenden Zeilen von T. S. Eliot klingen wie ein direkter Widerruf dieser Verse:

There's no memory you can wrap in camphor / But the moths will get in.

---

[15] Virginia Woolf, Orlando. A Biography (1928), Harmondsworth 1975, 56.

Es gibt keine Erinnerung, die man in Kampfer einwickeln kann, um die Motten fernzuhalten.[16]

Und noch zwei weitere Beispiele. Anfang des 20. Jahrhunderts schrieb Italo Svevo:

«Die Vergangenheit ist immer neu. Sie verändert sich dauernd, wie das Leben fortschreitet. Teile von ihr, die in Vergessenheit versunken schienen, tauchen wieder auf, andere wiederum versinken, weil sie weniger wichtig sind. Die Gegenwart dirigiert die Vergangenheit wie die Mitglieder eines Orchesters. Sie benötigt diese Töne und keine anderen. So erscheint die Vergangenheit bald lang, bald kurz. Bald klingt sie auf, bald verstummt sie. In die Gegenwart wirkt nur jener Teil des Vergangenen hinein, der dazu bestimmt ist, sie zu erhellen oder zu verdunkeln.»[17]

Und etwa gleichzeitig betonte Marcel Proust: «Das Buch mit den in uns eingegrabenen, nicht von uns selbst eingezeichneten Charakteren ist unser einziges Buch.»[18] Svevos Beschreibung nimmt die Position der systemischen Gedächtnistheorie vorweg, nach der die Vergangenheit eine freie Konstruktion auf dem Boden der jeweiligen Gegenwart ist. Nach Prousts Gedächtniskonzept dagegen ist die Gegenwart in einer Weise von einer bestimmten Vergangenheit geprägt, die sich subjektiver Verfügbarkeit entzieht. Nach dieser Anschauung steht die Gegenwart in einer weit komplizierteren Relation zur Vergangenheit. Proust vergleicht diese Präsenz der Vergangenheit in der Gegenwart des menschlichen Bewußtseins mit photographischen Negativen, von denen nicht grundsätzlich vorhersagbar ist, ob sie irgendwann einmal entwickelt werden oder nicht.

Es sind viele Gründe angeführt worden, um die neue Dominanz und anhaltende Faszination des Gedächtnis-Paradigmas zu erklären: das Ende der Geschichtsphilosophie mit ihrer Betonung von Gegenwartsvollendung und Zukunftserwartung, das Ende einer Subjektphilosophie mit ihrer Konzentration auf das rationale und souveräne Individuum, das Ende eines disziplinären Wissenschaftsparadigmas mit seiner fortschreitenden Spezialisierung. Die kulturwissenschaftliche Thematik des Gedächtnisses erweist sich in dieser Sicht nicht nur als ein neues Problemfeld, sondern auch als eine besondere Art und Weise, gesamtgesellschaftliche Problemüberhänge zu bearbeiten.

Doch diese Erklärungen reichen schwerlich aus, um jenen obsessiven Zug in der Gedächtnisforschung zu erfassen, zu dem sich auch diese

---

[16] William Wordsworth, Prelude 1805, XI, v. 342–43; T. S. Eliot, The Cocktail Party, London 1969, 49.

[17] Italo Svevo, Zeno Cosini, übers. v. Piero Rismondo, Hamburg 1959, 467.

[18] Marcel Proust, Auf der Suche nach der verlorenen Zeit, übers. v. Eva Rechel-Mertens, Frankfurt 1957, Band 7, 275; frz. Ausgabe: A la Recherche du Temps Perdu. Band III, Edition Gallimard, 1964, 880.

Studie bekannt. Anders als die kontinuierlich fortgezeugte und weitergetragene Tradition sind die Bewegungen des Gedächtnisses sporadisch und enerviert, sie stehen gewissermaßen unter Strom. Erinnerung bedarf immer eines Anstoßes; nach Heiner Müller geht Erinnerungsarbeit von Schocks aus. Es gibt wohl nichts, was die Erinnerung so nachhaltig in Gang gesetzt hat wie die Katastrophe der Zerstörung und des Vergessens in der Mitte dieses Jahrhunderts. Es ist deshalb nur folgerichtig, wenn am Ende dieses Jahrhunderts, als dessen Signatur aus europäischer und zumal deutscher Sicht eine ungekannte Entschränkung der Zerstörungsgewalt erkennbar ist, Anwälte des Gedächtnisses auf den Plan treten, um, wie Simonides in der römischen Legende, die Schauplätze der Katastrophen zu besichtigen. Wer von diesem Zusammenhang von Zerstörung und Erinnerung ausgeht, kann den eingangs von Nora zitierten Satz kaum noch paradox finden und wird in der Thematisierung von Erinnerung auch eine Form erkennen, in der die Nachgeborenen die Schrecken dieses Jahrhunderts erben und bearbeiten.

Die Arbeit ist in drei Teile geteilt, von denen der erste den Funktionen, der zweite den Medien und der dritte den Speichern des kulturellen Gedächtnisses gewidmet ist. Da sich die verschiedenen *Funktionen* des Gedächtnisses auch in unterschiedlichen Gedächtnistheorien und -diskursen spiegeln, beginnt und endet dieser Teil mit begrifflichen Klärungen. An die Unterscheidung von ‹Speichern› und ‹Erinnern› schließt sich die vom Gedächtnis als Kunst und Kraft an, womit, wie sich zeigt, auch zwei weitgehend unabhängige Diskurstraditionen benannt sind, einerseits die wohlbekannte Tradition der rhetorischen Mnemotechnik und andererseits die psychologische Tradition, die das Gedächtnis als eine von drei Seelenfakultäten, auch innere Sinne genannt, ausweist. Während die eine Tradition auf die Organisation und gestalthafte Ordnung von Wissen abzielt, geht es in der anderen Tradition um die Interaktion des Gedächtnisses mit Imagination und Vernunft. Die Gegenüberstellung vom Gedächtnis als ‹ars› und ‹vis› wird in diesem Teil jedoch noch allgemeiner gefaßt, da ein leitendes Interesse dieser Arbeit darin besteht, neben der mnemotechnischen Ordnungsfunktion von Wissen etwas von der Vielfalt anderer Gedächtnisfunktionen freizulegen. Alle diese kreisen grundsätzlich um den Zusammenhang von Erinnerung und Identität.

Totengedenken, Nachruhm und historische Erinnerung sind drei Formen des Vergangenheitsbezugs, die sich in der frühen Neuzeit ausdifferenzieren und als konkurrierende Funktionen des kulturellen Gedächtnisses nebeneinander treten. Die darauf folgenden beiden Kapitel illustrieren an literarischen Beispielen Fälle von Erinnerungspolitik im weitesten Sinne. In beiden Fällen geht es um die Bedeutung von Erinnerungen beim Projekt der Identitätsbildung. In Shakespeares *Historien* wird eine nationale Identität über historische Erinnerungen, in Wordsworths *Prelude* wird eine individuelle Identität über biographische Erinnerungen konstruiert. In beiden Fällen steht die Bedeutung einer rekonstruktiv umschaffenden Erinnerung im Mittelpunkt, die das Vergessen als notwendigen Anteil am Prozeß immer miteinschließt. Das folgende Kapitel, ‹Gedächtniskisten›, wirft die Frage nach Auswahl und Bedeutung von Gedächtnisinhalten auf. Was ist wichtig, was ist unwichtig? Und wie kann das Wichtige gesichert werden? Vom Gedächtnis als einer Arche ist hier die Rede, die so ausgerüstet ist, daß sie das wichtige christliche Wissen in einem geistigen Gedächtnisraum einschließt, aber auch von einem Kästchen, das Heine als einen Schrein für lebens- (und sterbens-)wichtige Lektüre besungen hat, und schließlich vom Sturz einer Bücherkiste, mit der die Bürde eines lebensfeindlichen kulturellen Gedächtnisses in einem Abgrund zerschellt. Das letzte Kapitel des ersten Teils nimmt die Frage nach der Auswahl und Speicherkapazität auf und führt eine Unterscheidung in ‹Speicher-› und ‹Funktionsgedächtnis› ein, die sowohl einen Bogen zum Gedächtnis als ‹ars› und ‹vis› zurückschlägt als auch auf den letzten Teil dieser Arbeit vorausweist.

Solange man über das Gedächtnis aus medizinischer oder psychologischer Perspektive forscht, mag es legitim sein, sich ausschließlich auf die organische Dimension der neuronalen Strukturen und Prozesse zu konzentrieren. Sobald man das Thema jedoch aus einer kulturwissenschaftlichen Perspektive in den Blick faßt, sieht man sich auf die technischen und kulturellen *Medien* des Gedächtnisses verwiesen. Als die russischen Kultursemiotiker der Tartu-Schule Jurij Lotman und Boris Uspenskij Kultur als ein «nicht vererbbares Gedächtnis des Kollektivs» definierten, haben sie damit die Angewiesenheit des kulturellen Gedächtnisses auf bestimmte Praktiken und Medien betont.[19] Dieses Gedächtnis setzt sich nicht einfach fort, es muß immer neu ausgehandelt, etabliert, vermittelt und angeeignet werden. Individuen und Kulturen bauen ihr Gedächtnis interaktiv durch Kommunikation in Sprache, Bildern und rituellen Wiederholungen auf. Beide, Individuen und Kulturen, organisieren ihr Gedächtnis mit Hilfe externer Speichermedien und kultureller Praktiken. Ohne diese läßt sich kein generationen- und epochenübergreifendes Gedächtnis aufbauen, was zugleich bedeutet, daß sich mit dem wandelnden Entwicklungsstand dieser Medien auch die Verfaßtheit des Gedächtnisses notwendig mitverändert. Die technischen Medien umfassen Aufschreibesysteme im weitesten Sinne, die seit dem 19. Jahrhundert nicht mehr nur Sprache, sondern auch Bilder und seit dem 20. Jahrhundert zusätzlich auch Stimmen und Töne konservieren.

---

[19] Jurij M. Lotman, Boris A. Uspenskij, The Semiotics of Russian Culture, Ann Arbor 1984, 3.

Der zweite Teil ist deshalb den Medien gewidmet, die als materielle Stützen das kulturelle Gedächtnis fundieren, flankieren und mit den menschlichen Gedächtnissen interagieren. Jedes individuelle Gedächtnis ist heute von einem Ensemble technischer Gedächtnismedien umgeben, die die Grenze zwischen intrapsychischen und extrapsychischen Prozessen verwischen. Daß diese Grenze überhaupt schwer aufrechtzuerhalten ist, zeigt insbesondere die Metaphorik, in der Philosophen, Künstler und Wissenschaftler die Mechanismen des menschlichen Gedächtnisses beschrieben haben. Bereits die ältesten Beschreibungen des Gedächtnisses ziehen Metaphern technischer Aufzeichnungssysteme heran, die ihrerseits den Wandel der Mediengeschichte reflektieren: von Wachstafel und Pergament zu Photographie, Film, PC. Hier zeichnet sich gegenwärtig eine Epochenwende ab, bei der die zweieinhalbtausendjährige Leitmetapher des Gedächtnisses, die Schrift, durch die Megatrope des elektronischen Netzes abgelöst wird. Schreiben entwickelt sich immer mehr in Richtung Verknüpfung. In welcher Richtung haben sich die Grundprämissen der Gedächtnistheorie verschoben? Von den Anfängen des Schreibens im Ägypten des 2. vorchristlichen Jahrtausends bis weit in dieses Jahrhundert gibt es Zeugnisse, die die Schrift allen anderen Gedächtnismedien vorziehen und als zuverlässigstes Dispositiv der Dauer rühmen. Dieses kulturelle Ziel einer überzeitlichen Dauer scheint eng mit der abendländischen Schriftmetaphysik verbunden zu sein, die den Geist als eine immaterielle, überhistorische Kraft erfand und die Schrift zu ihrem kongenialen Medium erklärte. Im Zeichen elektronischer Speichertechnologie wiederum gilt in der Gedächtnisforschung das Prinzip des permanenten Überschreibens und der Rekonstruktivität von Erinnerungen. In der Speichertechnologie wie in der Erforschung der Hirnstruktur erleben wir derzeit einen Paradigmawechsel, bei dem die Vorstellung von einer dauerhaften Einschreibung ersetzt wird durch das Prinzip fortgesetzten Überschreibens.

Jedes Medium eröffnet einen je spezifischen Zugang zum kulturellen Gedächtnis. Die Schrift, die der Sprache folgt, speichert anders und anderes als die Bilder, die sprachunabhängige Eindrücke und Erfahrungen festhalten. Den sogenannten ‹imagines agentes› wird seit der römischen Mnemotechnik eine besondere Gedächtniskraft zugesprochen, später entdeckte man diese in Symbolen und Archetypen, die in individuelle Traumwelten und das kulturelle Unbewußte reichen. Als ein eigenes Medium kann aber auch der Körper gelten, sofern die psychischen und mentalen Erinnerungsprozesse nicht nur neuronal, sondern auch somatisch verankert sind. Der Körper stabilisiert Erinnerungen durch Habitualisierung und verstärkt sie durch die Kraft der Affekte. Der Affekt als körperliches Ingredienz von Erinnerungen hat eine ambivalente Qualität: Er kann sowohl als Zeichen von Authentizität wie auch als Motor der Verfälschung angesehen werden. Wenn eine in den Körper eingelagerte Erinnerung vom Bewußtsein gänzlich abgeschnitten ist, sprechen wir von einem Trauma. Darunter wird eine körperlich eingekapselte Erfahrung verstanden, die sich in Symptomen ausdrückt und einer rückholenden Erinnerung versperrt. Zu den externalisierten Gedächtnismedien gehören schließlich Schauplätze, die durch ein religiös, historisch oder biographisch bedeutsames Geschehen zu Gedächtnisorten werden. Orte können ein Gedächtnis auch über Phasen kollektiven Vergessens hinweg beglaubigen und bewahren. Nach Intervallen einer abgerissenen Überlieferung kehren Pilger und Vergangenheitstouristen an die für sie bedeutsamen Orte zurück, wo sie eine Landschaft, Monumente oder Ruinen finden. Dabei kommt es zu ‹Reanimationen›, wobei der Ort die Erinnerung ebenso reaktiviert wie die Erinnerung den Ort. Denn biographisches und kulturelles Gedächtnis läßt sich nicht in die Orte auslagern; diese können Erinnerungsprozesse nur im Verbund mit anderen Gedächtnismedien anstoßen und abstützen. Wo jegliche Überlieferung abgerissen ist, entstehen Geisterorte, die dem freien Spiel der Imagination oder der Wiederkehr des Verdrängten überlassen sind.

Im dritten Teil geht es um einen Gedächtnisort ganz anderer Art, das *Archiv*. Im Gegensatz zu einem in Körpern und Orten sinnlich konkretisierten Gedächtnis ist das Archiv von beiden getrennt und damit abstrakt und allgemein. Voraussetzung für das Archiv als einen kollektiven Wissensspeicher sind materiale Datenträger, die als Gedächtnisstützen eingesetzt werden, allen voran Schrift. Archive sind also von technischen Medien abhängig. Die Archivierbarkeit von Daten ist inzwischen durch die Technologie neuer Aufzeichnungssysteme wie Photographie, Film, Tonbänder und Video sprunghaft angestiegen, was die Archivare allerdings auch mit neuen Konservierungsproblemen konfrontiert.

Das Archiv ist nicht nur ein Ort, wo Dokumente aus der Vergangenheit aufbewahrt werden, sondern auch ein Ort, wo Vergangenheit konstruiert, produziert wird. Diese Konstruktion ist nicht nur abhängig von gesellschaftlichen, politischen und kulturellen Interessen, sondern auch wesentlich mitbestimmt von den herrschenden Kommunikationsmedien und Aufzeichnungstechniken. Das Archiv ist mit einer materiell fixierenden Schrift entstanden, die Informationen so kodiert, daß sie auch für die Nachwelt noch lesbar sind. Mit dem Übergang zu einer elektronisch-dynamischen Aufzeichnungsform wird sich die Struktur des Archivs grundlegend ändern. An die Stelle von Regalmetern mit Ordnern und Kästen, auf denen sich der Staub der Jahrhunderte ablagert, treten High-tech-Informations-Maschinen mit immer größerer Speicher- und immer schnellerer Datenverarbeitungs-Kapazität. Das digitale Zeitalter wird möglicherweise ganz neue Formen des Archivierens erfinden und das Archiv selbst als ein obsolet gewordenes Denkmal archivieren.

Jedoch ist die Krise des kulturellen Gedächtnisses in der Gegenwart nicht allein den Problemen geschuldet, die die neuen Medien mit sich bringen. Das bezeugen Künstler und Künstlerinnen, die, nach dem zweiten Weltkrieg geboren, sich vor einem zerbrochenen kulturellen Gedächtnis sehen. Sie stellen ihre Kunst in den Dienst einer selbstreflexiven Erinnerungsarbeit, indem sie Speicher wie das Buch oder das Archiv als künstlerische Gestaltungsformen neu entdecken. Es fällt dabei auf, daß sich die Kunst in dem Augenblick verstärkt des Gedächtnisses anzunehmen beginnt, da die Gesellschaft dieses zu verlieren droht oder abzustreifen wünscht. Künstlerische Erinnerung funktioniert dabei nicht als Speicher, sondern simuliert Speicher, indem sie die Prozesse von Erinnern und Vergessen thematisiert. Denn es geht den Künstlern nicht um technische Speicher, sondern um einen ‹Leidschatz›, in dem sie einen künstlerischen Fundus erkennen. Damit wird diese Kunst zugleich zu einem Spiegel bzw., wie Heiner Müller betonte, zu einem Gradmesser für den aktuellen Stand von Vergessen und Verdrängen im kollektiven Bewußtsein. Von einem pauschalen Verlust des kulturellen Gedächtnisses kann also keine Rede sein. Heute ist es vor allem die Kunst, die die Krise des Gedächtnisses als ihr Thema entdeckt und neue Formen findet, in denen die Dynamik des kulturellen Erinnerns und Vergessens Gestalt gewinnt.

Außerhalb der Archive zirkulieren die Waren und lagert sich der *Abfall* ab. Der wachsende Abfall als nicht gesammelter und sich dennoch ansammelnder Überrest der Zivilisation ist unschwer als ein inverses Bild des Archivs zu entziffern. Der Abfall als ein ‹negativer Speicher› ist aber nicht nur ein Emblem für Entsorgung und Vergessen, er ist auch ein neues Bild für das Latenzgedächtnis, das zwischen Funktions- und Speichergedächtnis angesiedelt ist und von Generation zu Generation in einem Niemandsland zwischen Präsenz und Absenz fortbesteht. Die Grenze zwischen Archiv und Müll erscheint dabei als durchaus beweglich. Krzysztof Pomian hat darauf hingewiesen, daß Abfall nicht notwendig die letzte Stufe in der Karriere eines Dings sein muß; der Abfall markiert lediglich eine Phase der Entfunktionalisierung, in der ein Gegenstand aus einem Nützlichkeitskreislauf herausgefallen ist. Nach dieser Neutralisierung kann er wieder eine neue Bedeutung gewinnen, genauer: kann er den neuen Status eines bedeutungtragenden Zeichens erlangen. Auf diesem Wege wird der unscheinbare Überrest zu einem «Semiophor», d. h. zu einem sichtbaren Zeichen für etwas Unsichtbares und Ungreifbares wie z. B. die Vergangenheit oder die Identität einer Person.[20]

Selbst wenn der historische oder künstlerische Blick die Prosa der Rückstände noch in die Poesie der Erinnerung verwandeln kann, so

---

[20] Krzysztof Pomian, Der Ursprung des Museums. Vom Sammeln, Berlin 1986, 92.

bleibt doch immer noch unendlich vieles übrig, das man nicht zurückholen will und das nicht zurückgeholt werden kann. Der Rest ist das,
was übrigbleibt; und damit kann wiederum sowohl das Archiv wie der
Abfall gemeint sein. Überreste jedenfalls lassen sich niemals ganz aufheben. Der Abfall ist für das Archiv strukturell ebenso wichtig wie das
Vergessen für das Erinnern. Das bringen ex negativo jene künstlerischen
Installationen und phantastischen Erzählungen zu Bewußtsein, die das
Gedankenexperiment einer Gesamtarchivierung des Abfalls durchführen.

Erster Teil

FUNKTIONEN

I.

DAS GEDÄCHTNIS ALS ‹ARS› UND ‹VIS›

Wie nach Rom führen viele Wege zum Gedächtnis – theologische, philosophische, medizinische, psychologische, historische, soziologische, literatur-, kunst- und medienwissenschaftliche. Aber auch der Weg der Literaturwissenschaft gabelt sich noch einmal. Auf einem Wegweiser steht das Wort ‹ars›, auf dem anderen das Wort ‹vis›. Zunächst zum Stichwort ‹ars›. Literaturwissenschaftliche Untersuchungen zum Gedächtnisthema haben in den letzten Jahren bevorzugt ihren Einstieg durch das Tor der römischen Mnemotechnik gewählt. Mnemotechnik ist Gedächtniskunst, und Kunst ist hier in ihrer älteren Bedeutung im Sinne von Technik zu verstehen. Die Mnemotechnik hat nicht nur eine lange Tradition, sondern auch eine unvergeßliche Gründungslegende, auf die wir im folgenden Kapitel noch ausführlicher zurückkommen werden. Nach dieser Legende soll ein gewisser Simonides das Verfahren zum erstenmal in einer katastrophischen Situation angewendet haben. Er war in der Lage, nach Einsturz der Decke im Haus seines Gastgebers die verstümmelten Leichen der Festgesellschaft anhand ihrer Sitzordnung zu identifizieren. Das Verfahren, das Simonides spontan angewendet hatte, wurde von der Mnemotechnik zu einer bewußten Lerntechnik ausgebaut. Dabei wurde aus den Elementen von Örtern und Bildern (loci et imagines) eine Art mentaler Schrift entwickelt, mit der in das Gedächtnis wie auf eine leere Seite geschrieben werden kann. Mit dieser Technik, die das Gedächtnis vom Ohr auf das Auge umpolte, sollten Wissensgegenstände und Texte im Kopf mittels distinkter und einprägsamer Bilder ebenso zuverlässig fixiert werden wie Buchstaben auf einer Schreibfläche. Die römische Mnemotechnik wurde konzipiert als ein erlernbares, zu ganz verschiedenen Zwecken einsetzbares Verfahren, das zuverlässige Speicherung und identische Rückholung des Eingegebenen anzielt. Die Dimension der Zeit wird von der Mnemotechnik ausgefiltert, Zeit greift selbst nicht strukturierend in den Prozeß ein, der sich deshalb auch als ein rein räumliches Verfahren darstellt.

Dieses Verfahren kann in beliebigen Situationen angewendet werden. Es läßt sich damit eine Gerichtsrede memorieren, die um der größeren Wirkung willen auswendig vorgetragen werden muß, ebenso wie das heilsrelevante Wissen der Bibel oder der Stoff für eine medizinische Klausur. Was im einzelnen memoriert werden soll und zu welchem Zweck, ist nicht mehr Gegenstand der ursprünglich rein instrumentell konzipierten Mnemotechnik. Solange in der Kultur und ihren Bildungsinstitutionen gelernt und auswendig gelernt wird, wird es ent-

sprechende körperliche und geistige Mnemotechniken geben, die jedoch nicht nur wie die römische allein auf dem Auge und der Fähigkeit
zu imaginärer Visualisierung beruhen, sondern auch das Ohr durch das
Repetieren von Klangstrukturen und den Körper durch das Wiegen im
Rhythmus, das Abzählen an Fingern usw. mit einschließt.

Die literaturwissenschaftliche Gedächtnisforschung hat sich bisher
stark an der antiken Mnemotechnik ausgerichtet. *The Art of Memory*
heißt das Pionierwerk von Dame Frances Yates, Renaissanceforscherin
und Spezialistin für okkulte Strömungen in der frühen Neuzeit, das in
den 60er Jahren eine verschollene Tradition freilegte. An Yates konnten
25 Jahre später Literaturwissenschaftler wie Renate Lachmann und Anselm Haverkamp anschließen. Sie nahmen das Paradoxon der ‹vergessenen Erinnerungskunst› produktiv auf und verbanden die Mnemotechnik mit avancierten Theorien wie Intertextualität, Psychoanalyse und
Dekonstruktion. Auf diese Weise gewann die antike Tradition der rhetorischen Memoria eine überraschende Aktualität und entwickelte als
literaturwissenschaftlicher Forschungsansatz eine beeindruckende Produktivität.[1] Die Bedeutung dieser Tradition, die unbestritten ist, wird auf
den folgenden Seiten immer wieder bestätigt werden. Gleichzeitig sollen jedoch verstärkt auch Zugänge zum Gedächtnisthema erschlossen
werden, die auf der Basis einer topologischen Wissensorganisation nicht
erfaßt werden können. Es geht dabei insbesondere um den von der
Mnemotechnik ausgesparten Zusammenhang von Erinnerung und
Identität, d. h. um kulturelle Akte des Erinnerns, Andenkens, Verewigens,
Rückbezugs, Vorwärtsentwurfs und nicht zuletzt das in all diesen Akten
immer mit eingeschlossene Vergessen.

Den mit ‹ars› überschriebenen Weg zum Gedächtnis möchte ich *Speichern* nennen und darunter jedes mechanische Verfahren verstehen, das
die Identität von Einlagerung und Rückholung anzielt. Wo dieses Verfahren auf materielle Stützen zurückgreift, erscheint dieser Anspruch als
selbstverständlich: Wenn wir jemandem einen Brief schreiben, dürfen
wir davon ausgehen, daß, wenn er am anderen Ort ankommt, sämtliche
niedergeschriebenen Wörter ihren Adressaten erreichen und nicht nur
ein gewisser Prozentsatz der Ausgangsmenge. Dasselbe gilt für ein Buch,
das wir kaufen, und die Datei, die wir im PC aufrufen; wir dürfen erwarten, daß nach einem beliebigen zeitlichen Intervall sämtliche identischen bytes erhalten geblieben sind. Speichern ist, wie die Kunst der
Mnemotechnik beweist, auch ohne materielle Träger und technische

---

[1] Renate Lachmann, Gedächtnis und Literatur. Intertextualität in der russischen
Moderne, Frankfurt a. M. 1990; Anselm Haverkamp, Renate Lachmann, Hgg., Gedächtniskunst: Raum – Bild – Schrift. Studien zur Mnemotechnik, Frankfurt a. M.
1991; Anselm Haverkamp, Renate Lachmann, Hgg., Memoria. Vergessen und Erinnern, Poetik und Hermeneutik XV, München 1993.

Apparatur möglich. Speichern ist auch eine Sonderfunktion des menschlichen Gedächtnisses, wenn es um das Auswendiglernen von Wissensgegenständen wie liturgischen Texten, Gedichten, mathematischen Formeln oder historischen Daten geht.

All das verhält sich grundsätzlich anders, wenn wir dem Wegweiser zum Gedächtnis folgen, der mit dem Wort ‹vis› beschrieben ist. Wenn Cicero der Patron der Mnemotechnik ist, dann ist Nietzsche, auf den wir noch mehrfach zurückkommen werden, der Patron des Paradigmas der identitätsstiftenden Erinnerung. Im Falle des Erinnerns wird die Zeitdimension, die beim Speichern stillgestellt und überwunden ist, akut. Indem die Zeit aktiv in den Gedächtnisprozeß eingreift, kommt es zu einer grundsätzlichen Verschiebung zwischen Einlagerung und Rückholung. Während bei der Mnemotechnik die exakte Übereinstimmung von input und output entscheidend war, kommt es bei der Erinnerung zu ihrer Differenz. Dem *Verfahren des Speicherns* möchte ich deshalb den *Prozeß des Erinnerns* gegenüberstellen. Anders als das Auswendiglernen ist das Erinnern kein vorsätzlicher Akt; man erinnert sich, oder man erinnert sich eben nicht. Korrekter wäre es wohl zu sagen, daß etwas einen erinnert, dessen man sich erst nachträglich bewußt wird. F. G. Jünger, der einen von vielen Vorschlägen gemacht hat, wie die Worte ‹Gedächtnis› und ‹Erinnerung› begrifflich voneinander abzugrenzen sind, hat einerseits ‹Gedächtnis› mit ‹Gedachtem›, also Kenntnissen, gleichgesetzt und andererseits ‹Erinnerung› mit persönlichen Erfahrungen assoziiert. Er schreibt: Die Inhalte des Gedächtnisses «kann ich mir beibringen, wie sie mir beigebracht werden können. Erinnerungen aber kann ich mir weder beibringen, noch können sie mir beigebracht werden.»[2] Das Erinnern verfährt grundsätzlich rekonstruktiv; es geht stets von der Gegenwart aus, und damit kommt es unweigerlich zu einer Verschiebung, Verformung, Entstellung, Umwertung, Erneuerung des Erinnerten zum Zeitpunkt seiner Rückrufung. Im Intervall der Latenz ruht die Erinnerung also nicht wie in einem sicheren Depot, sondern ist einem Transformationsprozeß ausgesetzt. Das Wort ‹vis› weist darauf hin, daß in diesem Falle das Gedächtnis nicht als ein schützender Behälter, sondern als eine immanente Kraft, als eine Energie mit eigener Gesetzlichkeit aufzufassen ist. Diese Energie kann die Möglichkeit des Rückrufs erschweren wie im Fall des Vergessens oder blockieren wie im Fall des Verdrängens, sie kann aber auch von einer Einsicht, vom Willen oder einer neuen Bedürfnislage gelenkt sein und zu einer Neubestimmung der Erinnerungen veranlassen. Der Akt des Speicherns geschieht gegen die Zeit und das Vergessen, deren Wirkungen mit Hilfe bestimmter Techniken außer Kraft gesetzt werden. Der Akt des Erin-

---

[2] Friedrich Georg Jünger, Gedächtnis und Erinnerung, Frankfurt a. M. 1957, 48.

nerns geschieht in der Zeit, die aktiv an dem Prozeß mitwirkt. Zur Psy-
chomotorik des Erinnerns gehört insbesondere, daß Erinnern und Vergessen stets untrennbar ineinandergreifen. Das eine ist die Ermöglichung des anderen. Wir können auch sagen: Das Vergessen ist der
Gegner des Speicherns, aber der Komplize des Erinnerns. Dieses
unhintergehbare Zusammenspiel von Erinnern und Vergessen steht
hinter jener anthropologischen Kraft, von der weder die Tiere noch die
Maschinen etwas wissen. Die Maschinen können speichern, was der
Mensch mit einer entsprechenden Mnemotechnik in bestimmten
Grenzen ebenfalls kann. Die Menschen können aber obendrein erinnern, wozu die Maschinen bisher noch nicht imstande sind.

Die Unterscheidung zwischen einer memoria als ‹ars› und einer memoria als ‹vis› geht auf zwei unterschiedliche Diskurstraditionen der
Antike zurück. Im Kontext der römischen Rhetorik wird memoria als
einer von fünf Verfahrensschritten aufgeführt: inventio, dispositio, elo-
cutio, memoria, actio. Daneben gibt es den psychologischen Diskurs, in
dem die memoria als eine ‹vis›, als eine *ingenita virtus* von zentraler anthropologischer Bedeutung aufgefaßt und im Verbund dreier Geistesga-
ben verortet wurde: Phantasie, Vernunft und Gedächtnis. Die Vorstellung
vom Aufbau des Gehirns war von der Antike über das Mittelalter bis in
die Neuzeit hinein geprägt von der Lehre von den drei inneren Sinnen.
Von Aristoteles und Galen entwickelt, wurde diese Lehre von christlichen, jüdischen und arabischen Philosophen des Mittelalters systema-
tisiert und in dieser Form an die Neuzeit vermittelt.[3] Die drei inneren
Sinne wurden den fünf äußeren gegenübergestellt und in drei Gehirnkammern lokalisiert. Im Gegensatz zu den äußeren Sinnen operieren
die inneren ohne direkten Kontakt mit der Außenwelt; es handelt sich
um kognitive Fähigkeiten oder ‹Seelen-Fakultäten›, welche die von den
äußeren Sinnen zugeleiteten Informationen weiterverarbeiten. Über
Jahrhunderte hinweg bleiben die Formulierungen erstaunlich konstant,
die den Ort und die einzelnen Funktionen dieser inneren Sinne festlegen. In der vorderen Gehirnkammer befindet sich die *Imagination*, die
die Sinnesdaten in mentale Bilder übersetzt, aber auch unabhängig von
den Sinnen, z. B. im Traum, selbständig Bilder produziert. In der mittle-
ren Gehirnkammer befindet sich der *Common Sense*, der die verschiedenen Sinnesdaten verarbeitet und auf dieser Basis Meinungen prüft,
Aussagen unterscheidet und Urteile formt. In der hinteren Gehirnkammer ist das *Gedächtnis* aufgehoben, das in seinem Speicher alles einsam-

---

[3] Aristoteles, Über Gedächtnis und Erinnerung, in: Kleine Schriften zur Seelenkunde, hg. v. Paul Gohlke, Paderborn 1953, 62–74; Harry Austryn Wolfson, «The In-
ternal Senses in Latin, Arabic, and Hebrew Philosophic Texts», in: Harvard Theologi-
cal Review 28 (April 1935), 69–133.

melt und zur Wiederbesichtigung bereithält. Dieses Modell des Gehirns, dem wir in der Architekturmetapher eines Turmes mit drei Räumen und Bewohnern wiederbegegnen werden, schottet die Kammern nicht gegeneinander ab, sondern läßt sie miteinander interagieren und ihre Funktionen in gegenseitiger Abstimmung und Kontrolle wahrnehmen. Abspaltungen und Trennungen führen zu Problemen; wenn zum Beispiel die Bilder der Phantasie nicht durch den Common Sense (Ingenium) reguliert werden, kann es zu Symptomen von Wahnsinn kommen.

Im 18. Jahrhundert trat das räumliche Paradigma der Mnemotechnik zugunsten eines zeitlichen Interesses zurück. Für diesen historischen Wandel des Interesses von der memoria als ‹ars› zur memoria als ‹vis› ist Vico ein Beispiel, der das Gedächtnis aus dem Kontext der rhetorischen memoria herauslöste und in eine anthropologische Dimension versetzte. Das konnte er tun, indem er an den anderen, den psychologischen memoria-Diskurs anknüpfte und das Gedächtnis neben Phantasie und Ingenium als eines der drei geistigen menschlichen Vermögen auffaßte. Da er diese Kraft beim Kind besonders stark ausgebildet fand, schloß er daraus, daß sie auch in der Frühgeschichte der Menschheit besonders prominent gewesen sein mußte. Damit übertrug er das rhetorische Gedächtnis nicht nur in eine psychologische, sondern auch in eine historische Dimension und genetische Perspektive. Die neue Wissenschaft der Anthropologie entstand im 18. Jahrhundert mit der Konstruktion dieser historisch-genetischen Perspektive.[4]

In der Rhetorik bildet die Topik, die Kunst des Findens oder der inventio, traditionellerweise den ersten Schritt des Verfahrens, während die memoria erst später zum Zuge kommt, wenn der fertige Text auswendig gelernt werden muß, um wirkungsvoll vorgetragen werden zu können. Vico hat diese Reihenfolge umgekehrt. Er setzte die memoria, die er nun nicht mehr als reproduktive, sondern als eine genuin produktive Fähigkeit auffaßte, an den Anfang der Geschichte des menschlichen Geistes. Für ihn war die memoria die kulturschaffende Kraft in schriftloser Frühzeit. Jürgen Trabant hat auf diesen folgenreichen Transfer des Gedächtnis-Begriffs bei Vico hingewiesen: Topik, so schreibt er, «ist hier ganz offensichtlich nicht nur als erster Teil der Rhetorik gemeint, sondern als Anfang menschlichen Denkens und menschlicher Kultur überhaupt».[5]

---

[4] Als Entstehungsbedingung für die neue Wissenschaft der Anthropologie nennt Hans Robert Jauß, Studien zum Epochenwandel der ästhetischen Moderne, Frankfurt a.M. 1989, 23 die für die Aufklärung charakteristische neue Mythologie mit ihrer Sehnsucht nach den Anfängen. Zu Vico vgl. ebenda 33 f.

[5] Jürgen Trabant, «Memoria – Fantasia – Ingegno», in: Memoria. Vergessen und Erinnern, hg. von Anselm Haverkamp und Renate Lachmann, Poetik und Hermeneutik XV, München 1993, 406–424; hier: 412.

Diese Rückkehr zum Anfang geschieht bei Vico nicht mehr durch mythische Setzung, sondern durch eine historische Erinnerungsarbeit, die tastend von späteren Phasen zu den früheren vordringt. Solche Erinnerung muß sich durch die Geschichte vom Wort zum Bild, vom Logos zum Mythos zurückarbeiten, oder, mit Vicos Worten, «von den Akademien» der Schriftkultur zum «großen Wald» der Vorzeit. Dem archäologisch-historischen Blick offenbaren sich die poetischen Bilder und universalen Symbole der Vorzeit unter dem Firnis abstrakter Rationalität. Ihm werden auf der Höhe der Aufklärung im rationalen Denken die wilden Wurzeln sichtbar. Die sich zeitlos wähnenden Gedanken der Philosophie sind – und das ist ganz wörtlich zu nehmen – nicht ohne das zeitlich gewachsene Fundament der Sprache, der Philologie ‹denkbar›. Die neue historische Wissenschaft, die sich auf solche Spurensuche versteht, nannte Vico «Philologie» und stellte sie der zeitabstrakten Rationalität der «Philosophie» gegenüber. Philologie wird so zur disziplinierten Kunst der Erinnerung, die sich am Leitfaden der Sprache anhand von Etymologien zum verschütteten Anschauungsgehalt sinnlich poetischer Urbilder zurücktastet. In diesem Sinne beschrieb Jacob Grimm die Aufgabe der Etymologie; sie solle «das licht dahin werfen, wo uns keine geschriebne geschichte leiten kann».[6]

---

[6] Jacob Grimm, Kleinere Schriften I, Berlin 1864, 302.

II.

DIE SÄKULARISIERUNG DES ANDENKENS –
MEMORIA, FAMA, HISTORIA

1. Gedächtniskunst und Totenmemoria

Das kulturelle Gedächtnis hat seinen anthropologischen Kern im Totengedächtnis. Damit ist die Verpflichtung der Angehörigen gemeint, die
Namen ihrer Toten im Gedächtnis zu behalten und gegebenenfalls der
Nachwelt zu überliefern. Das Totengedächtnis hat eine religiöse und eine weltliche Dimension, die sich als ‹Pietas› und ‹Fama› einander gegenüberstellen lassen. Pietät meint die Pflicht der Nachkommen, das eh-
rende Andenken der Verstorbenen aufrechtzuerhalten. Pietät können
immer nur die anderen, die Lebenden für die Toten aufbringen. Für Fama, d. h. für ein ruhmreiches Andenken, kann dagegen jeder zu einem
gewissen Grade selber zu Lebzeiten Vorsorge treffen. Fama ist eine säkulare Form der Selbstverewigung, die viel mit Selbstinszenierung zu
tun hat. Das Christentum des Mittelalters hat mit seiner Sorge um das
Seelenheil im Jüngsten Gericht die antike Sorge um ruhmreiches Andenken in der Nachwelt weitgehend überdeckt.

Aber auch das religiöse Totengedächtnis ist auf die Erinnerung der
Lebenden angewiesen. Die ursprünglichste und meistverbreitete Form
sozialer Erinnerung, die Lebende und Tote miteinander verbindet, ist
der Totenkult. Im alten Ägypten, wo die Totenmemoria, die Verewigung
individueller Namen, im Zentrum kultureller Anstrengungen stand,
wurde alljährlich das «Schöne Fest vom Wüstental» gefeiert, bei dem die
Familien (wie übrigens im arabischen Ägypten auch heute noch) zu den
Gräbern ihrer Angehörigen zogen, um dort in der Gegenwart der Toten
und in Gemeinschaft mit ihnen ein festliches Mahl zu begehen. Essen
und Trinken ist die Elementarform der Gemeinschaftsbildung, am Grab
wird sie zur rituellen Vereinigung der Lebenden mit den Toten.

Das Institut des Totenmahls war in der römischen und frühchristlichen
Welt noch weit verbreitet, bis die Kirche unter dem Bischof Ambrosius
im späten vierten Jahrhundert die familiären Formen des Totenkults
zugunsten einer zentralisierten Form zurückdrängte.[1] Die familiären To-

---

[1] Dazu ausführlich Otto Gerhard Oexle, «Die Gegenwart der Lebenden und der
Toten», in: K. Schmid, Hg., Gedächtnis, das Gemeinschaft stiftet, Freiburger Akademie Schriften, Freiburg 1985, 79 ff. Anhand der ununterbrochenen kirchlichen
Verbote läßt sich auf eine rege und dauerhafte Praxis des Totenmahls schließen. Über
die Gattung der ‹Memorialbilder› als bildlicher Ausdruck der Gegenwart der Toten:

tenfeiern für Angehörige wurden durch das kollektive Andenken an Märtyrer ersetzt, deren Gebeine in die Stadtkirchen überführt wurden; an die Stelle des partikularen Totenmahls im Familienkreis trat als neue Form der Vergesellschaftung das allgemeine Abendmahl in der Gemeinde.

Die mittelalterliche Praxis des Totengedenkens bestand aus zwei Elementen: Totensorge und Armensorge.[2] Ihr Zusammenhang erklärt sich aus einem dritten Element, dem Purgatorium. Je deutlichere Züge diese mythische Landschaft annahm, desto größer wurde die Ungewißheit des Heils, desto größer wurden aber auch die Anstrengungen der Christen, für die Linderung möglicher Fegefeuerqualen Vorsorge zu treffen. Mit dem Purgatorium war ein Intervall der Leidenszeit zwischen den Tod des einzelnen und das göttliche Weltgericht gerückt; das Schicksal des Toten in dieser Durchgangsphase, so lehrte Gregor der Große, konnte durch die Lebenden für den Toten günstig beeinflußt werden. Deshalb waren die einzelnen zu Lebzeiten daran interessiert, sich auf dem Wege irdischer Dienstleistungen ihres Seelenheils zu vergewissern. Diese wurden von Kirchen und Klöstern angeboten, die sich wie Cluny eigens auf diesen Auftrag spezialisierten und daraus eine massenhafte Heilsindustrie entwickelten.

Die Totensorge bestand in der Verewigung des Namens, der an Jahrestagen und Festtagen in die Meßliturgie aufgenommen und in das sprichwörtliche «Buch des Lebens» eingeschrieben werden sollte. Diese Buchführung wurde dem Allmächtigen buchstäblich aus der Hand genommen und der Federführung der Mönche übertragen. In Verbrüderungsbüchern tauschten religiöse Gemeinschaften gegenseitig ihre Namenslisten aus (die bis zu 30 000 Namenseinträge faßten) und versprachen sich gegenseitige Memorial-Leistungen. Die Armensorge bestand in Schenkungen und geldlichen Zuwendungen, aus denen Armen-Speisungen ausgerichtet wurden, karitative Leistungen, die die Schulden aus Lebzeiten aufwiegen sollten. Es kam also alles darauf an, im Gedächtnis der Gemeinschaft zu verbleiben, da diese durch Meßfeiern und Armenspeisungen einen günstigen Einfluß auf das Schicksal der Seele im Purgatorium nehmen konnte.

Die Institution der Totenmemoria hat sich noch bis ins 18. Jahrhundert gehalten, bis sie durch einen kulturgeschichtlichen Wandel des

---

Otto Gerhard Oexle, «Memoria als Kultur», in: ders., Hg., Memoria als Kultur, Veröffentlichungen des Max-Planck-Instituts für Geschichte 121, Göttingen 1995, 9–78; hier: 43 ff.

[2] Vgl. J. Wollasch, «Toten- und Armensorge», in: K. Schmid, Hg., Gedächtnis, 9–38. Er schildert anschaulich, wie aus dem Memorialdienst ein ausgebautes System der Armenversorgung in ganz Europa entstand, aber auch, wie die liturgischen und wirtschaftlichen Belastungen dieses Totenkults ins Ungemessene wuchsen, bis es, etwa in Cluny, dazu kam, daß die Toten die Lebenden aufzehrten. (23)

Rechtssystems und des Subjektbegriffs außer Kraft gesetzt wurde. Als deutlichstes Indiz für den Abbruch der Totenmemoria führen die Historiker das Ende des Totenrechts an:

«Die Vorstellung von der Gegenwart der Toten, d. h. vom rechtlichen und sozialen Status der Toten in der Memoria der Lebenden, tritt vor allem im Lauf des 18. Jahrhunderts zurück und ist um 1800, mit dem Beginn der Moderne, im Erlöschen begriffen. (...) In der Tat gibt es in der Moderne, im Gegensatz zu den vormodernen Epochen, kein Totenrecht mehr. Die Toten sind nicht mehr Rechtssubjekte. Nach dem modernen Recht ist die Rechtspersönlichkeit mit dem Tode erloschen.»[3]

Die Bedeutung des Totengedenkens als paradigmatischer Fall des kulturellen Gedächtnisses scheint in zwei Legenden auf, die sich um den Namen eines griechischen Dichters ranken. Der Chorlyriker Simonides von Keos (um 557–467 v. Chr.) ist der Held einer Geschichte, die Cicero zur Gründungslegende der Mnemotechnik gemacht hat.[4] Er gilt als erster bezahlter Dichter, der neben Göttern und Heroen auch sterbliche Menschen besungen hat. Von diesem Simonides wird erzählt, er habe von dem Boxer Skopas den Auftrag erhalten, ihn anläßlich eines Festes in dessen Haus mit einem Preisgedicht zu ehren. Das Gedicht, das Simonides zu Ehren des Skopas der Festgesellschaft vortrug, fand allerdings nicht die ungeteilte Zustimmung des Mäzens. Es enthielt, wie in der Tradition dieser Gattung üblich, neben dem Preis auf den Adressaten auch einen längeren Passus über die Götter, in diesem Fall das Dioskurenpaar Castor und Pollux. Die Reaktion des Skopas war sarkastisch: Simonides habe von ihm nur die Hälfte des ausgemachten Honorars zu erwarten, die andere Hälfte solle er sich gefälligst von den Göttern holen, die er so eloquent besungen habe. In diesem Moment wird der griechische Dichter nach draußen gerufen, weil an der Tür zwei Unbekannte nach ihm haben fragen lassen. Simonides tritt vor das Haus, doch von den beiden Personen ist keine Spur zu sehen. In diesem Augenblick passiert ein Unglück; die Festhalle des Skopas stürzt ein und begräbt den Gastgeber mit seinen Gästen unter ihren Trümmern. Simonides hat als einziger Überlebender der Katastrophe also den Lohn der Götter erhalten. Hier ist die Geschichte aber noch nicht zu Ende. Der Dichter wird nämlich noch einmal gebraucht, diesmal nicht mehr zum Zweck von Ruhm und Fama, sondern zum Zweck der Totenmemoria. Diese kann nicht stattfinden ohne eine Identifizierung der Toten. Simonides, der die genaue Sitzordnung der Gäste im Gedächtnis gespeichert hatte, ist in der Lage, jedem verstümmelten Toten seinen Namen zurückzugeben. Aufgrund dieser Identifizierungen können die

---

[3] Wollasch, Armensorge.
[4] Cicero, De oratore II, 86, 352–354.

Angehörigen ihre Toten ehren, sie würdig bestatten und sich sicher sein, daß sie den richtigen Toten beklagen. Aus der Perspektive der antiken Mnemotechnik hat diese Katastrophengeschichte also ein happy end; Simonides hat zum erstenmal praktiziert, was in Zukunft systematisch gelehrt und gelernt werden kann. Seine Leistung wird in der Legende verewigt als die Macht des menschlichen Gedächtnisses über Tod und Zerstörung hinweg.

Die Gründungslegende der römischen Mnemotechnik bezeugt selbst jedoch nicht unbedingt ein zuverlässiges Gedächtnis. Bereits Quintilian stellte ihre Glaubwürdigkeit umständlich in Frage. Er ist sich unsicher, wo die erwähnte Festhalle gestanden haben soll, ob in Pharsalos oder in Kranon. Diese Skrupel um die historische Authentizität der Geschichte wiegen heute weniger schwer. Stefan Goldmann, der sich mit ihrer Überlieferungsgeschichte befaßt hat, sieht in ihr einen «Umwandlungs- und Einschmelzungsprozeß vergangener und aktueller Erfahrungen durch die gesellschaftliche Einbildungskraft». Mehr noch: er geht davon aus, daß an dem vorliegenden Text Ciceros «viele Generationen gedichtet und historische Ereignisse mit mythischen verknüpft haben». So kann Goldmann in bezug auf die Legende gar von einer «historischen Deckerinnerung» sprechen.[5] Die Ursprungsgeschichte der Gedächtniskunst tradiert also selbst keine authentische Erinnerung, sondern führt die Plastizität der Erinnerung anschaulich vor Augen.

Von demselben Simonides wird noch eine andere Geschichte überliefert. Ihr zufolge soll er auf einer seiner Wanderungen durch fremde Länder an einem Leichnam vorbeigekommen sein, der unbegraben am Wege lag. Simonides, heißt es, habe seine Reise unterbrochen und dafür gesorgt, daß diesem fremden Toten ein würdiges Begräbnis zuteil wurde. In der folgenden Nacht sei ihm der Geist dieses Toten im Traum erschienen und habe ihn vor einer geplanten Schiffsreise gewarnt. Das Schiff, das Simonides habe nehmen wollen, aber aufgrund der Warnung nicht genommen habe, sei dann wirklich in Seenot geraten und untergegangen, alle Reisenden seien dabei ums Leben gekommen. Der englische Dichter Wordsworth hat diesem Simonides in einem Sonett ein spätes Denkmal gesetzt.

> *I find it written of Simonides*
> *That travelling in strange countries once he found*
> *A corpse that lay expos'd upon the ground,*
> *For which, with pains, he caused due obsequies*
> *To be performed, and paid all holy fees.*
> *Soon after, this man's Ghost unto him came*

[5] Stefan Goldmann, «Statt Totenklage Gedächtnis. Zur Erfindung der Mnemotechnik durch Simonides von Keos», in: Poetica 2 (1989), 43–98; hier: 46.

And told him not to sail as was his aim,
On board a ship then ready for the seas.
Simonides, admonished by the ghost,
Remained behind; the ship the following day
Set sail, was wrecked, and all on board were lost.
Thus was the tenderest Poet that could be,
Who sang in ancient Greece his moving lay,
Saved out of many by his piety.[6]

Es steht geschrieben, daß Simonides
als Reisender durch fremde Länder einst
auf einen Leichnam traf, der unbedeckt
am Wege lag. Den Toten ließ er drauf
Mit Fug und Ehr bestatten wie sich's ziemt.
Des Nachts darauf erschien des Toten Geist
und warnte ihn vor eben jenem Schiff,
das für die Weiterreise lag bereit.
Simonides, von diesem Geist gewarnt,
hielt sich zurück; das Schiff, das auszog,
kenterte und alle kamen um.
So wurde dieser sanfte Dichter, der
im alten Griechenland gesungen hat,
vorm Tod bewahrt durch seine Frömmigkeit.

Diese andere Simonides-Legende stellt nicht die Gedächtniskraft, sondern die besondere Pietät des Simonides heraus, der für das rituelle Begräbnis eines ihm völlig fremden Menschen in einem fremden Lande sorgt. Wordsworth nennt ihn «the tenderest poet» und läßt das Gedicht mit dem Wort «piety» enden. Denn Simonides hat mit seinem Handeln einen Menschenbegriff bezeugt, der Menschsein nicht mehr auf die Eigengruppe einschränkt, sondern bereits universalistisch ausdehnt. Wie für den Simonides der Mnemotechnik gibt es auch für den Simonides der Totenmemoria die Belohnung einer wunderbaren Rettung vor einer Katastrophe, die alle außer ihm vernichtet. Der Geist des Toten erscheint hier als ein persönlicher Schutzengel und Wohltäter, d. h. in genau der entgegengesetzten Manifestation, die man von einem Totengeist als Wiedergänger oder Rächer befürchtet. Pietät hat also noch eine andere wichtige Funktion, die darin besteht, die Toten zu besänftigen und ihre gefährliche Wiederkehr zu verhindern.

In beiden Legenden hebt sich der Name des Simonides leuchtend von einem dunklen Grund von Tod, Zerstörung und Vergessen ab. Nur

---

[6] William Wordsworth, Poetical Works, ed. by Ernest de Selincourt, Oxford 1954, vol. 3, 408. Goldmann erwähnt und belegt in dem zitierten Aufsatz auch diese andere Überlieferung und zeichnet ein Bild von Simonides als Psychopompos, als ein von den Dioskuren begeisterter Schamane, der die Seelen der Toten über die Schwelle zur Unterwelt geleitet.

sein Name, nur seine Geschichte hat ins kulturelle Gedächtnis Einlaß gefunden, wozu nicht zuletzt Cicero mit seiner Erzählung und Wordsworth mit seinem Sonett beigetragen haben: «Saved out of many». Darüber hinaus schimmert durch beide Simonides-Legenden der ursprüngliche Zusammenhang vielfältiger Gedächtnisdimensionen noch gerade erkennbar durch: Totenmemoria, Andenken, Fama und Mnemotechnik. Von Totenmemoria ist in beiden Geschichten die Rede, allerdings geht es in der zweiten Legende nicht um die einzelnen Namen der Toten, sondern viel grundsätzlicher um das, was die Menschen den Toten schuldig sind. Die Pietät der Totenmemoria antwortet auf ein universales kulturelles Tabu. Die Toten müssen begraben und zur Ruhe gebracht werden, weil sie sonst die Ruhe der Lebenden stören und das Leben der Gesellschaft gefährden.

2. Fama

Dignum laude virum Musa vetat mori.[7]

Der Boxer Skopas in Ciceros Gründungslegende stellte den Dichter Simonides nicht als Mnemotechniker, sondern als Famaproduzenten an. Er sollte dazu verhelfen, den Ruhm dieses einzelnen Menschen unter den Zeitgenossen zu stärken und für die Nachwelt unsterblich zu machen. «Ruhm ist die sicherste Form der Unsterblichkeit, und lange leben heißt in der Erinnerung der Menschen zu überleben. Das längste Leben ist eines, dessen große, ruhmreiche und hervorragende Taten in die ewigen Annalen der Geschichtsschreibung eingegangen sind», so schrieb der Humanist Gerolamo Cardano in seinem Buch über die Weisheit.[8] Er hob in diesen Sätzen gleich drei miteinander verbundene Bedingungen der Fama hervor: große Taten, deren Niederschrift und das Andenken der Nachwelt. Die Verewigung des Namens ist die weltliche Variante des Seelenheils. Für sie kommen nicht Familienangehörige, Priester, Klöster und Stifter auf, sondern Sänger, Dichter, Historiker. Neben die religiöse Memoria, die persönliches Andenken pflegt oder sich um das Seelenheil der Verstorbenen kümmert, tritt die weltliche Fama, die auf ein verallgemeinertes Andenken der Nachwelt setzt. Während im alten Ägypten beide Dimensionen eng miteinander verbunden waren, traten sie in Griechenland auseinander. Vom Totenkult löste sich eine unabhängige Fama-Kultur mit neuen sozialen Institutionen ab. Dichter wurden als professionel-

---

[7] Die Muse läßt nicht zu, daß der lobenswerte Mann stirbt. (Horaz, Carminum IV, 8.)

[8] Gerolamo Cardano, De Sapientia, 506, col. 1, zit. nach E. F. Rice, Jr., The Renaissance Idea of Wisdom, Cambridge/Mass., 1958, 172.

le Verewiger anerkannt und genossen einen hohen Ruf als Herren über (zweites) Leben und Tod. Als Funktionär der Fama schreibt der Dichter die Namen der Helden direkt ins Gedächtnis der Nachwelt hinein. Ruhm, ursprünglich ein Privileg von Herrschern, wurde in Griechenland durch Anstöße zum Wettbewerb demokratisiert; diese revolutionäre Erweiterung des kulturellen Gedächtnisses schloß allerdings die Frauen kategorisch aus. Um sich fürs Andenken qualifizieren zu können, bot die Polis Anlässe zu sportlichem und künstlerischem Wettbewerb, Kampf und Auszeichnung. Doch auch herausragende Taten sind nur eine Voraussetzung und noch keine Garantie für Ruhm. Diese Garantie übernimmt erst der Sänger, der die Tat mit seinem Gedicht unvergeßlich macht. Er verspricht den Helden und ihren Taten eine Dauer, die das sterbliche Los der Menschen überwindet. Die Fama-Funktion des Dichters ist eine Gedächtnis-Funktion. Sie beansprucht, den körperlichen Tod zu überwinden, indem sie Individuen namhaft und Namen dauerhaft macht. Dem Dichter wird in einer solchen Kultur eine besondere Kunst (oder Magie) der Ferne-Kommunikation zugeschrieben, kraft derer er auf die noch ungeborenen Adressaten einer späteren Zeit einzuwirken vermag.

Alexanders Tränen am Grabe Achills

Im 34. und 35. Gesang seines epischen Gedichts *Orlando Furioso* hat Ariost ein Bild für den Vorgang geschaffen, dessen Resultat wir als ‹Ruhm› bezeichnen. Dort ist die Rede von einem alten Mann, der als Gehilfe der Parzen die Namensschilder abgelaufener Lebensspulen in seinem weiten Mantel einsammelt und zu einem Fluß trägt. Am Ufer schüttet er seine Last in die Fluten, die die Namensschilder davontragen und im Schlamm versinken lassen. Über dem Fluß fliegt eine Schar von Vögeln, die sich hin und wieder einen Namen schnappen, doch mit der Beute nicht weit zu fliegen vermögen:

> *Denn wenn sie fliegen wollen, wird den Krallen,*
> *Dem Schnabel bald die große Last zu schwer;*
> *Die reichen Namen, stolz und prunkend, fallen,*
> *Und Lethe wälzt sich brausend drüber her.*
> *Zwei Schwäne nur sind unter diesen allen,*
> *Weiß wie Eur Zeichen, Herr, und rein und hehr;*
> *Die tragen freudig mit sich fort die Namen,*
> *Die sie zu ihrem sichern Teil bekamen.*[9]

Die Schwäne tragen die Namen sicher zu einem anderen Ufer und übergeben sie einer Nymphe, die sie darauf im Tempel der Unsterblichkeit weiht.

---

[9] Ariost, Der rasende Roland, München 1980, Bd. II, 34/14, 273.

> *Geweiht ist der Unsterblichkeit die Stelle,*
> *Wo eine Nymph herab vom Himmel schwebt*
> *Und an dem Strande der letheschen Welle*
> *Die Namen aus dem Mund der Schwäne hebt,*
> *Dann an ein Bild sie heftet, hehr und helle,*
> *Das in des Tempels Mitte sich erhebt,*
> *Und so sie weiß zu heil'gen, zu bewahren,*
> *Daß noch die fernsten Zeiten sie gewahren.* (35/16)

Die Deutung dieses Bildes wird gleich angeschlossen:

> *Allein, so wie die Schwäne sind die wahren*
> *Poeten auch sehr selten nur zu sehn;*
> *Teils, weil der Himmel nie der Lobebaren,*
> *Der Trefflichen zu viele läßt entstehn;*
> *Teils durch der Fürsten geiziges Verfahren,*
> *Die heil'ge Geister lassen betteln gehn,*
> *Die Tugend drücken und das Laster preisen*
> *Und ins Exil die guten Künste weisen.* (35/23)

Ariost verbindet mit dem Bild von der seltenen Unsterblichkeit der Namen eine Lehre an die Fürsten und Machthaber. Wenn ihnen an ihrem eigenen Ruhm gelegen ist, sollen sie die Dichter höher achten und besser versorgen. Diese Lehre verbindet er allerdings auch mit einem kritischen Gedanken. Da letztlich die Dichter die Schmiede des Ruhms sind, kann diese kostbare Gabe auch einem Unwürdigen zuteil werden, können parteiische Urteile nicht ausgeschlossen werden. Die von Dichtern überlieferte Kunde der Vergangenheit ist nicht nur parteiisch – wären wir z. B. über die Trojaner nicht aus der Perspektive des Griechen Homer, sondern von ihnen selbst unterrichtet, hätten wir ein ganz anderes Bild von ihnen –, sie ist auch ein Teil der poetischen Fiktion. Ariost und andere Dichter der Renaissance spinnen eifrig mit am abendländischen Mythos der Unsterblichkeit, mit dem sie ihre eigene Bedeutung gesellschaftlich zu verankern suchen.

Die Komplizenschaft von Held und Sänger ist in der Antike an einer anschaulichen Anekdote diskutiert worden.[10] Es ist die Geschichte von Alexander, der am Grabe Achills bittere Tränen vergießt. In Castigliones Gesprächen über die Tugenden des Höflings, die er 1528, ein Jahr vor seinem Tode, publizierte, erinnert Pietro Bembo an diese Geschichte, mit der er den Wert der schönen Künste über den der Waffen stellen möchte.

---

[10] Vgl. Christen in der Wüste: Drei Hieronymus-Legenden, übers. u. erl. v. Manfred Fuhrmann, Zürich, München 1983, 37.

An des Achilles Grabdenkmal gelehnt
Seufzt Alexander aus des Herzens Grunde:
‹Glückseliger! Fanfarengleich ertönet
Der Ruhm Dir herrlich aus des Sängers Munde!›

«Und wenn Alexander Achilles nicht um seine Taten, sondern um das Glück beneidet hat, daß sie von Homer gefeiert worden sind, so läßt sich einsehn, daß er die Kunst Homers höher geschätzt hat als die Kämpfe Achills.»[11]

Auch der englische Dichter Edmund Spenser hat an dieser Anekdote die Fama-Funktion der Dichtung beschrieben. Er hat nach dem Muster Vergils ein Hirtengedicht geschrieben, dessen einzelne Abschnitte dem Monatszyklus eines Jahres folgen. Die Selbstthematisierung der Dichtung ist in der Ekloge gattungstypisch; in der Oktober-Ekloge diskutieren zwei Schäfer über die gesellschaftliche Anerkennung von Dichtung. Worin drückt sich diese Anerkennung aus, ist die Frage: in materiellem Lohn (price) oder in immateriellem Lob (prayse), in Gewinn (gayne) oder in Ruhm (glory)? Der enttäuschte, weil unbezahlte Dichter macht geltend, daß man von Lob allein nicht leben könne, und erinnert an goldene Zeiten, in denen die Dichter sowohl hohes Ansehen genossen als auch substantielle Unterstützung fanden. Ein Maecenas oder Augustus sei aber derzeit am englischen Hof nicht zu finden: «Doch ach, Mecoenas ist mit Staub bekleidet / Und auch Augustus ist schon lange tot.»[12] (*But ah Mecoenas is yclad in claye, / And great Augustus long ygoe is dead*). Spenser, der seinen Eklogenzyklus 1579 selbst in Druck gegeben hat und damit zu den ersten modernen Autoren Englands gehört, die Text- und Waren-Produktion zusammendenken, trauert hier der alten Tradition königlicher Patronage nach, die dem Dichter garantierte, worum er nun selbst zu kämpfen hat: Anerkennung und materielle Sicherheit.

Im alten Patronage-System empfing der Dichter Anerkennung und Sicherheit für eine klar umrissene Gegenleistung: Er garantierte den unsterblichen Ruhm des Patrons. Während die Oktober-Ekloge sich auf die eine Seite des Tauschgeschäftes konzentriert und beschreibt, was der Dichter sich vom Fürsten erwartet, nämlich Geld, kommt die andere Seite in einer Fußnote des Gedichts zur Sprache, die ausführlich erläutert und belegt, was der Fürst sich vom Dichter erwarten kann, nämlich Unsterblichkeit. Das Stichwort «For ever», das ja an sich nicht gerade ein erklärungsbedürftiges Lemma ist, wird zum Vorwand einer ausführlichen Glosse genommen, in der es um das Verhältnis von Dichter und Helden

---

[11] Baldesar Castiglione, Der Hofmann, übers. v. Albert Wesselski, München und Leipzig 1907, I, XLV, Bd. 1, 99.
[12] The Shepheardes Calender, October, Verse 61–62, The Poetical Works of Edmund Spenser, hg. v. J. C. Smith und E. de Selincourt, London, New York 1965, 457.

geht. Während das Gedicht ausbuchstabiert, daß ein Dichter nichts ist ohne die Unterstützung der Mächtigen, macht die Fußnote deutlich, daß die Mächtigen nichts sind ohne die Unterstützung der Dichter. «Die Sängerbedürftigkeit der Tat»[13] war in der Antike ein Gemeinplatz; dieses offensichtlich verlorengegangene Wissen muß in der Renaissance wieder in Erinnerung gerufen werden:

«*Für immer* [Der Dicht]er zeigt den Grund, warum Dichter ehemals bei den Mächtigen in hohen Ehren gehalten wurden, denn diese versprachen sich von berühmten Gedichten, daß dadurch ihre Taten und ihr Wert der Nachwelt überliefert würden. Weshalb man sagt, daß Achill es nie zu dem Ruhm gebracht hätte, den er besitzt, wenn nicht Homer ihn in seinen Versen verewigt hätte. Das ist der wirkliche Vorteil, den er vor Hektor hatte. Als Alexander der Große zum Grab des Achill in Sigeus kam, soll er unter Tränen von dem Glück gesprochen haben, das diesem in Gestalt der unsterblichen homerischen Verse zuteil geworden ist.»[14]

Die Tränen Alexanders am Grabe Achills – in dieser Pathosformel ist nicht der Ruhm der Helden, sondern der der Dichter beschworen. Der große Alexander nämlich weint nicht für Achill, sondern aus Selbstmitleid darüber, daß er für seine eigenen Taten keinen Homer gefunden hat. Wie hoch gerade Alexander die Bedeutung des Dichters einstufte, wird in derselben ausführlichen Anmerkung an einer kleinen Episode belegt:

«Wie sehr Alexander den Rang des Dichters ehrte, beweist sein Verhalten, als er die Schatztruhen des besiegten Königs Darius erbeutete. Darin fand er ein silbernes Kästchen, in dem die beiden homerischen Bücher wie kostbare Juwelen eingeschlossen waren. Er nahm sie heraus und trug eins davon täglich an seinem Busen mit sich herum, das andere legte er nachts unter sein Kopfkissen. Zu so hohem Ansehen haben es die Dichter einst bei den Fürsten und Mächtigen gebracht.»[15]

Auf diesen Teil der Geschichte, den Heinrich Heine wieder aufgegriffen hat, werden wir unter dem Stichwort ‹Gedächtniskisten› noch einmal zurückkommen. In der griechisch-römischen Fama-Kultur waren Größe, Ruhm und Unsterblichkeit durch Unvergeßlichkeit im Gedächtnis der Nachwelt die kostbaren und exklusiven Gaben, die allein der Dichter zu verleihen hatte. Alexander, dem großen Verehrer Homers, fehlte sein eigener Homer; seine großen Taten würden sich ohne große Verse nicht konservieren lassen. Darüber vergoß er am Grabe Achills eine Träne. Spenser beschwor die antike Fama-Kultur in einer historischen Situation, in der die Literaten mit Berufung auf die klassische Antike sich ein neues Dichter-Image aufbauten.

---

[13] Ich übernehme diese Formulierung von Jochen Martin.
[14] Spenser, Works, 459.
[15] Spenser, Works, 459.

Ruhmestempel und Denkmäler

Nicht nur durch herausgehobene kulturelle und sportliche Leistungen konnte man sich in der griechischen Polis für Ruhm qualifizieren, sondern vor allem auch durch militärische Leistungen und den Tod in der Schlacht. Diese Demokratisierung des Ruhms, die den Tod jedes Gefallenen als Opfertod sakralisiert, ist im klassischen Griechenland erfunden worden. Im Mittelpunkt dieser Fama-Rhetorik steht die Idee vom Ruhm als dem besseren Grabmal. Während das Grab das private Andenken der Familie stützt, stützt das Denkmal das Andenken einer sehr viel größeren Erinnerungsgemeinschaft wie der Polis oder der Nation. «Ich werde kein Grab haben, sondern ein Denkmal!» ruft die Titelheldin der Tragödie *Iphigenie in Aulis* von Euripides am entscheidenden Wendepunkt der Handlung aus, an dem ihr die Deutung ihres Todes als Opfer für das Kollektiv einleuchtet. Das Versprechen von Ruhm bedeutet, den kleinen, zeitlich begrenzten Erinnerungsraum der Familie gegen den großen, der Intention nach zeitlich unbegrenzten Erinnerungsraum eines Kollektivs einzutauschen. In seiner berühmten Leichenrede für die gefallenen Athener hat Perikles diesem Versprechen Worte verliehen, die den Tausch von sterblichem Körper gegen unsterbliche Namen fest in der abendländischen Fama-Semantik und -Praxis verankerten:

«Gemeinsam gaben sie ihre Leiber hin und empfingen dafür jeder den nicht alternden Lobpreis und ein weithin leuchtendes Grab, nicht das, worin sie liegen, meine ich, sondern daß ihr Ruhm bei jedem sich gebenden Anlaß zu Rede oder Tat unvergessen nachlebt. Denn hervorragender Männer Grab ist jedes Land; nicht nur die Aufschrift auf einer Tafel zeugt in der Heimat von ihnen, auch in der Fremde wohnt, geistig, nicht stofflich, in jedermann ungeschriebenes Gedächtnis.»[16]

Mit diesem Versprechen sind vom Peloponnesischen Krieg bis zum zweiten Weltkrieg die Soldaten in die Schlacht gezogen. Das nationale Ewigkeitsversprechen schlägt sich nieder in einer Menge von Denkmälern; vom Denkmal des unbekannten Soldaten bis zu den Soldatenfriedhöfen sind sie die ebenso bombastische wie unbeholfene Form nationaler Memorialpolitik.[17] Benedict Anderson schreibt zu diesem Problem: «Es gibt kein eindrucksvolleres Emblem der modernen Kultur

---

[16] Thukydides, Geschichte des Peloponnesischen Krieges, übers. u. hg. v. G. Landmann, Zürich 1976, 145 (2.43).

[17] Vgl. dazu George L. Mosse, Gefallen für das Vaterland, Stuttgart 1993 und Reinhart Koselleck, «Kriegerdenkmale als Identitätsstiftungen der Überlebenden», in: Odo Marquard u. Karlheinz Stierle, Hgg., Identität. Poetik und Hermeneutik VIII, München 1979.

des Nationalismus als die Kenotaphe und leeren Gäber für den Unbekannten Soldaten. (...) So leer diese Gräber auch sein mögen in bezug
auf identifizierbare sterbliche Reste oder unsterbliche Seele, so voll sind
sie mit geisterhaften *nationalen* Phantasien.»[18]

Zur Idee des rühmenden Denkmals gehört allerdings auch von Anfang an die Skepsis gegenüber seiner materiellen symbolischen Form,
die an einen bestimmten Ort gebunden ist und deren appellative Kraft
sich früher oder später verbraucht. Deshalb ist die höchste Form der
Fama nicht in Ruhmestempeln und Denkmälern zu finden, sondern im
verkörperten und einverseelten Gedächtnis, das «geistig, nicht stofflich»
in jedermann wohnt. Auf den menschlichen Körper, insbesondere
den Soldatenkörper als Medium des Gedächtnisses, werden wir noch
zurückkommen.

Im Mittelalter, wo das göttliche Gedächtnis noch die äußerste Klammer alles menschlichen Tuns bildete, genoß der weltliche Ruhm keine
kulturelle Wertschätzung. Fama, die allegorische Figur, die über das Andenken der Nachwelt herrschte, war eine zwielichtige Figur. Chaucers
Verserzählung *The House of Fame* (1383) erzählt vom Tempel der Göttin
Fama, deren Heiligtum im Mittelpunkt der Welt errichtet ist. Ihr Palast
steht

> *Right even in middes of the weye*
> *Betwixen hevene, erthe, and see.*[19]

> Ganz genau auf halbem Wege
> zwischen Himmel, Erde, Meer.

Die zentrale Lage ist wichtig, denn hierher gelangen alle Nachrichten
und Botschaften, die nur irgendwo verlautet werden. Was immer gesprochen, geflüstert, geschrieben oder gesungen worden ist, erreicht mit
der Notwendigkeit eines Gravitationsgesetzes diesen seinen Bestim-
mungsort. Ob es jedoch als memorierwürdig ausgesondert wird und im
Tempel einen festen Ort erhält, ist eine andere Frage. Über das ohren-
betäubende Stimmengewirr an diesem Ort, den man sich vorzustellen
hat als eine Art Nachrichten-Börse, wohin alle Informationen von kollektivem Interesse gelangen, herrscht Fama, die nicht weniger launisch
ist als ihre Schwester Fortuna. Sie ist keinem Wahrheits-Ethos verpflichtet und steht wie Fortuna mit der Zeit im Bunde. Der Palast der
Fama ist deshalb auch nicht etwa auf Granit, sondern auf einem mäch-

---

[18] Andersons These vom Zusammenhang von Nationalismus und Totenkult belegt er durch folgendes Gedankenexperiment: Das Grab eines unbekannten Marxi-
sten oder Liberalen sei undenkbar. Benedict Anderson, Imagined Communities. Reflections on the Origin and Spread of Nationalism, London, New York 1990, 17 f.
[19] G. Chaucer, House of Fame, II, in: Complete Works, hg. v. W. W. Skeat, London
1969, 713 ff.

tigen Eisblock erbaut. An der Südseite haben die eingemeißelten Ruhmesberichte bereits erheblich gelitten, während sie auf der schattigen Nordseite noch recht gut erhalten sind.

Den Inhalt dieses Gedächtnis-Tempels bilden die Ruhmestaten der heldenhaften Vorfahren. Auch hier gelangt die Tat selbst nicht in den Tempel, weil sie geschehen, sondern weil sie besungen bzw. erzählt ist. Die Künder der Taten sind die Buchhalter des Gedächtnisses. Zwischen Dichtern und Historikern wird bei Chaucer noch nicht unterschieden. Sie alle sind Medien des Ruhms, ob sie nun Josephus, Statius, Homer, Vergil, Ovid, Lucan oder Claudian heißen. In einer vor-schriftlichen Kultur sind nicht Bücher, sondern Barden die «Mediatoren» (Krzysztof Pomian), man könnte auch sagen: die «Datenträger», und genauso werden sie visualisiert: als Säulen für die ruhmreichen Stoffe. Aber so wie die Helden auf ihre Sänger angewiesen sind, sind diese wiederum auf die launische Fama angewiesen. Welcher Delegation ein Ehrenplatz in der Ruhmeshalle zugestanden wird und welcher nicht, das entscheiden nicht die Verdienste und schon gar nicht, wie bei Horaz und Shakespeare, die poetische Mnemotechnik des vollkommenen Verses, sondern allein der unberechenbare Wille der Fama. In der Macht dieser höchst willkürlichen Patronin des sozialen Gedächtnisses steht, ob etwas dauert oder vergeht.

Die Renaissance unterscheidet sich vom Mittelalter durch die aus der Antike wiederaufgenommene Wertschätzung des Ruhms. Fama ist in den Augen der Renaissance-Humanisten keine zwielichtige Figur mehr, sondern die edelste Sehnsucht des Menschen überhaupt. Das wird nirgends so klar erkennbar wie in der Umdeutung der Geschichte des Turmbaus zu Babel durch Pietro Aretino. Dieser hatte volles Verständnis für das Projekt der Babylonier, die mit diesem Werk nach Selbstverewigung und Ruhm strebten. Denn so kurz das Leben nun einmal ist, so lang ist das ruhmreiche Andenken, wenn man nur rechtzeitig Sorge dafür trägt. Mit dieser Deutung hat Aretino den Komplex Schuld aus dem biblischen Mythos getilgt und den eifersüchtigen Gott als Zerstörer des hybriden Bauwerks aus der Geschichte eliminiert. Die Zerstörung führt er als aufgeklärter Atheist auf rein meteorologische Umstände zurück: Die Spitze des Turms habe eine Wolkenballung verursacht und diese wiederum ein Gewitter ausgelöst, welches die Menschen in Panik entzweite.[20]

Diese Umwertung des Ruhms hängt mit der Säkularisierung von Zeit und Gedächtnis zusammen. In der Renaissance tritt die Totenme-

---

[20] Arno Borst, Der Turmbau von Babel. Geschichte der Meinungen über Ursprung und Vielfalt der Sprachen und Völker, München 1957–63; 1995, Bd. 3, Teil 1, 1111–1112.

moria, die Erinnerung an die Toten und an den eigenen Tod, zurück hinter der Hoffnung auf Unsterblichkeit durch kulturelle Leistungen; das Leben nach dem Tode ist aus der exklusiven Verfügungsgewalt Gottes genommen und findet seine irdische Variante im Nachleben, «ein Leben nach dem Leben» *(a life beyond life)*, wie Milton es ausdrücken wird. Die Vorstellung von einer Buchführung Gottes, die Gedächtnis mit Gericht verbunden hatte und den Zeitrechnungen ihr Ziel vorgab, findet ihre Konkurrenz in den Büchern der Menschen, die sich damit ihr eigenes System von Gedächtnis und Anerkennung schaffen. Das wichtigste Instrument im Ausbau dieser säkularen Zeit- und Gedächtnis-Dimension ist nach Ansicht der Renaissance-Humanisten die Schrift.

Im Zeitalter des Buchdrucks wurde die Institution Autorschaft neu definiert. Dabei verlagerte sich der herkömmliche Begriff der Fama von dem im Gedicht Dargestellten auf den Darstellenden selbst. Die Schrift ist ein Verewigungsmedium nicht nur für den besungenen Helden, sondern auch für den Autor. In diesem Sinne schrieb George Pettie, der zur ersten Generation der erwerbsmäßigen Autoren Englands gehörte: «Die einzigen Wege zur Unsterblichkeit sind die, entweder etwas zu tun, was wert ist, aufgeschrieben zu werden, oder etwas zu schreiben, was wert ist, gelesen zu werden.» *(The only way to win immortalitie is either to doo thinges woorth the writing, or to write thynges woorthy the readyng.)*[21] Diese Qualität der Autorschaft entwickelte sich jedoch nicht erst mit dem Buchdruck. Ein Beispiel dafür ist der mittelenglische Dichter John Gower, der sich 1408 in einer Kirche in Southwark mit seiner Grabstatue liegend darstellen ließ, wobei sein Kopf auf den drei Werken aufruhte, die seinen Anspruch auf Ruhm begründeten.[22] In der Person dieses geistlichen Dichters sind Totenmemoria und Fama bereits eine unlösbare Verbindung eingegangen.

Im Gegensatz zu Chaucers Tempel der Fama werden die späteren Ruhmestempel von Menschenhand erbaut und sind keinen launischen Instanzen mehr unterstellt.[23] Die Gesellschaft selbst schafft sich Institutionen der Gedächtnispflege und agiert als Stifterin und Garantin ihres eigenen Gedächtnisses, wobei sie sich zur Richterin über Vergehen und Bestehen von Namen macht. Der nachträglichen Verleihung von Ruhm haftet oft genug etwas Kompensatorisches an; was die Zeitgenossen verschmähten, das wird von den Nachgeborenen honoriert. «Der arme La-

---

[21] George Pettie, in: Karl J. Holzknecht, Hg., Sixteenth-Century English Prose, New York 1954, 297.

[22] Jan Bialostocki, «Books of Wisdom and Books of Vanity», in: In Memoriam J. G. van Gelder 1903–1980, Utrecht 1982, 37–67; hier: 39 f.

[23] Zum Motiv des Ruhmes-Tempels und Voltaires ‹temple du goût› als Kanon-Metapher des ‹bon sens›: H.-U. Gumbrecht in A. und J. Assmann, Hgg., Kanon und Zensur, München 1987, 286 ff.

fontaine», schrieb Heine, selber Gegenstand einer besonders abenteuerlichen Denkmal-Geschichte, die noch immer andauert, «verlangte bei Lebzeiten ein Stück Brot, und nach dem Tode gibt man ihm für 40 000 Fr. Marmor.»[24]

Im 19. Jahrhundert entstehen neue Inszenierungsformen von Erinnerungsräumen. Dabei spielt das historische Museum eine besondere Rolle, das noch die pseudo-sakralen Komponenten des Ruhmestempels, des Pantheons, in sich aufnimmt. Im Bildersaal wie in den Festzügen werden totalisierende Visionen normativer Vergangenheit dem Auge anschaulich präsentiert.[25] Das räumliche Neben- und Nacheinander sollte dem Betrachter das Abschreiten von Geschichte, die panoramatische Überschau über die Vielheit der Epochen als Einheit der Geschichte ermöglichen. Im Bildersaal der Geschichte wird die Zeit zum Raum, genauer: zum Erinnerungsraum, in dem Gedächtnis konstruiert, repräsentiert und eingeübt wird. Neben dem Aufschwung von Museen, die Nationalgeschichte präsentierten, und Historiendramen, die sie inszenierten[26], kam es zu einem sprunghaften Ansteigen der Zahl von Denkmälern, die Lokalgeschichte vergegenwärtigten. Der Grund dafür ist in einem Spannungsverhältnis zwischen herrscherlichem Repräsentationswillen und bürgerlicher Selbstdarstellung zu suchen. Ein Beobachter kommentierte dieses Phänomen im Jahre 1907:

«Die Denkmalmanie unserer Tage ist eine Folge des politischen Konstitutionalismus; sie äußert sich um so stärker, je mehr die Machtverteilung zwischen Krone und Volk noch streitig ist. Das Straßendenkmal als Selbstzweck existiert erst (...), seit die Fürsten trotzig Ahnenbilder ihrer Geschlechter den Bürgern vor Augen stellen und die Bürger diese Herausforderung durch die Denkmalverherrlichung ihrer politischen und geistigen Führer erwidern. In diesem Wetteifer bleibt nicht der kleinste Platz frei.»[27]

---

[24] D. Schubert in A. Assmann, D. Harth, Hgg., Mnemosyne. Formen und Funktionen kultureller Erinnerung, Frankfurt a. M. 1991, 101.

[25] Zu den totalisierenden Gedächtnisräumen vgl. Günter Hess, «Bildersaal des Mittelalters. Zur Typologie illustrierter Literaturgeschichte im 19. Jahrhundert», in: Deutsche Literatur im Mittelalter. Kontakte und Perspektiven. Hugo Kuhn zum Gedenken, hg. v. Christoph Cormeau, Stuttgart 1979, 501–546; Nikolaus Gussone, «Deutscher Bildersaal. Ein Versuch über Bildprägungen im kulturellen Gedächtnis der Deutschen», in: Poetisierung – Politisierung. Deutschlandbilder in der Literatur bis 1848, hg. v. Wilhelm Gössmann u. Klaus-Hinrich Roth, Paderborn 1994, 243–269.

[26] Wolfgang Struck, Konfigurationen der Vergangenheit. Deutsche Geschichtsdramen im Zeitalter der Restauration, Studien zur deutschen Literatur, 143, Tübingen 1997.

[27] Karl Scheffler, Moderne Baukunst, Berlin 1907, 128, zit. nach H.-E. Mittig in Mittig u. Plagemann, Hgg., Denkmäler im 19. Jahrhundert. Deutung und Kritik, München 1972, 287 f.

Am Ende dieses Jahrhunderts hat sich, wie wir aus der öffentlichen Debatte um das Berliner Holocaust-Denkmal wissen, daran gar nicht so
viel geändert; in der Denkmalsgeschichte gibt es kein Nachlassen der
Spannung zwischen Zentralität und Regionalität, von Einheit und
Differenz, keine Aufhebung der verschiedenartigen historischen Perspektiven. Mit der Vervielfältigung der politisch handlungsmächtigen
Subjekte – Nation und Partikularstaaten, Monarchie und Bürgertum,
Adel und Städte – konkurrieren auch die politischen Ansprüche, die sich
in Denkmälern artikulieren. Je krisenhafter die Zeiten, je erschütter-
licher die Selbstgewißheit der verschiedenen Interessengruppen, desto
zahlreicher und theatralischer wurden die Denkmäler, die sich kaum
noch an die Nachwelt richteten und zum Mittel der politischen Be-
einflussung der Zeitgenossen wurden. Sie entsprachen vielfach dem
Wunsch, die Gegenwart zu verewigen und den Geschichtsprozeß zu ne-
gieren. Neben solchen stabilisierenden Denkmälern gab es die revolu-
tionären Denkmäler, die zukunftsgerichtet waren und an die noch nicht
zum Ziel gekommenen Kräfte der Geschichte appellierten.[28] Demgegenüber wäre das Holocaust-Denkmal ein ausschließlich vergangen-
heitsorientiertes Monument, das das Ende jeglicher Fama-Rhetorik
markiert und zurückkehrt zur ursprünglichen Form des kulturellen Gedenkens, der Totenmemoria.

3. Historia

Herkommen und Gedächtnis

Während die Fama vorwärtsgerichtet ist und sich an die Nachkommen
richtet, die ein als unvergeßlich deklariertes Ereignis dauerhaft bewahren sollen, ist das Gedächtnis rückwärtsgerichtet und dringt durch
den Schleier des Vergessens in die Vergangenheit; es geht verschütteten,
verschollenen Spuren nach und rekonstruiert Zeugnisse, die für die
Gegenwart bedeutsam sind. Dieses Interesse an Geschichte als einer
Auskunft über die eigene Herkunft und Identität ist nicht erst im
19. Jahrhundert mit den Nationalstaaten aufgekommen. In der Renaissance bereits kam es zu einer Konjunktur der Hofhistoriographie und
dynastischen Geschichtsschreibung. Zwischen dem 15. und 17. Jahrhundert öffnete sich eine dritte Zeit-Dimension neben der heilsgeschichtlichen «Zeit der Kirche» und der pragmatischen «Zeit der
Händler», in der Geschäfte gemacht, Risiken kalkuliert und Zinssätze
berechnet wurden. Das war die «Zeit der Archivare, Chronisten und

---

[28] Scheffler, Baukunst, 290 f.

Historiker», die die Wurzeln der Gegenwart in der Vergangenheit suchten. Diese Nachforschungen wurden wichtig, als das Privileg genealogischer Legitimierung und Selbstbestimmung vom König an die Fürsten, Adelshäuser, Städte und erfolgreichen Bürger überging. Solche Geschichtsforschung galt der Herkunft der eigenen Familie oder Gruppe und stand im Zeichen eines neuen Konkurrenzdrucks. Mit der Sprengung der dualen Herrschaft von Kaiser und Papst war es zu einer Vervielfältigung der geschichtsmächtigen Subjekte gekommen. Adelshäuser, Patrizierfamilien, Städte konstituierten sich als Subjekte, die durch rekonstruktive Geschichtserzählungen ihre Identität profilierten und ihre Legitimität untermauerten.[29] Solcher Vergangenheitsgebrauch stand unter dem «Zwang des Legitimations-, Repräsentations- und Identitätsbedürfnisses in der Konkurrenzsituation der frühneuzeitlichen gesellschaftlichen und politischen Differenzierungsbewegungen».[30] Jan-Dirk Müller hat diese Entwicklung auf höfischer Ebene dargestellt[31], Horst Wenzel auf städtisch-patrizischer Ebene. Herkunftsgeschichten entstanden in dem Maße, wie sich die geschichtlichen Handlungssubjekte ausdifferenzierten und das Handlungsmonopol aus der Hand Gottes und seines Stellvertreters, des Herrschers, auf die feudalen Adelshäuser und Patrizierfamilien überging. Indem diese profanen Geschichten aus der einen übergreifenden Heilsgeschichte ausscherten, kam es in der Renaissance zu einer Pluralisierung von Geschichte, ein Vorgang, der in Gegenrichtung zu jener Singularisierung der Geschichte verläuft, die Reinhart Koselleck für das 18. Jahrhundert beschrieben hat.

Die Pluralisierung der Gedächtnisse hat auch etwas mit der Medienschwelle zu tun. Im Zeitalter des Buchdrucks öffnete die Schrift neue Erinnerungsräume. Der Buchdruck brach das Erinnerungsmonopol von Kirche und Hof und ermöglichte einen neuartigen Zugriff auf Geschichte und Gedächtnis. Damit wurden zugleich neue Machtkämpfe

---

[29] Oexle («Die Gegenwart der Lebenden und der Toten», in: K. Schmid, Hg., Gedächtnis, das Gemeinschaft stiftet, Freiburg 1985, 75) führt Familien, Verwandtengruppen, adlige und bürgerliche «Häuser» und Geschlechter, monastische Gemeinschaften, Gilden, Zünfte, Universitäten und Kommunen als Subjekte für die Konstruktion von «Gruppengedächtnissen» an. Das Gruppengedächtnis hat eine doppelte Funktion: einmal im Blick auf die Gruppengebundenheit allen lebendigen Gedächtnisses, zum anderen dahingehend, daß historische Memoria ein wesentliches, ja sogar konstitutives Element im Entstehen und Bestehen solcher Gruppen darstellt.

[30] Siegfried Wiedenhofer, Das Alte und das Neue. Tradition zwischen Humanismus und Reformation, Melanchthonpreis. Beiträge zur ersten Verleihung, hg. v. Stefan Rhein, Sigmaringen 1988, 35.

[31] Jan-Dirk Müller, Gedechtnus. Literatur und Hofgesellschaft um Maximilian I. Forschungen zur Geschichte der älteren deutschen Literatur 2, München 1982.

um die Erinnerung entfesselt.[32] Professionelle Chronisten wurden mit der Aufgabe betraut, das neue Dispositiv der Schrift zur Beglaubigung von Herrschaftsansprüchen einzusetzen. Dies geschah z. B. in der Bayerischen Chronik, in der zwischen göttlichem Gedächtnis und nachweltlichem Andenken noch nicht trennscharf unterschieden wurde: «seyt doch die geschrift ain triskamer (= Schatzkammer) ist, darinn behalten sol beleiben und werden der schatz aller eren, die gedächtnüss der allmächtigkait gots, auch unser sel säligkeit, das ist der heilig kristenlich gelaub, die gepot gots, die er aller menschen, die würckung gueter und arger getat, der vergangen behalten, alle gegenwürtige handlung den nachkumenden.»[33]

Der historische Sinn

Es liegen Welten zwischen der topischen Klage über die Veränderlichkeit der Welt einerseits und der Wahrnehmung historischen Wandels andererseits. Eine wichtige Dimension, in der die empirische Erfahrung kulturellen Wandels gemacht werden kann, ist der Sprachwandel. Historisches Bewußtsein beginnt deshalb nicht selten mit einem Bewußtsein für Sprachwandel. Dante griff auf ein Bild aus den Horazischen Oden zurück, als er die Wandelbarkeit sprachlicher Laute mit dem Laub auf den Bäumen verglich.[34] Ebenso hat Chaucer die Veränderung der Sprache betont: «Ye knowe eek, that in forme of speche is chaunge / Withinne a thousand yeer».[35] Da die tausend Jahre jedoch von keiner einzelnen Lebensspanne aus übersehbar sind, bedarf es eines Kontrollmediums, in dem sich die Veränderung niederschlägt. Während die in der toten Sprache Latein geschriebenen Texte ihren historischen Index verbergen konnten, legten ihn die in den Vulgärsprachen verfaßten Texte bloß. Je mehr in der frühen Neuzeit in der nicht festgestellten und nicht feststellbaren Vulgärsprache geschrieben wurde, desto offenkundiger wurde in der Niederschrift, was der synchronen Wahrnehmung entging: der schleichende Sprachwandel. Die Rhythmen der Veränderung wurden dabei merklich kürzer und konnten bereits in der eigenen Lebensspanne registriert werden. So wurde ausgerechnet die Schrift, die

---

[32] Vgl. Horst Wenzel, «Alls in ain summ zu pringen. Füertrers ‹Bayrische Chronik› und sein ‹Buch der Abenteuer› am Hof Albrechts IV.», Mittelalter-Rezeption. Ein Symposion, hg. v. Peter Wapnewski, Stuttgart 1986, 10–31 über die Vervielfältigung der Geschichtsansprüche und den Konflikt zwischen «wahren und falschen Traditionen».

[33] Wenzel, Füertrers ‹Bayrische Chronik›, 11.

[34] Dante, Divina Commedia, Paradiso III, 26, VV. 124 ff.

[35] G. Chaucer, Troilus and Criseyde, book II, VV. 22 f, in: Complete Works, hg. v. W. W. Skeat, London 1969, 221.

man sich ja als einen Garanten der Dauer vorstellte, zu einem Medium, in dem Wandel manifest wurde.

Während die Wahrnehmung historischen Wandels in der Dimension der Sprache eine Selbstverständlichkeit ist, bedeutet diese in der Dimension des Rechts eine tiefgreifende Relativierung kultureller Werte. Der puritanische Kirchenhistoriker Richard Hooker rüttelte Ende des 16. Jhs (1592) an der Gültigkeit des alttestamentlichen Rechts, indem er feststellte: «das, was einstmals vollständig angemessen war, kann sich ändern durch Wandel von Ort und Zeit» (*that which hath been once most sufficient may wax otherwise by alteration of time and place*).[36] Hooker unterschied mit Thomas von Aquin drei Arten von Gesetz: moralisches, zeremonielles und judizielles. Von diesen dreien ließ er allein das moralische Recht (die zehn Gebote) als überzeitlich gelten, während er die beiden anderen Rechtssysteme in ihrem Geltungsanspruch annullierte; das Zeremonialgesetz sei durch Christus, das judizielle durch die Veränderungen der Sozialstruktur überholt worden. Mit dieser Feststellung schlägt ein Geschichtsbewußtsein durch, das das Neue vom Alten, das Aktuelle vom Obsoleten und – nicht zuletzt – das Zeitliche vom Überzeitlichen sondert.

In England hat die Reformation Traditionen in Frage gestellt und damit die Differenz zwischen Gegenwart und Vergangenheit zu Bewußtsein gebracht. Die gewaltsame und obligatorische Einführung eines neuen Wertsystems führte dazu, daß die Gegenwart radikal von der Vergangenheit abgeschnitten wurde. Nach einem solchen Bruch war es nicht mehr möglich, sich auf die Vergangenheit als normative Vorzeit zu beziehen, in der die Legate und Testate der Gegenwart verankert waren. Der Historiker Keith Thomas schreibt dazu: «Dieses Bewußtsein einer unüberbrückbaren Kluft zum Mittelalter ermöglichte eine neue Perspektive auf die jüngste Vergangenheit: Sie galt nicht mehr als eine Ansammlung von Gründungsmythen und Präzedenzfällen, sondern verkörperte nun einen anderen Lebensstil und andere Wertvorstellungen.»[37]

Das kritische Licht, das Antiquare und Historiographen der Renaissance auf Texte und Quellen warfen, begründete allerdings noch keine von externen Einflüssen und Einsprachen freie Wissenschaft von der Geschichte. Für eine solche gab es zu diesem Zeitpunkt weder das Interesse noch die Institution. Quellenkritik und Beglaubigung fanden noch nicht in einem neutralen Raum wissenschaftlicher Wahrheitsfin-

---

[36] Richard Hooker, Laws of Ecclesiastical Policy (1592), book III, sec. X, zit. nach P. Burke, «Law and the Sense of the Past», in: ders., The Renaissance Sense of the Past, London 1969, 32–39.

[37] Keith Thomas, Vergangenheit, Zukunft, Lebensalter. Zeitvorstellungen im England der frühen Neuzeit, Berlin 1988, 21.

dung statt. Diese Verfahren wurden vielmehr in einem Kampf um die Geltung einander widersprechender Erinnerungen eingesetzt. Der Nationalstaat, der sich seine Geschichte neu schrieb, mußte sie dem Gegner entreißen und umschreiben. Die Rückeroberung der Vergangenheit aus den Händen der Mönche und der Kirche erforderte eine kritische Reinigung der Quellen. Quellenkritik wurde als Waffe gegen rivalisierende Traditionen eingesetzt. Spenser reimte in einem seiner Texte, auf den wir gleich noch zurückkommen werden, ‹Gedächtnis› auf ‹Fälschung›, ‹memory› auf ‹forgery›.[38]

Anfang des 17. Jahrhunderts hat der Antiquar Edmund Bolton mit klaren Worten das Ethos kritischer Geschichtsschreibung umrissen, zugleich aber deutlich gemacht, daß es sich dabei eher um ein Ideal als um eine etablierte Praxis handelt:

Unvoreingenommenheit und Gerechtigkeit sind der Glanz des Historikers. (...) Doch lassen heutzutage diese wunderbaren und notwendigen Tugenden des Historikers, Gerechtigkeit und Unbestechlichkeit, viel zu wünschen übrig. Denn all die vergangenen Autoren, die ich zu lesen bekam, tischen uns zusammen mit den Erzählungen von Ereignissen, die fünfzehn oder sechzehn Jahrhunderte zurückliegen, die Eifersuchten, Leidenschaften und Stimmungen ihrer eigenen Zeit auf. Unsere Historiker müssen deshalb diese gefährliche Sirene umschiffen, die uns dazu verleitet, unseren eigenen Vorurteilen zu folgen, wenn sie nicht einer Partei, sondern der Wahrheit und Ehrlichkeit dienen wollen.[39]

Der historische Sinn in der Renaissance entstand, als ein Bewußtsein dafür aufkam, daß der unmittelbare Zugang zur Vergangenheit durch Abbruch und Vergessen versperrt war. Damit war die normative Kraft der Vergangenheit aber noch keineswegs gebrochen. Die Historiographie des 16. Jahrhunderts war in Nietzsches Terminologie noch weitgehend ‹monumentalische Geschichtsschreibung›; sie sichtete und sicherte Erinnerungswürdiges, Identitätsstiftendes, Zukunftsweisendes.

---

[38] Ein Geschichtsfälscher in diesem Sinne ist für Chaucer Homer gewesen, weil er die falsche Perspektive einnahm und statt mit den guten Trojanern mit den bösen Griechen paktierte. Über Geschichtsfälschung auch P. Burke, The Renaissance Sense of the Past, London 1969, 50 ff. Das spektakulärste Beispiel für Quellenkritik ist die Konstantinische Urkunde, der Gründungstext der Kirche, den Lorenzo Valla als «späte Fälschung» entlarvte. Vgl. August Buck, Die humanistische Tradition in der Romania, Bad Homburg v. d. H. 1968, 2–21, 227–241.

[39] «Indifferency and even dealing are the Glory of Historians. (...) This admirable Justice and Integrity of Historians, as necessary as it is, yet is nothing in these Days farther off from Hope. For all late Authors that ever yet I could read among us convey with them, to Narrations of things done fifteen or sixteen hundred years past, the Jealousies, Passions, and Affections of their own Time. Our Historians must therefore avoid this dangerous Syren, alluring us to follow our own Prejudices, unless he mean only to serve a Side and not to serve Truth and Honesty.» Edmund Bolton, Hypercritica, 1618, in: Joel Spingarn, Hg., Critical Essays of the Seventeenth Century, Bloomington 1957, Bd. 1, 91, 93.

Doch war die Verbindung zur Vergangenheit neu herzustellen; es galt, neue Ursprünge zu suchen und neue Genealogien zu rekonstruieren, die durch das Vergessen hindurchstießen. Wo keine Legate und Testate mehr zu holen waren, traten die Relikte in den Vordergrund. Das antiquarische Interesse an Relikten stand im Zeichen der Beglaubigung von identitätsrelevanten Überlieferungen, die kritische Prüfung von Quellen hatte ihren Ort im Kampf um eine identitätssichernde Erinnerung. Krzysztof Pomian, der die Geschichte der Entstehung des kulturellen Erbes untersucht hat, stellte eine Verlagerung der Sammlungstätigkeit fest von den mittelalterlichen Schatzkammern der Kirchen und Klöster zu den Privatsammlungen der Fürsten, die vom 14. bis zum 18. Jahrhundert florierten und dann oft in die Staats- und Nationalsammlungen eingegangen sind. Die Tätigkeit des Sammelns ist eng mit dem historischen Sinn und der Erfahrung von Wandel und Brüchen verknüpft. Er schreibt dazu:

«Die Geschichte der Bildung des kulturellen Erbes ist bedingt durch eine Folge von Brüchen: Änderungen kollektiver Glaubenshaltungen, Lebensarten, technische Umwälzungen, Propagierung neuer Lebensstile, die die alten ersetzen. Jeder Bruch enthebt bestimmte Klassen von Artefakten ihrer Funktion und verursacht ihre Herabsetzung zu Abfallprodukten, zu Aufgegebenem und Vergessenem. So geschehen nach der Christianisierung des römischen Imperiums, nach der Invasion der Barbaren, nach jeder industriellen und fast jeder politischen Revolution.»[40]

Das Grab des Vergessens

In Chaucers Palast der Fama wird zwischen Dichtern und Historikern nicht unterschieden; beide Gruppen verbindet der gesellschaftliche Auftrag, «das Andenken an große und wunderbare Taten» aufrechtzuerhalten. Obwohl Herodot im Proömium zu seinem Geschichtswerk bereits den Schwerpunkt vom Gedächtniswert der Historie auf ihren Erkenntniswert verlagert hat, bleibt der traditionelle Zusammenhang von Geschichtsschreibung und Andenken auch bei ihm noch gewahrt.[41] Im

---

[40] Krzysztof Pomian, «Museum und kulturelles Erbe», in: Gottfried Korff, Martin Roth, Hgg., Das historische Museum. Labor – Schaubühne – Identitätsfabrik, Frankfurt a. M. 1990, 41–64; hier: 62.

[41] «Herodotos, ein Bürger von Halikarnassos, hat diese Historien aufgezeichnet, damit bei der Nachwelt nicht in Vergessenheit gerate, was unter Menschen einst geschehen ist; auch soll das Andenken an große und wunderbare Taten nicht erlöschen, die die Hellenen und die Barbaren getan haben, besonders aber soll man die Ursachen wissen, weshalb sie gegeneinander Kriege führten.» Herodot, Historien, Erstes Buch, hg. v. H. W. Haussig, Stuttgart 1955, 1. Cicero hat die Geschichtsschreibung als eine Waffe gegen das Vergessen beschrieben und damit das Selbstverständnis der Historiographen der Renaissance wesentlich bestimmt.

Elizabethanischen England war Geschichte eine Domäne, für die sich die Dichter ebenso zuständig fühlten wie die Hof-Historiker. Thomas Nashe, der zu den ersten professionellen Literaten gehört, lobte diejenigen Dichter, die mit ihren Historiendramen die vergangene Nationalgeschichte wirkungsvoll im Bewußtsein der Zeitgenossen verankerten: «die Heldentaten unserer Väter (die lange unter rostigem Messing und in wurmzerfressenen Büchern begraben lagen) sind wiedererweckt, und sie selber stehen aus dem Grab des Vergessens auf, um für ihre altehrwürdigen Taten im offenen Raum der Gegenwart einzutreten.» *(Our forefathers valiant acts (that haue line long buried in rustie brasse, and wormeeaten bookes) are reuiued, and they themselues raised from the Graue of Obliuion, and brought to pleade their aged Honours in open presence.)*[42]

Die nationale Geschichtserinnerung steigt – mit Nashe zu sprechen – aus diesem «Grab des Vergessens» auf. Mit der Entdeckung des Abgrunds zwischen Gegenwart und Vergangenheit beginnt die Erfindung der Nationalgeschichte, die Konstruktion eines kollektiven Gedächtnisses, die sich als Suche nach der in diesem Abgrund verlorenen Vergangenheit darstellt. In der Topik dieser Vergangenheitskonstruktion folgt auf das Bewußtsein von Vergessen Bewußtwerdung, Erwachen, Erinnerung und Rückkehr. In dieser Konfiguration von Abkehr und Rückkehr, Vergessen und Erinnern haben wir die Grundfigur der ‹Renaissance› vor uns.

Das neue Interesse an nationaler Geschichtserinnerung kann auch am Beispiel des bereits genannten Edmund Spenser verdeutlicht werden. Die Szene findet sich in seinem Elizabeth I. gewidmeten allegorischen Epos *The Fairie Queene* (1596), das er fernab vom Hof in Irland geschrieben hat, wo ihn die Königin beim brutalen Kolonisierungsprojekt gegen die katholische Bevölkerung eingesetzt hatte. Im zweiten Buch wird erzählt, wie zwei Ritter, die sich auf ihrer aus Abenteuern, Versuchungen, Gefahren und Belehrungen zusammengesetzten Bildungsreise befinden, eine Schloß-Besichtigung machen, die sich als eine allegorische Reise durch den menschlichen Körper und damit als ein anthropologischer Grundkurs herausstellt. Die letzte Station dieser Besichtigung gilt der Bibliothek, die im Turm untergebracht ist und das menschliche Gedächtnis repräsentiert. Dort

---

[42] In diesem Sinne schrieb schon der Drucker William Caxton: «The fruytes of vertue ben inmortal, specially whanne they ben wrapped in the benefyce of hystoryes». Holzknecht, Hg., Sixteenth-Century English Prose, New York 1954, 42. Zum Geschichtsbewußtsein Shakespeares zwischen einer tudoroffiziellen Geschichtsauffassung und einem kritisch progressiven Geschichtsbewußtsein vgl. Th. Metscher in K. Garber, Hg., Nation und Literatur im Europa der frühen Neuzeit, Tübingen 1989, 469–515.

sind verstaubte Folianten, Codices und Schriftrollen verwahrt, an denen die Zeit nicht spurlos vorübergegangen ist («wurmzerfressen und durchlöchert»), was in diesem Fall ihren Dokumentenwert noch erhöht.

Die beiden Ritter in Spensers Erzählung haben nun den Wunsch, sich in dieser wundersamen Bibliothek festzulesen. Während jeder für den Rest des Tages mit dem Studium eines Folianten beschäftigt ist, ruht die Handlung und folgt ihnen auf den Spuren ihrer Lektüre. Die beiden Bände heißen *Briton moniments* und *Antiquitie of Fairie land*. Dabei handelt es sich um fiktive, von Spenser erfundene Geschichts- und Sagenbücher, die hier für das neue Genre nationaler Historiographie stehen. Im Proömium zum II. Buch der *Fairie Queene* entschuldigt sich Spenser ausdrücklich für diesen Akt dichterischer Freiheit:

> *Right well I wote most mighty Souveraine,*
> *That all this famous antique history,*
> *Of some th'aboundance of an idle braine*
> *Will judged be, and painted forgery,*
> *Rather then matter of iust memory.*

Ich weiß sehr wohl, mächtige Herrscherin,
daß diese wundersame alte Geschichte
von manchen als Überschwang eines müßigen Gehirns
beurteilt werden wird, und eher als mutwillige Fälschung
denn als Sache eines zuverlässigen Gedächtnisses.

Monumente, Relikte, Gräber

Aber genau darum geht es ihm: um «matter of iust memory», um eine identitätsstiftende, staatstragende Erinnerung an eine gemeinsame Herkunft und Vorzeit. Das Problem ist nur, daß diese heroische Vergangenheit den Blicken entzogen, unzugänglich und deshalb notorisch fragwürdig ist. Die Ereignisse und Taten einer großen aber dunklen Vergangenheit bedürfen der Beglaubigung durch Orte und Gegenstände. Relikte, die diese Beglaubigungsfunktion erfüllen, gewinnen den Status von ‹Monumenten›. In den *Briton moniments* ist immer wieder die Rede von solchen stummen Zeugen der Geschichte: «von seinen Siegen künden noch / Stolze Monumente, die das Land weiterhin verehrt» *(yet of his victories / Braue moniments remaine, which yet that land enuies;* II, X, 21). Die Relikte-Monumente haben die Aufgabe, die Ereignisse der wunderbaren Vorzeit mit der realen Gegenwart zu verbinden. Sie sind Brücken über den Abgrund des Vergessens hinweg, den sie ebenfalls manifestieren. Einer der beiden Leser, es ist kein Geringerer als Prinz Arthur persönlich, bricht nach seiner Lektüre in einen spontanen Lobpreis aus, der nicht an Gott, sondern an das Mutterland gerichtet ist. Denn diesem verdankt er nicht nur Lebensraum («commun

breath») und Nahrung («nouriture»), sondern nun auch seine Geschichte[43]:

> *Deare countrey, O how dearely deare*
> *Ought thy remembraunce, and perpetuall band*
> *Be to thy foster Childe, that from thy hand*
> *Did commun breath and nouriture receaue?*
> *How brutish is it not to understand,*
> *How much to her we owe, that all vs gaue,*
> *That gaue vnto vs all, what euer good we haue. (II, x, 69)*

Teures Mutterland, wie lieb und teuer
sollte dein Andenken und ewiges Band
deinem Zögling sein, der von deiner Hand
den freien Atem und Nahrung empfängt?
Wie unmenschlich wäre es, nicht zu empfinden
wie viel wir ihm verdanken, das uns alles gegeben hat,
das uns allen gegeben hat, was immer Gutes wir besitzen.

Bei Nashe und Spenser ist die Rede von «worme-eaten books». Sie sind
ein Indiz dafür, daß man neuerdings die Aufmerksamkeit auf etwas richtet, was nicht nur alt ist, sondern auch lange Zeit nicht benutzt und nicht
gepflegt wurde, also vorhanden war, aber vergessen wurde. Die Bibel
z. B. oder die Kirchvenväter, die kontinuierlich im Kult konserviert, in
Kommentaren interpretiert und in den Skriptorien mit Sorgfalt abgeschrieben wurden, würde man kaum als wurmzerfressene Dokumente
bezeichnen. Spensers Interesse an Erinnerung und alten Bibliotheken
kommt nicht von ungefähr. Zwei Generationen zuvor waren von Henry
VIII. die Klöster dem Staat übereignet und dabei etliche Kloster-
Bibliotheken aufgelöst worden. Der König hatte einen Sonderbeauf-
tragten herumgeschickt, der dafür sorgen sollte, daß die kostbaren Bestände gesichtet und z. T. sichergestellt wurden. John Leland hatte 1534,
im Jahr der Säkularisierung der Klöster, den Auftrag erhalten,

to peruse and diligently to serche al the libraries of monasteries and collegies of this yow-
re noble realme, to the intente that the monumentes of auncient writers as welle of other
nations, as of this yowr owne province mighte be brought owte of deadely darkenes to lyve-
ly lighte.

---

[43] Vgl. dazu E. Greenlaw, Studies in Spenser's Historical Allegory, Baltimore 1932,
und Hans Ulrich Seeber, «Edmund Spenser und die nationale Monarchie» in:
K. Garber, Hg., Nation, 466: «Die Abtrennung einer aus universalen Bindungen her-
ausgelösten nationalen Monarchie verlangt nach einem eigenen Ursprungsmythos.
(. . .) Das typologische Schema der Heilsgeschichte, welches Elizabeth in eine Linie
mit Arthur, Brutus und den Trojanern stellt, verleiht dem regierenden Königshaus
den Glanz klassischer und göttlicher Herkunft.»

alle Kloster- und College-Bibliotheken in diesem Eurem edlen Land durchzu-
sehen und sorgfältig zu durchsuchen, damit die Monumente von Autoren der
Antike, anderer Nationen und dieses Eures eigenen Landes aus ihrer Todesfinsternis ans lebendige Licht gebracht würden.[44]

Der Satz macht deutlich, wie eng Traditionsbruch und die Entdeckung
der Vergangenheit zusammenrücken können. In diesem Fall liegen sie
in einer Hand: Dieselben, die die Klöster zerstören, sind es auch, die
aus den Scherben vergangener Traditionen neue Herkunftsgeschichten
konstruieren bzw., wie es im Text heißt, «aus Todesfinsternis ans Licht
ziehen». Mit der Auflösung der Kloster-Bibliotheken und der Einrich-
tung neuer Bibliotheken vollzog sich im Tudor-England eine tiefgreifende Umstrukturierung des kulturellen Gedächtnisses. An die Stelle des
Gedächtnisses der Kirche traten neue Gedächtnisse: das Archiv der Nation, der humanistischen Gelehrsamkeit.

Das Interesse an nationaler Identität beflügelte eine archivalische Bewegung, die die Spuren einer vergessenen Vergangenheit einsammelte.[45]
Im Zentrum dieses Interesses stand alles, was über die heroische Vergangenheit und die bodenständigen Traditionen des Landes Auskunft geben
konnte. Man sah sich plötzlich überall von Monumenten einer vergangenen Zeit umgeben.[46] Beim Pflügen stieß der Bauer auf seinem Acker
auf Reste einer römischen Wasserleitung oder förderte einen Bronze-
Helm zutage. Die dingliche Verifikation dieser Gedächtnis-Topographie
wurde zum Hauptanliegen der Archivare und Antiquare. Zu der neuen
Gattung, welche Geschichtswissen, Denkmäler-Dokumentation und
topographische Bestandsaufnahme miteinander verbindet, gehört das
Werk eines Freundes von Spenser, William Camdens *Britannia* (1586).
Der Autor war wie vor ihm Leland ein Ethnograph im eigenen Lande.
In diesem Atlas der Erinnerungen und des Brauchtums hat er Informationen zusammengetragen, die er persönlich durch Reisen, Befragun-
gen und Urkundenstudium gesammelt hat. Er leistete für England, was
vor ihm Flavio Biondo für Italien geleistet hatte.[47]

Die Relikte, die aus einer fernen und fremden Zeit in die Gegenwart
hineinragten, wurden von der mündlichen Legendenbildung wie mit
Efeu umrankt; von den Archivaren wurden sie identifiziert und gewis-
senhaft registriert. Es entwickelte sich ein Vergangenheitstourismus im
eigenen Lande, bei dem man die «Reliquien der Nationalgeschichte»

---

[44] Vgl. Aleida Assmann, «'This blessed plot, this earth, this realm, this England. Zur
Entstehung des englischen Nationalbewußtseins in der Tudorzeit», in: K. Garber, Hg.,
Nation und Literatur im Europa der frühen Neuzeit, Tübingen 1989, 446 f.

[45] P. Burke, The Renaissance Sense of the Past, London 1969, 21 ff.

[46] K. Thomas, Vergangenheit, Zukunft, Lebensalter, Berlin 1988, 17.

[47] Flavio Biondo, Roma ristorata (1440–46), vgl. Burke, The Renaissance Sense of
the Past, London 1969, 25 f.

besichtigte: Hier hat Caesar biwakiert, dort William der Eroberer seine Standarte aufgepflanzt, hier ist das Schwert zu besichtigen, mit dem Thomas Becket enthauptet wurde, dort die Quelle Robin Hoods oder der Steintisch, wo sich einst die legendäre Tafelrunde der Artus-Ritter versammelte. Die Dimensionen von Zeit und Raum, Nationalgeschichte und Territorium wurden zusammengeführt in einer nationalen Gedächtnislandschaft.

Kehren wir von den nationalen und kollektiven Formen der Erinnerung noch einmal zum persönlichen Andenken und zur Totenmemoria zurück. Ottilie in Goethes Wahlverwandtschaften notierte in ihrem Tagebuch, daß das zweite Leben, in das man durch Gedächtnismedien wie Stein, Bild und Schrift eintritt, zwar in der Regel länger dauert als das erste, jedoch ebenfalls nicht unbeschränkt ist:

«Wenn man die vielen versunkenen, die durch Kirchgänger abgetretenen Grabsteine, die über ihren Grabmälern selbst zusammengestürzten Kirchen erblickt, so kann einem das Leben nach dem Tode doch immer wie ein zweites Leben vorkommen, in das man nur im Bilde, in der Überschrift eintritt und länger darin verweilt, als in dem eigentlichen Leben. Aber auch dieses Bild, dieses zweite Dasein verlischt früher oder später. Wie über die Menschen so auch über die Denkmäler läßt sich die Zeit ihr Recht nicht nehmen.»[48]

Die Überreste vergangener Kulturen und Epochen sind in Ruinen, die vergangener Generationen in Gräbern festgehalten. Die Nachtgedanken, die einen englischen Dichter in der Mitte des 18. Jahrhunderts auf einem ländlichen Friedhof bewegten, kreisen um die Bedingungen von Ruhm und Vergessen. Für Thomas Gray, den Dichter der Friedhofs-Elegie, ist das Leben der Toten, die hier begraben sind, für immer vergangen; der Besucher versucht, aus den kärglichen Spuren einzelne Szenen dieses vergangenen Lebens zu imaginieren, doch bleiben dies anonyme, allgemeine Bilder, wie sie die Phantasie, nicht die Erinnerung heraufbeschwört. Daran schließt sich eine Reflexion über die nivellierende Macht des Todes an:

> *The boast of heraldry, the pomp of pow'r,*
> *And all that beauty, all that wealth e'er gave,*
> *Awaits alike th' inevitable hour.*
> *The paths of glory lead but to the grave.*[49]

Den Prunk der Heraldik und den Pomp der Macht,/ Und alles, was die Schönheit, was der Reichtum je gegeben,/ Sie alle erwartet ihre Todesstunde,/ Denn alle Ruhmespfade führen doch ins Grab.

---

[48] Johann Wolfgang Goethe, Die Wahlverwandtschaften, in: Sämtliche Werke in 18 Bänden, (Artemis-Ausgabe), Zürich und München 1977, Bd. 9, 146.

[49] Thomas Gray, Elegy Written in a Country Churchyard (1751), in: Selected Poems of Thomas Gray and William Collins, ed. by Arthur Johnston, London 1967, S. 40–50.

Während der Tod ein großer Demokrat ist, der allen das gleiche Verhängnis beschert, ist der Ruhm, wie wir an Ariosts Schwänen gesehen haben, ein mächtiger Sortierer und Filter, der die Namen der einen verewigt und der anderen untergehen läßt. Den Toten, die auf dem ländlichen Friedhof bestattet sind, bewahrt die Nachwelt kein Andenken, aber sie bleiben eingeschlossen in den Gottesdienst der Gemeinde:

> *Nor you, ye Proud, impute to These the fault,*
> *If Mem'ry o'er their Tomb no Trophies raise,*
> *Where thro' the long-drawn isle and fretted vault*
> *The pealing anthem swells the note of praise.* (37–40)

Auch sollt ihr Stolzen euch davor hüten, es diesen anzulasten,/ wenn die Erinnerung auf ihren Gräbern keine Ehrenzeichen aufgerichtet hat,/ wo dafür durch die langgezogenen Gänge und klagenden Gewölbe/ das anschwellende Preislied der Hymne tönt.

Wo die Fama ausgeschlossen ist, hat der christliche Totenkult sein Recht behalten. Für «die kurzen und einfachen Annalen der Armen» bedarf es keiner literarischen Muse; Namen, Jahreszahlen und fromme Grabsprüche ersetzen den Drang nach irdischer Selbstverewigung.

> *Their name, their years, spelt by th'unletter'd muse,*
> *The place of fame and elegy supply:*
> *And many a holy text around she strews,*
> *That teach the rustic moralist to die.* (81–84)

Ihr Name, ihre Lebensdaten, buchstabiert von der kunstlosen Muse/ treten hier an die Stelle von Ruhmgedicht und Elegie/ Jene Muse verstreut jedoch manch frommen Text,/ der den ländlichen Moralisten das Sterben lehrt.

Besonders aufschlußreich sind die Gedanken über die Bedingungen von Ruhm, die den zweiten Teil des Gedichts ausfüllen. Der Besucher überlegt sich, daß außergewöhnliche Leistungen und Qualitäten auch unabhängig von ihrem Ruhm existieren müßten, und er fragt sich, welche anonymen Helden dieser Friedhof wohl beherbergen mag:

> *Full many a gem of purest ray serene,*
> *The dark unfathom'd caves of ocean bear;*
> *Full many a flower is born to blush unseen,*
> *And waste its sweetness on the desert air.*
>
> *Some village-Hampden, that with dauntless breast*
> *The little Tyrant of his fields withstood;*
> *Some mute inglorious Milton here may rest,*
> *Some Cromwell guiltless of his country's blood.* (53-60)

Manch Gemme von reinstem hellen Glanz,/ bergen die dunklen unauslotbaren Höhlen des Ozeans:/ Manch Blume erblüht ungesehen,/ Und verströmt ihren süßen Duft in der Wüste.

Ein dörflicher Hampden, der mit unerschrockener Brust/ dem kleinen Tyrannen seines Sprengels widerstand;/ ein stummer, unbekannter Milton mag hier ruhen,/ ein Cromwell, der schuldlos blieb und nicht das Blut seines Landes vergoß.

In der ersten Fassung des Gedichts hatte Gray die Namen Cato, Cicero und Caesar als Prototypen des Ruhms gewählt, in der zweiten Fassung hat er sie durch heimische Namen ersetzt. Die Translatio des Ruhms, die über die Grenzen der Kulturen und von überzeitlicher Klassik zur Nationalgeschichte fortschreitet, macht vor den kleinen Leuten des Dorffriedhofs halt. Die Helden, die hier begraben liegen, sind virtuelle Helden geblieben, nicht, weil sie nicht das Zeug zur Größe gehabt hätten, sondern weil sie diese Größe in ihrer Umwelt nicht entwickeln und verwirklichen konnten. Ihre Unscheinbarkeit ist der Beschränkung ihrer Lebensumstände geschuldet. Das Schicksal, das diesen Bauernsöhnen verwehrte, «ihre Geschichte in den Augen der Nation zu lesen» *(to read their hist'ry in a nation's eyes)* (64), wird jedoch nicht beklagt, weil der Besucher zu der Überzeugung gelangt, daß der Preis für Größe zu hoch ist. Ruhm folgt nur dem, der Größe erlangt hat, und Größe erlangt in der Regel nur der, der einseitig, rücksichtslos, grausam, blind geworden ist. Größe verursacht großes Leiden, sowohl für die, die sich als Helden profilieren, als auch für die, die von solchen Helden regiert werden.

Mit der Einschätzung von Größe als einer ambivalenten Qualität, ja einer sozialen Gefahr, hat sich auch die Bewertung von Fama grundlegend geändert. Grays Elegie, deren dritter und letzter Teil den Tod des Besuchers vorwegnimmt und in einen Epitaph auf den unbekannten Dichter mündet − «ein Jüngling unbekannt in den Annalen der Geschichte und des Ruhms» − *(A Youth to Fortune and to Fame unknown),* nimmt ein zentrales Fama-Paradox der Moderne vorweg: den Ruhm eines Unbekannten. Für die vielen namenlos Gebliebenen und Vergessenen steht das Denkmal des Gedichts, das keinen direkten Akt des Andenkens vollzieht, sondern seinerseits an das Vergessen erinnert.

Wie sehr der Ruhm der wenigen von der Ruhmlosigkeit der vielen zehrt, hat Thomas Laqueur gezeigt.[50] In Shakespeares Kriegsdramen pflegen die Schlachten rituell mit einer Bilanz der Gefallenen beschlossen zu werden. Bei dieser Gelegenheit werden regelmäßig einige wenige Namen aufgerufen und betrauert, die sämtlich Personen aus alten Adelsgeschlechtern nennen, die als Träger eines kollektiven Namens gedächtniswürdig sind. Die Masse der gefallenen Soldaten bleibt unerwähnt, ihre Namen bleiben unbekannt. Sie finden keinen Einlaß ins

---

[50] Thomas Laqueur, «Von Agincourt bis Flandern: Nation, Name und Gedächtnis», in: Uli Bielefeld und Gisela Engel, Hgg., Bilder der Nation. Kulturelle Konstruktionen des Nationalen am Beginn der europäischen Moderne, Hamburg 1998.

politische Totengedenken. «Sonst keiner von Namen» *(None else of name!)* – mit dieser harschen Formel pflegt die öffentliche Kommemoration nach den Schlachten in Shakespeares Dramen abgebrochen zu werden.

Daß die kulturelle Erinnerung des Eigennamens ein höchst exklusives Privileg ist, hat inzwischen auch die feministische Forschung am Beispiel der Institution Autorschaft bestätigt. Barbara Hahn hat gezeigt, «daß ein Autorname durchaus nichts Natürliches, sondern Effekt des Schreibens in einem spezifischen System der Textproduktion ist».[51] Die Frage, ob etwas ins Kurzzeitgedächtnis des Buchmarkts oder ins Langzeitgedächtnis kanonisierter kultureller Texte aufgenommen wird, ist abhängig von sozialen Institutionen der Konsekration und Desekration, der Ehrung und der Ächtung. Mit der feministischen Forschung ist die Einsicht ins allgemeine Bewußtsein gedrungen, daß ‹Größe› ein Prädikat ist, das von Männern für Männer gemacht ist. Dem Dichter Gray ist im ausgehenden 18. Jahrhundert aufgefallen, daß das Licht der Fama nie auf die Armen und Randständigen fällt, uns ist mittlerweile aufgefallen, daß das Licht der Fama nie oder doch höchst selten auf Frauen fällt. Ganz gleich wie sie heißen, ob Cato, Cicero und Caesar oder Hampden, Milton und Cromwell – in den Annalen der Geschichte reimt sich Fama niemals auf Frau. Durch alle sozialen Schichten hindurch bilden Frauen den anonymen Hintergrund, von dem sich männlicher Ruhm leuchtend abhebt. Solange die Bedingung für den Einlaß ins kulturelle Gedächtnis heroische Größe und die Kanonisierung als Klassiker ist, fallen Frauen systematisch dem kulturellen Vergessen anheim. Es handelt sich dabei um einen klassischen Fall struktureller Amnesie.

---

[51] Barbara Hahn, Unter falschem Namen. Von der schwierigen Autorschaft der Frauen, Frankfurt a. M. 1991, 8.

III.

DER KAMPF DER ERINNERUNGEN
IN SHAKESPEARES HISTORIEN

Der Zusammenhang von Erinnerung und Identität hat seit den 8oer Jahren dieses Jahrhunderts eine neue Aktualität gewonnen. Sie hat zu tun mit der Auflösung und Wiederaufrichtung politischer und kultureller Grenzen überall auf der Welt. In Europa ging mit dem Zusammenbruch der Ost-West-Grenze eine Ära eingefrorener Erinnerungen zu Ende, eingefroren unter der Eisdecke der Polarisierung zweier einzig wahrer Lehren. Im Osten meldeten sich ethnische Identitäten zurück und mit ihnen «ihre Sprachen, Kulturen, ihre Geschichte und ihre Götter». Mit Formeln wie der von der «Rückkehr» oder dem «Erwachen» der Geschichte[1] wurde damals diese unerwartete Entwicklung beschrieben. Mit «Geschichte» ist hier freilich nicht das gemeint, was wir in der Regel darunter verstehen, nämlich das in fachdisziplinärer Arbeitsteilung betriebene akademische Studium der Vergangenheit, sondern ein lebendig gehaltenes oder neu angestoßenes Kollektiv-Bewußtsein, eine «erinnerte Vergangenheit». In dieser Gestalt ist sie von heute auf morgen zu einer primären politischen Mobilisierungskraft geworden. An die Stelle der Losung der Emanzipation, die mit der Verheißung einer selbstgestalteten Zukunft immer auch eine Ablösung von Vergangenheit und Herkunft einschloß, ist die Identitäts-Frage getreten. Wer bin ich? lautet diese Frage, und näherhin: Wer sind wir? Sich zu definieren bedeutet heute, sich geschlechtlich, ethnisch, politisch zu positionieren. In diesem Sinne definiert die feministische Literaturwissenschaftlerin Teresa de Lauretis Identität als «eine aktive Konstruktion und eine diskursiv vermittelte politische Deutung der eigenen Geschichte».[2] Kürzer gesagt: Wir definieren uns durch das, was wir gemeinsam erinnern und vergessen.[3] Umbildung von Identität bedeutet immer auch Umbau des

---

[1] Frank Schirrmacher, Hg., Im Osten erwacht die Geschichte: Essays zur Revolution in Mittel- und Osteuropa, Stuttgart, 1990; Krysztof Michalski, Hg., Rückkehr der Geschichte, Transit – Europäische Revue, 2 (1991).

[2] «Identity is an active construction and a discursively mediated political interpretation of one's history.» Teresa de Lauretis, «The Essence of the Triangle or, Taking the rise of Essentialism Seriously: Feminist Theory in Italy, the U. S. and Britain», Differences, 1 (1991), S. 12.

[3] Ernest Renan hat die Nation bekanntlich als eine Ansammlung von Individuen definiert, die vieles gemeinsam haben und gemeinsam vieles vergessen haben. «Or l'essence d'une nation est que tous les individus aient beaucoup de choses en commun, et aussi que tous aient oublié bien des choses.» Zit. nach Benedict Anderson,

Gedächtnisses – auch das gilt, wie wir wissen, für Gemeinwesen nicht weniger als für Individuen, und es schlägt sich nieder in einem Umschreiben von Geschichtsbüchern, im Sturz von Denkmälern, in der Umbenennung öffentlicher Gebäude und Plätze. So sieht sich auch das vereinigte Deutschland neu vor das Identitäts- und Gedächtnis-Problem gestellt. Welche gesamtdeutschen Erinnerungen wird man behalten, an welche wird man sich halten?

Das Erwachen der Geschichte und die Wiederkehr der Erinnerungen wurde 1989 euphorisch als «neue Komplexität, neuer Reichtum an Differenzen, Nuancen, Verflechtungen, Spannungen» begrüßt.[4] Inzwischen wissen wir, daß nach dem Ende der Bipolarität noch nicht sofort «die Infrastruktur des zivilen Europa» zutage trat, sondern erst einmal die Blutspur älterer Fronten. Auch die Wiederkehr vergessener Grenzen und mörderischer Feindbilder hängt an freigesetzten und politisch instrumentalisierten Erinnerungen. In diesem Knäuel virulenter Erinnerungen mischen sich rezentere, die auf unbeglichene Rechnungen aus den Weltkriegen zurückgehen, problemlos mit jahrhundertealter epischer Überlieferung. Die Schlacht auf dem Amselfeld, Nationalmythos und politische Leitlinie der Serben, liegt noch 26 Jahre länger zurück als die bei Agincourt. Man stelle sich nur einmal vor, die Franzosen hätten diese Niederlage zu einer ähnlich identitätsbestimmenden Erinnerung gemacht wie die Serben. Es sieht heute fast so aus, als sei die Grenze des kalten Krieges zwischen West und Ost einer neuen unsichtbaren Scheidelinie gewichen, die die Industrie-Nationen mit ihrem Ethos des «ständigen Fortbringens, Abservierens und Auslöschens» trennt von jenen Gesellschaften, in denen «die Kräfte des Hergebrachten» unvermindert wirksam geblieben sind.[5] Stehen sich heute vergessensfreudige und erinnerungsfreudige Gesellschaften in neuer Polarisierung gegenüber?

Von diesen unseren Gegenwartsproblemen, so möchte ich im folgenden Kapitel zeigen, sind Shakespeares Historien gar nicht so weit entfernt. Ich werde nämlich die These entfalten, daß die eigentlichen

---

Imagined Communities: Reflections on the Origin and Spread of Nationalism, London, New York, 1983, 15.

[4] Karl Schlögel, «Der dramatische Übergang zu einer neuen Normalität – Europa am Ende der Nachkriegszeit», in: F. Schirrmacher, Hg., Im Osten erwacht die Geschichte, 37.

[5] Botho Strauß, «Anschwellender Bocksgesang», Der Spiegel vom 8. 2. 1993, 6/47, 202–207; hier: 203. Ähnlich Dubravka Oraic Tolic in der FAZ vom 17. 5. 1993, Nr. 113, 13: «Mit seinem Projekt einer unbegrenzt technologisierten Gegenwartsfixiertheit vermag der Westen nicht die Bürger Bosnien-Herzegovinas als vom Schicksal bestimmte Subjekte wahrzunehmen, die das Recht haben, sich ihrer Vergangenheit zu erinnern und diese Vergangenheit als Pfand für die Gegenwart und die Zukunft zu verteidigen.»

Akteure in diesen Dramen die Erinnerungen sind. Sind sie doch überall mit im Spiel, wo Handeln motiviert, legitimiert, gedeutet und die
Welt als sinnhaft erfahren wird. Es wird zu zeigen sein, daß sie die
geheime Wirkmacht sind im Zentrum von Geschichte und Herrschaft ebenso wie bei der Konstitution von personaler und kollektiver
Identität. In drei Dimensionen soll die Bedeutung der Erinnerung in
Shakespeares Historien hier untersucht werden:

1. als Zusammenhang von Erinnerung und persönlicher Identität – hier
   wird es um die notorische Instabilität und Plastizität der Erinnerungen gehen sowie um die Frage nach den Bedingungen ihrer
   grundsätzlichen Verfügbarkeit oder Unverfügbarkeit;
2. als Zusammenhang von Erinnerung und Geschichte – hier wird es
   um den politischen Gebrauch von Geschichtserinnerungen gehen,
   aber auch um die Frage der Beendbarkeit oder Unbeendbarkeit gefährlicher Erinnerungen;
3. als Zusammenhang von Erinnerung und Nation – hier wird es um
   die Bedeutung der Shakespeareschen Dramen als Beitrag zu einer
   neuen Geschichtskonstruktion gehen sowie um die Frage, unter welchen Umständen eine Nation eine Geschichte braucht.

1. Erinnerung und Identität

Beginnen wir unsere Untersuchung zur Erinnerung bei Shakespeare
dort, wo sie am direktesten zu greifen ist, bei den Individuen. Erinnerungen gehören zum Unzuverlässigsten, was ein Mensch besitzt.
Jeweils aktuelle Affekte und Motive sind die Wächter über Erinnern
und Vergessen. Sie entscheiden, welche Erinnerungen dem Individuum
zu einem gegenwärtigen Zeitpunkt zugänglich sind und welche unverfügbar bleiben. «Der Handelnde» ist nach Nietzsche «immer gewissenlos» im Sinne von «wissenlos»[6]; damit ist gemeint, daß ihm im
Augenblick des Handelns immer nur ein Ausschnitt seines Wissens
und seiner Erinnerungen zur Verfügung steht. Dem von Handlungs-
interessen geleiteten Menschen steht niemals die Summe seiner Erinnerungen zu Gebote. Der Erinnerungsfundus steht immer nur in Aus-
schnitten zur Verfügung; das macht die grundsätzliche Beschränktheit,
aber auch die Wandlungsfähigkeit und Lernfähigkeit des Menschen aus.
Noch einmal Nietzsche: «er vergisst das Meiste, um Eins zu thun, er ist
ungerecht gegen das, was hinter ihm liegt und kennt nur Ein Recht, das
Recht dessen, was jetzt werden soll.»[7] Gegen dieses ungerechte Verges-

---

    [6] Friedrich Nietzsche, Unzeitgemäße Betrachtungen. Zweites Stück:Vom Nutzen
und Nachteil der Historie für das Leben. In: Sämtliche Werke. Band I, 254.
    [7] Nietzsche, Historie, 254.

sen hat die Moral das Gewissen aufgebaut, das jedoch auch nicht viel zuverlässiger ist.

Nietzsche rühmte bekanntlich die Kraft des Vergessens als Fähigkeit, sich von widerständigen und zerstreuenden eigenen Erinnerungen abzuschirmen – eine Fähigkeit, deren Abwesenheit er an Hamlet demonstrierte. Was Nietzsche als eine positive Kraft bewertete, wird von Shakespeare jedoch als Schuld behandelt. Das macht die letzte Szene in *Richard III.* deutlich, in der wir den glücklosen Edward IV. erleben. Es ist eine Szene, bei der Vergessen und Erinnern schockartig aneinanderstoßen. Edward wird schmerzhaft bewußt, daß er das meiste vergaß, um eines zu tun, daß er ungerecht war gegen das, was hinter ihm lag, daß er nur ein Recht kannte, das Recht dessen, was werden sollte. Ängstlichkeit und das Verlangen nach Selbstschutz haben ihn für Intrigen empfänglich gemacht; er war bereit, den Bruder Clarence in dem düsteren Licht zu sehen, in das ihn Gloucester gerückt hatte, und er hat seine vielfältigen Dankesschulden tief vergessen: den Übertritt von der Seite Warwicks, die Lebensrettung in der Schlacht von Tewksbury, die vielen Zeugnisse brüderlicher Liebe:

> *All this from my remembrance brutish wrath*
> *Sinfully pluck'd, and not a man of you*
> *Had so much grace to put it in my mind.* (RIII; II, 1, 119–121)[8]

> Dies alles rückte viehisch wilde Wut
> Mir sündhaft aus dem Sinn, und euer keiner
> War so gewissenhaft, mich daran zu mahnen.

Die Berater tragen an seinem Blackout eine Mitschuld; sie hätten ihm die abgeblendeten Erinnerungen ins Bewußtsein zurückrufen sollen. Die Parteilichkeit der Erinnerungen wird bei Shakespeare also nicht idealisiert; im Gegenteil zeigen sich Reife und Weisheit einer Person in dem Maße, wie sie inopportune Erinnerungen zuzulassen und zu integrieren vermag.

Zorn und Angst machen vergeßlich, wie der Fall Edwards zeigt; Haß und Rache dagegen schärfen das Gedächtnis. Dankesschulden schreiben sich lange nicht so tief ins Gedächtnis wie erfahrenes Unrecht und die Verletzung der Ehre.[9] Solche Erinnerungen verblassen keineswegs, und

---

[8] William Shakespeare, King Richard III, edited by Antony Hammond. The Arden Edition of the Works of William Shakespeare, London and New York 1981, 192. Dt.: Richard der Dritte, Shakespeares Dramatische Werke, übersetzt von A. W. v. Schlegel und L. Tieck, hg. v. Hans Matter, Bd. 8, Basel 1979, 326.

[9] «Most necessary 'tis that we forget / To pay ourselves what to ourselves is debt», doziert der Player King in Shakespeares Hamlet, III,2, 187–188, edited by Harold Jenkins. The Arden Edition of the Works of William Shakespeare, London and New York 1982, 299.

hier entsteht das Problem, wie man sie wieder los wird. Im Dienste der Reifung der Person kann es unter Umständen ebenso wichtig sein, Erinnerungen zu vergessen wie Vergessenes zu erinnern.[10]

Diese Umstände werden paradigmatisch in jener Szene entfaltet, in der sich Henry V am Hof zum erstenmal als König zeigt. Die engsten Freunde und Berater des verstorbenen Königs sehen diesem Thronwechsel nicht ohne Sorge entgegen; am stärksten betroffen ist der Oberste Richter, der als Anwalt des Gesetzes den Prinzen in seinem schweifenden und rechtlosen Lebenswandel unerbittlich verfolgt hatte. Er macht sich auf eine regelrechte Revolution gefaßt: «O Gott, ich fürchte alles wird gestürzt» *(O God! I fear all will be overturn'd).* Seine Befürchtungen sind ihm anzumerken; auf Henrys Nachfrage antwortet er mit einer Offensive: Wenn in diesem Lande Recht Geltung haben solle, gäbe es für den neuen König keinen Grund, den Anwalt dieses Rechts zu hassen. Keinen! ruft Henry fassungslos aus. Und er macht deutlich, daß zwischen ihnen beiden Erinnerungen an eine Serie von Demütigungen stehen:

> *How might a prince of my great hopes forget*
> *So great indignities you laid upon me?*
> *What! rate, rebuke, and roughly send to prison*
> *Th'immediate heir of England! Was this easy?*
> *May this be wash'd in Lethe and forgotten?* (2 H IV;V, 2, 68–72)[11]

> Wie könnt ein Prinz von meiner Anwartschaft
> So großen zugefügten Schimpf vergessen?
> Was? schelten, schmähn und hart gefangensetzen
> Den nächsten Erben Englands! War das nichts?
> Läßt sichs im Lethe waschen und vergessen?

Diese Frage nach dem Vergessen kehrt der herausgeforderte Richter abermals in eine Offensive um: Vergessen habe der Prinz lange genug die Hoheit und Würde des Rechts: «Your Highness pleased to forget my place, / The majesty and power of law and justice». In der Begrifflichkeit von Erinnern und Vergessen wird hier eine radikale Identitätsumbildung vollzogen. Dieser Prozeß wird anschaulich an drei Stufen, auf denen metaphorisch das Verhältnis von Vater und Sohn jeweils neu bestimmt wird. Am Anfang empfiehlt sich der neue König denen, die über den Tod seines Vaters trauern, als trost- und hilfespendender Vater:

---

[10] Diesem Thema hat Harald Weinrich ein anschauliches und eindringliches Buch gewidmet: Lethe. Kunst und Kritik des Vergessens, München 1997.

[11] William Shakespeare, The Secound Part of King Henry IV, edited by A. R. Humphreys. The Arden Edition of the Works of William Shakespeare. London 1966, 165;.König Heinrich der Vierte, Zweiter Teil, Shakespeares Dramatische Werke, übersetzt von A. W. v. Schlegel und L. Tieck, hg. v. Hans Matter, Bd. 9, Basel 1979, 363.

«I'll be your father and your brother too; / Let me but bear your love, I'll bear your cares.» In der Mitte der Begegnung fordert ihn der Richter auf, sich als einen Vater vorzustellen mit einem Sohn, der die königliche Würde mißachtet: «Be now the father and propose a son (...) / Behold yourself so by a son disdain'd». Am Ende schließlich reicht Henry ihm die Hand mit den Worten: «There is my hand. / You shall be as a father to my youth».

Nachdem die *Legalität* der Thronfolge nach dem Prinzip der Erbfolge sichergestellt ist, bedarf die *Legitimität* des neuen Herrschers, seine persönliche Würdigkeit, erst noch eines Beweises. Dieser Beweis wird mit der Umschaffung seiner Identität erbracht, die in dieser Szene als ein Kampf der Erinnerungen dramatisiert wird. Die Erinnerungen des Prinzen, die erfahrenen Demütigungen, müssen umgebildet werden in die Erinnerungen des neuen Königs, der nun das Recht zu schützen hat, das ihn zuvor verurteilte. Seine volle Legitimität ist erst besiegelt, nachdem sich der König freiwillig vom symbolischen Vater zum Sohn erniedrigt hat und den Weg vom souveränen Herrscher zum willigen Empfänger weisen Ratspruchs zurückgelegt hat. Mit diesem Handschlag beugt sich – eine erstaunliche Geste im Zeitalter absolutistischer Herrschaft – die Macht dem Recht. So weit, so gut. Aber jeder Identitätsumbau fordert seinen Preis. In diesem Falle ist es die harsche Verleugnung seiner ehemaligen Kumpanen. Nach dem Identitätswandel kennt der neue König seinen alten Kameraden Falstaff nicht mehr, den er brutal von sich stößt. Von seinen früheren Erinnerungen ist er ebenso abgeschnitten, wie ein soeben Erwachter von seinem Traum.

> *I know thee not, old man. Fall to thy prayers.*
> *How ill white hairs becomes a fool and jester!*
> *I have long dreamt of such a kind of man,*
> *So surfeit-swell'd, so old, and so prophane;*
> *But, being awak'd I do despise my dream.* (2 H IV;V, 5, 47–51)[12]

> Ich kenn dich, Alter, nicht; an dein Gebet!
> Wie schlecht steht einem Schalksnarrn weißes Haar!
> Ich träumte lang von einem solchen Mann,
> So aufgeschwellt vom Schlemmen, alt und ruchlos:
> Doch, nun erwacht, veracht ich meinen Traum.

Solche im Zeichen der ‹Identitätsarbeit› (Erich Schön) vollzogene Gedächtnis-Umbildung ist strikt zu unterscheiden von der opportunistischen Manipulation des Gedächtnisses, wie sie Richard III. betreibt. So virtuos, wie er seine Gefühle inszeniert, so virtuos verfügt er auch über seine Erinnerungen. Besonders eindrucksvoll wird das in jener Szene, in der er bei der trauernden Witwe, deren Söhne er ermordet hat, um die

---

[12] Shakespeare, Secound Part of Henry IV, dt.: 372.

Hand ihrer Tochter anhält. Dieses unverschämte Ansinnen deklariert er als Akt der Wiedergutmachung, als Tilgung vergangenen Leids. Deshalb empfiehlt er scheinheilig der Königin heilendes Vergessen:

> *So in the Lethe of thy angry soul*
> *Thou drown the sad remembrance of those wrongs*
> *Which thou supposest I have done to thee.* (R III; IV, 4, 251–253)[13]

> So du im Lethe deines zorngen Muts
> Die trüb Erinnrung dessen willst ertränken,
> Was, wie du meinst, ich dir zu nah getan.

Sie aber tut genau das Gegenteil: Sie ruft ihm seine blutrünstigen Taten ins Gedächtnis. Richard wehrt sich nach Kräften: «Harp not on that string, madam; That is past.» Als Schuldbeladener hat er ein starkes Interesse, die Vergangenheit loszuwerden und sie gegen die Zukunft einzutauschen: «Bedenk, was ich sein werd, nicht was ich war;/ Nicht Taten sondern kommenden Verdienst.» *(Plead what I will be, not what I have been; / Not my deserts, but what I will deserve.)* Für Elizabeth kommt das Vergessensgebot jedoch einer Identitätsvernichtung gleich: «Soll ich mich selbst vergessen?» *(Shall I forget myself to be myself?)* Genau darauf hat er es aber abgesehen, um sie hinterher als «shallow changing woman» zu verhöhnen. Diese Szene bestätigt einmal mehr den misogynen Topos, daß Frauen wandelbar und charakterlos sind. Doch auch ein Richard III. kann, wie sich zeigen wird, seine Erinnerungen nicht so einfach loswerden. Die Geister, die seinen Schlaf in der Nacht vor der letzten Schlacht heimsuchen, mögen wir als Wiederkehr des Verdrängten verstehen, nach elizabethanischer Überzeugung sind sie die Schuldensumme, die das Gewissen dem sterbenden Sünder zum Bewußtsein bringt, um ihm eine letzte Chance der Reue und Buße zu geben.[14] Richard widersteht diesem letzten Ansturm der Erinnerungen, indem er kurzerhand sein Gewissen amputiert: «Gewissen ist ein Wort für Ängstliche» *(Conscience is but a word that cowards use)* (V,3, 310).

An diesem Punkt ist ein Wort über das Gedächtnis der Frauen in Shakespeares Historien angebracht.[15] Als Liebesobjekte der Männer sind

---

[13] William Shakespeare, King Richard III, dt.: 377.

[14] Über dieses Gewissen als letzter Instanz widerständiger Erinnerungen schreibt Polydor Vergil: «a conscyence ... which, thowght at none other time, yeat in the last day of owr lyfe ys woont to represent to us the memory of our sinnes commyttyd, and withall to shew unto us the paynes immynent for the same, that, being uppon good cause penytent at that instant for owr evell led lyfe, we may be compellyd to go hence in heavynes of hart.» Zit. nach Lily B. Campbell, Shakespeares Histories: Mirrors of Elizabethan Policy, San Marino 1947, 60 f.

[15] Grundsätzlich dazu Nicole Loraux, Die Trauer der Mütter. Weibliche Leidenschaft und die Gesetze der Politik, Frankfurt a. M. 1992, die auch auf Shakespeares Historien eingeht.

sie wandelbar wie die von Richard umgestimmte Witwe; als die Überlebenden ihrer Männer und Söhne, die in der Regel gewaltsam um-
kommen, sind sie dagegen ein personalisiertes Gedächtnis von Leid und
Schuld. Außer Jeanne d'Arc stirbt in Shakespeares Historienzyklus keine Frau einen gewaltsamen Tod auf oder hinter der Bühne.[16] In die neue
Gegenwart der Geschichte tragen sie Trauer und Haß aus einer Vorzeit;
sie werden damit zu lebendigen Verkörperungen einer Vergangenheit,
die nicht vergehen will. In den Historien fällt den Frauen die Rolle des
«remembrancer» zu, wie im Mittelalter die Schuldeneintreiber genannt
wurden.[17] Sie sind «Furien des Erinnerns», die die traumatischen Bilder
von Schuld und Schrecken mit sich herumtragen. Besonders markant ist
diese Rolle im ersten und letzten Drama der beiden Tetralogien besetzt.
In *Richard II.* ist es die Witwe des ermordeten Thomas Gloucester, die
die unabgegoltene Vorgeschichte in das Stück hineinträgt und zur
Rache aufruft. In *Richard III.* tritt Queen Margaret als Verkörperung der
Vorgeschichte in das Drama ein, in dem sie nicht mehr agiert, sondern
nur noch die kommentierende Position des Chors einnimmt. Sie ist eine
Allegorie der kumulierten Schuldenhypothek; ihre Präsenz im ersten
und vierten Akt macht die Virulenz nicht unter Kontrolle zu bringen-
der Erinnerungen deutlich, die mit der Wucht des Verdrängten in die
Szenen einbrechen und sich als Vernichtungsprophetien artikulieren.
Margaret, die gegenüber den anderen Frauen auf die Anciennität ihrer
Leiden pocht, ist zugleich deren Buchhalterin; sie erzählt nicht nur, sie
zählt auch ab und rechnet gegeneinander auf. Sie ist die Gallionsfigur
der Nemesis, der rächenden Erinnerung des Bürgerkriegs, die ihre
große Stunde im katastrophischen Untergang hat.

2. Erinnerung und Geschichte

Die Erinnerung der Frauen beschattet die fortschreitende Gegenwart
und begleitet sie wie eine dunkle Wolke. Ähnliches gilt für die rächende Erinnerung der Männer. Sie ist der Motor, der die fatale Geschichtsdynamik des Bürgerkriegs antreibt. Dieser lebt – um es auf die kürzeste
Formel zu bringen – von Personen, die nicht vergessen können.[18] Pro-

---

[16] Als einzige Ausnahme käme Anne Neville, Gemahlin des jungen Edward und
später Richards III., in Betracht.

[17] Peter Burke, «Geschichte als soziales Gedächtnis», in: A. Assmann, D. Harth,
Hgg., Mnemosyne, Frankfurt a. M. 1992, 289–304; hier: S. 302.

[18] Deshalb warnt Machiavelli den Eroberer einer Stadt vor dem Gedächtnis der Bewohner, das sich nicht ebenso wirkungsvoll erobern läßt: «Was ein Eroberer auch tun
oder vorbeugen mag: die Einwohner vergessen, wenn sie nicht auseinandergerissen
oder verstreut werden, ihre Freiheit und ihre alten Erinnerungen nie und führen sie
unversehens beim geringsten Anlaß wieder ein.» Der Fürst, Stuttgart 1955, 19.

minenter Träger subversiver Gegen-Erinnerung ist der alte Mortimer, der sie in seiner Todesstunde seinem Neffen Richard Plantagenet von der York-Dynastie regelrecht vererbt. (1HVI; II, 5) Diese Gegenerinnerung hält die Geschichtsdynamik der Aufstände und später der Rosenkriege in Gang.

An den Anfang seiner Sequenz von Geschichtsdramen stellt Shakespeare eine Szene, in der es dem Herrscher nicht gelingt, Erinnerungen unter Kontrolle zu bringen. Die Bemühung, Streit zu schlichten und Frieden zu stiften, mißlingt; der Kampf der Erinnerungen kann nicht begrenzt werden. An dieser Aufgabe scheitern nach Richard II. auch andere Herrscher. Sein Rezept für eine Beendigung der Fehde ist ebenso einfach wie undurchführbar. Es ist der Imperativ zu vergessen: «Vergeßt, vergebt, macht Schluß und einigt euch» *(Forget, forgive, conclude and be agreed)* (RII; I, 1, 156).[19] Ließe sich das Vergessen so einfach von höchster Instanz verordnen, gäbe es keine weiteren Intrigen, Verwirrungen und Katastrophen mehr – das Leben wäre in geschichtslose Harmonie zurückgeführt. Es zeigt sich jedoch, daß das Erinnerungsgebot des feudalen Kodex, das die Rächung verletzter Ehre fordert, stärker ist als das Vergessensgebot des Monarchen. Deshalb soll das Turnier ein Gottesurteil herbeiführen. Der König entläßt seinen Vetter Bolingbroke in den Zweikampf mit den Worten: «Als Toten dürfen wir beklagen dich, doch ists verboten, dich zu rächen» *(Lament we may, but not revenge thee dead.)* (RII; I, 3, 58). Nur eine Form von Erinnerung ist danach zugelassen: die Trauer, die das Andenken des Verstorbenen ehrt; ausdrücklich verboten dagegen ist die Erinnerung, die den Stachel der Rache bewahrt. Andenken und Ressentiment sind Erinnerungsformen mit sehr unterschiedlicher Stoßrichtung. Wo sich Geschichte als gewalttätiger Nexus von Schuld und Rache perpetuiert, kommt alles darauf an, einen Ausgang aus der Geschichte zu finden. Das kann nur durch die Begrenzung und Zähmung virulenter Erinnerungen geschehen, die die fatale Dynamik in Gang halten. Die Leistung, Streit zu schlichten und Frieden zu stiften, bestünde demnach in der Zähmung und Transformation kollektiver Erinnerungen.

«Forget, forgive, conclude and be agreed» – was Richard erfolglos von den streitenden Parteien verlangt, das ist im Kern ein königliches Privileg. In seinem Amt imitiert der König den Allmächtigen als Buchhalter der Geschichte. Als dessen Stellvertreter auf Erden verkörpert er die göttlichen Affekte Zorn und Milde in dieser Welt. Indem er Vergessen rechtskräftig verordnen kann, kann er eine sich selbst fortzeugende Kette der Gewalt unterbrechen. Amnestie ist der Name für diese Möglichkeit des Herrschers, politische Schuld zu tilgen. Die sich darin ausdrückende «clementia» («lenity») ist kein individueller psychologischer

---

[19] William Shakespeare, King Richard II.

Zug, sie ist ein öffentlich-rechtlicher Akt. Die von Schuld und Rache vergifteten Beziehungen werden durch königliches Vergessen reingewaschen, womit das Angebot eines Neubeginns gemacht ist. Der Pegel der Geschichte wird sozusagen auf Null zurückgestellt. Amnestie ist nicht zu verwechseln mit Amnesie; Amnesie ist ein formloses, unbewußtes und unerledigtes Vergessen; Amnestie dagegen ist ein willentliches Vergessen, eine Form der Selbstfestlegung und Diskursbegrenzung, die bestimmte Sachverhalte aus der gesellschaftlichen Zirkulation verbannt.[20] Durch Amnestie wird der destruktive Zusammenhang von Schuld und Rache unterbrochen; sie ist die wichtigste Voraussetzung für ein neues Zeitalter des Friedens.[21]

Das Problem freilich bleibt bestehen, wie denn das verordnete Vergessen wirklich durchzusetzen ist. Die Rebellen trauen dem königlichen Angebot der Amnestie in der Regel nicht; sie befürchten, daß in einer vergifteten Atmosphäre fortan kein Vertrauen mehr Fuß fassen kann und daß Zweifel und Verdächtigungen alle Loyalitätsbekundungen unterhöhlen werden. Deshalb will Worcester das Amnestie-Angebot des Königs an die Rebellen gar nicht erst weitervermitteln:

> *It ist not possible, it cannot be,*
> *The king should keep his word in loving us;*
> *He will suspect us still* (1 HIV;V, 2, 4–6)[22]

> Es ist durchaus unmöglich, kann nicht sein.
> Daß uns der König Wort im Lieben hielte;
> Er wird uns mißtraun

Zuversichtlicher ist der Archbishop of York, der ausführlich die Prinzipien der Amnestie erläutert, nicht ahnend, daß sie in diesem Falle nur als eine Kriegslist eingesetzt sind:

---

[20] Dazu ist ein Auszug aus dem Notizbuch von Johannes Groß aufschlußreich, N.F, 87. Fortsetzung im Zeitmagazin: «Nie davon sprechen, immer daran denken!› Bei uns bekannt und viel zitiert als angebliche Parole des französischen Revanchismus nach der Annektierung Elsaß-Lothringens 1871. Es handelt sich um eine deutsche Fassung des Ausspruchs ‹Pensons-y toujours, ‹n'en parlons jamais›, den Gambetta in seiner 1872 in Chambéry gehaltenen Rede tat und in dem die Betonung auf dem abschließenden Halbsatz ‹n'en parlons jamais› liegt. Diese diplomatisch gemeinte Formulierung gab Clemenceau Anlaß, Gambetta Ende der siebziger Jahre vorzuwerfen, eine Versöhnung zwischen Frankreich und Deutschland durch eine ‹subtile Akzeptanz des Verzichts› vorzubereiten. Das Wort wurde geflügelt nur bei uns, in den französischen Zitatenwörterbüchern ist es kaum zu finden.»

[21] Nicole Loraux, «L'oubli dans la cité», in: Le Temps de la Réflexion 1 (1980) behandelt das Gesetz in der Athenischen Polis, das den bestraft, der nach einer rechtskräftigen Versöhnung den Fall noch einmal zur Sprache bringt. Vgl. auch dies., «De l'amnistie et de son contraire», in: Usages de l'oubli, Paris 1988, 24–26; Lucian Hölscher, «Geschichte und Vergessen», in: Historische Zeitschrift, Nr. 249 (1989), 1–17.

[22] William Shakespeare, The First Part of King Henry IV, dt.: 257.

> *No, no, my lord, note this: the King is weary*
> *Of dainty and such picking grievances;*
> *For he hath found, to end one doubt by death*
> *Revives two greater in the heirs of life:*
> *And therefore will he wipe the tables clean,*
> *And keep no tell-tale to his memory*
> *That may repeat and history his loss*
> *To new remembrance* (2HIV; IV,1, 197–204)[23]

> Nein, nein, Mylord, bedenkt, der König ist
> So kleinlich nörgelner Beschwerden satt.
> Er fand: durch Tod den einen Zweifel enden,
> Das weckt zwei größre in des Lebens Erben.
> Und darum wird er rein die Tafel wischen
> Und keinen Klatscher dem Gedächtnis halten,
> Der den Verlust zu stetiger Erinnrung
> Ihm wiederhole

Und auf eine weitere Komplikation in der Vollstreckung von Amnestie macht Shakespeare aufmerksam. Der Herrscher kann Milde nur zeigen und Amnestie gewähren, wenn es sich um die Schuld der anderen handelt. Wenn es um seine eigene Schuld geht, ist er selbst auf eine höhere Instanz des Vergebens und Vergessens angewiesen. Das trifft auf Richard II. zu, dessen Aufruf zum Vergessen und Vergeben daran krankt, daß seine eigene Schuld mit im Spiele ist. Die Verlesung seines Schuldregisters in einem Akt öffentlicher Selbst-Kulpabilisierung, der seine Absetzung legalisieren soll, verweigert er und ersetzt das aufgezwungene Bekenntnisritual öffentlicher Anamnese durch eine freiwillige Lektüre seines eigenen Spiegelbildes, dessen theatralischer Gestus und geistreiche Spitzfindigkeiten die wirkliche Selbstbegegnung und das Problem des Gewissens umgehen. Sein Nachfolger, der Usurpator Bolingbroke, ist ebenfalls von persönlicher Schuld gezeichnet. Er wird zum Inbegriff des Königs, der unter der dunklen Wolke seiner Erinnerungen lebt.[24] Der

---

[23] William Shakespeare, The Secound Part of King Henry IV, dt.: 338.

[24] Der charakteristische Zug des von seinem Gewissen Beschwerten ist die Schlaflosigkeit. Seine Unfähigkeit zu schlafen ist die Unfähigkeit zu vergessen:
«O sleep! O gentle sleep!
Nature's soft nurse, how have I frighted thee,
That thou no more wilt weigh my eyelids down
And steep my senses in forgetfulness?» (2HIV; III,1, 5 ff.)
«O Schlaf! o holder Schlaf!
Du Pfleger der Natur, wie schreckt ich dich,
Daß du nicht mehr zudrücken willst die Augen
Und meine Sinne tauchen in Vergessen?»
Thomas Morus stellt Richard III. als einen von Schlaflosigkeit und «stormy remembrance» heimgesuchten Herrscher dar, vgl. The English Works, ed. W. E. Campbell, London and New York 1927–31, I, 433.

Sockel seines Thrones ist die Schuldlast seines Gewissens. Von diesem Fundament seines Amts kann er sich nicht einfach lossagen; so bleibt ihm nur die Buße. Als Sühneritual plant er einen Kreuzzug nach Jerusalem, bei dem die Bürgerkriegsfronten dadurch überwunden werden sollen, daß sie sich vereint auf einen providentiellen Außenfeind, die Heiden, richten. Der Kreuzzug ist also weniger eine religiöse Mission als eine politische Strategie: indem er die Aufmerksamkeit auf ein gemeinsames Projekt richtet, lenkt er sie von den internen Zwistigkeiten ab. In psychoanalytischer Terminologie gesprochen hat er die Funktion einer Deckerinnerung. Die Konzentration auf einen providentiellen Außenfeind soll die Gefahr des Innenfeindes überwinden.[25] Das ist die berühmte politische Lehre, die Henry IV seinem Sohn in der Todesstunde anvertraut:

> *Therefore, my Harry,*
> *Be it thy course to busy giddy minds*
> *With foreign quarrels, that action hence borne out*
> *May waste the memory of the former days.* (2 HIV; IV,5, 212–215)

> Darum, mein Heinrich,
> Beschäftige stets die schwindligen Gemüter
> mit fremdem Zwist, daß Wirken in der Fern
> Das Angedenken vorger Tage banne.

Die Krone, die auf seinem sorgenschweren Haupte gesessen hat, hofft Henry IV. geläutert an seinen Sohn weiterzugeben, der sie als Nachfolger und nicht als Usurpator empfängt. Alle Schuld, die an ihr haftet, so wünscht er sich, möge mit ihm zu Grabe getragen werden.

In Shakespeares Geschichtskosmos gibt es jedoch keine individualisierte Schuld; diese setzt vielmehr einen Nexus von Ursachen und Wirkungen in Gang, der über Einzelschicksale hinweggreift. Deshalb muß der Sohn immer damit rechnen, daß die Schuld des Vaters auf ihn zurückschlägt. Der Sohn muß sich an die Geschichte erinnern, denn er trägt die Schuld der anderen mit und muß ihr in Sühneritualen Rechnung tragen. In seinem Gebet vor der Schlacht bei Agincourt beschwört Henry V. Gott, er möge in diesem historischen Augenblick die Schuld seiner Familie vergessen (während er selbst sich gleichzeitig dieser Last erinnert):

---

[25] Diese Lehre aggressiver Außenpolitik ist zu verschiedenen Zeiten wiederholt worden. Carlyle lenkte im 19. Jahrhundert innere Konflikte nach außen ab, indem er das Problem der Klassengegensätze mit Hilfe des Rassebegriffs überbietend neutralisierte. Nach seiner These war die teutonische Rasse (Saxondom) zur Weltführungsschicht bestimmt.

Not to-day, O Lord!
O not to-day, think not upon the fault
My father made in compassing the crown! (HV; IV,1, 298–300)[26]

Heute nicht, o Herr,
O heute nicht, gedenke meines Vaters
Vergehn mir nicht, als er die Kron ergriff!

Und er zählt all seine Sühnerituale auf, die Gottes wohltätiges Vergessen
erwirken sollen: Richard II. wurde mit allen ihm gebührenden Weihen
und Tränen neu bestattet, zwei Kapellen wurden für ihn erbaut, und
obendrein wurde für seine Totenmemoria eine großzügige Armenspei-
sung finanziert.

Henry V. ist für unsere Frage nach dem Zusammenhang von Erinnerung und Geschichte noch in anderer Weise bedeutsam. Auf die in die
Soldatenkörper eingravierten Erinnerungen werden wir im Zusammenhang des Körpers als Erinnerungsmedium noch ausführlicher
zurückkommen. Hier soll nur noch auf eine Szene am Anfang dieses
Dramas eingegangen werden, die zeigt, wie aus Erinnerungen Geschichte gemacht wird. Das Stück beginnt mit der Sorge des Klerus, die
Besitztümer der Kirche könnten von der notorisch finanzschwachen
Krone konfisziert werden. Um dieses Schicksal von sich abzuwenden,
rufen Erzbischof und Bischof dem auf Expansion bedachten König das
Salier-Gesetz in Erinnerung. Sie sind in Personalunion Rechtsberater,
Archivare und Philologen, also: die autoritativen Verwalter der Geschichtsquellen. Von ihrer Deutung der Dokumente leitet sich die Legitimität politischer Ansprüche ab. Da die Folgen solcher Lektüre gravie-
rend sind, muß diese über jeden Verdacht einer Verfälschung erhaben
sein. Die Wahrheit historischer Forschung wird freilich noch nicht, wie
im Zeitalter der Quellenkritik, von methodischer Prüfung, sondern allein von dem Gewissen der Interpreten abhängig gemacht. Der Erzbischof erteilt dem König an dieser Stelle einen gelehrten Geschichtsunterricht, der von Genealogien, Gebietsaufteilungen und Erbfolgeregeln
handelt, die mehr als ein halbes Jahrtausend zurückliegen. Von diesen Informationen hat er die unmittelbaren Entscheidungen seiner Politik abzuleiten. Das Motiv zum Angriff Frankreichs ist ein Expansionstrieb in
der Gegenwart, der mit Erinnerungen an Geschehnisse gerechtfertigt
wird, die mehr als 500 Jahre zurückliegen. Hier wird vorgeführt, wie der
Satz Nietzsches zu verstehen ist, «daß das Leben den Dienst der Historie brauche».[27] Auch Hans Blumenbergs Satz, daß die Tradition nicht aus
Relikten, sondern aus Testaten und Legaten besteht, wird in dieser Szene

---

[26] William Shakespeare, King Henry V, dt.: 69.
[27] Friedrich Nietzsche, Unzeitgemäße Betrachtungen. Zweites Stück: Vom Nutzen und Nachteil der Historie für das Leben, in: Sämtliche Werke. Band I, 219.

anschaulich, die uns die Praxis eines «Geschichtsfundamentalismus» vorführt.[28]

Eine ähnlich legitimierende Funktion wie der Geschichtsfundamentalismus hat die Beschwörung mythischer Leitbilder der Vergangenheit. Nietzsche sprach in diesem Zusammenhang von einer monumentalischen Vergangenheit, die von einer mythischen Fiktion «gar nicht zu unterscheiden» sei. «Die monumentale Historie», so Nietzsche, «täuscht durch Analogien: sie reizt mit verführerischen Ähnlichkeiten den Mutigen zur Verwegenheit, den Begeisterten zum Fanatismus» (ebda. 223). Henry wird mahnend an seine ruhmreichen Vorfahren erinnert, namentlich an jene, die auf französischem Boden erfolgreiche Schlachten geschlagen haben. Er wird auf die Leitbilder Edward III. und dessen Sohn, Edward, den Schwarzen Prinzen, verpflichtet, deren Taten er zu wiederholen aufgerufen ist: «Erwecke die Erinnerung dieser Helden/ und ahm sie nach mit deinem starken Arm» *(Awake remembrance of these valiant dead, / And with your puissant arm renew their feats).* (HV; I,2, 115–116.)[29] Historia magistra vitae, genauer gesagt: historia magistra regis – die Geschichte ist ein Lehrbuch und der König der Schüler, der es in der Hand hält. Lernen heißt in diesem Zusammenhang: direkte Konsequenzen zu ziehen aus dem Lernstoff der Geschichte auf dem blutigen Felde politischer Machtkämpfe.

3. Erinnerung und Nation

Geschichtsschreibung ist nach antikem Verständnis im wesentlichen Bewahrung des Gedächtnisses. Diese Bestimmung haben die elisabethanischen Historiographien von Herodot bis Cicero übernommen und ihre Werke als Kampf gegen einen Erzfeind – das Vergessen – deklariert.[30] Geschichte und Geschichtsschreibung waren zu Shakespeares Zeiten noch wesentlich enger miteinander verbunden als im Zeitalter der historischen Wissenschaften, wenn auch vielleicht noch nicht ganz so eng wie im Medienzeitalter. Als Bindeglied wirkt die antike Göttin des Ruhms. Fama sorgt dafür, daß die Kunde von der historischen Tat in die mündliche Überlieferung, in die Dichtung oder die Geschichtsbücher findet. Caesar gilt als Inbegriff des Geschichtsheroen, der in Personalunion auch gleich selbst noch für seine Fama gesorgt hat. «Fame» und «valour» ist die Begrifflichkeit, in der Shakespeares Zeitgenossen die pa-

---

[28] Hans Blumenberg, Die Lesbarkeit der Welt, Frankfurt a. M. 1981, 375.

[29] Shakespeare, Henry V, 18.

[30] «Oblivion» erhält bei Edward Halle, dem Hofchronisten der Tudordynastie (The Union of the two noble houses..., Fols. ccli f.) die Epitheta: «the ancard enemie», «the suckyng serpent», «the deadly darte», «the defacer».

triotische Funktion der Historien als nationales Geschichtsepos hervorgehoben haben.[31] Sie betonten zeittypisch die pädagogische Vorbild-Funktion der Dichtung, die überlebensgroße Modelle zur Nachahmung und Abschreckung vor Augen stellt. Da sich in der Folgezeit die pädagogische mit der propagandistischen Dimenson der Stücke vermischte, ist es kaum verwunderlich, daß wir heute wenig Interesse an dieser Dimension finden. Seit jedoch Historiker wie Eric Hobsbawm und Soziologen wie Benedict Anderson mit Begriffen wie «invented traditions» oder «imagined communities» den Zusammenhang von Nationsbildung und Geschichtserinnerung in ein neues Licht gerückt haben, können auch diese alten Fragen noch einmal neu gestellt werden.[32] An diese Forschungen möchte ich hier anknüpfen, die sich für kulturelle Fiktionen weniger unter dem Aspekt der zu entlarvenden Fälschungen als vielmehr unter dem der geschichtsmächtigen Mythen interessieren. Fünf Aspekte eines neuen Geschichtsbegriffs in Shakespeares Historien lassen sich in dieser Perspektive hervorheben.

1. *Das Ende des Geschichtsfundamentalismus.* – Die Zeit Shakespeares ist von der Epoche, die die Historien vergegenwärtigen, durch einen Abgrund getrennt. Die Versöhnung der streitenden Parteien, die Richard II. nicht zustande bringen konnte, ist hundert Jahre später Henry VII. endlich gelungen. Die Tudor-Monarchie ist aus der Geschichte herausgetreten, die sich als eine von Erinnerungsimpulsen genährte Unheilsverkettung fortgezeugt hatte. Diesen Schritt ins ‹Posthistoire› hat die Monarchie als Mythos vom geschichtslosen Goldenen Zeitalter inszeniert. Die Tudormonarchie ist eine Neu-Zeit, die einen neuen Umgang mit der Vergangenheit entwickelt. Dafür mußte sie vorgängige Formen des Gebrauchs historischer Erinnerungen verlernen. Sie konnte sich nicht mehr erlauben, geschichtsfundamentalistisch aus vergilbten Urkunden einseitig politische Ansprüche abzuleiten. Sie gehörte einer neuen nationalstaatlichen Ordnung an[33], in der die alten Legate und Testate obsolet, d. h. «historisch» geworden waren. Aus einer «historisch»

[31] Vgl. Thomas Nashe, Pierce Penilesse his Supplication to the Diuell, in: Works, ed. R. B. McKerrow, I, S. 212 f. Thomas Heywood, An Apology for Actors, London 1612, Scholars' Facsimiles & Reprints, New York 1941. Der Geist patriotischer Rückerinnerung konnte leicht verschmolzen werden mit dem Geist politischer Propaganda, der es auf die Hervorkehrung englischer Übermacht abgesehen hat. Aus diesem Grund hatten die Henriaden in der Zeit der englisch-französischen Kriege wieder Konjunktur, und eine Haßtirade Richards III. (V,3, 328 ff) erhielt sogar Beifall, weil sie den Fremdenhaß einer späteren Zeit in Worte faßte. Vgl. A. C. Sprague, Shakespeares Histories – Plays for the Stage, London 1964, 3.

[32] Eric Hobsbawm, Terence Ranger, eds., The Invention of Tradition, Cambridge 1983, Benedict Anderson, Imagined Communities. Reflections on the Origin and Spread of Nationalism, London, New York 1990.

[33] Auf einen neuen Kontext der ‹Weltöffentlichkeit› verweist 1 HIV I,3; IV,1.

gewordenen Vergangenheit lassen sich keine politischen Ansprüche mehr ableiten. Vergangenheit konnte nicht mehr wie bisher unmittelbar in Zukunft umgesetzt werden. [34]

2. *Von der feudalen zur nationalen Memoria.* – Die neue Nation muß sich von den alten Erinnerungen trennen. Dazu gehören in erster Linie Nemesis und Fama, die rächende und die rühmende Erinnerung der alten Feudalordnung. In dieser Ordnung versteht sich der Einzelne nicht als Individuum, sondern als Träger eines Namens, als Glied einer Kette. Seine Identität empfängt er von dem Ganzen, von dem er ein Teil ist. Die Individuen sind vergänglich, die genealogische Linie und der Name dagegen unsterblich. Im Rahmen dieser Ethik gilt alle Achtung dem Namen, der vor Schande zu bewahren ist und dessen Ehre und Ruhm gesichert werden müssen. Die Werte des Lebens, der körperlichen Integrität, sind im Kodex der Ehre der Reputation eines unbescholtenen Namens untergeordnet. Die Bereitschaft, für den guten Namen der Familie zu sterben, gehört zu den Grundlagen feudaler Ethik.

Die feudale Ethik verstellt mit ihren Erinnerungsgeboten das große Ganze der Nation. Denn sie hat für die Person als Individuum ebensowenig übrig wie für das übergreifende Gemeinwesen. Sie garantiert die Identität der adligen potenten Familien und damit einer Sozialstufe, die mit dem Übergang in den frühneuzeitlichen absolutistischen Territorialstaat historisch überwunden werden mußte. Die Nation entsteht in England in Ko-Evolution mit dem absolutistischen Territorialstaat. Als neue Grundlage einer die Stände überwölbenden (aber nicht aufhebenden) gemeinsamen Identität dient der Patriotismus. Dabei wird die nationale Geschichte zum gemeinsamen Bezugspunkt, der die konfliktreich divergierenden Erinnerungen ersetzt. An die Stelle der feudalen Memoria tritt die nationale Memoria mit der Geschichte als kollektiver Genealogie des englischen Volkes.

Sich von alten Erinnerungen trennen heißt nicht unbedingt, sie zu vergessen. «Forgive, forget, conclude and be agreed» lautete die Devise, die am chronologischen Anfang der Historien steht. Am Ende steht aber nicht das Vergeben und Vergessen der antagonistischen Parteien, sondern die gemeinsame Erinnerung der Nation, die in den neuen Geschichtswerken der Tudorzeit niedergeschrieben wird. In diesen Werken werden die alten Erinnerungen beerbt und gleichzeitig transformiert. Der Chronist

---

[34] Macaulay vergleicht Frankreich, das sich mit der Revolution von seiner Geschichte befreit habe, mit England, wo es nicht einen entsprechenden Bruch zwischen Altem und Neuem gegeben habe. «Wo aber die Geschichte als ein Repositorium von Urkunden betrachtet wird, von denen die Rechte der Regierungen und Völker abhängen, da wird der Trieb zur Fälschung fast unwiderstehlich.» Zit. nach Reinhart Koselleck, Vergangene Zukunft. Zur Semantik geschichtlicher Zeiten, Frankfurt a. M. 1984, 61.

Halle schrieb in der Widmung zu seinem Geschichtswerk über den Bürgerkrieg: «Welcher Adlige und welcher Edelmann ältester Abkunft, dessen Familiengeschichte nicht verseucht wäre von dieser unnatürlichen Trennung!»[35] Shakespeare hat den Geschichtswerken dieser Zeit eine künstlerische Bearbeitung dieses Stoffs an die Seite gestellt. Feudale Memoria wird bei ihm in nationale Memoria überführt, das feudale Ethos in einem nationalen aufgehoben. Der einzelne versteht sich im Lichte dieser Geschichte als Teil einer übergreifenden Identität. An die Stelle der Sakralisierung des Blutes und der Legitimation durch Herkunft tritt die Identifikation mit einer gemeinsamen Geschichte; an die Stelle der feudalen Sakralisierung des Namens tritt die patriotische Ehre der Nation. Aus Familienstolz ist Nationalstolz geworden.[36]

3. *Geschichtserinnerung als nationale Identitätsbildung.* – Damit ändert sich der Gebrauch, den man von der Geschichte macht, grundlegend. Adressaten und Auftraggeber der Geschichtsschreibung waren bisher, wie wir gesehen haben, die Könige, denn ausschließlich sie ‹machten› die Geschichte. Die Nation tritt neben den König als neues Subjekt der Geschichte und wird damit zu ihrem Adressaten und Träger. Mit diesem Adressatenwechsel vollzieht sich ein Strukturwandel der Geschichtserinnerung. Sie dient nicht mehr vordringlich, wie bisher, der Instruktion oder Legitimation des Herrschers, sondern der kollektiven Identitätsbildung. Den Gebrauch von Geschichte zum Zwecke der Identitätsbildung hat Nietzsche als «antiquarischen» bezeichnet. Gemeint ist damit die Pietät dessen, «der mit Treue und Liebe dorthin zurückblickt, woher er kommt, worin er geworden ist; (...) Die Geschichte seiner Stadt wird ihm zur Geschichte seiner selbst; er versteht die Mauer, das gethürmte Tor, die Rathsverordnung, das Volksfest wie ein ausgemaltes Tagebuch seiner Jugend und findet sich selbst in diesem Allen, seine Kraft, seinen Fleiss, seine Lust, sein Urtheil, seine Thorheit und Unart wieder.»[37] Nationbildung und (antiquarische) Geschichtserinnerung gehören aufs engste zusammen. An diesem Projekt sind neben den Historikern und Antiquaren auch die Dichter und Dramatiker beteiligt; Shakespeares Geschichtsdramen sind – was wir nicht vergessen

---

[35] Edward Halle, Dedication to the King, The Union of the Two Noble and Illustre Families, zit. nach Lily B. Campbell, Shakespeare's Histories: Mirrors of Elizabethan Policy, London 1964, 69.

[36] In diesem Sinne deutet Zdenek Stribrny, «Henry V and History», in: Shakespeare in a Changing World: 12 Essays for the 400th Anniversary of his Birth, hg. von Arnold Kettle, London, 1964, den in Henry V. dargestellten Gegensatz von Frankreich und England: «the whole conflict between France and England is presented as an encounter between the surviving feudal order and the English nation-state as it developed in Shakespeare's own time.»

[37] Friedrich Nietzsche, Unzeitgemäße Betrachtungen. Zweites Stück: Vom Nutzen und Nachteil der Historie für das Leben. In: Sämtliche Werke. Band I, 265.

dürfen – zunächst kein Beitrag zur Weltliteratur, sondern zur historischen Bildung einer Nation. Historisch ist hier nicht zu verwechseln mit historistisch; Shakespeare hebt nicht, wie spätere Inszenierungen es taten, das Vergangene an der Geschichte hervor, sondern das Gegenwärtige. Das war seit dem Mittelalter so üblich. Neu war dagegen die Verwandlung der Historien-Bühne von einer moralischen zu einer patriotischen Anstalt. Coleridge traf genau diesen Punkt, als er an Shakespeares Geschichtsdramen einen durchgehenden Geist patriotischer Erinnerung (*spirit of patriotic reminiscence*) hervorhob.[38] Dieses Stichwort bestätigt noch einmal den Adressatenwechsel von Shakespeares Geschichtsdarstellung. Sie ist nicht mehr Grundkurs der Prinzenerziehung und auch nicht mehr moralischer Erbauungsunterricht über Aufstieg und Fall; ihre Adressaten sind weder Könige im besonderen noch Christenmenschen im allgemeinen, sondern die englische Nation, die damit zum Erinnerungsträger ihrer Geschichte wird. Die nationale Einheit, die auf dem Schlachtfeld von Agincourt Engländer, Walliser, Iren und Schotten zusammenschweißte, ereignet sich im Theater als Integration verschiedener Stände und Lebensformen. Dabei werden die ethnischen und regionalen sowenig wie die sozialen Unterschiede nivelliert oder gar abgeschafft, sondern in den allgemeineren Rahmen einer neuen gemeinsamen Identität aufgenommen. Nationale Armee und nationale Bühne sind Organe dieser neuen kollektiven Identität. Unter der Voraussetzung eines kollektiven identifikatorischen Bezugs geht Geschichtserinnerung nicht mehr unmittelbar in Geschichtshandeln über.[39] Erinnerung ersetzt vielmehr das Handeln, sie ist gewissermaßen der Riegel, der die Vergangenheit unter Verschluß hält. Denn was man zu erinnern gelernt hat, das braucht man nicht mehr zu wiederholen. Die theatralische Wiederholung der Geschichte tritt an die Stelle jenes malignen Wiederholungszwangs der Geschichte, für den der Racheengel Queen Margaret das Sinnbild ist.

4. *Die Memorierbarkeit der Geschichte.* – Historische Bildung sind die Dramen auf mindestens drei Ebenen: als Geschichtsunterricht, als Geschichtsdeutung und als Geschichtsmonumentalisierung. Sämtliche Ebenen haben ihren Gedächtnisbezug. Die Dramen sind volkstümlicher *Geschichtsunterricht* insofern, als ein gewisses Grundwissen, zu dem Genealogien, Herrscherabfolgen und Schlachten gehören, nicht nur vorgeführt, sondern auch regelrecht eingeschärft wird.[40] Die *Geschichts-*

---

[38] Samuel Taylor Coleridge, Shakespearean Criticism, London 1967, ed. Raysor, II, 143.

[39] Um so wichtiger wird dafür das Bedürfnis nach öffentlicher Kommunikation, das durch Zensur nur noch schwer unter Kontrolle zu halten ist.

[40] Diese Aufgabe erfüllten vor Shakespeare bereits die Chronicle Plays. Sie führten englische Geschichte aus der Zeit der Eroberung bis zur Gegenwart in ihren

deutung tritt aus dem großflächigen Muster hervor, in das Shakespeare seine Historien eingewoben hat. Die Summe der Einzeldramen fügt sich zu einer einprägsamen Gestalt mit den Qualitäten einer aristotelischen Fabel von Anfang, Mitte und Ende. Anfang, das ist der Keim, aus dem die Saat der englischen Bürgerkriege aufgeht. Dieses initium malorum ist die Absetzung des rechtmäßigen Thronerben Richards II. durch Henry Bolingbroke. Mitte, das ist die Schlacht bei Agincourt, ruhmreicher Höhepunkt in einer Sequenz von Verschuldungen, Intrigen und Katastrophen. Ende, das ist die Überwindung von Zwietracht und Bürgerkrieg in der Eintracht der Tudormonarchie, die aus der Unheilsgeschichte heraus und in ein goldenes Friedensreich hineinführt. Von diesem Ende her erhält die Gesamtgeschichte ihren Sinn, wobei wir «Sinn» mit «Richtungssinn» gleichsetzen dürfen. *Geschichtsmonumentalisierung* sind die Dramen, indem sie unvergeßliche Personen und Szenen vor Augen stellen. Unvergeßlich ist, was affektiv aufgeladen ist. Mit Monumentalisierung ist die ästhetische Verdichtung und Steigerung des Geschehens in erinnerungswirksame Bilder gemeint.

Literaturwissenschaftler pflegen Ästhetisierung mit der Steigerung von Unverbindlichkeit und Distanz zu assoziieren; hier bedeutet Ästhetisierung dagegen die Versinnlichung abstrakten Geschichtswissens. Die ästhetische Gestaltgebung steht im Dienste einer mnemophilen, gedächtnisförmigen Prägnanzbildung. Geschichte, Dichtung und Gedächtnis gehen dabei eine enge Verbindung ein. Um hier zwei Begriffe vorwegzunehmen, auf die wir noch ausführlicher zurückkommen werden: Shakespeare hat mit an den «imagines agentes», den «Pathosformeln» geschaffen, mit denen Geschichte ins nationale Gedächtnis eingeschrieben wurde.

5. *Schaffung eines nationalen Mythos.* – Mit seinen Historiendramen ist Shakespeare Koproduzent bei der Schaffung eines neuen nationalen Mythos. Er zeichnet mit an den Konturen einer nationalen Identität, die bekanntlich immer erst in der Abgrenzung vom Fremden an Trennschärfe gewinnt. Die Grenze, die zwischen den feudalen Fronten verlief, wird im Zuge der nationalen Integration nach außen verlegt. Die Binnenkonflikte werden dabei durch Außenkonflikte abgelöst. Dieser Aspekt soll zum Schluß an einem signifikanten Detail illustriert werden. Es geht um das Problem der nationalen Fama. Diese ist die in die Zukunft gerichtete Seite der nationalen Memoria. So wie die monumen-

---

wichtigsten Zügen vor und paukten sie regelrecht ein. Ich benutze hier den anachronistischen Begriff «Bildung», dessen eigentliche Karriere erst Ende des 18. Jahrhunderts beginnt, und verwende ihn in einer festen terminologischen Bedeutung als Identitätswissen im Gegensatz zum Sachwissen. Geschichtskunde bildet im frühneuzeitlichen nationalen Territorialstaat einen wesentlichen Pfeiler des identitätssichernden Wissens der Nation.

talischen und mythischen Leitbilder der Vergangenheit aufgerufen werden, um der Gegenwart (in Nietzsches Worten) «Kraft, Fleiß, Lust, Urteil» zu geben, so wird für die patriotischen Taten in der Gegenwart damit geworben, daß sie ins Gedächtnis der Nachwelt eingeschrieben werden. Das feudale Ethos, das die Unversehrtheit des Namens über die Unversehrtheit des Körpers stellt, verwandelt sich in ein patriotisches Ethos, das den Einsatz des Lebens für das Gemeinwesen fordert.[41] Die Gegengabe für den Opfertod ist die Unsterblichkeit des einzelnen, seine Verewigung im kollektiven Gedächtnis der Nation. Todesbereitschaft und Verewigungsversprechen gehören zusammen. Diese Verbindung macht den Kern der politischen Theologie der Nation aus. Der sakrale Nationalismus ist keine Erfindung des 18. und 19. Jahrhunderts. Euripides hat ihn bereits, wie eingangs erwähnt, in seiner *Iphigenie in Aulis* beschworen. In diesem Drama wird die richtige Haltung zum patriotischen Opfertod eingeübt. Dafür wird in einem ersten Lern-Schritt die bittere Absurdität und Sinnlosigkeit dieser Forderung freigelegt. Diese aufs eigene Überleben gerichtete Haltung schlägt dann in einem zweiten Schritt um, in dem das eigene Sterben auf das Kollektiv der Nation bezogen wird. Iphigenie, die ihre Lektion gelernt hat, kann sie nun jedem Soldaten beibringen. Sie lautet: «Ich werde kein Grab haben, sondern ein Denkmal!»

In *Henry V.* wird dieser Nexus von Opfertod und nationaler Memoria in einer wichtigen Szene zelebriert. Bevor der König in die Schlacht von Agincourt geht, also bereits bevor der Kampf entschieden ist, spricht er schon von der unauslöschlichen Fama dieses kommenden Tages. Er wird, so prophezeit der König, die Nation zu einer einzigartigen Erinnerungsgemeinschaft zusammenschweißen. Die tapferen Krieger, die heimkehren, werden bis an ihr Lebensende den Jahrestag der Schlacht festlich begehen, ihre Narben vorzeigen, von ihren Taten erzählen und den Ruhm der gefallenen Kameraden verkünden. Solche Kunde ist dazu bestimmt, vom Vater an den Sohn weitergegeben zu werden. Der Tag der Schlacht, der Namenstag des heiligen Crispian,

---

[41] Ich unterscheide hier zwei Formen von Nationalismus, einen säkularen und einen sakralen. Der säkulare Nationalismus definiert sich vorwiegend durch Schutz und Rechte, die seine Bürger als Individuen genießen; der sakrale vorwiegend durch die Pflichten, die er ihnen als Gliedern einer Gemeinschaft auferlegt. Diese Pflichten dürfen allerdings nicht als eine von außen auferlegte Fron erscheinen, sondern müssen als ein inneres Bedürfnis gelten. Die zentrale Bürgerpflicht in einem sakralen Nationalismus besteht in der Bereitschaft, für das Vaterland zu sterben. Um diese Bereitschaft zu erzielen, müssen die Mitglieder einer tiefgehenden symbolischen Erziehung unterworfen werden, in deren Verlauf sie die Werte der sozialen Sicherheit und körperlichen Unverletztheit gegen den «höheren» Wert des Opfertods eintauschen. Der einzelne wird im vollen Sinne zum Bürger einer sakralen Nation, sobald er diesen Wert verinnerlicht hat.

wird zum Fixpunkt der nationalen Memoria. Auf diese Weise wird der kirchliche Heiligenkalender mit den Heiligen der Nation überschrieben:

> *And Crispin Crispian shall ne'er go by,*
> *From this day to the ending of the world,*
> *But we in it shall be remembered* (HV; IV,3, 57–59)[42]

> Und nie von heute bis zum Schluß der Welt
> Wird Krispin-Krispian vorübergehn,
> Daß man nicht uns dabei erwähnen sollte

Bei Shakespeare wird nun der englische Memorialstil deutlich vom französischen abgehoben. An diesem Detail läßt sich die Modellierung kultureller Identität und nationaler Differenz gewissermaßen in statu nascendi studieren.[43] Der englische Memorialstil zeichnet sich bei Shakespeare durch volkstümliche Spontaneität und familiäre Festlichkeit aus. Die Kommemoration wird von den Betroffenen selber vollzogen. Ganz anders der nationale Memorialstil der Franzosen. Auch hier wird ein Heiliger der Kirche, St. Denis, mit dem Namen einer Nationalheiligen, Jeanne d'Arc, überschrieben. Die Rühmenden sind hier aber nicht die Betroffenen selbst, sondern Funktionäre der Kirche, Priester und Mönche, die in aufwendigen Prozessionen durch die Straßen ziehen. Der Jungfrau soll nach ihrem Tod eine Pyramide errichtet werden; ihre Asche soll in einem kostbaren Schrein an hohen Festtagen herumgetragen werden.[44] Der römisch-katholische Zeremonialpomp, wie er für Frankreichs Heilige aufgewendet werden soll, steht in scharfem Kontrast zu den familiären Gedächtnisriten der Engländer, die ihren Kindern ihre Narben zeigen und von ihren Erfahrungen erzählen, die Idolatrie verabscheuen und ihre Pyramiden in den patriotischen Herzen errichten.

Die These, daß in Shakespeares Historien die Erinnerungen eine Hauptrolle spielen, ließ sich auf verschiedenen Ebenen belegen. Dabei ergab sich, daß die Erinnerung alles andere als eine einheitliche Kraft ist. Ebenso problematisch ist ihre Bewertung, denn was sie im einzelnen zu leisten vermag, ergibt sich erst aus den jeweiligen Handlungskonstellationen. Vor allem aber wurde das Konfliktpotential deutlich, das mit den stets einseitigen Erinnerungen gegeben ist. Der Kampf der Erinnerun-

---

[42] William Shakespeare, King Henry V, dt.: 74.

[43] Mit der Gestalt Henrys V. wird nicht nur der ideale Herrscher, sondern auch der englische Nationalcharakter entworfen. Tapferkeit, Verantwortungsbewußtsein und Pietät gehören zu den traditionellen Herrschertugenden, Schlichtheit, Rhetorikfeindlichkeit und Volksverbundenheit dagegen sind die Züge des neuen englischen Nationalcharakters.

[44] 1 HVI; I,6, 19–29.

gen ist ein Kampf um die Deutung von Wirklichkeit; dieser Kampf, der das Individuum spaltet, spaltet auch die Bürgerkriegsparteien.

‹Erinnerte Vergangenheit› ist also nicht gleichzusetzen mit der desinteressierten Sachkunde der Vergangenheit, die wir ‹Geschichte› nennen. Sie ist stets verquickt mit Identitätsentwürfen, Gegenwartsdeutungen, Geltungsansprüchen. So führte die Frage nach der Erinnerung ins Mark politischer Motivation und nationaler Identitätsbildung. Wir haben hier das Plasma vor uns, aus dem Identitäten geformt, Geschichte gemacht und Gemeinschaften gebildet werden. Die kulturelle Gedächtnisforschung, die sich von den Fragen nach der Mnemotechnik, der Gedächtniskunst und -kapazität ablöst, stößt auf die Virulenz von Erinnerungen als Motor des Handelns und der Selbstdeutung. Sie trägt bei – um es mit einem französischen Zauberwort zu sagen – zu einer Geschichte des *imaginaire*, wobei deutlich geworden ist, daß dieses Imaginäre nicht mit Fiktion und Fälschung gleichzusetzen ist, sondern mit Fabrikation und Erfindung, das heißt: mit jener Konstruktionsarbeit, die allem Kulturellen zugrunde liegt.[45]

Das Problem der Erinnerungen begegnet uns in Shakespeares Historien auf verschiedenen Ebenen und in unterschiedlichen Komplexitätsgraden. Wir können diese Ebenen als intratextuelle, kontextuelle und textuelle voneinander unterscheiden. Die erste, die *intratextuelle* Ebene ist die der Figur. Hier geht es um Handlungsmotivationen, um die Energetik menschlicher Absicht und die Begrenztheit menschlicher Sicht. Die zweite, die *kontextuelle* Ebene bezieht die Adressaten der Dramen mit ein. Hier geht es um die Transformation von Geschichte in einen nationalen Mythos. Auf dieser Stufe wird der Kampf der widerstreitenden Erinnerungen überwunden in jener kollektiven Erinnerung, die zum Gemeinbesitz der Nation bestimmt ist. Solche Erinnerung sagt ihren Adressaten nicht mehr unmittelbar, was sie tun sollen, sondern wer sie sind. Sie lernen sich als eine Gruppe kennen, die geschichtlich geworden ist und mit ihrem Weg durch die Geschichte – denn jeder Weg in der Geschichte ist ein Sonderweg – ihre Zeichen der Besonderung erhalten hat.

Dieser Blick auf Shakespeares Historien als nationaler Mythos öffnet den Blick auf die Dienste, die die Literatur dem gesellschaftlichen Leben leistet. Die Aufführungsgeschichte der Historien bestätigt, daß sie sich eignen zur politischen Indienstnahme. Während Shakespeares nationa-

---

[45] Benedict Anderson, Imagined Communities, 15, setzt sich von Ernest Gellner ab, «who is so anxious to show that nationalism masquerades under false pretences that he assimilates ‹invention› to ‹fabrication›, ‹falsity›, rather than to ‹imagining› and ‹creating›. In this way he implies that ‹true› communities exist which can be advantageously juxtaposed to nations. In fact, all communities larger than primordial villages of face-to-face contact (and perhaps even these) are imagined.»

ler Impuls schon für die auf ihn folgende, im konfessionellen Bürgerkrieg abermals gespaltene Generation nicht mehr aktuell war, wurden
seine Dramen im 19. Jahrhundert gern für propagandistische Zwecke
des Empire in Anspruch genommen. All das erklärt jedoch nicht, warum sie solche Indienstnahme überlebten und noch heute überall auf der
Welt gelesen und gespielt werden. Sie sind nicht nur Nationalliteratur,
sondern auch – und damit komme ich zur dritten, der *textuellen* Ebene
– Weltliteratur. Shakespeare hat den Geschichtsstoff ja nicht als Historiker, sondern als Dramatiker inszeniert und dabei zunächst einmal auf
unmittelbare Bühnenwirksamkeit geachtet. Deshalb sorgte er für grelle
Kontraste, Spannungsdichte und Tempowechsel, skandalöse Szenen,
Pathos und nicht zuletzt für Heiterkeitseffekte. Zu dieser packenden
verbalen und visuellen Aufbereitung des Geschichtsstoffs kommt noch
eine weitere Dimension hinzu: die reflexive Ebene, die in anthropologischen Betrachtungen und einer kritisch skeptischen Grundhaltung in
die Stücke eingegangen ist. Auch wenn der memorialpolitische Effekt
verbraucht ist und für nicht reaktivierbar gehalten wird, bleiben die dramatische Kraft und die anthropologische Reflexion der Stücke auf der
textuellen Ebene noch lange virulent. Shakespeares Historien sagen uns
heute weder, was wir tun sollen, noch wer wir sind. Aber sie zeigen uns,
wie Identitäten konstituiert werden und mit welch hohem Preis diese
Identitätsbildung verbunden sein kann – wie im Falle des jungen Königs Henry V., der vom einen zum anderen Tag sein Gedächtnis um-
bauen muß und von den Komplizen seiner Jugend nichts mehr wissen
darf. Nicht also, weil sie uns Identitäten anbieten, sondern weil sie uns
anschaulich vorführen, wie diese produziert und demontiert werden, lesen wir diese Stücke noch immer mit Neugier und anhaltender Faszination.

4. Nachspiel auf dem Theater

Von einem Schauspieler, der Erfahrung mit den Königsrollen in Shakespeares Rosenkriegs-Dramen hat, stammt eine denkwürdige Reminiszenz zu seinen Theaterarbeiten. Der Schauspieler heißt Peter Roggisch,
und der Text, der dem Regisseur Peter Palitzsch gewidmet ist, beginnt
mit einem unvollständigen und unverständlichen Vers:

> Allmählich findet man sich damit ab,
> nur noch Erinnerung zu sein ... wann war?[46]

---

[46] Peter Roggisch, «Der Suchmonolog. Arbeit mit Peter Palitzsch», in: Rainer
Mennicken, Hg., Peter Palitzsch, Regie im Theater, Frankfurt a. M. 1993, 67–77; hier:
67.

Es handelt sich dabei um einen Erinnerungssplitter, wie er im Gedächtnis eines Schauspielers hängenbleibt. Der schreibt dazu im Jahre 1993: «So – oder so ähnlich – beginnt der letzte Monolog des Königs Henry VI. *Der Krieg der Rosen*. Wann war das? Ich glaube 1967/68. Die Szene spielt im Tower. Dem König wird die Krone zurückgebracht. Er schlägt sie aus. Es war ein dünner Reif, glaube ich, den ich vor mich hin hielt, goldbronziert. Der König philosophiert, meditiert … über Macht und Ohnmacht … Wie ging bloß noch der Text? ‹Schattensplitter›: dieses Wort kam vor. Und das Wort ‹Politik›. Als letztes Wort, glaube ich, in diesem Monolog. Eine Abdankungsszene – Ende der Rolle. Der ‹entsetzte› König.»

So – oder so ähnlich – erinnert sich ein Schaupieler einer lang verflossenen Rolle. Um seinen «Suchmonolog», wie er ihn nennt, wieder zusammenzusetzen, schlug Roggisch bei Shakespeare und seinen Übersetzern nach, aber erfolglos. Er nahm sich alle möglichen Königsmonologe vor, doch das Erinnerungsfragment paßte nirgendwo hinein. Peter Palitzsch, den er um Rat fragte, konnte sich auch an nichts Genaues mehr erinnern. Nach seinem Umzug nach Berlin hatte er viele Unterlagen weggeworfen. Doch Roggisch forschte weiter nach und trieb schließlich das Textbuch der Stuttgarter Inszenierung, *Der Krieg der Rosen, zweiter Teil*, auf. Auf Seite 52 fand er seinen Suchmonolog:

> *London. Tower. Heinrich sitzt auf einem Bett – die Krone in den Händen:*
> Allmählich findet man sich damit ab,
> Und irgendwann erscheint es einem Gnade,
> Nur noch Vergangenheit zu sein, ‹wann war's›,
> Der Name eines Königs und auch der
> Entschwindende Erinnerung. ‹Wie hieß?›
> *(Er setzt sich die Krone vorsichtig auf)*
> Und fühle wieder ihn, den leichten Druck,
> Den man vergißt, Gewohnheit alles, fast …
> Doch man entrinnt ihm nicht, er kerbt die Stirn,
> Und zeichnet einen Kreis in dünne Haut
> Und prägt das Denken, unmerklich zuerst
> Dann scharf, dann auch das Fühlen, Hoffen, Tun,
> Und Schattensplitter färben das Gemüt …
> – Laßt mich in Frieden leben, abgewandt
> Der blutigen Geschichte – Politik.[47]

Dieser Monolog ist in mehrfacher Hinsicht bemerkenswert. Nicht nur, daß er aus der Perspektive des Schauspielers die Prozesse des Memorierens einer Rolle aufzeigt und die Virulenz unvergeßlicher Verse vorführt, die ihn in Unruhe versetzen und zur Suche anhalten; der Text ist auch für Shakespeares Erinnerungsbegriff aufschlußreich. Diesen Monolog

---

[47] Roggisch, Suchmonolog, 76–77.

nämlich hätte Roggisch bei Shakespeare niemals finden können, weil dieser ihn nicht hätte erfinden können. Der Zusammenhang von Erinnerung und Nostalgie, der uns so nahe liegt, ist eine Schöpfung der Romantik. Das graduelle Ausbleichen von Leben in Erinnerung, von Aktualität in Vergangenheit, ist eine Erfahrung, die in Shakespeares Dramen so nicht belegt ist. Die Könige finden sich in ihren Monologen nicht damit ab, nur noch Erinnerung zu sein, denn Erinnerung ist ja gerade das, worauf sie es abgesehen haben. «We shall be remembered» verspricht Henry V. am Vorabend der Schlacht von Agincourt seinen Mitstreitern und denkt dabei nicht an retrospektive, sondern an prospektive Erinnerung, die nur ein anderes Wort für Fama und Ruhm ist. Erinnerung ist bei Shakespeare nicht melancholisch eingefärbt, weil sie mit dem Fortleben im Gedächtnis der Nachwelt, mit säkularer Unsterblichkeit assoziiert wird. «‹Wann war's?› / Der Name eines Königs und auch der / Entschwindende Erinnerung. ‹Wie hieß?›» Auf den Namen kommt es allerdings an, denn der ist der entscheidende Kristallisationspunkt für die rühmende, Unsterblichkeit verheißende Erinnerung.

Bei Shakespeare gibt es zwar keine melancholisch nostalgischen, wohl aber pessimistische Töne, wo die Hoffnung auf Nachruhm radikal in Frage gestellt ist. Hamlet etwa stellt in der Friedhofszene die Möglichkeit solcher Fortdauer grundsätzlich in Frage, wenn er sich mit dem Totengräber unterhält und darüber meditiert, daß von Alexander dem Großen oder Caesar nichts weiter übrigbleibt als ein Erdklumpen. Allerdings ist er am Schluß selbst um seinen «verwundeten Namen» besorgt und bittet den Freund Horatio, seine Geschichte zu erzählen und sie der Nachwelt getreulich zu überliefern. Eine ähnlich radikale Perspektive nimmt für einen Augenblick in einer Krisensituation Prospero auf seiner Zauberinsel in *The Tempest* ein. Nach einer Aufführung im Stil der höfischen Maskenspiele, mit der er das junge Paar Miranda und Ferdinand unterhalten hat, beschließt er die Vorstellung mit folgenden Worten:

> *Our revels now are ended. These our actors,*
> *As I foretold you, were all spirits, and*
> *Are melted into air, into thin air:*
> *And, like the baseless fabric of this vision,*
> *The cloud-capp'd towers, the gorgeous palaces,*
> *The solemn temples, the great globe itself,*
> *Yea, all which it inherit, shall dissolve,*
> *And, like this insubstantial pageant faded,*
> *Leave not a rack behind. We are such stuff*
> *As dreams are made on, and our little life*
> *Is rounded with a sleep.* (IV,1, 148–158)[48]

---

[48] William Shakespeare, The Tempest, dt.: 278.

Das Fest ist jetzt zu Ende; unsre Spieler,
Wie ich euch sagte, waren Geister und
Sind aufgelöst in Luft, in dünne Luft.
Wie dieses Scheines lockrer Bau, so werden
Die wolkenhohen Türme, die Päläste,
Die hehren Tempel, selbst der große Ball,
Ja, was daran nur teilhat, untergehn;
Und, wie dies leere Schaugepräng erblaßt,
Spurlos verschwinden. Wir sind solcher Zeug
Wie der zu Träumen, und dies kleine Leben
Umfaßt ein Schlaf.

Hier ist allerdings vom Verblassen die Rede, aber nicht primär vom Verblassen der Erinnerung. Es geht zunächst ums Verblassen der künstlerischen Fiktion, und dann, in Ausdehnung dieser Erfahrung auf das Leben, ums Verblassen irdischer Realität überhaupt. Von deren Existenz bleibt in dieser Vision nichts zurück, alles, die ganze Welt steht unter dem Verdikt der Vergänglichkeit und mündet ins Vergessen.

Neben der prospektiven Erinnerung und dem radikalen Vergessen gibt es in Shakespeares Dramen auch noch eine Form retrospektiver Erinnerung, die mit Erzählen gleichgesetzt wird. Dramen wie *The Tempest* oder *The Winter's Tale* enden nach überstandenen Qualen mit der tröstlichen Aussicht, sich gegenseitig die Abenteuer und Leidensgeschichten erzählen zu können. Erzählen ist Bewältigung und gemeinsame Teilhabe nach Konflikt, Entzweiung und Entfremdung. Erinnern und erzählen kann nur der, der das Schlimmste überstanden hat und wieder in sicheren und geselligen Verhältnissen lebt. Richard II. ist ein König, dem diese Retrospektion nicht vergönnt ist: als abgesetzter König wird er im Tower hinterrücks ermordet. Aber gerade er ist es, der sich nach solchen Momenten der Entspannung sehnt und viel lieber erzählen und erinnern möchte, wo es erst noch zu handeln gilt. Sein Wunsch zu erzählen entspricht einer Flucht aus der Gegenwart; da er diese nicht zu bewältigen vermag, phantasiert er sich aus ihr heraus in eine Zukunft, von der aus die Schrecken und Bedrängnisse derealisiert, «nur noch Erinnerung» und damit überstanden sind. Indem er seine Geschichte ins zweite Futur versetzt, nimmt er eine Perspektive vorweg, die ihm selbst gerade nicht vergönnt ist.

> *For God's sake let us sit upon the ground*
> *And tell sad stories of the death of kings:*
> *How some have been depos'd, some slain in war,*
> *Some haunted by the ghosts they have deposed,*
> *Some poisoned by their wives, some sleeping kill'd;*
> *All murdered* (RII; III,2, 155–160; vgl. V,1, 37–50)[49]

---

[49] William Shakespeare, King Richard II, dt.: 50.

Um's Himmels willen, laßt uns niedersitzen
Zu Trauermären von der Kön'ge Tod: –
Wie die entsetzt sind, die im Krieg erschlagen,
Die von entthronten Geistern heimgesucht,
Im Schlaf erwürgt, von ihren Fraun 'vergiftet,
Ermordet alle

Alle diese zu erzählenden Geschichten enden wie sein eigenes Leben
katastrophisch; und doch besteht ein fundamentaler Unterschied zwischen Erleben und Erzählen. Indem Richard auf die Erinnerungs- und
Erzählebene ausweicht, entzieht er sich dem unmittelbaren Druck der
Realität und fiktionalisiert sein eigenes Leben. Asynchron mit sich selbst
spaltet er sich auf in einen Erlebenden und einen Beobachter; als solcher eilt er den Ereignissen voraus und blickt wie ein Fremder auf sie
als abgeschlossen zurück.

Wir müssen von Shakespeare aus gesehen zwei Jahrhunderte warten,
vom Beginn des 17. zum Beginn des 19. Jahrhunderts, bevor wir auf jene
Stimmungslage stoßen, die dem Suchmonolog von Peter Roggisch zugrunde liegt. Von dem englischen Dichter William Wordsworth, von
dem im folgenden Kapitel die Rede sein wird, läßt sich mit sehr viel
größerem Recht sagen, daß ihn der Gedanke beschäftigt, daß Personen
und lebendige Erfahrungen irgendwann «nur noch Erinnerung» sein
werden. Die Transformation, ja Transsubstantiation von Leben in Erinnerung ist, wie später für Proust, sein beherrschendes Thema, und wie
bei Proust kommt bei ihm der poetischen Erinnerung eine ganz neue
Bedeutung zu als Stabilisierung, Erneuerung und Rechtfertigung des
Lebens.

IV.

WORDSWORTH UND DIE WUNDE DER ZEIT

> Each man is a memory to himself.
> (Wordsworth, Prelude)

1. Memoria und Erinnerung

Der Übergang von der Erinnerung als einer Kunst zur Erinnerung als einer Kraft soll im folgenden am Werk des englischen Dichters William Wordsworth untersucht werden. Der Prestigeverfall der antiken Mnemotechnik im 17. und 18. Jahrhundert hat zur Entdeckung der *Erinnerung* geführt. In England ist dieser Prestigeverfall seit dem Ende des 16. Jahrhunderts im Gange. Er hat viel mit der Abwehr der Humanisten gegenüber scholastischen Denk- und Artikulationsmustern zu tun. Shakespeare z. B. verglich das Memoria-Gedächtnis mit uraltem Schiffs-zwieback: je ausgetrockneter der Geist, desto abstruser die Gedächtnis-kapazität. In *As You Like It* lästert Jaques über Touchstone:

> *A fool, a fool! I met a fool i' th' forest*
> *(. . .)*
> *in his brain, which is as dry as the remainder biscuit*
> *After a voyage, he hath strange places cramm'd*
> *With observation, the which he vents*
> *In mangled forms.* (II, 7, 12–42)[1]

> Ein Narr! Ein Narr! – ich traf 'nen Narrn im Walde,
> (. . .)
> In seinem Hirne, das so trocken ist
> Wie Überrest von Zwieback nach der Reise,
> Hat er seltsame Fächer ausgestopft
> Mit Anmerkungen, die er brockenweise
> Nun von sich gibt.

---

[1] William Shakespeare, As You like it, edited by Agnes Latham. The Arden Edition of the Works of William Shakespeare, London 1975, 48–50; dt.: Wie es Euch gefällt. Shakespeares Werke, Englisch und Deutsch, Tempel Studienausgabe, übersetzt von A. W. v. Schlegel und L. Tieck, hg. v. L. L. Schücking, Berlin und Darmstadt 1970, Bd. 6, 252.– Ein weiteres Beispiel für Shakespeares Memoria-Kritik ist die (von Rabelais inspirierte) groteske Gestalt des Latein-Tutors Holofernes in *Love's Labour's Lost* (IV, 2). H. Weinrich, «Gedächtniskultur – Kulturgedächtnis», in: Merkur 508 (1991), 567–582; sowie ders., Lethe. Kunst und Kritik des Vergessens, München 1997, 58–70, der den Verlust der «kulturellen Relevanz des Gedächtnisses» nachzeichnet, weist allerdings darauf hin, daß im Kontext der humoralen Medizin der Geist mit Trockenheit und das Gedächtnis mit Feuchtigkeit assoziiert sind. Unter diesen Voraussetzungen wäre das ausgetrocknete Gedächtnis ein besonders schlechtes.

In der Tat ist im 16. Jahrhundert der Umbau des Gedächtnisses in vollem Gange. Erasmus geht auf eine neue Pädagogik zu, die sich vom Konzept der starren Reproduktivität («rote recall») trennt und Prinzipien wie Reaktivierung, Umformulierung, Umdeutung zur Geltung bringt.[2] Die «memoria verborum», das Wortlaut-Gedächtnis, wurde in einem ersten Schritt durch die «memoria rerum», das Sachen-Gedächtnis, ersetzt, bevor es in einer schriftlich fundierten Wissenschaftskultur seine zentrale Stellung in der Kultur verlor. Im Druckzeitalter richtete sich die Memoria-Kritik gegen die unsinnige Überfrachtung des Gedächtnisses. Eine neue Ökonomie und Ordnung des Wissens waren gefragt, Entrümpelungen in großem Stil fanden statt. Der Arzt und Theologe SirThomas Browne wurde bereits zitiert mit seinem Satz, daß Wissen eher durchVergessen als durch Erinnerung entsteht.[3]

Die Entwicklung, die in der Literatur gelegentlich pauschal als «Untergang der Rhetorik» bezeichnet wird[4], haben John Bender und David Wellbery in einem wegweisenden Essay näher untersucht. Sie führen fünf Aspekte auf, die sie für die *Entrhetorisierung* der Kultur mitverantwortlich machen[5]:

– das Objektivitätsideal der Wahrheit, das zur Verwissenschaftlichung und Universalisierung derVernunft führt;

– komplementär dazu die Aufwertung von Subjektivität in der rechtlichen Figur von Autorschaft und der literarischen Figur von Originalität;

– die Politik und Ökonomie des Liberalismus mit seiner Betonung verinnerlichter, abstrakter, invisibilisierter Kommunikation;

– Alphabetisierung und Druckkultur mit ihrem «Strukturwandel der Öffentlichkeit» und

– die Konsolidierung des Nationalstaats als Horizont distinktiver kultureller Identitäten.[6]

---

[2] Vgl.Thomas M. Greene,The Light in Troy. Imitation and Discovery in Renaissance Poetry, New Haven 1982, 31. Der nächste größere Schub der Memoria-Kritik erfolgte um 1775 im Rahmen der Herderschen Schulreform.

[3] Sir Th. Browne, Selected Writings, hg. v. Sir G. Keynes, London 1968, 227.

[4] So F. G. Jünger, Gedächtnis und Erinnerung, Frankfurt a. M. 1957, 141, in einem Werk, das der Erinnerung philosophische Dignität verschaffen möchte und sich dabei gegen «das ebenso ungeheure wie öde Schrifttum, das der *ars memoriae* gewidmet ist» wendet. Offiziell wurde die Rhetorik 1885 an den französischen Universitäten aus demVerkehr gezogen. Zur langen latenten Nachgeschichte der Rhetorik: Klaus Dockhorn, Macht undWirkung der Rhetorik.VierAufsätze zur Ideengeschichte der Vormoderne, Respublica literaria 2, Bad Homburg, Zürich 1968, der das Bild von einem abrupten Ende der Rhetorik überzeugend korrigiert.

[5] J. Bender, D. E.Wellbery, Hgg.,The Ends of Rhetoric. History,Theory, Practice, Stanford 1990, 3–39, hier besonders 22 f.

[6] M. Fuhrmann, Rhetorik und öffentliche Rede. Über die Ursachen desVerfalls der Rhetorik im ausgehenden 18.Jahrhundert (Konstanzer Universitätsreden 147),

Die Rhetorik stellt sich im Nachhinein dar als eine große Klammer, die die unterschiedlichsten Dinge zusammengehalten hatte. Mit dem Aufbrechen dieser Klammer kam es zu einem Differenzierungsschub, welcher die Moderne in ihren Wurzeln geprägt hat. Die Rhetorik hatte die Einheit von Wahrheit, Affekt und Stil garantiert, das eine war nicht ohne das andere zu haben. Das entgegengesetzte Ideal einer personen- und sprachneutralen Wahrheit machte das Projekt einer universalistischen Rationalität möglich, das sich in neuen Disziplinen wie Wissenschaft, Jurisprudenz und Philosophie niederschlug. Die Rhetorik hatte ferner die Einheit von Objektivität und Subjektivität garantiert, die seit der Aufklärung in unterschiedliche Diskurse zerfiel. Im Lichte der neuen Differenzierungen wurde die Rhetorik als ärgerliche Mischform verurteilt: Sie war viel zu subjektiv, wo es objektiv zugehen sollte, und blieb fremd und objektiv, wo sich die eigene Subjektivität artikulieren sollte. Schließlich hatte die Rhetorik die Einheit von Antike und Moderne in der Kontinuität der Tradition garantiert. Mit dem Riß zwischen beiden wurde Zeit als ein immer tieferer Abgrund sichtbar, der seine Entsprechung in historischem Bewußtsein und zeitlicher Entfremdung hat.

Der komplexe Strukturwandel der Erinnerung und der damit verbundenen Werte und Praktiken vollzieht sich im Rahmen übergreifender Diskurspraktiken.[7] Der Begriff «Memoria» verbindet sich dabei mit anderen wie «Tradition» und «Rhetorik»; «Erinnerung» dagegen rückt immer enger mit «Subjektivität» und «Schrift» zusammen. Diesen Gegensatz zwischen Memoria und Erinnerung hat Wordsworth in einem kleinen Gedicht thematisiert, das den Titel *Memory* trägt.

> *A pen – to register; a key –*
> *That winds through secret wards;*
> *Are well assigned to Memory*
> *By allegoric Bards.*

Konstanz 1983, hält diesen letzten Punkt für den einzig relevanten: «Einzig und allein die Nationalisierung des gesamten europäischen Geisteslebens ist eine zulängliche Erklärung für das Verschwinden des Rhetorikunterrichts, für die einschneidendste Änderung also, die das antik-europäische Bildungswesen seit dem Übergang von der heidnischen Antike ins christliche Mittelalter erlebt hatte.» (18)

[7] Zu diesem Strukturwandel des Gedächtnisses O. G. Oexle in K. Schmid, Gedächtnis, das Gemeinschaft stiftet, Freiburg 1985, 99. Mit Ende des 18. Jahrhunderts wurde die Erinnerung «aus den Bezügen zur Metaphysik gelöst, wurde sie ohne metaphysischen Rang dem Individuum und der Geschichte zugeordnet. Noch immer hat nun Erinnerung die Aufgabe, in der Reflexion die Einheit des Individuums, die Einheit der Geschichte zu begründen, aber sie verfügt jetzt nicht mehr über irgendeinen Bezug zur ontischen Realität.» Besonders wichtig ist auch der Hinweis auf J. G. Droysen, der Geschichte nicht mehr als «Summe der Geschehnisse» und «Verlauf aller Dinge», sondern als das «Wissen von dem Geschehenen», also als Erinnerung definiert.

As aptly, also, might be given
A pencil to her hand;
That, softening objects, sometimes even
Outstrips the heart's demand;

That smooths foregone distress, the lines
Of lingering care subdues,
Long-vanished happiness refines,
And clothes in brighter hues;

Yet, like a tool of Fancy, works
Those Spectres to dilate
That startle Conscience, as she lurks
Within her lonely seat.

O! that our lives, which flee so fast,
In purity were such,
That not an image of the past
Should fear that pencil's touch!

Retirement then might hourly look
Upon a soothing scene,
Age steal to his allotted nook
Contented and serene;

With heart as calm as lakes that sleep,
In frosty moonlight glistening;
Or mountain rivers, where they creep
Along a channel smooth and deep,
To their own far-off murmurs listening.[8]

Eine Feder, um aufzuzeichnen, ein Schlüssel, / um verborgene Schubladen aufzuschließen / das ist das allegorische Inventar, das die Dichter sinnigerweise der Erinnerung zugeschrieben haben.

Mit gleichem Recht könnte man ihr / einen Pinsel in die Hand drücken, / der hier und da Konturen aufweicht und dabei manchmal die Wünsche des Herzens übertrifft;

Der vergangenes Leid lindert / und die Furchen eines anhaltenden Grams glättet / lang entschwundenes Glück verfeinert/ und in noch leuchtenderen Farben ausmalt;

Der aber auch wie ein Werkzeug der Phantasie / jene Gespenster vergrößert, die das Gewissen aufschrecken, das in seinem einsamen Versteck lauert.

O wäre doch unser Leben, das so schnell vorübereilt, in seiner Reinheit so beschaffen, daß sich kein Bild der Vergangenheit vor diesem Pinselstriche fürchten müßte;

---

[8] William Wordsworth, Poetical Works, vol. 4, 101 f.

Am Lebensabend könnten wir dann beruhigt von Stunde zu Stunde /auf eine
ruhige Landschaft blicken / und das Alter könnte sich zufrieden und heiter auf
seinen ihm angewiesenen Ruheplatz begeben

Mit einem Herzen so ruhig wie ein schlafender See, / der im frostigen Mond-
licht glänzt; / oder wie Bergflüsse, die sich durch einen glatten und tiefen Eng-
paß winden, / und auf ihr weit entferntes Gemurmel lauschen.

Das Gedicht gliedert sich in drei Abschnitte. Jeder befaßt sich mit einer
anderen Form von Erinnerung.

Memoria (Strophe 1) – Als traditionelle Embleme der Memoria werden «pen» und «key», Schreibfeder und Schlüssel, genannt. Mit der Feder werden Worte festgehalten, sie steht metonymisch für die Technik
der Schrift, die dem verhallenden Klang der Worte eine dauerhafte materielle Stütze bietet. Der Schlüssel verweist auf Räume und Magazine,
in denen Personen und Sachen in sicheren Gewahrsam und Verwahrung
genommen werden. Fixierung durch Schrift und Thesaurierung in ver-
schlossenen Räumen entsprechen den traditionellen Leitmetaphern der
rhetorischen Memoria, Schreibtafel und Magazin.

Charakteristisch für diese Form der Erinnerung ist die unproblema-
tische Sicherheit der Aufzeichnung und Speicherung. Was einmal festgehalten und eingeordnet worden ist, kann die Zeit überdauern und zuverlässig wieder hervorgeholt werden. Die Memoria als *ars* nimmt sich
die Fixierungskraft der Schrift und die sichere Abgeschlossenheit der
Vorratswirtschaft zum Modell; sie ordnet, trainiert und elaboriert das
menschliche Gedächtnis in einer Weise, daß es – analog zur Schrift –
zum geräumigen und zuverlässigen Speicher für Worte, Gedanken, Bilder und Vorstellungen wird. Die Zeit wird in diesem Erinnerungsmodell ausgesperrt; was immer im Speicher aufbewahrt ist, hat an der
Existenzform der Dauer teil und ist keinen Veränderungen ausgesetzt.

Recollection (Strophen 2,3,4) – Der Gegensatz zwischen traditioneller
Memoria und romantischer Erinnerung erschließt sich im scheinbar ge-
ringfügigen Unterschied zwischen «pen» und «pencil». «Pen», wörtlich
Feder oder Gänsekiel, ist das neutrale Wort für Schreibgerät. «Pencil» dagegen heißt Pinsel. Mit einer einzigen Silbe sind wir aus dem Bereich
der Schrift in den der Malerei übergegangen. Mit dem Pinsel werden
Szenen koloriert und durch Schattierungen Akzente gesetzt. In Samuel
Johnsons Lexikon (8. Auflage von 1799) wird in den aufgeführten Belegen die Illusionskraft des Pinsels hervorgehoben.[9] Der Pinsel dokumentiert nicht, er modelliert eine Atmosphäre.

An die Stelle der Registrier- und Thesaurier-Kunst der Memoria ist die
Kraft der Erinnerung getreten, die mit großer Freiheit das vorhandene Ge-

---

[9] Samuel Johnsons Dictionary of the English Language führt als Beleg einen
Vers von Dryden auf: «Pencils can by one slight touch restore / Smiles to that chan-
ged face, that wept before.»

dächtnismaterial bearbeitet. Ihre Aufgaben sind bei Wordsworth im weitesten Sinne kosmetisch und heilend: Das blaß Gewordene wird neu eingefärbt, das Verlorene wiederhergestellt, das Schmerzliche gemildert. Diese Wunden werden durch die Erinnerung zwar nicht geheilt, aber doch gelindert. Freilich geht mit dieser plastischen Kraft auch eine prekäre Eigenenergie der Erinnerung einher; die vierte Strophe nennt als unkontrollierbaren Quellbereich von Erinnerungen das Gewissen. Das Gewissen, nicht das Bewußtsein, kontrolliert als eine im Verborgenen und Unzugänglichen angesiedelte Sprungfeder die Gedächtnismotorik. Hinter allem beschönigenden und beruhigenden Erinnerungszauber ist seine unheimliche Macht am Werke, die wie ein Raubtier plötzlich aus einem Hinterhalt hervorschießen und ein Heer von Gespenstern entfesseln kann. Erinnerungen quellen aus einem Zentrum hervor, das angstbesetzt ist. Ihr verborgener Motor ist eine nicht zu tilgende Schuld.

Anamnesis (Strophen 5,6,7) – Der Pinsel der Erinnerung wird von unsichtbarer Hand gelenkt; in letzter Instanz ist er von Schuld und Gewissen bewegt. Mit dem «O!», das die 5. Strophe einleitet, ist eine Wende markiert. Der Sprecher wendet sich ab von der Realität der Erinnerung, welche besagt: Es gibt keinen Ruhestand für Gedächtnis und Gewissen, keinen Rückblick ohne Reue, kein lockeres Entspannen am Ende des Lebens; und wendet sich hin zu einem Idealbild der Erinnerung, das nicht mehr von Schuld grundiert ist. Vergessen und Verlust, insbesondere aber Schuld und Gewissen treiben die individualisierende Erinnerung hervor, die beschönigt und verdrängt. Solcher unreinen und gebrochenen Erinnerung wird das Ideal einer reinen und direkten Erinnerung gegenübergestellt. Ihre Zentralmetaphern sind die spiegelglatte Wasserfläche und das ungetrübte Echo des Gebirgsbaches, dessen Oberlauf ungebrochen mit dem Unterlauf «kommuniziert». Ruhe, Zufriedenheit, Heiterkeit und Reinheit sind die Bedingungen einer entindividualisierenden Erinnerung, die jedoch lediglich im Irrealis, als ein kontrafaktisches Wunschbild, aufscheint.

Memoria, Recollection, Anamnesis – im Spannungsfeld dieser drei Erinnerungsformen werden wir uns mit Wordsworth im folgenden bewegen. Der Niedergang der Memoria bildet die Folie für die Heraufkunft der subjektiven Erinnerung mit der Aufklärung (Locke). In der Romantik verschärft sich das Erinnerungsproblem, weil es in die entgegengesetzten Richtungen der Subjektivität und Verfügbarkeit (als manipulative Recollection) und der Subjektlosigkeit und Unverfügbarkeit (als mystische Anamnesis) auseinanderstrebt. Mit Recollection verbindet sich subjektive Erinnerung, Kreativität, poetische Imagination und Ich-Konstruktion. Anamnesis ist eine Form der Gegen-Erinnerung, die die Muster aktiver Selbst-Konstitution überwindet.

2. Erinnerung und Identität

John Locke und David Hume

Mit dem Verblassen der Gedächtniskultur gewann die persönliche Erinnerung an kultureller Relevanz. Kontinuität wurde damit von einer Vorgabe zu einer Aufgabe, die es im Rahmen der individuellen Lebensgeschichte herzustellen galt. Die Position Lockes markiert einen Wendepunkt im Verhältnis von Erinnerung und Identität. Bislang war es üblich, Identität durch Genealogie zu konstruieren. Die Gegenwart erhielt erst im Lichte einer weit ausholenden Vorgeschichte Substanz und Bedeutung. Locke bindet als Philosoph des modernen bürgerlichen Zeitalters den Begriff der Identität an die Lebensspanne des Individuums. An die Stelle genealogischer Identitäten von Familien, Institutionen, Dynastien oder Nationen tritt die individuelle Identität im ausschließlichen Horizont der persönlichen Lebensgeschichte. Damit schließt er an die Tradition der puritanischen Autobiographie an, für die Erinnerung, Selbstbeobachtung und Schrift die wichtigsten Werkzeuge waren. Dieselben Werkzeuge sind für die Entstehung des bürgerlichen Subjekts grundlegend geworden.

Das neuzeitliche Subjekt ist wesentlich Beobachter.[10] Der Mensch, der zum Beobachter wird, objektiviert ebenso seine Umwelt wie sich selbst. Beobachten impliziert Distanz, Entkörperung. Der Ertrag solcher Disziplin ist kognitive Sicherheit und rationale Kontrolle. Ähnlich wie in den Wissenschaften die materielle Welt wurde in der Selbstbeobachtung die eigene Biographie objektiviert. Das Cogito des Descartes zeichnet sich durch Zeitlosigkeit aus. Derjenige, der hier beobachtet, ist aus dem Fluß der Zeit herausgetreten. Zeitvergessenheit gehört zu den traditionellen Eigenschaften des Philosophen. Wo Zeit keine Rolle spielt, hat auch Erinnerung keine Chance, thematisiert zu werden.[11]

---

[10] «We must consider what a person stands for; which, I think, is a thinking intelligent being that has reason and reflection and can consider itself as itself, the same thinking thing in different times and places; which it does only by that consciousness which is inseparable from thinking and, as it seems to me, essential to it: it being impossible for anyone to perceive without perceiving that he does perceive.» Locke, Essay, II, 9. Vgl. Charles Taylor, Sources of the Self. The Making of the Modern Identity, Cambridge 1989, 143–176.

[11] Die eigentümliche Zeit- bzw. Erinnerungs-Vergessenheit zeichnet philosophische Darstellungen noch immer aus. Charles Taylor (wie vorang. Anm.), der die Entstehung des Selbst an der Schwelle der Neuzeit in aller Breite geschildert hat, stützt sich dabei auf Begriffe wie «mind», «consciousness», «hegemony of reason» oder «radical reflexivity»; «memory» kommt in seiner Terminologie nicht vor. Die bedeutsame Rolle, die die Erinnerung in den neuzeitlichen Reflexionen über das Selbst spielt, wird nicht erkannt. Taylor streift das Erinnerungs-Problem flüchtig in

Derjenige, der sich von diesen philosophischen Prämissen entfernte und das Subjekt wesentlich von der Erinnerung her bestimmte, war John Locke. Seine Einsichten in die Zeitlichkeit menschlicher Existenz und die synthetisierende Kraft des Gedächtnisses finden sich im zweiten Buch seines *Essay Concerning Human Understanding* in den Kapiteln 10 und 27. Es lohnt sie hier darzustellen, weil sie den Hintergrund der romantischen Konzeption von Identität-durch-Erinnerung bilden.[12]

Locke gehört zu den Theoretikern der Erinnerung, die aus der Memoria-Tradition heraustreten. Für ihn ist Erinnerung keine Technik zur Überlistung der natürlichen Disposition zum Vergessen. Für Locke wie schon für Augustin bilden Erinnern und Vergessen keinen Gegensatz. Was erinnert wird, ist vom Vergessen gezeichnet. Vergessen wird zu einem unaustilgbaren Aspekt des Erinnerns; an der Erinnerung bleibt die Spur des Vergessens haften.[13] «Gleichwohl scheint ein ständiges Schwinden aller unserer Ideen stattzufinden, auch derer, die sich am tiefsten in die besten Gedächtnisse eingeprägt haben (...). So sterben die Ideen unserer Jugend gleich unseren Kindern oft vor uns dahin; unser Geist gleicht dann einem Grab, an das wir herantreten und an dem zwar die Grabplatte und der Marmor noch erhalten sind, die Inschrift aber durch die Zeit ausgelöscht und die bildlichen Darstellungen verwittert sind.»[14]

Das Gedächtnis ist für Locke kein luftdichter Behälter, der seinen Inhalt sicher vor Verwesung schützt. Erinnern und Vergessen gehen ineinander über in Form des schleichenden Verfalls, des permanenten Absterbens von Sinneserfahrungen und Vorstellungen in der Zeit. Das Gedächtnis ist keine Festung gegen die Zeit, es ist der empfindlichste Sensor für die Zeit, oder, mit Lockes Worten: das Grab, das wir in uns tragen.

---

einer Anmerkung, wo er lediglich die Absurdität der Lockeschen Position hervorhebt, 543, Anm. 17.

[12] Zum Problem der personalen Identität im allgemeinen und Locke im besonderen vgl. Amélie Oksenberg Rorty, Hg., The Identities of Persons, Berkeley, Los-Angeles, London 1976, besonders 4, 11, 67 ff., 139 ff. mit weiterführender Literatur.

[13] Nach Hobbes haftet an Erinnerungen und Einbildungen ein Verwesungsgeruch. Er sprach in diesem Zusammenhang von *decaying sense*. Zur Geschichte der Reflexion über Imagination von der englischen Aufklärung zur Romantik, Wolfgang Iser, Das Fiktive und das Imaginäre. Perspektiven literarischer Anthropologie, Frankfurt a. M. 1991, 296 ff.

[14] «There seems to be a constant decay of all our ideas, even those which are struck deepest and in minds the most retentive (...). Thus the ideas as well as children of our youth often die before us; and our minds represent to us those tombs to which we are approaching: where, though the brass and marble remain, yet the inscriptions are effaced by time and the imagery moulders away.» (Essay, ii, x, § 5); John Locke, An Essay Concerning Human Understanding. Vol. 1, ed. by John W. Yolton, London 1964; deutsch nach: Locke, Versuch über den menschlichen Verstand. Bd. 1, übersetzt v. C. Winkler, 4., durchges. Aufl., Hamburg 1981, 170.

Die Wunde der Zeit verlangt nach Therapie: Erinnerung, Kontinuität und Identität werden zu einer dringlichen Aufgabe. Wie läßt sich über die Abgründe der Zeit und des Vergessens hinweg die Selbigkeit der Person als eines rationalen Wesens aufrechterhalten? «Was Schwierigkeiten zu bereiten scheint, ist die Tatsache, daß dieses Bewußtsein stets durch Zustände des Vergessens unterbrochen wird. Denn wir können in keinem Augenblick unseres Lebens alle unsere vergangenen Handlungen gleichzeitig überblicken. (...) Wie gesagt, in allen diesen Fällen, in denen unser Bewußtsein unterbrochen wird und wir unser vergangenes Ich aus den Augen verlieren, erheben sich Zweifel, ob wir dasselbe denkende Ding, das heißt dieselbe Substanz sind oder nicht.»[15]

Das cartesianische Subjekt ist, sofern es denkt; das Lockesche ist, sofern es sich erinnert. Das Ich besitzt keine objektive Ausdehnung und keine fraglose Kontinuität. Aber es vermag sich von einem Gegenwarts-Punkt aus auszudehnen als retrospektives oder prospektives Bewußtsein. Mit Hilfe des Bewußtseins können vergangene Episoden des Lebens angeeignet und in ein Selbst integriert werden. Was Locke «Bewußtsein» nennt, ist eine Leistung des Gedächtnisses: Integrationskraft in der Zeit, Organ der Selbststeuerung, Selbstorganisation und Selbstkonstruktion:

«Bewußtsein, so weit es sich nur immer ausdehnen läßt, und wäre es auch auf vergangene Zeitalter, vereinigt zeitlich sehr fernliegende Existenzen und Handlungen ebensogut in ein und derselben Person (...). Dasjenige, womit sich das Bewußtsein dieses gegenwärtig denkenden Wesens vereinigen kann, macht dieselbe Person aus und bildet mit ihm, und mit nichts anderem, dasselbe Ich. Es schreibt sich somit alle Handlungen jenes Wesens selber zu und erkennt sie als seine eigenen soweit an, wie jenes Bewußtsein reicht, aber auch nicht weiter.»[16]

Locke arbeitet an einem neuen Personenbegriff, der mit der bürgerlichen Gesellschaftsform kompatibel ist. Es geht um die Konstruktion der Person als voraussetzungslos gleichberechtigtes Rechtssubjekt und als einer sozial zurechnungsfähigen und ethisch verantwortlichen In-

---

[15] «That which seems to make the difficulty is this: that this consciousness being interrupted always by forgetfulness, there being no moment of our lives wherein we have the whole train of all our past actions before our eyes in one view (...) I say, in all these cases, our consciousness being interrupted, and we losing sight of our past selves, doubts are raised whether we are the same thinking thing, i. e. the same substance, or no.» (Locke, Essay, II, XXVII, § 10)

[16] «consciousness, as far as ever it can be extended, should it be to ages past, unites existences and actions very remote in time into the same person (...) That with which the consciousness of this present thinking thing can join itself makes the same person and is one self with it, and with nothing else, and so attributes to itself and owns all the actions of that thing as its own, as far as that consciousness reaches, and no further.» Locke, Essay, II, XXVII, §§ 16 und 17.

stanz. Parallel zu seinen politischen Schriften, wo er die Genese des Individuums aus den Begriffen der Vernunft, der Arbeit und des Eigentums entwickelte, begründet er das Individuum philosophisch aus dem Bewußtsein, der Selbstreflexion und der Erinnerung. Diese spezifische Leistung können wir mit einem glücklichen Ausdruck von H. Weinrich ‹die Brückenfunktion des Gedächtnisses› nennen. In ihr sah Coleridge die zentrale Bedeutung der Erinnerung: «Es gibt keine wichtigere Regel, noch eine, die produktiver in ihren moralischen und logischen Auswirkungen wäre, als die Regel der Verbindung unseres gegenwärtigen Bewußtseins mit unserer Vergangenheit – aus ihrer Trennung entstehen fast alle schädlichen Fehler» ... sowohl in der Erziehung als auch in der Struktur der Gesellschaft.[17] Lockes Genese des neuzeitlichen Subjekts ist zeithaltig und erinnerungsträchtig; die Ich-Konstitution ist die Resultante eines kontinuierlichen, produktiven Akts der Selbstaneignung vergangener Erfahrungen und zukünftiger Möglichkeiten.

Lockes Brückenfunktion des Gedächtnisses ist nicht unwidersprochen geblieben. Für Hume ist sie nichts anderes als eine unzulässige Mystifikation. Da dieser «Identität» als eine unveränderliche und ununterbrochene Einheit definiert, kann er die Idee einer personalen Identität nur ablehnen. Individuen, darin stimmt er mit Locke überein, sind keine festen Typen oder Charaktere, sondern Wesen in der Zeit. Sie sind überaus veränderliche und diskontinuierliche Wesen, auf die keine metaphysische Einheitsformel wie «Identität» anwendbar ist. Wo Locke von ‹Identitäten› spricht, spricht Hume von ‹Fiktionen›, die die Veränderlichkeit von Zuständen kaschieren.[18] Denn sobald man sie näher unter-

---

[17] Das Zitat stammt aus einer Fragment gebliebenen History of Logic (Alice D. Snyder, Coleridge on Logic and Learning. With Selections from the Unpublished Manuscripts, New Haven 1929, 60.). Auf die Brückenfunktion des Gedächtnisses hat ein Zeitgenosse Lockes, G. W. Leibniz, aufmerksam gemacht. Dazu O. G. Oexle in K. Schmid, Hg., Gedächtnis, das Gemeinschaft stiftet, Freiburg 1985, 99: «In seinen ‹Nouveaux essais sur l'entendement humain› hat G. W. Leibniz (...) die Erinnerung als jene Kraft definiert, die jedes einzelne Seiende mit dem ganzen Universum verbindet, die jegliche Gegenwart mit der Zukunft schwanger gehen und mit der Vergangenheit beladen sein läßt und die auch das Individuum als in sich identisch konstituiert.»

[18] Locke unterscheidet drei Arten von Identität:
– *materielle Identität der Substanz* – identity depends on a mass of the same particles
– *organische Identität der Seele* – a continued organization preserves identity in the change of the material substance
– *persönliche Identität des Selbst* – a personal consciousness preserves identity in the change of immaterial substance. Hume nennt diese drei Identitäten «Fiktionen»: «Thus we feign the continu'd existence of the perceptions of our senses, to remove the interruption; and run into the notion of a soul, and self, and substance, to disguise the variation.» David Hume, A Treatise of Human Nature (1739), hg. v. A. A. Selby-Bigge, Oxford 1960, 254.

sucht, löst sich für ihn die vermeintliche Identität in Differenz auf: «sie
sind nichts als ein Bündel oder Zusammen verschiedener Perzeptionen,
die einander mit unbegreiflicher Schnelligkeit folgen und beständig in
Fluß und Bewegung sind.»[19]

Der Begriff, der diesen Sachverhalt wesentlich besser trifft als der der
Identität, ist die Diversität. Für den Skeptiker Hume ist das Individuum
nichts anderes als der Schauplatz eines rapiden Wechsels von Eindrücken, Empfindungen und Gedanken. Der Integrationskraft des Gedächtnisses stellt er die Dispersionskraft des Geistes gegenüber. Sein
berühmtes Bild dafür ist das Theater: «Der Geist ist eine Art Theater, auf
dem verschiedene Perzeptionen nacheinander auftreten, kommen und
gehen, und sich in unendlicher Mannigfaltigkeit der Stellungen und Arten der Anordnung untereinander mengen.»[20]

Hume hat seine Gründe für diese extreme Position in der Debatte
über Erinnerung und Identität. Er, der sich als der Newton der Philo-
sophie versteht, beansprucht, die Einheiten und Gravitationsgesetze des
Geistes gefunden zu haben. Die Einheiten heißen «Eindrücke» und
«Ideen»; ihre Kombinatorik und Sukzession folgt den Prinzipien der
Ähnlichkeit, Nachbarschaft und Kausalität. Für ein zusätzliches Organisationsprinzip unter dem Namen Identität ist in diesem Modell kein
Platz. Die ausschließliche Gültigkeit der von Hume postulierten Asso-
ziationsgesetze wird durch eine Brückenfunktion des Gedächtnisses, wie
Locke sie postuliert, in Frage gestellt.[21] Wer wirklich Ernst macht mit
der Bindung persönlicher Identität an die Beglaubigung durch die Erinnerung, der gelangt nach Hume nicht zur Einheit der Person, sondern
im Gegenteil zur ihrer Fragmentiertheit: «Wer kann mir beispielsweise
sagen, welches seine Gedanken und Handlungen am 1. Januar 1715, am
11. März 1719 und am 3. August 1733 waren? Wird aber jemand darum,
weil er die Ereignisse dieser Tage vollständig vergessen hat, behaupten,
sein gegenwärtiges Ich sei nicht dieselbe Persönlichkeit wie das Ich
jener Tage?»[22]

---

[19] «they are nothing but a bundle or collection of different perceptions, which suc-
ceed each other with an inconceivable rapidity, and are in a perpetual flux and
movement.» Hume, A Treatise of Human Nature (1739), hg. v. A. A. Selby-Bigge,
Oxford 1960, Book I, IV, 6; 252. Alle Zitate aus diesem Abschnitt: deutsch nach: David
Hume, Ein Traktat über die menschliche Natur. Buch I – III, deutsch von Theodor
Lipps, zweite Auflage, Hamburg 1973, 327.

[20] Deutsch: 327, «The mind is a kind of theatre, where several perceptions successively make their appearance; pass, re-pass, glide away, and mingle in an infinite va-
riety of postures and situations.» (253)

[21] Dem Gedächtnis fällt bei Hume keine Sonderfunktion zu, vielmehr wird es
subsumiert unter diese Grundgesetze des Geistes. Das Assoziationsgesetz der Kausal-
verkettung etwa wirkt mit derselben Zuverlässigkeit außerhalb wie innerhalb der
Schranken persönlicher Erinnerung.

[22] Deutsch: 339. «For how few of our past actions are there, of which we have any

Hume hat den von Locke aufgebauten Begriff der persönlichen Identität regelrecht «dekonstruiert». Für die Romantiker spielt sowohl der konstruktive wie der dekonstruktive Zugang zum Problem der Identität eine wichtige Rolle.

William Wordsworth

Wie wir im Kapitel über Fama feststellen konnten, sind in Gesellschaften mit und ohne Schrift Dichter und Historiker die Organe des kulturellen Gedächtnisses gewesen. Ihre Aufgabe von Homer über Pindar und Vergil zu Chrétien de Troyes und Spenser war die Verewigung zunächst öffentlicher und dann auch privater Namen und Taten, die sie dem Vergessen entrissen und in der Erinnerung heimisch gemacht haben. Zu Wordsworths Zeit sind die Funktionen von Dichtung und Historie klar geschieden. Die Dichter teilen sich von nun an die Aufgaben des kulturellen Gedächnisses mit den Historikern und nehmen sich jener gedächtniswürdigen Ereignisse an, die nicht in die Geschichtsbücher eingehen. Für Wordsworth sind es u. a. Namen und Ereignisse des unscheinbaren alltäglichen ländlichen Lebens, dem er Gedächtniswürdigkeit verleihen möchte:

> *No little band of yet remembered names*
> *Whom I, in perfect confidence, might hope*
> *To summon back from lonesome banishment,*
> *And make them inmates in the hearts of men*
> *Now living, or to live in times to come.*

> Kein Häuflein alter, überkommner Namen,
> Die ich, vertraund dem Genius, hoffen dürfte,
> Historischem Vergessen zu entreißen
> Und neu im Herzen derer anzusiedeln,
> Die mit uns leben oder nach uns kommen.[23]

«Time, place and manners» will Wordsworth in der Erinnerung der Menschen heimisch machen, allem voran aber sein eigenes gelebtes Leben. Autobiographien und Memoiren sind schon immer aus religiösen oder anderen persönlichen Gründen geschrieben worden, aber nirgends beanspruchen sie jene repräsentative Geltung, welche aus Wordsworths selbstbewußter Wahl für das epische Genre spricht. An die Stelle allgemein verbindlicher Geschichten (wie der biblischen Überlieferung oder

memory? Who can tell me, for instance, what were his thoughts and actions on the first of January 1715, the 11th of March 1719, and the 3rd of August 1733? Or will he affirm, because he has entirely forgot the incidents of these days, that the present self is not the same person with the self of that time?» (262)

[23] William Wordsworth, The Prelude 1805, i, 172–176; deutsch von Hermann Fischer, Präludium oder das Reifen eines Dichters. Stuttgart 1974, 36.

der nationalen Sagen) tritt das Gefüge individueller Erinnerungen. Diese beispiellose Innovation im Sujet schlägt sich nicht zuletzt in der Titellosigkeit des Werks nieder. *Prelude* ist ein posthumes Etikett; Wordsworths eigene Überschrift lautete: *Poem Title not yet fixed upon by William Wordsworth Addressed to S. T. Coleridge.* Die Anzeige des Themas lautete: «a long poem upon the formation of my own mind». In diesem Epos fallen Inspirationsquelle, Gegenstand und Erzählerstimme zusammen. Zur Gattung des Epos gehört das Heroische. Heroisch an Wordsworths Projekt ist der Wille zur autonomen poetischen Selbskonstitution, zur radikalen Autogenesis.

Wordsworth macht die Konstruktion personaler Identität zu seinem epischen Projekt. Dabei wird für ihn die Erinnerung zum wichtigsten Medium. Erinnerung bedeutet für Wordsworth zunächst *Reflexivität*, Selbst-Beobachtung im Strom der Zeit, Rückkrümmung auf sich selbst, Selbstspaltung, Selbstverdoppelung. Wie bereits in den puritanischen Autobiographien zerfällt das Ich in ein erinnerndes und ein erinnertes Ich. Beide sind qualitativ voneinander getrennt – jetzt nicht mehr durch moralische Konversion, sondern durch Zeit. Denn man kann das Vergangene nicht zurückrufen, ohne zugleich auch einen Abstand in sich selbst wahrzunehmen:

> *so wide appears*
> *The vacancy between me and those days*
> *Which yet have such self-presence in my mind,*
> *That, sometimes, when I think of it, I seem*
> *Two consciousnesses, conscious of myself*
> *And of some other Being.*

> So weit erscheint der leere Raum von hier
> Bis hin zu jenen Tagen, die mir dennoch
> So gegenwärtig sind, so echtes Selbstsein,
> Daß im Innern oft ich mir erscheine
> Als zweifaches Bewußtsein: meiner selbst
> Und eines andern Wesens.[24]

Die Erfahrung von Alterität im eigenen Ich wird als Schmerz, als Wunde der Zeit erfahren. Die sensualistische Philosophie läßt Erinnerung als eine verblaßte, verminderte Form ursprünglicher Erfahrung erscheinen. Was einst lebhaft prägend und gegenwärtig war, reduziert sich mit der Zeit darauf, wie es im hinzugedichteten Shakespeare-Monolog von Peter Palitzsch hieß, «nur noch Erinnerung zu sein»:

---

[24] Prelude, 1805, II, 28–33, dt.: 54.

> *I am sad*
> *At thought of raptures now for ever flown;*
> *Even unto tears I sometimes could be sad*
> *To think of, to read over, many a page,*
> *Poems withal of name, which at that time*
> *Did never fail to entrance me, and are now*
> *Dead in my eyes, dead as a theatre*
> *Fresh emptied of spectators.*

> Trauer
> Erfüllt mich beim Gedanken an Ekstasen,
> Die nun auf immer ich verloren habe:
> Fast bis zu Tränen könnt' ich oftmals trauern,
> Wenn ich an manche Bücherseite denke;
> Wenn ich sie wieder überlese, jene
> Berühmten Dichtungen, die zu der Zeit
> Niemals verfehlten, mir die Sinne wie
> Mit Zauber zu entrücken, und die heute
> Dem Auge tot sind, tot wie ein Theater,
> Das eben erst das Publikum verließ.[25]

Wir sind nicht weit von Humes Theater des Geistes entfernt: Die permanente Sukzession der Bilder und Vorstellungen läßt keine echte Wieder-Holung zu. Gegen solche Verlust-Erfahrung ist kein Kraut der Mnemotechnik gewachsen. Erinnerung gewinnt eine gänzlich andere Qualität; sie bezieht sich im Druckzeitalter immer weniger auf die Abrufbarkeit von Wissen und immer mehr auf die Wiederherstellbarkeit von Gefühlen. Die Zeichen selbst sind verfügbar, die Seite im Buch kann aufgeschlagen und wiedergelesen werden, die Orte können abermals besichtigt werden, doch die einst mit ihnen verbundenen Emotionen stellen sich dadurch nicht automatisch wieder ein. Die Erinnerung ist ein matter Abglanz der ursprünglichen Erfahrung, zu der kein Weg mehr zurückführt.

Deshalb ist die romantische Erinnerung nicht Wiederherstellung, sondern ihr Ersatz. Sie ist suggestives Rankenwerk über einer manifest gewordenen Lücke, ein Supplement der poetischen Imagination. Die Illusion, daß Erinnerungen zuverlässige Reproduktionen von Vergangenem seien, teilt Wordsworth nicht. Er traut sich nicht zu, zwischen Reproduktion und Rückwärts-Projektion zu unterscheiden:

> *Of these and other kindred notices*
> *I cannot say what portion is in truth*
> *The naked recollection of that time,*
> *And what may rather have been called to life*
> *By after-meditation.*

---

[25] Prelude 1805, V, 568–575, dt. 132.

> Was aus der Zahl der hier zitierten Fälle
> Und andrer, ähnlicher Bemerkungen
> Der reine Niederschlag wahren Erinnerns
> Aus jener Zeit ist und was erst ein spätres
> Bedenken der Verhältnisse erfand –
> Ich kann es nicht entscheiden.[26]

Was den Erinnerungen an Authentizität abgeht, kommt ihnen an Konstruktivität zu. Davon wird gleich zu reden sein. Erfahrung und Identität, die im Leben drastisch auseinanderfielen, sollten durch die Dichtung zusammengeschweißt werden. Wordsworths Bilder dafür sind die Kette und der Regenbogen. Die Vision einer Kontinuität, Integrität und Identität des Ich durch die verschiedenen Stufen des Alters und Stadien des Bewußtseins hindurch nahm bei ihm die irreale Form eines Optativs an:

> *And I could wish my days to be*
> *Bound each to each by natural piety.*[27]

> Und ich wünschte, daß meine Tage
> in natürlicher Frömmigkeit miteinander verknüpft wären.

3. Recollection: Erinnerung und Imagination

Erinnerung und Dichtung sind von jeher aufs engste miteinander verbunden. Thomasin von Zerclaere, Autor einer umfassenden höfischen Lebenslehre mit dem Titel *Der Welsche Gast* (1215), hat *Memoria* und *Imaginatio* zu einem Schwesternpaar gemacht, das unterschiedliche Aspekte des Gedächtnisses verkörpert. Imaginatio ist eine sinnliche Kraft, die mit lebhafter Wahrnehmung der Erinnerung vorausgeht und ihr nachträglich bei der Rückholung beispringt. Memoria steht für die pure Speicherungskraft; sie wird mit einem Krämer verglichen, der hauszuhalten weiß und souverän über seine Vorräte verfügt.[28] Die Dichter gelten als

---

[26] Prelude 1805, III, 645–648, dt.: 92.

[27] William Wordsworth, The Poetical Works, vol. 1, 226, «My heart leaps up when I behold».

[28] Von der Imagination heißt es:
   «si bringet die gedanke
   zer dinge getat, die man lange
   vor des niht gesehen hat.
   daz kumt von der krefte rat
   diu da Memorja ist genant.
   Si habent vil nach ein amt,
   wan si sint swester, die zwo,
   Memorja und Imaginatio.
   Imaginatio ir swester git,

Experten dieser Kombination von Memoria und Imaginatio. Sie malen vergangene Heldentaten «so als wären sie gegenwärtig», der Hörer vernimmt die Abenteuer, «als wenn (er) sie vor sich sähe», heißt es in einem anderen Text aus dem 13. Jahrhundert.[29] Dichtung inszeniert (kollektive) Erinnerung als fingierte Gegenwart, sie holt (gemeinsame) Vergangenheit wie mit einem Zauberstab in die Gegenwart zurück.

In Wordsworths romantischem Epos spielt die Erinnerung die Rolle der Muse. Was Wordsworth allerdings von einem Autor wie Proust trennt, ist die Aufrechterhaltung der Souveränität im Akt des poetischen Erinnerns. Seine Muse läßt der Macht des kontingenten Einfalls, des unwillkürlichen Impulses, der erratischen Verknüpfung (fast) keinen Raum. Sie ist ein kontrolliertes poetisches Verfahren, bei dem sich Memoria und Imaginatio verschränken.

Wordsworths Recollection hebt sich ab vom gängigen Drei-Phasen-Modell künstlicher Speichersysteme, das trotz der Verbreitung anderer Modelle auch in der Gedächtnis-Psychologie noch immer eine gewisse Rolle spielt.[30]

– *Erste Phase* (take in) – ist die sinnliche Wahrnehmung; sie findet Einlaß in die Erinnerung unter der Bedingung, daß sie entweder heftig und intensiv oder aber wiederholt und geläufig ist

– *Zweite Phase* (storage) – die entzeitlichte Erinnerung lagert im Speicher der Memoria

– *Dritte Phase* (retrieval) – Rückruf und Vergegenwärtigung; die sinnliche Wahrnehmung kehrt zurück als eine wiederversinnlichte Erinnerung.

---

swaz vor den ougen lit.
Memorja behalten kan
wol swaz ir swester e gewan.»
Der Welsche Gast, 8805 ff., zit. nach H. Wenzel, «Memoria und Mnemosyne in der höfischen Poetik», in: Assmann, Harth, Hgg., Mnemosyne, Frankfurt a. M. 1991, 65 f. Zur Verbindung von Memoria und Imaginatio in der klassischen Rhetorik vgl. K. Dockhorn, Macht und Wirkung der Rhetorik. Vier Aufsätze zur Ideengeschichte der Vormoderne, Respublica Literaria 2, Bad Homburg, Berlin, Zürich 1968, 102 ff., der auch die Brücke zu Hobbes schlägt. Der Sensualist Hobbes unterscheidet zwischen der Präsenz des sinnlichen Eindrucks und dessen Repräsentation als mentalem Abbild. «Imagination therefore is nothing but decaying sense (...) when we would express the decay, and signifie that the Sense is fading, old and past, it is called Memory. So that Imagination and Memory, are but one thing, which for divers considerations hath divers names.» Hume greift die Unterscheidung von Memory und Imagination als «Verfallsformen sinnlicher Eindrücke» wieder auf. Während Imagination die Endstufe der reinen Idee bezeichnet, hält die Erinnerung «a considerable degree of its first vivacity» fest. Treatise, I, 1, 3; S. 8.

[29] H. Wenzel in A. Assmann u. D. Harth, Hgg., Mnemosyne, 66.

[30] Vgl. Alan Baddeley, «The Psychology of Remembering and Forgetting», in: Thomas Butler, Hg., Memory. History, Culture and the Mind, Oxford 1989, 51.

In Wordsworths Drei-Phasen-Modell steht ebenfalls an erster Stelle die Wahrnehmungs-Phase, und zwar als «das spontane Überfließen starker Gefühle» (*the spontaneous overflow of powerful feelings*).[31] Hier befinden wir uns in jener ausschließlichen Gegenwart, die von Hölderlin «selige Selbstvergessenheit» genannt wurde und die für Wordsworth mit Sprachlosigkeit verbunden war. Er sah sie besonders in Kindern verkörpert. Diese Phase liegt der Erinnerungsdynamik voraus und kann von ihr grundsätzlich niemals eingeholt werden.

Mit der zweiten Phase kommen Zeit und Sprache auf. Der kreative Prozeß beginnt mit Rückwendung, mit Rückschau: «Er nimmt seinen Ursprung von einer im Ruhezustand zurückgerufenen Erinnerung« (*It takes its origin from emotion recollected in tranquillity*).[32] Hier wird nichts einfach zurückgerufen, sondern etwas wird neu hergestellt. Eine neue Emotion entsteht aus der Legierung von ursprünglicher Empfindung und hinzugetretener Erinnerung. So wie die Empfindung der Entstehungsgrund der Emotion war, wird die Emotion zum Entstehungsgrund für das Gedicht. Es gibt keinen direkteren Weg zwischen Poesie und Leben. Denn das Gedicht wird nicht aus Empfindungen, sondern aus Erinnerungen gemacht.

In der dritten Phase wird auf der Basis der Erinnerung eine neue Emotion generiert: «Die Empfindung wird so lange betrachtet, bis eine Art Reaktion eintritt, bei der die Ruhe allmählich abnimmt und allmählich eine neue Empfindung entsteht, die nun ihrerseits im Geist existiert und der ersten ähnlich ist, welche zuvor Gegenstand der Betrachtung war» (*the emotion is contemplated till, by a species of re-action, the tranquillity gradually disappears, and an emotion, kindred to that which was before the subject of contemplation, is gradually produced, and does itself actually exist in the mind*).[33] An die Stelle der verlorenen ersten tritt damit eine geschaffene «sekundäre Gegenwart». Das Leben, die Phase 1, entzieht sich dem Zugriff des Dichters. Sein Material sind Erinnerungen, die ihre Vitalität und Frische gegenüber den ursprünglichen Empfindungen notwendig eingebüßt haben, die aber im Prozeß der dichterischen Kontemplation bewußt aufgearbeitet und mit neuen Emotionen besetzt werden können.[34]

---

[31] William Wordsworth, Preface to the Second Edition of the «Lyrical Ballads», in: Poetical Works, vol. 2, 384–404, hier: 400.

[32] Wordsworth, Preface, 400.

[33] Wordsworth, Preface, 400 f.

[34] Im Vorwort zu den mit Coleridge zusammen verfaßten Lyrical Ballads (1798) wird der Dichter durch die Fähigkeit der Autostimulation charakterisiert. Von den äußeren Reizen heißt es dort, er sei «habitually impelled to create them where he does not find them». Er besitze ferner «a disposition to be affected more than other men by absent things as if they were present; an ability of conjuring up in himself

Wordsworths Drei-Phasen-Modell bricht mit der Auffassung vom Gedächtnis als Speicher. Es entfernt sich von der Vorstellung des Registrierens, Bewahrens und Zurückholens und geht statt dessen aus von unwiederbringlichem Verlust und supplementärer Neuschöpfung. Dieses Erinnerungsmodell steht im Zeichen der «Nachträglichkeit». Freud hat diesen Begriff für die Entdeckung geprägt, daß Wahrnehmungen erst im Akt der Erinnerung, und das heißt: gegebenenfalls erst Jahre oder Jahrzehnte später, ihre Deutung erfahren. Erinnern ist kein passiver Reflex der Wiederherstellung, sondern der produktive Akt einer neuen Wahrnehmung. Die Aktivierung von Erinnerungsspuren hat Freud deshalb als Umschriften bezeichnet. Erinnern und Verstehen haben beide die Nachträglichkeit gemeinsam. Die Entzogenheit des «Originals» führt bei Freud zu den Umschriften, bei Wordsworth zu den imaginären Szenarien der Recollection.[35] Die dichterische Imagination supplementiert, was das Leben beständig entzieht, nämlich Gegenwart.

Unbeständigkeit, Verlust und Nachzeitigkeit sind für Wordsworth Merkmale der conditio humana. Während die Natur göttlich und unvergänglich ist, ist die Kultur grundsätzlich von Verfall und unwiederbringlichem Verlust bedroht. Am Anfang des 5. *Prelude*-Buches formuliert er den Gedanken, daß sich die Natur nach einer Katastrophe wie von wunderbarer Hand wiederherstellt, während es für den Menschen keine vergleichbare Hoffnung auf selbsttätige Erneuerung gibt. Er ist ein auf Tradition angewiesenes Wesen; was er erschafft, erdenkt, erdichtet, ist vom Vergessen bedroht. Wordsworth hat die melancholische Vision eines Menschen, der Kultur und Gedächtnis verloren hat und dazu verdammt ist, sich selbst zu überleben. In diese moderne Melancholie einer Verödung der Kultur nimmt er die alte Melancholie in Gestalt eines Zitats aus Shakespeares 64. Sonett noch mit hinein:

> *man*
> *As long as he shall be the child of earth,*
> *Might almost ‹weep to have› what he may lose,*
> *Nor be himself extinguished, but survive*
> *Abject, depressed, forlorn, disconsolate.*

---

passions». (Wordsworth, Preface, 393) K. Dockhorn weist auf eine Parallele zu Schillers Empfehlung hin: «Aus der sanften und fernenden Erinnerung mag er dichten aber ja niemals unter der gegenwärtigen Herrschaft der Affekte, die er uns schön versinnlichen soll.» (101)

[35] Dazu Jacques Derrida, Die Schrift und die Differenz, Frankfurt a. M. 1976, 323: Der nicht-präsente Text ist «aus Archiven gebildet, die immer schon Umschriften sind. (...) Alles fängt mit der Reproduktion an. Immer schon, das heißt Niederschlag eines Sinns, der nie gegenwärtig war, dessen bedeutende Präsenz immer nachträglich, im Nachherein und zusätzlich rekonstruiert wird».

wird der Mensch, solange er
Ein Kind der Erd' ist, beinah weinen, daß er
Besitzen darf, was er verlieren kann,
Und daß er nicht auch selbst vergehen mag,
Nein, daß er ärmlich, wert- und trostberaubt
Und ganz verloren überlebt.[36]

4. Anamnesis: mystische Spiegelung

Die romantische Erinnerung ist ambivalent: Sie ist zugleich die Waffe, die die Wunde der Zeit schlägt, und das Mittel, das diese Wunde behandelt. Mit Hilfe der Recollection, der nachträglich supplementierenden Erinnerung, läßt sich diese Wunde lindern, aber nicht heilen. Die Kraft der Heilung kommt einer anderen Form der Erinnerung zu, die von den Spuren der Zeit ebenso gereinigt ist wie von den subjektiven und aktiven Zügen der Imagination. Diese Form der Erinnerung, die ich Anamnesis nennen möchte, ist das Andere der Erinnerung. Es ist die passive, rezeptive, mystische, man könnte auch sagen: die «weibliche» Gegenseite zur «männlichen» Kraft der Imagination.

Die Anamnesis entzieht sich der aktiven Verfügung; ihre «ewigen Augenblicke» kommen so unkontrolliert wie unvermutet und reißen Löcher ins absichtsvolle Gewebe der aus Erinnerungen komponierten Identität. Der horizontale Einschlag mystischer Erfahrungen unterbricht den fortlaufenden Text der poetischen Selbstkonstitution. In *Tintern Abbey* wird ein solcher Augenblick des Übergangs beschrieben:

> *that serene and blessed mood,*
> *In which the affections gently lead us on, –*
> *Until, the breath of this corporeal frame*
> *And even the motion of our human blood*
> *Almost suspended, we are laid asleep*
> *In body, and become a living soul:*
> *While with an eye made quiet by the power*
> *Of harmony, and the deep power of joy,*
> *We see into the life of things. (Z.41–49)*

wenn jene heitere und gesegnete Stimmung eintritt, / in der uns die Gefühle sanft leiten / bis der Atem unseres Körpers fast versiegt und die Bewegung des Bluts / fast zum Stillstand kommt und wir körperlich einschlafen / und ganz zu einer lebendigen Seele werden, / dann schauen wir mit einem ruhigen Auge, das von der Macht / der Harmonie und der tiefen Kraft des Glücks erfüllt ist, / direkt ins Leben der Dinge.

---

[36] Prelude 1805, V, 24–28, dt.: 114.

Das zur Ruhe gebrachte Auge schickt keine Blicke mehr aus, es wird zum Einfallstor von etwas, was sich nicht mehr sehen, sondern nur noch schauen läßt. Das ruhiggestellte Auge oder die spiegelglatte Oberfläche des Sees sind Umschreibungen für den mystischen Seelenzustand. Dieser entfaltet sich in einer Abfolge von Phasen:

- Aufhebung der Schwerkraft, Verlust des wachen Bewußtseins, Übergang in einen Schwebe-Zustand,
- Ausspannung, Ausdehnung der Seele bis zum Äußersten,
- Regungslosigkeit, brütende Stille und vollständiges Zur-Ruhe-Kommen,
- Berührung von Mensch und Natur, Einversenkung des Göttlichen in die Seele.

Zwei weitere Beispiele dazu aus dem *Prelude*:

> *oh, then, the calm*
> *And dead still water lay upon my mind*
> *Even with a weight of pleasure, and the sky,*
> *Never before so beautiful, sank down*
> *Into my heart, and held me like a dream.*

> oh, dann lag
> Das totenstille Wasser auf dem Sinn mir
> Mit einer Last von Wonne, und der Himmel,
> Schöner denn je, sank ein in meine Seele
> Und hielt mich fest gefangen wie ein Traum.[37]

Das zweite Beispiel setzt einem Knaben ein Denkmal, der in der Natur aufwuchs und mit 12 Jahren starb. Er konnte die Stimmen der Eulen so genau imitieren, daß diese sich mit ihm auf ein Echo-Spiel einließen. Wenn sich dann einmal in der angespannten Stille die Pausen dehnten, geschah das Folgende:

> *Then sometimes, in that silence while he hung*
> *Listening, a gentle shock of mild surprise*
> *Has carried far into his heart the voice*
> *Of mountain torrents; or the visible scene*
> *Would enter unawares into his mind,*
> *With all its solemn imagery, its rocks,*
> *Its woods, and that uncertain heaven, received*
> *Into the bosom of the steady lake.*

---

[37] Prelude 1805, II 176–180, dt.: 59. Vgl. auch Prelude 1805, III 135–138. Paul de Man, der einige dieser Stellen anführt, liest sie als Zeugnisse für das Dilemma des Bewußtseins «to be in an endlessly precarious state of suspension», ein Zustand, der jederzeit in Bewußtlosigkeit umkippen kann; er spricht von «the fall into death». (de Man, The Rhetoric of Romanticism, New York 1984, 54).

Dann mochte es geschehen, in dieser Stille,
Daß, während er gespannt nach drüben lauschte,
Ein sanfter Schreck, ein mildes Überraschtsein
Auf einmal ihm bis tief ins Herz hinein
Die Stimme dringen ließ der Wasserfälle,
Die im Gebirge tosten; auch geschah's,
Daß unversehens die sichtbare Umgebung
Der Bergeswelt in sein Bewußtsein einsank
Mit ihren feierlichen Bildern: Felsen
Und Wäldern und dem unbestimmten Himmel,
Den still der See in seinem Schoß empfing.[38]

Solches sind Momente der *Schechinah*, der Einwohnung des Göttlichen in der menschlichen Seele. Es sind Augenblicke reiner Gegenwart, in denen die Wunde der Zeit geheilt ist. In ihnen werden Prägungen empfangen, die tiefer und unmittelbarer eindringen als alles, was dazu verdammt ist, in die Nachträglichkeit von Erinnerungen überzugehen. Die Realpräsenz der Schechinah assoziiert Wordsworth mit Kindern, die im Besitz der Bürgerrechte der Natur sind. In ihnen sieht der Dichter das Andere seines Selbst: die verlorene, die ursprünglichere Anamnesis, die die Subjektivität unverhofft entgrenzt. Er sieht in ihnen das, wofür seine poetische Technik ein Ersatz ist, die nicht direkt in die Seele, sondern nur aufs Papier zu schreiben vermag.

Die Wunde der Zeit ist die romantische Version des gefallenen Status. Er besteht im Abfall von einer der Natur eigentümlichen Form der Dauer. Der Absturz in die Zeit bedeutet Entfremdung. Zu jeder Entfremdungstheorie gehört eine Heils-Vision von Einheit. Die Gnosis hat den Mythos zu dieser Theorie als Drama von Vergessen und Erinnern gestaltet. Zwei einander widerstrebende Erinnerungen kämpfen gegeneinander: eine entindividuierende, welche Teilhabe am Göttlichen ist, und eine individuierende, die der Mensch auf seiner irdischen Lebensreise notgedrungen ansetzt. Die zweite Erinnerung ist das Vergessen der ersten; die göttliche Erinnerung wird von der diesseits erworbenen bis zur Unkenntlichkeit verdunkelt und verdrängt. «Gnosis» bedeutet nichts

---

[38] Prelude 1805, V, 406–13. Man fragt sich, wie solche Erfahrungen überhaupt in der 3. Person vermittelt werden können. Woher weiß der Dichter das? In der Tat existiert eine frühere Fassung dieser Zeilen, die zur frühsten Schicht des *Prelude* gehören, in der 1. Person. Die Übertragung dieser Erfahrung auf ein Kind, von dem nichts anderes bekannt ist, als daß es stirbt, bevor sich das Bewußtsein zu einer eigenen Instanz entwickelt hat, ist signifikant. Die radikale Anamnesis gehört dem Kind; sie läßt sich weder entwickeln noch bewahren. Der Dichter freilich überlebt diesen Tod des «boy of Winander». Ihm ist die Anamnesis lediglich indirekt und durch Retrospektion, durch die Meditation seines Grabsteins hindurch zugänglich. Vgl. dazu Geoffrey Hartman, Wordsworth's Poetry 1787–1814, New Haven, London 1971, 19–22.

anderes als Wiederherstellung der ersten Erinnerung, Wiederauffindung ihrer verblichenen Spuren.

An der Schwelle der Neuzeit waren gnostische Gedanken abwegig. Sie stellten das Projekt der Moderne in Frage. Locke gab sich alle Mühe, Lehren wie die von der Anamnesis oder der Wiedergeburt zu widerlegen, weil derartige Konzepte der Konsolidierung der bürgerlichen Person im Wege standen. Individualität und Identität, Unverwechselbarkeit und Zurechnungsfähigkeit wurden zu unverzichtbaren sozialen und politischen Forderungen. Jede Aufweichung dieses Selbst in Richtung auf Entindividuierung unterminierte den neuzeitlichen Identitätsbegriff.

Zwei bis drei Generationen später waren die Prinzipien, für die Locke kämpfte, soziale Realität geworden. Allerdings hatten sie inzwischen auch ihre negative Kehrseite des Besitz-Individualismus enthüllt. Die Gesellschaft, die Locke entworfen hatte, hatte sich als Gesellschaft von Egoisten entpuppt. Unter diesen Bedingungen entstanden neue Probleme: die Zähmung des Eigennutzes, die soziale Bindungskraft zwischen Individuen, die metaphysische Überwindung der Entfremdung und Isolation.[39] Die soziale Einsamkeit suchte Wordsworth durch seine Theorie der «habits» zu überwinden[40], die metaphysische durch seine Theorie der Anamnesis.

Die Konturen, die die Aufklärung dem Menschen als Selbst, als Subjekt eingezeichnet hat, haben die Romantiker z. T. wieder aufgelöst. Während der neuzeitliche Vernunftbegriff zur Genese des *Selbst* führt, führt der in der Romantik wiederbelebte Seelenbegriff[41] zu einem göttlichen, transindividuellen Kern der Person, zu einem *Nicht-Selbst*.

---

[39] Ein Beispiel: Liebe, ein Begriff, der bei Locke allenfalls unter «desires» erwähnt wird und den individuellen Befindlichkeiten von Vergnügen und Schmerz unterstellt ist, dieser Begriff wird zum Zauberwort der Romantik im allgemeinen und zum Zentralbegriff des *Prelude* im besonderen. Er steht für das utopische, man könnte auch sagen: religiöse Gegenbild alles dessen, was in der Gesellschaft faktisch im argen liegt.

[40] Die Theorie der «habits» zielt ebenso wie die der Anamnesis auf die Ausschaltung von Erinnerung und die Herstellung von Kontinuität und Gleichzeitigkeit. Die Natur, die Wordsworth in seiner Kindheit ununterbrochen vor Augen hat («The scenes... Remained in their substantial lineaments Depicted on the brain, and to the eye Were visible, a daily sight»), wird gerade nicht zu einer Erinnerung, sondern zu einem permanenten und substantiellen Teil seiner selbst («...did at length Become habitually dear, and all Their hues and forms were by invisible links Allied to the affections.» Prelude 1805, I, 637–640).

[41] Dieser Seelenbegriff ist hellenistisch pagan und stammt aus gnostischer, hermetischer, neuplatonischer Tradition. Im Neuplatonismus der florentinischen Akademie hatte er seine Renaissance, die auch nach England abstrahlte (Cambridge Platonists), von woher Wordsworth diese Überlieferung empfangen konnte. Dazu Aleida Assmann, «Werden was wir waren». Anmerkungen zur Geschichte der Kindheitsidee», Antike und Abendland 29 (1978).

Lockes empirischer Entwurf vom Menschen als Selbst zielt darauf, ihn als gesellschaftliches Wesen in einer sich rapide modernisierenden Welt zu verorten. Wordsworths spirituelle Vision des Menschen als Seele zielt umgekehrt darauf, ihn an seine göttlichen, transindividuellen Ursprünge zu binden. Locke versteht sich als neuzeitlicher Begründer des Wissens, Wordsworth als Prophet einer verlorenen Weisheit. Den Weg zu ihr weist die Anamnesis, die wir als Rückseite der Recollection kennengelernt haben. Lockes Weg von der Seelenwanderung zur Tabula rasa legt Wordsworth in entgegengesetzter Richtung zurück. Der Unvoreingenommenheit des sensualistischen Empirismus, der Wissen auf den zuverlässigen Boden der Erfahrung gestellt hat, setzte er eine Theorie der Anamnesis entgegen, die in seiner berühmten *Immortality-Ode* ihr poetisches Denkmal gefunden hat.[42] Wordsworths Ode inszeniert das gnostische Drama von Erinnern und Vergessen. Er appliziert es auf die individuelle Lebensspanne, in der das Kind weise, naturnah und göttlich, der Erwachsene dagegen wissend, sozialisiert und «gefallen» ist. Das feine Band, die Verbindung mit dem Göttlichen, reißt im heranwachsenden Menschen unvermeidlich ab und verleiht dadurch dem verlorenen Zustand die Aura des Heil(ig)en.

Was für die Person gilt, gilt ebenso für die Sprache. Locke hat im dritten Buch seines Essays gezeigt, wie wesentlich alles Wissen in der Sprache fundiert ist. Wordsworth und die Romantiker blicken von der Sprache der Menschen zur Sprache der Natur; sie machen soziale Konventionen auf metaphysische Konditionen hin transparent. Die Epiphanien, in denen der Mensch zum Zeugen des Göttlichen wird, nennt Wordsworth mit seiner Generation «sublim». Was die Natur in solchen besonderen Augenblicken mitzuteilen hat, hat mehr mit Theologie als mit Naturkunde zu tun. Natur wird Schrift, heilige Schrift, die von ersten und letzten Dingen kündet. Die Alpen etwa sind für ihn und seine Generation

> *Characters of the great Apocalypse,*
> *The types and symbols of Eternity,*
> *Of first, and last, and midst, and without end.*

> Chiffren der einen großen Offenbarung,
> Symbole – Bilder des Unendlichen,
> Des, was da war von Anbeginn und letztlich
> Noch immer sein wird, was da Mitte ist,
> Und doch sein Dasein haben wird ohn' Ende.[43]

---

[42] Als Negativ-Folie zu Wordsworths Kindheits-Mythos vgl. Locke, Essay, II, 1, 6: «He that attentively considers the state of a child, at his first coming into the world, will have little reason to think him stored with plenty of ideas, that are to be the matter of his future knowledge.»

[43] Prelude 1805, VI, 570–72, dt.: 162.

Die Vorstellung von der Anamnesis und der Begriff des Sublimen haben eines miteinander gemein: Sie markieren eine Grenzüberschreitung zwischen dieser und einer anderen Welt. In beiden Fällen geht es um Transzendenz-Erfahrungen, in denen «das Joch der Erde» abgeschüttelt, das Bewußtsein überschritten wird und sich die Konturen des Selbst auflösen. In anamnetischen Augenblicken wird der Vorhang aufgezogen und der Blick auf den Grund irdischer Existenz freigegeben:

> *Our destiny, our nature, and our home*
> *Is with infinitude, and only there*

> Und Herz und Heimstatt unsrer Existenz
> Ist im Unendlichen und einzig dort[44]

Wir gingen aus von der Vermutung, daß in dem Maße, wie das über-individuelle Gedächtnis der Memoria verblaßt, neue Formen der Erinnerung zum Zuge kommen. Bei Locke findet sich bereits eine allgemeine Würdigung des individuellen Gedächtnisses als Instanz der Personen-Konstitution. Auf diesem Wege sind die Romantiker ein ganzes Stück weitergegangen. Sie haben in der Phase alarmierend beschleunigter Geschichte die Zeithaltigkeit und Vergänglichkeit menschlichen Lebens mit neuem Nachdruck erfahren. Wie in Shakespeares Historien, so spielt auch in Wordsworths Dichtung die Erinnerung eine Hauptrolle, sei es als Mittel der Verewigung bedeutender Augenblicke, sei es als Mittel der Selbst-Konstitution. Wordsworth hat aus der Einsicht, daß sich das Individuum aus dem Stoff der Erinnerungen mit der Kraft der Imagination selbst erschafft, poetische Konsequenzen gezogen. «Jeder ist seine eigene Erinnerung» *(Each man is a memory to himself)* (Prelude 1805, III, 189) – diese Überzeugung machte er zum Prinzip seiner künstlerischen Praxis:; «Ein Reisender bin ich und meine Geschichte kreist um mich selbst« *(A Traveller I am, / And all my tale is of myself.)* (Prelude 1805 III, 196 f.) Das *Prelude* ist das (heroische) Projekt einer Autobiographie als Autogenese. Seinen Antrieb bezieht es nicht mehr aus der puritanischen Gewissensprüfung, sondern aus der poetischen Kraft der Imagination. Das Gedicht *Memory* erinnert freilich daran, daß ein verborgenes Residuum an Schuld auch die poetische Erinnerungsarbeit antreibt.

Die Erinnerungen der Recollection, denen die Imagination zu Hilfe kommt, stehen im Zeichen der Zeit. Sie zeichnen sich aus durch schwache Prägungen, verblassende Spuren und permanente Verlustgefahr. Gegen diese Erosion der Zeit helfen keine Strategien der Mnemotechnik, wohl aber solche der Imagination. Die Emotionen, die sich weder aufbewahren noch wiederherstellen lassen, können unter den Bedin-

---

[44] Prelude 1805, VI, 538–539, dt.: 161.

gungen der Nachträglichkeit neu geschaffen und in das Kleid einer zweiten, supplementären Lebendigkeit gehüllt werden. Die ekstatische Anamnesis bringt die passive Rückseite der aktiven, männlichen Imagination zum Vorschein. Sie markiert den Punkt, an dem das (heroische/hybride) Projekt der Autogenesis umkippt in Selbstlosigkeit und Selbstaufgabe. Der geschlossene Horizont des subjektiven Bewußtseins wird aufgebrochen, und Kontaktstellen zu einer anderen Welt, zu einem anderen Selbst werden sichtbar. Das romantische Selbst löst sich in diesem größeren Selbst auf, welches die entindividuierte Seele ist. Daß sich Recollection und Anamnesis, Selbst und Seele keineswegs ausschließen, sondern gegenseitig bedingen, kann das Beispiel Wordsworths zeigen. Und es ist durchaus möglich, in dieser romantischen Dialektik die Vorwegnahme einer anderen Dialektik zu sehen, auf die wir noch zurückkommen werden, nämlich die von willkürlicher und unwillkürlicher Erinnerung.

V.

GEDÄCHTNISKISTEN

Wie im Leben so hat auch im Lesen
der Mann von Herz nur wenige geprüfte Freunde.
(Herder, Briefe zur Beförderung der Humanität)

Die Untersuchung von Erinnerungsräumen führt uns nicht nur zu der
Frage nach der Ausleuchtung und Modellierung von Vergangenheits-
horizonten, die unter bestimmten Gegenwartsbedingungen zukunfts-
trächtig sind. Vielmehr gibt es in jedem der drei Teile dieser Studie mindestens ein Kapitel, das sich mit der räumlichen Konkretisierung von
Erinnerung befaßt. Im folgenden soll es um den Aufbewahrungsort
wichtiger Dokumente gehen. Es gibt immobile und mobile Räume des
Gedächtnisses. Im Gegensatz zum Archiv, auf das wir später eingehen
werden, ist die Kiste ein beweglicher und eng beschränkter Raum. Im
Mittelalter verwendete man eisenbeschlagene Truhen für Pergament-
urkunden und sprach von «Tresekammern», Schatzkammern. Das
lateinische Wort für Kiste heißt ‹arca›, was im Deutschen in der Regel
mit ‹Arche› wiedergegeben wird. Die Arche Noahs bot einen sicheren
Speicherplatz, stellte aber rigorose Bedingungen an die Auswahl des
Aufzunehmenden. Vor der Zerstörung der Schöpfung konnten nur von
jeder Art zwei Kreaturen in sie Einlaß finden. Die Arche Noahs ist ein
Mikrokosmos, eine Welt im Miniaturformat. Doch je knapper der Platz
und begrenzter der Inhalt, desto höher steigt dieser in seinem Wert. Als
die Israeliten durch die Wüste zogen, trugen sie die von Gott an Mose
übergebenen Gesetzestafeln in einer Kiste, der Bundeslade, mit sich. Als
Aeneas das brennende Troja verließ, nahm er auf seinen Schultern nicht
nur seinen alten Vater, sondern auch noch «das heilige Gut, der Väter
Penaten» mit.[1]

Derartige transportable Behälter bieten sich als Bilder für die Engführung des kulturellen Gedächtnisses an. Drei solcher Bilder aus
verschiedenen historischen Epochen sollen im folgenden nebeneinander gestellt werden: die Arche Noah des Hugo von St. Viktor aus dem
12. Jahrhundert, das Kästchen des Darius in seiner Behandlung durch
Heinrich Heine aus dem 19. Jahrhundert sowie die Bücherkiste aus
einer Kurzgeschichte von E. M. Forster um 1900. Die Darstellung sol-

---

[1] Vergil, Aeneis, 2. Buch, 717. Es ist bemerkenswert, daß Aeneas die Penaten nicht
berühren darf, bis die Hände des Kämpfers kultisch gereinigt sind. So muß man sich
den Aufbau als einen dreistöckigen vorstellen: Aeneas trägt Anchises, und dieser wiederum trägt die Penaten.

cher Gedächtnis-Container soll Aufschluß geben über das zentrale Problem der Auswahl im kulturellen Gedächtnis.

1. Das Gedächtnis als Arche –
Hugo von St. Viktors christliche Mnemotechnik

Dem Lesen kam in der mittelalterlichen Welt höchste Bedeutung als einer sammelnden, lernenden, heilskräftigen Tätigkeit zu, die im Mittelpunkt des mönchischen Lebens stand. Lesen wurde trainiert als eine Kunst methodisch geleiteter Meditation. Diese Bedeutung konnte das Lesen aber nur entfalten, wenn es vom Gedächtnis entsprechend untermauert war. Die Heilige Schrift erforderte eine besondere Kunst der Lektüre. Hugo verglich sie mit einem riesigen Resonanzraum, in dem jeder Ton seine Bedeutung aus der Harmonie des Ganzen zieht. Um aber an jeder einzelnen Stelle das Ganze samt den Obertönen des dreifachen Schriftsinns wirklich hören zu können, bedurfte es besonderer Einübungen, die Hugo von der antiken Mnemotechnik übernahm.

Die antike Gedächtniskunst war im öffentlichen Raum der Stadt verankert. Mit der Bedeutung des öffentlichen Redens war die Bedeutung der Gedächtniskunst verbunden. In Rom breitete sie sich von der Politik in die Rechtssphäre aus. Quintilian (35–100 n. Chr.) richtete sich mit seinem Lehrbuch über Gedächtniskunst vor allem an Juristen. Das Christentum hatte zunächst keine Verwendung für die antike Mnemotechnik. Die Kirchenväter vernachlässigten die Gedächtniskunst, denn sie hatten wenig Interesse an Rhetorik und der politischen Kultur öffentlichen Redens. Galt ihre ganze Aufmerksamkeit doch nicht dem Verfassen und Deklamieren eigener Texte, sondern dem Lesen der Heiligen Schrift. Im Vordergrund standen die liturgische Vergegenwärtigung und die deutende Durchdringung des heiligen Textes, wofür die antike Mnemotechnik wenig Hilfestellung bot.

Die Renaissance der Mnemotechnik im 12. Jahrhundert fiel u. a. mit dem enzyklopädischen Drang dieser Zeit zusammen. Man bemühte sich, die überkommenen Wissensbestände zu sammeln, zu organisieren und zu harmonisieren. Hugo hat an der Renaissance der Gedächtniskunst mit zwei mnemotechnischen Schriften Anteil: *De tribus maximis circumstantiis gestorum* und *De arca Noe morali*. Sein Beitrag zur Mnemotechnik kam nicht Politikern oder Juristen, sondern Mönchen zugute, die er nicht in der Kunst des freien Redens, sondern des ‹memorialen Lesens› unterwies. Mit seiner christlichen Anwendung stellt Hugo die antike Mnemotechnik in den Dienst eines identitätsfundierenden kulturellen Gedächtnisses.

In der erstgenannten Schrift setzt Hugo bei der klassischen antiken Mnemotechnik mit ihren räumlichen Ordnungsmodellen und ihrer

Orientierung auf ein inneres Sehen an. In den folgenden Worten, mit denen er sich an den jungen Schüler wendet, überträgt er die Grundprinzipien der antiken Mnemotechnik auf den Vorgang des Lesens:

«Mein Kind. Die Weisheit ist ein Schatz, und dein Herz ist der Platz, ihn zu verwahren. Wenn du die Weisheit lernst, sammelst du wertvolle Schätze; Sie sind unsterbliche Schätze, die ihren Glanz nie verlieren. Es gibt viele Arten von Weisheit, und in der Truhe deines Herzens gibt es viele Verstecke: solche für Gold, für Silber, und für Edelsteine ... du mußt lernen, diese Plätze zu unterscheiden, zu wissen, welche Dinge hier liegen und welche dort ... Mach es wie der Geldwechsler auf dem Markt, dessen Hand ohne zu Zögern in den richtigen Sack taucht und sofort die richtige Münze herausfischt.»[2]

In dieser Anweisung kommt das Grundprinzip der antiken Mnemotechnik, die räumliche Ordnung, zur Geltung, das sich auf die prägnante Formel bringen läßt: «Confusio ist die Mutter des Unwissens und der Vergeßlichkeit, Discretio bringt die Intelligenz zum Leuchten und kräftigt das Erinnern.»[3] Im einzelnen heißt das, daß ein vorgestellter Raum so zu strukturieren ist, daß er möglichst viele Gedächtnis-Einträge mit eindeutigem Platzvermerk aufnehmen und diese dann auf Abruf wieder freigeben kann. So entsteht eine imaginäre Gedächtnis-Architektur, eine geistige Topographie, in der der Schüler heimisch werden und sich in ihr so mühelos zurechtfinden soll wie der Geldwechsler in seinen diversen Geldbeuteln. Mary Carruthers, die in ihrem Buch über mittelalterliche Gedächtniskunst besonders auf die Gedächtnis-Metaphern eingeht, führt unter den verschiedenen profanen und sakralen Behältern auch Hugos Börse des Geldwechslers auf.[4]

Das Wort ‹thesaurus›, Schatz(-Kiste), ist zweideutig; es bezieht sich sowohl auf den Inhalt wie auf den Behälter. Im Falle des Geldsacks besteht eine klare Diskrepanz zwischen dem Wert des Behälters und dem Wert des Inhalts; wenn der Inhalt jedoch heilig ist, wird auch die Hülle immer kostbarer. Das gilt insbesondere für den Schrein (scrinum), in dem wertvolles liturgisches Gerät, heilige Schriften, Bücher und Reliquien aufbewahrt werden. Der zentrale Begriff ist hier jedoch der der ‹Arche›

---

[2] Hugo, De tribus maximis circumstantiis gestorum, hg. v. William M. Green in: Speculum 18 (1943), 483–493; zit. nach Ivan Illich, Im Weinberg des Textes. Als das Schriftbild der Moderne entstand, Frankfurt a. M. 1991, 39.

[3] Hugo, zit. nach Ivan Illich, «Von der Prägung des Er-Innerns durch das Schriftbild. Überlegungen zur Arche Noah des Hugo von St. Victor», in: Aleida Assmann, Dietrich Harth, Hgg., Mnemosyne. Formen und Funktionen der kulturellen Erinnerung, Frankfurt a. M. 1991, 48–56; hier: 49.

[4] Mary Carruthers, The Book of Memory. A Study of Memory in Medieval Culture, Cambridge 1990, 39. Wir können Hugos Geldsack mit den umgeschnallten zylinderförmigen Blech-Kassen der Straßenbahnschaffner vergleichen, in denen früher die Münzen nach Größe sortiert aufbewahrt wurden.

(arca). Unter ‹arca› versteht man eine hölzerne Truhe oder Kiste, in der Wertgegenstände transportiert werden. Da sie in der Regel Bücher enthielten, konnten sie auch als tragbare Bibliotheken angesehen werden. Bevor in den Klöstern größere Bibliotheken eingerichtet wurden, waren diese Bücher-Kisten ‹Bibliotheken in nuce›. Durch den engen Zusammenhang von Buch und Kiste wurde die arca zur Schlüsselmetapher des Gedächtnisses. Hugo, dessen Gedächtniskunst im Zeichen monastischen Lesens steht, faßt das Gedächtnis als einen Behälter für das einzusammelnde und zusammenzuhaltende Wissen auf. Das als Zusammenhang vorstellbare und zu memorierende Wissen heißt Weisheit, und das Herz ist als Sitz des Gedächtnisses die arca dieser Weisheit. Johannes von Salisbury beschrieb das Gedächtnis als «eine Art geistigen Bücherschrank, ein sicherer und zuverlässiger Hort der Wahrnehmungen».[5]

Wenn das Herz als ‹arca sapientiae› beschrieben wird, dann heißt das, daß diese Truhe sorgfältig zu zimmern ist. Die lebenslange Schulung des Gedächtnisses kommt dem Bau dieser Arche gleich. Beim christlichen Mnemotechniker Hugo von St. Victor nimmt das Wort arca noch einen anderen Klang an. Sie verbindet sich mit der Arche, die Gott Noah bauen hieß, als die Flut stieg, sowie mit der Bundeslade, in der die mosaischen Gesetzestafeln untergebracht waren. Hugo, der im Bilde dieser Truhe Bibel-Lektüre, moralische Unterweisung und Gedächtnisschulung zusammenfaßt, schreibt über seine Arche: «Ich gebe dir die Arche Noah als Modell geistiger Erbauung. An ihr kann sich dein Auge äußerlich orientieren, während die Seele innerlich nach ihrem Bilde gezimmert wird.»[6]

Die Arche, von der Hugo schreibt, ist ein dreistöckiges Gebilde, das den drei Stufen der Exegese folgt: Die historische Arche des Noah ist überwölbt von der Arche der Kirche Christi, und diese wiederum von der Arche, die der christliche Leser in seinem Herzen erbaut. Etwas technischer gesprochen ist die Arche ein mnemotechnisches Konstrukt, das die Bibel nach Personen, Orten und Zeiten aufschlüsselt, den drei Parametern von Erzählungen (tres maximae circumstantiae gestorum), sowie nach Zahlen. Dadurch wird die Bibel zu einem – heute würden wir sagen: – dreidimensionalen Hypertext, dessen Einträge nicht nur in Kolumnen sortiert und mnemotechnisch miteinander vernetzt sind, sondern auch mit jeglichem heilsrelevanten Wissen aufgefüllt sind, so daß der Zugriff auf jedes Element anderes Wichtige in kontrollierter Folge mit aufruft. Illich spricht von einem «anspruchsvollen, dreidimensionalen vielfarbigen Mammutgedächtnisplan». Man hat ausgerechnet, daß man etwa 200 Quadratmeter Papier verbrauchen würde, um

---

[5] Carruthers, Memory, 43.

[6] Hugo, De arca Noe morali, I, 2; Patrologiae cursus completus (. . .) omnium sanctorum patrum. Series Latina, vol. 176, 622B, Paris 1844–1864; vgl. Carruthers, 44.

einen noch lesbaren Plan von Hugos mnemotechnischer Arche-Architektur zusammenzustellen.[7] Hugo vergleicht seine Arche mit einer Apotheke, d. h. mit einem Geschäft voller Wertsachen:

«Darin wirst du nichts suchen, was du nicht finden kannst, und wenn du eine Sache gefunden hast, werden dir dabei noch viele andere aufgehen. Hier ist der Reichtum unserer Heilsgeschichte vom Anfang bis zum Ende der Welt zusammengefaßt und hier die Verfassung unserer universalen Kirche, hier ist die Erzählung der geschichtlichen Ereignisse verdichtet, hier die Geheimnisse der Sakramente und hier die Stufenfolge von Antworten, Urteilen, Meditationen, Betrachtungen, guten Werken, Tugenden und Belohnungen.»[8]

Die Arche ist der Behälter und sein Inhalt zugleich; die Weisheit, die in ihr erinnerungsfähige Gestalt angenommen hat, ist nicht von dieser Welt. Wer in diese Meditation einsteigt, steigt aus der Welt aus. Der Gedächtnisort der Arche ist ein Heterotop, ein rettender innerer Ort des Welt-Exils und der Gottesbegegnung.

«In jedem Menschen aber, solange das Leben währt in dieser gefallenen Welt ... befindet sich die Flut. Die Guten sind wie die, die in einem Boot sicher übers Wasser getragen werden, die Schlechten wie die, die Schiffbruch erleiden und ertrinken müssen. Nur das Schiff des Glaubens steuert sicher durch das Meer, nur die Arche trägt über diese Flut, und wenn wir gerettet werden wollen, dann reicht es nicht, die Arche im Herzen zu tragen, wir müssen auch in ihr wohnen.»[9]

Hugos Arche war ein ‹Auslauf-Modell›. Seine großartige Einheits-Konstruktion von Text, Wissen und Moral brach bereits mit den folgenden Generationen auseinander, die sich vom mönchischen Lesen aufs scholastische Lesen umstellten. Das neue geistige Training trennte sich von den totalisierenden Visionen, die die ganze Welt ins Gedächtnis holen wollten. Um die Mitte des 12. Jahrhunderts kam es zu einem Strukturwandel der christlichen Mnemotechnik, als das Gedächtnis nicht mehr als Behälter, sondern als Instrument des Wissens eingesetzt wurde. Drei Jahrhunderte, bevor die beweglichen Drucktypen in Gebrauch kamen, ereignete sich eine Revolution der Lesegewohnheiten und -erfahrungen, die kaum überschätzt werden kann. Diesen Wendepunkt in der europäischen Schriftgeschichte hält Ivan Illich für noch einschneidender

---

[7] Ivan Illich, Im Weinberg, 41. Dieses Kunststück ist auf wesentlich engerem Raum Pater Patrice Sicard gelungen, der in der 13 Bände umfassenden Ausgabe der Opera Omnia des Hugo von St. Victor, die Pater Rainer Berndt, S. J. vorbereitet, den Band über die Arche Noah betreut. Er fügt dem Text eine Rekonstruktionszeichnung des Gedächtnisplans im Format einer Falttafel bei. (Für den Hinweis danke ich Claudia Sticher.)

[8] Hugo, De arca Noe morali, IV, 9; PL 680B.

[9] Hugo, De arca Noe morali, IV, 6; PL 675 B-C, Ivan Illich, Im Weinberg, 156.

als die Gutenbergische Revolution. Im 12. Jahrhundert vollzog sich der Übergang vom monastischen zum scholastischen Lesen, der von einer Reihe von Neuerungen begleitet wird. Die eklatanteste unter ihnen ist die Neugestaltung der pagina. Der Text, der bisher eine Partitur für liturgische oder meditative Lektüre darstellte, präsentierte nunmehr ein fürs Auge übersichtlich gegliedertes «Schriftbild». Mit diesem Funktionswandel, der mit der Erfindung des lay-out der pagina einhergeht, wurde das Gedächtnis technologisch umgerüstet. Der Text, der nicht mehr inhaltlich in eine mnemonische Gestalt eingebaut wurde, wurde optisch aufbereitet durch abstrakt visuelle Steuerungssignale wie Kapiteltitel, Überschriften, Schriftgrade, farbige Absetzungen und Absätze. Diese Lesehilfen, zu denen auch der alphabetische Index gehörte, erlaubten, das Wissen nach neuen Gesichtspunkten zu sortieren. Der Umfang des Gedächtnisses zerbrach die Arche, er wurde durch die Nutzung neuer Schrifttechnologie drastisch erweitert.

2. Das Kästchen des Darius – Heinrich Heine

Mein zweites Beispiel für eine Gedächtnis-Kiste ist das Motiv vom Kästchen des Darius. Diese Schatzkiste ist ebenfalls eine arca; sie birgt keine Juwelen, sondern die beiden Bücher Homers. Die kostbare Hülle ist ein Index für den noch kostbareren Inhalt, der in ihr vor Verlust und Zerstörung gesichert wird. Wir haben im Zusammenhang von Dichtung als Medium des Ruhms bereits die Oktober-Ekloge in Spensers Zyklus «The Shepheardes Calender» zitiert, in der auf die Geschichte vom Kästchen des Darius Bezug genommen wird. In einer Glosse zu diesem Text heißt es:

«Wie sehr Alexander den Rang des Dichters ehrte, beweist sein Verhalten, als er die Schatztruhen des besiegten Königs Darius erbeutete. Darin fand er ein silbernes Kästchen, in dem die beiden homerischen Bücher wie kostbare Juwelen eingeschlossen waren. Er nahm sie heraus und trug eins davon täglich an seinem Busen mit sich herum, das andere legte er nachts unter sein Kopfkissen. Zu so hohem Ansehen haben es die Dichter einst bei den Fürsten und Mächtigen gebracht.»[10]

Dasselbe Kästchen hat Heinrich Heine aus der Fundgrube der Motivgeschichte ausgegraben und in einer Schlüsselepisode noch einmal zu literarischem Ansehen gebracht. Seine Bearbeitung steht in den «Hebräischen Melodien», die zum späten Zyklus des *Romanzero* (1851)

---

[10] The poetical Works of Edmund Spenser, ed. by J. C. Smith and E. de Selincourt, London, Oxford, New York, Toronto 1965, 459.

gehören. Dieses Gedicht, das dem Andenken des hispano-jüdischen Dichters und Mystikers Judah Halevi gewidmet ist, beginnt mit einem Zitat. Es handelt sich um eine Paraphrase des 137. Psalms, welcher das urjüdische Thema der ‹Katastrophe des Vergessens› ausmalt:

> Lechzend klebe mir die Zunge
> An dem Gaumen, und es welke
> Meine rechte Hand, vergäß ich
> Jemals dein, Jerusalem – (1–4)[11]

Die Erinnerung wird im Psalm durch einen Eid befestigt, der mit einer Selbstverfluchung untermauert ist. Diese hochverbindliche Erinnerung an Jerusalem ist für den Frommen eine liturgische Pflicht. Daß der Sprecher dieser Zeilen nicht selbst dieser Fromme ist, wird sofort durch einen Tonwechsel deutlich. Das eherne Erinnerungsgebot der ersten Strophe weicht mit der zweiten Strophe einer Reminiszenz dessen, der sich nur noch sehr unscharf an die kanonischen Stimmen der Tradition erinnern kann. Aus der Erinnerung an Jerusalem wird die Erinnerung an die Liturgie in der Synagoge:

> Wort und Weise, unaufhörlich
> Schwirren sie mir heut im Kopfe,
> Und mir ist als hört ich Stimmen,
> Psalmodierend, Männerstimmen – (5–8)

Die folgenden Strophen sind ganz ins «Zwielicht der Erinnerung» (240) getaucht, sie gelten einem lang vergessenen Wissen, das von weither ins Bewußtsein zurückkehrt. Ganz allmählich gewinnen die Figuren, die aus dem Nebel des Vergessens auftauchen, Konturen:

> Traumgestalten, wer von euch
> Ist Jehuda ben Halevy?
>
> Doch sie huschen rasch vorüber;
> Die Gespenster scheuen furchtsam
> Der Lebend'gen plumpen Zuspruch –
> Aber ihn hab ich erkannt –» (11–16)

An das Auftauchen und die Wiedererkennung schließt sich die Erinnerung an den großen Dichter an, die den ersten Abschnitt füllt. Der zweite beginnt wiederum mit einem Psalm-Zitat. Noch einmal wird in das träumerische Gewebe der Erinnerung das solide Versatzstück eines Memorats eingesetzt, um sogleich wieder in die Reverie abzuleiten, diesmal ins subjektive Elend, aus dem den Träumer die Erinnerung erlöst, indem sie ihn zurück auf die Fährte des großen Halevi und dessen Jerusalem-Minne setzt.

---

[11] Heinrich Heine, Romanzero, hg. von Joachim Bark, Berlin 1988, 145 ff.

Auf diese Mischung aus Bibel-Zitaten, Traumgesichten, Weltschmerz, Legenden und historischer Erinnerung folgt im dritten Abschnitt etwas Neues und scheinbar Abseitiges: die Geschichte vom Kästchen des Darius. Die Meditation über Halevi wird unterbrochen – vergessen? –, während ein Schmuckstück ins Zentrum der Aufmerksamkeit rückt. Es geht um jenes Beutestück, das Alexander der Große aus dem Besitz des Darius an sich brachte, ein kostbares Schmuck-Kästchen samt Juwelen. Dieses Kästchen wird von Alexander entleert, eine Handlung, die in Heines Gedicht ganze 17 Strophen füllt, bevor das Kästchen schließlich seinen neuen Inhalt empfängt: eine Papyrusrolle mit den homerischen Epen.

Kästchen und Juwel haben einen emblematischen Bezug zu Gedächtnis und Erinnerung. Das Kästchen assoziiert das Gedächtnis als Hort, Schutz und Behälter, das Juwel bezeichnet den kostbaren und versicherungsbedürftigen Inhalt der Erinnerung. Die Schatztruhe ist dafür da, etwas, was man nicht verlieren will, hinter Schloß und Riegel zu setzen – ein beliebtes Bild für den Wunsch, bestimmten Erinnerungen ihre Flüchtigkeit zu nehmen und sie dem Verfallen und Vergessen zu entreißen.[12] In Heines Gedicht hat das Kästchen als Bild für das Gedächtnis noch eine sehr viel spezifischere Bedeutung. Es markiert neben Schutz und Kostbarkeit obendrein Auswahl, Hegung und persönliches Bekenntnis zu bestimmten Gedächtnis-Inhalten. In dieser Aufwertung wird das Kästchen zu einem Bild für das kulturelle Gedächtnis. In Heines Verwendung des Bildes wird das Element der Gedächtnis-Sicherung überlagert durch das Element der Wahl, Verbindlichkeit und Selbstverpflichtung zu einer bestimmten Tradition.

So ab- und umwegig die Kästchen-Episode zunächt schien, so gradlinig führt sie doch zurück zum hohen Ernst der ersten Strophe und der Katastrophe des Vergessens. Gegen diese Katastrophe wappnen sich die Juden mit ritualisierter und materialisierter Erinnerung; dazu gehören auch die Tephillin und die sog. Mesusa, Miniatur-Kästchen mit den unvergeßlichen Texten, die, kalligraphisch auf Pergament geschrieben, zur Immunisierung gegen das Vergessen verhelfen sollen. Durch Heines Verse über das persische Kästchen schimmern diese zeremoniellen jüdischen Erinnerungsformen durch. Er nähert sich ihnen, aber ersetzt sie durch ein möglichst weltliches Symbol, das er nicht mit den liturgischen Texten aus dem Deuteronomium füllt, sondern mit jüdischer Literatur, mit Jehudah Halevi.

---

[12] Auch Shakespeare liebt dieses Bild und assoziiert es mit dem Gedächtnis; allerdings stellt er gerade keine eindeutige Beziehung zwischen Gedächtnis und Schatztruhe her, sondern umspielt vielmehr den unterschwelligen Topos mit überraschenden Wendungen. Sonett Nr. 48: «Thee I have not locked up in any chest»; Nr. 52: «So is the time that keeps you as my chest»; Nr. 65: «Shall Time's best jewel from Time's chest lie hid?».

Heines Kästchen-Episode variiert verschiedene Aspekte des Problems des kulturellen Gedächtnisses. Da ist zunächst die *Parodie von Tradition*. Die Entleerung des Kästchens füllt wie gesagt 17 Strophen, in denen Heine mit größter Akkuratesse die Genealogie des Verlusts nachzeichnet. Er invertiert dabei Grundformen von Tradition wie Erbschaft, Depositum und Translatio.[13] Das Depositum wird in dieser Geschichte nacheinander veruntreut, verschleudert, verschenkt, verkauft – erfährt also genau die Behandlung, vor der es unbedingt zu schützen ist. Ironischerweise wird aber die Verlustgeschichte selbst im Stile einer Filiationskette, einer Genealogie erzählt. Der Verlust stiftet eine Kontinuität von Persien über Griechenland, Babylon, Ägypten, die Türken und Christen bis hin zur Baronin Salomon Rothschild und dem bourgeoisen Paris. Die Genealogie, der translatio-Mythos und die Tradentenkette bilden den Kontrast-Hintergrund dieses paradoxen Falls einer ‹Verlust-Tradition›.

Da ist ferner der Dualismus von *Athen versus Jerusalem*. Die Geschichte des Kästchens ist eine Geschichte der doppelten Ersetzung. Alexander tauscht Perlen gegen Homer, also materielle gegen kulturelle Werte aus. Heine wiederum tauscht Homer gegen Halevi, und also, um es auf die kürzeste Formel zu bringen, Athen gegen Jerusalem aus. Die Polarisierung und Konkurrenz dieser beiden Säulen abendländischer Kultur hat eine zu lange und wechselvolle Geschichte, als daß man sie hier mit wenigen Sätzen aufrufen könnte.[14] Diese Geschichte ist gekennzeichnet durch den Wechsel von Epochen, in denen sich die beiden Kulturen gegenseitig durchdrangen, und solchen, in denen sie sich polemisch entzweiten. Im Horizont der Bildung mischt sich, was sich im Horizont des Bekenntnisses trennt. Durch Literarisierung und Ästhetisierung werden unterschiedliche kulturelle Traditionen miteinander vereinbar, die sich unter dem Blickwinkel religiöser Identität ausschließen. Gegen Ende seines Lebens wechselte Heine vom einen zum anderen Pol über; ein Gesinnungswandel, den er im Nachwort zu seinem Romanzero in der ihm eigenen Art ironisch ausgestellt hat. Es sei ihm, wie er mitteilt, auch der Gott der Pantheisten begegnet, «aber ich konnte ihn nicht gebrauchen. Dies arme träumerische Wesen ist mit der Welt verwebt und verwachsen, gleichsam in ihr eingekerkert, und gähnt dich an, willenlos und ohnmächtig. Um einen Willen zu haben, muß man eine Person sein, und, um ihn zu manifestieren, muß man die Ellbogen freihaben».[15]

---

[13] Vgl. dazu A. Assmann, Zeit und Tradition. Kulturelle Strategien der Dauer, Wien 1998.

[14] Vgl. dazu A. Assmann, «Jordan und Helikon – der Kampf der zwei Kulturen in der abendländischen Tradition», in: Bibel und Literatur, hg. von Jürgen Ebach und Richard Faber, München 1995, 97–111.

[15] Heinrich Heine, Romanzero, hg. von Joachim Bark, Berlin 1988, 206.

Nicht viel besser steht es um die von ihm einst so verehrten griechischen Götter. Allerdings beteuert Heine, daß seine «Heimkehr zu Gott», die seine Freunde als «Zurückfallen in den alten Aberglauben» bezeichneten, nichts von einer Konversion habe, die immer eine scharfe Verurteilung des vorangegangenen Zustandes voraussetzt. Er gesteht, sich auf seinem Weg von ‹Athen› nach ‹Jerusalem› von seinen «alten Heidengöttern» abgewendet, ihnen aber nicht abgeschworen zu haben. Seinen Abschied «in Liebe und Freundschaft» hat er in einer unvergeßlichen Szene dramatisiert:

«Es war im Mai 1848, an dem Tage, wo ich zum letzten Male ausging, als ich Abschied nahm von den holden Idolen, die ich angebetet in den Zeiten meines Glücks. Nur mit Mühe schleppte ich mich bis zum Louvre, und ich brach fast zusammen, als ich in den erhabenen Saal trat, wo die hochgebenedeite Göttin der Schönheit, unsere liebe Frau von Milo auf ihrem Postamente steht. Zu ihren Füßen lag ich lange, und ich weinte so heftig, daß sich dessen ein Stein erbarmen mußte. Auch schaute die Göttin mitleidig auf mich herab, doch sogleich so trostlos, als wollte sie sagen: siehst du denn nicht, daß ich keine Arme habe und also nicht helfen kann.»[16]

Im menschlichen und kulturellen Gedächtnis herrscht Platzmangel. Je knapper die Speicherkapazität bemessen ist, desto entschiedener die Auswahl und desto wertvoller der Inhalt. Das Kästchen des Darius kann als ein Emblem für diese Engführung des Gedächtnisses gelten. Angesichts dieses drastisch verknappten Raums tritt an die Stelle liberaler Wahlfreiheit das existentielle Entscheidungsgebot: Athen *oder* Jerusalem. Den Text, den der Dichter des Romanzero in das Kästchen einschließen möchte, ist ein existentieller Text, mit dem man nicht nur schläft und wacht (wie Alexander), sondern lebt und stirbt. Heines Bekenntnis zu dem großen jüdischen Dichter verbleibt allerdings bei aller Emphase im Konjunktiv:

> Und ich dacht in meinem Sinne:
> Käm ich in Besitz des Kästchens,
>
> Und mich zwänge nicht Finanznot
> Gleich dasselbe zu versilbern,
> So verschlösse ich darin
> Die Gedichte unseres Rabbi – (487–492)

Ein weiterer Aspekt des Textes betrifft das Verhältnis *Bildung versus Tradition*. Die Geschichte vom Kästchen des Darius hat noch ein Nachspiel, das im IV. Abschnitt mit den Worten beginnt: «Meine Frau ist nicht zufrieden». Sie kann die rein virtuelle Nutzung des Kästchens nicht billigen und fordert, ebenso virtuell, aus dem Erlös des versilberten

---

[16] Heinrich Heine, Romanzero, 207.

Kästchens «einen Kaschemir zu kaufen, /Dessen sie so sehr bedürfe». (623–624) Sie kann sich einen plausibleren Umgang mit dem Wertobjekt vorstellen als die Bergung der Schriften eines obskuren Dichters, von dem sie noch nie gehört hat. Für den täte es doch auch ein Futteral aus Pappe,

> Mit chinesisch eleganten
> Arabesken, wie die hübschen
> Bonbonnieren von Marquis
> Im Passage Panorama. (629–632)

Der Frau, die bestens mit exotischen Bilderwelten vertraut ist, sind die jüdischen Dichter des spanischen Mittelalters gänzlich unbekannt geblieben. Diese «Lakunen / Der französischen Erziehung» bieten Gelegenheit, die Bedeutung Jehuda Halevis für den Dichter noch weiter zu akzentuieren. Bildung wird von Heine als eine weibliche Domäne karikiert. Während sich Männer meist um Wichtigeres zu kümmern hatten, blieb den Frauen im 19. Jahrhundert das Ressort Bildung überlassen.[17] Als Trägerinnen der Großstadtkultur reflektieren sie deren verwöhnte Ansprüche und seichte Angebote. Kultur nimmt in der Großstadt des 19. Jahrhunderts die Form der Warenwelt an. In dieser Zeit wuchs das Interesse am Exotischen, Fremden und Beziehungslosen; im Zeichen des Historismus und Kolonialismus füllten sich die Bürgerstuben mit dem Prunk ferner und fremder Kulturen.

> Alte Mumien, ausgestopfte
> Pharaonen von Ägypten,
> Merowinger Schattenkön'ge,
> Ungepuderte Perücken,
>
> Auch die Zopfmonarchen Chinas,
> Porzellanpagodenkaiser –
> Alle lernen sie auswendig,
> Kluge Mädchen (...) (645–652)

Mit den Spolien vergangener Zeiten setzte man einer beliebig und belanglos gewordenen Lebenswelt exotische Glanzlichter auf. Was aus dem Gedächtnis des Historismus emporquillt, ist leere Staffage, lebloser Plunder. Gegen diese Bildungs-Fassade einer materialistischen Warenkultur bietet Heine die vergessene und verdrängte Tradition des Halevi auf und ruft dessen Märtyrer-Legende in die Erinnerung zurück. Als Gegenpol zum Bildungsprunk beschwört er eine Tradition. Das Perlentränenlied und die Jerusalem-Minne des jüdischen Exildichters sind nicht nur ein

---

[17] Vgl. Ute Frevert, «Kulturfrauen und Geschäftsmänner», in: dies., Mann und Weib, und Weib und Mann. Geschlechter-Differenzen in der Moderne, München 1995, 133–165.

Höhepunkt mystischer Poesie des Mittelalters, sie markieren auch einen Höhepunkt jüdischer Erinnerungsvirtuosität. Das Zionslied des Halevi kultiviert die Sehnsucht als leidenschaftlichste Form der Erinnerung. Mit Hingabe rekonstruiert es die sakrale Topographie einer Stadt, die längst in Ruinen zerfallen und in der Hand der feindlichen Kreuzfahrer ist. Unabhängig von den Wechselfällen der Geschichte hat das irdische und himmlische Jerusalem in den poetischen Versen des Halevi einen Ort des Überdauerns, ja man möchte sagen: sein Schatzkästchen gefunden.

Was Heine im Kästchen des Darius verschließen möchte, hat die Qualität eines ‹kulturellen Textes›.[18] Dieser unterscheidet sich von Bildungsgut

– durch einen emphatischen Akt der Auswahl und Entscheidung; der bunten Fülle des Interessanten wird das persönliche und existentielle Bekenntnis zu einem Dichter und seinem Text gegenübergestellt;

– durch das Ethos des unerschütterlichen Bewahrens; an einem Text aus einer vergangenen und fremd gewordenen Epoche wird durch den Wandel der Zeit hindurch als einem fundierenden Grund festgehalten;

– durch die normative Kraft des Textes, die über die ästhetische Qualität hinausgeht; der normative Identitätsbezug macht den Text zu einer fortgesetzten Quelle der Selbstdeutung und Lebensorientierung.

Als Heine im Romanzero seine Lebenskrise literarisch gestaltete, hat er dabei das grundsätzliche Problem der Relevanz und Reichweite von Kultur in der modernen Warengesellschaft aufgeworfen. Mit der rapiden Expansion des Wissens bis nach Ägypten und China löst sich die Bindungskraft von Traditionen auf. Die moderne Gesellschaft hat Tradition hinter sich gelassen und als Nachfolgeinstitution die Bildung erschaffen. Am Beispiel seiner Kästchen-Wahl zeigt Heine einen Weg auf, der von der Bildung nicht zur Tradition zurückführt, wohl aber zum Bekenntnis eines persönlichen literarischen Kanons. Daß dieser Weg kein simpler Rückweg ist, macht besonders der letzte Teil des Fragment gebliebenen Gedichts deutlich. Hier ist explizit von Tradition die Rede, nicht nur im Sinne der Wiederherstellung vorbildlicher und verbindlicher Dichtergestalten, sondern auch im Sinne der Selbstverortung. Zwischen dem Dreigestirn der hispano-jüdischen Dichter und dem in seiner Matratzengruft siechenden Heine wird über die eingeschobene Anekdote eines ‹Dynastiegründers› eine genealogische Verbindung hergestellt.

---

[18] Vgl. A. Assmann, «Was sind kulturelle Texte?», in: Andreas Poltermann, Hg., Literaturkanon – Medienereignis – kultureller Text. Formen interkultureller Kommunikation und Übersetzung. (Göttinger Beiträge zur Internationalen Übersetzungsforschung, Bd. 10), Berlin 1995, 232–244.

Dieser Stammbaum ist der der Schlemihle, und das verbindende Element dieser Kette ist der Speer, der die unschuldigen Dichter trifft. Die Tradition, in die sich Heine hier selbst eingliedert, hat er selbst erfunden. Sie verbindet das Judentum mit dem Künstlertum im Stammbaum der Opfer und Gezeichneten.

3. Die grausame Kiste –
E. M. Forster

Die dritte Kiste, wiederum ist es eine arca und ein Bücherbehälter dazu, kommt aus einer frühen short story von E. M. Forster, die er in den ersten Jahren dieses Jahrhunderts schrieb. Die ersten Worte dieser Geschichte lauten: «Das ist eine grausame Kiste.» *(It's a cruel box.)* Gesprochen werden sie auf der Plattform eines kleinen Provinzbahnhofs von einem Träger, der sie mißtrauisch taxiert: «Das Gewicht ist grausam. Das braucht eine Karre« *(The weight's cruel. That'll need a barrow).*[19] Die Kiste, die unmöglich zu schultern ist und auf einen Wagen geladen werden muß, ist vollgepackt mit Büchern. Der Erzähler, der eine Einladung aufs Land angenommen hat, hofft, an diesem Ort seine Dissertation über den griechischen Optativ zu Ende zu schreiben. Alle Unterlagen, die er dazu braucht, Notizen, Materialien, Bücher, reisen in der Kiste mit.

Mit einigen Schwierigkeiten wird die Kiste in den Einspänner geladen, mit dem der Erzähler vom Bahnhof abgeholt wird. Auf dem Bock sitzt Ansell, der der Geschichte seinen Namen gibt. Er gehört zur Dienerschaft des Landhauses, das der Erzähler seit seiner Jugend besuchte und in das er nun als 23jähriger Oxford-Student nach einigen Jahren wieder zurückkehrt. Die Beziehung zu dem Naturburschen Ansell ist nicht gradlinig verlaufen; nachdem die beiden als Halbwüchsige eine ausgelassene und komplizenhafte Freundschaft verbunden hatte, sind sie mit zunehmendem Alter immer mehr auseinander gewachsen. Während Ansell eine Karriere vom Stalljungen zum Gärtner zum Jagdgehilfen durchgemacht hat, hat der Erzähler eine public school durchlaufen und ist zum Stipendiaten avanciert, der vor seiner Promotion steht und eine Anstellung an einem Oxforder College in Aussicht hat. Auf der Kutschenfahrt wird manifest, daß die beiden Jugendfreunde keine gemeinsame Sprache mehr haben.

Die Entwicklung von Ansell und dem Ich-Erzähler ist in verschiedene Richtungen gegangen: Was der eine an Brustumfang zugelegt hat, hat der andere an Gehirn-Kapazität gewonnen. Der ebenso muskulöse wie

---

[19] E. M. Forster, «Ansell», in: The Life to Come and other Stories, Harmondsworth 1975.

einsilbige Ansell ist das genaue Gegenbild des intellektuellen, schmächtigen Erzählers. Was zwischen den beiden steht, das breitet dieser in einer differenzierten Reflexion aus, während jener es in einem knappen
Satz zusammenfaßt. Er lautet: «Them books.» Die Beschäftigung mit so
vielen Büchern ist nicht spurlos an seinem Körper vorübergegangen:
Die Schultern hängen herab, der Rücken ist gekrümmt, die Brust ist
eingefallen. «Alle gute Arbeit kostet Muskeln, und obwohl der griechische Optativ besonders viele kostet, ist er dennoch gute Arbeit» *(All
good work must wear out some muscles, and though the Greek optative wears out
more than most it is none the less good work).*[20]

Der Höhepunkt der Geschichte findet an einem steilen Wegstück
statt, wo die Straße sich verengt und an einer Schlucht mit einem Fluß
entlangführt. An diesem Punkt scheut das Pferd, das die Last der schlag-
seitigen Kutsche nicht mehr ausbalancieren kann. Das Geländer, das die
Straße zur Schlucht hin begrenzt, bricht, und um ein Haar wird das Gespann mit seinen Insassen in den Abgrund gerissen. Mit Geschick und
Glück gelingt es dem kutschierenden Ansell, das Gespann unter Kontrolle zu bringen. Die Kiste jedoch stürzt in die Tiefe hinab. Der vom
Schock noch benommene Erzähler sieht die letzte Phase ihres Sturzes
wie in Zeitlupe:

*About halfway down it hit a projecting rock, opened like a water-lily, and rained its
sweetness upon the deep. Most of the books were heavy and plunged like meteors through
the trees into the river. One or two of the smaller ones roosted coyly for a minute on the
branches before they too slipped through and disappeared.* (32)

«Etwa auf halbem Wege in den Abgrund traf sie auf einen vorspringenden Felsen, öffnete sich wie eine Seerose und regnete ihre Süße in die Tiefe hinab. Die
meisten Bücher waren schwer und schossen wie Meteore durch die Bäume in
den Fluß. Das eine oder andere der kleineren Bücher balancierte schüchtern eine Minute auf den Zweigen, bevor es ebenfalls abrutschte und verschwand.»

Was hier beschrieben wird, ist weniger ein Sturz als eine Metamorphose.[21] Die Bücher verwandeln sich in Natur, sie werden zu Lilien,
Meteoren, Vögeln. Der Erzähler, der dies beschreibt, steht unter Schock.
Abgekoppelt von seinem Bewußtseins, das die Katastrophe des Verlusts
nicht zu verarbeiten imstande ist, nimmt er eine andere Welt mit einer
eigenen Schönheit wahr. Anders der Gefährte, der sofort wieder Herr
der Situation ist: «Die Bücher haben uns gerettet. Im letzten Moment

---

[20] E. M. Forster, «Ansell», 30.
[21] Das Motiv des Büchersturzes taucht auch in anderen Texten von Forster auf.
Eine enge Parallele findet sich in der Erzählung «The Story of the Siren», in der
ein Dissertations-Projekt, ein Kolleghheft mit Aufzeichnungen über ‹Die Deistische Kontroverse›, auf den Meeresboden des Mittelmeers gleitet und dabei ebenfalls eine trau-
martig-phantastische Verwandlung durchmacht. In *Howards End* kosten herabfallen-
de Bücher gar eine Figur das Leben.

sind sie abgestürzt. Ich fühlte, wie sie uns in den Abgrund zogen» *(Them books saved us. They went at the very moment. I felt 'em tugging us over the edge).* (32) Dieser Kommentar ist vielsagend: Die Bücher retten die Menschen, indem sie sich von ihnen losreißen. Der Ballast, die Überlast des Bewußtseins wird an dieser Kehre abgeworfen und verwandelt sich in selbstgenügsame Natur.

Mit dem Absturz der «grausamen Kiste» wendet sich das Blatt; während der Erzähler wie vom Blitz getroffen ist und das Bewußtsein des Verlusts von sich fernzuhalten sucht *(I knew that my career was closed,* 35), wird Ansell gesprächig und plaudert von seinen alltäglichen Beschäftigungen. Am nächsten Tag werden nach einer durchregneten Nacht noch einige Beutestücke aus der Schlucht geborgen, doch die Blätter der Dissertation über den griechischen Optativ sind bereits unwiederbringlich auf ihrem Weg ins Meer. Durch Bewußtseinslosigkeit und wachsendes Vergessen nähert sich der Erzähler an Ansell an, der ihn wie ein Faun in seine Welt zurückholt. Am Schluß der Erzählung steht ein Bild, das dieses Zurücksinken in Vergessen und naturhafte Bewußtlosigkeit verdichtet:

Liddell and Scott's Greek Lexicon remains open on the ledge where the box split. In dry weather an invisible person rapidly turns over the leaves, hurrying from one word to another. But in the damp his ardour flags. There is something rather poetical in the idea of this unembodied searcher after knowledge, and I would write a Greek epigramm on him, but I am forgetting the words. (35)

«Liddell und Scott's Lexikon liegt geöffnet auf dem Vorsprung, wo die Kiste geborsten ist. Bei trockenem Wetter blättert eine unsichtbare Gestalt geschwind durch die Seiten, eilig von einem Wort zum anderen springend. Doch bei Feuchtigkeit nimmt ihre Energie ab. Es ist etwas Poetisches an der Idee dieses körperlosen Wißbegierigen, und ich würde ein griechisches Epigramm auf ihn schreiben, wenn ich nicht die Worte dafür vergessen hätte.»

Nur der Wind kann hier noch lesen, und zwar an trockenen Tagen zügiger als an feuchten. Das griechische Epigramm über das Lexikon, das einen kosmischen Leser gefunden hat, kann nicht mehr geschrieben werden, weil das dazu benötigte Lexikon ja nicht mehr erreichbar ist: Hier schließt sich der Kreis des Vergessens. Forsters um 1902/1903 entstandene Erzählung über die Last des Wissens und die Segnungen des Vergessens liest sich wie eine narrative Inszenierung von Nietzsches Zweiter Unzeitgemäßer Betrachtung. Das Problem des Historismus, das Nietzsche unter dem Titel «Vom Nutzen und Nachteil der Historie für das Leben» (1874) traktierte, und auf das wir im folgenden Kapitel zurückkommen werden, greift Forster im gegensätzlichen Gespann der Freunde auf. Auf dem knappen Raum einer short story phantasiert er eine Therapie des Vergessens für das bewußtseinsüberdrüssige, kopflastige Zeitalter. Nicht, daß sich hier in Ansell und dem Erzähler zwei selbständige Charaktere gegenüberstünden; der Naturbursche ist die Schöpfung und Wunsch-Projektion des Oxford-Stipendiaten. Er ist sein abgespaltener Doppelgänger, der die Phantasie von einem anderen, vergessenen Leben verkörpert. Der, der diese Vision entwarf, entwarf sie nicht im stahlharten, aber doch staubigen Gehäuse seiner Bibliothek.

Die drei Kisten konzentrieren wie in einem Prisma ganz unterschiedliche Momente in der Geschichte des abendländischen kulturellen Gedächtnisses. Hugos Arche bildet den Höhe- und Schlußpunkt einer mittelalterlichen christlichen Mnemotechnik, die mit äußerster Hingabe, Konzentration und Virtuosität die Gesamtheit des heilskräftigen Wissens in einer gigantischen Konfiguration zusammenbindet und diese im Gedächtnis verinnerlicht. Das bedeutungsvolle Buch, das diese Kiste bergen möchte, existiert noch in der Einzahl; die Summe der Weisheit ist mit dem heiligen Text kongruent, dessen Auslegung sich noch nicht in die argumentative Vielfalt ausdehnt, sondern in zeitloser Tiefe ausgelotet wird. Mit dem Kästchen des Darius machen wir einen Sprung vom heiligen zum literarischen Text. Allerdings wird bei Heine der Inhalt des Kästchens ausgetauscht; die weltliche Dichtung Homers weicht der religiösen Dichtung eines mittelalterlichen Juden. Mit dieser Rückkehr von Paris und Athen nach Jerusalem wendet Heine der weltlichen Bildung den Rücken, ohne eine Konversion zur Orthodoxie zu vollziehen: im Mittelpunkt steht immer noch die Dichtung. Der Platz im Kästchen des Darius ist beschränkt; dieses Gedächtnisbild thematisiert einerseits die Wertschätzung, andererseits die Engführung der Auswahl im kulturellen Gedächtnis. Die Dringlichkeit zur Selbst-Beschränkung und -Bindung wird nicht nur durch Heines Lebenskrise forciert; sie ist ein Problem des 19. Jahrhunderts und wird offensichtlich um so größer, je vielseitiger, aber auch beziehungsloser das explodierende Wissen wird. Von hier ist es zeitlich und thematisch nur ein Schritt zu Forsters Erzählung, die die Fülle dieses spezialisierten und lebensfeindlichen historischen Wissens in einer vollgepackten Bücherkiste zusammenpfercht. Rettung erhofft man sich nicht mehr *durch* Bücher und Gedächtnis, sondern allein durch Befreiung *von* Büchern und Gedächtnis. Nicht das Gedächtnistraining, sondern das Erlernen des Vergessens steht im Mittelpunkt von Forsters Erzählung. Damit hat sich die Thematik der Gedächtnis-Kiste in ihr Gegenteil verkehrt: von Buch und Gedächtnis als einem heilskräftigen Zusammenhalt über die Steigerung ihrer Wertschätzung durch Auswahl und Beschränkung bis hin zur Krise des Kulturellen Gedächtnisses, dramatisiert in der «grausamen Kiste», deren Last das Leben erdrückt.

VI.

FUNKTIONSGEDÄCHTNIS UND
SPEICHERGEDÄCHTNIS –
ZWEI MODI DER ERINNERUNG

1. Geschichte und Gedächtnis

Der Zusammenhang von Erinnerung und Identität ist nicht nur von Dichtern und Philosophen erforscht worden, sondern auch von Soziologen und Historikern. Im folgenden sollen Theoretiker des kollektiven Gedächtnisses zu Wort kommen, bei denen die Unterscheidung zwischen Geschichte und Gedächtnis zu einer Leitdifferenz geworden ist. Geschichte und Gedächtnis werden dabei jeweils durch ihre gegenseitige Abgrenzung bestimmt: das eine ist immer das, was das andere nicht ist. So hat man sowohl die Entstehung der kritischen Geschichtsschreibung als Emanzipation von einem offiziellen Gedächtnis beschrieben als auch die Rechte des Gedächtnisses immer wieder gegen eine übermächtige Geschichtswissenschaft geltend gemacht.

An erster Stelle ist hier noch einmal Friedrich *Nietzsche* zu nennen, der in seiner frühen Schrift «Vom Nutzen und Nachteil der Historie für das Leben» lebensdienliches Gedächtnis und lebensfremde Geschichte einander polemisch gegenübergestellt hat. In seiner Terminologie stand für Geschichte vorwiegend ‹Erinnern› und für Gedächtnis ‹Vergessen›. Er ging davon aus, daß «jeder Mensch und jedes Volk (...) je nach seinen Zielen, Kräften und Nöthen eine gewisse Kenntnis der Vergangenheit» braucht.[1] Angesichts der historischen Wissenschaften des 19. Jahrhunderts war aus dieser «gewissen Kenntnis» ein unüberschaubares Wissensmeer geworden, das noch immer weiter anwuchs. In diesem Befund sah er eine alarmierende Krise, weil er befürchtete, daß das kulturelle Gedächtnis im Begriff sei, seine Fähigkeit zur Begrenzung und Beschränkung aufs Wesentliche und damit zur Horizontbildung, wie er es nannte, zu verlieren. Indem die Ränder dieses Gedächtnisses durch einen Prozeß ungebändigter Wissensvermehrung überspült wurden, wurde die Grenze zwischen dem Wesentlichen und Wissenswerten einerseits und dem Belanglosen und Beliebigen andererseits nivelliert. Für Nietzsche stand die Überlieferung damit immer weniger in einem Gebrauchszusammenhang mit dem Handeln und der Zukunft. Sie verwandelte sich in einen toten Ballast und verlor den Charakter einer Grundausrüstung, die

---

[1] Friedrich Nietzsche, Unzeitgemäße Betrachtungen. Zweites Stück: Vom Nutzen und Nachteil der Historie für das Leben. In: Sämtliche Werke. Band I, 271.

sich den Bedingungen und Forderungen einer fortschreitenden Gegenwart anzupassen vermochte. Durch das Übergewicht der Geschichte verlor das kulturelle Gedächtnis seine beiden zentralen Funktionen, Intensität und Identität, bzw. Antriebsenergie und formatives Selbstbild. Auf die Fragen: ‹Wonach sollen wir uns richten?› und ‹Wer sind wir?› hatte es keine schlüssigen Antworten mehr parat. Im Grunde hat Nietzsche zwei Kulturmodelle einander gegenübergestellt, die mit den Begriffen ‹Geschichte› und ‹Gedächtnis› beschrieben werden können. Im ersten Falle, den er als bedrohlich einschätzt, steht die Gegenwart unter dem Druck der Vergangenheit, im zweiten Falle, den er herbeisehnt, steht die Vergangenheit unter dem Druck der Gegenwart.

Maurice *Halbwachs* ist auf ganz anderen Wegen zu einer Differenz von Geschichte und Gedächtnis gelangt. Als empirischer Soziologe verfolgte er keine kulturkritischen Absichten. Sein Interesse galt allein der Frage, was lebendige Menschen als Gruppen zusammenhält. Dabei stieß er auf die Bedeutung der gemeinsamen Erinnerungen als wichtigstes Mittel der Kohäsion. Aus dieser Einsicht leitete er die Existenz eines «Gruppengedächtnisses» ab. Aber die Erinnerungen stabilisieren nicht nur die Gruppe, die Gruppe stabilisiert auch die Erinnerungen. Halbwachs' Untersuchung dieses «kollektiven Gedächtnisses» ergab, daß dessen Stabilität in direkter Weise an Zusammensetzung und Bestand der Gruppe gebunden ist. Löst sich die Gruppe auf, verlieren die Individuen jenen Teil an Erinnerungen aus ihrem Gedächtnis, über den sie sich als Gruppe vergewisserten und identifizierten. Aber auch ein politischer Rahmenwechsel kann zum Löschen von Erinnerungen führen, da diese nach Halbwachs keine immanente Beharrungskraft haben, sondern grundsätzlich der sozialen Interaktion und Bestätigung bedürfen. Für erratische und dysfunktionale Erinnerungen gibt es in der konstruktivistisch funktionalistischen Gedächtnistheorie von Halbwachs keinen Ort.

Halbwachs trennte ebenfalls scharf zwischen kollektivem Gedächtnis und dem Gedächtnis der Geschichtswissenschaft. Folgende Unterscheidungsmerkmale hob er dabei besonders hervor:

– das kollektive Gedächtnis sichert Eigenart und Kontinuität einer Gruppe, während das historische Gedächtnis keine identitätssichernde Funktion hat

– die kollektiven Gedächtnisse ebenso wie die Gruppen, mit denen sie verbunden sind, existieren stets im Plural, während das historische Gedächtnis, das einen integrierenden Rahmen für viele Geschichten konstruiert, im Singular existiert

– das kollektive Gedächtnis blendet Veränderungen weitgehend aus, während sich das historische Gedächtnis auf ebendiese Veränderungen spezialisiert. Zusammenfassend stellt Halbwachs fest:

«Die historische Welt ist gleich einem Ozean, in den alle Teilgeschichten ein-
münden. (...) Die Geschichte kann als das universale Gedächtnis des Men-
schengeschlechtes erscheinen. Aber es gibt kein universales Gedächtnis. Jedes
kollektive Gedächtnis hat eine zeitlich und räumlich begrenzte Gruppe zum
Träger. Man kann die Totalität der vergangenen Ereignisse nur unter der Voraussetzung zu einem einzigen Bild zusammenstellen, daß man sie vom Gedächtnis jener Gruppen löst, die sie in Erinnerung behielten, daß man die Ban-
de durchtrennt, durch die sie mit dem psychologischen Leben jener sozialen
Milieus verbunden waren, innerhalb derer sie sich ereignet haben, und daß man
nur ihr chronologisches und räumliches Schema zurückbehält.»[2]

Daß es ein «Gedächtnis in der Gruppe» gibt, bestreitet niemand, kann es
aber auch so etwas wie ein «Gedächtnis der Gruppe» geben? Ein Gruppengedächtnis besitzt keine organische Basis und ist deshalb in einem
wörtlichen Sinne undenkbar. Es ist aber auch nicht rein metaphorisch.
Die Studien des französischen Historikers Pierre *Nora* haben gezeigt,
daß weder Kollektivseele noch objektiver Geist hinter dem Gedächtnis
der Gruppe steckt, sondern die Gesellschaft mit ihren Zeichen und
Symbolen. Über die gemeinsamen Symbole hat der einzelne teil an einem gemeinsamen Gedächtnis und einer gemeinsamen Identität. Nora
vollzog in der Gedächtnistheorie den Schritt von der in raum-zeitlicher
Kopräsenz verbundenen Gruppe, die Halbwachs untersuchte, zur abstrakten Gemeinschaft, die sich raum- und zeitübergreifend über
Symbole definiert. Die Träger dieses Kollektivgedächtnisses brauchen
sich gar nicht zu kennen, um dennoch eine gemeinsame Identität für
sich in Anspruch zu nehmen. Die Nation ist eine solche Gemeinschaft,
die ihre unsinnliche Einheit im Medium politischer Symbolik konkretisiert. Pierre Nora unterscheidet diese Zeichen der Geschichte, die das
Gedächtnis der Nation ausmachen, von den Zeichen der Geschichtsschreibung, die den wissenschaftlichen Diskurs der Historiographie ausmachen. Lebendiges (Gruppen-)Gedächtnis und analytische Geschichtsschreibung stehen für ihn in einem Kampf, der, wie er meint, im
Zuge der Modernisierung unweigerlich zuungunsten des Gedächtnisses ausgeht:

«Gedächtnis, Geschichte: keineswegs sind dies Synonyme, sondern, wie uns heute bewußt wird, in jeder Hinsicht Gegensätze. (...) Das Gedächtnis ist ein stets
aktuelles Phänomen, eine in ewiger Gegenwart erlebte Bindung, die Geschichte hingegen eine Repräsentation der Vergangenheit. (...) Das Gedächtnis rückt
die Erinnerung ins Sakrale, die Geschichte vertreibt sie daraus, ihre Sache ist die
Entzauberung. Das Gedächtnis entwächst einer Gruppe, deren Zusammenhang
es stiftet (...). Die Geschichte dagegen gehört allen und niemandem, so ist sie
zum Universalen berufen.»[3]

---

[2] Maurice Halbwachs, Das kollektive Gedächtnis, Frankfurt a. M. 1985, 72 f.
[3] Pierre Nora, Zwischen Geschichte und Gedächtnis, Berlin 1990, 12 f.

Die Gedächtnistheorien von Nietzsche, Halbwachs oder Nora betonen den konstruktivistischen, identitätssichernden Charakter der Erinnerung und affirmieren deren Recht gegenüber einer objektiven und neutralen historischen Geschichtswissenschaft. Die Leitopposition ist in allen drei Fällen die zwischen verkörpert und entkörpert, bzw., wie wir auch sagen können, zwischen bewohnt und unbewohnt: Das Gedächtnis gehört lebendigen Trägern mit parteiischen Perspektiven, die Geschichte dagegen «gehört allen und niemandem», sie ist objektiv und damit identitätsneutral. Die für diese Opposition aufgeführten Kriterien lassen sich in einer Übersicht zusammenfassen:

Das bewohnte Gedächtnis	*Das unbewohnte Gedächtnis*
– ist verbunden mit einem Träger, der eine Gruppe, eine Institution oder ein Individuum sein kann,	– ist losgelöst von einem spezifischen Träger
– schlägt eine Brücke über Vergangenheit, Gegenwart und Zukunft	– trennt radikal Vergangenheit von Gegenwart und Zukunft ab
– verfährt selektiv, indem es dieses erinnert und jenes vergißt	– interessiert sich für alles; alles ist gleich wichtig
– vermittelt Werte, aus denen sich ein Identitätsprofil und Handlungsnormen ergeben	– ermittelt Wahrheit und suspendiert dabei Werte und Normen

2. Funktionsgedächtnis und Speichergedächtnis

Indem wir diese Gegenüberstellung so explizit wie möglich auf den Punkt gebracht haben, müssen wir zugleich feststellen, daß sich eine so verstandene Opposition von Gedächtnis und Geschichte immer weniger aufrechterhalten läßt. Besteht doch mittlerweile ein Konsens darüber, daß es keine Geschichtsschreibung gibt, die nicht zugleich auch Gedächtnisarbeit wäre, also unhintergehbar verquickt ist mit den Bedingungen der Sinngebung, Parteilichkeit und Identitätsstiftung. Inzwischen ist das Pendel sogar zum anderen Pol ausgeschlagen; es gibt bereits Theoretiker, die Geschichte und Gedächtnis geradezu gleichsetzen, wie zum Beispiel Dan Diner, einer der Herausgeber der für die Erinnerungsforschung zentralen Zeitschrift *History and Memory*.

Die schroffe Polarisierung von Geschichte und Gedächtnis erscheint mir ebenso unbefriedigend wie ihre vollständige Gleichsetzung. Ich möchte im folgenden deshalb vorschlagen, Geschichte und Gedächtnis

als zwei Modi der Erinnerung festzuhalten, die sich nicht gegenseitig
ausschließen und verdrängen müssen. Geschichte und Gedächtnis, wie
Nietzsche es tat, als eine ‹Zwangsalternative› (Reinhart Koselleck)
darzustellen, entspricht dem Entzauberungs-Pathos kulturkritischer
Rhetorik. Aus diesem Kontext möchte ich das Problem herauslösen
und fragen, wie diese Begriffe produktiv aufeinander bezogen und ana-
lytisch neu nutzbar gemacht werden können.

Der wesentliche Schritt über die Polarisierung oder Gleichsetzung
der Konzepte Gedächtnis und Geschichte hinaus besteht darin, das Verhältnis von bewohntem und unbewohntem Gedächtnis im Sinne zweier komplementärer Modi der Erinnerung aufzufassen. Das bewohnte
Gedächtnis wollen wir das *Funktionsgedächtnis* nennen. Seine wichtigsten Merkmale sind Gruppenbezug, Selektivität, Wertbindung und Zu-
kunftsorientierung. Die historischen Wissenschaften sind demgegenüber ein Gedächtnis zweiter Ordnung, ein Gedächtnis der Gedächtnisse,
das in sich aufnimmt, was seinen vitalen Bezug zur Gegenwart verloren
hat. Dieses Gedächtnis der Gedächtnisse schlage ich vor, *Speichergedächtnis* zu nennen. Nichts ist uns geläufiger als die permanente Abfuhr des
Vergessens, das unwiederbringliche Verlorengehen von bewertetem
Wissen und vitalen Erfahrungen. Unter dem weiten Dach der historischen Wissenschaften können solche unbewohnten Relikte und
besitzerlos gewordenen Bestände aufbewahrt, aber auch so wieder aufbereitet werden, daß sie neue Anschlußmöglichkeiten zum Funktionsgedächtnis bieten.

Diese Art der Verschränkung von Funktions- und Speichergedächtnis soll ein kleiner Exkurs in die Psychotherapie erhellen. Im Kontext
psychotherapeutischer Theorie geht man davon aus, daß das individuelle Gedächtnis auf verschiedenen Ebenen konstituiert ist. Die eine Ebene ist das bewußte Gedächtnis. Auf dieser Ebene werden Erinnerungen
und Erfahrungen verfügbar gehalten, indem sie in eine bestimmte Sinnkonfiguration gebracht werden. Die Herstellung einer solchen Sinnkonfiguration kommt, ähnlich wie Locke dies gesehen hat, der Selbstdeutung und Selbstbestimmung des Individuums gleich. Sie zeigt an,
wieviel der einzelne Mensch von sich weiß, wie er sich einschätzt und
wie er mit seinen Erfahrungen umgeht. Von dieser Gedächtnis-Konfi-
guration hängt für den einzelnen mit ab, welche Chancen ihm in der
Zukunft offenstehen und welche ihm verschlossen sind. Die Therapie
kann bei der Rekonfigurierung und Umstrukturierung von Erinnerungen Hilfestellung leisten; sie kann bewirken, daß sie bewußter, in-
klusiver ausfällt, sie kann Grenzziehungen reflektieren und damit läh-
mende, autoaggressive Sperren mildern oder abbauen. Charakteristisch
für diesen therapeutischen Zugang ist der Begriff der *story*. Die Lebensgeschichte, die man «bewohnt», bindet Erinnerungen und Erfahrungen
in einer Struktur, die als formatives Selbstbild das Leben bestimmt und

dem Handeln Orientierung gibt.[4] Die andere Ebene in der Ökonomie des Gedächtnisses besteht aus äußerst heterogenen Elementen: teilweise inert, unproduktiv, teilweise latent, außerhalb der Belichtung durch Aufmerksamkeit, teilweise überdeterminiert und daher zu sperrig für ein ordentliches Zurückholen, teilweise schmerzhaft oder skandalös und deshalb tief vergraben. Die Elemente des Speicher-Gedächtnisses gehören dem Individuum zwar zu, aber sie bilden jenen Fond, der sich, aus welchen Gründen auch immer, zu einem gegebenen Zeitpunkt der Verfügung entzieht. Damit das Gedächtnis eine orientierende Kraft entfalten kann, müssen die Elemente angeeignet, d. h.: nach Wichtigkeit ausgewählt, zugänglich gemacht und in einer Sinnfigur gedeutet werden: «Wenn Menschen in solchen Geschichten ihre Erfahrung organisieren und deuten (...), dann folgt daraus, daß diese Geschichten Lebensläufe und Beziehungen formen.»[5]

Dieses Modell des individuellen Funktionsgedächtnisses zieht eine produktive, weil verschiebbare Grenze zwischen ausgewählten, gedeuteten, angeeigneten, kurz: in der Konfiguration der story gebundenen Elementen einerseits und der amorphen Masse ungebundener Elemente andererseits. Das Funktionsgedächtnis ist selektiv, darum aktualisiert es immer nur einen Bruchteil möglichen Erinnerungsgehalts. «Über die Zeit bleibt notwendig vieles aus dem Vorrat lebendiger Erfahrung außerhalb dieser Geschichten und wird niemals erzählt oder ausgesprochen. Es bleibt amorph, ohne Ordnung und Gestalt.»[6]

Die Unterscheidung zwischen bedeutungsgeladenen und bedeutungsneutralen Elementen in der Erinnerung hat auch Halbwachs herausgestellt. Diese Umwandlung in Sinn war für ihn die Voraussetzung für den Einlaß einer Erinnerung ins kollektive Gedächtnis: «Jede Persönlichkeit und jedes historische Faktum wird schon bei seinem Eintritt in dieses Gedächtnis in eine Lehre, einen Begriff, ein Symbol transponiert; es erhält einen Sinn, es wird zu einem Element des Ideensystems der Gesellschaft.»[7] Erinnerungen, die ins Magnetfeld einer bestimmten Sinnstruktur eintreten, unterscheiden sich von den vorgängigen Sinnes-

---

[4] Der Theologe und Psychotherapeut Dietrich Ritschl hat diesen Gedanken in einem Grundsatz zusammengefaßt: «Wir sind die Geschichten, die wir von uns erzählen können»; vgl. Dietrich Ritschl, «Das ‹story›-Konzept in der medizinischen Ethik», in: ders., Konzepte: Ökomene, Medizin, Ethik; gesammelte Aufsätze. München 1986, 201–212.

[5] Michael White, David Epston, Narrative Means to Therapeutic Ends, Adelaide 1989, 20; deutsche Ausgabe: Die Zähmung der Monster. Literarische Mittel zu therapeutischen Zwecken, Heidelberg 1990. Für den Hinweis auf diesen Text und Anregungen danke ich Helm Stierlin, Arno Retzer und Jörg Schweitzer.

[6] White/Epston, Narrative Means, 20.

[7] Maurice Halbwachs, Das Gedächtnis und seine sozialen Bedingungen, Frankfurt a. M. 1985, 389 f.

daten und Erfahrungen. Das Gedächtnis produziert Sinn, und Sinn stabilisiert das Gedächtnis. Er ist stets Sache einer Konstruktion, einer
nachträglich hinzugeschaffenen Bedeutung.

Das Speichergedächtnis ist demgegenüber die «amorphe Masse», jener Hof ungebrauchter, nicht-amalgamierter Erinnerungen, der das
Funktionsgedächtnis umgibt. Denn was nicht in eine story, in eine Sinnkonfiguration paßt, wird deshalb ja nicht schlechthin vergessen. Dieses
teils nicht bewußte, teils unbewußte Gedächtnis bildet deshalb nicht den
Gegensatz zum Funktionsgedächtnis, eher dessen Hintergrund. Das
Modell von Vorder- und Hintergrund umgeht das Problem der binären
Opposition; es ist nicht mehr dualistisch, sondern perspektivisch. In dieser Bezogenheit von Vordergrund und Hintergrund liegt die Möglichkeit beschlossen, daß sich das bewußte Gedächtnis verändern kann, daß
Konfigurationen aufgelöst und neu zusammengesetzt werden, daß
aktuelle Elemente unwichtig werden, latente Elemente emportauchen
und neue Verbindungen eingehen. Die Tiefenstruktur des Gedächtnisses mit ihrem Binnenverkehr zwischen aktualisierten und nichtaktuali-
sierten Elementen ist die Bedingung der Möglichkeit von Veränderung
und Erneuerung in der Struktur des Bewußtseins, das ohne den Hintergrund jener amorphen Reserve erstarren würde.

Als ein Beispiel für das Zusammenspiel von Funktions- und Speichergedächtnis kann hier der Lernprozeß stehen, wie ihn der Politolo-
ge Karl Deutsch aus kybernetischer Sicht formuliert hat: «Jeder Lernprozeß und also auch jede Veränderung von Zielen und Werten besteht
aus einer internen psychischen Neuordnung. (...) Die Lernfähigkeit eines Systems oder einer Organisation, das heißt die Reichweite einer
tatsächlich möglichen internen Neuordnung, kann (...) an der Anzahl
und Vielfalt der ungebundenen Hilfsmittel, die dem System oder der
Organisation zur Verfügung stehen, gemessen werden.»[8]

Das Stichwort «ungebundene Hilfsmittel» deutet an, in welcher Weise es sinnvoll sein kann, Wissen zu speichern, das (nicht mehr, noch nicht
oder vorübergehend nicht) in funktionalen Sinn-Konfigurationen aufgeht. Es hält ein Zusatzwissen bereit, welches als Gedächtnis der Gedächtnisse dafür sorgen kann, daß real existierende Funktionsgedächtnisse kritisch relativiert und gegebenenfalls erneuert oder verändert
werden können. Es stiftet selbst keinen Sinn und begründet keine Werte, aber es kann den sei's stabilisierenden, sei's korrektiven Hintergrund
zu solchen Operationen bilden.

Diese am individuellen Gedächtnis abgelesenen Mechanismen lassen
sich auch auf das kulturelle Gedächtnis übertragen. In einer oralen Ge-

---

[8] Karl W. Deutsch, Politische Kybernetik. Modelle und Perspektiven. Sozialwis-
senschaft in Theorie und Praxis, hg. v. W. Bessen, Freiburg 1969 (engl. Erstausgabe
1963), 152.

dächtniskultur, in der individuelle Gedächtnisse, verstärkt durch körperliche und materiale Stützen wie Knotenschnüre, Bemalung, Rhythmus, Tanz und Musik, den Hort des kulturellen Gedächtnisses bilden, ist eine Unterscheidung von Funktions- und Speichergedächtnis undenkbar. Der Platz im Gedächtnis ist so begrenzt und die Techniken des Memorierens sind so aufwendig, daß es gar nicht in Frage kommt, etwas zu behalten, was für die Identität der Gruppe nicht auch gebraucht würde und somit überlebenswichtig wäre. Mit der Schrift dagegen als dem paradigmatischen körperexternen Speichermedium wird dieser Horizont der oralen Gedächtniskulturen überschritten, weil sich mit ihr mehr aufzeichnen und speichern läßt, als man erinnern kann. Damit lockert sich das Verhältnis von Erinnerung und Identität; die Differenz von Speicher- und Funktionsgedächtnis ist in dieser Lockerung angelegt. Das *Potential* der Schrift besteht in der Kodierung und Speicherung von Informationen jenseits lebendiger Träger und unabhängig von der Aktualisierung in kollektiven Inszenierungen. Das *Problem* der Schrift besteht in der tendenziell unbeschränkten Akkumulation von Informationen. Durch körperexterne und vom menschlichen Gedächtnis unabhängige Speichermedien wird der Horizont verkörperter, lebendiger Erinnerung gesprengt und die Bedingung für kulturelle Archive, für abstraktes Wissen und vergessene Überlieferung geschaffen.

Auf kollektiver Ebene enthält das Speichergedächtnis das unbrauchbar, obsolet und fremd Gewordene, das neutrale, identitäts-abstrakte Sachwissen, aber auch das Repertoire verpaßter Möglichkeiten, alternativer Optionen und ungenutzter Chancen. Beim Funktionsgedächtnis dagegen handelt es sich um ein angeeignetes Gedächtnis, das aus einem Prozeß der Auswahl, der Verknüpfung, der Sinnkonstitution – oder, mit Halbwachs zu sprechen: der Rahmenbildung – hervorgeht. Die strukturlosen, unzusammenhängenden Elemente treten ins Funktionsgedächtnis als komponiert, konstruiert, verbunden ein. Aus diesem konstruktiven Akt geht *Sinn* hervor, eine Qualität, die dem Speichergedächtnis grundsätzlich abgeht.

Das kulturelle Funktionsgedächtnis ist an ein Subjekt gebunden, das sich als dessen Träger oder Zurechnungssubjekt versteht. Kollektive Handlungssubjekte wie Staaten oder Nationen konstituieren sich über ein Funktions-Gedächtnis, in dem sie sich eine bestimmte Vergangenheitskonstruktion zurechtlegen. Das Speichergedächtnis dagegen fundiert keine Identität. Seine nicht minder wesentliche Funktion besteht darin, mehr und anderes zu enthalten, als es das Funktionsgedächtnis zuläßt. Für dieses nicht begrenzbare Archiv mit seiner ständig sich vermehrenden Masse von Daten, Informationen, Dokumenten, Erinnerungen gibt es kein Subjekt mehr, dem sie sich noch zuordnen ließe, allenfalls könnte man hier noch von einem gänzlich abstrakten ‹Menschheitsgedächtnis› sprechen.

Aufgaben des Funktionsgedächtnisses

Es lassen sich verschiedene Gebrauchsformen des Funktionsgedächtnisses unterscheiden, von denen wir hier auf drei Möglichkeiten eingehen wollen: Legitimation, Delegitimation und Distinktion. *Legitimation* ist das vordringliche Anliegen des offiziellen oder politischen Gedächtnisses. Die für diesen Fall charakteristische Allianz zwischen Herrschaft und Gedächtnis äußert sich positiv in der Entstehung elaborierterer Formen geschichtlichen Wissens, vorzugsweise in der Form der Genealogie, denn Herrschaft braucht Herkunft. Genau auf dieses Desiderat antwortet die genealogische Erinnerung. Dieses legitimierende Herrschaftsgedächtnis hat neben der retrospektiven auch eine prospektive Seite. Die Herrscher usurpieren nicht nur die Vergangenheit, sondern auch die Zukunft, sie wollen erinnert werden und setzen sich zu diesem Zweck Denkmäler ihrer Taten. Sie sorgen dafür, daß ihre Taten erzählt, besungen, in Momumenten verewigt und archiviert werden. Herrschaft legitimiert sich retrospektiv und verewigt sich prospektiv. In diesen Kontext der offiziellen Memorialpolitik gehört fast alles, was aus dem Alten Orient an Geschichtsquellen auf uns gekommen ist.

Die Crux des offiziellen Gedächtnisses besteht darin, daß es auf Zensur und künstliche Animationen angewiesen ist. Es dauert nur so lange, wie die Macht von Dauer ist, die es stützt. Zuvor jedoch treibt es ein inoffizielles Gegengedächtnis hervor, das sich als ein kritisch subversives Funktionsgedächtnis darstellt. Damit kommen wir zur zweiten Funktionsform, der *Delegitimierung.*

«Es wird oft gesagt (stellt der englische Historiker Peter Burke fest), daß Geschichte von den Siegern geschrieben wird. Ebensogut könnte es heißen: Geschichte wird von den Siegern vergessen. Sie können es sich leisten zu vergessen, was die Besiegten, die sich nicht abfinden können mit dem, was geschehen ist, verdammt sind, unablässig zu bedenken, wieder durchzumachen, und zu erwägen, wie es anders hätte kommen können.»[9] Ein aktuelles Beispiel für die delegitimierende Erinnerung sind die Kommemorationsfeierlichkeiten im Jahre 1989 für Imre Nagy, 1956 Ministerpräsident während des von sowjetischen Truppen niedergeschlagenen Aufstands, der anschließend hingerichtet worden war. Dessen Andenken war von der kommunistischen Regierung aus den Geschichtsbüchern getilgt und von der Öffentlichkeit mit Sorgfalt ferngehalten worden. Doch konnte es nicht ausgelöscht werden, sondern verfestigte sich unter der Bedingung seiner Ausschließung. Eine Gruppe von Dissidenten inszenierte eine symbolische Bestattung

---

[9] Peter Burke, «Geschichte als soziales Gedächtnis», in: Assmann, Harth, Hgg., Mnemosyne, Frankfurt a. M. 1991, 297.

1989 zunächst auf einem Pariser Friedhof und noch im selben Jahr eine Umbettung mit Ehrengeleit und größtem zeremoniellem Aufwand und Medienbeteiligung auf dem Friedhof in Budapest. Imre Nagy, Inbegriff der offiziell vernichteten Erinnerung, wurde zur Symbolfigur einer Gegen-Erinnerung und damit zu einem entscheidenden Ferment im Prozeß der Entstalinisierung Ungarns.[10] Das Motiv der Gegenerinnerung, deren Träger die Besiegten und Unterdrückten sind, ist die Delegitimierung von Machtverhältnissen, die als oppressiv erfahren werden. Sie ist ebenso politisch wie die offizielle Erinnerung, da es in beiden Fällen um Legitimierung und Macht geht. Die Erinnerung, die in diesem Falle ausgewählt und aufbewahrt wird, dient zur Fundierung nicht der Gegenwart, sondern der Zukunft, d. h. jener Gegenwart, die auf den Umsturz der bestehenden Machtverhältnisse folgen soll.

Eine weitere Gebrauchsfunktion des kulturellen Gedächtnisses ist die *Distinktion*. Darunter sind alle symbolischen Äußerungsformen zu verstehen, die der Profilierung einer kollektiven Identität dienen. Im religiösen Bereich geht es um Gemeinschaftsbildung, die durch gemeinsame Erinnerung vermittelt und durch Riten und Feste erneuert wird. Feste ‹befestigen› den Bezug auf eine gemeinsame Gründungsgeschichte. Im Judentum zum Beispiel gilt dies ebenso für das Pessach-Fest, das den Exodus aus Ägypten, wie für das Hanukkah-Fest, das die Weihung des zweiten Tempels kommemoriert. Weitere Beispiele religiös besetzter politischer Identitätsstiftung durch Feste und die damit verbundene Inszenierung gemeinsamer Partizipation liefern die attische Demokratie oder die französische Revolution. Im säkularen Bereich sind die nationalen Bewegungen des 19. Jahrhunderts zu nennen, die durch Rekonstruktion bzw. «Erfindungen» gemeinsamer Traditionen für das neue politische Handlungssubjekt «Volk» eine Identität schufen. Im Rahmen nationaler Bewegungen wurden die eigene Geschichte und die eigene Überlieferung, mitsamt wiedererweckten Brauchtumsformen, erinnerungspflichtig. Das nationale Gedächtnis ist nicht erst eine Erfindung des sich nationalstaatlich reorganisierenden 19. Jahrhunderts; mit ihm entstand in Europa eine neuartige Memorialpolitik. Das nationale Gedächtnis ist nicht auf «Kultur» beschränkt; es kann jederzeit ebenso politisch werden wie das offizielle, zumal wenn es als Gegenerinnerung gegen dieses antritt und dessen auf Monumente, Zensur und Propaganda gestützte Legitimation in Frage stellt.

---

[10] Vortrag von Mate Szabo anläßlich einer von Harry Pross organisierten Tagung in Weiler im Allgäu über kollektives Gedenken, Sommer 1991.

Aufgaben des Speichergedächtnisses

Mit dem Funktionsgedächtnis ist ein politischer Anspruch verbunden bzw. wird eine distinkte Identität profiliert. Das Speichergedächtnis bildet den Gegenpart zu diesen verschiedenen Perspektivierungen des kulturellen Gedächtnisses. Was es zu leisten vermag, wird dort am deutlichsten, wo es in toto kontrolliert oder abgeschafft ist, wie in totalitären Gesellschaften. Im stalinistischen Rußland wurde das kulturelle Speichergedächtnis zerstört, nur das war zugelassen, was durchs Nadelöhr der offiziellen Lehre paßte. Orwell hat diese Verhältnisse in seinem Roman *1984* eindringlich geschildert und die Verhältnisse, wie man heute weiß, keineswegs übertrieben.

Das Speichergedächtnis kann als ein Reservoir zukünftiger Funktionsgedächtnisse gesehen werden. Das ist nicht nur die Vorbedingung jenes kulturellen Phänomens, das wir «Renaissance» nennen, es ist eine grundsätzliche Ressource der Erneuerung kulturellen Wissens und eine Bedingung der Möglichkeit kulturellen Wandels. Ebenso wichtig ist die Bedeutung des Speichergedächtnisses für die Gegenwart einer Gesellschaft als Korrektiv für aktuelle Funktionsgedächtnisse. Indem immer mehr erinnert wird, als tatsächlich gebraucht wird, bleiben die Ränder des Funktionsgedächtnisses sichtbar. Die Möglichkeit zur permanenten Erneuerung setzt eine hohe Durchlässigkeit der Grenze zwischen Funktionsgedächtnis und Speichergedächtnis voraus. Wird die Grenze offengehalten, kann es leichter zu einem Austausch der Elemente und einer Umstrukturierung der Sinnmuster kommen. Im entgegengesetzten Falle droht eine Gedächtniserstarrung. Wird der Grenzverkehr zwischen beiden Gedächtnissen durch eine Mauer versperrt und das Speichergedächtnis als latentes Reservoir von ungebrauchten Möglichkeiten, Alternativen, Widersprüchen, Relativierungen und kritischen Einsprüchen ausgesperrt, dann wird Wandel ausgeschlossen, und es kommt zur Verabsolutierung und Fundamentalisierung des Gedächtnisses.

Freilich trifft nicht zu, wovon Orwell ausging, daß sich nämlich das Speichergedächtnis automatisch und zuverlässig bildet, wenn man nur darauf verzichtet, es zu manipulieren oder zu eliminieren. Es ist selbst sowenig naturwüchsig wie das Funktionsgedächtnis, sondern muß durch entsprechende Institutionen gestützt werden, die kulturelles Wissen aufbewahren, konservieren, erschließen und zirkulieren lassen. Archive, Museen, Bibliotheken und Gedenkstätten sind an dieser Aufgabe ebenso beteiligt wie Forschungsinstitute und Universitäten. Diese Institutionen leisten dem unwillkürlichen Abstoßen von Vergangenheit im Alltagsgedächtnis ebenso Widerstand wie dem bewußten Ausblenden im Funktionsgedächtnis. Sie alle besitzen eine besondere Lizenz, die in der Entlastung von unmittelbaren sozialen Gebrauchsfunktionen besteht. Eine Gesellschaft, die sich solche Nischen und Freiräume nicht leistet, kann kein Speichergedächtnis aufbauen. Kontexte solcher Lizenz sind insbesondere die Kunst, die Wissenschaft, das Archiv oder das Museum. Die in diese Domänen eingebaute Distanz versperrt in der Regel einen unmittelbaren instrumentellen Identifikationsbezug. Gerade um dieser Distanzierung willen ist die Bedeutung des Speichergedächtnisses für die Gesellschaft so wichtig; es bildet als Kontext der verschiedenen Funktionsgedächtnisse gewissermaßen deren Außenhorizont, von dem aus die verengten Perspektiven auf die Vergangenheit relativiert, kritisiert, und nicht zuletzt: verändert werden können. Es wäre deshalb unsinnig, für das eine und gegen das andere zu plädieren. In Schriftkulturen existieren beide Formationen, und es hängt für die Zukunft der Kultur viel davon ab, daß sie auch unter neuen medialen Bedingungen nebeneinander erhalten bleiben.

Diese These wird von den Bemerkungen eines weiteren Historikers unterstützt, der ebenfalls Geschichte und Gedächtnis programmatisch aufeinander bezogen hat. Lutz Niethammer spielt jedoch nicht die Geschichte gegen das Gedächtnis aus, sondern erhebt das Gedächtnis zu einem neuen Paradigma für die Geschichtswissenschaft: «Die Umformulierung von Geschichte in die Metapher des Gedächtnisses entsteht aus dem Fortfall ihrer geschichtsphilosophischen Fundierung und zugleich aus der Einsicht, daß dadurch der Bedarf an historischem Erfahrungshaushalt, an orientierenden Perspektiven und Alternativen nicht entfällt, sondern wächst.»[11] Das Gedächtnis, das der Geschichtswissenschaft zur Orientierung dienen soll, hat nach Niethammer zwei Seiten, die er mit den Begriffen ‹Tradition› und ‹Überrest› aus der historischen Quellenkunde beschreibt. (Wir werden unten für diese beiden Quellengruppen die Begriffe ‹Texte› und ‹Spuren› verwenden.) Tradition entspricht bei Niethammer dem bewußten und willentlichen Gedächtnis, das die Vergangenheit in eine soziale Sinnkonstruktion zwingt. Die Überreste entsprechen demgegenüber einer nicht mehr oder noch nicht bewußtseinsfähigen *mémoire involontaire*. Wie bedeutende Gedächtnistheoretiker von De Quincey bis Proust und Freud geht Niethammer davon aus, «daß nichts völlig vergessen werde, sondern daß alle Wahrnehmungen in den Spuren des Gedächtnisses einen wie immer verblaßten, verdrängten oder überschriebenen Niederschlag fänden, der im Prinzip wieder aufgefunden werden könne».[12] Auf diese Gedächtnisschicht der Überreste hat es der Historiker und zumal der oral history-Forscher besonders abgesehen. Er sieht in ihr den materiellen Niederschlag eines kollektiven

---

[11] Lutz Niethammer, «Die postmoderne Herausforderung. Geschichte als Gedächtnis im Zeitalter der Wissenschaft», in: Wolfgang Küttler, Jörn Rüsen, Ernst Schulin, Hgg., Geschichtsdiskurs, Bd. 1: Grundlagen und Methoden der Historiographiegeschichte, Frankfurt a. M. 1993, 31–49; hier: 46.
[12] Niethammer, Herausforderung, 44.

Unbewußten, das weder in vergangene Sinnproduktion aufgenommen wurde noch gänzlich der Verdrängung anheimgefallen ist. Es ist das anscheinend nicht Überlieferte oder unterschwellig Mitüberlieferte, das «im Zwischenbereich zwischen dem gesellschaftlich Bewußten und dem Verlorenen angesiedelt ist».[13] Niethammers Gegenüberstellung von ‹Tradition› und ‹Überresten› läßt sich in die Gegenüberstellung von ‹Funktionsgedächtnis› und ‹Speichergedächtnis› übersetzen und sein historiographisches Programm mit der hier vorgeschlagenen Interaktion zweier Gedächtnisschichten in Verbindung bringen. Seine im Anschluß an Halbwachs und Benjamin formulierte kritische Historiographie will jene Spuren der Vergangenheit aufsuchen, welche keinen Zugang zur Traditionsbildung des kollektiven Gedächtnisses fanden und die durch die Bergung alternativer Wahrnehmungen und verschütteter Hoffnungen die stets zu Verfestigung und Reduktion tendierenden Sinnkonstruktionen der Tradition durchkreuzen.

Fassen wir zusammen: «Geschichte» (im Sinne von kritischer Historiographie) ist das Produkt eines kulturellen Differenzierungsprozesses. Sie entwickelte sich durch Emanzipation vom «Gedächtnis» (im Sinne von normativer Tradition). Diese Differenzierung im ‹Wissenshaushalt der Gesellschaft› (Thomas Luckmann) führt jedoch nicht notwendig, wie befürchtet worden ist, zur Auflösung (quellensprachlich: zur ‹Zersetzung›) lebendiger Gruppengedächtnisse. Während die gegenseitige Ausschließlichkeit beider Modi der Erinnerung hier wie dort problematische Potentiale hervorkehrt, indem sie die Historiographie wertlos und das Gedächtnis mythisch macht, steckt in ihrer Verschränkung ein für beide Seiten heilsames Korrektiv. Denn ein vom Speichergedächtnis abgekoppeltes Funktionsgedächtnis verkommt zum Phantasma, ein vom Funktionsgedächtnis abgekoppeltes Speichergedächtnis verkommt zu einer Masse bedeutungsloser Informationen. So wie das Speichergedächtnis das Funktionsgedächtnis verifizieren, stützen oder korrigieren kann, kann das Funktionsgedächtnis das Speichergedächtnis orientieren und motivieren. Beide gehören zusammen und zu einer sich ausdifferenzierenden Kultur, «die sich der Vielfalt ihrer inneren Differenz stellt und sich zu ihrer äußeren öffnet».[14]

---

[13] Niethammer, Herausforderung, 47.
[14] Niethammer, Herausforderung, 48.

3. Ein Gespräch mit Krzysztof Pomian
über Geschichte und Gedächtnis

Für das Jahr 1994/ 1995 war am Getty Center in Santa Monica, Kalifor-
nien, eine Gruppe von Wissenschaftlern und Künstlern eingeladen, die
sich mit dem Thema Gedächtnis beschäftigten. Zu dieser Gruppe stieß
für eine kürzere Periode auch Krzysztof Pomian dazu, mit dem sich dort
die Gelegenheit zu einem Gespräch ergab. Es fand am 26. Dezember
1994 auf englisch statt; ich habe es noch am selben Tage aus dem Gedächtnis aufgezeichnet. Den konkreten Anlaß zur folgenden Unterhal-
tung bildete die Frage, ob sich zwischen den Gedächtnisforschungen in
Paris, Budapest und Bielefeld eine Verbindung herstellen lassen könnte.
In diesem Zusammenhang fiel auch der Name Jörn Rüsens, an dessen
Forschergruppe über «Historische Sinnbildung» am Zentrum für Interdisziplinäre Forschung (ZIF) in Bielefeld ich im Sommersemester 1995
beteiligt war.

K. P. Ist Herr Rüsen nicht derjenige, der Geschichte und Erinnerung
gleichsetzen möchte? Davon halte ich nicht viel. Es gibt gegenwärtig
zwei Strömungen, die ich in gleicher Weise für verfehlt halte. Die eine
möchte Geschichte auf Erinnerung reduzieren, die andere auf Rhetorik. Was in beiden Fällen geschieht, halte ich für eine Verflachung der
Geschichte (a flattening of history). Rüsen scheint das erstere anzustre-
ben, Hayden White das letztere. Beide leugnen etwas Drittes: die kritische Geschichtsschreibung als wissenschaftlichen Diskurs. Es mag lang-
weilig und altmodisch klingen, aber ich möchte um nichts in der Welt
von dieser Errungenschaft Abschied nehmen, die uns von Leuten wie
Valla und anderen geschenkt wurde. Sie haben Kriterien für historische
Wahrhaftigkeit etabliert und Methoden entwickelt, mit denen sie Dokumente als Fälschungen entlarven konnten. Wenn wir auf diese kritische Geschichtsschreibung verzichten, verzichten wir auf etwas für mich
Lebenswichtiges: die Kriterien objektiver, intersubjektiver Wahrheit.

Es sieht übrigens so aus, als ob diese radikalen Tendenzen der Reduktion von Geschichtsschreibung weitgehend im Raum der Theorie
existierten, während im praktischen akademischen Alltag alles mehr
oder weniger seinen üblichen Gang geht. Welche Chancen hätte auch
jemand, der auf das kritische Handwerkszeug dieser Wissenschaft verzichten würde, einen Job zu bekommen?

A. A. Diese Unterscheidung finde ich sehr hilfreich, auch wenn ich das
Problem etwas anders sehen würde. Die Geschichtsschreibung hat offensichtlich (mindestens) drei sehr unterschiedliche Dimensionen: die wissenschaftliche, die memoriale und die rhetorische. Ich bezweifle nur, daß
sie sich wirklich so ausschließen, wie Sie anzunehmen scheinen. Kommen die Schwierigkeiten nicht eher daher, daß die einzelnen Funktionen

und Dimensionen verabsolutiert, verwechselt, gegeneinander ausgespielt werden? Man könnte doch zum Beispiel sagen, daß der Historikerstreit in Deutschland eine Folge solcher Verwechslung bzw. Verabsolutierung war: Es gab Positionen, die die memoriale, und solche, die die szientifische Dimension vertraten. Die einen schreiben die Geschichte des Holocaust, um damit Zeugnis vom größten Verbrechen der Menschheitsgeschichte abzulegen und es als solches in der Erinnerung zu befestigen, die anderen wollen dieses Geschehen vergleichend behandeln, kausal erklären. Vielleicht lassen sich diese beiden Dimensionen aber, die szientifische und die memoriale, gar nicht so radikal – und vielleicht nur zu gegenseitigem Schaden – voneinander trennen? Gibt es in Frankreich nicht ähnliche Tendenzen, Geschichte gegen Erinnerung auszuspielen? Ich denke da an Pierre Nora und sein großes Projekt der *Lieux de Mémoire* – ist das nicht die Wiederkehr der memorialen Dimension gegen die szientifische? Ich denke an einen Text von ihm, in dem er die beiden Begriffe gegeneinander ausspielt und immer wieder betont, daß die Geschichte die lebendige Erinnerung erodiert.

K. P. So kann man das nicht sehen. Dazu ist zweierlei zu sagen. 1. Nora spielt nicht die Erinnerung gegen die Geschichte aus, sondern bewegt sich ganz auf dem Boden der szientifischen Geschichtsschreibung. Seine Neuerung besteht darin, daß er die Geschichte der Denkmäler als einen neuen Gegenstandsbereich für die Geschichtsschreibung entdeckt hat. Ich habe an dem Projekt, das ca. von 1978–1992 lief und insgesamt sieben Bände von anwachsender Länge hervorgebracht hat (Band 1 La République, Bände 2–4 La Nation, Bände 5–7 La France), von Anfang an mitgearbeitet und kenne die Konzeption sehr genau aus vielen Gesprächen und Seminaren. 2. Um zu verstehen, was er mit der ‹Erosion der Erinnerung durch die Geschichtswissenschaft› meint, muß man wissen, was Noras Projekt voranging: die Annales-Schule. Braudel, der mein Lehrer, aber nicht Noras Lehrer war, studierte Geschichte ohne jeglichen Gedächtnisbezug. Er spezialisierte sich auf Prozesse, die sich der Wahrnehmbarkeit, Memorierbarkeit und damit auch der Kodierbarkeit notwendig entziehen wie Bevölkerungsstrukturen und Preisfluktuationen. Er studierte sozusagen die Geschichte hinter dem Rücken der Beteiligten. Das hatte schließlich den Effekt, daß diese Geschichte eine höchst spezielle Angelegenheit wurde, die die Laien nichts mehr anging. Der Preis für dieses neue Wissen war hoch: Die Geschichte verschwand aus dem Bewußtsein der Bevölkerung und wurde allmählich aus den Schul- und Lehrplänen verbannt. Hier setzte Nora ein. Er wollte die Geschichte wieder ins Bewußtsein, ins Gedächtnis, in die Gedächtnisse der Bürger zurückholen und begann auf diese Weise, sich für Symbole und Denkmäler zu interessieren, also für jene Formen, in denen Geschichte tatsächlich im Bewußtsein der Bevölkerung präsent war und es ja vielleicht auch immer noch ist.

A. A. All das hieße dann aber, daß sich die memoriale und die szientifische Dimension der Geschichtsschreibung nicht ausschließen, sondern auf komplexe Weise miteinander verbinden. Was uns doch von den Vertretern einer positivistischen Geschichtsschreibung irreversibel zu trennen scheint, ist die Einsicht, daß Geschichtsschreibung *auch* rhetorisch verfaßt und also fiktiv im Sinne von gemacht ist, und *auch* einen Memorialbezug zu einer bestimmten Gruppe an einem bestimmten Ort hat. Beides sind keine Faktoren mehr, die vom wissenschaftlichen Diskurs so sauber wie möglich zu eliminieren sind, vielmehr könnte beides in eine Neubestimmung des Projekts Geschichtsschreibung eingehen.

Zweiter Teil

MEDIEN

ZUR METAPHORIK DER ERINNERUNG

> Die Bilder der Vergangenheit lassen sich nicht
> an den Fingern einer Hand abzählen,
> nicht einmal an denen zweier Hände.
> (Mario Bretone)

Es bestehen enge Wechselbeziehungen zwischen den Medien und den Metaphern des Gedächtnisses. Denn die Bilder, die von Philosophen, Wissenschaftlern und Künstlern für die Prozesse des Erinnerns und Vergessens gefunden wurden, folgen jeweils den derzeit herrschenden materiellen Aufschreibesystemen und Speichertechnologien. Etwas vom Spektrum dieser Bilder zu vergegenwärtigen, heißt also zugleich, den Wandel von Gedächtnistheorien im Überschneidungsbereich mit der Mediengeschichte darzustellen. Beim folgenden Rundgang durchs historische Museum der Bildimagination können deshalb zugleich mit den Metaphern im *soft focus* die wechselnden Medien des Gedächtnisses mit besichtigt werden.

In einem frühen Roman macht sich die englische Romanschriftstellerin George Eliot Gedanken über die Bedeutung, die Veränderlichkeit und Unentrinnbarkeit der Metaphern. Die Bilder, die sie dabei aufzählt, erläutern die Funktionsweise des menschlichen Geistes. Für einen Beitrag über Metaphern des Gedächtnisses sind diese Sätze doppelt einschlägig, zum einen, weil sie die Wirkung von Metaphern im allgemeinen betreffen, zum anderen, weil die Bilder, die sie erwähnt, auch als zentrale Gedächtnis-Metaphern eingesetzt worden sind.

«Es ist schon verblüffend, wie sich eine Sache verändert, wenn man die Metaphern wechselt. Sobald wir das Gehirn einen geistigen Magen nennen, wird der Vorstellungskomplex vom Gehirn als einem mit Pflug und Harke zu kultivierenden geistigen Nährboden unbrauchbar. Man kann aber auch großen Autoritäten folgen und den Geist ein weißes Blatt Papier oder einen Spiegel nennen, in welchem Fall dann die Vorstellungen über das Verdauungssystem irrelevant werden. (...) Ist es nicht beklagenswert, daß sich der Verstand nur selten in der Sprache äußern kann, ohne seine Zuflucht zu Bildern zu nehmen, so daß wir kaum je sagen können, was etwas ist, ohne sagen zu müssen, daß es etwas anderes ist?»[1]

Der Stoßseufzer, mit dem Eliot ihre Reflexion abschließt, kann als Ausgangspunkt der folgenden Betrachtungen dienen, wenn wir ihn in

---

[1] George Eliot, The Mill on the Floss (1860), Harmondsworth 1994, 140.

die Feststellung umwandeln, daß, wer über Erinnerung spricht, dabei nicht ohne Metaphern auskommt. Und das gilt nicht nur für literarische, pädagogische oder anderweitig vorwissenschaftliche Reflexionen. Auch in der Wissenschaft geht jede neue Gedächtnis-Theorie in der Regel mit einer neuen Bild-Orientierung einher. Das Phänomen Erinnerung verschließt sich offensichtlich direkter Beschreibung und drängt in die Metaphorik. Bilder spielen dabei die Rolle von Denkfiguren, von Modellen, die die Begriffsfelder abstecken und die Theorien orientieren. «Metaphorik» ist auf diesem Gebiet deshalb nicht umschreibende, sondern den Gegenstand allererst erschließende, konstituierende Sprache. Die Frage nach den Gedächtnis-Bildern wird damit zugleich zur Frage nach unterschiedlichen Gedächtnismodellen, ihren historischen Kontexten, kulturellen Bedürfnissen und Deutungsmustern.

In einem knappen, wegweisenden Aufsatz zum Thema hat Harald Weinrich festgestellt, daß im Bereich der Memoria-Metaphorik nicht, wie man annehmen könnte, eine bunte, unüberschaubare Bilder-Fülle herrscht.[2] Nach seiner Ansicht gibt es überhaupt nur zwei Zentralmetaphern: die Tafel und das Magazin. Sie haben ihre spezifische Herkunft und gehören bestimmten Traditionen an. Die *Magazin-Metapher* stammt aus dem Kontext der Sophistik und Rhetorik, der pragmatischen Ausarbeitung von Sprachfertigkeit und Gedächtniskapazität im Rahmen einer erlernbaren Technik überzeugender Rede. Die von Platon elaborierte *Tafel-Metapher* dagegen bezieht sich nicht auf ein artifizielles, sondern auf das natürliche Gedächtnis. Dieses erscheint als eine geheimnisvolle göttliche Gabe und wird im Innersten der menschlichen Seele lokalisiert.

Weinrich faßt seine These mit folgenden Worten zusammen: «Die Zweiheit der Memoria-Bildfelder ist ein Faktum der abendländischen Geistesgeschichte. Sie hängt wahrscheinlich mit der Doppelheit des Phänomens Memoria zusammen; die Magazin-Metaphern sammeln sich nämlich vorwiegend um den Pol Gedächtnis, die Tafel-Metaphern hingegen um den Pol Erinnerung.»[3] Ist die «Doppelheit des Phänomens Memoria» aber wirklich so eindeutig in der Lexik der deutschen Sprache begründet, die uns mit den Synonymen «Erinnerung» und «Gedächtnis» zugleich auch Chancen einer terminologischen Differenzierung anbietet? Gewiß haben die beiden Worte immer wieder zu begrifflichen Fixierungen Anlaß gegeben. Verbleiben wir auf dem Boden des alltäglichen Sprachgebrauchs, dann erscheint *Gedächtnis* als virtuelle Fähigkeit und organisches Substrat neben *Erinnerung* als aktuellem

---

[2] Harald Weinrich, «Typen der Gedächtnismetaphorik», Archiv für Begriffsgeschichte (1964), 23–26.

[3] Weinrich, Gedächtnismetaphorik, 26.

Vorgang des Einprägens und Rückrufens spezifischer Inhalte. Wer sich das einmal klargemacht hat, wird zugleich feststellen, daß sich beide «Pole» nicht ohne Schaden voneinander trennen lassen. Statt Gedächtnis und Erinnerung als *Begriffsopposition* zu definieren, sollen sie hier vielmehr als *Begriffspaar,* als komplementäre Aspekte *eines* Zusammenhangs aufgefaßt werden, die in jedem Modell gemeinsam auftauchen.

Indem wir die Frage nach der Gedächtnismetaphorik wieder aufnehmen, riskieren wir, das von Weinrich so konzise und klar gezeichnete Bild etwas zu verwischen. Aber nicht durch den Zustrom beliebiger Gedächtnismetaphern, die gewiß ohne Zahl sind, soll das geschehen, sondern durch eine systematische Erweiterung der vorgeschlagenen Matrix um eine weitere wichtige Dimension. Tafel und Magazin sind räumliche Metaphern; die Tafel ist eine zweidimensionale Fläche, das Magazin impliziert einen dreidimensionalen Raum. Gedächtnis und Erinnerung sind jedoch auch grundsätzlich zeithaltige Phänomene, die ohne *die vierte Dimension der Zeit* kaum angemessen zu denken sind. Die vorübergehende Unverfügbarkeit von Erinnerungen und ihre konstitutive Nachträglichkeit etwa können in rein räumlichen Metaphern schwer zum Ausdruck gebracht werden. Im Gegenteil suggerieren sie dauerhafte Präsenz und Zugänglichkeit, was an Erinnerungen ja gerade problematisch ist. Die Beispielreihe, die im folgenden vorgestellt werden soll, erhebt keinen Anspruch auf systematische oder typologische Vollständigkeit der Memoria-Metaphern. Ausgehend von Weinrichs raumorientierten Bildfeldern soll sie etwas von der erstaunlichen Bild-Produktivität des Gedächtnisses sowie den Möglichkeiten und Grenzen dieser Bilder veranschaulichen. Denn die Komplexität des Phänomens spiegelt sich nicht in einzelnen Bildern, sondern erst in den Überlappungen, Verschiebungen und Differenzen der vielen unzureichenden Bilder.

1. Schriftmetaphern: Tafel, Buch, Palimpsest

Bevor die elektronische Schrift erfunden wurde, beschränkte sich das Schreiben auf zwei grundsätzliche Techniken: das Auftragen von Pigment auf eine geglättete Fläche und das Einritzen in ein aufnahmefähiges Material. Da Papier erst im 13. Jahrhundert in Umlauf kam und Papyrus und Pergament knappe und kostbare Materialien waren, wurde in alten Kulturen in Wachs, Ton und Stein geschrieben. Dieses Schreiben wurde mit Gravieren gleichgesetzt, weshalb das griechische Wort «Charakter» ein eingraviertes Schriftzeichen bedeutet. Bei Platon wird das Gedächtnis mit einer Wachstafel verglichen, jenem Instrument, auf dem die Schüler in der Antike schreiben lernten. Sokrates verwendet im Dialog *Theaetet* (191 Cff.) das Bild von der Wachstafel, dem Geschenk

der Mnemosyne, um damit den Zusammenhang von Erinnerung (Urbild) und Wahrnehmung (Abbild) zu beschreiben, der für zuverlässiges
Erinnern als Erkennen Voraussetzung ist. Von der Sauberkeit der Prägungen im «Mark der Seele» hängt ab, wie präzis oder konfus die Erkenntnis ist.[4] Vom einritzenden Schreiben ist es nur ein Schritt zum
Siegel, der Metapher, die Aristoteles für das Gedächtnis einsetzt. Seine
Verwendung des Bildes ist besonders instruktiv, weil er mit seiner Hilfe
nicht nur die Funktionsweise des Gedächtnisses, sondern auch dessen
Grenzen und Ausfälle zu erklären vermochte:

«Das Erlebnis, dessen Vorhandensein man Gedächtnis nennt, ist wie ein Gemälde, weil die ablaufende Bewegung gleichsam einen Eindruck des Wahrnehmungsbildes zurückläßt, wie wenn man mit einem Ring gesiegelt hat. Daher
haftet bei denen, die durch Gefühl oder Lebensalter stark in Erregung sind, das
Gedächtnis nicht, gerade als wenn die Bewegung und das Siegel in fließendes
Wasser gedrückt würde. Ein andermal kommt der Eindruck nicht zustande,
wegen der Zerbröckelung, wie bei alten Häusern, oder der Sprödigkeit des
benutzten Stoffes. Daher haben ganz junge und ganz alte Leute kein gutes
Gedächtnis, da sie wegen des Wachstums oder des Hinscheidens in fließender
Entwicklung sind.»[5]

Die Vorstellung, daß ein gutes Gedächtnis eine Frage der besonderen
physiologischen Konsistenz ist, hat sich bis in die Medizin des 17. Jahrhunderts erhalten. Noch bei Shakespeare finden sich indirekte Hinweise auf die aristotelischen Grundlagen, zum Beispiel wenn im *Sturm* die
pädagogischen Bemühungen bei dem Sklaven Caliban aufgrund der
schwachen Prägekraft seines Gedächtnisses fruchtlos blieben: «Abhorred
slave, / Which any print of goodness will not take» (I, II, 351–352). Gedächtniskraft und soziale Chancen werden hier in ein sinistres Verhältnis zueinander gebracht. Indem er dem Wilden Lern- und Entwick-
lungsfähigkeit abspricht, fühlt sich Prospero, der Kolonisator der Insel,
berechtigt, ihn für die niedersten Dienste zu versklaven.

   ‹Sich etwas ganz fest einprägen› wird oft in Anlehnung an biblische
Sprache wiedergegeben mit dem Bild des Ins-Herz-Schreibens. Jeremia
hat an die ‹Tafeln des Herzens› gedacht, als er Gott sagen ließ: «Ich werde mein Gesetz in ihr Inneres legen und es ihnen ins Herz schreiben»
(Jeremia 31, 33, vgl. Deut. 6,6). Die in Mesopotamien zuerst belegte Vorstellung vom göttlichen Weltbuch symbolisiert das absolute Gedächtnis

---

[4] Platon, Theaetet, 191 c, d. Im Dialog *Philebos* vergleicht Sokrates die Seele mit
einem Buch, in das ein Schreiber wahre oder falsche Reden eingeschrieben hat, die
mit wahren oder falschen Bildern verbunden sind; Platon, Philebos 40a d; in: Spät-
dialoge II, Zürich/München 1974, 8. Bd., 53.
[5] Aristoteles, Parva Naturalia 450 a 30 ff, «Über Gedächtnis und Erinnerung», in:
Paul Gohlke, Hg., Aristoteles. Kleine Schriften zur Seelenkunde, 2. Aufl. Paderborn
1953, 65.

als totales Buch.[6] In diesem Buch sind anders als in den Chroniken und Abrechnungen nicht nur die vergangenen, sondern auch schon alle zukünftigen Daten verzeichnet. Ähnlich steht es im 139. Psalm, der von der göttlichen Allwissenheit spricht und dabei von der Buch-Metapher Gebrauch macht. Dieses Buch ist alles andere als eine vollständige, erschöpfende Welt-Chronik, ein Menschheitsgedächtnis. Es ist Gottes-gedächtnis, Organ des Schöpfers als Herrscher und Richter. Was dieser eigenhändig mit seinem Kiel zu Papyrus bringt, hat Entscheidungs-macht über Sein und Nichtsein. Wirklich ist nur, was in seinem Buche registriert ist; was aus diesen Annalen getilgt wird, ist, als wäre es nie gewesen.

Die Schreibmetapher, das sollte wenigstens am Rande erwähnt wer-den, hat besondere geschlechtsspezifische Implikationen. In der sexua-lisierten Schreibszene ist das Schreibgerät männlich konnotiert (pen – Penis), während die Schreibfläche, die ‹Matrix›, die ‹Jungfräulichkeit› des weißen Papiers, weiblich konnotiert ist.[7] Die folgenden Verse von Oscar Hammerstein II. aus Richard Rogers' Musical *The Sound of Music* präsentieren idealtypisch die junge Frau als unbeschriebenes Blatt, das der Beschriftung durch den Mann harrt:

> You wait, little girl, on an empty stage
> For fate to turn the light on,
> Your life, little girl, is an empty page
> That men will want to write on.

Noch wartest du, Mädchen, auf einer leeren Bühne darauf, / daß das Schicksal die Lampen einschaltet, / noch ist dein Leben, Mädchen, eine leere Seite, / die darauf harrt, von Männern beschrieben zu werden.

So unentbehrlich und suggestiv die Schrift als Metapher des Gedächt-nisses ist, so unvollkommen und irrführend ist sie auch. Widerspricht doch die Dauerpräsenz des Niedergeschriebenen eklatant der Struktur der *Erinnerung*, die stets diskontinuierlich ist und Intervalle der Nicht-

---

[6] Diese Buchmetapher konnten die Juden aus Mesopotamien übernehmen; L. Koep, Das himmlische Buch in Antike und Christentum, Bonn 1952. Vgl. auch Hans Blumenberg, Die Lesbarkeit der Welt, Frankfurt/Main 1981, 22 ff. über den Gedan-ken des großen Kontobuches im Judentum und den Zusammenhang von göttlicher Planung und geschichtlicher Erfüllung im Rahmen des himmlischen Weltbuchs. Borges hat dieses Bild noch gesteigert in seiner Beschreibung einer mystischen Visi-on Gottes in Gestalt eines runden, «zyklischen Buches».

[7] Geschlechtsspezifische Konnotationen gibt es in einigen Sprachen auch zu den Worten Erinnern und Vergessen. Für das Hebräische schreibt dazu Jacob Taubes: «Das Gedächtnis ist das positive Prinzip, ihm steht das Vergessen als negatives Prinzip ge-genüber. Das Gedächtnis ist in Israel dem männlichen Pol zugeordnet, während das Vergessen dem weiblichen Pole entspricht. Sikaron, Gedächtnis, ist mit sakar = männlich, und nakab, durchlöchern, sieben, ist mit nkeba = weiblich verwandt.» Jakob Taubes, Abendländische Eschatologie, Bern 1947, 13.

präsenz notwendig einschließt. An das, was gegenwärtig ist, daran kann man sich eben nicht erinnern. Um sich erinnern zu können, muß es vorübergehend entzogen gewesen und an einem Ort deponiert sein, von wo man es wieder-holen kann. Erinnerung setzt weder Dauerpräsenz noch Dauerabsenz voraus, sondern ein Wechselverhältnis von Präsenzen und Absenzen. Die Schriftmetaphorik, die mit der zeichenförmigen Fixierung zugleich auch die permanente Lesbarkeit und Verfügbarkeit des Gedächtnisinhalts impliziert, verfehlt ebendieses Wechselverhältnis von Präsenz und Absenz in der Struktur der Erinnerung. Um der Sache näher zu kommen, müßte man das Bild einer Schrift erfinden, die, einmal niedergeschrieben, nicht sofort, sondern erst unter besonderen Bedingungen wieder lesbar wird.

Ein solches Gedächtnisbild hat der englische Romantiker Thomas De Quincey erfunden, als er in einem Essay das menschliche Gehirn mit einem Palimpsest verglich. De Quincey hat den technischen Vorgang des Palimpsests exakt beschrieben, bei dem das kostspielige Pergament sukzessiv zum Träger verschiedener Beschriftungen wird: Was in der Antike die Handschrift einer griechischen Tragödie trug, konnte durch sorgfältige Präparierung gereinigt und in der Spätantike eine allegorische Legende, im Mittelalter ein Ritterepos aufnehmen. De Quincey konstatiert nun für seine Zeit, daß es sensationellerweise dank der vereinigten Anstrengung von Chemie und Philologie möglich geworden ist, den Weg des Vergessens in Gegenrichtung zurückzuschreiten. Für diese mirakulöse Rückwärtsbewegung der Erinnerung stand De Quincey noch nicht das uns heute naheliegende Bild des rückwärtslaufenden Filmes zur Verfügung, weshalb er hier zu mythisch poetischen Bildern greifen mußte: «In einem langen Regress sind wir hinter jeden Phoenix zurückgelangt und haben ihn gezwungen, den Phoenix-Ahnen zu offenbaren, der in noch tieferen Schichten seiner Asche ruht.»[8] In der Hintergehung des Anfangs besteht die Zauberkunst des Philologen, der die Chronologie umzukehren und rückläufig zu lesen vermag. De Quincey sieht darin ein Bild für die retrograde Sprengkraft der Erinnerung: «Was ist das menschliche Gehirn anderes als ein natürlicher und großartiger Palimpsest? Unvergängliche Schichten von Ideen, Bildern, Gefühlen haben sich so sanft wie das Licht auf dein Gehirn gelegt. Jede neue Schicht scheint alle vorangehenden unter sich zu begraben. Und doch ist in Wirklichkeit nicht eine von ihnen ausgelöscht.»[9]

---

[8] Thomas De Quincey, «The Palimpsest of the Human Brain», in: Essays, hg. v. Charles Whibley, London o. J., 272.

[9] «What else than a natural and mighty palimpsest is the human brain? (. . .) Everlasting layers of ideas, images, feelings, have fallen upon your brain softly as light. Each succession has seemed to bury all that went before. And yet, in reality, not one has been extinguished.» (273)

Was De Quincey fasziniert, ist die vollkommene Wiederherstellbarkeit des Verlorenen, «the possibility of resurrection for what had so long slept in the dust». Erinnerung entspringt für ihn weder einem Akt des Willens, noch ist sie eine erlernbare Technik; sie kommt ungerufen unter besonderen Umständen. Schicht für Schicht lagert sich eine Beschriftung über die andere im geheimnisvollen Palimpsest des menschlichen Geistes, der das Neuere zum Grab des Älteren macht. «Aber sei es in der Stunde des Todes, sei es durch ein Fieber oder den Sog des Opiums, können alle diese (Bilder) ihre Kraft zurückgewinnen. Sie sind nicht tot, sie schlafen nur. (...) In einer mächtigen Erschütterung des Systems dreht sich alles zurück zu seiner frühsten und elementaren Stufe. (...) Es gibt keine Alchemie, weder der Leidenschaft oder der Krankheit, die diese unsterblichen Eindrücke auslöschen könnte.»[10]

Für De Quincey ist das Gedächtnis ein Hort unsterblicher, unvergänglicher Eindrücke. Diese sind dem Menschen zwar grundsätzlich unverfügbar, er kann sie nicht kontrollieren und regieren, aber sie sind ihm körperlich eingeschrieben. Diese Vorstellung von dauerhaften, aber unverfügbaren Erinnerungsspuren unterscheidet sich grundlegend von Wordsworths ‹recollection›, die eine Sache imaginativer Rekonstruktionsarbeit war, und nimmt die Proustsche *mémoire involontaire* vorweg, die ebenfalls mit der Vorstellung von somatischen Dauerspuren verbunden ist. Proust hielt es für «sehr gut möglich, daß die Philosophie der Zeitungsschreiber, nach der alles dem Vergessen anheim fällt, weniger wahr ist als die entgegengesetzte, die da behauptet, daß alles irgendwie erhalten bleibt».[11] Er sprach von einer «Wirklichkeit, deren wahre Kenntnis wir vielleicht bis zu unserem Tode versäumen und die doch ganz einfach unser Leben ist». Dieses wahre Leben sehen die Menschen nicht, «weil sie es nicht dem Licht auszusetzen versuchen, infolgedessen aber ist ihre Vergangenheit von unzähligen Photonegativen angefüllt, die ganz ungenutzt bleiben, da ihr Verstand sie nicht ‹entwickelt› hat».[12]

Der Gegensatz zwischen ephemerer und dauerhafter Prägung hat auch Freud beschäftigt. Das Gedächtnis-Problem wechselseitiger Prä-

---

[10] «But by the hour of death, but by fever, but by the searchings of opium, all these can revive in strength. They are not dead, but sleeping. (...) In some potent convulsion of the system, all wheels back to its earliest elementary stage. (...) Alchemy there is none of passion or disease that can scorch away these immortal impresses.» De Quincey, 276 artikuliert hier eine verbreitete Überzeugung, nach der «im Normalfall (...) die gesamte Biographie erst in den letzten Sekunden des Lebens auf(taucht), im berühmten Sterbefilm. Erst dann weiß man, wer man ist.» Heiner Müller, Jenseits der Nation, Berlin 1991, 71.

[11] Marcel Proust, Auf der Suche nach der Verlorenen Zeit. Im Schatten junger Mädchenblüte. 74, franz. I, 447.

[12] Marcel Proust, Auf der Suche nach der verlorenen Zeit. Die wiedergefundene Zeit, 308.

senz und Absenz, das De Quincey mit dem Bild des Palimpsests um-
schrieb, formulierte er als Paradox: Wie kann die Gleichzeitigkeit der
entgegengesetzten Funktionen des Bewahrens und Löschens vorgestellt
werden? Wie verträgt sich «unbegrenzte Aufnahmefähigkeit» mit der
«Erhaltung von Dauerspuren»?[13] Derrida hat den Weg nachgezeichnet,
den Freud von der (neuronalen) «Spur» zur (psychischen) «Schrift»
zurücklegte.[14] Die Lösung des Gedächtnis-Paradoxes gelang Freud
schließlich mit Hilfe einer Metapher, was zugleich zeigt, daß Bilder
nicht nur poetische Umschreibungen, sondern auch Instrumente einer
wissenschaftlichen Heuristik sind. Er rekonstruierte den psychischen
Apparat im Schrift-Modell des sog. «Wunderblocks». Diesem unscheinbaren, noch heute in Kinderzimmern gebräuchlichen Spielzeug verhalf
Freud zu wissenschaftlichem Ruhm. Denn die rätselhafte Kopräsenz
von Dauerspur und tabula rasa ging ihm an diesem aus drei Schichten
zusammengesetzten Schreibgerät auf: Die Oberfläche besteht aus einem
Zelluloidblatt, das beschrieben und überschrieben wird, darunter liegt
ein feines Wachspapier, das sich an die Schriftzüge heftet, und wiederum
darunter liegt die Wachstafel, die Dauerspuren («Besetzungsinnervatio-
nen») festhält, die bei günstigen Lichtverhältnissen als feine Rillen sichtbar bleiben.

Freuds Beschreibung des Wunderblocks als Gedächtnismodell kommt
De Quinceys Modell des Palimpsests sehr nahe. Beide bedienen sich der
Schrift-Metaphorik, um die Komplexität eines Phänomens zu erhellen,
das zuverlässige Speicherfähigkeit («immortal impresses») und unbegrenzte Empfänglichkeit («everlasting layers ... softly as light») mit tem-
porärer Unverfügbarkeit verbindet. Proust und Benjamin haben beide
dieses Moment der Unverfügbarkeit, der Absenz oder genauer: Latenz
in den Mittelpunkt ihrer Gedächtnisforschungen gerückt, der eine in
einer autobiographischen, der andere in einer geschichtsphilosophischen Perspektive. Die Unbestimmbarkeit des Augenblicks der Entzifferung, der Lesbarkeit hat Walter Benjamin in die Formel vom «Jetzt
der Erkennbarkeit» gekleidet. Er ersetzte im 20. Jahrhundert die
Gedächtnis-Metapher der Schrift durch die der Photographie, als er

---

[13] Sigmund Freud, Gesammelte Werke, Bd. XIV, S. 4; vgl. auch Bd. II/III, S. 543:
«Von den Wahrnehmungen, die an uns herankommen, verbleibt in unserem psychischen Apparat eine Spur, die wir ‹Erinnerungsspur› heißen können. (...) Nun bringt
es offenbar Schwierigkeiten mit sich, wenn ein und dasselbe System an seinen Elementen Veränderungen getreu bewahren und doch neuen Anlässen zu Veränderung
immer frisch und aufnahmefähig entgegentreten soll.»
[14] «Im Brief 52 vom 6. 12. 1896 wird das ganze System des *Entwurfs* in einer bislang bei Freud noch nicht dagewesenen graphischen Begrifflichkeit rekonstruiert. Es
ist kein Zufall, wenn es mit dem Übergang vom Neurologischen zum Psychischen
zusammenfällt.» Jacques Derrida, Die Schrift und die Differenz, Frankfurt a. M. 1976,
315 f.

schrieb: «Geschichte ist wie ein Text, in den die Vergangenheit wie auf einer lichtempfindlichen Platte Bilder eingelagert hat. Erst die Zukunft besitzt die Chemikalien, die nötig sind, um dieses Bild in aller Schärfe zu entwickeln.»[15] Wie beim Palimpsest, so sind auch bei der Photographie Chemikalien daran beteiligt, daß eine unsichtbare Schrift lesbar bzw. ein unsichtbares Bild sichtbar wird. Von Schrift im Sinne eines Zeichenkodes kann allerdings weder bei De Quincey noch bei Freud im strengen Sinne die Rede sein. Beide ersetzen ‹Schrift› durch die ‹Spur›. Mit dieser Ersetzung erweitert sich das Spektrum der ‹Einschreibungen› nicht nur wesentlich; es deckt auch neue Aufzeichnungstechniken wie die Photographie mit ab. Wir sprechen von Licht*schrift* und suggerieren damit, daß auch Bilder noch aus Schreibprozessen hervorgehen. Freilich gibt es dabei niemanden mehr, der schreibt; vielmehr fungiert der technische Apparat als ein Medium, mit dessen Hilfe sich das Reale selbst ‹einschreibt›. In Susan Sontags Beschreibung der Photographie z. B. erkennen wir die Fortsetzung der ältesten Gedächtnismetaphorik: «Eine Photographie ist nicht nur ein Bild (wie ein Gemälde ein Bild ist), eine Deutung des Realen; sie ist zugleich eine Spur, eine unmittelbare Schablone des Realen, wie eine Fußspur oder eine Totenmaske.»[16]

Nach dem ersten Weltkrieg beschrieb der Psychiater Ernst Simmel das Phänomen des Kriegstraumas in der Begrifflichkeit der Photographie; die Selbsteinschreibung einer traumatischen Erfahrung in die Matrix des Unbewußten entsprach dabei der photographischen Selbsteinschreibung des Wirklichkeitsausschnitts in die Silbersalze der photographischen Platte. Simmel schrieb: «Das Blitzlicht des Schreckens prägt einen photographisch genauen Abdruck.»[17] Auch der englische Psychotherapeut William Brown, der sich ebenfalls auf die Behandlung von Kriegstraumata spezialisierte, verglich die latenten Erinnerungsspuren, die er in Hypnose reaktivierte, «mit den aufeinanderfolgenden photographischen Ansichten auf einem cinematographischen Film».[18] Nicht nur, daß sich seine Beschreibung wie eine technologische Aktua-

---

[15] Walter Benjamin, Gesammelte Schriften, hg. Rolf Tiedemann, Frankfurt a. M. 1980 ff., Bd. I, 3, 1238.

[16] Susan Sontag, On Photography, New York 1979, 154.

[17] Zit. nach Wolfgang Schäffner, «Der Krieg als Trauma. Zur Psychoanalyse der Kriegsneurose in Alfred Döblins Hamlet», in: M. Stingelin, W. Scherer, Hgg., Hard-War / SoftWar. Krieg und Medien 1914 – 1945, München 1991, 34. Ich danke Irene Albers für diesen Hinweis.

[18] William Brown, «The Revival of Emotional Memories and Its Therapeutic Value», in: British Jounal of Medical Psychology 1 (1920), 17; zit. nach Ruth Leys, «Traumatic Cures. Shell Shock, Janet, and the Question of Memory», in: Paul Antze, Michael Lambek, Hgg., Tense Past. Cultural Essays in Trauma and Memory, New York, London 1996, 111.

lisierung von De Quinceys Palimpsest liest. Noch nachhaltiger gibt die
exakte Korrespondenz von Technikgeschichte und Gedächtnistheorie
zu denken. Solange die Analogmedien Photographie und Film ihre Bilder über Spuren in materielle Träger eingravierten, dominierte in der
Gedächtnistheorie von Proust und Warburg bis Freud die Auffassung
von der Festigkeit und Unauslöschbarkeit der Gedächtnisspuren. Im
Zeitalter der digitalen Medien, die in nichts mehr gravieren, sondern
Schaltungen koordinieren und Impulse fließen lassen, erleben wir bezeichnenderweise ein Abrücken von solchen Gedächtnistheorien. Gedächtnis wird nun nicht mehr als Spur und Speicher, sondern als eine
plastische Masse betrachtet, die unter den wechselnden Perspektiven der
Gegenwart immer wieder neu geformt wird.

2. Raum-Metaphern

Seit der antiken Mnemotechnik, jener Lehre, die das notorisch unzuverlässige natürliche Gedächtnis mit einem zuverlässigen artifiziellen
Gedächtnis implementierte, besteht eine unverbrüchliche Verbindung
zwischen Gedächtnis und Raum. Der Kern der *ars memorativa* besteht
aus «imagines», der Kodifizierung von Gedächtnisinhalten in prägnan-
ten Bildformeln, und «loci», der Zuordnung dieser Bilder zu spezifischen
Orten eines strukurierten Raumes. Von dieser topologischen Qualität
ist es nur ein Schritt zu architektonischen Komplexen als Verkörperungen des Gedächtnisses. Es ist der Schritt von Räumen als mnemotechnischen *Medien* zu Gebäuden als *Symbolen* des Gedächtnisses.

Architektonische Gedächtnis-Metaphern sind Ruhmestempel, Ge-
dächtnistheater und Bibliothek.[19] Ein anschauliches Beispiel für die Bibliothek als Metapher des kulturellen Gedächtnisses findet sich bei
Edmund Spenser, den wir im Zusammenhang von Dichtung und Fama
kennengelernt haben. Im bereits erwähnten 2. Buch seines allegorischen
Versepos, *The Fairie Queene* (1596), macht der Held als vagabundieren-
der Ritter auch eine Schloß-Besichtigung. Es handelt sich dabei um das
Schloß der Alma, einer Personifikation der reinen, nicht von Leidenschaften zerrütteten Seele, die in einem entsprechend gesunden Körper,
eben jenem Schlosse, wohnt. Nachdem verschiedene Körper-Funktio-
nen bei dieser Besichtigung des allegorischen Bauwerks bewundert
worden sind, steigt man zum Schluß noch in den Turm hinauf. Dort sind

---

[19] Der Epiker und Theoretiker dieser Metapher ist J. L. Borges («Die Bibliothek
von Babel»); auf die Bibliothek als synchronistischen Traditions-Horizont beziehen
sich T. S. Eliot und E. M. Forster in den zwanziger Jahren dieses Jahrhunderts. Vgl.
auch: Ulrich Ernst, «Die Bibliothek im Kopf», in: LiLi 105 (1997), 86–123.

drei Kammern zu besichtigen, die hintereinander liegen und von drei Männern bewohnt werden. Das vordere Zimmer ist zur Zukunft gerichtet; es ist angefüllt mit allerhand Chimären, Trugbildern und unausgegorenen Gedanken, die wie ein Bienenschwarm darin herumwimmeln. Der Bewohner dieses Raumes ist noch jung an Jahren, er ist von melancholisch-saturniner Gestalt und macht den Eindruck eines Wahnsinnigen.

Der Bewohner des zweiten Raumes, ein reifer Mann, wird als Verkörperung des Weisen geschildert. Seine Domäne ist die Gegenwart, um nicht zu sagen: die Geistesgegenwart. Die Darstellungen an den Wänden dokumentieren Momente verantwortlichen öffentlichen Handelns, Richtens und Entscheidens.

Der dritte Raum liegt noch hinter dem zweiten und macht einen heruntergekommenen Eindruck. Der Putz ist abgeblättert, die Wände sind schief. Sein Bewohner ist ein uralter, halb erblindeter Greis, dessen körperliche Gebrechlichkeit jedoch im Widerspruch steht zu seiner geistigen Frische:

> *And therein sate an old old man, halfe blind,*
> *And all decrepit in his feeble corse,*
> *Yet liuely vigour rested in his mind,*
> *and recompenst him with a better scorse:*
> *Weake body well is chang'd for minds redoubled forse.* (II.IX.55)

> Drin saß ein alter, alter Mann, halb blind,
> und ganz verfallen war sein schwacher Körper.
> Doch rege und lebendig war sein Geist,
> was ihn entschädigte für manche Plagen.
> Gern nimmt man solches hin für doppelte Geisteskraft.

Die geistige Frische bezieht sich insbesondere auf das Gedächtnis. Es wird «unendlich» genannt, ein «unsterblicher Schrein, in dem die Dinge intakt und unvergänglich aufgehoben sind». Der Alte trägt den Namen *Eumenestes*. Da er älter ist als Nestor und Methusalem zusammen, ist er Zeuge allen Geschehens seit Menschengedenken. Er lebt in seiner Klause umgeben von den Dokumenten dieser Vergangenheit. Der Inhalt seines Archivs trägt die Spuren ehrwürdigen Alters; die verstaubten Folianten, Codices und Schriftrollen sind wurmzerfressen und stockfleckig geworden. Der Alte sitzt inmitten dieser Schätze und blättert die Seiten (*tossing and turning them withouten end*). Da er zu gebrechlich ist, um sich die Bände selbst aus dem Regal zu holen, steht ihm ein Knabe als Bibliotheks-Gehilfe bei. Dieser wendige kleine Bursche, der auch verlorene und verstellte Bände wieder ausfindig machen kann, trägt den Namen «Anamnestes».

Wir können durch diese Beschreibung hindurch unschwer die von Aristoteles geprägte mittelalterliche Fakultäten-Psychologie wiedererkennen, die Phantasie, Verstand und Gedächtnis als drei Aspekte des menschlichen Geistes unterschied und in drei hintereinanderliegenden Gehirnkammern lokalisierte. Spenser verwischt die Grenzen zwischen Individuellem und Kollektivem, Innerem und Äußerem, indem er das Gedächtnis als Bibliothek, bestückt mit alten Folianten, visualisiert. Die konservierende Kraft verdankt sich hier keiner überirdischen Macht und noch nicht einmal einem wertsetzenden Akt, sondern den Büchern selber und denen, die sie sammeln und pflegen, den Bibliothekaren. Die Bücher als Datenträger lösen jene Berufsgruppe der «Rühmenden» ab, denen in der Oralkultur als professionellen Verewigern Aufbau und Erhaltung des kollektiven Gedächtnisses oblag. Die in Schriftrolle und Buch materialisierten Datenträger tragen zwar im einzelnen die Spuren der Zeit, bewahren aber in Spensers allegorischem Turmzimmer das Menschheitsgedächtnis vollständig und unvergänglich auf.

In Spensers Memoria-Metapher werden zudem zwei Aspekte unterschieden, die sich als passives und aktives Prinzip unterscheiden und den eingangs genannten komplementär aufgefaßten Aspekten «Gedächtnis» und «Erinnerung» zuordnen lassen. Das passive Gedächtnis trägt den Namen Eumenestes. Diese Gestalt verkörpert den Speicher, den unendlichen Vorrat der angesammelten Daten. Die aktive Erinnerung trägt den Namen Anamnestes. Er verkörpert die bewegliche Energie des Auffindens und Hervorholens, die den Daten aus ihrer latenten Präsenz zur Manifestation verhilft. Das Gedächtnis ist der Speicher, aus dem die Erinnerung auswählt, aktualisiert, sich bedient.

Die Gebäude-Metaphern der Memoria verbinden sich mit unterschiedlichen Gedächtnis-Formen. Der Ruhmestempel seligiert und monumentalisiert vorbildliche Personen und Werke in einem Pantheon verbindlicher, zeitenthobener Werte. Im Ruhmestempel herrscht Platzmangel, was die Aufnahmekriterien erheblich verschärft. Der Gedächtnis-Vorrat, der von der Bibliothek aufbewahrt wird, ist dagegen auf beständige Expansion angelegt. Es ist die Kunde des Vergangenen, des durch die Zeit hindurch Geretteten. Verpflichtet der Tempel zum Andenken für die Zukunft, so ermöglicht die Bibliothek Zugang zum Wissen der Vergangenheit und Gegenwart. Den einen Modus des kulturellen Gedächtnisses assoziieren wir mit dem Kanon, den anderen mit dem Archiv.

Auf unterschiedliche Weise unterstellen Kanon wie Archiv Organisation, Ökonomie, Verfügbarkeit – alles Aspekte, die das künstliche Gedächtnis dem natürlichen voraushat. Während Ordnung das Grundprinzip des mnemotechnisch geschulten Gedächtnisses ist, herrscht im naturwüchsigen Gedächtnis Unordnung. Ein Teil unseres Gedächtnisses kann systematisch als Wissensspeicher ausgebaut werden, ein anderer Teil, der unsere sinnlichen Wahrnehmungen und biographischen Erfahrungen aufnimmt, bleibt in aller Regel chaotisch und unaufgeräumt. Im

Gegensatz zu dem Lerngedächtnis (die Psychologen sprechen vom ‹semantischen Gedächtnis›) bleibt das Erfahrungsgedächtnis (oder ‹episodisches Gedächtnis›) unsystematisch, zufällig, unzusammenhängend. Das Gesetz seiner Kohärenz ist die erratisch individuelle Assoziation. Virginia Woolf war fasziniert von der unvorhersehbaren Kontingenz des Erfahrungsgedächtnisses; die Begriffe, die sie damit in Verbindung brachte, heißen ‹Verwirrung› und ‹Geheimnis› (*muddle and mystery*).[20] Ihre betont weiblichen Gedächtnismetaphern sind die von der Näherin und der Wäscheleine. In beiden Bildern kommt die erratische Assoziation als strukturbildendes Prinzip der Erinnerung zum Ausdruck: «Die Erinnerung ist eine Näherin, und zwar eine ziemlich launische. Sie fährt mit ihrer Nadel herein und heraus, auf und nieder, hierhin und dorthin. Wir können nie wissen, was als nächstes kommt und drauf folgt.» Die alltäglichsten Handlungen vermögen unversehens «tausend seltsame, unverbundene Fragmente aufzurufen, mal hell, mal blaß, ausgespannt, auf und niederschwingend, sich senkend, prangend wie die Unterwäsche einer vierzehnköpfigen Familie auf der Leine in einer frischen Brise».[21]

Andere räumliche Metaphern für das ungeordnete persönliche Erfahrungsgedächtnis hat der polnische Schriftsteller Andrzej Szczypiorski gefunden. In einem Text, auf den wir noch ausführlicher zurückkommen werden, hat er sich als einen grauhaarigen Mann bezeichnet, der «einen Sack eigener Erfahrungen auf den Schultern schleppt und den größten Teil seines zeitlichen Lebens zurückgelegt hat» (225). Über seine Jugenderinnerungen schreibt er: «Die Erfahrungen der frühen Jugend lebten zwar in mir fort, aber irgendwo sehr gut versteckt, auf dem vollgestellten, verstaubten Dachboden der Erinnerung, wo man selten hinkommt.» Was auf dem Dachboden gelagert wird, existiert dort «unbemerkt, schweigend über die Jahre, nicht benötigt».[22]

Auch der Dachboden ist ein Bild für das Latenzgedächtnis. Es hat den Charakter eines Überrests, eines Speichergedächtnisses, das von keiner Sinngebung beleuchtet, aber durch Vergessen und Verdrängen auch noch nicht völlig entzogen ist. Wie das Gerümpel auf dem Dachboden, das noch präsent ist, aber selten besichtigt wird, verfestigt sich dieses Gedächtnis im Schatten des Bewußtseins. F. G. Jünger, der in seiner Studie über Gedächtnis und Erinnerung zwischen einer destruktiven und einer konservativen Form des Vergessens unterschieden hat, bezeichnet letztere als «Verwahrensvergessen». Begriffe wie ‹Latenzgedächtnis› oder ‹Verwahrensvergessen› lassen sich der Kategorie des Speichergedächtnisses zuordnen, das einen Vorrat unverbundener und narrativ uneinge-

---

[20] Virginia Woolf, Orlando. A Biography (1928), Harmondsworth 1975, 55.

[21] Woolf, Orlando, 55.

[22] Andrzej Szczypiorski, Notizen zum Stand der Dinge, Zürich 1992, 225.

bundener Elemente bereithält. Wo der Raum strukturiert und geordnet ist, haben wir es mit Medien, Metaphern und Modellen des Speicherns zu tun. Wo der Raum hingegen als ungeordnet, unübersichtlich und unzugänglich dargestellt wird, können wir von Metaphern und Modellen des Erinnerns sprechen. Dieser Schritt von einer Raummetaphorik der *Gedächtniskunst* zu einer Raummetaphorik der *Erinnerungskraft* ist vollzogen, wenn wir uns dem Bild des Ausgrabens zuwenden, das große Ähnlichkeit mit den Schrift-Bildern vom Palimpsest und Wunderblock hat.

Ausgraben

Freud hat einmal in einem Aufsatz die Arbeit des Psychoanalytikers, welche darin besteht, das Vergessene aus Anzeichen eines Patienten zu erraten oder zu konstruieren, mit der Arbeit des Archäologen verglichen,

«der eine zerstörte oder verschüttete Wohnstätte oder ein Bauwerk der Vergangenheit ausgräbt. (...) Wie der Archäologe aus stehengebliebenen Mauerresten die Wandungen des Gebäudes aufbaut, aus Vertiefungen im Boden die Anzahl und Stellung der Säulen bestimmt, aus den im Schutt gefundenen Resten die einstigen Wandverzierungen und Wandgemälde wiederherstellt, genauso geht der Analytiker vor, wenn er seine Schlüsse aus Erinnerungsbrocken, Assoziationen und aktiven Äußerungen des Analysierten zieht. Beiden bleibt das Recht zur Rekonstruktion durch Ergänzung und Zusammenfügung der erhaltenen Reste unbestritten.»[23]

Freud betont mit der Metapher der Ausgrabung den kreativen Anteil der (Re-)Konstruktion in der Erinnerungsarbeit der Psychoanalyse. Doch es gibt für Freud auch signifikante Unterschiede zwischen Archäologie und Psychoanalyse. Während der Archäologe nämlich nur in seltensten Ausnahmefällen wie in Pompeji oder beim Grab des Tutanchamon auf unzerstörte Befunde stößt, findet der Seelenarchäologe alles Wesentliche erhalten, «selbst was vollkommen vergessen scheint, ist noch irgendwie und irgendwo vorhanden, nur verschüttet, der Verfügung des Individuums unzugänglich gemacht».[24]

---

[23] Sigmund Freud, «Konstruktionen in der Analyse» (1937), in: Gesammelte Werke, Bd. XVI, 41–56, hier: 45 f. C. G. Jung hat einen seiner Träume aufgezeichnet, in dem er sich in einem Haus befindet, in dem er allmählich in immer tiefere Stockwerke absteigt. Vom Wohnzimmer im oberen Stock, das mit Rokokomöbeln eingerichtet ist, gelangt er im Erdgeschoß in mittelalterliche Räume, sodann in einen Keller aus römischer Zeit und schließlich in eine vorgeschichtliche Felshöhle. In diesem Traum hat er das ontogenetische mit dem phylogenetischen Gedächtnis verbunden. Aniela Jaffé, Hg., Erinnerungen, Träume, Gedanken von C. G. Jung, Freiburg 1984, 163.
[24] Freud, Konstruktionen in der Analyse, 46.

Das Bild der archäologischen Ausgrabung führt wie bereits das Bild des Palimpsests die Kategorie der Tiefe in die Gedächtnistheorie ein. Mit Tiefe verbindet sich ein räumliches Gedächtnismodell, das Raum nicht mit Speicherkapazität und Ordnung, sondern mit Unzugänglichkeit und Unverfügbarkeit verbindet. De Quincey sprach von Erinnerungs*schichten* («everlasting layers of ideas, images, feelings»), die sich überlagern und damit begraben scheinen, in Wirklichkeit jedoch unerloschen konserviert werden. De Quincey war sich ebenso sicher wie Freud, daß es für das psychisch Begrabene noch eine Auferstehung gibt: «the possibility of resurrection for what had so long slept in the dust». Sein Bild dafür ist das Leichentuch des Vergessens, das in einem entscheidenden Moment zwischen Leben und Tod entfernt wird. «A pall, deep as oblivion, had been thrown by life over every trace of these experiences; and yet suddenly, at a silent command (. . .) the pall draws up, and the whole depths of the theatre are exposed.»[25]

Auch Prousts *mémoire involontaire* ist von dem Gedächtnismodell der Tiefe her bestimmt. In seiner berühmten ‹Madeleine›-Episode ist es die Meerestiefe, nicht die Erdentiefe, von der das Vergessene geborgen wird. Ein simpler Geschmacksreiz, ausgelöst durch einen Löffel Tee mit einem aufgeweichten Gebäckstück, kann urplötzlich den Kontakt zu verborgenen Erinnerungsschichten herstellen. Der Körper wird dabei in einen ungekannten Glückszustand versetzt: «Ich hatte aufgehört, mich mittelmäßig, zufallsbedingt, sterblich zu fühlen.»[26] Der Erzähler hat hier den Zustand des Menschen als eines Zeitwesens für einen Augenblick überwunden, er erfährt einen Moment der Anamnesis, eine mystische Apokatastasis, einen Moment des Alles in Allem, der vollständigen Präsenz, der Rückerstattung aller durch die Zeit geraubten Teile und Glieder (re-membering). Doch damit ist die Episode nicht zu Ende. Nach dem Körper muß der Geist noch seinen Teil an der Erinnerung leisten: «Ich setze die Tasse nieder und wende mich meinem Geist zu. Er muß die Wahrheit finden.» Die geistige Erinnerungsarbeit erweist sich als mühsam, anstrengend, langwierig, doch am Ende als erfolgreich, denn auch für Proust stellt sich heraus, daß alles Wesentliche noch erhalten ist. Von Mnemotechnik kann man bei Prousts intensiver geistiger Erinnerungsarbeit nicht sprechen, eher von einer Meditation im Sinne religiöser Exerzitien. Es muß eine lange Versuchskette durchlaufen werden, bis schließlich das richtige Zauberwort gefunden ist, das «den Anker» der in der Tiefe verborgenen Erinnerung «lichtet» und ihr dazu verhilft, an die Oberfläche des Bewußtseins heraufzusteigen. Proust hat unvergleichlich anschaulich beschrieben, wie der sich so Erinnernde

---

[25] De Quincey, The Palimpsest of the Brain, in: Essays, London o. J., 245.
[26] Marcel Proust, Auf der Suche nach der verlorenen Zeit. In Swanns Welt I, 64.

zugleich aktiv und passiv ist: «(Ich) spüre, wie etwas in mir sich zitternd
regt und verschiebt, wie es sich zu erheben versucht, wie es in großer
Tiefe den Anker gelichtet hat; ich weiß nicht, was es ist, doch langsam
steigt es in mir empor; ich spüre dabei den Widerstand und höre das
Rauschen und Raunen der durchmessenen Räume.»[27]

Auch wenn hier der Erinnernde ganz mit sich allein ist, hat die
Proustsche Erinnerungsarbeit doch nichts Solipsistisches. Auch dieses
Gedächtnis interagiert, ganz im Sinne von Maurice Halbwachs, mit sozialen Rahmen. Das Gedächtnis wird angesprochen und herausgefor-
dert von einer externen Umwelt, über die es sich seiner selbst verge-
wissert. Wenn dieses «milieu de mémoire» verlorengeht und verstummt,
verliert die Erinnerung ihren konstruktiven Widerpart und wird zu einem Phantom. Die Seismographen der Sinne schlagen noch aus und registrieren Erschütterungen, doch ist die Erinnerung, für die das Individuum der letzte Träger ist, substanzlos, weil einsam geworden. Die
folgende Passage kontrastiert deutlich mit dem archäologischen Opti-
mismus eines Freud:

«Aber wenn von einer früheren Vergangenheit nichts existiert nach dem Able-
ben der Personen, dem Untergang der Dinge, so werden allein, zerbrechlicher
aber lebendiger, immateriell und doch haltbar, beständig und treu Geruch und
Geschmack noch lange wie irrende Seelen ihr Leben weiterführen, sich erinnern, warten, hoffen, auf den Trümmern alles übrigen und in einem beinahe un-
wirklich winzigen Tröpfchen das unermeßliche Gebäude der Erinnerung in sich
tragen.»[28]

Freuds Parallelisierung von Analytiker und Archäologe hat den Nachteil, daß sie eine Arbeitsteilung zwischen dem aktiven Anteil des Analytikers und dem passiven des Analysanden nahelegt. Walter Benjamin, der
eines seiner sogenannten Denkbilder unter den Titel «Ausgraben und
Erinnern» gestellt hat, umgeht eine solche Gegenüberstellung von aktiv und passiv durch die Einführung einer dritten Kategorie, des Mediums. Im Begriff des Mediums berühren sich aktive Rekonstruktion und
passive Disposition:

«Die Sprache hat es unmißverständlich bedeutet, daß das Gedächtnis nicht ein
Instrument für die Erkundung des Vergangenen ist, vielmehr das Medium. Es ist
das Medium des Erlebten wie das Erdreich das Medium ist, in dem die alten
Städte verschüttet liegen. Wer sich der eigenen verschütteten Vergangenheit zu
nähern trachtet, muß sich verhalten wie ein Mann, der gräbt. Vor allem darf er
sich nicht scheuen, immer wieder auf einen und denselben Sachverhalt zurückzukommen – ihn auszustreuen wie man Erde ausstreut, ihn umzuwühlen, wie
man Erdreich umwühlt. (...) So müssen wahrhafte Erinnerungen viel weniger

[27] Proust, Auf der Suche ... 65.
[28] Proust, Auf der Suche ... 67.

berichtend verfahren als genau den Ort bezeichnen, an dem der Forscher ihrer habhaft wurde.»[29]

Erinnerungen, das macht Benjamin mit diesem Bild deutlich, haben keinen faktisch objektiven Charakter; auch nachdem sie aus Schichten und Querlagen herausgeschält und geborgen wurden, lassen sie sich von diesem Milieu niemals vollständig ablösen. In Prousts ‹Madeleine›-Episode nimmt die Beschreibung des Vorgangs des Erinnerns genau den doppelten Raum ein wie das Resultat des Erinnerten. Der Weg zu den Erinnerungen, der aktive Vorstoß, «der behutsame, tastende Spatenstich», der Zufallsfund, bleibt mit dem Ziel, der Trophäe, die inventarisiert wird und in die Sammlung eingeht, untrennbar verbunden. Auf ähnlichen Spuren bewegte sich der irische Dichter Seamus Heaney, der vierzig Jahre später Dichten als eine Arbeit am individuellen und kulturellen Gedächtnis auffaßte, die er in der Bildlichkeit des Grabens beschrieb. «Dichtung also als Spatenstich, ein Spatenstich nach Funden, die sich am Ende als Pflanzen erweisen. ‹Spatenstich› oder ‹Grabung›, so hieß tatsächlich auch der Titel des ersten Gedichtes, von dem ich glaubte, daß es meine Gefühle in Wörter gebracht hätte. (...) Dies war das erste Mal, daß ich glaubte, mehr getan zu haben, als nur Wörter auf dem Papier zu arrangieren: Ich hatte das Gefühl, einen Schacht in das wirkliche Leben eingelassen zu haben.» Die letzte Strophe seines Gedichts «Digging» (1964) lautet:

> *Between my finger and my thumb*
> *The squat pen rests.*
> *I'll dig with it.*

> Zwischen Finger und Daumen
> Ruht, kauernd, die Feder.
> Mit der werd ich graben.[30]

3. Zeitliche Gedächtnis-Metaphern

In den Bildern des Ausgrabens hat sich die Raum-Metaphorik des Gedächtnisses immer stärker mit Zeitqualitäten aufgeladen. Mit Verstärkung der Zeitkomponenten treten Vergessen, Diskontinuität, Verfall und Rekonstruktion in den Vordergrund. Der Akzent verschiebt sich immer mehr hin zur prinzipiellen Unverfügbarkeit und Plötzlichkeit von Erinnerungen, die sogar zum Einfallstor für das Neue werden.

---

[29] Walter Benjamin, Gesammelte Schriften, Bd. IV, 1, Frankfurt a. M. 1991, 400.
[30] Seamus Heaney, Die Herrschaft der Sprache. Essays und Vorlesungen, München, Wien 1992, 7–8.

Verschlucken, Wiederkäuen, Verdauen

«Sobald wir das Gehirn einen geistigen Magen nennen», so schrieb George Eliot, werden andere Bilder unbrauchbar. Die Ausformung des Bildes vom Gedächtnis als einem Magen geht auf Augustin zurück, der im 4. Jahrhundert in seinen *Bekenntnissen* folgendes geschrieben hat:

«das Gedächtnis ist gleichsam der Magen der Seele, Freude aber und Trauer wie süße und bittere Speise; einmal dem Gedächtnis übergeben, sind sie gleichsam in den Magen eingegangen, der sie verwahren, aber doch nicht schmecken kann. (...) Vielleicht also wie beim Wiederkäuen die Speise aus dem Magen, kommen auch diese Dinge beim Erinnern aus dem Gedächtnis hervor. Wie kommt es aber denn, daß man beim Reden, also auch Erinnern, im Gaumen des Bewußtseins nicht auch die Süßigkeit der Freude und die Bitterkeit des Trübsinns schmeckt? Oder liegt hierin das Unähnliche, da die Ähnlichkeit noch keine volle war?»[31]

Augustin führt hier plastisch vor, was es heißt, mit Hilfe von Bildern über das Gedächtnis nachzudenken. Bilder haben für ihn Versuchscharakter, sie legen bestimmte Aspekte einer Sache frei, können andere aber auch verdecken. Der Magen ist das Gegenstück zum Thesaurus: ein Ort des Durchgangs, nicht des Dauerns, ein Ort der Verarbeitung und Umsetzung, nicht des Konservierens. Dieses Organ bietet sich als Gedächtnismetapher nur unter ganz bestimmten physiologischen Bedingungen an. Vor dem Hintergrund der lateinischen Sprache, in der das Wort «ruminare» sowohl nachdenken als auch wiederkäuen heißt, liegt nahe, daß hier eher an den Magen einer Kuh als an den eines Menschen gedacht ist. Jener Magen der Kuh, der die Funktion hat, den noch unverdauten Inhalt dem Maul noch einmal zur weiteren Bearbeitung zurückzugeben, ist ein erstaunliches Bild für das Gedächtnis, das im Gegensatz zu den verbreiteten Schrift-, Raum- und Gebäude-Metaphern die Dimension der Zeit im Akt der Erinnerung besonders beleuchtet. Durch Thematisierung der Zeitdimension werden neue Aspekte in der Phänomenalität des Erinnerns profiliert. Dazu gehört in erster Linie die Anzeige eines Verlusts, oder doch einer Minderung. Anders als Proust, der den Geschmack bei seiner somatischen Erinnerung besonders betont hat, geht bei Augustin der Geschmack in der Erinnerung verloren. Geschmack, das heißt hier: die Süßigkeit der Freude und die Bitterkeit des Schmerzes, ist eine sinnliche Qualität der Erfahrung, die an die Gegenwart gebunden ist und nicht über die Zeit gerettet werden kann. Zwischen aktueller Erfahrung und erinnerter Erfahrung besteht ein unhintergehbarer Unterschied. Das Bild akzentuiert die Nachträglichkeit der Erinnerung, den Hiat, der sich zwischen der Erfahrung und ihrer

---

[31] Augustinus, Bekenntnisse, Frankfurt a. M., Hamburg 1955, 183.

Wiederholung in der Erinnerung ausbreitet. Schließlich wird anhand der Tätigkeit des Wiederkäuens die aktiv plastisch-produktive Seite der Erinnerung besonders hervorgehoben, die sich deutlich von mnemo-technischen Verfahren der Rückholung unterscheidet. Augustins Bild vom Magen ist ein Bild für das Gedächtnis im Latenz-Zustand zwischen Absenz und Präsenz.

Vor einem anderen gedächtnis-theoretischen Hintergrund hat Nietz-sche das Bild des Magens reaktiviert. In seiner zweiten Abhandlung zur Genealogie der Moral entwickelt er die These von der positiven Kraft des Vergessens, die er am Ende des 19. Jahrhunderts einem überfrachte-ten und überfeinerten historischen Bewußtsein entgegenhält. Er spricht von der *Vergeßlichkeit* als einer «entgegenwirkenden Kraft». Diese ist

«keine blosse vis inertiae, wie die Oberflächlichen glauben, sie ist vielmehr ein aktives, im strengsten Sinne positives Hemmungsvermögen, dem es zuzuschrei-ben ist, dass was nur von uns erlebt, erfahren, in uns hineingenommen wird, uns im Zustande der Verdauung (man dürfte ihn ‹Einverseelung› nennen) ebenso-wenig in's Bewusstsein tritt, als der ganze tausendfältige Prozess, mit dem sich unsre leibliche Ernährung, die sogenannte ‹Einverleibung› abspielt.»[32]

Der Stoffwechsel, den der Körper in seiner Regie hat und der ohne Be-wußtseinsanteile reibungslos funktioniert, wird für Nietzsche zum Vor-bild für geistige Umsetzungsprozesse, die er sich mit ähnlich gedanken-loser Sicherheit ausgeführt wünscht. Verdauung ist aber nicht nur ein Bild für Bewußtseinsentlastung, sondern auch für die Abfuhr einer ins Unermeßliche wuchernden Gedächtnislast. Den Menschen, der mit dieser ständig wachsenden Last lebt, weil er keine Mechanismen besitzt, diese periodisch abzutragen, vergleicht Nietzsche mit einem Dyspepti-ker. Dieser kann nichts hinter sich bringen, «er wird mit nichts ‹fertig›». Historismus, Müßiggang und Langeweile sind für Nietzsche das Resultat einer kulturellen Verdauungsstörung. «Der moderne Mensch schleppt zuletzt eine ungeheure Menge von unverdaulichen Wissens-steinen mit sich herum, die dann bei Gelegenheit auch ordentlich im Leibe rumpeln, wie es im Märchen heisst.»[33]

Das unfehlbare Mittel, das den Verdauungsprozeß wieder in Gang bringt, ist für Nietzsche «eine heftige Leidenschaft».[34] Im Lichte dieser Leidenschaft, die er am Paradigma männlicher Erotik ausrichtet, ge-winnt die Welt Profil und Konturen zurück. In dieser Instinktsicherheit forcierenden Leidenschaft berühren sich Kraft, Vergessen und Unge-

---

[32] Friedrich Nietzsche, Zur Genealogie der Moral. Eine Streitschrift. In: Sämtli-che Werke. Band V, 291.

[33] Friedrich Nietzsche, Unzeitgemäße Betrachtungen. Zweites Stück: Vom Nut-zen und Nachteil der Historie für das Leben. In: Sämtliche Werke. Band I, 272.

[34] Friedrich Nietzsche, Historie, 253.

rechtigkeit: «Es gehört sehr viel Kraft dazu, leben zu können und zu vergessen, inwiefern leben und ungerecht sein Eins ist.»[35]

Einfrieren und Auftauen

Andere zeithaltige Gedächtnismetaphern stellen ebenfalls die Latenz als
einen zentralen Aspekt der Erinnerung heraus. Um diesen Begriff noch
deutlicher zu machen, muß man zwei Formen des Vergessens
unterscheiden: ein auflösendes, destruktives Vergessen und ein bewah-
rend konservierendes Vergessen. Latenz ist, wie bereits betont wurde, mit
diesem konservierenden ‹Verwahrensvergessen› (F. G. Jünger) gleichzusetzen. Wenn Hegel vom «Schacht des Vergessens» spricht, denkt er an
ein Zwischendepot, wo Erinnerungen vorübergehend unzugänglich,
aber nicht grundsätzlich unwiederherstellbar sind.

Wie dieser Aspekt metaphorisch ausgearbeitet werden kann, zeigt eine Passage aus Ruth Klügers autobiographischem Roman *weiter leben*,
in dem sie nach 50 Jahren ihre Erinnerungen an den Aufenthalt in verschiedenen Konzentrations- und Todeslagern zu Papier bringt. Im Verlauf ihrer Niederschrift stößt sie plötzlich an eine unerwartete Barriere;
ihr fällt der falsche Name nicht mehr ein, den sie und ihre Mutter sich
in Niederschlesien vor Ende des Zweiten Weltkriegs auf der Flucht zugelegt hatten. Die inzwischen 87-jährige Mutter kennt ihn noch «und
ruft den gespeicherten Namen, nach kurzem Zögern, auf den Bild-
schirm ihres Gedächtnisses: Kalisch haben wir auf den falschen Papieren
geheißen. (...) Zuerst sagt mir der Name gar nichts. Kalisch. Er ist wie
eine Speise, die man aus dem Gefrierfach nimmt, geruch- und ge-
schmacklos. Beim Auftauen geht dann ein leichtes Aroma davon aus. Von
ganz weit her probier ich ihn, abschmeckend. Weil er gefroren war und
jetzt wieder auftaut, hat er den Geruch des Februarwinds von 1945 bewahrt, als uns alles gelang.»[36]

Bei Klüger wie bei Proust gehören Geschmack und Erinnerung untrennbar zusammen. Im einen Falle sind die Sinne zentral beteiligt bei
der Wiederherstellung verlorener Erinnerungen, im anderen Falle gelten sie als Nukleus authentischer Erinnerungen. Im folgenden wollen
wir von diesen zeitgenössischen Beispielen einen Sprung in die Spätantike machen und anhand eines gnostischen Mythos auf die zentrale
Zeit-Metapher der Erinnerung zu sprechen kommen, wobei uns Speise
und Geschmack als eine Brücke dienen können.

---

[35] Friedrich Nietzsche, Historie, 269.
[36] Ruth Klüger, weiter leben. Eine Jugend, Göttingen 1992, 179–180.

Schlafen und Erwachen

Die Welle apokalyptisch-gnostischer Weltentfremdung, die sich um die Zeitenwende vom Mittelmeer-Raum weit bis nach Osten hinein ausbreitete, setzte die ganze Welt gleich mit der Domäne der Zeit, der Vergängnis, des Bösen, der Finsternis, des Todes. Vor diesem Hintergrund wird das gnostische Drama der Erlösung inszeniert. Die Antagonisten dieses Dramas heißen Vergessen und Erinnern.

> Und sie mischten (sich) mit mir durch ihre Listen,
> Auch gaben sie mir zu kosten ihre Speise.
> Ich vergaß, daß ich ein Königssohn war,
> Und diente ihrem König.
> Und ich vergaß sie, die Perle,
> Um derentwillen mich meine Eltern geschickt hatten.
> Und durch die Schwere ihrer [Nahrung]
> Sank ich in tiefen Schlaf.[37]

Die Motive dieses Seelen-Dramas stammen aus Märchen und Folklore. Die Gefahr des Vergessens entspringt dem Anschlag einer dämonischen Macht und gehört zur Strategie einer feindlichen Überlistung, bei der sich ‹vergessen› auf ‹essen› reimt. Der Mensch wird mit Macht und List in einer Welt gehalten, in die er nicht gehört; mit Lärm übertönt man den Ruf aus einer anderen Welt, und mit Trunkenheit nebelt man das Bewußtsein ein. Die Hoffnung besteht darin, daß der Lärm selbst das Opfer aus seiner Lethargie reißt und zum Erwachen bringt: «Als ihr Laut in Adams Ohr fiel, wachte er aus dem Schlafe auf und erhob sein Antlitz zum Orte des Lichts.» (30)

Das gnostische Drama von Vergessen und Erinnern, Betäubung und Erlösung, Fremde und Heimkehr, Tod und Leben bildet das Grundmuster jeglicher Entfremdungs-Geschichte. Darüber hinaus ist sie zu einem wirkungsmächtigen Element politischer Rhetorik geworden. Als «Weckruf aus dem Jenseits»[38] haben sich revolutionäre Bewegungen immer wieder verstanden, die inmitten einer erstarrten und schlechten Welt dem Lebendigen und Neuen zum Durchbruch verhelfen wollten.

---

[37] Seelenhymnus der Thomas-Akten, zit. nach: Günther Bornkamm, «Thomas-akten», in: E. Hennecke, W. Schneemelcher, Hgg., Neutestamentliche Apokryphen in deutscher Übersetzung, Tübingen 3. Aufl. 1964, 2. Bd., 350 f. Vgl. Hans Jonas, Gnosis und spätantiker Geist, Göttingen 1934, 114; Hans Leisegang, Die Gnosis, Stuttgart 1955, 365 ff.
[38] Jonas, Gnosis und spätantiker Geist, 124, vgl. auch 126 : «Ich bin der Ruf des Schlaf-Erweckens im Äon der Nacht.» Dieser Ruf hat die Bestimmung, «die Schlafenden aufzurütteln und zum Aufstehen zu bringen. Sie sollen die Seelen wecken, die vom Lichtort weggestrauchelt sind. Sie sollen sie wecken und aufrütteln, damit sie ihr Antlitz zum Lichtort erheben.»

Ein Beispiel dafür sind die nationalen Bewegungen, die das Neue durch unvermittelte Anknüpfung an etwas Altes herbeiführen wollten. In einem Artikel über den Denkmalswert und verpflichtenden Charakter der Völkerschlacht bei Leipzig (1813) rekonstruierte Joseph Görres die Geschichte der deutschen Nation nach einem heilsgeschichtlichen Schema. Sein Geschichtsentwurf war dreistufig:[39]

1. *Idee und Verheißung* – das mittelalterliche Reich, in dem die Deutschen vereint waren unter König und Kaiser und alle anderen Nationen an Größe und Bedeutung überragten;
2. *Fluch und Vergessen* – die politische Zersplitterung, die die Deutschen im 17. und 18. Jahrhundert entmachtete und zum Spielball hegemonialer Dynastien machte;
3. *Wiedergewinnung und Vollendung* – Die Vertreibung Napoleons und Abschüttelung des Jochs fremder Eroberer durch eine vereinigte Nation.

Die Verwirklichung politischer Ziele braucht ihre Vision, die revolutionäre Stoßkraft ihren schlagkräftigen Mythos. Danach erscheint die negative Gegenwart als Interim zwischen einer großen Vergangenheit und einer ebenso großen Zukunft, zu denen Erinnerung und Hoffnung die Verbindung halten. Erinnerung wird zu einer politischen Kraft, welche kontrapräsentische Normen aufrichtet. Mit dieser Energie soll die schlechte Gegenwart überwunden und die neue Zeit herbeigeführt werden. Noch für Hegel wie später für Benjamin ist Erwachen der «exemplarische Fall des Erinnerns».[40]

Das Motiv des Erwachens beherrscht die politische Rhetorik so sehr, daß W. Conze geradezu von einem ‹Erweckungs-Nationalismus› sprechen konnte.[41] Ähnliches gilt für die Literaturgeschichtsschreibung des 19. Jahrhunderts, in der die Schemata vom Vergessens-Schlaf und Erinnerungs-Erwachen vielfältig variiert wurden. Als «ein fast metaphysisches Erwachen aus dem dumpfen Zustand eines bleiernen Schlafes» hat noch Max Scheler den ersten Weltkrieg gepriesen.[42]

Was haben, so wird man fragen müssen, diese politischen Erweckungsmythen mit der jüdischen und gnostischen Erinnerung zu tun?

[39] Vgl. Volker Sellin, «Nationalbewußtsein und Partikularismus in Deutschland im 19.Jh.», in: Jan Assmann, Tonio Hölscher, Kultur und Gedächtnis, Frankfurt a. M. 1988, 244 f.
[40] Hegel, Gesammelte Werke, hg. v. H. Büchner und O. Pöggeler, Hamburg 1969, Bd. 4, 491.
[41] Werner Conze, «Ethnogenese und Nationsbildung – Ostmitteleuropa als Beispiel», in: Studien zur Ethnogenese, Opladen 1985, 202, 204.
[42] Max Scheler, Der Genius des Krieges und der deutsche Krieg, Leipzig 1917, 4. Weitere Belege für Schlaf und Erwachen im historisch-politischen Umfeld bei H. D. Kittsteiner, «Walter Benjamins Historismus», in: Norbert Bolz, Bernd Witte, Hgg., Passagen, München 1985, 163–197.

Eine Gemeinsamkeit besteht darin, daß sie die Gedächtnisthematik im Rahmen von Geschichten, genauer gesagt: Heilsgeschichten entfalten. Die Gegenwart erscheint in diesen Geschichten als heillose Zeit, die mit Hilfe der Erinnerung überwunden werden soll. Der Unterschied besteht darin, daß die religiösen Erlösungsgeschichten auf eine nicht-historische Zukunft gerichtet sind, während die politischen Legitimationsgeschichten beanspruchen, das Heil in der historischen Zeit zu verwirklichen. Für die politischen Heilsgeschichten schlägt Emanuel Sarkisyanz die Unterscheidung zwischen ‹Revolutionsmythen› und ‹Re–volutionsmythen› (mit und ohne Bindestrich) vor. Erstere folgen der jüdischen Heilsgeschichte, die messianisch vorwärtsgerichtet ist, während letztere der gnostischen Heilsgeschiche verpflichtet sind, welche rückwärtsgewandt ist. Wie in den gnostischen Mythen, wo es um ein schrittweises Rückgängigmachen der Fallsgeschichte und eine Heimkehr zum himmlischen Ursprung geht, so drehen sich auch in den politischen Re-volutionsmythen die Räder zurück zum idealischen Ursprung.

Geister-Beschwörung

Eine ähnliche Bedeutung, wie sie im jüdisch-gnostisch-christlichen Kontext dem erinnernden Erwachen zukommt, kommt im ‹heidnischen› Kontext dem Erwecken, der magischen Animation und Wiederbelebung zu. Es sind hier insbesondere zwei Elemente, denen regenerative Gedächtnis-Kraft zugeschrieben wird: das Wasser und das Feuer.

In der klassisch-antiken Welt verbindet sich das Bild des Trinkens mit dem Akt sowohl des Vergessens als auch des Erinnerns. Das *Wasser* hat eine ambivalente Bedeutung. Der Lethefluß ist der Strom, der alles unwiederbringlich davonschwemmt und der uns von früheren Phasen unserer Existenz abtrennt wie der Styx vom Leben selbst. Das Wasser des Lebens und Erinnerns dagegen sprudelt aus einer Quelle. Kastalia, die heilige Quelle Delphis, wurde in römischer Zeit zum Dichterquell, ihr Wasser galt als prophetisch.[43] An diesem inspirativen Wasser verwischen sich die Gegensätze von Prophezeiung und Erinnerung. Denn was die Dichter zu verkünden haben, empfangen sie von den Musen, den Töchtern der Erinnerung. Es gibt kein kreatives Sagen ohne Erinnern, kein Dichten außerhalb der Tradition ohne Schluck aus dem Musenquell.

Im elften Gesang der Odyssee wird jener Abstieg in die Unterwelt geschildert, der zum obligatorischen Reiseprogramm des epischen Helden gehört. Von Homer bis Hegel und von Freud bis Jung ist das Abenteuer der Erinnerung eine Reise in die Tiefe gewesen. Mit dem gefahrvollen Abstieg ins Reich der Finsternis ist bis hin zu Fausts descensus zu den Müt-

---

[43] Der Kleine Pauly, Bd. 3, S. 150.

tern die Vorstellung einer *anderen Kunde* verbunden, die zwischen Erinnerung und Prophezeiung steht und vielleicht am besten mit Walter Benjamins paradoxer Formel der «Erinnerung des Neuen» zu beschreiben ist.
Die Toten, denen Odysseus begegnet, sind stumm; sie haben mit der Sprache auch die Erinnerung verloren. Um überhaupt mit ihnen kommunizieren zu können, muß er ihnen zuvor beides, Sprache und Erinnerung,
vorübergehend wiedergeben. Odysseus schlachtet Schafe, deren schwar-
zes Blut eine zum Totenopfer ausgehobene Grube füllt. Diese bewacht er
mit seinem Schwert, damit nur diejenigen Totengeister davon trinken, denen er diese Gunst eigens gewährt. Teiresias soll als erster vom Blute trinken, denn Odysseus erhofft sich vom Seher eine Auskunft über den Ausgang seiner Irrfahrt. Bevor er jedoch einen Blick in die Zukunft tun darf,
meldet sich erst einmal die Vergangenheit zu Wort in Gestalt des Gefährten Elpenor. Dessen Seele konnte nämlich keine Ruhe finden, weil er un-
bestattet und unbeweint geblieben ist. Nachdem Odysseus ihm ein Grabmal versprochen hat, will die Seele der Mutter als zweite zu ihm sprechen,
doch sie muß zurückstehen, bis ihm Teiresias sein Schicksal verkündet hat.

Das nekromantische Ritual des Odysseus führt uns ins Zentrum eines
weiteren Bildfeldes der Erinnerung, der (scheinhaften) Wiederbelebung.
Man kann sagen, daß die Renaissance das Thema der Wiederbelebung
zum Epochen-Projekt gemacht hat. Dieses Projekt lautete: Wie läßt sich
eine vergangene Zeit wiederbeleben? In einem Gedicht (Canzoniere, 53)
evoziert Petrarca das alte Rom, das in einen tiefen Schlaf verfallen ist:
ringsum Ruinen, Gräber und verfallenes Gemäuer. Aber in den verfallenen Monumenten lebt noch der Geist der Alten und wartet auf seine Befreiung. Mit dem Imperativ des Erinnerns, in dem die Juden die Garantie ihrer Identität und die Gnostiker die Verheißung ihrer Rückkehr
beschworen haben, ist hier wenig anzufangen. Es gibt hier kein einheit-
liches Subjekt mehr als Träger der Erinnerung wie das jüdische Volk oder
die gnostische Seele. An seine Stelle tritt der Imperativ des Erweckens der
Vorwelt durch die Nachwelt, des Alten durch das Neue, der Toten durch
die Lebenden über den Abgrund der Zeiten hinweg.

Dieser Weg in die Tiefe der Vergangenheit ist zugleich auch der Weg
der Philologie und Archäologie. Man muß graben, um verlorene, verborgene Schichten zutage zu fördern. In der Epoche der sogenannten
Renaissance berühren sich die Bildfelder der Ausgrabung und der
Nekromantik und verbinden sich mit der kulturellen Utopie einer Wiederbelebung und Wiedergeburt.[44] Das Durchstoßen der Schichten ent-

---

[44] «The image that propelled the humanist Renaissance and that still determines
our perception of it, was the archaeological, necromantic metaphor of *disinternment,*
a digging up that was also a resuscitation or a reincarnation or a rebirth.» Thomas M.
Greene, Light in Troy. Imitation and Discovery in Renaissance Poetry, New Haven
1982, 92.

spricht (wie bei De Quinceys Palimpsest) einem Sprung durch die Zeit. Die Aktivität des Grabens bezieht sich nicht nur auf Erdschichten. Der Philologe wird zum Komplizen des Archäologen; beide verstehen sich als Widersacher der Zeit und Virtuosen der Erinnerung, beide heilen an Monumenten und Texten die Wunden, die die Zeit geschlagen hat. Der Buchhändler und Kopist Vespasiano da Bisticci wurde von seinen Zeitgenossen als zweiter Aesculap gerühmt. So wie dieser einen Toten zu erwecken vermochte, so habe jener den antiken Autoren zu neuem Leben verholfen: «Dir ist es zu verdanken, daß Griechenland die Wasser der Lethe verachtet und die Sprache des Romulus den Gott des Styx nicht fürchtet. Glücklich, wer ins Licht des Lebens so viele tote Monumente der Alten zurückzuholen vermag; glücklich, wer von der versengenden Flamme die verlorenen Namen göttlicher Dichter rettet!»[45]

Die Aufgabe der animatorischen Erinnerung fällt auch dem Leser der vergangenen, aber in der Renaissance zu klassischer Normativität erhobenen Autoren zu. Diese neue Hermeneutik macht den Leser zum *Animator der Vergangenheit;* seiner spirituellen Kraft, seinem mnemischen Charisma verdanken die Toten ihr Leben. Den Hintergrund dieser anstrengenden Aufgabe bildet ein neues Bewußtsein vom Vergangensein der Vergangenheit. Um das Vergangene als Gegenwärtiges zurückzuholen, bedarf es einer nekromantischen Kraft der Wiederbelebung, deren Symbol der *Funken* ist. Plato hat im «Siebten Brief» (341 c 5) die Bedeutung des Funkens beschrieben: «Plötzlich, wie der springende Funken das Feuer entzündet, so entsteht in der Seele das Urbild der Sache.» Das Feuer ist das Symbol einer plötzlichen, unverfügbaren Erkenntnis, die auf dem Grunde einer latenten Erinnerung zündet. Als Erinnerungssymbol ist das Feuer ebenso ambivalent wie das Wasser; denn es macht ebensosehr das Vergessen und die Verwüstung durch die Zeit («versengende Flamme») wie das Erinnern und die Erneuerung des Verlorenen sinnfällig.

Der Funke, der die vergessenen Erinnerungen entfacht, steht für eine Energie, die so subjektiv wie plötzlich, so punktuell wie prekär ist. Die Erinnerungsform der Erweckung ist für die europäische Begegnung mit dem klassischen Altertum paradigmatisch geworden. Die Euphorie von Goethes *Römischen Elegien* beispielsweise zehrt noch von dem Konzept der Erinnerungs-Magie: die Vergangenheit *lebt* gerade so lange, wie der Funken überspringt, wie die Begeisterung anhält. Zur Erweckungsmetaphorik gehört ein neues historisches Bewußtsein. Dafür wollen wir abschließend noch zwei Beispiele anführen.

---

[45] Der lateinische Text von Politian wird zitiert von Thomas Greene, Troy, 164. Ähnlich klingen die prometheischen Selbstdarstellungen der englischen Drucker, Editoren, Übersetzer und Buchhändler im 15. und 16. Jahrhundert.

Der Altertumsforscher Johann Jakob Bachofen hat in seinem Haupt-
werk *Gräbersymbolik*, das der Erforschung antiken Totenglaubens gewidmet ist, einen Weg in die Antike gebahnt, der nicht über die Texte verläuft. In einer autobiographischen Skizze hat er uns ein eindringliches
Zeugnis jener animatorischen Magie hinterlassen, zu welcher die Erinnerung imstande ist. «Es gibt zwei Wege zu jeder Erkenntnis, der weitere, langsamere, mühsamere verständiger Kombination, und der kürzere,
der mit der Kraft und Schnelligkeit der Elektrizität durchschritten wird,
der Weg der Phantasie, welche von dem Anblick und der unmittelbaren
Berührung der alten Reste angeregt, ohne Mittelglieder das Wahre wie
mit Einem Schlage erfaßt.»[46]
Bachofens «kurzer Weg der Erkenntnis» verweist auf eine andere Er-
innerungs-Theorie, die sich auch nicht an Worten und Texten, sondern
an Bildern und Symbolen entzündet hat. Der Kunsthistoriker Aby Warburg, der mit dem philologischen Geschäft der Rekonstruktion langfri-
stiger und umwegiger Traditionslinien wohlvertraut war, interessierte
sich lebhaft für das Phänomen unmittelbarer Berührungen und punk-
tueller elektrischer Entladungen. Von ihm stammt der Begriff der «an-
täischen Magie», der eine durch direkte Berührung ausgelöste Ent-
ladung latenter Erinnerungsgehalte beschreibt. Je weiter der Weg durch
die historische Zeit, so dürfen wir resümieren, desto lebhafter das imaginative Interesse an Abkürzungen, unmittelbaren Berührungen und
direkten Kontakten. Die Feuer-Symbolik der Erinnerung – vom Funken und Blitz bis zum elektrischen Schock – gewinnt im Horizont des
Historismus neue Virulenz.

Die Latenzzeit hat etwas von einer ablaufenden Sanduhr, nur daß man
den Moment nicht bestimmen oder gar kontrollieren kann, an dem diese Frist zu Ende geht. Die vorübergehend inerte Erinnerung nimmt die
Gestalt des Vergessens an, bis sie wieder zurückgeholt oder rekonstruiert
worden ist. Wenn die Erinnerung, um die es dabei geht, ein Affektpotential enthält, das nicht im Verwahrensvergessen unterzubringen ist,
sondern durch Verdrängung aus dem Bewußtsein ausgeschlossen werden muß, dann gestaltet sich die Wiederkehr der Erinnerung als ein dä-
monisches Geschehen. In diesem Fall wird die willentliche Steuerung
des Bewußtseins außer Kraft gesetzt, und der Erinnerungsprozeß folgt
den Rhythmen einer immanenten Energetik. Diese unfreiwillig zwang-
hafte Verlaufsstruktur von Erinnerungen wird mit dem Bild von Gespenstern erfaßt.

Nach Freud folgt mit unentrinnbarer Konsequenz auf den Akt der
Vedrängung die Wiederkehr des Verdrängten. Inbegriff dieses «unbefrie-

---

[46] Johann Jakob Bachofen, «Lebensrückschau», in: H. G. Kippenberg, Hg., Mutterrecht und Urreligion, Stuttgart 1984, 11.

deten Vergessens» (Harald Weinrich) sind die ruhelosen Toten, die ermordet wurden oder unbegraben blieben.[47] Sie kehren als Wiedergänger, als Gespenster zurück. Bevor er sich um seine eigenen Angelegenheiten kümmern darf, muß Odysseus deshalb bei seinem Besuch im Hades erst versprechen, sich um das unerledigt Gebliebene zu kümmern und den Gefährten Elpenor standesgemäß zu bestatten.

Eine unbefriedete Vergangenheit steht unerwartet wieder auf und sucht wie ein Vampir die Gegenwart heim. Für Heiner Müller ist Banquos oder Hamlets Geist, der auf der Schloßterrasse den Sohn bedrängt, selbst eine Gedächtnismetapher – Bild für ‹unfinished business›, eine unerledigte, unabgegoltene Vergangenheit, die sich unausgesprochen und tabuisiert von Generation zu Generation fortzeugt. Im Gegensatz zu Nietzsche, der die Last der Vergangenheit für abschüttelbar hielt und durch eine virile Anstrengung selbstbewußten Vergessens abschaffen wollte, sucht Heiner Müller die traumatische Vergangenheit als den Stoff, aus dem nicht nur die Alpträume, sondern auch die Literatur gemacht ist. Sein Thema ist das kollektive Trauma, die von der Gesellschaft verdrängte Schuld, die er einer vergangenheits- und ahnenvergessenen Gegenwart in seinen Stücken gewaltsam ins Bewußtsein zurückholt. Er inszeniert die Wiederkehr des Verdrängten im Stil des Schauerromans als eine Heimsuchung durch die Toten, die als Wiedergänger, revenants, Gespenster die Lebenden bedrängen.

> Nämlich die Gespenster schlafen nicht
> Ihre bevorzugte Nahrung sind unsere Träume

heißt es in dem Gedicht «Mommsens Block».[48] Aber es sind nicht nur die Gespenster, die die Lebenden heimsuchen, es ist auch der Dichter, der die Gespenster verfolgt: Einerseits sucht er «die Blutspur der VERGESSENEN AHNEN», andererseits versucht er sich zu befreien «von diesem Alp toter Geschlechter».[49] Heiner Müller interessiert sich wie bereits Walter Benjamin für die politische Dimension des kulturellen Gedächtnisses; für ihn ist das Erinnern revolutionär und das Vergessen konterrevolutionär, eine Bewertung, die der jüdischen und gnostischen Tradition entspricht, die Assimilation mit Vergessen und Schuld, Exil dagegen mit Erinnerung und Erlösung gleichsetzt. Müller politisiert aber das kulturelle Gedächtnis nicht nur, er dämonisiert es auch. Seine nekromantische Metaphorik bringt mit Schauer, Gewalt und Leidenschaft eine dramatische Qualität in Benjamins Geschichtsphilosophie. «Das

---

[47] Zum Begriff des ‹unbefriedeten Vergessens› vgl. Harald Weinrich, Lethe. Kunst und Kritik des Vergessens, München 1997, 168–174.
[48] Heiner Müller, Mommsens Block, in: Sinn und Form 2 (1993), 210. Den Hinweis verdanke ich Hendrik Werner.
[49] Heiner Müller, Rotwelsch, Berlin 1982, 105.

Tote ist nicht tot in der Geschichte. Eine Funktion von Drama ist Totenbeschwörung – der Dialog mit den Toten darf nicht abreißen, bis sie herausgeben, was an Zukunft mit ihnen begraben ist.»[50]

«Der Terror, von dem ich schreibe, kommt aus Deutschland.» Mit diesen Worten variierte Müller eine Formulierung von Edgar Allan Poe, der im Vorwort zu seinen *Tales of the Grotesque and Arabesque* geschrieben hatte: «My horror is not of Germany but of the soul.» Damit hatte der Romantiker Poe gemeint: Mein Horror kommt nicht aus einer literarischen Tradition, sondern entspringt unmittelbar der Seele. Ruth Klüger hat den Terror, der aus Deutschland kommt, leibhaftig zu spüren bekommen, als sie als Kind nach Theresienstadt und Auschwitz deportiert wurde. Auch sie ist von Gespenstern heimgesucht. Die Worte, die sie in ihrem Buch *weiter leben* für ihre Erinnerungen findet, changieren zwischen Erzählung und Beschwörung:

«Erinnerung ist Beschwörung, und wirksame Beschwörung ist Hexerei. Ich bin ja nicht gläubig, sondern nur abergläubisch. Ich sag manchmal als Scherz, doch es stimmt, daß ich nicht an Gott glaub, aber an Gespenster schon. Um mit Gespenstern umzugehen, muß man sie ködern mit Fleisch der Gegenwart. Ihnen Reibflächen hinhalten, um sie aus ihrem Ruhezustand herauszureizen und sie in Bewegung zu bringen. Reibeisen aus dem heutigen Kühlschrank für die alten Wurzeln; Kochlöffel, um die Brühe, die unsere Väter gebraut, mit dem Gewürz unserer Töchter anzurühren. Zaubern ist dynamisches Denken. Wenn es mir gelingt, zusammen mit Leserinnen, die mitdenken, und vielleicht sogar ein paar Lesern dazu, dann könnten wir Beschwörungsformeln wie Kochrezepte austauschen und miteinander abschmecken, was die Geschichte und die alten Geschichten uns liefern, wir könnten es neu aufgießen, in soviel Gemütlichkeit, als unsere Arbeits- und Wohnküche eben erlaubt.» (79)

Bilder, das macht dieser explorative Vergleich deutlich, sind nicht nur Beschreibungen, sondern auch Medien der Erinnerungen, mehr noch: Instrumente der Erinnerungstherapie. Die domestizierende Kraft der Worte und Bilder könnte nicht sinnfälliger sein als in diesem Paragraphen, wo eine ebenso heikle wie ironische Brücke von der ‹Wunde› (denn nichts anderes heißt Trauma) zur ‹Gemütlichkeit› geschlagen wird.

Ruth Klügers Beschwörungen und Gespenster haben wenig mit denen von Heiner Müller gemein. Klügers Bilder sind weiblich und rufen ironisch die matriarchalischen Herrschaftsräume auf – den Kochtopf und den Hexenkessel, Szenen, um die herum ihre Worte eine komplizenhafte weibliche Solidarität beschwören. Wann immer Müller Gespenster sieht, gleitet er über in die morbide Phantasie des mordenden Macbeth. *Seine* Gespenster nähren sich von kollektiver Schuld, *ihre* von

---

[50] Heiner Müller, Gesammelte Irrtümer 2, Frankfurt a. M. 1990, 64.

individueller Trauer, denn: «wo kein Grab ist, hört die Trauerarbeit nicht auf.»(94) Es geht um die nächsten Verwandten, die unbegrabenen Ermordeten, den Vater und den Bruder, denen Klüger in Worten Orte zu schaffen sucht, an denen sie für eine Weile zur Ruhe kommen können, wobei ihr durchaus klar ist, daß ihre literarische Wortmagie immer nur kurze Effekte der Selbstberuhigung zu erzielen vermag.

Das Problem des Gedächtnisses, soviel ist durch die Reihe und Vielfalt der vorgestellten Beispiele deutlich geworden, drängt in die Bilder. Diese Bilder sind im Sinne von Walter Benjamin als Denk-Bilder aufzufassen, die das überkomplexe Phänomen von immer neuen Seiten zu beleuchten versuchen. Ihre Zahl ist grundsätzlich unbeschränkt, auch wenn die Typen dieser Metaphorik überschaubar sind. Neben die Wachstafel als Gedächtnismetapher, das platonische Bild für Anamnesis oder die Wiederherstellung einer Urschrift, ist im arabischen Mittelalter z. B. der Spiegel getreten, der die aktiven Anteile der Vergegenwärtigung hervorhebt, weil das wieder anlaufende und opak zu werden drohende Metall einer ständigen Polierung bedarf.[51] Freilich führt nicht unbedingt jedes neue Bild auch ein neues Denkmodell ein.

Die Bilder unterscheiden sich grundsätzlich darin, ob sie die Eigenschaften und Verfahren des ‹künstlichen› (ars) oder des ‹natürlichen› Gedächtnisses (vis) erhellen. Die Unterschiede sind erheblich. Während die Gedächtniskunst der Mnemotechnik ebenso wie die technischen Verfahren der Speicherung darauf angelegt sind, daß der Gedächtnisinhalt der Einlagerung mit dem der Rückholung identisch ist, fallen beim natürlichen Gedächtnis beide Akte auseinander. Erfahrung und Erinnerung lassen sich niemals völlig zur Übereinstimmung bringen. Zwischen beiden liegt ein Hiat, in dem der Gedächtnisinhalt verschoben, vergessen, verstellt, neu aufgeladen oder rekonstruiert wird. Je mehr die Gedächtnismetaphern dieser immanenten Dynamik von Erinnerungen Rechnung tragen, desto mehr heben sie die Zeitdimension als entscheidenden Faktor hervor und machen sie die Wiederherstellung zum eigentlichen Problem. Zwischen den räumlichen Gedächtnismodellen und den eminent zeithaften stehen jene, die sich am Bild der Schrift oder Spur orientieren. Zeitlos sind sie darin, daß sie die Prägung einer unvergänglichen Spur voraussetzen, und zeithaft insofern, als sie das Problem des vorübergehenden Verlusts, das Vergessen und die Anstrengung der Wiederherstellung thematisieren. Die zeitorientierten Gedächtnismodelle akzentuieren die Diskontinuität der Zeit, sie setzen bei der Priorität des Vergessens und der Unkalkulierbarkeit der Erinnerung an. Mit diesem Problem beginnt die psychische Geschichte des Gedächtnisses,

---

[51] Den Hinweis auf den Spiegel als Gedächtnismetapher verdanke ich dem Islamwissenschaftler William Chittick.

zu der Augustin und Nietzsche, Wordsworth und De Quincey, Freud und Proust wichtige Kapitel geschrieben haben. Es fällt auf, daß sich die Basismetapher der Schrift und allgemein der Spur mit einer erstaunlichen Kontinuität durch die unterschiedlichsten Phasen der Kulturgeschichte hindurchzieht. Gleichzeitig ist offensichtlich, daß sich mit der materialen Kultur und dem veränderten Stand der Technologie die Bedeutung gerade auch dieser Gedächtnismetapher verändert hat. In der beständigen Modernisierung der Bilder folgte auf das alphabetische Schreiben die Licht- oder Schattenschrift der Photographie als neue Leitmetapher, doch auch sie behielt nicht das letzte Wort. Die Bildlichkeit von Spur, Einprägung, Einschreibung ist inzwischen von materiellen auf elektronische Träger übergegangen. Was sich dabei gleichbleibt und was sich ändert, hat J. F. Lyotard so zusammengefaßt:

«Mit sicherheit gilt, daß stets eingeschrieben (inscrire) werden muß, ob beim cortex oder bei dem, was wir, übersetzt in soziokulturelle termini, schreiben (écriture) genannt haben. Denken ohne einzuschreiben, also ohne stütze (support), geht nicht. Diese stütze kann alles mögliche sein. Es gibt momentan veränderungen in der stütze. Man besitzt vielleicht noch nicht die «richtige» stütze. Vielleicht sind all die bildschirme noch schlechte stützen, weil sie gegenüber der handschrift und der tafel noch zu analog sind. (...) Jedenfalls liegt die minimale voraussetzung im einschreiben.»[52]

Mit dem elektronisch digitalen Schreiben sind wir am minimalistischen Endpunkt der Schriftmetaphorik angekommen. Dieses Bild ist kein Bild mehr, das unsere Vorstellung noch sinnlich stimulieren könnte. An diesem Punkt verlassen wir das produktive Panoptikum der Bilder, von dem George Eliot in ihrem Eingangszitat sprach. Der letzte Paradigmawechsel unserer Leitmetaphern führt zum Netzwerk, das im Vergleich zu den hier besichtigten Bildern eine entsinnlichte, ausgehöhlte Metapher ist. Im Netzwerk reduziert sich Schreiben auf die Manipulation elektronischer Impulse, was für den Computer ebenso wie für das menschliche Gehirn gilt. Es könnte sein, daß, nachdem sich Technik und Physiologie so nahe gekommen sind, der Abstand praktisch geschlossen ist, den die Vielfalt der Bilder zu überbrücken strebte. Das Netzwerk als externalisiertes globales Nervensystem unter- und überbietet zugleich alle Metaphern, die bislang das Phänomen der Erinnerung in technische, gegenständliche und praktische Metaphern übersetzten. Mit dem Netz ist die Metaphorik der Erinnerung an eine Grenze gekommen, an der die Imagination implodiert. Wer von diesem Punkt ausgeht, dem muß der hier unternommene Rundgang durch das historische Museum der Erinnerungs-Metaphern um so bemerkenswerter erscheinen.

---

[52] Lyotard, Statement in Kultur-Revolution 14 (1987), 10 f.

II.

SCHRIFT

Literatur ist das Fragment der Fragmente; das wenigste dessen,
was geschah und gesprochen worden, ward geschrieben,
vom Geschriebenen ist das wenigste übrig geblieben.
(Goethe, *Maximen und Reflexionen*, No. 512)

Heil dem Erfinder des Lumpenpapiers;
wo er begraben liege, Heil ihm!
Mehr als alle Monarchen der Erde
hat er für unsre Literatur getan,
deren ganzer Betrieb von Lumpen ausgeht
und so oft in Makulatur endet!
(Herder, *Briefe zur Beförderung der Humanität*)

‹Schreibe!› sprach jene Stimme und der Prophet antwortete: für wen?
Die Stimme sprach: ‹schreibe für die Toten!
für die, die du in der Vorwelt lieb hast.› – ‹Werden sie mich lesen?›
– ‹Ja: denn sie kommen zurück, als Nachwelt.›
(Herder, *Briefe zur Beförderung der Humanität*)

No Geist without ghost
(T. E. Hulme, *Speculations*)

Wer schreibt, der bleibt.
(deutsche Post A. G.)

Im ersten Satz seines Buches *Shakespearean Negotiations* bekennt Stephen
Greenblatt: «Ich begann mit dem Wunsch, mich mit den Toten zu unterhalten.»[1] Mit diesen Worten erinnert er seine Kollegen, also die ge-
haltsgestützten professionellen Leser und Literaturprofessoren, an etwas,
was sie tief vergessen haben: daß sie im Grunde Schamanen sind, die ein
Dauergespräch mit den Stimmen der Vorfahren und Geistern der Vergangenheit unterhalten. Sie beschäftigen sich nicht nur mit Medien im
technischen Sinne, d. h. mit Texten und Aufführungen, sie *sind* auch Medien im okkulten Sinne, indem sie zum allgemeinen Wohl Kontakt mit
der transzendenten Welt der Vergangenheit herstellen und aufrechterhalten. Im Zuge seines anregenden Essays konzentriert sich Greenblatt
auf das technische Medium, durch das die Stimmen der Toten nachhal-
len und in Rückständen zugänglich sind; er spricht von den «Textspuren», in welchen «soziale Energie» zirkuliert, jene Energie, die das ‹Le-

---

[1] Stephen Greenblatt, Shakespearean Negotiations, Oxford 1988, 1.

ben› ausmacht, welches literarische Werke nach dem Tod ihres Autors und dem Vergehen ihrer Kontexte bewahren. Wenn Greenblatt vom «Über*leben* der Textspuren aus der Renaissance» spricht, bedient auch er sich einer Metapher, die nahelegt, daß schwarze Schriftzeichen einen immanenten Lebenskeim in sich bergen. Sein Projekt besteht jedoch gerade darin, dieses sogenannte Leben literarischer Texte auf seine materiellen Bedingungen zu befragen, die er in den sozialen Kategorien des Marktes, genauer: des Systems des liberalen Freihandels findet. Mit Begriffen wie Verhandeln, Austauschen, Übertragen beschreibt er allgemeine kulturelle Praktiken und materielle Interessen, in die der Austausch von Kunst, verstanden als ‹Zirkulieren sozialer Energie›, stets eingebettet ist.

Greenblatts zentrale Frage nach dem Gespräch mit den Toten betrifft nicht nur den Kern unserer Disziplin, sondern auch der Kultur im allgemeinen – die Kanäle der Kommunikation und Übermittlung, die Anatomie der Tradition, die Struktur des kulturellen Gedächtnisses. Dies sind keine neuen Fragen, sondern solche, die von Generation zu Generation immer wieder neu gestellt werden. Dabei sind insbesondere die von Greenblatt so genannten ‹Textspuren› bedeutsam, d. h. die Buchstaben, die ‹litterae›, die als eine vergessene Dimension im Zentrum der literarischen Tätigkeit ihr unscheinbares Werk verrichten.[2] Eine Untersuchung der Medien des Gedächtnisses muß von der Schrift ausgehen, und zwar nicht nur von ihrer sozialen und technischen Dimension, sondern auch von ihrer Gedächtnisleistung, die freilich von Kultur zu Kultur und Epoche zu Epoche anders beurteilt wird. Die Vorstellungen, Hoffnungen und Enttäuschungen, die an den Buchstaben haften, sind ein wichtiger Index für den Strukturwandel des kulturellen Gedächtnisses in der Neuzeit. Im folgenden soll auf Schrift-Konzepte der Renaissance eingegangen werden, der Zeit einer kulturellen Höchstbewertung dieses Mediums. Von dort wird in einem knappen Überblick der Niedergang der Buchstaben nachzuzeichnen sein, der mit dem 18. Jahrhundert einsetzt; ein Niedergang gewiß nicht vom Standpunkt der sozialen Bedeutung der Schrift, sondern lediglich vom Standpunkt ihrer kulturellen Wertschätzung. Schließlich soll nach dem Schicksal der Buchstaben und des kulturellen Gedächtnisses in einer Welt der Massenmedien und elektronischen Technologie gefragt werden.

---

[2] Jacques Derrida hat in seiner Grammatologie (orig. 1967), Frankfurt a. M. 1974, die philosophische Bedeutung der Schrift-Dimension erschlossen, die er im philosophischen Diskurszusammenhang allerdings nicht für eine vergessene, sondern für eine verdrängte Dimension hält.

1. Schrift als Verewigungsmedium und Gedächtnisstütze

Von der Fama-Funktion der Dichtung war bereits die Rede, nun gilt es hinzuzufügen, daß neben der Wortkunst der Dichter auch die Medialität der Schrift ihren Anteil am Projekt der Verewigung hat. Bereits die alten Ägypter priesen die Schrift als das sicherste Gedächtnismedium. Ihnen, die über eine Spanne von mehr als tausend Jahren hinweg auf ihre eigene Kultur zurückblickten, wurde bewußt, daß Kolossalbauten und Monumente in Ruinen lagen, während Texte aus jener Zeit weiter abgeschrieben, gelesen und gelernt wurden. Sie stellten fest, daß Spuren von schwarzer Tinte auf fragilem Papyrus ein dauerhafteres Monument darstellten als teure Gräber mit aufwendigen Ausstattungen. Ein solcher Papyrus aus dem 13. Jahrhundert vor unserer Zeitrechnung vergleicht die Konservierungskraft von Gräbern und Büchern und kommt dabei zu dem Ergebnis, daß die Schrift eine wirksamere Waffe ist gegen den zweiten, sozialen Tod, das Vergessen. Von den Toten heißt es dort:

> gewiß, sie sind verborgen, aber ihr Zauber
> berührt noch immer alle, die in ihren Büchern lesen.[3]

Diese Entdeckung steigerte das Selbstgefühl einer neuen Elite, der schmalen Schicht der Schriftkundigen, der Literaten, die damit zum Ausdruck brachten, daß sie ihre Unsterblichkeit auch unabhängig von staatlich monopolisierter pharaonischer Gedächtnispolitik sichern konnten.

Bei späteren Literaten gerann die Vorstellung, daß Schrift vom Zerstörungswerk der Zeit unberührt bleibt und ein einmaliges Medium der Unsterblichkeit darstellt, zu einem festen Topos. Shakespeare folgt in seinem 55. Sonett Horaz, der in einem Abschlußgedicht zu seinen Oden das Gedicht ein Monument nannte, das dauerhafter ist als Erz, wobei dieser wiederum einen Rückblick auf die ägyptischen Pyramiden einschloß:

> *Exegi monumentum aere perennius*
> *regalique situ pyramidum altius,*
> *quod non imber edax, non aquilo impotens*
> *possit diruere aut innumerabilis*
> *annorum series et fuga temporum.*

> Errichtet habe ich ein Monument, das Erz überdauert,
> das den majestätischen Bau der Pyramiden überragt,
> welches nicht der nagende Regen noch der Nordwind zügellos
> vermag zu zerstören oder unzählbar
> der Jahre Folge und der Zeiten Flucht.[4]

---

[3] Papyrus Chester Beatty IV, verso 3, 9–10; vgl. Jan Assmann, Stein und Zeit. Mensch und Gesellschaft im Alten Ägypten, München 1991, 177.
[4] Q. H. Flaccus Horatius, Oden und Epoden, XXX, übers. v. Bernhard Kytzler, Stuttgart 1978, 182–183. Zum Zusammenhang von Fama und Medien vgl. Georg

Non omnis moriar / nicht alles an mir wird sterben – mit diesen Worten fährt der Dichter an dieser Stelle fort. Die Chance zur Abspaltung eines unsterblichen Teils der Person stellt sich mit der Schrift als einem Gedächtnismedium, das Selbstverewigung über kontinuierliche Lesbarkeit sichert. Diese materiale Bedingung wird von Horaz noch nicht explizit ausgesprochen, bei dem im folgenden von Melpomene und delphischem Lorbeer, nicht jedoch von Schrift die Rede ist. Sehr viel deutlicher dagegen ist von den materialen Bedingungen der Unsterblichkeit bei Ovid die Rede, der in den Schlußversen seiner *Metamorphosen* die Horazische Metaphysik des «opus exegi», des dichterischen Werks als einer unvergänglichen Schöpfung beschwört, die dem Zorn Jupiters, dem Schwert, dem Feuer und der Zeit trotzt. Trotz geballtem Trotz steht bei Ovid aber ganz am Ende nicht die prahlende Geste, sondern die vorsichtige Einschränkung derselben in einer umständlichen Parenthese:

> *quaque patet domitis Romana potentia terris,*
> *ore legar populi, perque omnia saecula fama,*
> *siquid habent veri vatum praesagia, vivam.*

> Wo des Römers Macht auf bezwungenen Landen sich breitet,
> wird mich lesen das Volk, und für alle Jahrhunderte werde –
> ist etwas *Wahres* am Wort der Seher – im Ruhme ich leben.[5]

Bezeichnenderweise wird bei Ovid noch durchs Ohr (ore legar populi) und noch nicht durchs Auge gelesen. Die Frage nach Mündlichkeit und Schriftlichkeit als Medien der Fama wird in einer kleinen Szene in Shakespeares *Richard III.* diskutiert. Das Gespräch findet zwischen dem jungen Prinzen, Buckingham und Gloucester statt, der soeben im Begriff ist, sich als Richard III. selbst auf den Thron zu setzen. Um dieses Ziel zu erreichen, läßt er den Knaben in den Tower bringen, wo er später ermordet wird. Nicht um die Todesangst des Kindes geht es jedoch in dieser Szene, sondern um technische Bedingungen des Ruhms. Der Prinz fragt unvermittelt, ob Julius Caesar diesen Turm erbaut habe. Buckingham belehrt ihn, daß Caesar ihn zu bauen begonnen habe, er jedoch in späteren Zeiten erneuert und umgebaut worden sei. Darauf will der Prinz genau wissen, ob diese Kunde auf schriftlicher oder mündlicher Überlieferung beruht *(Is it upon record, or else reported / Successively from age to age, he built it?)* (III,1, 72–3)[6], und erhält zur Antwort,

---

Stanitzek, «Fama/Musenkette. Zwei klassische Probleme der Literaturwissenschaft mit ‹den Medien›», in: Ralph Köhnen, Hg., Philologie im Wunderland. Medienkultur im Deutschunterricht, Frankfurt a. M., Berlin, Bern 1998, 11–22.

   [5] Publius Ovidius Naso, Metamorphosen, XV, 878–880, übers. v. Erich Rösch, München 1952, 598–599.

   [6] William Shakespeare, King Richard III, edited by Antony Hammond. The Arden Edition of the Works of William Shakespeare, London and New York 1981, 214.

daß es dafür schriftliche Dokumente gebe *(Upon record, my gracious lord)*. Diese Antwort motiviert den Knaben zu einer neuen, wenn auch nur noch rhetorischen Frage:

> But say, my lord, it were not register'd,
> Methinks the truth should live from age to age,
> As twere retail'd to all posterity,
> Even to the general all-ending day. (R III; III, 1, 75–77)[7]

> Doch setzt, Mylord, es wär nicht aufgezeichnet:
> Mich dünkt, die Wahrheit sollte immer leben,
> als wär sie aller Nachwelt ausgeteilt,
> Bis auf den letzten Tag der Welt.

An dieser Stelle schaltet sich Gloucester mit einer sarkastischen Nebenbemerkung ins Gespräch ein: «So Junge und Weise werden nicht lange leben». Laut hingegen antwortet er auf die Nachfrage des Prinzen: «Auch ohne Buchstaben lebt der Ruhm lange.» *(I say, without characters, fame lives long.)* Das scheint den Prinzen aber nicht zu überzeugen, denn er wandelt abermals seine Meinung und setzt jetzt emphatisch auf das Unterpfand der Schrift. Er tut dies in einer Hymne auf sein großes Vorbild Julius Caesar, mit dem er nur gemeinsam hat, daß er hinterrücks ermordet wird.

> That Julius Caesar was a famous man:
> With what his valour did enrich his wit,
> His wit set down to make his valour live;
> Death makes no conquest of this conqueror,
> For now he lives in fame, though not in life. (R III; III, 1, 84–88)[8]

> Der Julius Cäsar war ein großer Mann:
> Womit sein Mut begabte seinen Witz,
> Das schrieb sein Witz, dem Mute Leben schaffend.
> Der Tod besiegte diesen Sieger nicht,
> Er lebt im Ruhm noch, obwohl nicht am Leben –

Der junge Prinz, dessen junges Leben ihm bald geraubt wird, doziert altklug über ewigen Ruhm und seine Medien, mündliche Tradition (report) und schriftliches Zeugnis (record). Der Vergleich mit Caesar exponiert die Hilflosigkeit des todgeweihten Knaben, der weder die Chance haben wird, unsterbliche Taten zu vollbringen, noch zu ruhmreichen Annalen zu gelangen. Caesar war ja nicht nur sein eigener Historiker, er hatte obendrein noch Lukan, den Epiker des römischen Bürgerkriegs. Im neunten Buch seines Geschichtswerks hat dieser die unhintergehbare Komplizenschaft von Held und Sänger betont: «O hei-

---

[7] William Shakespeare, King Richard III, dt.: 338.
[8] William Shakespeare, King Richard III, dt.: 338.

lige und große Dichtermühe, die du alles vom Schicksal (des Unter-
gangs) errettest und sterblichen Menschen Ewigkeit verleihst!» *(o sacer et*
magnus vatum labor, omnia fato / eripis et populis donas mortalibus aevum).
«Denn wenn Latiums Musen ein Versprechen geben dürfen, werden auf
so lange Dauer, wie man Smyrnas Dichter ehrt, künftige Geschlechter
meine Verse und so deine Taten lesen: die Schlacht von Pharsalus wird
als Leistung von uns beiden lebendig bleiben, und keine Nachwelt wird
uns zu Vergessenheit verdammen.»[9]

«Venturi me teque legent» – die Kommenden werden mich mit dir
zusammen lesen! Dieser Satz artikuliert das hohe Selbstbewußtsein der
Dichter in einer auf schriftliche Überlieferung gegründeten Kultur. Sie
gelten als die zuverlässigen Medien des Ruhms, diese Medien jedoch
sind ihrerseits keineswegs autark. Darum wird die Ewigkeit («aevum»),
von der hier die Rede ist, auch durch bestimmte Bedingungen einge-
schränkt; der Ruhm kann nur so lange dauern, wie kulturelle Lesetra-
ditionen aufrechterhalten werden. Die Helden sind auf die Dichter angewiesen, und diese wiederum auf die Leser, die über die Dauer des
Ruhms entscheiden.

Ovid wie auch bereits Lukan erkannten drei Voraussetzungen des
Ruhms: erstens das künstlerische Werk, zweitens dessen Schriftlichkeit,
die eine anhaltende Lektüre ermöglichte, sowie drittens die kontinuierliche politische Herrschaft des Römischen Reichs. Die europäische
Kultur der Renaissance hat die Bedingungen dafür geschaffen, daß die
römischen Autoren auch nach dem Untergang des Römischen Reichs
noch lesbar blieben. Das Leben der Texte überdauerte ähnlich wie in
Ägypten das Leben der Monumente. Diese Erfahrung hat auch noch der
Engländer Robert Wood machen können, als er im Jahre 1750 die Ruinen von Palmyra besuchte. Dort wurde ihm nämlich klar, daß die antiken Städte nicht in Ruinen, sondern in Büchern überleben: «Es ist das
natürliche und allgemeine Schicksal der Städte, daß die Erinnerung an
sie auch noch ihre Ruinen überdauert. Troja, Babylon und Memphis
sind uns heute nur noch aus Büchern ein Begriff, wo kein einziger Stein
von ihnen übriggeblieben ist, der noch ihren Standort bezeichnen
könnte.»[10]

Aber die Schrift ist nicht nur Verewigungsmedium, sondern auch
Gedächtnisstütze. Schrift ist zugleich Medium und Metapher des Gedächtnisses. Der Vorgang des Aufschreibens und Einschreibens ist die
älteste und durch die lange Mediengeschichte hindurch immer noch

---

[9] M. Annaeus Lucanus, Bellum civile / Der Bürgerkrieg, IX, 980–986, hg. und
übers. v. Wilhelm Ehlers, Darmstadt 1978, 464–465.
[10] Robert Wood, The Ruins of Palmyra (1753), I, zit. nach Peter Geimer, Die Vergangenheit der Kunst – Strategien der Nachträglichkeit im 18. Jahrhundert, Diss.
Marburg 1997, 64.

aktuellste Metapher des Gedächtnisses. Obwohl aber der Gestus des Schreibens und Gravierens dem Gedächtnis so analog ist, daß er als wichtigste Gedächtnismetapher gelten kann, ist das Medium Schrift auch als Antipode, als Widersacher und Zerstörer des Gedächtnisses gesehen worden. Oder vielleicht gerade deshalb? Denn damit entsteht ja zugleich die Gefahr, daß Operation und Funktion des Gedächtnisses auf die Schrift übertragen, ihr überantwortet und somit externalisiert werden. Der Mensch fühlt sich dann davon entbunden, auf unvollkommene und aufwendige Weise zu üben und zu praktizieren, was das Medium so viel besser und leichter kann. Das bedeutet: Schrift befördert Gedächtnis-Apathie.

Platon hat hier bekanntlich als erster schwere Bedenken angemeldet, und es ist unumgänglich, den kanonischen Kronzeugen in dieser Angelegenheit noch einmal zu vernehmen. Er hat uns gelehrt, Schrift und Gedächtnis als Gegensätze zu denken. In einer berühmten Erzählung am Ende des Phaidros-Dialogs wird der stolze Anspruch des Schrifterfinders Theut, er habe ein Heilmittel für Weisheit und Gedächtnis entdeckt, zurückgewiesen vom skeptisch weitblickenden König Thammus:

«So hast auch du jetzt, als Vater der Buchstaben, aus Vaterliebe das Gegenteil von dem gesagt, was ihre Wirkung ist. Denn Vergessen wird dieses in den Seelen derer, die es kennenlernen, herbeiführen durch Vernachlässigung des Erinnerns, sofern sie nun im Vertrauen auf die Schrift von außen her mittels fremder Zeichen, nicht von innen her aus sich selbst, das Erinnern schöpfen. Nicht also für das Erinnern (mneme), sondern für das Gedächtnis (hypomnema) hast du ein Heilmittel (pharmakon) erfunden.»[11]

Die beiden Schlüsselworte mneme und hypomnema – hier wiedergegeben als ‹Erinnern› und ‹Gedächtnis› – dürfen wir wohl auch im Anschluß an unsere einleitende Unterscheidung mit ‹vis› und ‹ars› bzw. mit ‹Erinnern› und ‹Speichern› wiedergeben. In der Speicherfunktion kann die Schrift das Gedächtnis möglicherweise übertreffen, die Erinnerungsfunktion dagegen kann sie nach Platons Auskunft niemals übernehmen. Der energetische, produktive und unverfügbare Teil des Gedächtnisses, den Platon mit dem Begriff ‹Anamnesis› verband, kann vom Medium Schrift nicht einmal berührt, geschweige denn ersetzt werden. Deshalb hält die neue Erfindung nach dem Urteil des Skeptikers nicht, was sie verspricht. Ihr Anspruch führt in die Irre. Denn statt echter Weisheit kann sie nur den Schein der Weisheit und statt echter Erinnerungskraft nur eine armselige materielle Stütze bieten. Die Verheißungen der Schrift sind also illusionär: Sie kann nur den Wissen-

---

[11] Platon, Phaidros 275 D; hg. v. Erich Loewenthal, Platon, Sämtliche Werke, Band 2, Heidelberg 1982, 475.

den erinnern, niemals den Unkundigen belehren. An diesem Punkt vergleicht Sokrates, der die Rolle des Thammus übernimmt, die Schrift mit der Malerei. Beide sind nämlich stumm. «Denn auch ihre Schöpfungen stehen da wie lebend, – doch fragst du sie etwas, herrscht würdevolles Schweigen. Genauso verhalten sich geschriebene Worte: du könntest glauben, sie sprechen wie vernünftige Wesen, – doch fragst du, lernbegierig, sie nach etwas, so melden sie immer nur eines-und-dasselbe.»

Wie eine direkte Entgegnung auf Platon, den er nicht gekannt haben kann, liest sich das Lob auf Schrift und Buch, das Richard de Bury in seinem Philobiblon (1345) verfaßte. Während bei Platon Schrift Veräußerlichung und Trivialisierung bedeutet, bedeutet sie bei Bury Sichtbarkeit und Sinnlichkeit: «Wahrheit bloß in Gedanken ist verborgene Weisheit und ein unsichtbarer Schatz; Wahrheit dagegen, die in Büchern leuchtet, will sich an jeden Sinn wenden, der der Lehre offensteht.»[12]

Auch der zweite Einwand Platons wird von Bury umgedreht. Bücher sind keineswegs stumm, sondern sogar die besseren Lehrer, «die uns ohne Ruten und Gerten unterrichten, ohne zornige Worte, ohne Kleider und Geld. Wenn du zu ihnen kommst, schlafen sie nicht. Wenn du sie befragst und ausforschst, halten sie nicht zurück. Sie fahren dich nicht an, wenn du dich irrst, und lachen dich nicht aus, wenn du etwas nicht weißt.»[13]

Auch noch in der Renaissance wären Platons Dichotomien von Schrift und Erinnerung, von Entkörperung und Einverseelung weithin auf Unverständnis gestoßen, war man doch überzeugt von ihrer gegenseitigen Stabilisierung. Es bestand nicht nur ein optimistisches Vertrauen in die Konservierungskraft der Schrift, welches ambitionierte Aspirationen auf Ruhm und ein geistiges Nachleben nährte, es bestand auch ein Grundvertrauen in die pragmatische Stützfunktion der Schrift für das eigene Erinnerungsvermögen. Von dieser pragmatischen ‹Gedächtniskraft der Buchstaben› spricht Shakespeare in seinem 77. Sonett.

> *Thy glass will show thee how thy beauties wear;*
> *Thy dial how thy precious minutes waste,*
> *The vacant leaves thy mind's imprint will bear,*
> *And of this book this learning mayst thou taste.*
> *The wrinkles which thy glass will truly show,*
> *Of mouthed graves will give thee memory;*
> *Thou by thy dial's shady stealth mayst know*
> *Time's thievish progress to eternity.*
> *Look what thy memory cannot contain,*
> *Commit to those waste blanks, and thou shalt find*

---

[12] Richard de Bury, Philobiblon, hg. v. M. Maclagan, Oxford 1960, 18.
[13] Richard de Bury, Philobiblon, 20.

Those children nursed, delivered from thy brain,
To take a new acquaintance of thy mind.
These offices, so oft as thou wilt look,
Shall profit thee and much enrich thy book.

Im Spiegel siehst du deine Schönheit fliehn,
die Uhr gibt kund die Flucht dir deiner Stunden.
Ist diesen Blättern erst dein Geist verliehn,
hast bald du selbst die Frucht davon gefunden.
Die Risse, die das Bild dir hält bereit,
sie mahnen dich: schon stehen Gräber offen;
der Zeiger: wie mit Diebesschritt die Zeit
bald in der Ewigkeit ist eingetroffen.
Was dein Gedächtnis dir nicht kann bewahren,
in diese Blätter sollst du es verschließen,
daß fremdgewordne Worte du nach Jahren
als deine Geisteskinder kannst begrüßen.
Begib dich oft ans Werk, es wird dir nützen,
vermehrend deine Früchte zu besitzen.[14]

Dieses Sonett ist als Begleittext zu einem sogenanntesn ‹table book› zu
verstehen, d. h. zu einem Buch mit leeren Seiten, in das der Besitzer
fremde und eigene Gedanken eintragen kann. Das Gedicht stellt drei
Gegenstände zusammen, die auch auf den Stilleben der Zeit prominent
sind: einen Spiegel, eine Uhr und ein Buch. Es formuliert eine Anweisung, wie diese unterschiedlichen Geräte zu benutzen und zu bewerten
sind. Das erste Quartett führt die verschiedenen Gegenstände ein, indem Spiegel und Uhr je eine Zeile, dem Buch zwei Zeilen gewidmet
werden. Der Spiegel ebenso wie die Uhr werden als vanitas-Symbole
eingeführt; genauer: als vanitas-Therapie.

Thy glass will show thee how thy beauties wear;
Thy dial how thy precious minutes waste,

Beide Instrumente werden dabei gegenläufig zu ihrer praktischen Funktion bestimmt; der Spiegel, der der Kosmetik dient, offenbart das Vergehen der Schönheit, die Uhr, die der zeitlichen Disziplinierung und
Koordination des Handelns dient, wird zum Warnsignal des allgemeinen
Verrinnens der Zeit. Diese pragmatische Funktion der Geräte wird somit zugunsten ihrer emblematischen vanitas-Bedeutung abgeblendet.
Anschließend werden die beiden Gegenstände einem weiteren Objekt
gegenübergestellt, dem Buch.

The vacant leaves thy mind's imprint will bear,

---

[14] Shakespeare's Sonette. Englisch und deutsch, Nachdichtung von Karl Kraus,
Basel 1977, 160.

Ein Buch mit leeren Seiten ist nicht zum Lesen, sondern zuerst zum Schreiben bestimmt. Sogar von Druck, «imprint», ist im Englischen die Rede, doch abgedruckt wird hier nicht die Platte des Druckers, sondern der Geist des Besitzers. Das Buch wird damit zu einem Instrument der Externalisierung dessen, was innen, verschlossen und unzugänglich ist; es wird mit Hilfe der leeren Seiten geöffnet, nach außen geholt und lesbar. Wie die anderen emblematischen Gegenstände Spiegel und Uhr besitzt das Buch neben seiner pragmatischen Funktion auch eine tiefere Bedeutung, die in der vierten Zeile angesprochen, wenn auch noch nicht entfaltet wird:

> *And of this book this learning mayst thou taste.*

Das Gedicht, das ähnlich wie ein Stilleben eine Gegenstandsmeditation darstellt, konzentriert sich in der zweiten Strophe ganz auf die symbolische Bedeutung der bereits genannten Gegenstände.

> *The wrinkles which thy glass will truly show,*
> *Of mouthed graves will give thee memory;*
> *Thou by thy dial's shady stealth mayst know*
> *Time's thievish progress to eternity.*

Was eingangs in zwei Zeilen komprimiert war, wird nun noch einmal auf doppeltem Raum entfaltet. Dabei werden die vanitas-Signale mit größerer Anschaulichkeit und Dringlichkeit ausgestattet. Bemerkenswert ist, daß der Akzent dieser Zeilen auf zwei Worte fällt, die, isoliert betrachtet, das Gegenteil von dem artikulieren, was die Zeilen aussagen, nämlich ‹memory› und ‹eternity›. Denn hier ist ja weder von Andenken die Rede noch von ewiger Dauer. Beide impliziten Aspirationen sind mit der wiederholten vanitas-Mahnung hinfällig.

Die dritte Strophe, die sich ganz auf das Buch konzentriert, bringt eine Wende in die Argumentation.

> *Look what thy memory cannot contain,*
> *Commit to those waste blanks, and thou shalt find*
> *Those children nursed, delivered from thy brain,*
> *To take a new acquaintance of thy mind.*

Im Original kehrt das Wort ‹memory› in kurzem Abstand wieder und verknüpft die beiden Strophen, doch so, daß deren Gegensatz dabei noch verschärft wird. Denn ‹memory› ist hier nicht gleich memory; im einen Falle bedeutet es mahnendes Eingedenken, im anderen Wissens- und Erinnerungskapazität. Wir kehren damit aus dem traditionellen vanitas-Bereich zurück in den zuvor ausgegrenzten Bereich pragmatischen Handelns. Nichts hätte näher gelegen, als das Buch an dieser Stelle ebenfalls als ein vanitas-Symbol auszuweisen; die zeitgenössischen

Stilleben verkünden diese Bedeutung zuhauf.[15] In genauer Umkehrung zu Spiegel und Uhr wird beim Buch jedoch die emblematische vanitas-Bedeutung zugunsten der pragmatischen Funktion ausgeblendet. Was das Fassungsvermögen der Erinnerung überschreitet, soll der Angeredete den leeren Seiten des Buches überantworten. Die erstaunlichsten Zeilen des Sonetts folgen auf die Aufforderung, die mit den Worten «look ... and thou shalt find» beginnt. Die mnemotechnische Niederschrift der eigenen Gedanken wird in die Bildlichkeit von Geburt, Aufzucht und neue Bekanntschaft übersetzt. Das bedeutet, daß hier Schrift nicht, wie wir es seit Rousseau, Hegel, de Saussure und Husserl gewohnt sind, mit Totem und Erstarrtem assoziiert wird, sondern ganz im Gegenteil mit neuem Leben und Wachstum. Die vanitas-Perspektive, die in allem und jedem Vergehen, Tod und Gräber wittert, macht in Shakespeares Sonett vor Schrift und Buch halt, die sich vor diesem Hintergrund um so markanter als eine Leben und Kontinuität spendende Kraft abheben. Die leeren Seiten werden damit zum anderen Spiegel; während das Gesicht irreversibel zu altern bestimmt ist, kann der Geist sich im Lesen des vormals Geschriebenen erinnern und damit erneuern. Schrift und Buch sind auch die bessere Uhr, denn sie registrieren Gewinn und nicht Verlust. Die Schrift ist damit von den üblichen vanitas-Bedingungen auf einmalige Weise ausgenommen; sie birgt genau das, was dem Menschen unter dem Blickwinkel des allgemeinen Verfallens und Vergehens grundsätzlich abgesprochen wird: die Chance einer produktiven Erneuerung von Zeit.

Schrift ist in Shakespeares Sonett mehr als ein bloßes Hilfsmittel. Sie wird, ganz im Gegensatz zu Platon, nicht als ein technisches Aufzeichnungsmedium dargestellt, sondern als ein Medium der Autokommunikation, des dialogischen Selbstverhältnisses. Die aufgeschriebenen Gedanken sind zwar ganz nach der Vorstellung Platons von innen nach außen gelangt; doch sterben sie damit nicht etwa ab und werden unverständlich, vielmehr ermöglichen sie erst in der Entäußerung neue Formen der Selbstbegegnung und Selbstbildung. Schrift zerstört nicht das Gespräch, sie macht einen inneren Dialog über längere Zeitintervalle hinweg möglich. Während für Platon eine externalisierte Schrift sich an

---

[15] Jan Bialostocki, «Books of Wisdom and Books of Vanity», in: In Memoriam J. G. Van Gelder 1903–1980, Utrecht 1982, 37–67. Ich verdanke diesen Hinweis Moshe Barasch. «The ambiguity is inherent in the book as an object (...) An image of the book may mean a religious book of truth – the Bible, it may mean books of human learning, appreciated as erudition and culture, but it also may mean human learning despised as fickle and transient, having no real lasting value and passing away with time. Therefore on the one hand books appear in the intricate allegories of transience, but on the other they are also shown held by the Saints and philosophers.» (42)

die Stelle des Gedächtnisses setzt und es dadurch zerstört, stimuliert für
Shakespeare eine interaktive Schrift das Gedächtnis. Auf diese Weise ist
aus Platons Gift doch wieder ein Heilmittel für das Gedächtnis geworden.

2. Zur Konkurrenz von Schrift und Bild als Gedächtnismedien

Schrift als Energiekonserve

In seinem Buch *Wahrheit und Methode* (1960) schreibt der Philosoph
Hans-Georg Gadamer über die Konservierungskraft der Schrift: «Keine
sonstige Überlieferung, die aus der Vergangenheit auf uns kommt, ist
dem gleich. Die Überreste vergangenen Lebens, Reste von Bauten,
Werkzeuge, der Inhalt der Gräber, sind verwittert durch die Stürme der
Zeit, die über sie hingebraust sind – schriftliche Überlieferung dagegen,
sowie sie entziffert und gelesen ist, ist so sehr reiner Geist, daß sie wie
gegenwärtig zu uns spricht.»[16] Es wird zu zeigen sein, daß dieser Topos
von Schrift als «reinem Geist» von weit her kommt. Er stammt aus einem Renaissance-Diskurs über die Konkurrenz von Bild und Schrift als
Gedächtnismedien. Die Einzigartigkeit der Schrift als Gedächtnismedium wird dadurch befestigt, daß ihr ein Rivale gegenübergestellt wird,
der in dieser Konkurrenz schlecht abschneidet. Als Rivale der Schrift erscheinen jegliche Bilder, Skulpturen und Bauwerke. Von ihnen allen gilt,
daß sie das, was sie darstellen, vor der Zeit nicht effektiv zu schützen vermögen, daß «die Stürme der Zeit» über sie hinbrausen und sie als ver-
witterte Ruinen zurücklassen. In der Dimension der Schrift dagegen –
so die These einiger Renaissance-Humanisten – gibt es kein Äquivalent
zur Ruine, weil ihre Signifikanten keinem vergleichbaren Erosionsprozeß unterliegen.

Der Schlüsselbegriff in diesem Kontext heißt ‹Geist›. Schrift gilt als
das kongeniale Medium des Geistes, denn der Immaterialität des Geistes
entspricht in dieser Theorie die Transparenz der Schrift. Durch ihre virtuelle Transparenz – die Buchstaben als materielle Signifikanten «fallen
beim Lesen ab wie Schlacke» – hat die Schrift eine besondere Affinität
zum Geist. Übersprungen wird in dieser Gleichsetzung die Sprache, das
verbale Medium der Kodierung von Gedanken und Mitteilungen, das
bekanntlich fremd, unzugänglich und mit der Zeit unverständlich werden kann. Von den Bedingungen der Verdunklung wird hier geschwie-
gen, im Mittelpunkt steht das Wunder der Schrift als einer potentiell

---

[16] Hans-Georg Gadamer, Wahrheit und Methode. Grundzüge einer philosophischen Hermeneutik, Tübingen 1960, 156.

wiederbelebbaren Botschaft. Körper und Geist existieren in unterschiedlichen Zeiten, einer zerstörenden und einer erneuernden. Wo von Bildwerken die Rede ist, wird die zerstörerische Kraft der Zeit mit hohem rhetorischem Aufwand beschworen. Materielle Bildnisse und Bauten werden in der Zeit zerstört und teilen damit das Schicksal der sterblichen Körper, die sie darstellen. Wo dagegen von der Schrift die Rede ist, wird ein Anspruch auf Unsterblichkeit geltend gemacht; dabei kommt die Zeitindifferenz, bzw. die erneuernde Kraft der Zeit, zum Ausdruck.

Das sind in aller Kürze die Grundzüge der Schrift-Metaphysik, die Gadamers Sätzen zugrunde liegt und ihn mit dem Renaissance-Diskurs verbindet. Diese Sätze sind selbst ein wirkungsgeschichtliches Dokument, das zeigt, wie die darin vorgestellte Schrift-Metaphysik, die in der Renaissance entwickelt wurde, bis heute in bestimmten Kontexten immer noch präsent ist. Im 18. Jahrhundert ist diese Metaphysik der Schrift tief vergessen; Schrift löst sich ab vom Geist und tritt ihm als etwas Fremdes entgegen; sie wird zum inerten Behälter, zur Schlacke, zur toten Hülse, die die lebendige Empfindung und die Energie des Geistes nicht sichert und garantiert, sondern im Innersten bedroht.

Die Frage nach der Konkurrenz der Gedächtnismedien ist in sich bereits topisch. Horaz hatte in einer Ode (IV,8) die prächtigen Monumente gegen die Verse als das überlegene Gedächtnismedium ausgespielt, und Shakespeare hat in seinen Sonetten diese Argumente weiter zugespitzt. Dabei wurde das Paradox virtuos variiert, daß die härtesten Materialien wie Erz und Marmor von der Zeit erodiert werden, während empfindliches Papier und ein paar Tropfen schwarzer Tinte ihr zu trotzen vermögen. Je immaterieller die Kodierung, desto größer wird offensichtlich die Chance der Unsterblichkeit.

Francis Bacon und John Milton

Francis Bacon, der sich ebenfalls zur Gedächtniskraft der Buchstaben geäußert hat, tat dies nicht aus der Perspektive des Dichters, sondern des Wissenschaftlers. Bacon geht dabei vom Bedürfnis nach Kontinuität und Dauer als einer anthropologischen Universalie aus. Den Wunsch nach Unsterblichkeit erklärt er zu den fundamentalsten menschlichen Anliegen und die Schrift zum hervorragendsten Medium seiner Verwirklichung. Am Ende des ersten Buches seiner Schrift über den Fortschritt der Wissenschaften handelt er ausführlich von den Buchstaben. Auch er greift dabei zunächst auf den bekannten Topos zurück, wenn er schreibt:

«Wir sehen also, um wie vieles beständiger die Monumente des Geistes und Wissens sind als die der Macht und des Handwerks. Haben denn nicht die Verse Homers 25 Jahrhunderte und mehr überdauert, ohne Verlust einer einzigen Silbe oder eines Buchstabens? Während im gleichen Zeitraum zahllose Paläste, Tempel, Schlösser und Städte zerstört und verfallen sind?»[17]

Bacon konzentriert sich hier auf die Schrift als materielle Sicherung von Tradition. Die Verse Homers überdauerten «25 Jahrhunderte», nicht weil man sie ununterbrochen memorierte, sondern weil sie materiell gesichert waren, «ohne Verlust einer einzigen Silbe oder eines Buchstabens». Bacon könnte den Gedanken von der Priorität des geschriebenen Wortes vor dem gemalten Bild in der Vorrede gefunden haben, die George Chapman seiner *Ilias*-Übersetzung im Jahre 1611 vorangestellt hatte. Dort war zu lesen:

> *A Princes statue, or in Marble carv'd,*
> *Or steele, or gold, and shrin'd (to be preserv'd)*
> *Aloft on Pillars, or Pyramides,*
> *Time into lowest ruines may depresse:*
> *But, drawne with all his vertues in learn'd verse,*
> *Fame shall resound them on Oblivions hearse,*
> *Till graves gaspe with her blasts, and dead men rise.*[18]

«Eines Fürsten Statue, sei sie aus Marmor geschnitten / oder aus Stahl oder Gold gefertigt und zur besseren Erhaltung / auf hohen Säulen oder Pyramiden aufgestellt, / diese Statue wird die Zeit in unscheinbare Ruinen verwandeln. / Wird dagegen sein tugendreiches Bild in gelehrten Versen gezeichnet / dann wird sein Ruhm vom Sarkophag des Vergessens ertönen, / bis Gräber von ihrem Schall aufbrechen und die Toten wieder auferstehen.»

In diesen Zeilen ist zwar nicht explizit von der Schrift die Rede, aber sie wird vorausgesetzt. Die Lebenskraft poetischer Verse, die als Trompetenstöße der Fama bis ins Innerste der Sarkophage schallen und die Toten zur Auferstehung bringen, wird durch ihre materielle Sicherung noch entscheidend verstärkt. Während Bilder und Statuen von der Zeit zerstört werden, sind es die (schriftlich fixierten) Verse Homers, die ihrerseits die Zeit zerstören und ein ewiges (Nach-)Leben garantieren. Im Vergleich zu solchen Versen ist auffällig, daß der Topos bei Bacon an argumentativer Präzision gewinnt und sich vom üblichen deklarativen Pa-

---

[17] «How far the monuments of wit and learning are more durable than the monuments of power or of the hands. For have not the verses of Homer continued twenty-five hundred years, or more, *without the loss of a syllable or letter,* during which time infinite palaces, temples, castles, cities, have been decayed and demolished?» Francis Bacon, The Advancement of Learning, book I, VIII, 6, The Advancement of Learning and New Atlantis, hg. v. Thomas Case, London 1974, 70. Zu Bacons Gedächtnistheorie vgl. Detlef Thiel, Schrift, Gedächtnis, Gedächtniskunst. Zur Instrumentalisierung des Graphischen bei Francis Bacon, in: Ars memorativa. Zur kulturgeschichtlichen Bedeutung der Gedächtniskunst 1400–1750, hg. v. Jörg Jochen Berns u. Wolfgang Neuber, Tübingen 1993, 170–205.

[18] George Chapman, Homer's Iliad (1611), Epistle Dedicatory, Zeile 62–68.

thos entfernt. In den nächsten Sätzen, die den Unterschied von Bild und Schrift als Gedächtnismedien theoretisch erläutern, wird seine Beschreibung noch detaillierter:

«Es ist unmöglich, genaue Bilder oder Statuen von Cyrus, Alexander, Caesar oder den Königen und großen Persönlichkeiten späterer Epochen herzustellen; denn die Originale sind nicht von Dauer, und Kopien können nur immer einen schwachen Abglanz von Leben und Wahrheit vermitteln. Die Bilder des menschlichen Geistes und Wissens dagegen sind in Büchern aufgehoben, wo sie vor der Zerstörung der Zeit gesichert sind und ständig erneuert werden können. Schriftzeugnisse sind gar keine Abbilder, weil sie noch immer produktiv sind und ihre Samen in neue Köpfe pflanzen, womit sie zur Ursache neuer zukünftiger Handlungen und Meinungen werden.»[19]

Für Bacon sind Buchstabe und Bild keine gleichwertigen Gedächtnismedien. Während in ihrer retrospektiven Fixierung die Bilder immer auf etwas Vergangenes zeigen und nur eine immer schwächere Kopie des Originals geben können, weist Schrift als lebendige Emanation eines Geistes in die Zukunft. Was den visuellen Medien an Leben und Wahrheit abgeht, das bleibt in der Schrift erhalten, die keine «abgeschwächte» Reproduktion vermittelt, sondern selbst zum «Instrument der Reproduktion» wird – ausgestattet mit jener «wunderbaren» Fähigkeit, nicht nur Altes zu bewahren, sondern zugleich Neues hervorzubringen. Schrift ist als externes Speichermedium nur unzureichend bestimmt, denn sie ist zugleich Gedächtnisaktivierung. Wie für Shakespeare besteht für Bacon die ‹Lebendigkeit› der Schrift im interaktiven Prozeß: Eine konservierte Idee ist für ihn notwendigerweise eine erneuerte Idee. Daher horten Buchstaben nicht bloß Gedanken, sondern bringen diese auch immer wieder neu zur Welt. Eine Dissoziation von Aufzeichnung und Wissen, wie Platon sie befürchtete, wird in solchen Beschreibungen explizit ausgeschlossen, die von der Gedächtniskraft der Schrift ausgehen und diese als eine Energiekonserve auffassen.

Die Konservierungskraft der Schrift ist also so groß wie ihre Keimkraft zur Erneuerung alter Gedanken. Diese Vorstellung findet auf Stilleben der Zeit eine bildliche Umsetzung. Ein Gemälde von David de Heem etwa stellt ein Stilleben mit zwei Büsten und einem Totenschädel dar. Ein Kinderbildnis links und der antike Kopf eines jungen Mannes rechts umrahmen einen Schädel in der Mitte, der leicht vergrößert

---

[19] «It is not possible to have the true pictures or statues of Cyrus, Alexander, Caesar, nor of the kings or great personages of much later years; for the originals cannot last, and the copies cannot but leese of the life and truth. But the images of men's wits and knowledge remain in books, exempted from the wrong of time and capable of perpetual renovation. Neither are they fitly to be called images, because they generate still, and cast their seeds in the minds of others, provoking and causing infinite actions and opinions in succeeding ages.» Bacon, Advancement, 70.

im Vordergrund aufgestellt ist und als einziger dem Betrachter en face zugewandt ist. Um dessen Stirn ist ein Lorbeerkranz geflochten, und um ihn herum ist ein lockerer Kranz reifer Kornähren gelegt, von denen eine die Bücher berührt, die samt einer Schreibfeder links neben ihm aufgebaut sind. Ein unter dem Totenkopf angehefteter Zettel trägt die Aufschrift: «NON OMNIS MORIAR».[20] Das Horaz-Zitat wird hier bildlich ausgelegt. «Nicht gänzlich werde ich sterben», solange in Büchern die Saat für erneuernde Lektüre gelegt ist. In diesem auch bildlich formulierten Topos ist kein Platz für den paulinischen Buchstaben, der tötet. Im Gegenteil werden Buchstaben als Keim- und Lebenskraft gepriesen und als die einzige Art von Magie, die die aufgeklärten Humanisten noch zulassen können. Diese Magie besteht darin, aus etwas Totem neues Leben hervorzubringen und über Jahrhunderte des Vergessens hinweg ein Kontinuum an Erfahrungen sicherzustellen. Genau das aber ist das ehrgeizige Projekt, oder besser: der epochale Mythos, auf den sich die Re-naissance gründet. Diese Wiederbelebungs-Magie, so meinen einige Humanisten, ist den Bildern nicht zuzutrauen, sondern allein den Versen und näherhin den Buchstaben. Bilder werden von Bacon als bloße Abbilder gedeutet; das bedeutet, daß sie für ihn ebenso äußerlich und leblos sind wie für Platon die Buchstaben, die den ‹lebendigen Logos› nicht zu fassen vermögen und die Platon deshalb mit Bildern verglich, welche nur die Illusion einer Lebendigkeit suggerieren, aber in Wirklichkeit stumm und taub sind. Schrift ist für Bacon dagegen Gedächtnismedium im doppelten Sinne: für das individuelle und für das kollektive Gedächtnis, wobei Schrift doppelt definiert wird als Aufzeichnungsmedium und Gedankenanreiz. Was Bacon von den Hieroglyphen sagt, gilt also auch für die Buchstaben im allgemeinen: «they do retain much life and vigour».[21] Sein Argument verstärkt er mit einem Bild: «Wenn nun die Erfindung des Schiffs so hochgeachtet wird, welches Schätze und Waren von Ort zu Ort schafft und die entferntesten Regionen durch den Genuß ihrer jeweiligen Produkte miteinander vergesellschaftet, um wieviel mehr sind dann die Buchstaben zu loben, die wie Schiffe durch die großen Meere der Zeit reisen und entfernte Zeitalter im Austausch von Wissen, Erleuchtungen und Erfindungen miteinander verbinden?»[22]

---

[20] Jan Bialostocki, «Books of Wisdom and Books of Vanity», in: In Memoriam J. G. Van Gelder 1903–1980, Utrecht 1982, 37–67, hier: 45 f., vgl. auch R. Wittkower, «Death and resurrection in a picture by Marten de Vos» (1949), in: ders., Allegory and the migration of symbols, London 1977, 159–166. (Vgl. Anm. 54)

[21] Francis Bacon, Advancement, II, IV, 3; S. 98.

[22] «So that if the invention of the ship was thought so noble, which carrieth riches and commodities from place to place, and consociateth the most remote regions in participation of their fruits, how much more are the letters to be magnified,

Es ist uns heute klarer bewußt als Bacon, daß die Errichtung weitreichender Verkehrswege und Kommunikationsnetze nicht nur Interaktion begünstigt hat, sondern auch neue Arten der Unterdrückung, Kolonialisierung und Ausbeutung. Während Shakespeare, der noch in einer Handschriftkultur lebte, ebenfalls die Verewigungskraft der Schrift proklamierte, dabei aber noch von schwarzer Tinte sprach, dachte Bacon bereits an Druckerschwärze – die er zusammen mit Kompaß und Schießpulver zu den Grundpfeilern der Neuzeit rechnete. Der weltliche Bacon griff zu religiösen Bildern, um die Errungenschaften des Drucks zu preisen; Bibliotheken nannte er «Schreine, wo die Reliquien der alten Heiligen mit ihrer geheimen Kraft – ohne faulen Zauber – ruhen und aufbewahrt sind». Auf den Betrug der Religion folgt für ihn die Wahrheit der Wissenschaft; die Magie der Buchstaben löst die der Rituale ab. Diese Magie wird nicht mehr von dubiosen Priestern, sondern von den Gelehrten einer neuen Disziplin verwaltet, die sich «Philologie» nennt. An die Stelle von kanonisierten Heiligen treten damit die kanonisierten Texte, oder, noch einmal mit Bacon, «neue Ausgaben von Autoren in sorgfältigeren Drucken, verläßlicheren Übersetzungen, ergiebigeren Erläuterungen, besseren Anmerkungen und so weiter».[23]

«Philologie» bedeutet «Liebe zum Wort», doch geht es hier weniger um Logozentrismus als um Graphozentrismus und Bibliolatrie. Mit Eintritt ins Druckzeitalter sah Bacon die Gefahr eines zweiten Mittelalters und die «Angst vor dem Verlust menschheitlicher Erinnerung» (the alarms about the loss of mankind's memory) gebannt. Damit war zugleich der Boden bereitet für eine fortschreitende Kumulation von Wissen, d. h. für ein lineares *Advancement of Learning*.[24]

In der Rede für Pressefreiheit, die John Milton im Jahr 1644 vor dem Parlament hielt, geht es ebenfalls um die immanente Kraft der Bücher. Er kommt dort zu dem Schluß, daß Bücher ihre eigene Form von Vitalität haben, die zum Guten wie zum Bösen ausschlagen kann. «Denn Bücher sind keine gänzlich toten Gegenstände, sondern enthalten eine Lebenskraft in sich und sind so aktiv wirksam wie die Seelen derer, von denen sie abstammen. Im Gegenteil, sie bewahren wie in einer Schale die reinste Energie und Essenz jenes lebendigen Geistes, der sie hervorgebracht hat.»[25]

---

which as ships pass through the vast seas of time, and make ages so distant participate of the wisdom, illuminations, and inventions, the one of the other?» Francis Bacon, The Advancement of Learning, book I, VIII, 70.

[23] Francis Bacon, Advancement, 74.

[24] Vgl. Elizabeth Eisenstein, «Clio and Chronos», in: History and Theory 5 (1966), 46–48.

[25] «For Books are not absolutely dead things, but do contain a potency of life in them to be as active as that soul was whose progeny they are; nay they do preserve

Milton bedient sich hier der Sprache der Alchemie, um Schrift als Destillat des Geistes zu beschreiben. Das Destillat ist die reinste und kon-
zentrierteste Form von Energie; auch Milton faßt Schrift nicht als ein
abstraktes Notationssystem auf, sondern als eine ‹Energiekonserve›. Um
dies zu unterstreichen, geht er von dem alchemischen Bild zu einem
mythologischen über: «Ich weiß wohl, daß sie so lebendig und tatkräf-
tig sind wie jene legendären Drachenzähne, aus denen, als man sie aussäte, bewaffnete Menschen hervorsprangen.» [26] Wie Bacon betont Milton die immanente Produktivität des geschriebenen Wortes, indem er
sie mit Samen vergleicht, die ihre Keimkraft über die Zeit bewahren und
die immer wieder ausschlagen können. Da das Buch der lebendige Abdruck eines Geistes ist, kann dieser Geist jederzeit wieder auferstehn,
was zugleich eine Gefahr darstellt, die schwer einzudämmen ist. Milton
hält die Zensur jedenfalls nicht für das geeignete Mittel, da die Wahr-
scheinlichkeit zu groß ist, daß dieser auch gute Bücher zum Opfer fallen. Das gute Buch wird von Milton zu einem sakralen Gegenstand erhoben; keine Rhetorik greift zu hoch, wenn es darum geht, dieses Buch
zu tabuisieren und zu auratisieren: «Wer einen Menschen tötet, der tötet eine vernünftige Kreatur, Gottes Ebenbild. Wer aber ein gutes Buch
zerstört, der tötet die Vernunft selber, tötet sozusagen das Auge des Bildes Gottes. Manch einer lebt als Bürde auf dieser Erde; ein gutes Buch
dagegen ist das kostbare Lebensblut eines Meistergeistes, einbalsamiert
und sorgfältig verwahrt für ein Leben nach dem Leben.» [27]

Ähnlich wie bei Bacon werden von Milton die (guten) Bücher nicht
nur zu den kostbarsten Kulturgütern erhoben, sie werden regelrecht
heiliggesprochen. Damit steigert er noch wesentlich die humanistische
Bewertung, die Schrift und Buch zu positiven Kultursymbolen macht.
Bei ihm schwingt obendrein ein reformatorisches Pathos mit, das die
Bücher (und nicht nur die Bibel!) gegen die Autorität der Institutionen
ausspielt. Noch stärker als bei Bacon wird bei Milton deutlich, daß
Gadamers Topos von Schrift als ‹reinem Geist› seinen Ursprung in einem sehr spezifischen historischen Kontext hat. Der Topos ist nämlich
selbst Teil eines politischen Kampfes zwischen protestantischer Schrift-

---

as in a vial the purest efficacy and extraction of that living intellect that bred them.»
John Milton, Areopagitica, in: Malcolm W. Wallace, ed., Milton's Prose, London 1963,
279–280.

[26] «I know they are as lively, and as vigorously productive, as those fabulous Dra-
gon's teeth; and being sown up and down, may chance to spring up armed men.»
Milton, Areopagitica, 280.

[27] «who kills a Man kills a reasonable creature, God's image; but he who destroys
a good Book, kills reason itself, kills the Image of God, as it were in the eye. Many a
man lives a burden to the Earth; but a good Book is the precious life-blood of a
master-spirit, embalmed and treasured up on purpose to a life beyond life.» Milton,
Areopagitica, 280.

und katholischer Bild-Kultur. Das Buch ist im Druckzeitalter zur hervorragendsten Waffe gegen die Institution der Kirche geworden, und Miltons Rede ergreift Partei in diesem religionspolitischen Prozeß. Dem Bilderkult wird auf diese Weise ein Bücherkult entgegengesetzt, womit die Schrift magische Züge annimmt. Unter diesen polemischen Bedingungen ist sie weit mehr als eine bloße Notationsform; sie wird gleichgesetzt mit elementarem Leben, geheimnisvoller Quintessenz und Unsterblichkeit. Deshalb bezeichnet Milton die Vernichtung eines Buches als Mord (homicide). Wer gegen Bücher vorgeht, «ermordet nicht nur ein elementares Leben, sondern zerstört jene ätherische Quintessenz, den Atem des Geistes selbst, der ermordet also nicht nur etwas Lebendiges, sondern etwas Unsterbliches» *(ends not in the slaying of an elemental life, but strikes at that ethereal fifth essence, that breath of reason itself, slays an immortality rather than a life).*[28]

3. Der Niedergang der Buchstaben – Burton, Swift

Die protestantischen englischen Autoren der Renaissance, die hier zu Wort gekommen sind, propagieren das Modell der ‹lebendigen Buchstaben›, das Schrift nicht vom Gedächtnis ablöst und ihm als Antipoden gegenüberstellt, sondern Schrift und Gedächtnis zusammendenkt als eine stimulierende Notation von Gedanken, als Geistspur, als Energiekonserve. Doch gibt es bereits in der Renaissance auch weniger zuversichtliche Bewertungen der Schrift. Ein Text, in dem die Hoffnung auf Wiederherstellung extrem klein und das Bewußtsein von Zerstörung und unwiederbringlichem Verlust besonders groß geschrieben wird, ist ein Sonett-Zyklus von Du Bellay mit dem Titel: *Les Antiquitez de Rome* (1558). In diesem Zyklus, der dem französischen König mit der Mahnung gewidmet ist, die Erbschaft der römischen Kultur anzutreten, wird mit obsessiver Monotonie beschrieben, wie die einstige Größe Roms in einen Trümmerhaufen zerfallen ist.[29] Nachdem die Reste dieser Kultur für immer in Schutt und Asche liegen, werden die Manen der Vergangenheit in der nekromantischen Zeremonie einer dreifachen Beschwörung angerufen, um ihnen ein Nachleben im Ruhm zu sichern

---

[28] Milton, Areopagitica, 280.

[29] «Que vous puissent les Dieux un jour donner tant d'heur, / De rebastir en France une telle grandeur / Que je la voudrois bien peindre en vostre langage», Joachim Du Bellay, Les Antiquitez de Rome, übertragen von Helmut Knufmann, Schriften der Universitätsbibliothek Freiburg, Freiburg 1980, 12. Vgl. dazu Barbara Vinken, «Die endlich begrabene Stadt. Du Bellays Antiquitez de Rome», in: Aleida Assmann, Anselm Haverkamp, Hgg., Stimme, Figur, Sonderheft der DVjS, Stuttgart 1994, 36–46.

(Sonett 1). Nur eines der folgenden Sonette, die den Untergang Roms in der Trümmerlandschaft der Ruinen schildern, handelt von der Konservierungskraft der Schrift, die diesen Abbruch überdauert (Sonett 5). Rom wird in diesem Sonett als ein Lebewesen mit Körper und Geist beschrieben, wobei *beide* Komponenten dieser Personifikation unwiederbringlich in ihr Erdengrab dahingegangen sind. Was über dieses Ende hinweg noch andauert, sind allein das Schrifttum (ses escripts) und der Ruhm (son loz). Beide garantieren aber kein substantielles ‹Nachleben›, sondern beschwören eher ein Gespenst:

> *Mais ses escripts, qui son loz le plus beau*
> *Malgré le temps arrachant du tombeau,*
> *Font son idole errer parmy le monde.*

> Sein Schrifttum aber, welches seinen Ruhm
> Dem Grabe abringt aller Zeit zum Trotz,
> Schwärmt, sein Gespenst beschwörend, durch die Lande.[30]

Die Philologen der Renaissance haben nicht nur die Lebenskraft der Buchstaben beschworen, sondern auch ihren Betrugscharakter herausgestellt. Valla und Casaubon haben mit neuen philologischen Methoden Gründungsurkunden und vermeintlich archaische Überlieferungen als Fälschungen entlarvt. Auch die Antiquare, die den Philologen zur Seite traten, konzentrierten sich immer weniger auf Schrift als ‹reine Geistspur› und immer mehr auf Schrift in ihrer historischen Materialität. Bei Shakespeare gibt es bereits skeptische Passagen, die seiner Fama-Topik krass widersprechen. In einer Rede der Lukrezia hat er ausgemalt, wie fragil die Materialität von Schriften und Büchern sein kann:

> *(time's glory is)*
> *To fill with worm-holes stately monuments,*
> *To feed oblivion with decay of things,*
> *To blot old books and alter their contents.*[31]

Das Interesse der Zeit besteht darin, / bedeutende Monumente durch Würmer zu durchlöchern, / Vergessen mit dem Verfall der Dinge zu füttern, / sowie alte Bücher zu beflecken und ihren Inhalt zu ändern.

Hier gibt es keine wunderbare Ausnahme der Schrift vom Zerstörungswerk der Zeit. Aber nicht nur die Chance materieller Dauer wird generell in Abrede gestellt, es ist auch von dauernder Verfälschung und Veränderung die Rede. Die vom Zahn der Zeit gezeichneten Folianten mögen noch ein Symbol für ehrwürdiges Alter und damit für eine um so authentischere Wahrheit sein, doch diese Assoziationsmöglichkeit ist

---

[30] Du Bellay, Rome, 22–23.
[31] William Shakespeare, The Rape of Lucrece, vv. 946 ff.

zerstört, wenn ausdrücklich von der Veränderlichkeit der Inhalte der alten Bücher die Rede ist, wo sich ‹memory› auf ‹forgery› reimt.

Gegen solche skeptischen Assoziationen schrieb eine neue Berufsgruppe an, die der Überzeugung von Schrift als Garant der Dauer und Dispositiv des Menschheitsgedächtnisses noch einmal neuen Nachdruck verlieh. Das Horazische Credo «NON OMNIS MORIAR» ebenso wie die Proklamation «VERBA VOLANT – SCRIPTA MANET» finden sich in Druckersignets wieder. Mit dem Hinweis, daß gedruckte Texte alle anderen kulturellen Spuren an Beständigkeit in den Schatten stellen, konnten Drucker und Verleger den Stolz ihres neuen Berufsstandes artikulieren. Sie haben das humanistische Credo, nach dem Schrift und Druck die unabdingbaren Träger der Überlieferung und damit die tragende Säule der Kultur waren, unmittelbar zur Werbung für ihre Produkte eingesetzt. So schrieb z. B. der Herausgeber einer Sammlung deutscher Barockdramen im 17. Jahrhundert:

«In bedenckung dessen, das die Pyramides, Seulen und Büldnussen allerhand materien mit der zeit schadhafft oder durch gewalt zerbrochen werden oder wol gar verfallen ... das wol gantze Städt versuncken, vntergegangen vnd mit wasser bedeckt seien, da hergegen die Schrifften vnd Bücher dergleichen vuntergang befreyet, dann was jrgendt in einem Landt oder Ort ab vnd vntergeht, das findet man in vielen andern vnd vnzehlichen orten vnschwer wider, also das, Menschlicher weiß davon zu reden, nichts Tauerhaffteres vnd vnsterblichers ist, als eben die Bücher.»[32]

Thomas Jefferson, der eine historische Quellensammlung der Gesetze von Virginia anlegte, unterschied ebenfalls sehr genau zwischen der konservierenden Kraft der (Hand-)Schrift und der des Buchdrucks. Er fragte: «Wie viele der kostbaren Werke der Antike gingen verloren als sie nur als Handschrift existierten! Ist bisher ein einziges verloren gegangen, seit die Kunst des Buchdrucks die Vervielfältigung und Verbreitung von Kopien ermöglichte?» und zog daraus den Schluß, daß demokratische Vervielfältigung und Verbreitung die beste Sicherungsform für Texte ist: «Was verloren gegangen ist, kann man nicht wiedergewinnen; retten wir daher das, was geblieben ist; nicht indem wir es wegsperren oder in die Tresore legen, die eine Besichtigung und Benutzung durch die Öffentlichkeit verhindern und es dem zeitlichen Verfall anheimgeben, sondern durch eine Vervielfältigung der Kopien in einem solchen Ausmaß, daß ihnen Unglücksfälle nichts mehr anhaben können.»[33]

---

[32] Jakob Ayrer, Dramen, hg. v. Adelbert von Keller, vol. I, Stuttgart 1865, 4; zitiert nach Walter Benjamin, Ursprung des deutschen Trauerspiels, Frankfurt/Main 1963, 153.

[33] Thomas Jefferson, Brief an George Wythe, zit. nach Elizabeth L. Eisenstein, Die Druckerpresse. Kulturrevolution im frühen modernen Europa, Wien/New York 1997, 74.

Im Vorwort zu seiner *Anatomie der Melancholie* (1621) beobachtete der
Arzt und Enzyklopädist Robert Burton die neue Druck-Produktion aus
der Perspektive eines Lesers, der die neuen Bücher keineswegs so en-
thusiastisch begrüßte, sondern mit der sprunghaften Vervielfältigung des
Wissens auch eine Zersplitterung der Meinungen gegeben sah: «Täglich
erscheinen neue Bücher, Pamphlete, Wurfsendungen, Geschichten,
ganze Kataloge von Bänden aller Art, neue Paradoxa, Meinungen, Abspaltungen, Irrlehren, Kontroversen in Philosophie, Religion usw. (...)
Was für einen Katalog neuer Bücher haben in diesem Jahr, in dieser
ganzen Zeit unsere Frankfurter Messen, unsere heimischen Messen hervorgebracht!»[34]

Burton zitiert die Humanisten Scaliger und Gesner, die wortreich die
Mißstände des neuen Druckzeitalters beklagen. «Wer kaum in der Lage
ist, eine Feder zu halten, muß unbedingt schreiben und sich einen Namen machen!» «Sie schreiben, um die Drucker zu beschäftigen, oder
einfach nur, um zu zeigen, daß sie noch am Leben sind.» Das Druckge-
werbe hat aus der exklusiven Fama einen universellen Drang zur Selbstverewigung gemacht. Die von Milton verherrlichten *Druck*erzeugnisse
werden in den gestrengen Augen Scaligers und in der satirischen Perspektive Burtons zu *Dreck*erzeugnissen. Nicht nur sind die Bibliotheken
und Buchläden voll von verschmutztem Papier, sondern auch die
Nachtstühle und Latrinen. Nicht aus Wissen und Gelehrsamkeit wird
geschrieben, sondern aus Eitelkeit, Geldgier und Speichelleckerei. Was
dabei zu Papier kommt, sind Nichtigkeiten, Abfall, Unsinn (trifles, trash,
nonsense, 23).

Im Lager der anglikanisch Orientierten und Königstreuen war an-
derthalb Jahrhunderte nach Anbruch des Druckzeitalters die Zuversicht
keineswegs ungebrochen, daß ‹Textspuren› vergangenes Leben zu bewahren und erneuern vermögen. Shakespeare hatte seinem Geliebten
im 55. Sonett noch versprochen:

> *Gainst death, and all-oblivious enmity*
> *Shall you pace forth, your praise shall still find room*
> *Even in the eyes of all posterity*
> *That wear this world out to the ending doom.*

> Du gehst durch Tod, verzehrendes Vergessen,
> vor allem leuchtend, was da sinkt ins Nichts,
> und deiner Herrlichkeit sind zugemessen
> die Tage bis zum Tage des Gerichts.

Die Nachwelt verwandelte sich jedoch immer mehr vom Garanten der
Ewigkeit zur schärfsten Bedrohung von Dauer. In einem ökonomisier-

---

[34] Robert Burton, The Anatomy of Melancholy, 3 Bde, hg. v. Holbrook Jackson,
London 1961, Bd. 1, 18, 24.

ten und industrialisierten bürgerlichen Zeitalter veränderten sich nicht nur die Bedingungen literarischen Schreibens und Lesens, sondern auch die des Ruhms. Die Dimension, in die Texte hineingeschrieben wurden, war immer weniger die longue durée von fama und memoria und immer mehr der literarische Markt mit seinen Rhythmen kurzlebiger Konjunktur. Die Druckindustrie richtete sich nach der veränderlichen Nachfrage einer anonymen Leserschaft. In diesem Milieu löste sich die Vision von einem ‹buchstäblichen› Potential für Dauer in Luft auf. Das Ewigkeitsversprechen der Dichter ging in immer rascheren Zyklen von Innovation und Antiquation unter. Im Vorwort seiner *Essays* von 1625 konnte Francis Bacon noch von der Erwartung ausgehen, daß diese (in ihrer lateinischen Version) ebenso lange dauern würden, wie die Bücher auf dieser Welt Bestand haben werden.[35] Im Vorwort zum Tonnenmärchen (*Tale of a Tub*, 1710) hoffte Jonathan Swift von seinem Buch nur noch, «es möge wenigstens bis zum nächsten Wandel unserer Sprache und unseres Geschmacks bestehen».[36]

Das sind Vorbehalte, die auf ein verändertes Zeitbewußtsein schließen lassen. Da der Wandel, der Swifts Text bedroht, schon morgen eintreten kann, bietet der Text keinen Schutz mehr vor dem Ansturm der Zeit, sondern wird dessen unmittelbare Zielscheibe. Da er derart exponiert ist, bedarf er des Rückhalts in einer Reihe von Para-Texten wie Vorworten, Rechtfertigungen, Widmungen und Episteln. Einer dieser Paratexte des Tonnenmärchens ist überschrieben: «Widmungsbrief an seine Königliche Hoheit, den Prinzen Nachwelt». Dieser Prinz, so erfährt man aus der Epistel, ist noch ein Kind, das unter der Vormundschaft eines grausamen Gouverneurs lebt. Dieser Vormund ist kein anderer als Vater Chronos − also die Zeit persönlich −, der von Swift mit allem Prunk barocker Emblematik ausgestattet wird:

«Ich bitte die riesige und furchterregende Sense zu beachten, die der Vormund mit sich herumzutragen pflegt. Schauen Sie sich doch bitte einmal die Länge, Stärke, Schärfe und Härte seiner Nägel und Zähne an! Ganz zu schweigen von dem elenden und widerlichen Atem, der ansteckt, zersetzt und alles Lebendige und Materielle bedroht. Und dann fragen Sie sich angesichts dieser Waffen und Wirkungen der Zeit bitte einmal, ob irgendein Stück sterblicher Tinte und Papier dieser Generation dagegen etwas auszurichten vermag?»[37]

---

[35] Francis Bacon, Essays, in: The Works, hg. v. James Spedding, Robert Leslie Ellis u. Douglas Denon Heath, 14 Bde, London 1857–1874, Bd. VI, 373.

[36] «The Book seems calculated to live at least as long as our Language, and our Taste admit no great Alterations.» Jonathan Swift, A Tale of a Tub. Written for the Universal Improvement of Mankind (1710), hg. v. A. C. Guthkelch und D. Nichol Smith, Oxford 1958, 3.

[37] «I beseech You to observe that large and terrible *Scythe* which your *Governour* affects to bear continually about him. Be pleased to remark the Length and

Die alte Opposition von Zerstörungswerk der Zeit hier und Ewigkeitsanspruch der Dichtung dort wird bei Swift vermittelt durch die
Nachwelt, vorgestellt als ein junger Prinz, der mit Eintritt in ein mün-
diges Alter den schrecklichen Vormund Zeit ersetzen soll. Damit ersetzt
Swift den traditionellen Ewigkeitsanspruch der Dichtung durch einen
Appell an die Nachwelt. «Gewiß ist die Unsterblichkeit eine große und
mächtige Göttin», so schreibt er, «aber unsere Gebete und Opfer bleiben von ihr unerhört.» Das heißt in weniger mythologischen Worten,
daß die Dauer von Geschriebenem nicht mehr gegen den Widerstand
einer mythischen Zeit, sondern nur noch in Allianz mit einer späteren
Leserschaft durchgesetzt werden kann. Obwohl literarische Werke, wie
Swift sich ausdrückt, «an sich leicht genug sind, um für immer auf der
Oberfläche der Ewigkeit zu schwimmen», fehlt ihnen doch jegliches
Vermögen immanenter Dauer. Sie sind deshalb angewiesen auf eine soziale Konstruktion, auf einen generationenübergreifenden Pakt, der sie
stützt. Nicht die immanente Kraft des Textes, sondern allein das Votum
der Nachwelt entscheidet über seine Dauer.

Bis zur Mündigkeit des Prinzen herrscht allerdings noch der schreck-
liche Gouverneur Zeit, ein grausamer und willkürlicher Despot, der
dafür verantwortlich ist, «daß von den mehreren tausend Büchern, die
alljährlich in dieser Stadt produziert werden, bis zur nächsten Sonnen-
umdrehung nicht eines mehr bekannt ist».[38] In der Vervielfältigung und
Verbreitung der Bücher, die im 17. Jahrhundert noch als Garantie ihrer
Dauer bewertet wurde, sieht man jetzt die Ursache ihres Verfalls: «In der
Tat, obwohl ihre Zahlen groß und ihre Produktion vielfältig sind, werden sie doch so schnell wieder verdrängt, daß sie sich unserem Gedächtnis und unseren Blicken entziehen.»[39]

Hier wird deutlich, daß Swift mit dem traditionellen allegorischen
Bild der gefräßigen Zeit, des Tempus edax, eine sehr moderne Institution karikiert: die organisierte Flüchtigkeit des Buchmarkts. Er hatte noch
gehofft, so fährt er fort, für den Prinzen ein Verzeichnis von Neuer-
scheinungen zusammenzustellen, doch konnte er schon nach wenigen
Stunden keine Spur mehr von ihnen finden: «Ich erkundigte mich bei
Lesern und Buchhändlern, aber umsonst; die Erinnerung an sie war ausgelöscht; sie waren nirgendwo mehr aufzutreiben. Ich wurde ausgelacht
als Tölpel und Pedant ohne Geschmack und Kompetenz in den Ge-

---

Strength, the Sharpness and Hardness of his *Nails* and *Teeth*: Consider his baneful
abominable *Breath*, Enemy to Life and Matter, infectious and corrupting: And then
reflect whether it be possible for any mortal Ink and Paper of this Generation to make
a suitable Resistance.» Swift, Tale, 32.

[38] Swift, Tale, 33.
[39] Swift, Tale, 44.

schäften des Tages, ahnungslos in den Sitten von Hof und Stadt.»[40] Swift dreht die Schraube seiner Satire noch eine Windung weiter. Er fragt, was denn «aus den Unmengen Papier geworden (sei), die zur Produktion so vieler Bücher nötig waren?» Die Anwort lautet, daß Bücher ebenso wie Menschen nur auf einem Weg auf die Welt kommen, aber auf vielen Wegen aus ihr scheiden. Ihre materiellen Rückstände verschwinden lautlos und permanent an vielen Orten: Sie werden in öffentlichen Bedürfnisanstalten benutzt und in Öfen verbrannt, mit ihnen werden die Fenster der Bordelle verklebt und Lampenschirme geflickt.

Swifts Beschreibung des Buchmarkts macht sarkastisch deutlich, daß Schriftspuren aus sich heraus keine immanente Widerstandskraft gegen Verfall und Vergessen enthalten, sondern für ihren Fortbestand auf soziale Verabredungen angewiesen sind. Der Ewigkeitsanspruch und das Ewigkeitsversprechen der Schrift beruhten auf zwei Grundannahmen: daß erstens der materielle Bestand und zweitens die Lesbarkeit der Texte gesichert ist. Swift zeigt, daß beide Annahmen um die Mitte des 18. Jahrhunderts nicht mehr selbstverständlich sind. Die hohe Innovationsrate, die mit der gesteigerten Produktion einhergeht, und die Erfahrung historischen Wandels machen das Überdauern von Texten im kulturellen Gedächtnis zunehmend unwahrscheinlicher. An die Stelle der universalen Erosion in der Zeit, von der Schrift auf wunderbare Weise ausgenommen sein sollte, trat die Unterwerfung alles Geschriebenen und Gedruckten unter die Gesetzmäßigkeiten historischen Wandels und die Dialektik von Erneuern und Veralten, Produktion und Abfall. Alles Geschriebene, so konstatierte Emerson ein Jahrhundert später, «stürzt in den unvermeidlichen Abgrund, den die Schöpfung des Neuen für das Veraltete öffnet».[41]

Swift konnte sich noch dafür verbürgen, daß das, was er gerade niederschrieb, im selben Augenblick wahr war; «allein über die Umwälzungen, die geschehen mögen, bis dies einem Leser unter die Augen kommt», vermochte er keine Prognosen anzustellen. Auf ähnliche Weise kam ein Jahrhundert später dem Essayisten Charles Lamb der ephemere Charakter des geschriebenen Worts zu Bewußtsein, als er unter dem Titel «Ferne Korrespondenten» seine Erfahrungen über den Briefverkehr mit einem Freund in Australien zu Papier brachte. «Es bedarf einer großen Anstrengung, eine Korrespondenz über solchen Abstand

---

[40] «I enquired after them among Readers and Booksellers, but I enquired in vain, the *Memorial of them was lost among Men, their Place was no more to be found*: and I was laughed to scorn, for a *Clown* and a *Pedant,* without all Taste and Refinement, little versed in the Course of *present* Affairs, and that knew nothing of what had pass'd in the best Companies of Court and Town.» Swift, Tale, 34–35.

[41] Ralph Waldo Emerson, Circles (1841), in: Essays and Lectures, hg. v. Joel Porte, New York 1983, 403.

hinweg aufzubauen. Die träge Welt des Wassers zwischen uns legt sich
bedrückend auf meinen Geist. Es ist schwer vorzustellen, wie meine
Schriftzüge sich über eine solche Distanz strecken sollen. Irgendwie ist
es anmaßend, sich vorzustellen, daß die eigenen Gedanken in solche
Ferne dringen können. Mir ist, als ob ich an die Nachwelt schriebe.»[42]

Auch Lamb hält es für unwahrscheinlich, daß das, was im Augenblick
der Niederschrift wahr ist, noch wahr sein wird, wenn es seinen Empfänger erreicht, und umgekehrt könnte eine platte Erfindung auf dem langen
Reiseweg zu einer plausiblen Wahrheit heranreifen. Wahrheiten haben
nicht nur ihre Halbwerts-Zeiten, sie ändern auch ihre Qualität; mit Lambs
Worten: Sie haben die Tendenz, sich zu entsubstantialisieren (to unessence
herself).[43] Lambs Essay ist eine bemerkenswerte Umkehrung von Bacons
Auffassung der Buchstaben, die er als heroische Reisende auf dem Meer
der Zeiten pries und denen er die Vergesellschaftung von Autoren und
Lesern entfernter Jahrhunderte zutraute. Die Buchstaben haben bei
Lamb ihre Aura als Energiespeicher, die an anderem Ort und zu anderer
Zeit umstandslos reaktivierbar sind, gänzlich verloren. Während Bacon
den verbindenden Effekt der Buchstaben unterstrich, betont Lamb ihren
distanzierenden und ‹entfremdenden› Effekt.

4. Von Texten zu Spuren

Das Verhältnis einer Epoche zur Vergangenheit beruht zu einem wesentlichen Bestandteil auf ihrem Verhältnis zu den Medien des kulturellen Gedächtnisses. In der Epoche der Renaissance war die Zuversicht
noch groß, daß in Texten ein kleiner, aber entscheidender Ausschnitt des
für immer Vergangenen, der unsterbliche Geist des Autors verlustlos
konserviert war. Mit diesem Autor konnte ein späterer Leser, sofern er
sich ihm geistesverwandt fühlte, über große Zeiträume hinweg in einem
Raum schriftgestützter Gleichzeitigkeit kommunizieren. Im 18. Jahrhundert löst sich das Vertrauen in die unbegrenzte Konservierungskraft
der Texte auf. Damit verdunkelt sich abrupt der Raum schriftgestützter
Gleichzeitigkeit, jener überhistorischen Synchronisierung, die mit dem
Phänomen ‹Klassik› einhergeht.[44] Mit solcher Verdunklung wird die
Vergangenheit jedoch noch nicht zu einem schlechthin fremden Land,
zu dem wir keinen Reisepaß mehr besitzen. Denn die Erfahrung des
Verlusts wird wieder mit neuen Erfahrungen von Nähe und Unmittel-

---

[42] Charles Lamb, «Distant Correspondents» (1823), The Essays of Elia, London
1894, 142–148, hier: 142.

[43] Lamb, Correspondents, 143.

[44] Zu diesem Thema ausführlicher: Aleida Assmann, Zeit und Tradition. Kulturelle
Strategien der Dauer, Wien 1998.

barkeit beantwortet. Weiterhin wird eine Brücke zur Vergangenheit über den Abgrund des Vergessens geschlagen, doch die Pfeiler dieser Brücke sind nicht mehr Texte, sondern Relikte und Spuren.

William Wordsworth

Im 19. Jahrhundert war es vorbei mit dem ungebrochenen Vertrauen in die Beständigkeit und Reproduktionskraft der Buchstaben. War Bacon sich noch sicher gewesen, daß nach der Erfindung des Buchdrucks die Angst vor einem zweiten Mittelalter, vor einem abermaligen Abbruch menschheitlicher Erinnerung (the alarms about the loss of mankind's memory) gebannt wäre, so war ebendiese Angst um 1800 so virulent wie nie zuvor. Das kann William Wordsworth bezeugen, der in seiner poetischen Autobiographie *The Prelude* (1805/1850) das fünfte epische Buch den Büchern gewidmet hat, die auf «die Entwicklung seines Dichtergeistes» (wie das Werk im Untertitel heißt) Einfluß hatten. Dieses Kapitel über die Bücher wird durch eine Reflexion und einen Traum eingeleitet. Die Reflexion gilt der Vergänglichkeit menschlichen Wissens. Die Unterscheidung von dauerhaften, zweidimensionalen Text-Dokumenten und vergänglichen, dreidimensionalen Monumenten ist aufgegeben; Bücher sind bei Wordsworth demselben Schicksal der Vernichtung in der Zeit ausgesetzt, während das Privileg der Zeitenthobenheit bei ihm auf die Natur übergeht. Die göttliche Seele und der unsterbliche Geist des Menschen finden in der zeitlosen Natur ihren Widerpart, nicht in der zeithaltigen und -abhängigen Kultur.

> *Thou also, man! hast wrought,*
> *For commerce of thy nature with itself,*
> *Things worthy of unconquerable life;*
> *And yet we feel – we cannot choose but feel –*
> *That these must perish. (. . .)*
> $\qquad\qquad$ *man*
> *As long as he shall be the child of earth,*
> *Might almost ‹weep to have› what he may lose,*
> *Nor be himself extinguished, but survive*
> *Abject, depressed, forlorn, disconsolate.*

O Mensch, auch du schufst – daß deine Natur
Mit ihrem Selbst erkennend Umgang pflege –
Dinge mit Anspruch auf Unsterblichkeit.
Und doch: wir fühlen ('s ist ein unabwendbar
Uns mitgegebenes Gefühl), daß sie
Zugrunde gehen müssen.
(. . .)
Und dennoch wird der Mensch, solange er
Ein Kind der Erd' ist, beinah weinen, daß er
Besitzen darf, was er verlieren kann,

> Und daß er nicht auch selbst vergehen mag,
> Nein, daß er ärmlich, wert- und trostberaubt
> Und ganz *verloren* überlebt.[45]

Wordsworth nimmt hier eine Wendung aus Shakespeares 64. Sonett auf, dessen Schlußzeilen lauten:

> *This thought is as a death, which cannot choose*
> *But weep to have that which it fears to loose.*

> Gedanke, der in Todestrauer führt:
> zu denken, daß man hat, was man verliert!

Mit diesem Zitat nimmt Wordsworth die barocke Vergänglichkeits-Stimmung auf, die jedoch deshalb noch nicht dieselbe ist wie die romantische Vergänglichkeits-Stimmung. Zwischen mutabilitas und Historismus bestehen gravierende Unterschiede, die sich nicht zuletzt in der Bewertung der Schrift als Gedächtnismedium greifen lassen. Schrift ist um 1800 kein stabiler Datenträger mehr; die Geschichtlichkeit und Vergänglichkeit menschlicher Kultur stehen für Wordsworth außer Frage. Die Kraft der Wiedergeburt traut er nur noch der Natur zu, die sich nach einer kosmischen Katastrophe, so nimmt er an, auf wunderbare Weise wiederherstellen wird. Die Natur, die von einem göttlichen Wesen durchwaltet ist, wird sich als «living Presence» langsam aber sicher und siegreich wieder zur Geltung bringen, während die Kultur, die Werke des menschlichen Geistes keine Aussicht auf eine ähnliche Renaissance haben. Milton rühmte die Schrift als «Destillat des menschlichen Geistes», Gadamer als reine Geistspur, Wordsworth dagegen beklagt, daß dieser Geist kein dauerhaftes, kongeniales Medium zur Verfügung habe:

> *Oh! why hath not the Mind*
> *Some element to stamp her image on*
> *In nature somewhat nearer to her own?*
> *Why, gifted with such powers to send abroad*
> *Her spirit, must it lodge in shrines so frail?* (V, 45–49)

> O warum hat
> Der Geist kein Element, dem er sein Bild
> Aufprägen kann und das im Wesen ihm
> Und in der Weise seines Seins verwandt ist?
> Warum, da er so hohe Kraft verströmen
> Und Energie aussenden kann, warum
> Muß das Gefäß, in das er's gießt, so schwach sein?

Schrift ist bei Wordsworth keine Wunderwaffe mehr gegen die Erosion der Zeit, sondern ein besonders zerbrechlicher Schrein. Der Traum, der

---

[45] William Wordsworth, The Prelude, V, 18–28, 137.

nun auf diese Reflexion folgt, malt sie in apokalyptischen Farben aus: Ein Araber flieht mit zwei Büchern durch die Wüste, die in der Sprache des Traums als Stein und Muschel visualisiert werden; der Stein symbolisiert das solide Wissen der Zahlen, die Muschel die Harmonie epischen Gesangs. Beide Bücher hofft er durch Vergraben zu retten vor einer heranziehenden apokalyptischen Flut, ein unmögliches Projekt, das den Araber zu einem quixotischen Abenteurer macht. Der Träumer muß mitansehen, daß menschliches Wissen und menschliche Kultur in keiner beständigen Form über Zeit und Zerstörung hinweg gerettet werden können.

Thomas Carlyle

Die Einsicht, daß Texte keinen sicheren Zusammenhalt von Vergangenheit, Gegenwart und Zukunft garantieren, wurde besonders von Historikern immer nachdrücklicher betont, die die Zuverlässigkeit schriftlicher Quellen ebenso in Frage stellten wie ihre eigenen Darstellungskonventionen. In einem Aufsatz über Geschichtsschreibung aus dem Jahre 1833 hat Thomas Carlyle dieses neue Geschichtsbewußtsein ausgesprochen: «Wieviel wissen wir denn heute überhaupt noch von der Sache, die jetzt stumm geworden ist, die wir ‹die Vergangenheit› nennen, und die einstmals laut vernehmliche Gegenwart war? Ihre schriftliche Mitteilung erreicht uns in denkbar mangelhaftem Zustand: gefälscht, ausgemerzt, zerrissen, verloren. Was auf uns gekommen ist, ist nichts als ein Fetzen, eine Spur, die noch dazu schwer zu lesen, ja kaum zu entziffern ist.»[46]

Die helle Vergangenheit der Tradition beruhte auf stabilen Texten und gesicherter Lesbarkeit; diese Text-Tradition wird durch Kanonisierung und Kommentierung stabilisiert. Die dunkle Vergangenheit der Geschichte dagegen bleibt in ihrer Dichte fremd und unzugänglich. Carlyles Bilder von der Vergangenheit sind die eines dichten Gewebes, eines vielschichtigen Aggregats, einer Verkettung von Daten, eines kaum entzifferbaren Palimpsests.[47] Geschichte bemißt sich für Carlyle nicht mehr nach dem, was erhalten, sondern nach dem, was verloren ist: «Wir müssen davon ausgehen, daß von unserer Geschichte der wichtigere Teil

---

[46] Thomas Carlyle, «On History again» (1833), in: Critical and Miscellaneous Essays in Five Volumes. Volume III, London 1899: «Of the thing now gone silent, named Past, which was once Present, and loud enough, how much do we know? Our ‹Letter of Instructions› comes to us in the saddest state; falsified, blotted out, torn, lost and but a shred of it in existance; this too so difficult to read or spell.» 168. Eine ähnliche Haltung war bereits im 17. Jahrhundert ausgebildet worden, die als «historischer Pyrrhonismus» bekannt werden sollte. Vgl. dazu Arnaldo Momigliano, Wege in die Alte Welt, Berlin 1991, 88.

[47] Thomas Carlyle, «On History» (1830), in: Critical and Miscellaneous Essays in Five Volumes. Volume II, London 1899, 86.

unwiederbringlich verloren ist.»[48] Angesichts der Ruinen von Palmyra
hatte der Reisende Robert Wood achtzig Jahre zuvor schon einmal vom
rätselhaften Schweigen der Geschichte, «this silence of history», gesprochen.[49] Die Leerstellen, die die Romantiker noch mit ihrer Imagination
aufzufüllen trachteten, werden bei Carlyle konstitutiv für den Text, den
wir Geschichte nennen. Was gemeinhin Geschichte genannt wird, ist das
Ergebnis einer rigorosen ‹Datenkompression›, die von keinem Bewußtsein gesteuert, sondern der Willkür des zeitlichen Verfalls geschuldet ist.
Was wir von der Geschichte zu Gesicht bekommen, ist nichts als ein er-
bärmlicher Fetzen (a miserable defective shred). Diese radikale Reduktion vergangener Wirklichkeit auf den erbärmlichen Fetzen wird von
Carlyle jedoch nicht beklagt, sondern gepriesen. Denn ließen sich alle
Daten der Kulturgeschichte zuverlässig abspeichern, wäre das für ihn das
Ende des Gedächtnisses. Weil im Gedächtnis notorisch Platzmangel
herrscht, muß, was in es eingehen soll, einer rigorosen Reduktion un-
terworfen werden. Verfall und Vergessen komprimieren die Daten der
Geschichte. Diese Kompression ist allerdings gedächtnisfreundlich, denn
ohne sie könnte man nicht mehr als eine Woche im Gedächtnis behal-
ten.[50] Erinnern und Vergessen, so fährt Carlyle fort, «sind wie Tag und
Nacht ebenso aufeinander angewiesen wie alle anderen Gegensätze in
diesem unserem seltsamen dualistischen Leben: Vergessen ist die leere
Seite, auf die die Erinnerung ihre Leuchtschrift malt, und der dunkle
Grund, der diese Schrift lesbar macht. Gäbe es nur Licht, könnte man
ebensowenig lesen wie im Stockfinstern.»[51]

Die ‹Gnade des Informationsschwunds› (Harald Weinrich) macht also Erinnerung und Historiographie allererst möglich. Damit deutet sich
ein tiefgreifender Strukturwandel des kulturellen Gedächtnisses an: Hatte man auf dem Boden der Tradition das Gedächtnis von der Einschreibung und Speicherung her bestimmt, so wird das Gedächtnis nun im
Rahmen des historischen Bewußtseins von der Tilgung, der Zerstörung,
der Lücke, dem Vergessen her bestimmt. Damit kommt es zu einer folgenreichen Akzentverschiebung ‹von Texten zu Spuren› als Medien des
kulturellen Gedächtnisses. Während man bei Buchstaben und Texten
von der vollständigen Reaktivierbarkeit einer vergangenen Mitteilung
ausging, kann an Spuren immer nur ein Bruchteil vergangenen Sinns
restituiert werden. Spuren sind in diesem Sinne Doppelzeichen, daß sie
Erinnern unauflösbar an das Vergessen knüpfen. Es ist die Einsicht in

---

[48] Carlyle, «On History», 87.
[49] Robert Wood, The Ruins of Palmyra (1753), 1, zit. nach Peter Geimer, Die Vergangenheit der Kunst – Strategien der Nachträglichkeit im 18. Jahrhundert, Diss.
Marburg 1997, 64.
[50] Carlyle, «On History again», 172.
[51] Carlyle, «On History again», 173.

dieses in die Spuren eingebaute Vergessen, das die kontinuierliche Traditionslinie von der Vergangenheit über die Gegenwart in die Zukunft zerreißt und die Vergangenheit fremd werden läßt.

Spuren eröffnen einen grundsätzlich anderen Zugang zur Vergangenheit als Texte, weil sie die nichtsprachlichen Artikulationen einer vergangenen Kultur – die Ruinen und Relikte, die Fragmente und Scherben – ebenso wie die Überreste mündlicher Tradition mit einbeziehen. «Was die antiken Historiker ausgelassen haben, konnte von modernen Antiquaren geborgen werden.»[52] Der Historiker Jakob Burckhardt definierte sein Projekt einer Kulturgeschichte mit Hilfe des Gegensatzes zwischen Texten und Spuren. Unter ‹Texten› verstand er kodierte Botschaften und damit bewußte Artikulationen einer Epoche samt allen tendenziösen (Selbst-)Täuschungen, die damit verbunden sind. Unter ‹Spuren› verstand er demgegenüber indirekte Informationen, die das unstilisierte Gedächtnis einer Epoche dokumentieren, welches keiner Zensur und Verstellung unterliegt. Ganz im Sinne Marcel Prousts konzentriert sich die Spurensuche des Kulturhistorikers auf das unwillkürliche Gedächtnis einer vergangenen Gesellschaft. Spuren werden für ihn kostbarer als Texte, denn den stummen und indirekten Zeugen wird ein höherer Grad an Wahrhaftigkeit und Authentizität zugesprochen, ja bei Burckhardt sogar der höchste Grad an Gewißheit: «primum gradum certitudinis».[53]

5. Schrift und Spur

Schrift und Spur werden oft als Synonyme verwendet, doch sind sie keineswegs gleichbedeutend. Schrift ist Kodierung von Sprache in Form von visuellen Zeichen. Diese Definition kann für Spur nicht gelten. Spur läßt sowohl den sprachlichen Bezug als auch den Zeichencharakter der Kodierung hinter sich. Dennoch bleibt sie semiotisch lesbar als ein indexikalisches Zeichen, dem kein Kode zugrunde liegt.[54] An die Stelle des repräsentierenden Zeichens rückt die Unmittelbarkeit eines Abdrucks oder Eindrucks.

In der Metaphorik der Erinnerung spielte der Begriff der Spur seit der Antike eine wesentliche Rolle. Wir haben oben auf Aristoteles Bezug

---

[52] Arnaldo Momigliano, Alte Geschichte und Antiquarische Forschung, in: ders., Wege in die Alte Welt, Berlin 1991, 85–86.
[53] Jakob Burckhardt, Die Kunst der Betrachtung. Aufsätze und Vorträge zur Bildenden Kunst, hg. v. Henning Ritter, Köln 1984, 175.
[54] Charles Sanders Peirce definiert das indexikalische Zeichen als «a sign which refers to the object that it denotes by virtue of being really affected by that object». Collected Papers, 8 Bde, hg. v. A. Burke, Cambridge, Mass., 1966, Bd. 2, 248.

genommen; auch Platon hat sich ausführlich dazu geäußert, als er die Wachstafel zum Modell für Gedächtnis und Erinnerung machte. Er schrieb:

«Wenn jemandes Wachs in der Seele stark aufgetragen ist und reichlich und glatt und gehörig erweicht (...) bei solchen Menschen sind alle aus den Wahrnehmungen kommenden (...) eingezeichneten Abdrücke, da sie rein sind und Tiefe genug haben, auch dauerhaft, und solche Menschen selbst sind zuerst gelehrig, dann auch von gutem Gedächtnis, ferner verwechseln sie nicht die Abdrücke der Wahrnehmungen, sondern stellen immer richtig vor.»[55]

Wenn das «Mark der Seele aber rauh oder schmutzig» oder auch «zu feucht und zu hart ist», sind die Abdrücke undeutlich und werden bald unkenntlich. Wer keine sauberen Prägungen der Urbilder in seinem Seelenwachs besitzt und sich deshalb nicht richtig erinnern kann, der versieht und verhört sich nicht nur, er verdenkt sich auch.

Im 19. Jahrhundert ist der Begriff der Spur in der experimentellen Gedächtnispsychologie zu neuen Ehren gebracht worden. Platons Metaphysik der Anamnesis wurde dabei durch eine Physik des Realen ersetzt. So ging man davon aus, daß sich die «Spur des Realen» ebenso in die Silbersalze der photographischen Platte wie in die Substanz des Gehirns «einschreibt». Spur wurde damit zu einem generalisierten Oberbegriff für Schrift und Bild, der Begriff erstreckte sich insbesondere auf jene physiologischen und physikalischen Vorgänge, bei denen keine menschliche Hand und kein menschlicher Geist mehr mit im Spiele sind. Richard Semon entwickelte den Begriff des «Engramms», den der Kunst- und Kulturwissenschaftler Aby Warburg produktiv aufnahm.[56] Karl Spamer bestimmte 1877 die Spur als «eine Krafteinwirkung an einem unbelebten Objekt», das diese Energie in sich festhält. Gedächtnis und Spur werden dabei zu synonymen Begriffen. Man kann, schrieb Spamer, «von einem Gedächtnis aller organischen Materie, ja der Materie überhaupt, sprechen, in dem Sinne, daß gewisse Einwirkungen mehr oder weniger dauernde Spuren an ihr hinterlassen. Der Stein selbst behält die Spur des Hammers, der ihn getroffen hat.»[57] Nach dieser Auffassung gibt es, wie bei Platons Wachstafel, mehr oder weniger spuren- und also gedächtnisfähige Materialien. Flüssigkeiten sind normalerweise nicht spurenfähig, weil sich Oberflächen automatisch wieder glätten und Löcher wieder füllen und schließen. Deshalb ist der Lethestrom zur

---

[55] Platon, Theaitetos, in: ders., Sämtliche Werke in 6 Bänden, übers. v. Friedrich Schleiermacher, Hamburg 1958, IV, 194c–195a, 162–163.

[56] Ernst H. Gombrich, Aby Warburg. Eine intellektuelle Biographie, Frankfurt/Main 1981.

[57] Karl Spamer, Die Physiologie der Seele, Stuttgart 1877, 86, zit. nach Manfred Sommer, Evidenz im Augenblick, Frankfurt a. M. 1987, 149 f.

zentralen Metapher des Vergessens geworden. (Heutige Physiker versichern uns allerdings, daß es auch Flüssigkeiten gibt, die spuren- bzw. gedächtnisfähig sind, und zwar die sogenannten nicht-newtonischen Flüssigkeiten.)

Mit dem Begriff der Spur erweitert sich das Spektrum der ‹Einschreibungen› über die Texte hinaus auf die photographischen Bilder und die Krafteinwirkungen am Objekt und durch Objekte. Der Schritt von den Texten zu den Spuren und Relikten als signifikanten Zeugen der Vergangenheit entspricht einem Schritt von der Schrift als intentionalem sprachlichem Zeichen zur Spur als materieller Einprägung, die, obwohl nicht als Zeichen gemeint, dennoch nachträglich als Zeichen lesbar wird.

Auf ihre ganze Länge gesehen, hat die Geschichte der Schrift vier entscheidende Stadien durchlaufen, ohne allerdings dabei die jeweils früheren Stufen automatisch zu verdrängen. Von der Bilderschrift führt ein Weg zur Alphabetschrift, von dieser ein Weg zur Analogschrift der Spur, und von dieser noch einmal ein Weg zur Digitalschrift. Bei dem letzten Übergang handelt es sich wieder um eine Schrift mit einem Kode, wenn auch mit einem minimalistischen, der nur noch aus zwei Elementen besteht. Vielleicht sollte man hier lieber von einer ‹strukturellen Schrift› sprechen, da sie aus Impulsen besteht, die keinen Zeichencharakter haben und selbst nichts repräsentieren. Gegenüber der Bilderschrift hatte bereits die Alphabetschrift den Abstraktionsgrad radikal gesteigert: Mit einer spektakulären Reduktion der Zeichenmenge war es möglich geworden, jedwede natürliche Einzelsprache in diesem Medium zu repräsentieren und damit das vorgängige Verbindungsverhältnis von Schrift und Sprache zu überwinden. Die Digitalschrift hat diesen Abstraktionsprozeß noch einmal gesteigert: Sie hat ihre Elemente noch weiter reduziert und ist in der Lage, unterschiedliche Medien zu kodieren. War die Alphabetschrift translinguistisch, so ist die Digitalschrift transmedial – sie schreibt mit demselben Kode Bilder, Töne, Sprache und Schrift.

Die Renaissance-Gelehrten faßten, wie wir gesehen haben, Schrift als ein energetisches Medium auf. Haben diese Autoren, denen der Gedanke des toten Buchstabens so fernlag und die größtes Gewicht auf die intrinsischen Kräfte des Geschriebenen legten, das Konzept des elektrischen Schreibens in irgendeiner Form vorweggenommen? Eine Ähnlichkeit liegt gewiß darin, daß in beiden Konzepten Schreiben nicht auf Nach-Schrift reduziert wird, sondern auch die Qualität einer Vor-Schrift annimmt und geradezu mit Programmieren gleichzusetzen ist. Die Textspur fährt dem Gedanken nicht nur nach, sie fährt ihm auch voraus als ein Signal, eine Aktivierung, eine Instruktion.

Der Unterschied wird jedoch sofort deutlich, wenn man nach der Gedächtniskraft der Buchstaben fragt. Die Allianz von Schrift und Gedächtnis, die die Renaissance-Theoretiker so stark gemacht haben, wird von der elektronischen Schrift aufgelöst. Das bedeutet, daß sie ihre dienende, instrumentelle Rolle für den menschlichen Geist aufkündigt und umgekehrt den menschlichen Geist instrumentalisiert. Das Hierarchieverhältnis zwischen Mensch und Technik hat sich seit der Renaissance grundlegend verändert. Die Energie der elektrischen Schrift geht ihre eigenen Wege und unterwirft sich nicht mehr der menschlichen Kommunikationsfunktion, die für die Renaissance unbestritten war. Schrift blieb in der Renaissance bei aller hyperbolischen Verklärung auf ihre instrumentelle, vermittelnde Funktion beschränkt.[58] Sie blieb ein Werkzeug des Menschen, das ihm dabei half, seinen Denk- und Handlungsraum auszudehnen und seine hochfahrenden Ambitionen und Hoffnungen umzusetzen. Vor allem aber bewahrte und ermöglichte sie zwischenmenschliche Kommunikation über Abgründe des Vergessens hinweg; mit anderen Worten: Sie fungierte stets als Gedächtnisstütze, ganz im Sinne des Schrifterfinders Theut im platonischen Mythos. Mit dem elektrischen Schreiben ist dieser Bezug der Schrift zum menschlichen Körper und Gedächtnis unterbrochen worden. Was elektrisch geschrieben wird, kann nur noch elektrisch gelesen werden; der Mensch bleibt eine Randfigur dieses Geschehens, denn er ist auf Rückübersetzungen in die anthropozentrischen Kodierungsformen von Bild und Schrift angewiesen. Damit hat sich die elektrische Schrift aus dem Szenario, wie Platon es angelegt hatte, herausgeschrieben und zieht Spuren, von denen sich weder Theut noch Thammus etwas träumen ließen.

Die digitale Schrift ist kraft ihrer ‹Immaterialität› bzw. elektronischen Energie eine fließende Schrift. Damit verliert sie die wichtigsten Merkmale, die Schrift zu einer suggestiven Gedächtnismetapher gemacht haben: An die Stelle der fixierenden Eingravierung sind die Bilderkaskaden und Informationsflüsse getreten, die, wie S. J. Schmidt es ausgedrückt hat, «auf vergessensintensive Serialität angelegt» sind. Und an die Stelle vertikaler Schichtungen des Überschreibens, welche Latenzzustände ermöglichen, ist die reine flimmernde Oberfläche getreten ohne Tiefe, Hintergrund und Hinterhalt. Die Funktionen des Speicherns und Löschens liegen bei der Digitalschrift extrem nahe beieinander, sie sind nur einen Fingerdruck voneinander entfernt. «Bewertendes Erinnern», schreibt S. J. Schmidt, «Erinnern, das einen Riß im Informationskontinuum voraussetzt, wird unwahrscheinlich

---

[58] Es muß betont werden, daß die hier genannten Autoren ein humanistisches Schriftkonzept vertreten, das in der Renaissance entwickelt wurde, aber nicht in reiner Ausschließlichkeit dominierte. Als ein ganz anderes Konzept wären kabbalistische Schriftmodelle zu nennen, die den Buchstaben mit göttlicher Energie aufladen und ihn damit der menschlichen Kommunikation und Verfügung entziehen.

und störend.»[59] Es gibt dieses Erinnern sicherlich immer noch, doch vermag es sich unter elektronischen Bedingungen nicht mehr, wie bisher, im technischen Verfahren des Schreibens metaphorisch zu spiegeln. Es wird in diesem Rahmen allenfalls noch negativ verbildlicht als «Riß im Informationskontinuum».

6. Spuren und Abfall

Das Problem der Überlieferung – und damit des kulturellen Gedächtnisses – hat sich erheblich verkompliziert, als es nicht mehr galt, gegen das Vergessen anzuschreiben und anzulesen, sondern dieses Vergessen selbst als ein konstitutives Element im Prozeß der Überlieferung zu veranschlagen. Bei der Verlagerung des Interesses *von Texten auf Relikte* geht es um einen Wechsel der Gedächtnismedien von ‹sprechenden› zu ‹stummen› Zeugen, die wieder zum Sprechen gebracht werden. Bei der Verlagerung des Interesses *von Relikten auf Spuren* geht es um die Rekonstruktion von Vergangenheit vor allem aus solchen Zeugnissen, die nicht an die Nachwelt adressiert und nicht zum Dauern bestimmt waren. Sie sollen von dem etwas mitteilen, wovon die Überlieferung in der Regel schweigt: dem unscheinbaren Alltag. Hier ist der Weg *von Spuren zum Abfall*[60] vorgezeichnet: Dank seiner ‹Andacht zum Unbedeutenden›[61] verwandelt sich dem Kulturhistoriker und ‹Vergangenheits-Detektiv› Abfall in Information. Dieser letzte Schritt soll anhand eines Romans von Thomas Pynchon verdeutlicht werden und das Problem der Gedächtniskraft der Buchstaben an die Schwelle unserer Gegenwartskultur führen.

In der westlichen Zivilisation verschärft sich das Problem des kulturellen Gedächtnisses unter dem Druck der neuen Medien, die zugleich unvorstellbare Speicherkapazitäten freisetzen und Informationen in immer schnelleren Rhythmen zirkulieren lassen. Immer dichtere Kommunikationsnetze vergesellschaften entfernteste Regionen. Radio und Fernsehen schicken ihre Programme pausenlos und gedankenschnell

---

[59] Siegfried J. Schmidt, Die Welten der Medien. Grundlagen und Perspektiven der Medienbeobachtung, Braunschweig/Wiesbaden 1996, 68.

[60] Michael Thompson, Rubbish Theory. The Creation and Destruction of Value, Oxford 1979, hat eine Abfall-Theorie aus der Perspektive des Soziologen vorgelegt. Eine ausführliche Rezension dieses Werks findet sich in Jonathan Culler, Framing the Sign. Criticism and Its Institutions, London 1988, 168–182. Zu einer Geschichte des Schmutzes aus literaturwissenschaftlicher Perspektive vgl. Christian Enzensberger, Größerer Versuch über den Schmutz, München 1968.

[61] So der Titel eines Buches von Roland Kany, Mnemosyne als Programm. Geschichte, Erinnerung und die Andacht zum Unbedeutenden im Werk von Usener, Warburg und Benjamin. Studien zur deutschen Literatur, 93, Tübingen 1987.

über Satelliten um den Globus. Die Speicherkapazität neuer Datenträger und Archive sprengt die Konturen eines kulturellen Gedächtnisses. Die Bilderflut des Fernsehens macht die Schrift als zentrales Gedächtnis-Medium obsolet; neue Speicher- und Informationstechnologien basieren auf einer anderen Art von Schrift, nämlich der digitalen, die in ihrer flüssigen Gestalt nichts mehr zu tun hat mit dem alten Gestus des Einschreibens. Diese Schrift läßt keinen trennscharfen Unterschied mehr zu zwischen Erinnern und Vergessen.

Die Situation eines totalen Medien-Regimes, das Erinnern und Vergessen gesamtgesellschaftlich steuert, wird von dem U. S.-amerikanischen Autor Thomas Pynchon in seinem Roman *The Crying of Lot 49* thematisiert. Der Roman stellt die Frage: Gibt es in einer Kultur, die ihr Medien-Netz immer enger zieht, noch Spuren eines unprogrammierten Lebens? Die Antwort lautet: im Abfall.

Die elektronischen Massenmedien haben gewisse Tendenzen, die sich bereits in der Druckkultur abzeichneten, noch erheblich verstärkt. Dazu gehört die von Swift registrierte Dialektik von Innovation und Antiquation, bzw. Produktion und Müll. Dennoch gab er die Hoffnung nicht ganz auf, über den Abgrund der Zeit hinweg mit den Toten sprechen zu können und dieses Gespräch durch einen Pakt mit der Nachwelt zu sichern.[62] In Thomas Pynchons Beschreibung einer durch die Massenmedien gerasterten Welt suchen wir vergebens nach ähnlichen Hoffnungen. In einem Punkt nähern sich die gegensätzlichen Systeme der Massenmedienkultur und des totalitären Staates aneinander an: Sie bedrohen das Gedächtnis, sei es durch rigide Verengung, sei es durch einen Überfluß an Information. In Orwells Szenario einer totalitären Welt müssen auch noch die kleinsten Ritzen verstopft werden, die einen Blick auf die Vergangenheit freigeben, weil dieser Blick zugleich immer eine Revision der absolutistischen Gegenwart ermöglicht. In der Welt, wie sie von den westlichen Massenmedien organisiert wird, löst sich das Gedächtnis dagegen in beschleunigten Zyklen von Produktion und Verzehr von selbst auf.

Pynchon präsentiert die Welt der Massenmedien als eine Welt organisierter Amnesie, in der die Medien das kollektive Imaginäre produzieren. Demgegenüber wird das Gedächtnis mit zwei entgegengesetzten Kompetenzen verbunden: dem persönlichen Identitätssinn und dem Realitätssinn. Die Heldin in Pynchons Roman sammelt akribisch Hinweise und Spuren, die ihr, Schritt für Schritt, ein alternatives Netzwerk

---

[62] Nietzsche definierte «Ruhm» als den «Glaube(n) an die Zusammengehörigkeit und Continuität des Grossen aller Zeiten», als einen «Protest gegen den Wechsel der Geschlechter und die Vergänglichkeit». Unzeitgemäße Betrachtungen. Zweites Stück: Vom Nutzen und Nachteil der Historie für das Leben. In: Sämtliche Werke. Band I, 260.

namens W. A. S. T. E. (Abfall) entbergen, eine inoffizielle Gegen-Kultur, eine unveröffentlichte, geheime, stumme Welt im Abseits offizieller Kommunikationskanäle. Oedipa Maas entdeckt ihre heroische Bestimmung darin, sich erinnern zu müssen in einer Welt des Vergessens: «Aber sie schien dazu bestimmt zu sein, sich erinnern zu müssen. Diese Möglichkeit faßte sie ins Auge ... Zitternd probierte sie es: Ich bin dazu bestimmt, mich zu erinnern!»[63]

Ihre Situation ist vergleichbar derjenigen Winston Smiths, der in Orwells *1984* sich auf die Suche nach einer vernichteten Vergangenheit macht. Bezeichnenderweise konzentrieren sich Oedipa wie Winston dabei auf den Müll als verläßlichsten Träger eines inoffiziellen Gedächtnisses. Winston Smith entdeckt einen Fetzen Papier hier und ein Stückchen Abfall dort, die zufällig den sogenannten memory holes, der gigantischen Spuren-Vernichtungs-Maschinerie, entgangen sind. Oedipa Maas entdeckt ein Stück Müll, das für sie zum Emblem wird für Gedächtnis überhaupt. Es handelt sich um die Matratze eines sterbenden Matrosen, deren «unersättliche Füllung» ihr plötzlich zu einem kostbaren Schatz wird: «Mit welchem Salz war, wie die Datenbank eines Computers die Daten der Verlorenen speichert, durch all die Jahre hindurch die unersättliche Füllung jener Matratze getränkt worden, die die Spuren von jedem Schweiß, der in einem Alptraum vergossen wurde, bewahren konnte, die Spuren jeder in hilfloser Angst ausgelaufenen Blase, diese Spuren jedes lasterhaften Traumes, der unter Tränen ausgeträumt wurde?»[64]

Oedipa findet die Spuren, die sie sucht, nicht in kulturellen Relikten und Bruchstücken einer vergangenen Epoche, sondern in körperlichen Rückständen und Ausdünstungen: Knochen, Schweiß, Samen, chemische Salze verwandeln ihr die Füllung der alten Matraze in eine Datenbank *für all das Verlorene*. Im Zeitalter rasant anwachsender Speichertechnologien und Datenbanken erfindet Pynchons Heldin einen Seismograph, eine Registratur für das, was nicht festgehalten werden kann, weil es nicht kodierbar ist: das irreduzibel Ephemere. Diese Entdeckung ist ein Moment der Offenbarung, der kurze Augenblick eines intensiven Realitäts-Kontakts. Die Datenbank, Emblem des Erinnerns, wird zu einem Emblem des Vergessens. Mit dem Verschwinden der Matratze «würde die Welt keine weitere Spur» dieses Lebens tragen: «und

---

[63] Thomas Pynchon, Die Versteigerung von No. 49, Deutsch von Wulf Teichmann, Hamburg 1973. «She was meant to remember. She faced that possibility (...) She tested it, shivering: I am meant to remember.» The Crying of Lot 49, Philadelphia, New York 1965, 118.

[64] Pynchon, 108, engl.: «that could keep vestiges of every nightmare sweat, helpless overflowing bladder, viciously, tearfully consummated wet dream, like the memory bank to a computer of the lost.» (126).

die ganze endlose Kette von Menschen, die darauf schon geschlafen hatten, ganz gleich, wie ihr Leben auch verlaufen sein mochte, tatsächlich gleichzeitig aufhören zu existieren und das für immer, wenn sie in Flammen aufging, die Matratze, die sie jetzt staunend anstarrte. Es war, als hätte sie gerade einen Prozeß, der sich nicht umkehren läßt, entdeckt.»[65]

Der «Wunsch, mit den Toten zu sprechen», ist so alt wie die Menschheit. Neuere Theoretiker haben uns allerdings angehalten, solche atavistischen Wünsche zu unterdrücken. Roland Barthes kritisiert eine Form der Lektüre, die «um jeden Preis den Toten zum Sprechen bringen» will, und Michel Foucault wehrt sich gegen die «historisch-transzendentale Tradition des 19. Jahrhunderts», die «vom Überleben des Werks, von seinem Fortbestand über den Tod hinaus, von seinem rätselhaften Überschuß» ausgeht.[66] Das Problem stellt sich anders dar, wenn man die Materialität der Gedächtnismedien selbst mit in Betracht zieht sowie die kulturellen Erwartungen, Hoffnungen und Resignationen, die jede Epoche auf andere Weise mit ihnen verbindet. Unser historischer Überblick hat uns von der Schrift über die Spuren bis zum Abfall geführt. Dieser Überblick wollte wichtige Schwerpunktverlagerungen markieren, jedoch nicht den Anschein einer gradlinigen ‹Entwicklung› erwecken. Die unterschiedlichen Gedächtnismedien lösen einander ja nicht einfach ab. Sie bestehen nebeneinander und stehen für unterschiedliche Formen von Kontinuität und Diskontinuität im kulturellen Gedächtnis. Der Vergangenheitsbezug ist keineswegs und zu keinem Zeitpunkt einheitlich; vielmehr kommt es zu einer immer komplexeren Struktur der Überlagerung und Durchkreuzung unterschiedlicher Gedächtnisschichten: der Schicht der Texte, der Relikte, der Spuren und des Abfalls.

Doch nicht die Gedächtnismedien allein sind dabei ausschlaggebend, sondern auch die unterschiedlichen mit ihnen entwickelten Hermeneutiken. Wir können hier von Pfaden sprechen, die Zugänge zu verschiedenen Vergangenheiten bahnen. Da ist der Pfad der klassischen Texte, von denen versichert wird, sie seien in der unvergänglichen Materialität der Buchstaben konserviert, und die in Einstimmung in eine transhistorische Gleichzeitigkeit gelesen werden. Auf diesem Pfad, den die Renaissance-Humanisten gebahnt haben, kann sich noch ein Philosoph unserer Tage bewegen. Da ist der Pfad der kritischen Historiographie, der die Texte unter die Relikte einreiht und sie im Bewußtsein eines wachsenden zeitlichen Abstandes liest. Da ist der Pfad der

---

[65] Pynchon, 110, engl.: «the set of all men who had slept on it, whatever their lives had been, would truly cease to be, forever, when the matress burned. She stared at it in wonder. It was as if she had just discovered the irreversible process.» (128)

[66] Roland Barthes, Kritik und Wahrheit, Frankfurt a.M. 1967, 71; Michel Foucault, «Was ist ein Autor?», in: Schriften zur Literatur, München 1974, 14, 15.

historischen Imagination, die die Relikte in poetischen Rekonstruktionen neu ‹belebt›. Und da ist der Pfad der elektronischen Informationstechnologie, die immer einfachere und vollständigere Aufzeichnungstechniken ermöglicht und gleichzeitig die Wahrnehmung für das Nichtspeicherbare, das für immer Verlorene schärft.

Grundsätzlich läßt sich an dieser Geschichte, wenn es überhaupt eine ist, festhalten, daß das Bewußtsein für das komplexe Ineinanderwirken von Erinnern und Vergessen zugenommen hat. Die Situation des kulturellen Gedächtnisses im digitalen Medienzeitalter scheint dadurch gekennzeichnet zu sein, daß Erinnern und Vergessen immer mehr ihre Trennschärfe verlieren. Damit würde sich die Struktur des kulturellen Gedächtnisses dem Unbewußten annähern, in dem es ja bekanntlich jene klare Unterscheidung ebenfalls nicht gibt. Dieser Zustand ist von Joyce vorweggenommen worden, der die Indifferenz von Erinnern und Vergessen in seinem Universum unbewußter sprachlicher Produktivität mit Vorliebe über Versprecher, Sprachspiele und puns inszenierte. Er war es auch, der uns daran erinnert hat, daß das Wort für Buchstabe, *letter*, einen nahen Verwandten hat, nämlich Abfall, *litter*.

III.

BILD

Die Photographie des verschwundenen Wesens
berührt mich wie das Licht eines Sterns.
(Roland Barthes, *Die helle Kammer*)

Nicht wahr, es ist wie ein Fluch,
diese Art des Erinnerns, dieses Festhalten von Bildern,
die den Blick aufs Heute und Jetzt verstellen.
(Jürgen Becker, *Der fehlende Rest*)

Vergegenwärtigen wir uns noch einmal die wichtigsten Argumente, die in der Renaissance-Debatte um die Qualitäten von Schrift und Bild als Speichermedien vorgetragen wurden. Bacon traute den Bildern nicht zu, daß sie eine getreue Wiedergabe und stabile Konservierung der Originale leisten könnten. Er stellte Schrift und Bild in ein je anderes Verhältnis zur Zeit. Bildwerke galten als materiell und standen in einer zerstörenden Zeit, Schrift galt als immateriell und stand entweder in einer generierenden Zeit oder überhaupt außerhalb der Zeit. Hinzu kam, daß zwei- und dreidimensionale Bilder als Abbilder von einem Urbild aufgefaßt werden. Sie markierten von Anfang an eine ontische Distanz, die sich durch die materielle Erosion der Bilder in der Zeit noch weiter vergrößerte. Anders die Schrift, die als Emanation des Geistes und als ein Mittel geistiger Reaktivierung gedacht wurde. Hier kam es nicht wie beim Bild zu einer einmaligen und irreversiblen ‹Exkarnation›, sondern zu beliebig wiederholbaren Chancen der Reinkarnation, wie die verbreitete Metaphorik von Schrift als Samenkorn bezeugte. In dieser Debatte spiegelte sich sowohl der in der Renaissance virulente Wettstreit der Künste (Paragone) als auch ein konfessionspolitischer Konflikt zwischen Parteien, die auf die Schrift bzw. das Bild als das zentrale kulturelle Massenmedium setzten. Diejenigen, die die Bilder gegenüber der Schrift abwerteten, verfolgten damit kulturpolitische Ziele. Bacons Position war philosophisch und wissenschaftlich begründet; sein Plädoyer für die Schrift korrespondierte mit einer Abwehr der Bilder, die er zudem als Verfestiger einer archaisch anthropomorphen Mentalität bekämpfte. Miltons Position war theologisch begründet; für ihn verlief die Demokratisierung des Geistes über das Medium Schrift, Bilder bargen kein vergleichbares aufklärerisches Potential und konnten in den Händen der Katholischen Kirche deshalb leicht zu Zwecken der Massenbeeinflussung eingesetzt werden.

Es waren also Qualitäten wie Lesbarkeit und Transparenz, die die Schrift für bestimmte Theoretiker der Renaissance zum bevorzugten Gedächtnismedium machten. Mit der Präferenz der Schrift wurde eindeutig die kognitive Funktion des Gedächtnisses privilegiert. Diese Option zugunsten der Schrift ist in der abendländischen Kultur im Wortsinne geschichtsmächtig geworden, ist sie doch unmittelbar in die Definition dessen eingegangen, was ‹Geschichte› genannt worden ist. So ließ zum Beispiel Ranke in seiner *Weltgeschichte* Geschichte erst dort beginnen, «wo die Monumente verständlich werden und glaubwürdige schriftliche Aufzeichnungen vorliegen».[1] Diese Einstellung hat sich inzwischen radikal geändert. Gegenwärtige Historiker erkannten hier einen großen Nachholbedarf und entdeckten die Bilder als geschichtliche Quellen. Reinhart Koselleck untersucht die Monumente und Riten des politischen Totenkults und die Verbürgerlichung des Reiterstandbildes. Pierre Nora wünscht sich «die Wege einer neuen Art von Geschichte, deren Aufmerksamkeit dem Symbolischen und der Vorstellungswelt gilt».[2] Auch die oral history ist auf ihre Weise an der Rehabilitierung von Bildern beteiligt. Lutz Niethammer sieht in ihnen ein ursprüngliches, weil unbearbeitetes Rohmaterial für Erinnerungen und damit so etwas wie einen harten Kern des Gedächtnisses:

«Routinen und Zustände, die einmal so wichtig waren, daß sie im Gedächtnis verblieben sind, werden offenbar bildlich erinnert. Deshalb können sie einem interessierten Zuhörer, der sie durch seine Nachfrage der Bedeutungslosigkeit des Alltäglichen entreißt und vielleicht sogar durch Vorhalte ihre Rekonstruktion erleichtert, oft mit großer Genauigkeit geschildert werden. Dazu mögen dann zwar Geschichten assoziiert werden; in sich selbst haben solche Schilderungen aber keine narrative Struktur und tendieren nicht zu einer Sinnaussage.»[3]

Doch schon zu Rankes Zeiten gab es Gegenbewegungen. Im Zeichen einer integralen Kulturgeschichte begann man, der schriftlichen Überlieferung zu mißtrauen und über die Bilder und Monumente neue Zu-

---

[1] Leopold von Ranke, Weltgeschichte, erster Teil, Leipzig 1881, 2. Auflage, Vorrede IV.

[2] Reinhart Koselleck, Michael Jeismann, Hgg., Der politische Totenkult, München 1994; Arthur E. Imhoff, Geschichte sehen, München 1991 und ders., Im Bildersaal der Geschichte, München 1991; Pierre Nora, Zwischen Geschichte und Gedächtnis, hg. v. Ulrich Raulff, Berlin 1990, 9. Vgl. dazu meinen Aufsatz: «Im Zwischenraum zwischen Geschichte und Gedächtnis: Bemerkungen zu Pierre Noras ‹Lieux de mémoire›», in: Lieux de mémoire, Erinnerungsorte. D'un modèle français à un projet allemand, hg. v. Etienne François, Les Travaux du Centre Marc Bloch, Cahier 6, Berlin 1996, 19–27.

[3] Lutz Niethammer, «Fragen – Antworten – Fragen», in: Lutz Niethammer und Alexander von Plato, Hgg., ‹Wir kriegen jetzt andere Zeiten›. Auf der Suche nach der Erfahrung des Volkes in nachfaschistischen Ländern. Lebensgeschichte und Sozialkultur im Ruhrgebiet 1930–1960, Band 3, Berlin, Bonn 1985, 405.

gänge zur Vergangenheit zu entdecken. Das Prädikat der Unmittelbarkeit, das der Schrift gegenüber den Bildern vorbehalten gewesen war, reklamieren Forscher wie Jakob Burckhardt oder Aby Warburg für die Bilder. Diese Unmittelbarkeit ist allerdings nicht mehr wie bei der Schrift mit Transparenz verbunden; für das Bild und Symbol gilt vielmehr die Intransparenz, die irreduzible Ambivalenz. Wurde die Schrift als unmittelbare Emanation des Geistes interpretiert, so wird das Bild als unmittelbarer Niederschlag eines Affekts bzw. des Unbewußten gedeutet. Die vis der Bilder, die auf ihr unkontrollierbares Affektpotential zurückgeht, macht dieses Gedächtnismedium für diejenigen, die sich von den Texten als entstellenden Zeugnissen abwenden, zum bevorzugten Träger des kulturellen Unbewußten. Während die über Texte geleitete Tradition taghell war, ist die über Bilder und Spuren geleitete dunkel und enigmatisch. Im Gegensatz zu Texten sind Bilder stumm *und* überdeterminiert; sie können sich ganz verschließen oder beredter sein als jeder Text. Die Inkommensurabilität der beiden Medien, die sich in wechselseitiger Unübersetzbarkeit verbunden mit dem unverminderten Anspruch auf wechselseitige Übersetzung ausprägt, hat ihr physiologisches Substrat in einer sprach- und einer bildverarbeitenden Gehirnhälfte. Diese Struktur der Doppel- und Intermedialität ist nicht zuletzt auch verantwortlich für die Komplexität und Produktivität des individuellen wie kulturellen Gedächtnisses, das sich beständig zwischen Schichten des Bewußten und des Unbewußten bewegt.

Bilder tauchen im Gedächtnis vor allem dort auf, wohin keine sprachliche Verarbeitung reicht. Das gilt besonders für traumatische und vorbewußte Erfahrungen. Als der Arzt und Maler Carl Gustav Carus (1789–1869) seine Lebenserinnerungen schrieb, fiel ihm zum Beispiel auf, daß «aus frühester Zeit durchaus nur einzelne Bilder vorhanden» waren, woraus er schloß, «daß die allerfrühesten Erinnerungen nie einen Gedanken, sondern immer nur eine oder die andere Sinnesvorstellung, welche gleichsam daguerreotypisch besonders fest sich eingeprägt hatte, zutage fördern werden».[4] Auch in dieser Formulierung wird wieder deutlich, wie eng die Beschreibung von Gedächtnis mit der Medientechnologie verknüpft ist. Denn wie die Schrift ist auch das Bild zugleich Metapher und Medium des Gedächtnisses. Die «daguerreotypisch» gefestigten Eindrücke beziehen sich sowohl auf die mentalen Bilder als auch auf die frühen Photographien, die die Erinnerungen von außen abstützen.

---

[4] Carl Gustav Carus, Lebenserinnerungen und Denkwürdigkeiten, Leipzig 1865/66, Bd. 1, 13. Dazu: Anton Philipp Knittel, «Bilder-Bücher der Erinnerung. ›Jugenderinnerungen eines alten Mannes‹ im Kontext ihrer Zeit», in: Weimarer Beiträge. Zeitschrift für Literaturwissenschaft, Ästhetik und Kulturwissenschaften 42 (1996,4), 545–560.

De Quincey sprach kurz vor Erfindung der Photographie vom Palimpsest des menschlichen Gehirns, in dem sich die Erfahrungsbilder eines gelebten Lebens Schicht für Schicht ablagern und später plötzlich durch die Chemie der Restauratoren wieder lesbar werden. De Quinceys als Wunder beschriebene Vision ist durch die Photographie zu einer alltäglichen Technik geworden, die ebenfalls, woran Roland Barthes erinnert hat, der Chemie geschuldet ist. Die Chemie der Photoemulsion vollbringt ein Wunder, das darin besteht, das von Objekten abgestrahlte Licht zu materialisieren. Und wie De Quincey von der Wiederauferstehung der toten Bildspuren in der Stunde des Todes, des Fiebers oder des Opiumrausches sprach, so spricht auch Barthes vom Zauber der Photographie als einer Auferstehung der Toten. Die Photographie funktioniert aber nicht nur in Analogie zur Erinnerung, sie wird auch zum wichtigsten Medium der Erinnerung, denn sie gilt als sicherstes Indiz einer Vergangenheit, die nicht mehr existiert, als fortexistierender Abdruck eines vergangenen Augenblicks. Von diesem Vergangenheitsmoment bewahrt die Photographie eine Spur des Realen, mit dem die Gegenwart durch Kontiguität, durch Berührung verbunden ist: «Die Photographie ist, wörtlich verstanden, eine Emanation des Referenten. Von einem realen Objekt, das einmal da war, sind Strahlen ausgegangen, die mich erreichen, der ich hier bin.»[5] Darin übertrifft die Photographie alle bisherigen Gedächtnismedien, daß sie durch ihren indexikalischen Charakter einen geradezu kriminologischen Existenzbeweis einer bestimmten Vergangenheit liefert. Diese Erinnerungshilfe mag feinkörnig und scharf konturiert sein, sie bleibt jedoch sprachlos. Deshalb führt das ausgezeichnete und unversiegliche Gedächtnis der Photographien bald ein Eigenleben als Phantomerinnerung, sobald der rahmende kommunikative Erzähltext abbricht, der allein die externen Gedächtnisbilder in lebendige Erinnerung zurückzuübersetzen vermag.

1. Imagines agentes

Mit dem Gedächtnis sind Bilder ebenso wie die Schrift seit der Antike verbunden. Während Platon sich zum Zusammenhang von Gedächtnis und Schrift geäußert hat, hat die römische Gedächtniskunst den Zusammenhang von Gedächtnis und Bild stark gemacht. Diese Kunst, die

---

[5] Roland Barthes, Die helle Kammer. Bemerkungen zur Photographie, Frankfurt a. M. 1989, 90 f. Vgl. dazu: Anselm Haverkamp, «Lichtbild – Das Bildgedächtnis der Photographie: Roland Barthes und Augustinus», in: A. Haverkamp, R. Lachmann, Memoria. Vergessen und Erinnern. Poetik und Hermeneutik XV, München 1993, 47–66. Zu den theologischen Prämissen von Barthes' «ontologischem Realismus des photographischen Bildes» finden sich Reflexionen bei Gertrud Koch, «Das Bild als Schrift der Vergangenheit», in: Kunstforum 128 (1996), 197–201.

als ein Subsystem der Rhetorik betrachtet wurde, entwickelte eine visuelle Gedächtnisschrift. Im Gegensatz zur alphabetischen Schrift ist sie rein ideographisch; sie besteht statt aus Buchstaben aus Bildern, den ‹imagines›, die in bestimmte als konkret vorgestellte Örter, die ‹loci› wie auf eine Schreibfläche eingetragen werden. Die bildliche Gedächtnisschrift ist nach dem Modell der Alphabetschrift als eine Alternative zu ihr konzipiert. Cicero hat erläutert, daß mit mnemotechnischen ‹imagines› auf die ‹loci› «gerade wie mit Buchstaben auf Wachs» geschrieben wird, und auch der unbekannte Lehrer der römischen Gedächtniskunst, dessen Werk unter dem Titel *Ad Herennium* bekannt ist, hat die beiden Akte des Memorierens, das Einprägen und das Rückrufen, explizit mit Schreiben und Lesen gleichgesetzt.[6]

Nach dem historischen Niedergang der ägyptischen Hieroglyphen wurde von den Erfindern der rhetorischen Mnemotechnik die Bilderschrift also noch einmal neu entdeckt. Sie ‹psychologisierten› dabei diese Bilderschrift, indem sie sie nicht auf Stein und Papyrus, sondern unmittelbar ins Gedächtnis schrieben. Sie psychologisierten die Bildzeichen aber auch insofern, als sie sich besonders auf solche Bilder konzentrierten, die die Imagination in besonderer Weise affizieren und deshalb eine besondere Einprägungskraft besitzen. Ihre Bilder folgen einer anderen Repräsentations-Logik als die Schrift. Die entscheidende Distinktion heißt hier nicht willkürlich oder motiviert, bzw. ähnlich oder unähnlich, sondern eindrücklich oder blaß. In der antiken Mnemotechnik steht dafür der Begriff der ‹imagines agentes›, das sind wirkmächtige Bilder, die durch ihre Eindruckskraft unvergeßlich sind und deshalb als Gedächtnisstützen für blassere Begriffe verwendet werden können. In diesem Sinne wird in der römischen Mnemotechnik der Affekt als die wichtigste Stütze von Erinnerungen genannt:

«Wenn wir im täglichen Leben Dinge sehen, die klein, gewöhnlich und banal sind, können wir uns in der Regel nicht an sie erinnern, denn der Geist ist nicht von etwas Neuem und Wunderbaren angestoßen. Wenn wir aber etwas außergewöhnlich Niedriges, Schändliches, Ungewöhnliches, Großes, Unglaubliches oder Lächerliches sehen, wird sich dieses unserem Gedächtnis für lange Zeit einprägen. (...) Wir sollten also solche Bilder wählen, die am längsten im Gedächtnis haften. Dafür müssen wir möglichst auffallende Vergleiche suchen und also Bilder wählen, die nicht stumm und vage sondern *aktiv* wirksam sind (si non mutas ac vagas sed aliquid agentes imagines ponemus). Wir müssen diese Bilder mit außergewöhnlicher Schönheit ausstatten oder mit einzigartiger Häßlichkeit, wir müssen sie prunkvoll einkleiden in Krone und Purpur oder verunstalten mit Blutflecken, Schlammspuren oder greller roter Farbe.»[7]

---

[6] Marcus Tullius Cicero, Über den Redner, De Oratore, übers. und hg. v. W. Merklin, Stuttgart 1976, 433.

[7] Rhetorica Ad Herennium, III, XXII, hg. von Theodor Nüßlein, Zürich 1994, 174–177; vgl. Frances A. Yates, The Art of Memory, London 1992, 25–26.

Die surreal anmutenden Gedächtnishieroglyphen der römischen Mnemotechnik, die ‹Gift› durch einen Kelch konkretisieren und einen ‹Zeugen› (testis) aufgrund lautlicher Assonanz durch ‹Widderhoden› (testes) ersetzen, kommen den Traum-Hieroglyphen und ihrer Syntax erstaunlich nahe, setzen doch beide die Verfahren der Ersetzung, Verzerrung und Entstellung zum Zweck der Intensitätssteigerung ein. Diese Verfahren, die im Traum einer Umgehung der Zensur des Wachbewußtseins geschuldet sind, dienen in der Mnemotechnik der Steigerung des Eindrucks und damit der Einprägbarkeit der Zeichen. Was die ‹imagines agentes›, die wir mit «aktiven» oder «wirksamen Bildern» übersetzen können, für die römische Mnemotechnik vor der Schrift auszeichnet, ist nicht die Natürlichkeit oder Unmittelbarkeit, die später den Hieroglyphen zugeschrieben wurden, sondern ihre immanente Gedächtniskraft. Anders als im Freudschen Unbewußten wurde diese affektive Macht der Bilder von der Mnemotechnik jedoch nicht nur freigesetzt, sondern zugleich auch rigoros instrumentalisiert. Der Widderhoden, der den vor Gericht anwesenden Zeugen im Gedächtnis repräsentieren soll, ist in der Tat ein sperriges und deshalb unvergeßliches Bild. Es wird eingesetzt, um über eine lautliche Assonanz eine Gedächtnisbrücke zum Zielbegriff herzustellen. Damit aber wird der überschüssige in die Bilder eingeschriebene Affektbetrag sofort wieder neutralisiert, die unkontrollierte Vielfalt der Assoziationen umgehend arretiert. Die Bilder «handeln» nicht aufgrund ihrer explosiven Suggestivkraft, sondern allein im Rahmen ihrer verknüpfenden, gedächtnisstützenden Funktion. Wäre Raum gegeben für den eigenen Bedeutungshof und assoziativen Reichtum der ‹imagines agentes›, so wäre aus der Gedächtniskunst sehr bald ein psychedelischer Trip, ein Traum oder ein Text von James Joyce geworden. Mit anderen Worten: In der römischen Gedächtniskunst bedient sich die ars der vis, aber sie tut es auf eine Weise, bei der die ars über die vis dominiert.[8]

Die ‹imagines agentes› spielen auch in der modernen Rhetorik noch eine Rolle. Der englische Romantiker Thomas de Quincey zum Beispiel hat Rhetorik als eine «Kunst der Vergrößerung» definiert, die «mit Hilfe verschiedenartiger und packender Gedanken einige Aspekte einer Wahrheit verstärkt, die selbst von keinen spontanen Gefühlen gestützt ist und daher ganz auf künstliche Hilfsmittel angewiesen ist» *(the art of aggrandizing (. . .) by means of various and striking thoughts, some aspect of truth which of itself is supported by no spontaneous feelings, and therefore rests upon artificial aids).*[9] In einer Zeit der drohenden Erschöpfung von Sensibilität

---

[8] Im Kapitel über den Körper als Gedächtnismedium werden wir auf das Affektpotential der Bilder noch ausführlicher zurückkommen, weil die beteiligten Affekte stets somatisch grundiert sind.

[9] Collected Writings of Thomas de Quincey, hg. v. David Masson, 14 Bde., Edinburgh 1889–1890, Bd. 10, 92.

verstand er auch Stil ganz in diesem Sinne als ein künstliches Reizmittel und somit als Kompensation für Empfindungsverlust. Stil erfüllte für De Quincey die Aufgabe, «die Eindrucksstärke eines Gegenstands wiederherzustellen, der für die Wahrnehmung unscheinbar geworden ist» *(to regenerate the normal power and impressiveness of a subject which has become dormant to the sensibilities)*.[10] Daß sich die Wahrnehmungsbereitschaft des Menschen in der Moderne durch technischen Wandel und die damit verbundene Zeitbeschleunigung verändert hat, hat auch Baudelaire bestätigt, der ein begeisterter Leser De Quinceys war. Er definierte Modernität als ein neues Verhältnis zur Zeit: als «das Vorübergehende, das Entschwindende, das Zufällige», als «die Hälfte der Kunst, deren andere Hälfte das Ewige und Unabänderliche ist».[11] Die rhetorische Mnemotechnik filterte die Zeit aus und machte den Raum zur zentralen Dimension der Erinnerung. Baudelaire fragte danach, wie sich unter dem Druck der Zeit und dem Eindruck der modernen technischen Bilder der Photographie Wahrnehmung und Gedächtnis verwandeln. Er entdeckte Formen einer neuen Mnemotechnik, einer neuen Interaktion von Gedächtnis und Imagination. Die in den Bildern wirksame vis wird bei ihm zu jener Gedächtniskraft, die sich im Fluß der flüchtigen Zeit behauptet. In einem Essay über Constantin Guys, den er als «Maler des modernen Lebens» apostrophierte, entfaltete Baudelaire sein Konzept einer modernen Mnemotechnik. Constantin Guys malt «mit einer instinktiven Energie der Gipfel- oder Lichtpunkte eines Objekts ... mit einer Übertreibung, die für das menschliche Gedächtnis von Nutzen ist – denn die Imagination des Beschauers unterliegt ihrerseits dieser so despotischen Mnemotechnik».[12] Dieser Rückblick auf das Bildkonzept der antiken Mnemotechnik zeigt, wie eng die Aspekte der Kunst und der Kraft, der ‹ars› und der ‹vis› im Gedächtnis zusammenwirken können.

2. Symbole und Archetypen

Jenseits der Traditionslinien der Mnemotechnik gelangen wir zum Begriff des Symbols, der im 19. und frühen 20. Jahrhundert im Zentrum einer energetischen Kulturtheorie steht. Damit machen wir zugleich einen Schritt von der psychischen Verfassung des individuellen Gedächt-

---

[10] De Quincey, Collected Writings, Bd. 10, 260–261.

[11] Charles Baudelaire, «Der Maler des modernen Lebens», in: Gesammelte Schriften, Darmstadt 1982, Bd. 4, 286.

[12] Baudelaire, «Der Maler des modernen Lebens», 292. Vgl. Manfred Koch, Die Mnemotechnik des Schönen. Studien zur poetischen Erinnerung in Romantik und Symbolismus, Tübingen 1988.

nisses zur Vorstellung eines transindividuellen Gedächtnisses, das seine Wurzeln in der Vorzeit hat. Wir greifen hier noch einmal die Worte des Altertumsforschers Johann Jakob Bachofen auf, die er in einem biographischen Brief an seinen Lehrer Savigny niedergelegt hat. Der Rechtshistoriker, der auf der Suche nach Spuren einer archaischen psychischen Schicht die Zeugnisse älterer Kulturen studierte, stieß dabei auf das Symbol im Kontext des Gräberwesens, also an einem Ort der Kultur, wo der Brauch im Wirkungsbereich «des Sanktum, des Unbeweglichen, des Unverrückbaren» die Formen besonders gefestigt und tabuisiert hatte. «In den Gräbern hat sich das Symbol gebildet, jedenfalls am längsten erhalten. Was am Grabe gedacht, empfunden, still gebetet wird, das kann kein Wort aussprechen, sondern nur das in ewig gleichem Ernste ruhende Symbol ahnungsreich andeuten. (...) Daß die Römer aus ihrem Rechtsleben die Symbolik entfernten, zeigt wie jung sie sind der tausendjährigen Kultur des Ostens gegenüber.»[13]

Wo keine Traditionslinien mehr rekonstruierbar waren, mußte die Phantasie (ein-)springen. Wir erinnern hier noch einmal an die oben eingeführte Unterscheidung von Schrift und Spur und ihre Ausformung in Bachofens Beschreibung vom kurzen Weg der Intuition und langen Weg des Verstandes: «Es gibt zwei Wege zu jeder Erkenntnis, den weitern, langsameren, mühsameren verständiger Kombination, und den kürzern, der mit der Kraft und Schnelligkeit der Elektrizität durchschritten wird, der Weg der Phantasie, welche von dem Anblick und der unmittelbaren Berührung der alten Reste angeregt, ohne Mittelglieder das Wahre wie mit Einem Schlage erfaßt.» (11) Mit diesen beiden Wegen sind zwei Modelle der Überlieferung und zwei Gedächtnismedien verbunden: die unmittelbare Anamnesis, die in der Berührung bzw. *Kontiguität der Bilder* wirkt, und die mittelbare Tradition, die auf der *Kontinuität der Texte* beruht. Je schwächer die eine Form der Überlieferung wird, desto mehr kann die andere an Bedeutung gewinnen.

Die immanente Gedächtniskraft der Bilder steht auch im Zentrum der Forschungen Aby Warburgs und des um ihn gebildeten Kreises. Mit ihrer Prämisse von der «unauflöslichen Verflochtenheit des Bildes mit der Gesamtkultur» setzte sich diese Forschungsrichtung von der sich gleichzeitig etablierenden akademischen Kunstwissenschaft ab.[14] Aby Warburg ging nicht wie die Mehrzahl seiner Kollegen von der selbstverständlichen Existenz von Bildern aus, sondern fragte nach deren Ent-

---

[13] Johann Jakob Bachofen, «Lebensrückschau», in: H. G. Kippenberg, Hg., Mutterrecht und Urreligion, Stuttgart 1984, 11.

[14] Edgar Wind, «Warburgs Begriff der Kulturwissenschaft und seine Bedeutung für die Ästhetik» (1931), in: Aby Warburg, Ausgewählte Schriften und Würdigungen, hg. v. Dieter Wuttke, Saecula Spiritalia 1, dritte Auflage, Baden-Baden 1992, 401–417; hier: 406.

stehungs- und Überlieferungsbedingungen. Mit geistesverwandten Freunden und Mitarbeitern arbeitete er an einer Bildtheorie, die vor allem das Problem des Bildes als Gedächtnismedium erhellen sollte. Warburgs Projekt einer Geschichte des europäischen Bildgedächtnisses sollte insbesondere «die psychologische Seite des Kulturproblems der Renaissance» beleuchten.[15] Die Wiedergeburt der Antike in der Renaissance war für ihn nicht durch Texte, sondern durch Bilder verbürgt. Das Nachleben der Antike wollte er lieber aus einer seelischen Notwendigkeit erklären als aus dem bewußten Bildungswillen der Renaissance und der Wiederaufnahme klassisch-normativer Vorbilder. Zu diesem Zweck forderte er, sich von den Formen bewußter subjektiver Einfühlung zu distanzieren und «in die Tiefe triebhafter Verflochtenheit des menschlichen Geistes mit der geschichteten Materie hinabzusteigen. Dort erst gewahrt man das Prägewerk, das die Ausdruckswerte heidnischer Ergriffenheit münzt, die dem orgiastischen Urerlebnis entstammen: dem dionysischen Thiasos».[16] Warburg stellte fest, daß sich die Künstler der Renaissance überall dort antiker Bildformeln bedienten, wo sie den Bewegungsgehalt und die Ausdruckskraft ihrer Bilder zu steigern suchten. Diese Beobachtung motivierte ihn zu einer genauen Analyse des Ausdrucksgehalts antiker Bildformeln in neuzeitlicher Kunst. Bilder verstand er als geronnene Gebärden, die das Affektpotential der ihnen zugrundeliegenden kultischen oder gewalttätigen Handlungen nicht nur festzuhalten, sondern auch immer von Neuem freizusetzen vermochten.

Bilder sind für Warburg die paradigmatischen Gedächtnismedien. Er selbst sprach von ‹Pathosformeln› und bezog sich damit auf bestimmte wiederkehrende Bildformeln wie die bewegte Gestalt der vom Schleier umspielten Nymphe, die mit jeder Wiederkehr zugleich das ursprünglich in diese Figur eingeprägte Affektpotential aktivierten. Mit der Wiederholung einer Bildformel wurde also mehr aufgerufen als ein bestimmtes Motiv; die Durchschlagskraft der Bilder umfaßte ihre energetische Reaktivierung. Das grundsätzlich mit einem ambivalenten Überschuß ausgestattete Symbol nannte er eine «Energiekonserve». Bildern kam im Menschheitsgedächtnis die Funktion eines Relais zu, in dem sie ihre Kraft neu aufluden oder gegebenenfalls in ihrer Bedeutung umgekehrt, d. h. energetisch invertiert wurden. Nach Edgar Wind ist die Erinnerung für den «Historiker des Symbols das zentrale geschichtsphilosophische Problem: nicht nur, weil sie selbst das Organ geschichtlicher Erkenntnis ist, sondern weil sie – in ihren Symbolen – gleichsam das

---

[15] Fritz Saxl, «Die Ausdrucksgebärden der bildenden Kunst» (1932), in: Aby Warburg, Ausgewählte Schriften und Würdigungen, hg. v. Dieter Wuttke, Saecula Spiritalia 1, dritte Auflage, Baden-Baden 1992, 426.

[16] Zit. nach Fritz Saxl, Ausdrucksgebärden, 430.

Reservoir der Kräfte schafft, die sich in einer gegebenen Situation geschichtlich entladen».[17]

Fritz Saxl hat deutlich gemacht, in welchen Ausdehnungen diese Geschichte zu denken ist. Seine Worte mögen an Vico und Herder erinnern, aber sie sind unmittelbar von Darwins Schrift über den *Ausdruck der Gemütsbewegungen bei dem Menschen und den Tieren* geprägt:

«Es leuchtet ein, daß gerade in der Bildgebärdensprache im Gegensatz zu der gewöhnlichen Sprache ein Fond aus der Urzeit den Späteren übermittelt werden kann und wird. Die wilden Völker sind es, diese geborenen Pantomimen, die alles, was sie wollen, lebhaft nachahmen und darin ihre eigentliche Denkart zeigen. (...) Aus dieser lebendigen Tradition der Mimik und Gebärde sind jene Urtypen der bildenden Kunst geschöpft. Dieser Gedankengang deutet an, welche wichtige Rolle der bildgewordenen Gebärde in der Geschichte des menschlichen Ausdrucks zuzuweisen ist. Sie wird immer eine Erhalterin der Frühstadien menschlicher Kultur in der Geschichte sein.»[18]

Die Vorstellung, daß kulturelle Überlieferung sich nicht nur über bewußte Traditionsbildung kontinuierlich fortsetzt, sondern auch in tiefere Zonen absinken kann, wo sie sich labyrinthisch verzweigt und unzugängliche Hohlräume bildet, hat vor Warburg und Bachofen bereits die Romantiker nachhaltig fasziniert. Solche Gedankengänge bieten sich an, wenn man vom Text als zentralem kulturellen Speichermedium und Überlieferungsträger zum Bild übergeht. Bilder entwickeln – und das ist der Grund, warum sich Bachofen und Warburg auf das Symbol konzentrierten – eine ganz andere Übertragungsdynamik als Texte. Sie stehen, um es auf eine einfache Formel zu bringen, der Einprägungskraft des Gedächtnisses näher und der Interpretationskraft des Verstandes ferner. Ihre unmittelbare Wirkungskraft ist schwer zu kanalisieren, die Macht der Bilder sucht sich ihre eigenen Vermittlungswege. Dieses imaginative Übergewicht des Bildes über den Text soll an einem Beispiel illustriert werden. Der Essayist aus dem Freundeskreis der englischen Romantiker, Charles Lamb, hat anhand einer illustrierten Kinder-Bibel zu diesem Punkt einschlägige Erfahrungen gesammelt. Die zweibändige Ausgabe von Stackhouse, die sich im Bücherschrank seines Vaters befand, enthielt im Anschluß an die biblischen Geschichten neben katechetischen Argumentationsmustern auch Bilder, die sich der kindlichen Phantasie weit nachhaltiger einprägten, als es je ein Text vermochte.[19] Ein Bild, von dem der Knabe besonders tief beeindruckt war, zeigte Samuel, wie er von einer Hexe aus der Tiefe heraufbeschworen wird:

---

[17] Edgar Wind, Einleitung in die Kulturwissenschaftliche Bibliothek Warburg, X.
[18] Fritz Saxl, Ausdrucksgebärden, 425–426.
[19] Thomas Stackhouse, The History of the Bible, 2 Bde., 1737. Die Geschichte von der Hexe von Endor steht im Buch der Könige, 1. Samuel 28, 7–21.

«Diesem Bild von der Hexe, die Samuel in die Höhe hob (...) schulde ich –
nicht meine mitternächtlichen Schrecken, die Hölle meiner Kindheit – aber
doch die Form und Gestalt ihrer Heimsuchungen. (...) Den ganzen Tag lang,
solange mir das Buch überlassen war, träumte ich wachend über seinen Figuren,
und in der Nacht, wenn ich so sagen darf, erwachte ich in den Schlaf und fand
meine Vision verwirklicht. (...) Es sind nicht Bücher, Bilder oder die Geschichten des dummen Gesindes, die diese Schrecken der kindlichen Phantasie
erschaffen. Sie können ihnen allenfalls ihre Richtung geben.»[20]

Bilder passen sich anders als Texte der Landschaft des Unbewußten an;
es gibt eine flüssige Grenze zwischen Bild und Traum, wobei das Bild
zur Vision gesteigert und mit einem Eigenleben ausgestattet wird. Mit
Überschreitung dieser Grenze verändert sich der Status des Bildes; vom
Objekt der Betrachtung verwandelt es sich in ein Subjekt der Heimsuchung. Lamb war der Überzeugung, daß die unvordenklichen
Schrecken der Seele nicht von bestimmten Bildern oder Geschichten
geschaffen werden, sondern präexistieren und von ihnen nur ihre
spezifische Einkleidung erhalten. Die Kraft, die im Traum die Bilder
‹animiert›, nennt Lamb «Archetypen».

«Gorgonen, Hydras und gräßliche Chimären – Geschichten von Ce-
laeno und den Harpies – können sich in einem für Aberglauben emp-
fänglichen Gehirn leicht vermehren – aber sie waren schon vorher da.
Sie sind nur Transkripte, Typen – die Archetypen liegen in uns und sind
ewig.» (94) Nach den Archetypen der Vernunft – man denke an die «lo-
goi spermatikoi» oder die «innate ideas» der Platoniker – entdeckten die
Romantiker die Archetypen der Phantasie. Deren stärkste Affekte gehen
weder auf konkrete eigene Erfahrungen zurück noch auf gehörte Geschichten und gesehene Bilder. Sie reichen weiter zurück als unser Körper und wurzeln – als Teil der Ausstattung unserer Seele – in der Welt
außermundaner Präexistenz (95). Für Lamb sind die Archetypen trans-
subjektiv vorgeprägte Bilder, die mit zur Erbausstattung des Menschen
gehören. Ohne sie bliebe die Macht der Wirkung bestimmter Bilder und
Vorstellungen für Lamb unerklärlich. Diese Macht kommt für ihn durch
die Überlagerung von konkreten Bildern bzw. Erzählungen mit gewissen anthropologischen Grunddispositionen zustande, die auf seelische
Vor-Prägungen zurückgehen.

Im folgenden Kapitel soll an drei Beispielen der Bedeutung von Bildern im kulturellen und individuellen Gedächtnis näher nachgegangen
werden. Der Schwerpunkt wird dabei auf der Ikonisierung und Inszenierung des Weiblichen liegen.

---

[20] Charles Lamb, «Witches and other Night Fears» (1823), in: Essays of Elia,
hg. v. N. L. Hallward, S. C. Hill, London und New York 1967, 93.

3. Frauenbilder im Männergedächtnis

Mona Lisa als Magna Mater (Walter Pater)

Als der irische Dichter William Butler Yeats den Auftrag erhielt, den Band *The Oxford Book of Modern Verse* zu edieren, eröffnete er seine Anthologie mit einem Gedicht, das den Titel «Mona Lisa» trägt. Es handelt sich dabei nicht um ein gemachtes, sondern um ein gefundenes Gedicht; die Fundstelle ist das Leonardo da Vinci-Kapitel aus Walter Paters 1873 erschienenem Buch *The Renaissance*.[21] Die Grenzen des gewählten Ausschnitts waren in gewissem Sinne bereits perforiert, da sich die Vision in ekstatischer Sprache deutlich vom kritisch reflektierenden Duktus des umgebenden Textes abhebt. Paters Bild-Meditationen über die Kunst der italienischen Renaissance gehen wie die Forschungen des Warburg-Kreises über das europäische Bildgedächtnis von der Annahme eines unbewußten Kollektivgedächtnisses aus. Individuen und kulturelle Traditionen sind in dieser Sicht Elemente eines umfassenden Menschheitsgedächtnisses. Während in der linearen Verlaufsdimension der Geschichte Epochen und Kulturen einander erobern, zerstören, vergessen, lagern sie sich in der Gedächtnisdimension in Schichten übereinander ab und können als Reminiszenzen noch einmal eingesammelt und miteinander verbunden werden. Dieses Archiv des Menschheitsgedächtnisses nannte Pater das «House Beautiful», in ihm waren die Werke großer Kunst gespeichert. Im Antlitz der Mona Lisa findet der Betrachter dieses kumulative Gedächtnis konkretisiert und zu einem Rätsel verdichtet. Statt von Archiv wäre hier wohl präziser von einem Palimpsest der kulturellen Epochen zu sprechen in ebender Bedeutung, die De Quincey in seinem Text über den Palimpsest des menschlichen Gehirns entfaltet hatte: Die Kulturstufen folgen aufeinander, ohne in das artikulierte Gedächtnis einer bewußten Tradition zu münden, aber auch ohne gänzlich vergessen zu werden. «Alle Gedanken und Erfahrungen der Welt haben an diesen Zügen mitgeformt, um dem veredelten Ausdruck sichtbare Gestalt zu geben: der tierische Trieb von Hellas, die Wollust Roms, das Traumleben des Mittelalters, mit seinem himmlischen Ehrgeiz und der ritterlichen Liebesromantik, die Wiederkehr der heidnischen Sinnenwelt, die Sünden der Borgia.»[22]

---

[21] Walter Pater, The Renaissance. Studies in Art and Poetry, Portland 1902. Vgl. Carolyn Williams, «Myths of History: The Mona Lisa», in: dies., Transfigured World. Walter Pater's Aesthetic Historicism, Ithaca und London 1989, 111–123.

[22] Walter Pater, The Renaissance. Studies in Art and Poetry (1873), New York / Toronto 1959, 90; hier zit. nach der deutschen Übersetzung von W. Schölermann in: Femme fatale – Vamp – Blaustrumpf. Sexualität und Herrschaft, hg. v. Gerd Stein, Frankfurt a. M. 1985, 67.

Der von Yeats ausgeschnittene Text schließt unmittelbar an diesen Satz an und ist von ihm in die folgende Gestalt gebracht worden:

Mona Lisa
She is older than the rocks among which she sits;
Like the Vampire,
She has been dead many times,
And learned the secrets of the grave;
And has been a diver in deep seas,
And keeps their fallen day about her;
And trafficked for strange webs with Eastern merchants;
And, as Leda,
Was the mother of Helen of Troy,
And, as St Anne,
Was the mother of Mary;
And all this has been to her but as the sound of lyres and flutes,
And lives
Only in the delicacy
With which it has moulded the changing lineaments,
And tinged the eyelids and the hands.[23]

Mona Lisa
Sie ist älter als die Felsen, zwischen denen sie sitzt;
Wie ein Vampir,
War sie mehrmals tot
Und hat die Geheimnisse des Grabes erfahren;
Und sie ist in die Tiefe der Meere getaucht,
Und hat deren untergegangenen Tag in sich bewahrt;
Und handelte fremde Gewebe mit orientalischen Kaufleuten;
Und, als Leda,
War sie die Mutter der trojanischen Helena,
Und als heilige Anna,
War sie die Mutter der Maria;
Und all dies war für sie nichts als der Klang von Leiern und Flöten,
Und lebt
Nur noch in der Finesse
Mit der es die wandelbaren Züge formte
Und sanft die Augenlieder und die Hände tönte.

Der nachträglich zum Gedicht erklärte Text steht in der Tradition der Ekphrasis, der literarischen Bildbeschreibung, die das bildliche Medium in die Schrift zurückholt, doch auf eine Weise, die die Lesbarkeit der Schrift auf die Suggestivität des Bildes hin öffnet. Gegenstand des Gedichts ist nicht die Beschreibung des Bildes, sondern die Wirkung dieses Bildes auf einen kontemplativen Betrachter, um nicht zu sagen: die

---

[23] The Oxford Book of Modern Verse 1892–1935, hg. v. W. B. Yeats, Oxford 1. Aufl. 1936, 1966, 1.

Konstruktion eines Frauenbildes im Auge eines männlichen Betrachters.[24] Leonardos Mona Lisa wird in diesem Blick zu einem Spiegel des kulturellen Unbewußten. Das auf geheimnisvolle Weise wissend lächelnde Frauenbildnis wird zu einem okkulten Medium, das den Geist eines Ewig-Weiblichen in litaneiartigen Beschreibungen heraufbeschwört.

Die Bildbetrachtung wird hier also als eine Meditations-, ja Hypnosetechnik eingesetzt, die ganz im Sinne Warburgs in die unterirdischen Regionen des unbewußten Kollektivgedächtnisses hinabführen soll. Der Betrachter läßt sich von der Unterwasser-Beleuchtung des Bildes («as in some faint light under sea» heißt es in Paters Text wenige Zeilen vor diesem Ausschnitt) in eine febrile Phantasie versetzen. In dieser schwingenden Trance verwandelt sich die Gestalt der Mona Lisa in eine Inkarnation der magna mater, die hier mit dem Überhistorischen und Unvordenklichen gleichgesetzt wird. In massivem Gegensatz zu den männlichen Elementen der Kultur, die mit unverwechselbaren Namen und historisch bezeugten Taten ins bewußte Kulturgedächtnis eingeschrieben sind – von ihnen schweigt das Gedicht, aber diese Dimension muß als Kontrastfolie hinzugedacht werden –, setzt der Text das Weibliche mit dem Anfangslosen, dem Übergänglichen, dem Überdauernden gleich. Das Ewig-Weibliche ist zugleich das ewig Dauernde, eine Figur des Prä- und Posthistoire, des Vor und Nach der Geschichte.

Die ersten sieben Zeilen lokalisieren die Dargestellte in den Dimensionen von Raum und Zeit: «She is older than the rocks among which she sits». Die Kraft zur Renaissance, zur Überwindung des Vergessens in der Geschichte, wird als eine okkulte Kraft aufgefaßt, die Paters Mona Lisa in eine Nachbarschaft mit dem Vampir und dem Wiedergänger bringt. Sie sind allesamt unheimliche Gestalten, weil sie die Geheimnisse des Grabes und der Tiefe kennen. In dieser Verbindung mit dem Dunklen und Dämonischen liegt die unüberwindliche Fremdheit wie die Faszination des Weiblichen. Die Fremdheit des Weiblichen wird mit dem Meer verbunden, das ausgerechnet «sie» in vertikaler Tiefe und horizontaler Weite ausgemessen hat: «And has been a diver in deep seas, / And keeps their fallen day about her; / And trafficked for strange webs with Eastern merchants». Die folgenden neun Zeilen lokalisieren die Dargestellte in den Dimensionen von Mythos und Kunst. Nicht nur als Verkörperung dessen, was das männliche Gedächtnis der Kultur abge-

---

[24] Ursula Renner führt in ihrem Aufsatz «Mona Lisa – Das ‹Rätsel Weib› als ‹Frauenphantom des Mannes› im Fin de Siècle», in: Lulu, Lilith, Mona Lisa. Frauenbilder der Jahrhundertwende, hg. v. Irmgard Roebling, Pfaffenweiler 1989, 139–156 weitere Beispiele für die Verfestigung der Mona Lisa zu einer Ikone der Moderne an. Sie schreibt dazu: «Vielleicht ist die ‹Mona Lisa› *das* Beispiel überhaupt für den Aufstieg eines Porträts zum Projektionsbild modernen Mythenbedürfnisses.» (189)

streift, verloren, vergessen und verdrängt hat, wird die Frau zum schlechthin Anderen. Sie ist dieses Andere vor allem als das Vorgängige und darum ewig Uneinholbare; sie ist der Urgrund, auf dem die männlichen Zivilisationen errichtet wurden. Als Leda «gebiert» sie den Fall Trojas und die Gründung Roms; als Heilige Anna «gebiert» sie die Geschichte des Christentums. Die Kulturkreise von Antike, Mittelalter und Renaissance werden konzentrisch und schließen sich zusammen um diese Gestalt des ewig-weiblichen Urgrundes. In ihr schließen sich aber auch Anfang und Ende zusammen: «Here is the head upon which all ‹the ends of the world are come›» heißt es in einer Anspielung auf I. Kor. 10.11. Sie ist eine Gestalt des Posthistoire, der Summation der Geschichte und des Ausgangs aus ihr. An dem Punkt, wo der unvordenkliche Anfang mit der abgeschlossenen Nachträglichkeit ästhetischer Reflexion verschmilzt, wird all das Vergangene zum simultanen Speicher ewiger Gegenwart.

Die letzten Verse des Gedichts inszenieren einen Perspektivenwechsel; nachdem der Blick des Betrachters lange genug *auf* den schweren, müden Augen der Mona Lisa geruht hat, darf er nun für einen Moment *mit* diesen Augen sehen. Dies ist der Blick aus einer unendlichen Distanz, der die tiefsten Erschütterungen der Geschichte und der menschlichen Psyche als zyklische Wiedergeburten wahrnimmt und dem sich die Erfahrungen von Leid und Gewalt in zarte Klänge und dekorative Linien auflösen: «And all this has been to her but as the sound of lyres and flutes». Am Ende steht die Transsubstantiation des Leidschatzes der Geschichte in Kunst, die das Leben ästhetisch rechtfertigt. Sie äußert sich in der Rückwendung zum Bild und in der Hinwendung zu Raffinement und preziösem Detail: «And all this (...) lives (...) / Only in the delicacy / With which it has moulded the changing lineaments, / And tinged the eyelids and the hands.» Diese Wendung zur ästhetischen Sublimierung entspricht aber auch einer «Andacht zum Unbedeutenden», d. h. einem physiognomischen Blick, der bestrebt ist, in unscheinbaren Details die unnahbare ‹Tiefe› und das ‹Wesen› der fremden Gestalt auszuloten.

Bild und Schrift gehen hier eine besondere Verbindung ein. Durch eine Ekphrasis wie die von Pater wird das Bild mit Bedeutung aufgeladen und mit Erinnerungen beschwert. Durch entsprechende Diskurse sind bestimmte Bilder ausgewählt, mit Bedeutung investiert und im kulturellen Bildgedächtnis verankert worden. Die zur säkularen Ikone moderner Kunst stilisierte Mona Lisa ist dafür ein prägnantes Beispiel. Doch gerade diese Tabuisierung hat sie auch zur Zielscheibe ikonoklastischer Gesten gemacht, die nicht gegen das Bild selbst, sondern gegen seinen Ort im Pantheon der Meisterwerke gerichtet waren. Als Marcel Duchamp einer Reproduktion des Bildes einen Spitzbart aufmalte, hat er damit jene kumulierte kulturelle Gedächtnislast des Bildes mit einem Schlage entleert, zu der Texte wie die von Pater beigetragen hatten.

Der Liebhaber als Sammler (Marcel Proust)

Pater faszinierte das Gemälde Leonardos als ein Vexierbild zwischen
Traum und Geschichte. Diese Verschränkung von Realität und Phantasie entstand für Pater jedoch nicht erst im Blick des Betrachters, sondern
bereits im Blick des Künstlers. Im rahmenden Text machte er sich Gedanken über die Verbindung von Maler und Modell: «In welcher Beziehung stand jene lebendige Florentinerin zu diesem Geschöpf seiner Gedanken? Und in welcher geheimnisvollen Verwandtschaft sind Person
und Traum miteinander gewachsen – so entfernt voneinander, und doch
so nah beisammen?»[25] Diese Frage kann als Motto über dem nächsten
Beispiel eines Bildgedächtnisses stehen, das ich dem ersten Teil von
Prousts Roman *A La Recherche du Temps Perdu* entnehme. In diesem Text
wird die Liebe des jüdischen Ästheten Swann zu Odette beschrieben.
Der Roman zeichnet das Porträt eines Liebenden als Kunstliebhabers
und -sammler. Das Besondere an dieser Liebe zu der nicht besonders
gebildeten und alternden Kokotte ist, daß die Quellen der Faszination
weniger in der Person selbst als in imaginären Inszenierungen gefunden
werden. Eine solche Quelle imaginärer Faszination ist die Eifersucht, die
die Geliebte als Agentin eines Intrigenkomplotts dramatisiert, eine andere ist die Idealisierung der Geliebten mit den Mitteln der Kunst.
Während Odette sich einmal über einen Stich beugt, den Swann ihr
mitgebracht hat, geschieht es, daß die Geliebte in der zufälligen Pose der
entspannten Betrachtung plötzlich in eine andere Gestalt changiert:
«Da auf einmal erkannte Swann, daß sie auf frappante Weise der Gestalt
Sephoras, der Tochter Jethros auf einer der Fresken in der Sixtinischen
Kapelle glich.»[26] So verwandelt sich die ein Bild Betrachtende ihrerseits
in ein Bild. Im Wahrnehmungsrahmen des Bildes erscheint Swann die
Geliebte in neuem Licht: «Er schätzte jetzt Odettes Gesicht nicht mehr
nach der mehr oder weniger guten Beschaffenheit der Wangenpartie ein
oder nach ihrer rein fleischlichen Weichheit ..., sondern als ein meisterhaft geführtes, schönes Linienwerk, dem seine Blicke folgten ..., wie
in einem Porträt von ihr, das ihren Typus erst klar und verständlich herausgestellt hätte.» (298)
Prousts «meisterhaft geführtes, schönes Linienwerk» erinnert an Paters «delicacy» und «changing lineaments». Bei dieser Verwandlung der
Frau in ein Kunstwerk handelt es sich nicht um eine Idealisierung in
dem Sinne, daß alles Besondere und Individuelle einem Allgemeinen
und Idealen aufgeopfert würde. Vielmehr wird das Besondere selbst in
den Status des Allgemeinen erhoben. Die Überblendung von Kunst und

---

[25] Pater, The Renaissance, 131.
[26] Marcel Proust, Auf der Suche nach der verlorenen Zeit. In Swanns Welt 2, 297.

Sandro Botticelli, Zephora, die Tochter Jethros am Brunnen

Leben wird dadurch möglich, daß auch die Künstler es gerade auf diesen «eigenartigen Zug von Wirklichkeit und Leben» abgesehen haben,
den der Erzähler als «eine gewisse Art von Modernität» bezeichnet.[27]
Der imaginäre Austausch zwischen Bild und lebendiger Person ist somit
wechselseitig; jenes kann «vorgreifende und verjüngende Anspielungen»
auf diese enthalten, diese kann durch jenes eine «allgemeinere Bedeu-

---

[27] Es ist aufschlußreich, daß auch Pater im selben Zusammenhang von Modernität
spricht. Der Absatz, aus dem Yeats das Gedicht herausgeschnitten hat, endet mit dem
Satz: «Certainly Lady Lisa might stand as the embodiment of the old fancy, the symbol of the modern idea.» Pater, The Renaissance, 133.

tung» erlangen. (298) Idealisierung meint dementsprechend nicht Verlagerung einer Bedeutung von A auf B, sondern vielmehr die wechselseitige semantische oder erotische Aufladung von A und B: «obwohl er auf das Werk des Florentiners zweifellos nur solchen Wert legte, weil er es in ihr wiederfand, so übertrug doch diese Ähnlichkeit auch auf sie eine besondere Schönheit und vermehrte ihre Kostbarkeit.»(298) Liebe entzündet und erneuert sich in diesen Biegungen und Brechungen zwischen Bild und Person. Sie lädt sich mit den Reibungen auf, die dadurch entstehen, daß der Blick nicht direkt aufs Objekt des Begehrens trifft, sondern über phantastische Inszenierungen geführt wird: Swann begehrt ein Wesen, das Botticelli anbetungswürdig erschienen war, und er empfindet Genugtuung darüber, daß sein Begehren sich mit seinen «raffiniertesten Kunstansprüchen» vermitteln läßt. (299) Vergessen wird dabei, wie der Erzähler bemerkt, nur, daß sich der ästhetische Wahrnehmungsrahmen und der erotische von dem Punkt an gegenseitig ausschließen, wo Betrachten in Berühren übergeht und die ästhetische Distanz zur Blockade des Liebesverlangens werden kann. Swann «vergißt», wie es heißt, daß sich Kunst und Leben an bestimmten Punkten auch wieder trennen müssen.

Der Gewinn der Ikonisierung steht für ihn auf einem anderen Blatt; es ist der Gewinn von Sicherheit in einem Feld notorischen Zweifelns. «Die Bezeichnung ‹florentinisches Meisterwerk› erwies Swann (wie es heißt) einen überaus großen Dienst.» (299) Ikonisierung bedeutet erstens Gewinn von Sicherheit und Macht. Durch Übersetzung in eine Ikone kann die beunruhigende Vielfalt der lebendigen Person festgestellt und diese ins Arrangement der männlichen Imagination integriert werden. Zweitens bedeutet sie Wertsteigerung: Durch Übersetzung in die Ikone kann Swann sicher sein, daß das, was er besitzen möchte, den höchsten Wert hat und daß das, was höchsten Wert hat, von ihm besessen wird. Die grundsätzlichen Unwägbarkeiten menschlicher Beziehungen werden damit in die bürgerlichen Kategorien von Wert und Besitz übersetzt. Übersetzung bedeutet aber zugleich auch Ersetzung:

«An Stelle einer Photographie von Odette stellte er auf seinem Arbeitstisch eine Reproduktion der Tochter Jethros auf. (...) Aus der unbestimmten Sympathie, die uns vor ein Meisterwerk führt, das wir betrachten können, wurde nun, da er das fleischgewordene Orignal der Tochter Jethros kannte, ein Besitzverlangen, wie es Odette in ihrer nur körperlichen Erscheinung ihm zunächst nicht hatte einflößen können. Wenn er den Botticelli lange genug betrachtet hatte, dachte er an ‹seinen› Botticelli, den er noch schöner fand; er zog die Photographie der Sephora näher an sich heran und glaubte, Odette ans Herz zu drücken.» (300)

Der Text vervielfältigt hier jenen Graben, von dem der Erzähler behauptet hatte, er sei von Swann «vergessen» worden: den Graben zwischen Kunstgenuß und Liebesverlangen. Fleischlicher Besitz wird durch den Besitz des Kunstsammlers ersetzt, die Geliebte durch das Original des Liebhabers, das über das Original des Künstlers gestellt wird. Umwegiger geht es nicht: Swann drückt eine Photographie ans Herz, die das Original eines Gemäldes vervielfältigt; doch das Original des Bildes ist in seinen Augen nichts anderes als die Kopie jenes Originals, das Odette heißt und im Besitz des Liebhabers ist. So kann Kunst im Zeitalter ihrer technischen Reproduzierbarkeit zum Inbegriff authentischer Erfahrung werden.

Rekonstruktives und explosives Bildgedächtnis (James Joyce)

In der Erzählung «Die Toten» aus der Sammlung *Dubliners* (1914) von James Joyce bildet eine ganz andere Form von Bildgedächtnis den Kulminationspunkt der Handlung. Mit liebevoller Zuwendung zum Detail wird von einer Abendgesellschaft erzählt, die zwei alte Damen und ihre Nichte in Dublin alljährlich in der Silvesternacht für ihre Freunde veranstalten. Zu den sehnlich erwarteten Gästen gehören unter anderen Gabriel Conroy und seine Frau Gretta. Gabriel, Ästhet und provinzieller Kunstjournalist mit einer Sehnsucht nach Höherem, hat seinen Part an diesem Abend wieder erfolgreich gespielt, er hat sich um die etwas exzentrischen Gäste gekümmert und als Höhepunkt des Festes eine allgemein bewunderte Rede auf die drei Gastgeberinnen gehalten.

Konzentrieren wir uns auf den letzten Abschnitt der Erzählung, der den Fokus auf das Ehepaar Conroy verengt. Es ist lange nach Mitternacht, die Gesellschaft ist im Begriff, sich aufzulösen. Während vor dem Hause mit Lachen und Lärmen eine Kutsche verabschiedet wird, hält sich Gabriel, bereits in Schal und Mantel gehüllt, noch am Fuß der Treppe auf. Am oberen Ende der Treppe erblickt er im Halbdunkel eine Gestalt, in der er erst auf den zweiten Blick seine Frau erkennt. «Es war seine Frau. Sie hatte sich ans Geländer gelehnt und schien zu lauschen. Gabriel überraschte die Unbeweglichkeit ihrer Gestalt, und er strengte sich an, auch etwas zu hören. Aber er hörte so gut wie nichts außer dem Gelächter und Gespräch vom Eingang her, einigen Akkorden, die oben auf dem Flügel angeschlagen wurden, und ein paar Tönen vom Gesang einer männlichen Stimme.»[28]

Während Gabriel sich anstrengt, etwas von der Melodie, die da gesungen wird, zu erfassen, versenkt er sich genußvoll in die Betrachtung seiner Frau. «Anmut und etwas Geheimnisvolles waren in ihrer Pose, als wäre sie ein Symbol von irgend etwas. Er fragte sich, wovon ist eine Frau, die im Schatten an einer Treppe lehnt und einer entfernten Musik lauscht, wohl ein Symbol? Wäre er ein Maler, er würde sie in dieser

---

[28] James Joyce, The Dead, in: Dubliners (1914), Harmondsworth 1976, 207.

Haltung malen. Ihr blauer Filzhut würde das bronzefarbene Haar vor dunklem Grund hervorheben, und die dunklen Bahnen ihres Rockes würden mit den helleren kontrastieren. *Ferne Musik* würde er das Bild nennen, wenn er ein Maler wäre.» (207) Nachdem die Eingangstür wieder geschlossen ist, werden die Töne hörbarer. Es ist ein altes irisches Lied, das von Regen, Kälte, Liebe und Tod handelt. Der Tenor, der wegen starker Heiserkeit an diesem Abend eigentlich nicht hatte singen wollen, intoniert es klagend mit unsicherer Stimme, einerseits wegen seiner Indisposition, andererseits, weil er sich an die Worte nicht mehr so recht erinnern kann. Als die von der Haustür Zurückgekehrten auf die Musik aufmerksam werden, bricht er den Gesang abrupt ab. Es folgt ein Gespräch über Schnee, Kälte und Erkältungen, an dem Gabriel nicht teilnimmt, der weiterhin in den Anblick seiner Frau versunken ist. Sie erscheint ihm merkwürdig entrückt und darin um so begehrenswerter.

Die nächste Etappe ist die Heimfahrt ins Hotel. Der Leser erlebt sie in der Perspektive des erotisch animierten Gabriel, dessen Assoziationen und Erinnerungen sich auf die erwartete Liebesvereinigung hin bündeln. Aber in dem Augenblick, da sich diese Vereinigung vollziehen soll, bricht zwischen den Ehepartnern ein Abgrund auf. Gabriel macht die bittere Erfahrung, daß just in dem Moment, da er sich mit der Geliebten gänzlich einig fühlt, diese meilenweit von ihm entfernt ist. Es stellt sich heraus, daß das alte irische Lied einst Grettas Jugendfreund auf dem Lande gesungen hat. Jetzt hat es ihr das tief vergessene Bild seiner Augen wiedergebracht, das über all die Jahre von seiner Eindringlichkeit nichts verloren hat. Sie sieht den schmächtigen Jüngling wieder vor sich, der damals eine bevorstehende Trennung von ihr nicht überleben wollte und eine Nacht im Regen zubrachte, was ihn dann auch das Leben kostete. «Ich seh die Augen vor mir – so deutlich, so deutlich! – er stand am Ende der Mauer und da war ein Baum.» (218) Der Baum ist ein erratisches Detail, das in der Syntax des Satzes wie ungeschickt angehängt wirkt. In der Logik der Erzählung spielt er keine Rolle, in der Logik des Bildgedächtnisses dagegen ist er wichtig, weil er die Präzision und Authentizität eines unvermittelt wiederhergestellten Wahrnehmungsbildes bezeugt. Dazu noch einmal Lutz Niethammer: Tief eingeprägte Bilder können «oft mit großer Genauigkeit geschildert werden»; in sich haben sie indessen «keine narrative Struktur und tendieren nicht zu einer Sinnaussage».[29]

Joyces Erzählung heißt «Die Toten». Einer von ihnen ist Michael Furey, der leidenschaftliche Jugendfreund. An der Intensität dieses Ver-

---

[29] Lutz Niethammer, «Fragen – Antworten – Fragen», in: Lutz Niethammer und Alexander von Plato, Hgg., ‹Wir kriegen jetzt andere Zeiten›. Auf der Suche nach der Erfahrung des Volkes in nachfaschistischen Ländern. Lebensgeschichte und Sozialkultur im Ruhrgebiet 1930–1960, Band 3, Berlin, Bonn 1985, 405.

storbenen gemessen erscheinen die Lebenden als Tote. Gabriel Conroy
ist seine Kontrastfigur, die von Unsicherheit, Selbstschutzmaßnahmen
und Besitzdrang geprägt ist und von Tschechovs Erzählung «Der Mann
im Futteral» inspiriert sein könnte. In seiner Erzählung hat Joyce zwei
entgegengesetzte Formen von Bildgedächtnissen aufeinanderprallen
lassen, die wir der Gedächtnistheorie Nietzsches einerseits und der
Freuds andererseits zuordnen können. Die Gedächtnisbilder Gabriels
folgen einer mémoire volontaire; sie sind vom Bewußtsein geformt und
vom Willen gelenkt. Die Transformation seiner Frau in ein Bild mit dem
Titel *Ferne Musik* zeigt ihn als kalkulierenden Kompositeur. Die erotische Gestimmtheit ordnet seinen inneren Bilderstrom auf dieses antizi-
pierte Ereignis hin. Er erinnert sich lustvoll all der Szenen, die seine gegenwärtige Leidenschaft nähren, und vergißt willentlich jene, die ihr
entgegenstehen. «Augenblicke ihrer geheimen Zweisamkeit sprengten
wie Sterne in seine Erinnerung. (...) Er sehnte sich danach, ihr jene
Augenblicke zurückzurufen, sie die Jahre ihres stumpfen Lebens vergessen zu machen und nur noch die ekstatischen Momente zu erinnern.» (210 f.) Gabriels Umgang mit seinem Gedächtnis ist abgestimmt
auf sein Wollen und Handeln: «das Gedächtnis mit dem helleren Licht
der Absicht ausblenden» *(quenching memory in the stronger light of purpose),*
wie es einmal treffend bei George Eliot heißt.[30] Dieses Bildgedächtnis
entspricht der Melete, der auf Handeln hin gespannten Bewußtseinsla-
ge, die nur jene Elemente der Vergangenheit vergegenwärtigt, welche
die zukünftigen Erwartungen nähren.[31] Gabriel ist im Vollbesitz seines
Bildgedächtnisses, er ist der souveräne Regisseur seiner Empfindungen,
Erinnerungen und Impulse. Nietzsche macht die Eigenschaften dieses
Gedächtnisses nicht zufällig am Paradigma männlicher Sexualität fest.
Der Wille zur Macht und zum Geschlechtsverkehr sind so unterschiedlich nicht; beide entfalten sich in einer charakteristischen ‹Dunstschicht›:
«Man vergegenwärtige sich doch einen Mann, den eine heftige Leidenschaft, für ein Weib oder für einen großen Gedanken, herumwirft und
fortzieht: wie verändert sich ihm seine Welt! (...) Wie der Handelnde,
nach Goethes Ausdruck, immer gewissenlos ist, so ist er auch immer
wissenlos; er vergißt das meiste, um eins zu tun, er ist ungerecht gegen

---

[30] George Eliot, The Mill on the Floss (1860), Harmondsworth 1994, 315: «So it
has been since the days of Hecuba and of Hector, tamer of horses: inside the gates,
the women with streaming hair and uplifted hands offering prayers, watching the
world's combat from afar, filling their long, empty days with memories and fears; ou-
tside, the men, in fierce struggle with things divine and human, quenching memory
in the stronger light of purpose, losing the sense of dread and even of wounds in the
hurrying ardour of action.»
[31] Zur Melete, einer Tochter der Mnemosyne, vgl. Reinhart Herzog, «Zur Genealogie der memoria», in: Memoria, Poetik und Hermeneutik XV, München 1993,
3–8. Melete wird von Herzog mit «Sinnen auf etwas» wiedergegeben.

das, was hinter ihm liegt, und kennt nur ein Recht, das Recht dessen, was werden soll.»[32]

Am dramatischen Höhepunkt der Erzählung verwandelt sich Gretta vom Objekt männlichen Begehrens ihrerseits in ein erinnerndes Subjekt, genauer gesagt: in das Objekt ihrer eigenen Erinnerungseruption. Gretta ist heimgesucht von einer mémoire involontaire. Die Erinnerung wird selbst zum Agens, das urplötzlich ins Bewußtsein einbricht und alle Muster des Willens und Wollens sprengt. Der Motor einer solchen Erinnerung ist eine verdrängte Schuld. Nach Freud reduziert sich deshalb das «Vergessen von Eindrücken, Szenen, Erlebnissen zumeist auf eine ‹Absperrung› derselben».[33] War die Erinnerung Gabriels durch das zum Stillstand gebrachte und in ästhetischer Distanz kontemplierte Bild eingeleitet, so wird Grettas Erinnerung durch akustische Signale stimuliert. Bei Joyce, der die beiden Erinnerungsformen in einer gender-spezifischen Konfiguration inszeniert, wird die willentliche Erinnerung durch das männliche Auge, die unwillkürliche dagegen durch das weibliche Ohr ausgelöst. Das Ohr ist das passivere Organ; es gewährt den Sinneseindrücken unvermittelten Einlaß, während die Augen freier sind, ihren Gegenstand umzubilden. Ebenso unwiderstehlich, wie die akustischen Eindrücke eindringen, steigt das tief vergessene Bild vom Grund der Seele auf und wird für einen Augenblick an die Oberfläche des Bewußtseins gespiegelt. Über Jahrzehnte war es verschlossen, bis ein zufälliger Impuls es wieder befreite. Gabriel wundert sich gegen Ende der Erzählung, «wie diejenige, die da neben ihm lag, so viele Jahre lang in ihrem Herzen das Bild der Augen ihres Geliebten eingeschlossen hatte, als er ihr sagte, daß er nicht mehr leben wollte». (219) Konserviert wird im Gedächtnis ohne Unterstützung des Bewußtseins, was einmal von höchster Erlebnisintensität war, und es überdauert außerhalb der Reichweite des Willens im Vergessen, bis es plötzlich durch eine Erschütterung zurückgeholt wird.

Das Bildgedächtnis ist sowohl «Stimungsgestalter» wie «Stimmungserreger».[34] Sowohl im Falle von Joyces Gabriel Conroy, der seine Erinnerungen genußvoll manipuliert, als auch bei Prousts Swann, der sich durch imaginäre Inszenierungen selbst affiziert, wird Erinnerung in der aktiven Verfügung eines männlichen Helden geschildert. Diese Erinnerung läßt sich als ‹Melete› bezeichnen und mit der Gedächtnistheorie Nietzsches verbinden. Den Gegenpol zum rekonstruktiven Gedächtnis

---

[32] Friedrich Nietzsche, «Unzeitgemäße Betrachtungen, 2. Stück: Vom Nutzen und Nachteil der Historie für das Leben», Bd. 1, 254.

[33] Sigmund Freud: «Erinnern, Wiederholen, Durcharbeiten», in: Gesammelte Werke, Bd. 10, 126–136, hier: 127.

[34] Edgar Wind, «Warburgs Begriff der Kulturwissenschaft und seine Bedeutung für die Ästhetik» (1931), in: D. Wuttke, Hg., Aby Warburg. Ausgewählte Schriften und Würdigungen, Baden-Baden 1979, 406.

bildet das explosive Gedächtnis, eine passive Form der Erinnerungs-
erfahrung, die am Beispiel von Joyces Gretta Conroy illustriert werden
kann. In abgeschwächter Form ist es die von Proust gesuchte und untersuchte mémoire involontaire. Wo sich die Entzogenheit der Erinnerung durch Schuld und Verdrängung weiter vertieft, setzt die Gedächtnistheorie Freuds an. Mit Freud verbindet Warburg das Interesse an einer
Energetik vergessener und verdrängter Erinnerungen. Während Freud,
mit der Ausnahme seines Spätwerks, der Studie über den *Mann Moses*
und die monotheistische Religion (1939), seine Forschungen auf Individu-
en beschränkte, wollte Warburg die kollektive Seite dieses Phänomens
erschließen. Die einfühlende Betrachtung der Kunstwissenschaft ersetzte er dabei durch das Gebot, «einen längst verschütteten Komplex» wieder aufzudecken. Der Kunstwissenschaftler sollte nicht bloß betrachten,
er sollte sich erinnern. Walter Paters Vision der Mona Lisa darf als ein
Beispiel für diesen erinnernden Zugang zum Bild gelten; jedoch ist es
einer, der in subjektiver Kontemplation eines Connaisseurs ver-
schwimmt, der sich als Prophet versteht, und der wenig mit jener Anstrengung zur wissenschaftlichen Methode gemein hat, die Warburg und
seinen Kreis kennzeichnet.

IV.

KÖRPER

Beine und Arme sind voll
von schlummernden Erinnerungen.
(Marcel Proust, *Auf der Suche nach der verlorenen Zeit.*
Die wiedergefungene Zeit)

There is no escape from yesterday
because yesterday has deformed us,
or been deformed by us.
(Samuel Beckett, *Proust, Three Dialogues*)

1. Körperschriften

Wir haben eingangs die Geschichte von Simonides erzählt, die Cicero zur Gründungslegende der Mnemotechnik gemacht hat. Weniger bekannt als diese ist eine andere Geschichte, die ebenfalls das Motiv vom Zusammensturz eines Hauses mit einer außergewöhnlichen Gedächtnisleistung kombiniert. Die Geschichte des Melampus ist meines Wissens noch nie mit der des Simonides in Verbindung gebracht worden. Melampus, der seherische Fähigkeiten besitzt, war von seinem Bruder gebeten worden, die Rinder des Iphiklos zu stehlen. Er willigte ein, wohl wissend, daß ihm dies eine einjährige Gefangenschaft einbringen würde. In Apollodors Version heißt es weiter: «Als das Jahr fast zu Ende war, hörte er die Holzwürmer im verborgenen Teil des Daches (sich unterhalten). Der eine (der Würmer) fragte, wieviel von dem Dachbalken bereits zerfressen sei, die andern gaben zur Antwort, es sei kaum noch etwas übrig. Schnell verlangte er, sogleich in ein anderes Gebäude geführt zu werden. Kaum war dies geschehen, stürzte seine bisherige Wohnung zusammen.»

Auch hier folgt auf den ersten Teil vom Einsturz eines Daches und einer wunderbaren Rettung ein zweiter Teil, der von einem Gedächtnisproblem und seiner Lösung handelt. Phylakos, der Vater des Iphiklos, wird an diesem Punkt auf den Seher Melampus aufmerksam und verspricht ihm die Freiheit unter der Bedingung, daß er ein Mittel wüßte, wie der Unfruchtbarkeit seines Sohnes abzuhelfen sei. Melampus, der entdeckt, daß die Unfruchtbarkeit auf eine verdrängte Erinnerung zurückgeht, kann eine wirksame Therapie empfehlen.

«Phylakos war hierüber sehr verwundert, und als er gewahr wurde, daß er den vorzüglichsten Wahrsager vor sich habe, ließ er ihn frei und forderte ihn auf zu sagen, auf welche Weise sein Sohn Iphiklos Kinder bekommen könnte. Melampus versprach, hierüber Auskunft zu geben unter der Bedingung, daß er die Rinder bekäme. Jetzt schlachtete er zwei Stiere, zerstückelte sie und rief die Weissagevögel. Da erschien denn ein Geier, und von diesem erfuhr er folgendes: Phylakos habe einst auf dem Felde Widder kastriert und dann das noch blutige Messer neben Iphiklos hingelegt. Da habe der Knabe Furcht bekommen und sei entflohen; jener aber habe das Messer sogleich in die heilige Eiche hineingestoßen, so daß die den Baum umgebende Rinde es bedeckte.»

Der Seher deckt eine frühkindliche traumatische Erfahrung auf, die jahrelang verdrängt wurde und deren gegenständliches Korrelat das in die Eiche eingeschlossene Messer ist. Wie das Messer, das im Baum präsent, aber unsichtbar ist, hat sich die Erinnerung unzugänglich in einer ‹Krypta› des Bewußtseins stabilisiert. Die Spur dieses verborgenen Gedächtnisses ist die körperliche Symptomatik der Unfruchtbarkeit, die durch die Kastrationsangst des Kindes ausgelöst worden ist. Der Fall dieses Körpergedächtnisses läßt sich kaum anders als in Freudscher Begrifflichkeit beschreiben; die Form der Therapie dagegen hat nicht mehr viel mit Psychoanalyse zu tun: «Wenn das Messer wieder aufgefunden sei, fuhr der Geier fort, so sollte er den Rost davon abschaben und dem Iphiklos zehn Tage lang davon zu trinken geben, dann werde dieser einen Sohn zeugen. Das war es, was Melampus von dem Geier erfuhr. Das Messer fand sich, und nachdem Iphiklos den abgeschabten Rost zehn Tage lang getrunken hatte, wurde ihm ein Sohn zuteil.»[1]

Körperschriften entstehen durch lange Gewöhnung, durch unbewußte Einlagerung und unter dem Druck von Gewalt. Sie haben die Stabilität und Unverfügbarkeit gemein. Je nach Kontext werden sie als authentisch, hartnäckig oder schädlich beurteilt. Bei ihrer Beschreibung spielt die materiale Struktur des Gedächtnisses eine besondere Rolle. Bereits Platon und Aristoteles machten die Zuverlässigkeit und Dauer einer Einprägung von der Härte des Materials abhängig. Wachs kann sofort spurlos wieder geglättet werden, Ton muß gebrannt werden, Steinbearbeitung ist am aufwendigsten und haltbarsten. Aber auch die in Stein gravierten Schriftzeichen können verwittern oder gewaltsam gelöscht werden, dann bleibt jedoch der Akt des Löschens selbst als eine Spur sichtbar wie im Falle der Kartuschen Echnatons, dessen Name auf allen ägyptischen Monumenten einer damnatio memoriae zum Opfer fiel. Nicht vom ‹Mark der Seele›, wohl aber von den ‹Tafeln des Herzens› ist in der hebräischen Bibel die Rede, wenn es um den Akt des zuverlässigen Einprägens geht. Was dort im Innersten aufgeschrieben ist, gilt als unlöschbar, weil es unveräußerlich ist. In diesem Sinne hat

[1] Die griechische Sagenwelt. Apollodors Bibliothek, übers. v. Christian Gottlob Moser und Dorothea Vollbach, Bremen/Leipzig 1988, 32–33. Ich danke Gerhard Baudy für Übersetzungskorrekturen.

Jeremia das Bild vom Herzen als Schreibfläche verwendet, als er Gott
sagen ließ: «Ich werde mein Gesetz in ihr Inneres legen und es ihnen ins
Herz schreiben» (Jeremia 31, 33, vgl. Deut. 6,6).

In Shakespeares *Hamlet* ist diese Inwendigkeit wieder zur Aus-
wendigkeit geworden in einer dramatischen Szene, die den inneren
Vorgang des Erinnerns durch das objektive Korrelat eines Schreibaktes
versinnbildlicht. Doch geschieht dies auf eine Art und Weise, die zu-
gleich das Innerste wieder zum Äußersten, Fremdesten macht. Bei
Hamlet entspricht den Tafeln des Herzens ein Notizbuch, das der
Student aus Wittenberg bei sich trägt und das er an einer entscheidenden Stelle des Stücks als aide mémoire aus der Tasche zieht. Dabei wird
die Schriftmetapher des Gedächtnisses eindrücklich in Szene gesetzt.
Bei der nächtlichen Begegnung Hamlets mit dem Geist seines toten
Vaters wird er zum Empfänger einer komplexen Botschaft, die in einen
Racheauftrag mündet. Daraufhin verabschiedet sich der Geist mit den
Worten «Adieu, adieu! Hamlet, remember me.» Hamlet schwinden in
diesem Moment seine Sinne; er muß sich selbst Kraft und Mut zu-
sprechen, um nicht zu bersten unter dem ‹Eindruck› der Erscheinung
und ihrer Rede: «Hold, hold, my heart!» Vom Herzen als dem tieferen
Sitz des Gedächtnisses kommt er zum Kopf: «Remember thee! Ay, thou
poor ghost, while memory holds a seat / In this distracted globe. Remember thee!» Nicht genug, daß er die Abschiedsworte des Geistes in
leichter Abwandlung gleich zweimal wiederholt, er muß sie sich auch
noch eigens aufschreiben. Der Gedächtnisakt wird damit in eine
Schreibszene verwandelt. Die Verse lauten in der Übersetzung Heiner
Müllers:

> Deiner gedenken!
> Ja, armer Geist, solang Gedächtnis haust
> In dem verstörten Ball hier. Deiner gedenken!
> Ja, wegwischen will ich von der Tafel meiner
> Erinnerung allen läppischen Bericht
> Moral aus Büchern, Eindruck und Spur von Vergangnem
> Was Jugend und Beobachtung da einschrieb
> Und dein Befehl sei ganz allein lebendig
> Auf jedem Blatt im Buch meines Gehirns
> Mit niedrem unvermischt.[2]

Während Hamlet von der «table of my memory» spricht, verwörtlicht
er gleichzeitig diese Metapher, indem er etwas zum Schreiben aus der
Tasche zieht, was er «my tables» nennt. Von «table-books» war schon im
Zusammenhang mit Shakespeares 77. Sonett die Rede; so nannte man
in der höfischen Kultur Bücher mit Leerseiten, die man sich gegen-

---

[2] Heiner Müller, Shakespeare Factory 2, Berlin 1989, S. 30.

seitig schenkte, um sich darin allerhand erinnernswerte Maximen und Verse zu notieren. Dieses «table-book» fungiert in Shakespeares Szene jedoch nicht nur als ein Instrument des Gedächtnisses, sondern vor allem auch als eine Metapher des Gedächtnisses. Denn was bringt er schließlich zu Papier? Während er bereits von anderen Gedanken abgelenkt ist, die ihm durch den Kopf schießen – er muß an seinen mörderischen Onkel denken: «that one may smile and smile and be a villain» –, notiert sich Hamlet umständlich die vier Worte: «Adieu, adieu. Remember me.» Die Zuschauer müssen sich an dieser Stelle fragen, ob es für die schlichten Worte wirklich dieses Aufwands bedarf. Eine Erklärung für diese Szene findet sich in einem zeitgenössischen Traktat über Melancholie, den Shakespeare möglicherweise gekannt haben könnte. Dort ist von der kalten, trockenen und infolgedessen auch harten Gehirnsubstanz des Melancholikers die Rede, «die sich gut dazu eignet, etwas einmal Eingraviertes festzuhalten, sodaß er anders als die anderen Temperamente etwas, was er einmal empfangen hat, wie ein Diamant behält. Während die Melancholiker also größere Mühe haben, sich etwas einzuprägen, behalten sie doch das, was sie sich eingeprägt haben, in um so sicherer Verwahrung.»[3] Es bleibt allerdings das groteske Mißverhältnis zwischen Botschaft und Aufschreibung, das den Zwangscharakter dieser Handlung deutlich macht. So knapp und schlicht die Worte sind, so exzessiv ist offensichtlich ihre psychische Wucht, die wie ein Meteor die Membrane von Hamlets Gedächtnis durchschlägt und seine Struktur zerstört. Diese Heftigkeit der Einschreibung prägt sich in der Hektik des Löschens aus. Um nämlich diese außergewöhnliche Botschaft auf die Tafeln seines Gedächtnisses schreiben zu können, muß Hamlet zuvor alles auswischen, was sich da über die Jahre an Schriftzügen angesammelt hat. Seine gesamte bisherige Existenz und Identität wird durch den väterlichen Erinnerungs-Imperativ in Frage gestellt. Der totale und totalitäre Schriftzug, der sich nicht einfügen will in die anderen Aufzeichnungen und alles andere auslöscht, hat offensichtlich traumatischen Charakter. Der väterliche Imperativ «remember me!» macht den Sohn zur passiven Schreibfläche, zur tabula rasa.

Auf Jeremias Tafeln des Herzens war das göttliche Gesetz eingraviert, bei Shakespeare wird in die Tafeln des Herzens das väterliche Gesetz eingraviert, und es zeichnet sich dabei ab, daß dem Sohn mit dieser traumatischen Einprägung seelischer Schaden zugefügt wird. Die Vorstellung von einer inneren, inwendigen Herzens-Schrift hat Nietzsche noch einmal entscheidend verwandelt und damit die Schriftmetaphorik des Gedächtnisses auf eine neue Grundlage gestellt. Er wandte sich bekanntlich ab von der traditionellen Gegenüberstellung von Körper und

---

[3] Timothy Bright, A treatise of Melancholy (1586), Kap. XXII, 126.

Seele, die die Seele zum Gefangenen des Körpers machte, und erklärte umgekehrt die Seele zum Kerkermeister des Körpers.[4] Das hatte Konsequenzen für sein Gedächtniskonzept, denn statt Herz und Seele erklärte er den empfindlichen und verletzlichen Körper zur Schreibfläche. In einer berühmten Abhandlung *Zur Genealogie der Moral* hat er sich die Frage gestellt, wie es kommt, daß Menschen ein «Gedächtnis des Willens» ausbilden, das nicht nur passiv einen «einmal eingeritzten Eindruck» festhält, sondern sich auch aktiv verbindlich an einen bestimmten Gedächtnisinhalt hält. Dieses Gedächtnis des Willens nennt er Gewissen und sieht in ihm den Grund, in dem die Kulturen Moral und Verantwortlichkeit verankern. Folglich sind in dieses Gedächtnis nach Nietzsche keine biographischen Erfahrungen eingeschrieben, vielmehr ist es mit einer kulturellen Schrift überzogen, die direkt und unauslöschbar in die Körper eingeschrieben ist. Mit dieser Wendung löst Nietzsche die Gedächtnistheorie aus der Geschichte der Innerlichkeit und individuellen Bezüge, um sie erstmals mit Institutionen von Macht und Gewalt zusammenzuschließen.

Seine These vom «Schmerz als dem mächtigsten Hilfsmittel der Mnemotechnik» entwickelt Nietzsche in einer einfachen Rhetorik von Frage und Antwort. Die Frage, die er stellt, lautet: «Wie macht man dem Menschen-Tiere ein Gedächtnis? Wie prägt man diesem teils stumpfen, teils faseligen Augenblicks-Verstande, dieser leibhaftigen Vergeßlichkeit etwas so ein, daß es gegenwärtig bleibt?» Und die Antwort auf diese Frage ist: «Man brennt etwas ein, damit es im Gedächtniss bleibt: nur was nicht aufhört, *weh zu thun*, bleibt im Gedächtniss.»[5] Zu den kulturellen körperlichen Einschreibungen sind demnach in einem weiten Sinne die Agenturen der Sozialisation sowie die Institutionen des Überwachens und Strafens zu rechnen, geht es doch bei all diesen darum, den Menschen bestimmte Werte und Normen des Zusammenlebens, Nietzsche spricht von «fixen Ideen», einzufleischen und mittels eines Gedächtnisses gegenwärtig zu erhalten. Besonders prägnant hat der Ethnologe Pierre Clastres diesen Zusammenhang von Schmerz und Gedächtnis am Beispiel von Initiationsriten bestätigt. Allerdings macht er geltend, daß sich auch nach Abklingen des Schmerzes in Spuren und Narben ein körperliches Gedächtnis festigt: «Nach der Initiation, wenn der Schmerz bereits vergessen ist, bleibt etwas zurück, ein unwiderruflicher Rest, die Spuren, die das Messer oder der Stein auf dem Körper hinterläßt, die Narben der empfangenen Wunden. Ein initiierter Mann ist ein gezeichneter Mann (...)

---

[4] Nach Oscar Wilde geht diese Idee auf Giordano Bruno zurück: «Was the soul a shadow seated in the house of sin? Or was the body really in the soul, as Giordano Bruno thought?» The Picture of Dorian Gray (1891), Harmondsworth 1994, 70.

[5] Friedrich Nietzsche, Zur Genealogie der Moral. Eine Streitschrift. In: Sämtliche Werke. Band V, 295.

Das Zeichen verhindert das Vergessen, der Körper selbst trägt auf sich die
Spuren der Erinnerung, der Körper ist Gedächtnis.»[6]

Was der Ethnologe hier über die Initiationsriten schreibt, trifft prägnant auf den Soldatenkörper zu, dessen Wunden und Narben das Gedächtnis von der Schlacht physisch bewahren. In *Henry V* hat Shakespeare dem König am Vorabend der Schlacht eine patriotische Rede in
den Mund gelegt, mit der er die kleinmütigen Soldaten in die erforder-
liche Stimmung versetzt. Die Wunden dieser Schlacht, so verspricht er
ihnen, werden einst kostbare Erinnerungsmale sein:

> *This day is call'd the feast of Crispian:*
> *He that outlives this day, and comes safe home,*
> *Will stand a tip-toe when this day is nam'd,*
> *And rouse him at the name of Crispian.*
> *He that shall live this day, and see old age,*
> *Will yearly on the vigil feast his neighbours,*
> *And say, ‹To-morrow is Saint Crispian:›*
> *Then will he strip his sleeve and show his scars,*
> *And say, ‹These wounds I had on Crispin's day.›*
> *Old men forget: yet all shall be forgot,*
> *But he'll remember with advantages*
> *What feats he did that day.* (IV,3, 40–51)

> Der heutge Tag heißt Crispianus' Fest:
> Der, so ihn überlebt und heim gelangt,
> Wird auf dem Sprung stehn, nennt man diesen Tag,
> Und sich beim Namen Crispianus rühren.
> Wer heut am Leben bleibt und kommt zu Jahren,
> Der gibt ein Fest am heilgen Abend jährlich
> Und sagt: ‹Auf morgen ist Sankt Krispian!›
> Streift dann den Ärmel auf, zeigt seine Narben
> Und sagt: ‹Am Krispinstag empfing ich die.›
> Die Alten sind vergeßlich; doch wenn alles
> Vergessen ist, wird er sich noch erinnern
> Mit manchem Zusatz, was er an dem Tag
> Für Stücke tat.

Das Körpergedächtnis der Wunden und Narben ist zuverlässiger als das
mentale Gedächtnis. Auch wenn dieses im Alter, was zu erwarten ist,
zerrüttet sein wird, wird jenes nichts von seiner Kraft verloren haben:
Old men forget: yet all shall be forgot, / But he'll remember!

Nietzsche verband mit dem Gedächtnis nicht nur das Problem des
Speicherns, sondern auch das des fortwährenden Präsenthaltens. Was
dem Gedächtnis anvertraut wird, muß nicht nur unauslöschlich un-

---

[6] Pierre Clastres, Staatsfeinde: Studien zur politischen Anthropologie, Frankfurt
a. M. 1976, 175.

vergeßbar, sondern obendrein auch noch permanent präsent gehalten werden. Diese Forderung eines in unaufhörlicher, ununterbrochener Dauerpräsenz wirksamen *Gedächtnisses* widerspricht der Struktur der *Erinnerung*, die stets diskontinuierlich ist und Intervalle der Nichtpräsenz notwendig miteinschließt. An etwas, das gegenwärtig präsent ist, daran kann man sich nicht erinnern, man verkörpert es. Das Trauma kann man in diesem Sinne als eine dauerhafte Körperschrift bezeichnen, die der Erinnerung entgegengesetzt ist.

Nicht nur die Schrift, auch die Photographie ist herangezogen worden, um das Phänomen einer körperlichen Einprägung zu beschreiben. In der Metaphorik der Photographie als einer Spur des Realen wird die Unmittelbarkeit der Prägung hervorgehoben. Diesen Aspekt der Unmittelbarkeit hat Proust besonders betont. Im proto-photographischen Bild vom Blitz konnte er einen Eindruck beschreiben, «den nicht mein Verstand in mich eingezeichnet und mein Kleinmut abgeschwächt hatte, sondern den der Tod selbst, die jähe Offenbarung des Todes wie ein Blitzstrahl in übernatürlicher, übermenschlicher Graphik in mich eingegraben hatte als eine geheimnisvolle Doppelspur».[7] Proust bemühte die Bildlichkeit von Eindruck und Spur immer dort, wo er die unbezweifelbare Wahrheit einer Erinnerung unterstreichen wollte. Verglichen mit dieser somatischen Wahrheit produziert der Verstand nur eine logische Wahrheit, «eine mögliche Wahrheit, ihre Wahl steht noch in unserem Belieben. Das Buch mit den in uns eingegrabenen, nicht von uns selbst eingezeichneten Charakteren, ist unser einziges Buch. (...) Nur der Eindruck, wie hauchdünn auch seine Substanz zu sein scheint, wie ungreifbar seine Spuren, ist ein Kriterium der Wahrheit».[8] In ihrer Steigerung betont die photographische Metapher nicht nur die Unmittelbarkeit eines Eindrucks, sondern obendrein die Verwundung einer sensiblen Materie. Auf diese Weise entsteht eine Korrespondenz zwischen Photographie und Trauma: Man verglich die photographische Selbsteinschreibung des Wirklichkeitsausschnitts in die Silbersalze der chemischen Platte mit der Selbsteinschreibung einer traumatischen Erfahrung in die Matrix des Unbewußten. Wir haben bereits den Analytiker Ernst Simmel zu Wort kommen lassen, der den traumatischen ‹Eindruck› in der Bildlichkeit der Photographie beschreibt: «Das Blitzlicht des Schreckens prägt einen photographisch genauen Abdruck.»[9] Durch das Bild des Mediums Pho-

---

[7] Marcel Proust, Auf der Suche nach der verlorenen Zeit, Frankfurt a. M. 1961, Band 4, 222 f.; Frz. Ausgabe Band II, 759.

[8] Marcel Proust, Auf der Suche nach der verlorenen Zeit. Die wiedergefundene Zeit 2, 287; franz.: Bd. III, 880.

[9] S. o. 157, n. 17.

tographie wird paradoxerweise das genaue Gegenteil von Medialität, nämlich die schiere Unvermitteltheit eines Eindrucks betont. Unbewaffnet durch geistige Techniken der Deutung und Abwehr wird die Seele bzw. der Körper selbst zu einem ebenso reinen Medium wie die photographische Platte. War diese schutzlose Passivität des Rezipienten für Proust noch ein Kriterium der Wahrheit, so wird sie für die Psychiater seiner Zeit zu einem Signum des Pathologischen.

Körperschriften sind immer wieder in ganz verschiedenen Kontexten thematisiert und entsprechend der orientierenden Metaphysik unterschiedlich gedeutet und bewertet worden. Platon und Jeremia, die von einer Schrift sprechen, die direkt ins Mark der Seele bzw. auf die Tafeln des Herzens schreibt, stehen im Banne des Ideals eines authentischen, innerlichen, unvermittelten und unverlierbaren Gedächtnisses. Im Gegensatz dazu spricht Nietzsche, der die Priorität von Körper und Seele umdreht, nicht mehr von Innerlichkeit und Unmittelbarkeit, sondern von körperlicher Züchtigung, von Schmerz, Wunden und Narben.[10] Nur sie garantieren jene zuverlässigen Dauerspuren, die nicht durch zwischenzeitliches Vergessen unterbrochen sind. Bei De Quincey, Proust und Freud wiederum sind die im Palimpsest des menschlichen Geistes eingeschriebenen Erinnerungen ebenso unauslöschlich eingraviert, obwohl grundsätzlich vom Vergessen verdeckt und daher unverfügbar. Das Beispiel Hamlet zeigt, daß Körperschriften nicht nur auf archaische Riten, sondern auch auf Erfahrungen psychischer Gewalt zurückgehen können. Während archaische Initiationsriten Körperbeschriftung durch Gewalteinwirkung zum Zweck einer nachhaltigen Identitätsformung einsetzen, zerstört umgekehrt die Körperschrift des Traumas die Möglichkeit einer Identitätsbildung. Die folgenden drei Kapitel befassen sich mit Affekt und Trauma als Formen von Gedächtnis mit unterschiedlicher körperlicher Beteiligung und unterschiedlicher Entfernung vom reflektierenden Bewußtsein. Ein Kapitel ist der Verformung und Verfälschung von Erinnerungen gewidmet sowie den verschiedenen Rahmen, in denen Erinnerungen sozial rekonstruiert werden.

---

[10] Peter Sloterdijk, Zur Welt kommen – Zur Sprache kommen. Frankfurter Vorlesungen, Frankfurt a. M. 1988 macht aus diesen Körperschriften ein poetologisches Programm. Es lautet: «Wo Brandmarkung war, soll Sprache entstehen!» Vgl. auch Geoffrey Hartman, «Worte und Wunden», in: Aleida Assmann, Hg., Texte und Lektüren. Perspektiven der Literaturwissenschaft, Frankfurt a. M. 1996, 105–141.

2. Stabilisatoren der Erinnerung

In seinem Roman *Das Geisterfest* schreibt der ungarische Autor György Konrád: «Ich belebe die Geschichten, die im Bernstein der Zeit überdauert haben.»[11] Ich möchte im Anschluß daran fragen: Gibt es einen solchen Bernstein der Zeit? bzw.: Gibt es entsprechende konservierende Milieus für unsere Erinnerungen? Wenn überhaupt, so darf man wohl vermuten, nur in besonderen Ausnahmefällen, denn Erinnerungen gehören, wie wir alle wissen, zum Flüchtigsten und Unzuverlässigsten, was es gibt. Darum haben Menschen in verschiedenen Kulturen zu allen Zeiten auf materielle Stabilisatoren zurückgegriffen, von dinglichen und bildlichen Mnemotechniken bis hin zur Schrift. Von solchen (teilweise) gedächtnisexternen Stabilisatoren soll nicht die Rede sein, sondern vorwiegend von jenen gedächtnisinternen Mechanismen, die der allgemeinen Tendenz zum Vergessen entgegenwirken und bestimmte Erinnerungen unvergeßlicher machen als solche, die uns sofort wieder entgleiten.

Wenn ich in diesem Zusammenhang von ‹Stabilisatoren› rede, so mag das aus einem bestimmten Theorie-Blickwinkel als problematisch erscheinen. Hat doch die neurophysiologische Hirn- und Gedächtnisforschung inzwischen eine eindeutige Lokalisationstheorie verabschiedet und diskutiert seit etwa 1970 eine Gedächtnis-Hypothese, «in der eine Informationsspeicherung auf der Basis der ‹Bahnung› nervlicher Strukturen die Hauptrolle spielt».[12] Diese Verschiebung der leitenden Hypothese haben konstruktivistische Theoretiker inzwischen als einen Paradigmawechsel dramatisiert und die gängigen Gedächtnismetaphern von Einschreibung und Speicherung als unzulässige Verfälschungen kritisiert. Dem statischen Speicher-Modell wird ein dynamisch konstruktives Modell der fortwährenden Umbildung engegengesetzt, wonach das Gedächtnis die Vergangenheit fortwährend elastisch funktional an die Gegenwart anpaßt.[13] Es mag sein, daß die Gewalt des Willens oder der Gegenwart über das Gedächtnis nahezu unbegrenzt ist, doch werden diese Spielräume auch durch einen anderen Faktor wieder be-

---

[11] György Konrád, Das Geisterfest, Frankfurt a. M. 1989, 7.

[12] Hinrich Rahmann, «Die Bausteine der Erinnerung», in: Bild der Wissenschaft, 19. Jahrgang, Bd. II, Heft 9, 1982, 75–86; hier: 84.

[13] «Gedächtnisinhalte sind in dieser Sicht nicht mehr als bereits encodierte Informationen abzurufen, sie müssen vielmehr im gegenwartsabhängigen Prozeß der Erinnerungsbildung *erzeugt* werden.» (Hervorh. A. A.) Jürgen Straub, «Kultureller Wandel als konstruktive Transformation des kollektiven Gedächtnisses. Zur Theorie der Kulturpsychologie», in: Christian G. Allesch, Elfriede Billmann-Mahecha, Alfred Lang, Hgg., Psychologische Aspekte des kulturellen Wandels, Wien 1992, 42–54; hier: 50.

grenzt, nämlich durch den Körper. Es gibt körperlich eingeschriebene Erfahrungen und Wunden, die sich, so versichern uns die Spezialisten, voluntaristischen Manipulationen entziehen. Deshalb erscheint mir die These von der totalen Wandlungs- und Anpassungsfähigkeit des Gedächtnisses zu pauschal und ins andere Extrem des Speichermodells zu verfallen. So überzeugend und unbestritten die Feststellung ist, daß Erinnerungen stets in der Gegenwart und unter deren spezifischen Bedingungen rekonstruiert werden, so überzogen scheint mir die These, daß Erinnerungen ausschließlich von der Gegenwart und «nicht von der Vergangenheit abhängen».[14] Diese Vorstellung liefe auf die Abschaffung der Vergangenheit als realexistierendem materiellem und ideellem Problemüberhang hinaus. Deshalb soll hier das Problem der (Un-)Zuverlässigkeit von Erinnerungen noch einmal aufgenommen und genauer nach den deformierenden bzw. stabilisierenden Kräften im Erinnerungsprozeß gefragt werden.

An erster Stelle wäre hier unbedingt die Sprache zu nennen. Die Sprache ist der mächtigste Stabilisator von Erinnerungen. An das, was wir einmal versprachlicht haben, können wir uns viel leichter erinnern als an das, was nie zur Sprache gefunden hat. Wir erinnern uns dann nicht mehr an die Ereignisse selbst, sondern eher an unsere Versprachlichungen von ihnen. Die sprachlichen Zeichen funktionieren wie Namen, mit denen wir Gegenstände und Sachverhalte wieder zurückrufen können. So heißt es einmal von einer Begebenheit bei Christa Wolf: «Elf Jahre ist es her und war in einem anderen Leben. Die Erinnerung daran wäre ihm ganz geschwunden, hätte er sie nicht durch Worte befestigt, mit deren Hilfe er sich nun, sooft er will, jenes Erlebnis heraufrufen kann.»[15] Durch Sprache werden individuelle Erinnerungen stabilisiert und sozialisiert. Darauf hat Maurice Halbwachs hingewiesen, als er betonte, daß wir als Mitglieder von Gruppen keinen Gegenstand wahrnehmen können, ohne ihm einen Namen zu geben und damit den Konventionen und dem Denken der Gruppe zu unterwerfen. Neben der Sprache gibt es weitere psychische Stabilisatoren der Erinnerung, von denen im Folgenden drei Möglichkeiten vorgestellt und an Beispielen erläutert werden sollen: Affekt, Symbol und Trauma. Zwei dieser Begriffe schließen in unterschiedlicher Intensität den Körper als Medium

---

[14] Straub, Kultureller Wandel, 52.

[15] Christa Wolf, Kein Ort. Nirgends, Berlin/Weimar 1980, 25. Wolf hat die sprachliche Fixierung von Erinnerungen auch kritisiert. In einem Essay über «Lesen und Schreiben» (1968) findet sich der Satz: «So enden Kindheiten in jener Zeit, das glaubt jeder, das wird blank poliert beim häufigen Erzählen, das ist schön wehleidig, das hat seinen festen Platz im Medaillonschrein und seine Unterschrift: ‹Ende der Kindheit›.» Christa Wolf, Die Dimension des Autors. Essays und Aufsätze, Reden und Gespräche 1959–1985, Darmstadt und Neuwied 1987, 463–503; hier: 479–480.

ein; unter dem dritten Stichwort, Symbol, wird von der Übersetzung von körperlicher Erfahrung in ‹Sinn› die Rede sein.

Affekt

Wie bereits im Kapitel über die Wirkungsmacht der Bildung erläutert wurde, spielt der Affekt in der Geschichte der Mnemotechnik eine besondere Rolle. Da dieses künstliche Gedächtnis von den Eigenschaften des natürlichen Gedächtnisses ausgehen muß, macht es sich dessen Potentiale zunutze. Wenn wir etwas außergewöhnlich Niedriges, Schändliches, Ungewöhnliches, Großes, Unglaubliches oder Lächerliches sehen, wird sich dieses unserem Gedächtnis für lange Zeit einprägen, hieß es im mnemotechnischen Traktat *Ad Herennium*, wo deshalb vorgeschlagen wurde, aktiv wirksame Bilder als Gedächtnisstützen zu wählen: «Bilder müssen wir also in der Art festlegen, die man am längsten in Erinnerung behalten kann. Das wird der Fall sein, (...) wenn wir nicht stumme und unbestimmte Bilder, sondern solche, die etwas in Bewegung bringen, hinstellen.»[16] Um die Einprägsamkeit der Bilder zu steigern, wurde empfohlen, sie prunkvoll einzukleiden in Krone und Purpur oder sie zu verunstalten mit Blutflecken, Schlammspuren oder greller roter Farbe. Diese Anschauung der antiken Mnemotechniker stimmt erstaunlich genau mit Ergebnissen der neuesten Kognitionspsychologie überein. In einem Experiment haben amerikanische Psychologen zwei Probandengruppen eine identische Serie unbedeutender Dias vorgeführt. Während die eine Gruppe nur die Bilder zu sehen bekam, wurde bei der anderen Gruppe den Bildern eine dramatische, ja blutrünstige Geschichte unterlegt. Das Ergebnis war, daß Mitglieder der ersten Gruppe anschließend einen geringen, die der anderen Gruppe einen signifikant höheren Teil der Bilder erinnerten.[17] Obwohl in diesem Beispiel gerade nicht die Bilder, sondern der Text Träger des Affekts ist, bestätigt das psychologische Experiment doch die Bedeutung des Affekts für die Einprägsamkeit von Erinnerungen.

In der antiken Mnemotechnik wie im modernen psychologischen Experiment fällt die Manipulierbarkeit des Gedächtnisses ins Auge. Erinnerung und Affekt gehören hier nicht von sich aus zusammen, sondern werden bewußt und gegebenenfalls höchst willkürlich miteinander verkoppelt. Das ändert sich, wenn wir von den künstlichen Merktechniken zu den individuellen Lebenserinnerungen übergehen. In diesem letzte-

---

[16] Rhetorica Ad Herennium, III, XXII., hg. von Theodor Nüßlein, Zürich 1994, 177.
[17] Daniel L. Schacter, Hg., Memory Distortion. How Minds, Brains, and Societies Reconstruct the Past, Cambridge, Mass./London 1995, 264–265.

ren Fall verschmelzen Erinnerung und Affekt zu einem unauflösbaren Komplex. Welche Erinnerungen im einzelnen von dieser stabilisierenden Kraft ‹affiziert› werden, das entzieht sich gerade der Verfügungsgewalt des einzelnen; der affektive Anteil an bestimmten Erinnerungen kann von Individuen nämlich gerade *nicht* gesteuert werden. Genau diese Unverfügbarkeit war es, die den Affekt für Rousseau zu einem so wichtigen Stabilisator von Erinnerungen machte. Er scheint in seinen *Bekenntnissen*, einer Gattung, die auf subjektiven Erinnerungen als ihrer wichtigsten Quelle aufbaut, einer der ersten gewesen zu sein, der die kritische Frage der Glaubwürdigkeit gegen sich selbst gerichtet hat.[18] Im Falle autobiographischer Erinnerungen bedeutet das, daß der Erinnernde gegen sich selbst ermitteln muß. Läßt sich aber im Bereich jener Erinnerungen, wo es keine weiteren Zeugen eines Geschehens gibt und keine externe Evidenz als Verifikationshilfe einzuholen ist, überhaupt ein Maßstab für die Glaubwürdigkeit von Erinnerungen aufstellen? Auf der Suche nach einem solchen stieß Rousseau auf den Affekt. Er war sich darüber im klaren, daß er keine vergangenen Sachverhalte exakt rekonstruieren konnte, und wies einen objektiven Wahrheitsanspruch für seine Erinnerungen deshalb von vornherein zurück. Einen Anspruch machte er indessen für die Wahrheit des Affekts geltend, die er in der «Kette der Gefühle» (la chaine des sentiments) verankert sah:

«Alle Papiere, die ich gesammelt hatte, damit sie meine Erinnerungen ergänzten und mich bei diesem Unternehmen leiteten, sind in andere Hände übergegangen und werden nicht mehr in die meinen zurückgelangen. Ich habe nur einen treuen Führer, auf den ich zählen kann, das ist die Kette der Gefühle, die die Entwicklung meines Daseins begleitet haben, und durch sie die der Ereignisse, die ihre Ursache oder Wirkung gewesen sind. Ich vergesse leicht mein Unglück, aber ich kann meine Fehler nicht vergessen, und noch weniger vergesse ich meine guten Gefühle. Ihre Erinnerung ist mir zu teuer, als daß sie je aus meinem Herzen schwinden könnte. Ich kann Lücken in den Tatsachen lassen, sie verschieben, mich in den Daten irren, aber *ich kann mich nicht über das täuschen, was ich gefühlt habe.*»[19]

---

[18] ... anstatt sie, wie es üblich ist, den Lesern zu unterstellen und durch entsprechende Beteuerungen zu entkräften. Augustin schreibt mit Blick auf seine Leser: «Ich kann ihnen nicht beweisen, daß ich Wahres bekenne, aber diejenigen werden mir glauben, denen die Liebe die Ohren öffnet.» (X, III.3) Augustin, der seine Bekenntnisse nicht für die Mit- und Nachwelt, sondern für Gott niederschrieb, ging von der Unmöglichkeit der Verfälschung aus: «Wer immer ich sei – dir, Herr, bin ich jedenfalls durchsichtig.»(X, II.2) Augustinus, Bekenntnisse, hg. von Kurt Flasch und Burkhard Mojsisch, Stuttgart 1989, 252, 251. In seinen *Confessiones* wird die Memoria wie eine Muse angerufen; ob diese Muse Wahres oder Trügerisches singt, hat ihn dabei nicht interessiert. Soweit ich sehe, haben bis hin zu Rousseau die Autobiographen die Wahrhaftigkeit ihrer eigenen Erinnerungen nicht in Frage gestellt.

[19] Jean-Jacques Rousseau, Confessions VII, 274.

Vom Affekt als einem instrumentellen Erinnerungsverstärker in der antiken Mnemotechnik gelangen wir bei Rousseau zum Affekt als hartem Kern von Erinnerungen. Dazu schreibt Jean Starobinski: «Das Gefühl ist das unzerstörbare Zentrum des Gedächtnisses. (...) Die Wahrheit, die Rousseau uns mitteilen will, betrifft nicht die genaue Situierung biographischer Tatsachen, sondern zielt auf die Beziehung, welche er zu dieser Vergangenheit unterhält. (...) Dies stellt eine umfassendere Wahrheit dar, die sich allerdings den Gesetzen der Verifikation entzieht. Wir befinden uns nicht mehr im Bereich der *Wahrheit*, der wahren Geschichte, sondern wir sind in den der *Authentizität* getreten.»[20]

Mir scheint hier noch etwas anderes bemerkenswert als die Unterscheidung von objektiver Wahrheit und subjektiver Wahrhaftigkeit. Das Affekt-Gedächtnis beruht auf einer psychophysischen Erfahrung, die nicht nur externer Verifikation, sondern auch der eigenen Revision entzogen ist. Das soll an einer weiteren Autobiographin illustriert werden, die sich ebenfalls Gedanken gemacht hat über die Zuverlässigkeit ihrer Erinnerungen. Sie heißt Mary Antin, wurde 1881 im weißrussischen Polotzk geboren und wanderte Anfang des Jahrhunderts mit ihrer Familie in die USA aus.[21] Dort schrieb die erst 28-Jährige im Jahre 1909 ihre Autobiographie, d. h. jenen mit der Immigration irreversibel abgeschlossenen Abschnitt ihrer Lebensgeschichte im jüdisch osteuropäischen Milieu.

Die eigenen Erinnerungen beginnen für die Vierjährige mit der Begräbnisfeier ihres Großvaters. Nachdem sie schemenhaft die Szene der Totenwache beschrieben hat, unterbricht sie sich unvermittelt mit der Frage: «Erinnere ich mich wirklich an diese kleine Szene?» um dann fortzufahren:

«Am wahrscheinlichsten ist, daß ich zum aktuellen Zeitpunkt keinerlei geistiges Interesse an den sterblichen Überresten meines Großvaters hatte, und daß ich später, auf der Suche nach einer ersten Erinnerung, diese Szene ausgearbeitet habe, zusammen mit meiner Rolle in ihr, um meinen Sinn für dramatische Akzente zu befriedigen. Wenn ich mir wirklich eine solche Fälschung habe zuschulden kommen lassen, so geschieht es mir ganz recht, daß ich jetzt, gleich zu Beginn, die Authentizität meiner Erinnerungen in Abrede stellen muß.»[22]

---

[20] Jean Starobinski, Rousseau. Eine Welt von Widerständen, München 1988, 294.

[21] Mary Antin, The Promised Land erschien zuerst als Fortsetzungsroman 1912 in «The Atlantic Monthly» und 1940 in einer ersten Buchausgabe. Ich zitiere im folgenden nach der zweiten Auflage Boston 1969. Auf Mary Antin hat mich Monica Rüthers aufmerksam gemacht, der ich auch viele Anregungen verdanke. Monica Rüthers, Tewjes Töchter. Lebensentwürfe ostjüdischer Frauen im 19. Jahrhundert, Lebenswelten osteuropäischer Juden, 2, Köln, Weimar, Wien 1996.

[22] «Perhaps I heard it described by some fond relative, as I heard other anecdotes of my infancy, and unconsciously incorporated it with my genuine recollections. (...) It is more likely, however, that I took no intellectual interest in my grandfather's re-

Während Antin hier ironisch spielerisch mit ihren Erinnerungen umgeht, den Leser unnötigerweise mißtrauisch macht und den rekonstruktivistischen Charakter persönlicher Erinnerungen in den Vordergrund stellt, gibt es Passagen, wo sie mit überraschender Hartnäckigkeit auf der Wahrheit ihrer Erinnerungen besteht. Sie geht dabei noch einen Schritt weiter als Rousseau, indem sie diese Wahrheit sogar *kontrafaktisch*, d. h. auf Kosten empirischer Evidenz geltend macht. Dieses Problem wird von ihr an einem bestimmten Erinnerungsbild erläutert; es handelt sich um die tiefroten Dahlien, die im Nachbargarten geblüht haben sollen. Dazu stellt Antin fest:

«Was *meine* (Hervorhebung von mir, A. A.) Dahlien anbelangt, so hat man mir inzwischen mitgeteilt, daß es Mohnblumen und keine Dahlien waren. Als zuverlässige Historikerin muß ich hier jedes Gerücht weitergeben, doch behalte ich mir das Recht vor, an meinem eigenen Eindruck festzuhalten. In der Tat muß ich auf den Dahlien bestehen, wenn ich den Garten für die Erinnerung überhaupt retten will. Ich habe so lange an sie geglaubt, daß in dem Moment, wo ich mir jetzt Mohnblumen in jenen roten Massen über der Mauer vorstellen will, der ganze Garten zerbröselt und mich mit einem grauen Nichts zurückläßt. Ich habe bestimmt nichts gegen Mohn. Aber meine Illusion ist nun mal wirklicher für mich als die Realität.»[23]

Mohn oder Dahlien – warum kehrt Antin diesen nebensächlichen Punkt heraus, der für den Duktus ihrer Erzählung doch völlig bedeutungslos ist? Ich nehme nicht an, daß Antin eine Anwältin postmoderner Epistemologie ist, die ‹ihre› subjektive Wahrheit über eine objektive, empirisch gesicherte Erfahrungswelt stellt. Ich denke eher, daß ihre Bemerkungen nicht die Struktur der Wirklichkeit, sondern die der Erinnerung betreffen. Wenn sie auf *ihren* Dahlien insistiert, dann stellt sie damit eher die apodiktische Qualität affektiver Erinnerungen heraus. Sie sind unkorrigierbar, denn sie stehen und fallen mit der Intensität des lebendigen Bezugs, des unvermittelten Eindrucks. Gibt man diesen auf, so behält man in der Tat nichts zurück.

---

mains at the time, but later on, when I sought for a first recollection, perhaps, elaborated the scene, and my part in it, to something that satisfied my sense of dramatic fitness. If I really committed such a fraud, I am now well punished, by being obliged, at the very start, to discredit the authenticity of my memoirs.» Antin, Promised Land, 80.

[23] «Concerning my dahlias I have been told that they were not dahlias at all, but poppies. As a conscientious historian I am bound to record every rumor, but I retain the right to cling to my own impression. Indeed, I must insist on my dahlias, if I am to preserve the garden at all. I have so long believed in them, that if I try to see *poppies* in those red masses over the wall, the whole garden crumbles away, and leaves me a grey blank. I have nothing against poppies. It is only that my illusion is more real to me than reality.» Mary Antin, Promised Land, 81.

Der Aufweis dieses lebendigen Bezugs zur Vergangenheit hat ebenfalls einen historischen Zeugniswert, wenn auch einen anderen als den der Historiker, mit denen sich die Autobiographin vergleicht: «Ihr könnt mir mit der akkuratesten Beschreibung von Polotzk kommen und mir nachweisen, wo ich geirrt habe – ich bleibe doch die bessere (Fremden-)Führerin. Ihr mögt mir nachweisen, daß meine Abenteuerstraße ins Nichts führte, aber ich kann mit meinem beschleunigten Pulsschlag und meiner lebhaften Assoziationenkette beweisen, daß mir hier und da Dinge passiert sind – und *mir* wird man glauben, nicht euch.»[24]

Symbol

In seiner wegweisenden Studie über das Gedächtnis und seine sozialen Bedingungen schreibt Maurice Halbwachs: «Jede Persönlichkeit und jedes historische Faktum wird schon bei seinem Eintritt in dieses (i. e. soziale, A. A.) Gedächtnis in eine Lehre, einen Begriff, ein Symbol transponiert; es erhält einen Sinn, es wird zu einem Element des Ideensystems der Gesellschaft.»[25] Was Halbwachs für das kollektive, das heißt: sozial vermittelte und geteilte Gedächtnis geltend macht, trifft – so meine ich – auch auf das individuelle Gedächtnis zu. In einem Text mit dem Titel «Erinnerungen an einen alten Menschen» hat der polnische Autor Andrzej Szczypiorski die Rolle des Symbols als Stabilisator von Erinnerungen beschrieben. Mit dem alten Menschen ist der Kapuzinerpater Anicet gemeint, der eigentlich Albert Koplin hieß. Er wurde 1875 in Friedland in Ostpreußen geboren, trat 1893 im Elsaß in den Kapuzinerorden ein und wurde 1900 in Krefeld zum Priester geweiht. 1918 gelangte er nach Warschau, wo er als Wahl-Pole blieb. Er wirkte aktiv in der Armenfürsorge und Sozialarbeit und gehörte zu den geachtetsten Ordenspriestern Warschaus. 1940 identifizierte er sich gegenüber den Nazi-Behörden als Pole. 1941 wurde er nach Auschwitz gebracht und starb dort noch im selben Jahr in der Gaskammer.

Szczypiorski hat, wie er in der Einleitung zu seinem Text feststellt, sein persönliches Erinnerungszeugnis in einem ganz bestimmten institutionellen Erinnerungsrahmen abgelegt. Im Palais des Primas von Polen fand eine dem Andenken des Paters gewidmete Tagung statt, die einen konkreten Anlaß zum Hintergrund hatte: Der Kapuzinerorden beantragte die Aufnahme des Beatifikationsprozesses für Pater Anicet im Vatikan. Szczypiorski war ein Junge, als er den Pater kennenlernte. Zwischen 1938 und 1941 hatte er ihm als Meßdiener zu assistieren. Von der Herkunft, der Bedeutung und dem Schicksal des Paters wußte er nichts.

---

[24] Antin, Promised Land, 84.
[25] Maurice Halbwachs, Das Gedächtnis und seine sozialen Bedingungen, Frankfurt a. M. 1985, 389 f.

Die aus dieser Zeit haftengebliebenen Erinnerungen an Bilder, Szenen, Gespräche beschränken sich auf einen kleinen Wahrnehmungsausschnitt aus der Perspektive eines Jugendlichen. Diese unscheinbare Menge von Erinnerungsdaten steht im umgekehrten Verhältnis zur Bedeutung, die diese Begegnung bei Szczypiorski in der nachträglichen Revision seiner Lebensgeschichte gewinnt. Deshalb warnt er seine Zuhörer von Anfang an: «Im Grunde wird alles, was ich hier sage, ein Bekenntnis sein, die Schilderung meines geistigen Schicksals.»[26] Sowenig er über den Pater Anicet zu sagen hat, soviel hat er über sich selbst zu sagen. Szczypiorski unterscheidet dabei sehr genau zwischen den Erinnerungen seiner Jugend und denen des grauhaarigen Mannes, der, wie er wiederholt bemerkt, «einen Sack eigener Erfahrungen auf den Schultern schleppt und den größten Teil seines zeitlichen Lebens zurückgelegt hat» (225). Über die Jugenderinnerungen schreibt er:

«Die Erfahrungen der frühen Jugend lebten zwar in mir fort, aber irgendwo sehr gut versteckt, auf dem vollgestellten, verstaubten Dachboden der Erinnerung, wo man selten hinkommt. (...) Sicher war irgendwo dort auch Pater Anicet, aber unbemerkt, schweigend über die Jahre, nicht benötigt. In meiner Erinnerung (...) war er, falls er überhaupt irgendwo war, ein kleiner, gebeugter alter Mann in ziemlich unsauberem Habit, mit Sandalen an den bloßen Füßen. Und mehr wußte ich buchstäblich nicht über ihn.» (225)

Der Dachboden ist ein anschauliches Bild für das Latenzgedächtnis: unordentlich, vernachlässigt, verstreut liegen die Gegenstände dort herum, sie sind als Gerümpel einfach da, ausrangiertes vernachlässigtes Gut ohne Zweck und Ziel. Wie das Gerümpel existieren die latenten Erinnerungen in einem Zwischenzustand, aus dem sie entweder ins Dunkel vollständigen Vergessens absinken oder heraufgeholt werden können ins Licht der Wiedererinnerung. Jede der kleinen Geschichten, die Szczypiorski noch zu erzählen weiß, trägt den Stempel eines bestimmten Affekts: Ehrgeiz, Demütigung, Überraschung, Befremdung und Mystifikation sind mit im Spiele, wo sich Wahrnehmungen zu Erfahrungen und Erfahrungen zu Erinnerungen verfestigt haben.

Zu den Erinnerungen des Alters, die Szczypiorski von denen der Jugend sorgfältig unterscheidet, schreibt er:

«Erst in meinem späteren Lebensabschnitt kehrte er zurück. Heute ist er für mich eine zentrale, auf jeden Fall eine sehr wichtige Gestalt meines geistigen Abenteuers (...). Eigentlich könnte man sagen, Pater Anicet sei in meiner Erinnerung, in meinem geistigen Reifeprozeß ein gewissermaßen ex post inszenierter Held; er füllt eher eine Lücke der Phantasie als der erlebten Wirklichkeit. Anicet ist eine Art von geistigem Bedürfnis, ein moralischer Imperativ meiner, um die Wahrheit zu sagen, ziemlich komplizierten Existenz.» (225 f.)

---

[26] Andrzej Szczypiorski, Notizen zum Stand der Dinge, Zürich 1992, 224. Alle Zitate aus dem Text folgen dieser Ausgabe.

Was für die Erinnerungen der Jugend der Affekt ist, ist für die Erinnerungen des Alters das Symbol. Affekt und Symbol sind Stabilisatoren von sehr unterschiedlicher Art. Die Erinnerung, die die Kraft eines Symbols gewinnt, ist von der retrospektiven Deutungsarbeit an der eigenen Lebensgeschichte erfaßt und in den Rahmen einer bestimmten Sinnkonfiguration gestellt. Szczypiorski beschreibt sehr exakt, daß der Anicet dieser seiner späten Erinnerungsarbeit nicht jenen historischen Menschen selbst restituiert, «sein Leben, sein Handeln oder seinen Einfluß, sondern Anicet als ein gewisses Symbol, als von meiner Phantasie zum Range des Symbols erhobenes Schicksal. (...) Das, womit ich hier ankomme, ist wichtig für mich, ist meine Sache, *mein* Anicet, nicht aber der wirkliche, echte Anicet, der einst durch die Warschauer Straßen ging und hinter dem Stacheldraht von Auschwitz umkam». (226 f., Hervorh. A. A.) Es wäre wiederum voreilig, diese zum Symbol geronnene Erinnerung schon deshalb als Fiktion und Lüge zu bezeichnen, nur weil sie erklärtermaßen nichts mit der historischen Wahrheit zu tun hat. Die Wichtigkeit dieser «durch zwischenzeitlich erworbene Deutungsmuster» aufbereiteten Erinnerungen sollte man nicht unterschätzen.[27] Solche Umdeutung, die, wie das Beispiel zeigt, nicht notwendig mit ‹Umfälschung› gleichzusetzen ist, leistet einen wichtigen Beitrag zur Stabilisierung von Erinnerungen im Aufbau einer persönlichen Identität. Anders als die Affekte stecken die Bedeutungen jedoch nicht in den Wahrnehmungen und Erinnerungen drin, sondern werden nachträglich dazugeschaffen. Von der Frage, ob sich eine solche Bedeutung hinzuerfinden läßt oder nicht, hängt die Stabilität eines wesentlichen Teils unserer Erinnerungen ab. Sie dazuzuschaffen entspricht nicht nur menschlichem Bedürfnis, sondern auch menschlicher Bestimmung; ist nicht nur eine Frage der Anpassung, sondern auch der Selbstbestimmung. «Auf die Frage nach dem Sinn des Lebens antwortet jeder mit seinem Lebenslauf», schreibt György Konrád in dem bereits zitierten Roman.[28] Während ein Lebenslauf sich aus objektiv verifizierbaren Lebensdaten zusammensetzt, beruht eine Lebensgeschichte auf interpretierten Erinnerungen, die sich zu einer erinnerbaren und erzählbaren Gestalt zusammenfügen. Solche Gestaltgebung nennen wir Sinn; sie ist das Rückgrat gelebter Identität.

---

[27] «Vielleicht ist es gar nicht wichtig, welche Rolle er 1940 oder 1941 in meinem Leben gespielt hat, sondern allein wichtig, welche Rolle er heute spielt, wer er heute für mich ist und bis zum Ende meiner Tage für mich bleiben wird, dieser alte, gebeugte Mann, von dem ich früher nichts wußte und den ich mir später aus Erinnerungs-Bruchstücken zusammengefügt habe als Symbol meiner eigenen Verwandlung und geistigen Reifung.» Szczypiorski, 235.

[28] Konrád, Geisterfest, 7.

Trauma

Der Literaturwissenschaftler Lawrence Langer würde Szczypiorskis
Verwandlung von Erinnerungen in ein Symbol vermutlich als ‹heroisches Gedächtnis› klassifizieren. ‹Heroisches Gedächtnis› ist bei ihm, der
sich mit Video-Aufzeichnungen mündlicher Zeugnisse von Holocaust-
Überlebenden beschäftigt, der Gegenbegriff zum ‹unheroischen Gedächtnis›. Während das heroische Gedächtnis, das hier nicht mit
Nietzsches Zug zur Größe und seinem ‹monumentalischen Gedächtnis›
bzw. der ‹Melete› gleichgesetzt werden darf, ein integrales Selbst
voraussetzt, das über Selbstachtung, freien Willen, geistige Optionen,
Zukunft, positive Werte und eine Rhetorik der Rettung verfügt, ist das
unheroische Gedächtnis von all diesen Ressourcen irreversibel abgeschnitten. Zu ihm gehört das, was Langer ein beschädigtes Selbst
(‹diminished self›) nennt, dem jegliche physische und geistige Kontrolle
über seine Umwelt entzogen ist und dessen Sprache alle Konnotationen
aktiver Ermächtigung verloren hat. In der Sprache der Opfer des
Holocaust stellt er «eine Verabschiedung des ganzen Lexikons von Begriffen fest, die das integrale Selbst versicherten wie: Wahl, Wille,
Überlegungskraft, Erwartungssicherheit».[29] Das unheroische Gedächtnis, so Langer, dokumentiert, daß hier eine nachträglich deutende Bewältigung des Schreckens schon deshalb ausgeschlossen sei, da die dafür
notwendigen geistigen und seelischen Voraussetzungen und Werte dem
Nazi-Terror mit zum Opfer gefallen seien. Statt dem beschädigten
Selbst therapeutisch aufzuhelfen, möchte Langer es in seine Rechte einsetzen und ihm die Geltung einer eigenen Existenzform verschaffen:
«Dieses beschädigte Selbst erfordert einen ganzen Komplex von Um-
deutungen und neuen Wahrnehmungen, eine modernisierte oder
modernistische Sicht der sprachlichen und moralischen Möglichkeiten
und Grenzen, die nicht auf die Wirklichkeit des Holocaust beschränkt
bleiben müssen.»[30]

Das unheroische Gedächtnis und das beschädigte Selbst gehen auf
Traumatisierungen zurück, die die Opfer des Holocaust nicht in retten-
de Symbole zu überführen vermögen. Durch eine Erfahrung, deren Ex-

---

[29] Lawrence Langer, Holocaust Testimonies. The Ruins of Memory, New Haven
und London 1991, 177.

[30] Langer, Testimonies, 177. Ich möchte hier auf die Problematik nicht eingehen,
die darin liegt, aus dem Ausnahmezustand der Erfahrung der Todeslager die
Möglichkeit einer allgemeineren menschlichen Grundbefindlichkeit abzuleiten
– der Überlebende des Holocaust gewissermaßen als Paradigma des modernen Menschen –, ich stelle nur fest, daß sich auf diesem Wege abermals die Strategie des Symbols bemerkbar macht, die eine bestimmte erinnerte Situation zum Zeichen für
etwas anderes macht, was damit nicht direkt verbunden ist.

zeß das psychophysische Fassungsvermögen übersteigt, wird anschließend die Möglichkeit einer integralen Selbstkonstitution zerschlagen. Das Trauma stabilisiert eine Erfahrung, die dem Bewußtsein nicht zugänglich ist und sich im Schatten dieses Bewußtseins als eine latente Präsenz festsetzt.[31] Ruth Klüger, die die Konzentrationslager Theresienstadt, Auschwitz und Christianstadt überlebt hat, hat sich in ihrem Lebensbericht wiederholt mit der Frage der Übersetzbarkeit einer traumatischen Erfahrung in Sprache auseinandergesetzt. Gleich zu Beginn des Buches schreibt sie über ihren Vetter Hans, der von den Nazis gefoltert worden ist. Sie läßt sich alles genau beschreiben und zeigen und fährt dann fort: «Und doch ebnen seine Einzelheiten diese Qual ein, und nur aus dem Tonfall hört man das Anders-, Fremd- und Bösartige heraus. Denn die Folter verläßt den Gefolterten nicht, niemals, das ganze Leben lang nicht.»[32] Worte nehmen das Trauma nicht in sich auf. Weil sie allen gehören, geht nichts Unvergleichliches, Spezifisches, Einmaliges in sie ein, und schon gar nicht die Einmaligkeit eines anhaltenden Schreckens. Und doch bedarf gerade das Trauma der Worte. Diese Worte sind für Klüger allerdings nicht die Worte der Erinnerung und Erzählung, sondern der Beschwörung und Hexerei: «Erinnerung ist Beschwörung, und wirksame Beschwörung ist Hexerei.» (79) Sie geht in ihrem Buch nicht mit Erinnerungen um, sondern mit Gespenstern. «Wo kein Grab ist, hört die Trauerarbeit nicht auf», schreibt sie (94). In ihren Worten und Gedichten versucht sie den unbegrabenen Ermordeten, ihrem Vater und ihrem Bruder Orte zu erschaffen, an denen sie zur Ruhe kommen können, was, wie sie sehr genau weiß, vor allem der Selbstberuhigung dient.

Was Worte und Verse vermögen, das erprobte die 12jährige, als sie in Auschwitz ein Gedicht über die Todesmaschine schrieb. Dazu bemerkt sie später: «Man muß die Schlauheit durchschauen, die es mir eingab, das Trauma der Auschwitzer Wochen in ein Versmaß zu stülpen. Es sind Kindergedichte, die in ihrer Regelmäßigkeit ein Gegengewicht zum Chaos stiften wollen, ein poetischer und therapeutischer Versuch, diesem sinnlosen und destruktiven Zirkus, in dem wir untergingen, ein sprachliches Ganzes, Gereimtes entgegenzuhalten; also eigentlich das älteste ästhetische Anliegen.» (125)

---

[31] Für das Trauma, das auf frühkindliche Erfahrungen zurückgeht, gilt, daß die Qualität der Ereignisse, nicht jedoch ihr Kontext erinnert wird. Die kontextfreien angstbesetzten Assoziationen lassen sich nicht in Ort und Zeit lokalisieren. Diese Gefühle werden auf einer sensomotorischen Ebene ohne Bezug zu Ort und Zeit gespeichert. Das macht es so schwer, sie in Symbole zu übersetzen und mit den Mitteln der Sprache abzurufen. Bessel A. van der Kolk, Onno van der Hart, «Pierre Janet and the Breakdown of Adaption in Psychological Trauma», in: American Journal of Psychiatry 146: 12 (December 1989), 1530–1540; hier: 1535.

[32] Ruth Klüger, weiter leben, Göttingen 1992, 9.

Die Erinnerung, die Ruth Klüger die lebendigste und grellste nennt, betrifft eine Demütigung ihrer Mutter, die sie mitansehen mußte. Nachdem sie den Vorgang in den ihr eigenen sparsamen und präzisen Worten beschrieben hat, fügt sie hinzu: «Ich dachte, die kann ich nicht aufschreiben, und wollte statt dessen hier einfügen, daß es Dinge gibt, über die ich nicht schreiben kann. Jetzt wo sie auf dem Papier stehen, sind die Worte dafür so gewöhnlich wie andere und waren nicht schwer zu finden.»(137) An diesem Beispiel wird die Diskrepanz zwischen intersubjektiven Worten und subjektiver Erfahrung besonders deutlich. Die für die Schreiberin einschneidenste Erfahrung ist für die Leser eine Szene neben anderen. Die Worte dafür sind so gewöhnlich wie andere, d. h. sie verhüllen sie mit einem Schleier der Verallgemeinerung und Trivialisierung. Sie entbehren der Schärfe, sie ätzen nicht, wie es jene Erinnerung tut, die nicht aufhört, wehzutun. Worte können diese körperliche Gedächtnis-Wunde nicht repräsentieren. Sprache verhält sich dem Trauma gegenüber ambivalent: Es gibt das magische, das ästhetische, das therapeutische Wort, das wirksam und lebenswichtig ist, weil es den Schrecken bannt, und es gibt das blasse, verallgemeinernde und trivialisierende Wort, das die leere Hülse des Schreckens ist.

Auch auf das Problem des unheroischen Gedächtnisses geht Ruth Klüger ein, das die Integration der traumatischen Erfahrung versperrt und mögliche Identitätskonstruktionen vereitelt. Sie selbst wehrt sich gegen die enge Verbindung ihres Namens mit Auschwitz, denn das Trauma prägt einen eben nicht wie eine Herkunft:

«Das Wort Auschwitz hat heute eine Ausstrahlung, wenn auch eine negative, so daß es das Denken über eine Person weitgehend bestimmt, wenn man weiß, daß die dort gewesen ist. Auch von mir melden die Leute, die etwas Wichtiges über mich aussagen wollen, ich sei in Auschwitz gewesen. Aber so einfach ist das nicht, denn was immer ihr denken mögt, ich komm nicht von Auschwitz her, ich stamm aus Wien. Wien läßt sich nicht abstreifen, man hört es an der Sprache, doch Auschwitz war mir so wesensfremd wie der Mond. Wien ist ein Teil meiner Hirnstruktur und spricht aus mir, während Auschwitz der abwegigste Ort war, den ich je betrat, und die Erinnerung daran bleibt ein Fremdkörper in der Seele, etwa wie eine nicht operierbare Bleikugel im Leib. Auschwitz war nur ein gräßlicher Zufall.» (138)

Das Bild von der nicht operierbaren Bleikugel im Leib macht die paradoxale Widersprüchlichkeit des Traumas deutlich; obwohl ein unverlierbarer Teil des Menschen, ist es nicht assimilierbar in die Identitätsstruktur der Person, es ist ein Fremdkörper, der die Kategorien traditioneller Logik sprengt: zugleich innerlich und äußerlich, sowohl anwesend als auch abwesend. Diesen paradoxalen Charakter des Traumas hat auch der französische Philosoph Jean-François Lyotard hervorgehoben, der sich für das Problem von Trauma und Repräsentation in seiner kollektiven und historischen Dimension interessiert. Sein geschichtspsychoanalytischer Essay über ‹Die Juden› behandelt das (Miß-) Verhältnis von europäischem Judenmord, historischer Erzählbarkeit und kollektiver Erinnerbarkeit. Lyotard knüpft dabei an Freuds Begriff der Verdrängung an, die bekanntlich keine Form des Vergessens, sondern im Gegenteil eine besonders hartnäckige Form der Konservierung ist.[33] Während aber Freud die Verdrängung als einen Befund konstatierte, den er mit seiner Therapie zu beseitigen hoffte, erhebt Lyotard die Verdrängung paradoxerweise in den Rang einer Norm, indem er die Traumatisierung zur einzig adäquaten Form des Bezugs zum Holocaust erklärt. Zu diesem Schluß gelangt er auf seiner Suche nach den zuverlässigsten Stabilisatoren von Erinnerung. Monumente sind für ihn ‹Repräsentationen› und als solche Entlastungen der Erinnerung, also in Wahrheit: Strategien des Vergessens. Auch schriftliche Fixierungen stellen keine wirksame Vorkehrung gegen das Vergessen dar. Das wußte bereits Platon, der in der Niederschrift eine Form des Vergessens sah. Denn was niedergeschrieben worden ist, kann auch wieder umgestoßen und ausgelöscht werden; was dagegen nie die Gestalt eines Zeichens, eines erinnerungsfähigen Symbols erhielt, kann, so Lyotard, darum auch nicht geleugnet / vergessen werden. Er schreibt:

«Durch eine Darstellung wird ein Inhalt in das Gedächtnis aufgenommen, und eine solche Einschreibung mag als guter Schutz gegen das Vergessen erscheinen. Ich glaube indes, daß eher das Gegenteil zutrifft. Nach gängiger Auffassung kann nur dasjenige vergessen werden, das aufgezeichnet wurde, denn nur was aufgezeichnet wurde, kann auch wieder gelöscht werden. Was dagegen mangels einer Aufzeichnungsfläche, mangels eines Ortes oder einer Dauer, in der die Aufzeichnung situiert werden könnte, nicht aufgezeichnet wurde – was also, da nicht synthetisierbar, weder in Raum noch in der Zeit der Herrschaft, weder in der Geographie noch in der Diachronie des seiner selbst gewissen Geistes einen Platz finden kann –, sagen wir: was kein möglicher Stoff von Erfahrung ist, da die Formen der Bildungen der Erfahrung, und sei sie unbewußt, die die sekundäre Verdrängung beibringt, dafür nicht tauglich und geeignet sind, kann mithin auch nicht vergessen werden. Es bietet dem Vergessen keinen Angriffspunkt und bleibt ‹nur› als eine Affizierung präsent, von der man nicht weiß, wie sie quali-

---

[33] Neuere psychotherapeutische Arbeiten umgehen den (in der False Memory Debatte ohnehin in Mißkredit gebrachten) Begriff der Verdrängung und beschreiben den Vorgang eher mit einer Begrifflichkeit der Dissoziation. Die instinktive Überlebensstrategie ist in einem solchen Fall die Abspaltung. Das Opfer einer traumatischen Erfahrung spaltet von sich einen Teil ab, der sich nicht affizieren läßt, über dem Geschehen schwebt und Deckerinnerungen produziert, die mit der Ichkonstitution vereinbar sind. Auf der Strecke bleibt damit der Affekt, dessen Wucht zu groß war, um in das kognitive und affektive System der Person integriert werden zu können, und der sich langfristig durch Symptombildungen und Ausagieren bemerkbar macht. Die Aufgabe des Therapeuten besteht dann darin, die im Einschlag des Traumas gespaltenen Teile der Psyche wieder zusammenzuführen und die affektive mit der kognitiven Schicht wieder in Beziehung zu setzen.

fiziert werden könnte, als ein Zustand des Todes inmitten des Lebens des Geistes (- comme un état de mort dans la vie de l'esprit).»[34]

Der Katalog von Negativ-Bestimmungen – die Raum-, Zeit- und Zei-
chenlosigkeit –, der die für Lyotard einzig adäquate Beziehungsform
zum Geschichtstrauma des Holocaust beschreibt, spitzt sich zu in der
mystischen Formel vom Tod im Leben, die eine gewisse religiöse Grun-
dierung mitbringt und ihrerseits wieder ein Symbol ist, diesmal ein
Symbol für den Widerstand gegen jegliche Form von Sinngebung, für
einen unauflöslichen «Rest», für ein «oubli inoubliable». Lyotards Trauma-Begriff ist offensichtlich ein ganz anderer als der von Langer.
Während letzterer sich mit konkreten Traumata und tatsächlichen Be-
funden ‹ruinierter› Gedächtnisse und Bewußtseinszustände von Holo-
caust-Überlebenden befaßt, empfiehlt Lyotard in der paradoxen Geste
einer ‹Krankheit auf Rezept› dem westlichen Geist das Trauma als eine
kollektive Bezugsform zum kollektiven Verbrechen des Holocaust und
macht damit den Inbegriff dessen, was einem in einem Akt äußerster
Entmächtigung zustößt, zu einer Option. Lyotard empfiehlt das Trauma
als den adäquaten Stabilisator für die Erinnerung des Holocaust. Mit seiner Kollektivierung und Nobilitierung ist der Trauma-Begriff Lyotards
metaphorisch geworden; in dieser Form hat er Einlaß in die Literatur-
theorie gefunden und signalisiert dort eine allgemeine ‹Krise der Repräsentation›. Lyotards Analyse ist charakteristisch für einen Paradigmenwechsel in der Gedächtnistheorie. Er ist ein Anwalt des Traumas als
unbefriedetes Vergessen, weil er davon ausgeht, daß nur in dieser Form
eine stabile Kontinuierung des Holocaust im kulturellen Gedächtnis geleistet werden kann. Während dem Individuum das Durcharbeiten einer
traumatischen Erfahrung therapeutisch zu einer befriedeten Erinnerung
bzw. zu einem befriedeten Vergessen verhelfen soll, werden solche
hygienischen Gesichtspunkte auf gesellschaftlicher Ebene ausgeblendet.
Hier geht es in krassem Widerspruch zu einem politischen Leitbegriff
der 60er Jahre gerade nicht um Vergangenheitsbewältigung, sondern
um Vergangenheitsbewahrung.[35] Diese Haltung setzt voraus, daß es auf

---

[34] J.-F. Lyotard, Heidegger und ‹Die Juden›, Edition Passagen 21, Wien 1988, 38.
In eine ähnliche Richtung zielt R. Barthes mit seiner Unterscheidung von ‹studium›
und ‹punctum›: «Was ich benennen kann, vermag mich nicht eigentlich zu bestechen.
Die Unfähigkeit, etwas zu benennen, ist ein sicheres Anzeichen für innere Unruhe.»
Roland Barthes, Die helle Kammer. Bemerkungen zur Photographie, Frankfurt a. M.
1985, 60.
[35] Charakteristisch für diese Nobilitierung des Traumabegriffs außerhalb der Literaturwissenschaft: Michael Roth, The Ironist's Cage. Memory, Trauma and the Construction of History. Columbia University Press 1995, und Paul Antze, Michael Lambek, Hgg., Tense Past. Cultural Essays in Trauma and Memory, New York, London
1996.

sozialer Ebene keine Entsprechung zu dem gibt, was auf individueller Ebene das befriedete Vergessen ist. Die Errichtung von Denkmälern und Vermehrung von Gedenkstätten, die sich als ein Festhalten darstellt, wird in dieser Perspektive beargwöhnt als ein Loslassen, eine Auslagerung, eine Deckerinnerung.

Um die Rückblenden ihrer traumatischen Zustände zu beschreiben, greift das Opfer eines sexuellen Kindesmißbrauchs zur Metapher: «während solcher Erinnerungen bin ich dort, nicht hier, (...) und lebe etwas abermals durch, was unverstanden geblieben ist und keine Bedeutung erhalten hat – nur gelebt und eingelassen – wie in einen Bernstein, der plötzlich aufgebrochen wird...»[36] Die drei untersuchten Stichworte haben uns zu unterschiedlichen Formen der Stabilisierung geführt, die wir in einem Dreieck zwischen pathologischer Fremd- und freier Selbstbestimmung verorten können. Der *Affekt* als Potenzierer von Wahrnehmung konserviert Erinnerungselemente, die als Teile ohne Ganzes oder eingefaltete Mikro-Erzählungen ins Speichergedächtnis eingehen und dort beziehungslos nebeneinanderstehen.[37] Solche vorsprachlichen und protonarrativen Erinnerungskerne stehen auf der Mitte zwischen physischer ‹Einprägung› und symbolischer Kodierung. In Richtung auf symbolische Kodierung bilden sie das Material für sekundäre Vorgänge narrativer und deutender Stabilisierung. Hier muß noch einmal auf die Bedeutung der Versprachlichung von Erinnerungen zurückgekommen werden. Zur *Anekdote* werden Erinnerungen, die durch wiederholtes Erzählen regelrecht poliert worden sind. In diesem Prozeß verlagert sich die stabilisierende Kraft allmählich vom Affekt in die sprachliche Formel. Von der Anekdote gilt, daß sich «ihr Witz oder ihre Dramatik in der Kommunikation bewährt oder erst recht herausgebildet hat».[38] Anekdote und *Symbol* stehen hier für unterschiedliche

---

[36] Roberta Culbertson, «Embodied Memory, Transcendence, and Telling: Recounting Trauma, Re-establishing the Self», in: New Literary History 26 (1995), 169–195, hier: 187.

[37] Aus psychoanalytischer Sicht wird die stabilisierende Rolle (zumal eines negativen) Affekts allerdings etwas anders beurteilt. Hier wird darauf hingewiesen, daß gerade «der Verdrängungsprozeß – wie sehr viele Mechanismen des Unbewußt-Machens konflikthafter Situationen – darin besteht, den Affekt von der dazugehörigen Szene abzutrennen. Die Affekte lagern sich dann gleichsam an den ‹falschen› Szenen an, was zu den neurotischen Symptomen führt. Erst im analytischen Prozeß können diese ‹falschen› Verknüpfungen wieder rückgängig gemacht werden.» Ich zitiere aus einem Brief von Ilka Quindeau; vgl. dazu dies., Trauma und Geschichte. Interpretationen autobiographischer Erzählungen von Überlebenden des Holocaust, Frankfurt a. M. 1995. Zu einem ähnlichen Ergebnis kam eine Diskussion mit dem Graduiertenkolleg Hildesheim, dem ich an dieser Stelle für erhellende Anregungen danke.

[38] Lutz Niethammer, «Fragen – Antworten – Fragen. Methodische Erfahrungen und Erwägungen zur Oral History», in: Lutz Niethammer, Alexander von Plato, Hgg., ‹Wir kriegen jetzt andere Zeiten›. Auf der Suche nach der Erfahrung des Volkes

Formen von Narrationen: Während sich dort eine Erinnerung im wiederholten Sprechakt festigt, festigt sie sich hier in einem Akt hermeneutischer Selbstdeutung. Die eine Narration steht im Zeichen des Merk-Würdigen und somit des Gedächtnisses, die andere im Zeichen von Deutung und Sinn. Damit komme ich zu meinem Dreieck zurück. Wenn der Affekt ein zuträgliches Maß übersteigt und in einen Exzeß umschlägt, dann stabilisiert er Erinnerungen nicht mehr, sondern zerschlägt sie. Das ist beim *Trauma* der Fall, das den Körper unmittelbar zur Prägefläche macht und die Erfahrung damit der sprachlichen und deutenden Bearbeitung entzieht.[39] Trauma, das ist die Unmöglichkeit der Narration. Trauma und Symbol stehen sich in gegenseitiger Ausschließlichkeit gegenüber; physische Wucht und konstruktiver Sinn scheinen die Pole zu sein, zwischen denen sich unsere Erinnerungen bewegen.

Um noch einmal zur Ausgangsfrage nach Stabilität oder unbeschränkter Wandelbarkeit von Erinnerungen zurückzukehren: Wir haben den plastischen Charakter von Erinnerungen bestätigt gefunden, welcher nicht nur daher rührt, daß Erinnerungen unter dem spezifischen Druck einer jeweiligen Gegenwart, sondern auch in bestimmten institutionellen Rahmen rekonstruiert werden, die ihre Selektion steuern und ihre Konturen festlegen: so sind wir nacheinander auf den autobiographischen, kirchlichen, juridischen, therapeutischen und historiographischen Rahmen gestoßen. Diese Rahmen sind niemals ganz zur Deckung zu bringen, was den Mehrwert von Erinnerungen gegenüber ihrer sozialen und kulturellen Vereinnahmung ausmacht. Mit ihrer Plastizität haben wir also zugleich die Sperrigkeit und Überschüssigkeit von Erinnerungen zu veranschlagen, was der Auffassung widerspricht, daß sich auf dem glatten Wege des Konsenses «eine neue Vergangenheit erzeugen» ließe.[40] Die Einsicht, daß die Deutung und Bearbeitung der Vergangenheit niemals abgeschlossen ist, kann nicht dazu führen, die Unverfügbarkeit, Abgeschlossenheit und Verbindlichkeit geschehenen Unrechts und erlittenen Leids sowie die Nachwirkung empfangener Prägungen in Abrede zu stellen.

---

in nachfaschistischen Ländern. Lebensgeschichte und Sozialkultur im Ruhrgebiet 1930 bis 1960, Band 3, Berlin, Bonn 1985, 405.

[39] Roberta Culbertson unterscheidet zwischen ‹encoding› und ‹encrypting›, Embodied Memory, 194; Ruth Leys, «Traumatic Cures. Shell Shock, Janet, and the Question of Memory», in: Paul Antze, Michael Lambek, Hgg., Tense Past. Cultural Essays in Trauma and Memory, New York, London 1996, 120 unterscheidet zwischen ‹traumatic› und ‹narrative memory›.

[40] Jürgen Straub, «Kultureller Wandel als konstruktive Transformation des kollektiven Gedächtnisses. Zur Theorie der Kulturpsychologie», in: Christian G. Allesch, Elfriede Billmann-Mahecha, Alfred Lang, Hgg., Psychologische Aspekte des kulturellen Wandels, Wien 1992, 42–54; hier 52.

3. Falsche Erinnerungen

Die Frage nach der (In-)Stabilität von Erinnerungen ist untrennbar mit der Frage nach ihrer (Un-)Zuverlässigkeit verbunden. Deshalb muß in diesem Zusammenhang auch das Problem der ‹falschen Erinnerungen› zur Sprache kommen, das in den letzten zehn Jahren verstärkte Aufmerksamkeit auf sich gezogen hat. Daß Erinnerungen unzuverlässig sind, wird immer wieder betont. Diese Unzuverlässigkeit beruht nicht allein auf einer Schwäche, auf einem Defizit des Erinnerns, sondern mindestens ebensosehr auf aktiven Kräften, die die Erinnerung verformen. Die Theoretiker, die die Vorstellung vom Gedächtnis als einem Speicher durch die These vom rekonstruktiven Charakter von Erinnerungen ersetzen, betonen, daß das Gedächtnis stets den Imperativen der Gegenwart unterstellt ist. Aktuelle Affekte, Motivationen, Intentionen sind die Wächter über Erinnern und Vergessen. Sie bestimmen darüber, welche Erinnerungen dem Individuum zu einem gegenwärtigen Zeitpunkt zugänglich sind und welche unverfügbar bleiben, und sie produzieren auch die spezifischen Wertkolorierungen von Erinnerungen zwischen moralischem Abscheu und nostalgischer Verklärung, zwischen Relevanz oder Indifferenz. Die Theorie von der nachträglichen Verformung von Erinnerungen ist nicht erst von den Neuropsychologen unserer Tage entwickelt worden. Nach Freud geht die Verformung von Erinnerungen auf *Schuld* zurück, die die Ökonomie des Gedächtnisses beherrscht. In Entsprechung dazu ist die Psychoanalyse jene ‹Gedächtniskunst›, die die verlorenen deformierten Erinnerungen aus der Verdrängung und Verstellung zurückholt. Nach Nietzsche geht die Verformung auf den *Willen* zurück, der die Ökonomie des Gedächtnisses beherrscht. Nietzsche ist der Theoretiker der Melete, einer Erinnerung, die im Dienste des zielgerichteten, auf Handeln hin gespannten Bewußtseins steht. Er zitierte Goethe, als er schrieb: «der Handelnde (ist) immer gewissenlos» im Sinne von «wissenlos»[41]; womit gemeint ist, daß ihm im Augenblick des Handelns immer nur ein Ausschnitt seines Wissens und seiner Erinnerungen zur Verfügung steht. «Er vergisst das Meiste, um Eins zu thun, er ist ungerecht gegen das, was hinter ihm liegt, und kennt nur Ein Recht, das Recht dessen, was jetzt werden soll.»[42] Nietzsche stellte fest, daß die Kultur gegen dieses ungerechte Vergessen die Moral und das Gewissen aufgebaut hat, das jedoch auch nicht viel zuverlässiger ist. Denn das Gewissen bedarf der Stütze des Gedächtnisses, doch dieses erweist sich als eine zu schwache Kraft. In einem berühmten Aphorismus hat er dieses Problem als ein Miniaturdrama komprimiert:

---

[41] Friedrich Nietzsche, Unzeitgemäße Betrachtungen. Zweites Stück: Vom Nutzen und Nachteil der Historie für das Leben. In: Sämtliche Werke. Band I, 254.
[42] Nietzsche, Historie, 254.

«Das habe ich gethan» sagt mein Gedächtniss. Das kann ich nicht gethan haben – sagt mein Stolz und bleibt unerbittlich. Endlich – giebt das Gedächtniss nach.»[43] Wir haben hier eine Psychomachie in nuce vor uns. Nietzsche hätte diesen Gedanken bereits bei Montaigne finden können, der schrieb: «chaque person d'honeur choit de perdre son conscience que de son honeur.» Dieser Gedanke steht offensichtlich in der Tradition der Moralistik, deren besonderes Thema eine skeptische Anthropologie des Menschen in seiner Widersprüchlichkeit ist.

Von unmittelbarer praktischer Relevanz ist das Problem der falschen Erinnerungen für diejenigen, die an der Glaubwürdigkeit von Zeugenaussagen interessiert sind, wie die Juristen und oral history-Forscher. Angestoßen von diesen technischen Fragen der Verifikationsmöglichkeiten von Erinnerungen ist das Problem vor allem für die Psychotherapie akut geworden, es hat aber auch Auswirkungen auf die Literatur. Die Fragen, die in diesen unterschiedlichen Kontexten aufgeworfen werden, lauten: Gibt es universale Standards für die Wahrheit von Erinnerungen? Gibt es so etwas wie eine spezifische Wahrheit subjektiver Erinnerungen? Wie verhalten sich divergierende Erinnerungen zum Ideal einer einzigen autoritativen historischen Wahrheit? Steht die Plastizität von Erinnerungen für eine ‹postmoderne› Epistemologie, die die ‹moderne› Herrschaft einer monolithischen Wahrheit in Frage stellt? Oder besteht die Relevanz falscher Erinnerungen eher in einer skeptischen Erweiterung unserer Grundannahmen über die generelle Zurechnungsfähigkeit menschlicher Erfahrung in einer unklar und unübersichtlich gewordenen Welt?

Die amerikanische ‹False-Memory-Debate›

Wenn vom Körper als Gedächtnismedium gesprochen wird, so ist zu erwarten, daß damit auf Erinnerungen Bezug genommen wird, die nicht dem freien Willen unterstellt sind und deshalb nicht beliebig manipuliert werden können. Es ist eine triviale Tatsache, daß Irren menschlich und das Gedächtnis fehlbar ist. Es ist aber etwas anderes, wenn Wissenschaftler nachweisen, daß just jene Erinnerungen falsch sind, die sich auf elementare und traumatische Erfahrungen beziehen. Dieser Problemkomplex, der in den U. S. A. als «False-Memory-Debate» Schlagzeilen gemacht hat, soll hier kurz rekapituliert werden.[44] Im Zentrum der Debatte steht die Frage nach der Zuverlässigkeit und Unzuverlässigkeit der Erinnerungen. Mehr noch: hier ist eine private Erinnerungsproble-

---

[43] Friedrich Nietzsche, Jenseits von Gut und Böse. In: Sämtliche Werke. Band V, 86.

[44] Der letzte Wellenschlag der Debatte war z. B. in drei Nummern der New York Review of Books um die Jahreswende 1994/1995 nachzulesen. Frederick Crews

matik zu einem öffentlichen Rechtsstreit geworden, bei dem zwei Lager feindlich einander gegenüberstehen. Sie lassen sich durch einschlägige Abkürzungen identifizieren. Auf der einen Seite steht die MPD-Partei. Das sind Psychotherapeuten, die mit dem Begriff des «Multiple Personality Disorder»-Syndroms arbeiten, was soviel bedeutet wie die krankhafte Desintegration von Personenkomponenten. Als eine besonders wichtige Ursache für die Personendesintegration gilt, um gleich noch einen Fachausdruck anzubringen, das sog. «post-traumatic stress disorder», das sind schwere Verwirrungen, die als Langzeit-Wirkungen traumatischer Erlebnisse auftreten. Die amtliche Diagnose des «post-traumatic stress disorder» existiert erst seit 1979, als dieser Terminus ins amerikanische Handbuch der Psychiatrie eingetragen wurde. Diese medizinische Diagnose hatte rechtliche Konsequenzen. 1980 wurde in 21 US-Staaten die 7jährige Verjährungsfrist für die Einreichung bestimmter Klagen aufgehoben. Diese betrafen in erster Linie jene Verbrechen, deren Opfer keine mündigen Erwachsenen, sondern Kinder waren und die auch deshalb keine Kläger fanden, weil sie durch den Druck zur Geheimhaltung und jahrzehntelangen Verdrängung geschützt waren. Diese Schonzeit für Inzest mit Kleinkindern und sexuellen Kindesmißbrauch ist in Amerika also 1980 abgelaufen. Parallel zur rechtlichen Anerkennung kam es zu einem «incest recovery movement», einer regelrechten Aufdeckungsbewegung verdrängter Erinnerungen, die in Therapiesitzungen und Selbsterfahrungsgruppen, aber auch durch einschlägige Lektüre und sogar Fernsehsendungen stimuliert wurden.[45]

Das entgegengesetzte Lager ist ebenfalls durch eine Buchstabenkombination erfaßbar; es wird vertreten durch eine Organisation, die sich FMSF = «False Memory Syndrome Foundation» nennt. Die Mitglieder dieser Organisation sind in erster Linie die Eltern, die von ihren Kindern des sexuellen Mißbrauchs angeklagt wurden und die diese Vorwürfe weit von sich weisen. Sie sehen in der neuen Aufdeckungsbewegung eine zeitgenössische Variante der Hexenjagd, bei der nicht die Inquisition, sondern die Zunft der Psychotherapeuten die Fäden zieht. Sie werfen dieser Zunft vor, daß sie Krankheiten induziert statt sie zu kurieren, daß die Therapeuten in «Konfabulation» (wie das Stichwort heißt) mit den Klienten falsche Erinnerungen generieren, um diese zu

---

fachte dort mit den zwei Folgen seines Essays «The Revenge of the Repressed» die Diskussion erneut an (The NewYork Review of Books, XLI, no. 19, Nov. 17 (1994), no. 20, Dec. 1 (1994) und XLII, no. 1, Jan. 12 (1995)). Die Debatte reicht jedoch weiter zurück; eine übersichtliche Darstellung der antagonistischen Positionen findet sich bereits im führenden Organ der amerikanischen Familientherapie, dem *Family Therapy Networker* von September /Oktober 1993. Ich stütze mich im folgenden auf diese Quelle, auf die mich Helm Stierlin hingewiesen hat, dem ich dafür danke.

[45] Ellen Bess and Laura Davis, The Courage to Heal. A Guide for Women Survivors of Child Sexual Abuse, 3. Aufl. New York 1994.

einer ebenso platten wie schlagenden Ursachenerklärung eines jeden
Problems zu machen. Die Wiederaufdeckung einer frühkindlichen
sexuellen Mißbrauchserfahrung wird dabei zum therapeutischen Schlüssel für jedwede spätere Orientierungskrise oder Verhaltensstörung, von
einer unglücklichen Ehe über Depressionen bis zur vorübergehenden
Eßstörung.

Seit Kinder und Eltern in dieser Konstellation einander gegenüber-
treten und dafür sowohl rechtlichen Beistand als auch die Aufmerksamkeit der Medien mobilisieren, geht ein merklicher Riß durch die bürgerliche weiße amerikanische Familie. Doch nicht um die Politisierung
dieses Themas geht es mir hier, sondern um die unterschiedlichen Er-
innerungstheorien, die in dieser Kontroverse aufeinandertreffen. Denn
zur FMSF gehören nicht nur die angeklagten Eltern als unmittelbar von
der Aufdeckungsbewegung Betroffene, sondern auch Erinnerungs-
forscher und -kritiker, die eine Großoffensive gegen das starten, was sie
den «Mythos der verdrängten Erinnerungen» nennen. Elizabeth Loftus,
eine der prominentesten Mitbegründerinnen der Organisation, gehört
nicht zur Gruppe der Angeklagten, sondern hat sich ihr als Erinne-
rungsforscherin angeschlossen. Ihr Arbeitsgebiet ist die *kognitive Psychologie*; sie gilt in der experimentellen Erinnerungsforschung als erste
Autorität in den Vereinigten Staaten und wird bei Gerichtsverfahren als
Sachverständige für den Wahrheitsgehalt von Zeugenaussagen herangezogen. Ihr besonderes Forschungsgebiet ist die Unzuverlässigkeit der
Erinnerungen, die sie in immer neuen und immer einfallsreicheren
Laborversuchen unter Beweis stellt. So hat sie nicht nur immer wieder
die Ungenauigkeit, Wandelbarkeit und Beeinflußbarkeit des menschlichen Gedächtnisses nachgewiesen, sondern in ihrem Labor sogar
einem Erwachsenen ein falsches Gedächtnis einer traumatischen Erfahrung, die er als 5jähriger gehabt haben soll, regelrecht implantiert.[46]

Es liegt auf der Hand, daß es in der rapide angewachsenen Disziplin
der Psychotherapie wie in jedem Beruf Fälle von «malpractice» gibt und
daß diese Auswüchse, zumal sie gravierende menschliche und gesellschaftliche Konsequenzen haben, nicht zuletzt im Sinne der tatsächlich
Betroffenen schärfstens kritisiert werden müssen. Unter dem Aspekt der
Erinnerungsforschung interessiert mich an der amerikanischen Debatte noch etwas anderes: Sie macht deutlich, daß Erinnerungen in bestimmten institutionellen Rahmen rekonstruiert werden, die sich unter
Umständen als gegensätzlich erweisen können.

Der *therapeutische Rahmen* ist durch Abgeschlossenheit, Kooperation
und distanzierte Empathie gekennzeichnet. Das geschulte Mißtrauen

---

[46] Elizabeth Loftus et alii, «The reality of illusory memories», in: Daniel L. Schacter, Memory Distortions. How Minds, Brains and Societies reconstruct the Past,
Cambridge, Mass. 1995, 47 – 68.

des Analytikers zielt nicht auf Entblößung der Klienten, sondern auf deren Therapie. Es gilt, durch Blockaden und Verstellungen hindurch die subjektive Wahrheit einer Person freizulegen, deren objektiver Ausweis ein auffälliges Leiden ist. Wichtigstes Wahrheitskriterium ist dieser Leidensdruck, der nicht zuletzt nach menschlicher Anteilnahme bemessen wird. – Entgegengesetzt dazu wird im *juridischen Rahmen* verfahren, der durch Öffentlichkeit, Mißtrauen und Kritik gekennzeichnet ist. Voraussetzung dieses Diskurses ist das klare Entweder-Oder von Wahrheit und Lüge, das mit Hilfe externer Evidenz befestigt wird und zu einer Entscheidung im Sinne von schuldig/unschuldig führen muß.

Mit anderen Worten: Im juridischen Rahmen läßt sich keine Therapie durchführen und in der Therapie kein Urteil vollstrecken. Erinnerungen werden anders rekonstruiert in unterschiedlichen Milieus mit unterschiedlichem Ethos. Das hat ein Therapeut zum Ausdruck gebracht, der sich gegen die Forderung wehrte, «keine Erinnerungen unabhängig von externen Verifikationsmöglichkeiten» in seiner Arbeit zu berücksichtigen. Er schreibt:

«Ich habe kein Interesse an einer solchen Aufgabe. Ich bin ein Therapeut und kein Detektiv. Wenn Klienten zu mir kommen und damit das echte Risiko eingehen, die Grundprobleme ihres Lebens aufzudecken und zu erforschen, dann kann das nur in einer therapeutischen Beziehung stattfinden, die vertrauensvoll, privat und sicher ist, und die ich als ‹Sanktuar› bezeichnen möchte. Ich arbeite im Feld der Nachwirkung erschütternder Erfahrungen. Ich bin weniger interessiert an der nadelspitzengenauen Akkuratesse eines jeden Erinnerungs-Details meiner Klienten als an den chronischen, entmächtigenden Nachwehen. Ich setze kein Mosaik juridischer Evidenzen zusammen. Es geht weit über die Kompetenz und den Vertrag des Therapeuten hinaus, das Leben seiner Klienten als Forscher, Detektiv, Anwalt oder Historiker zu beschatten.»[47]

Dieser Einblick in eine aktuelle Debatte zeigt, daß selbst die privatesten Erinnerungen, wenn sie in entsprechenden institutionellen Rahmen rekonstruiert werden, erhebliche soziale und politische Konsequenzen haben können. Sie zeigt ebenfalls gegensätzliche Einstellungen zur Frage nach der Stabilität von Erinnerungen; die Trauma-Therapeuten gehen davon aus, daß Erinnerungen tatsächlich über Jahrzehnte konserviert und wieder entdeckt werden können, während die kognitiven Psychologen die Möglichkeit solchen Überdauerns grundsätzlich in Frage stellen und – wie die Konstruktivisten – mit deren unbeschränkter Form- und Wandelbarkeit rechnen.

---

[47] David Calof, Family Therapy Networker Sept. / Oct. (1993), 44.

Kriterien der Glaubwürdigkeit von Erinnerungen in der oral history

Während Autobiographen wie Rousseau oder Antin gut leben können
mit der Trennung von objektiver Wahrheit und subjektiver Wahrhaftigkeit, ist sie für eine andere Berufsgruppe von Erinnerungsspezialisten
unhaltbar, ich meine die Historiker der oral-history-Forschung. Sie, die
den Fundus an Geschichtsquellen auf persönliche Erinnerungen ausgedehnt und das «Erinnerungsinterview» zu einem neuen Forschungs-
instrument gemacht haben, müssen diese Erinnerungen auch ihren
Objektivitäts-Kriterien unterwerfen und entsprechende Verfahren der
Verifikation entwickeln. Sie müssen das Kunststück vollbringen und als
Interviewpartner die *beiden* Rollen übernehmen, von denen wir festgestellt haben, daß sie in der False Memory-Debatte unversöhnlich auf-
einandertrafen: Sie müssen einerseits, um überhaupt Erinnerungen stimulieren zu können, empathisch intersubjektiv verfahren und eine
Situation mitmenschlichen Vertrauens schaffen, und sie müssen andererseits, um als Wissenschaftler mit diesem Material arbeiten zu können,
kritisch verfahren und diese Erinnerungen auf ihren historischen Aus-
sagewert hin überprüfen. Erinnerungen, so schreibt Lutz Niethammer,
führender Vertreter der deutschen oral history-Forschung,

«sind keine objektiven Spiegelbilder vergangener Wirklichkeit oder Wahrnehmung. Das Erinnerungsinterview ist vielmehr davon mitbestimmt, daß das Gedächtnis auswählt und zusammenfaßt, daß die Erinnerungselemente durch zwischenzeitlich erworbene Deutungsmuster oder kommunikationsgerechte
Ausformung neu zusammengesetzt und sprachlich aufbereitet werden und daß
sie durch Wandlungen in den sozial akzeptierten Werten und durch die soziokulturelle Interaktion im Interview selbst beeinflußt werden.»[48]

Da bekannt ist, wie unzuverlässig der Wahrheitswert subjektiver Erinnerungen ist, wird kein Historiker das Erinnerungsinterview als Daten-
erhebungstechnik einsetzen, wo sachnähere Quellen zur Hand sind. Das
Interview der oral history beruht auf einer irreduziblen Spannung, auf
einer Kluft zwischen der Wahrheit des Interviewers und der interviewten Person. Weder kann der Befragende seinen Gesprächspartnern umstandslos Glauben schenken, noch kann er sich über den Wahrheitsgehalt des Mitgeteilten pauschal hinwegsetzen. Geht es dem oral history-
Forscher mit seinen Erinnerungsinterviews doch vor allem «um die
Subjektivität von Beteiligten», die aus der wissenschaftlich abstrakten
Konstruktion von ‹Geschichte› immer schon eliminiert worden ist.
Diese Subjektivität möchte er «in die Geschichte hereinholen» mit dem
kalkulierten Effekt, daß der «vereinheitlichte Geschichtsbegriff» unter

[48] Lutz Niethammer, Hg., Die Jahre weiß man nicht, wo man die heute hinsetzen
soll. Faschismuserfahrungen im Ruhrgebiet. Lebensgeschichte und Sozialkultur im
Ruhrgebiet 1930–1960, Band 1, Berlin, Bonn 1983, 19.

dem Druck der vielfältigen Geschichten «wieder zerplatzt».[49] Um ihre Bedeutung als «Intervention des Gedächtnisses in die historische Forschung» entfalten zu können, bedarf die oral history nicht nur einer spezifischen Quellenkritik, einer methodischen Bearbeitung und Auswertung des Erinnerungsinterviews, der Interviewer muß sich vor allem auch darüber im klaren sein, daß er selbst mit seiner Anwesenheit, seinen Fragen und Reaktionen an der (re-)konstruktiven Erinnerungsarbeit aktiv beteiligt ist.

Neben einer ausgearbeiteten Textkritik und -hermeneutik gibt es einige Faustregeln, die Niethammer als Verifikationskriterien vorschlägt:
- Gewisse Ungereimtheiten, bzw. eine auffällige Diskrepanz von starker Emphase oder Detail-Genauigkeit einerseits und situativer Rahmung andererseits, lassen sich als Indiz für die Spontaneität und Authentizität eines, wie es heißt, «verkapselten Erinnerungsinhaltes» fassen.
- Die Frage nach dem *ersten Mal* einer Erfahrung wird vom Interviewer als ein Suchverfahren eingesetzt, um an authentische Erinnerungen heranzukommen. Denn man geht davon aus, daß mit der Frische des ersten Mals zugleich eine stärkere Einprägungskraft und somit eine größere Glaubwürdigkeit der Erinnerung verbunden ist.
- Jedoch wird nach Meinung der oral history-Forschung die Authentizität einer Erinnerung nicht nur durch die affektive Kraft und Herausgehobenheit der Erfahrung verstärkt, sondern umgekehrt auch durch Routine und Wiederholung. Die Unscheinbarkeit des Alltags versiegelt Erinnerungen durch den Mangel an Thematisierung. Was nie besprochen wurde, wird auch nicht umgedeutet; es verharrt in einem Latenzzustand, der die «Unschuld» der Erinnerung bewahrt.[50] In diesem Latenzzustand werden Routinen und Zustände, die einmal wichtig waren, als Bilder erinnert, ohne die Zutat einer narrativen Struktur oder Sinnaussage.[51]
- eine starke Ausformung dagegen läßt auf eine Umformung der Erinnerung durch nachträgliche Verarbeitungsmuster und die Anpassung an herrschende Wertsysteme schließen.

Der geheime Patron dieser oral history-Forschung heißt Marcel Proust, der auf dem Feld der Erinnerungen die Basis-Opposition von willent-

[49] Lutz Niethammer, «Fragen – Antworten – Fragen. Methodische Erfahrungen und Erwägungen zur Oral History», in: Lutz Niethammer, Alexander von Plato, Hgg., ‹Wir kriegen jetzt andere Zeiten›. Auf der Suche nach der Erfahrung des Volkes in nachfaschistischen Ländern. Lebensgeschichte und Sozialkultur im Ruhrgebiet 1930 bis 1960, Band 3, Berlin, Bonn 1985, 392–445; hier: 400. Ich danke Ute Frevert für diesen Hinweis.

[50] Niethammer, Die Jahre weiß man nicht..., 29.

[51] Niethammer, «Fragen – Antworten – Fragen», 405.

lich und unwillentlich eingeführt hat (mémoire volontaire/mémoire involontaire). Ebenso wie für Proust hängt für die mit mündlichen Quellen arbeitenden Historiker die Zuverlässigkeit von Erinnerungen von ihrer Stabilität und Unberührtheit ab. Für den Historiker sind, wie übrigens auch für den Psychoanalytiker, jene Erinnerungen am brauchbarsten, die am wenigsten durch das Bewußtsein geformt, sondern vielmehr durch ihren Affektgehalt oder Latenzzustand stabilisiert sind.

Das Interesse an einer *mémoire involontaire* ist in der oral history-Forschung jedoch mit konstruktivistischen Prämissen durchaus vereinbar. Wie Halbwachs, der von den ‹sozialen Rahmen›, den *cadres sociaux* der Erinnerung sprach, spricht Niethammer von den «Settings» und der «Spezifität der sozio-kulturellen Arrangements», in denen Erinnerungen interaktiv hervorgebracht und bewertet werden. Mit seiner systematischen Beschreibung solcher Rahmensituationen bestätigt und elaboriert Niethammer die These, zu der wir im Anschluß an die Diskussion der false memory debate gelangten: daß sich nämlich der Status von Erinnerungen verändert, wenn wir vom psychoanalytischen zum juridischen Rahmen übergehen. Zum *psychoanalytischen Setting* gehört, daß es

«gegenüber der Öffentlichkeit abgegrenzt und geschützt (ist), um die Wahrnehmung des Unbewußten und das Übertragungsgeschehen zu fördern. Die Beziehung wird auf Wunsch und Bezahlung des Klienten eingegangen; die Dienstleistung des Analytikers besteht in einer Doppelrolle, zu der er durch theoretische Schulung, vor allem aber durch intensive Eigenerfahrung in dieser Situation qualifiziert ist. (...) Die Wahrheit der Erinnerung des Analysanden besteht in einer erweiterten Selbstwahrnehmung von Teilen seiner (in der Regel: kindlichen) Lebensgeschichte und in einer Übereinkunft mit dem Analytiker über deren Bedeutung.»

Die *Vernehmung vor Gericht* ist dagegen «ein auf besondere Sachverhalte bezogener Informationsprozeß staatlicher Agenten im Vorfeld der Ausübung des staatlichen Gewaltmonopols, dem sich der Betroffene in der Regel unfreiwillig unterziehen muß. (...) Die Wahrheit der Erinnerung wird unabhängig vom Erinnernden in einem geregelten Verfahren der Ermittlung und Beweisführung von anderen konstituiert, und zwar durch Mehrfachüberlieferung und Plausibilität.»

Beim *Interview in der Sozialforschung* liegt «die Initiative beim Forscher, der an die Öffentlichkeit, den Wissenschaftsapparat oder speziellere Verwertungsinteressen gebunden ist und einen entsprechend auswertbaren Text produzieren will. Der Befragte ist nicht in seiner personalen Identität gefragt, sondern in der Regel als ein Medium der Beziehung seiner Sozialdaten mit seinen Meinungen, Verhaltensweisen oder der Art seiner Äußerungen. (...) Alle Aussagen in Interviews enthalten Gedächtnisleistungen, die jedoch meistens nicht in ihrem Inhalt als subjektiv beglaubigte Aussagen über die Vergangenheit interessieren, sondern in den gesellschaftlichen Bezügen ihrer aktuellen Ausprägung.»[52]

---

[52] Niethammer, «Fragen – Antworten – Fragen», 397, 435.

Die ‹Wahrheit› falscher Erinnerungen – Vier Fallbeispiele

1. Beispiel. – Kommen wir noch einmal auf Mary Antin, die jüdische U.S.-Immigrantin aus Polotzk, zurück, die so hartnäckig an ihrer ‹falschen› Erinnerung festgehalten hat. Sie, die an einem bedeutsamen Punkt ihrer Lebensgeschichte, dem Tode ihres Großvaters, ausgerechnet diese erste Erinnerung ironisch durchleuchtete und als das mögliche Produkt nachträglicher Rekonstruktion darstellte, insistiert an einem völlig nebensächlichen Punkt so vehement auf der Untrüglichkeit ihrer Erinnerung. Wiederum stellt sie, was ja nicht nötig gewesen wäre, ihre Erinnerung in Frage, beharrt aber diesmal energisch auf dem So-und-nicht-anders. Es ging um den Garten und was in ihm geblüht hat: Dahlien oder Mohn? Dahlien müssen angepflanzt werden, sie schmücken einen bäuerlichen oder biedermeierlichen Ziergarten, Mohn blüht auf den Feldern und überall, wo er hinweht. Wie sie die Blumen ihres Gartens in Polotzk verteidigt, so verteidigt Antin an dieser Stelle indirekt den Garten ihrer Erinnerung, um den sie einen unsichtbaren Zaun errichtet. Hier darf nachträglich nichts hineinwehen und das Bild verändern, schon gar nicht Mohnblumen, die ja als Symbol fürs Vergessen bekannt sind. Erinnern bedeutet für sie in erster Linie bewahren, um jeden Preis festhalten, wenn nötig auch auf Kosten besseren Wissens. Noch einmal Antin: «In der Tat muß ich auf den Dahlien bestehen, wenn ich den Garten für die Erinnerung überhaupt retten will. Ich habe so lange an sie geglaubt, daß in dem Moment, wo ich mir jetzt Mohnblumen in jenen roten Massen über der Mauer vorstellen will, der ganze Garten zerbröselt und mich mit einem grauen Nichts zurückläßt. Ich habe bestimmt nichts gegen Mohn. Aber meine Illusion ist nun mal wirklicher für mich als die Realität.» (81)

Als ich dieses Beispiel in einem Vortrag am Getty Center in Santa Monica vortrug, entspann sich an diesem Punkt eine heftige Kontroverse. Eine klare Position vertrat Susan Sontag, die unter den Zuhörern war. Sie wehrte sich energisch gegen eine Erosion objektiver Wahrheit durch subjektive Erinnerungen und verpflichtete diese auf ihren historischen Zeugniswert. Diese Meinung vertrat Sontag mit der ihr eigenen Entschiedenheit: «Wenn ihr der Garten ohne die Dahlien zerbröselt, soll er doch zerbröseln!»

Für diese Argumentation spricht vieles. Es kann nicht darum gehen, einen subjektiven Relativismus der Wirklichkeit gegen die Norm einer objektiv gültigen und allgemein verbindlichen Wahrheit stark zu machen. Gleichwohl scheint in diesem emphatischen Bekenntnis zu Dahlien versus Mohn auch eine Wahrheit über die Funktionsweise von Erinnerungen verborgen, die man nicht entdecken kann, wenn man das Problem in der Dichotomie ‹wahr oder unwahr› konstruiert. Die Wahrheit, die wir an Antins falschen Erinnerungen ablesen können, betrifft, wie ich oben vorgeschlagen habe, die apodiktische Qualität affektiver Erinnerungen. Sie sind unkorrigierbar, man kann sie nicht aushandeln, denn sie stehen und fallen mit der Lebhaftigkeit des affektiven Eindrucks.[53] Die Diskussion in Santa Monica hat mich auf die Fährte des paradoxen Problems der Wahrheit unwahrer Erinnerungen gesetzt. In einer solchen Situation wird man hellhörig für ähnliche Fälle, bei denen manifest falsche Erinnerungen mit einem Anspruch auf Wahrheit verbunden werden. Drei weitere Fälle, auf die ich inzwischen gestoßen bin, sollen hier vorgestellt werden.

2. Beispiel. – Dori Laub, ein Psychoanalytiker, der u. a. als Interviewer für das «Video Archive for Holocaust Testimonies» in Yale arbeitet, hat in diesem Zusammenhang folgende Erfahrung beschrieben. Er führte ein Interview durch mit einer Frau, die als Jüdin nach Auschwitz deportiert worden war und ihre Erlebnisse von dort berichtete. Die Zeugin war Ende Sechzig und brachte ihre Erzählung in einer monotonen Stimme vor. Als sie zu den Ereignissen um den Aufstand im Oktober 1944 kam, belebte sie sich sichtlich. Auf einmal kamen Intensität, Leidenschaft und Farbe in ihre Erzählung. «Sie war ganz da», schreibt Laub über das Interview. «‹Ganz plötzlich›, sagte sie, ‹sahen wir vier Schornsteine in Flammen aufgehen, explodieren. Die Flammen schossen in den Himmel, Menschen rannten. Es war unglaublich›».[54]

Dori Laub verwandelt sich an dieser Stelle vom professionellen Arzt und Chronisten seinerseits in einen Zeugen. Er ergänzt an dieser Stelle in seinem Text das Zeugnis der Zeitzeugin durch das Zeugnis dessen, der dieses empfängt. Das Zeugnis ersten Grades wird dabei zu einem Zeugnis zweiten Grades, einem Zeugnis über das Zeugnis. Zunächst unterstützt er die Worte der Zeugin durch eine imaginative Verbildlichung der erzählten Szene, dann hält er minutiös fest, was sich in diesem Augenblick in der Interview-Situation zugetragen hat.

«Es war eine Stille im Raum, eine Totenstille, in der die eben vernommenen Worte nachhallten, als trügen sie ein Echo der triumphierenden Geräusche, die hinter dem Stacheldraht losbrachen, das Getrampel von Menschen, die zu entkommen suchten, Schreie, Schüsse, Kriegsgeschrei, Explosionen. Keine Spur mehr von der tödlichen Zeitlosigkeit von Auschwitz. Ein blendend heller Augenblick der Vergangenheit rauschte durch die gefrorene Stille der verstummten, grabartigen Landschaft mit der rasenden Geschwindigkeit eines Meteors, der sich bei seinem Einschlag in einem Schauer von Bildern und Geräuschen entlud. Doch der Meteor aus der Vergangenheit zog weiter. Die Frau ver-

---

[53] Vgl. dazu Martin Walser, der betont hat, daß es ihm nicht möglich sei, seine «Erinnerung mit Hilfe eines inzwischen erworbenen Wissens zu belehren». In: Über Deutschland reden, Frankfurt a. M. 1988, 76.

[54] Shoshanna Felman und Dori Laub, Testimony. The Crisis of Witnessing in Literature, Psychoanalysis, and History, New York und London 1992, 59. Das Kapitel von Dori Laub ist überschrieben: «Testimony and Historical Truth».

stummte abermals, und der Tumult des Augenblicks verblaßte. Sie nahm wieder ihre niedergedrückte Haltung an und ihre Stimme verfiel abermals in einen ereignislosen, fast monoton klagenden Ton. Die Tore von Auschwitz waren verschlossen, und der Schleier des Vergessens und des Schweigens, ebenso bedrückend wie unterdrückend, hatte sich wieder herabgesenkt. Der Komet der Spannung und Alertheit, die Explosion von Lebendigkeit und Widerstand verblaßte und entschwand in die Ferne.» (59)

Dori Laub verstärkt in seiner Beschreibung eindrucksvoll die Wirkung des Berichts. Nicht nur, daß die Szenen des Aufstands mit lebhaften Farben für den Leser nachgemalt werden, es wird auch eine genaue Entsprechung zwischen Dramatisierung des Berichts und Belebung der Berichtenden registriert, und diese Belebung wiederum wird als ein Erinnerungseinschlag beschrieben, der mit der Naturgewalt eines Meteors in die Frau hineinfährt und sie zu einem abermaligen Durchleben des Augenblicks bringt. Die Metaphorik der Erinnerung, die Bilder wie Meteor, Komet, Explosion, Widerstand einerseits und eingefrorene Stille, Bewegungslosigkeit und Totenstarre andererseits verwendet, gleicht sich an das berichtete Ereignis, den Aufstand, an und überblendet das Geschehen im Lager mit dem Geschehen in der Interview-Situation. Der Text ist so geschrieben, daß die Eruption der Erinnerung auch noch den Leser affiziert.

Die Historiker, die einige Monate später auf einer Konferenz über diesen Bericht diskutierten, zeigten freilich eine ganz andere Reaktion. Sie stellten fest, daß das Zeugnis der Frau nicht korrekt sei. Nicht vier Schornsteine seien im Oktober 1944 in Auschwitz in die Luft gesprengt worden, sondern nur einer. Einer falschen Erinnerung jedoch sei jeglicher Zeugniswert abzusprechen. Ihr Augenzeugenbericht könne deshalb nicht weiter ernstgenommen werden, da es gerade in dieser Sache, die von Revisionisten ständig in Frage gestellt werde, auf größte Genauigkeit ankomme. Dori Laub kommentiert seinerseits diesen Kommentar und kommt zu dem Schluß, daß er zwar mit denselben Problemen konfrontiert ist wie die Historiker, daß er sich diesen jedoch auf eine andere Art und Weise nähert als ein Historiker. Sein Plädoyer gegenüber den Historikern hat er in der dritten Person abgedruckt:

«‹Was die Frau bezeugte›, so insistierte er, ‹war nicht die Anzahl der in die Luft gesprengten Schornsteine, sondern etwas anderes, Radikaleres, Zentraleres: die Wirklichkeit eines unvorstellbaren Ereignisses. Ein Schornstein, der in Auschwitz in die Luft gejagt wurde, war ebenso unglaublich wie vier. Die Zahl war weniger wichtig als der Vorfall selbst. Das Ereignis in sich war fast unvorstellbar. Die Frau bezeugte auf ihre Weise ein Ereignis, das den alles zwingenden Rahmen von Auschwitz gesprengt hat, wo bewaffnete Aufstände von Juden eben nicht vorkamen und keinen Ort hatten. Sie bezeugte den Bruch dieses Rahmens. Und das war historische Wahrheit.›» (60)

Im folgenden steckt er sehr genau die Grenzen zwischen einem psychoanalytischen und einem historischen Interview ab. Entscheidend ist dabei, wie mit dem Schweigen umgegangen wird. Als Analytiker ist er bemüht, sich auf die Grenzen des Wissens und Fühlens seiner Interviewpartner einzustellen und diese nicht mit seinem umfassenderen nachträglichen Wissen zu konfrontieren. Nur unter Wahrung dieser Grenze zwischen dem Wissenshorizont der Interviewten und des Interviewers könne die wirkliche Chance eines Zeugnisses zustande kommen: «Mir war klar, daß nur, wenn dieser Preis der Achtung gezahlt wurde, der Achtung gegenüber den Zwängen und Grenzen des Schweigens, das, was die Frau in einer Weise wußte, in der es niemand von uns wußte, eben ihr besonderes Zeugnis, zur Sprache kommen und von uns gehört werden konnte.»(61)

3. Beispiel. – Wieder geht es um ein Interview, wenn auch um ein ganz anderes. Am 7. Mai 1995, einen Tag vor dem 50. Jahrestag des Kriegsendes, hat Hendrik Werner, Student aus dem Konstanzer Graduiertenkolleg, mit Heiner Müller gesprochen. Sein Thema waren die Mechanismen und Zwänge von privaten Erinnerungen und öffentlichem Gedenken. In diesem Zusammenhang wurde Müller auch nach dem möglichen Projekt einer Autobiographie befragt. Darauf antwortete er folgendermaßen:

«Wirkliche Erinnerung braucht schon die Arbeit der Formulierung. Da entsteht womöglich etwas ganz anderes, was vielleicht faktologisch nicht mehr standhält, aber es entsteht so etwas wie die wirkliche Erinnerung. Ein Beispiel: Ich erinnere mich ganz genau an den Moment, der in *Krieg ohne Schlacht* beschrieben ist, am 17. Juni 1953, als ich in Pankow den Stephan Hermlin pfeiferauchend aus der U-Bahn steigen sah, die nicht fuhr an diesem Tag. Und Hermlin behauptet nach wie vor, er sei an dem Tag, wahrscheinlich hat er recht, in Budapest gewesen und überhaupt nicht in Berlin. (...) Ich kann das nicht erklären, aber das ist eine Erinnerung, die sich zusammensetzt aus wahrscheinlich ganz anderen Eindrücken, Erinnerungen und Fakten, die aber für mich mehr stimmt, als daß Hermlin damals in Budapest war.»[55]

Auch Müller setzt sich in seinem Zugang zu Erinnerungen explizit von den Historikern ab. Für ihn sind Erinnerungen keine dokumentarischen Splitter, die sich zu einem kohärenten historischen Gesamtbild zusammensetzen lassen, sondern Verdichtungen von Erfahrungen unter dem affektiven Druck der historischen Stunde. Die Wahrheit der Erinnerung kann gerade in der Verformung von Fakten bestehen, weil diese ebenso wie die Übertreibung Stimmungen und Gefühle registriert, die in keine sachliche Beschreibung eingeht. Erinnerungen also, auch wenn sie mani-

---

[55] Verwaltungsakte produzieren keine Erfahrungen. Zum Supergedenkjahr: Heiner Müller im Gespräch mit Hendrik Werner (7. Mai 1995 in Berlin), Ms., 41.

fest falsch sind, sind auf einer anderen Ebene wahr. Gewiß kann die atmosphärische Wahrheit die «faktologische» nicht einfach ersetzen. Sie besitzt keine vergleichbare unbestrittene Evidenz wie die historische Wahrheit; es bedarf eines Psychoanalytikers oder Künstlers, um sie zu erfassen.

4. Beispiel. – In einem kurzen Essay über Saleem Sinai, den Erzähler in seinem Roman *Midnight's Children,* geht Salman Rushdie mit einer ungewöhnlichen Explizitheit auf falsche Erinnerungen ein. Er kommt dabei auch auf sich selbst zu sprechen und beschreibt seine persönliche Erinnerung in Wendungen, die von Heiner Müller und Mary Antin übernommen sein könnten:

«Ich selbst habe eine klare Erinnerung daran, daß ich während des Chinakrieges in Indien war. Ich ‹erinnere› mich daran, wieviel Angst wir damals alle hatten. Ich ‹besinne› mich noch auf Leute, die kleine nervende Witze darüber machten, daß es an der Zeit sei, sich einen Grundwortschatz Chinesisch zuzulegen, weil man damit rechnete, daß die chinesische Armee nicht vor Delhi haltmachen würde. Ich weiß aber auch, daß ich zu dem Zeitpunkt unmöglich hätte in Indien sein können. Und ich war überrascht zu sehen, daß *selbst nachdem ich festgestellt hatte, daß mir mein Gedächtnis einen Streich spielte,* sich mein Gehirn noch immer weigerte, sich umzuorientieren. Es klammerte sich an die falsche Erinnerung und bevorzugte sie gegenüber der schlichten und unverblümten Sachlage. Das war eine wichtige Lektion für mich.» (Hervorh. im Orig.)[56]

Was er an seinen eigenen Erinnerungen gelernt hat, setzt Rushdie literarisch um. Nicht vorsätzlich und gezielt, wie es das literarische Verfahren des ‹unzuverlässigen Erzählers› gewesen wäre, sondern allmählich und explorativ, wie eben neue Erzähltechniken erfunden werden. Zunächst ärgerten ihn die Fehler, auf die man ihn aufmerksam machte, doch dann änderte sich seine Einstellung: «Das Falsche erscheint richtig» *(Its wrongness feels* right) heißt es in seinem Text. Die Fehler wurden deshalb stehengelassen und noch profiliert, an anderen Stellen wurden sie neu eingeführt: «Ich gab mir einige Mühe, die Dinge zu verdrehen» *(I went to some trouble to get things wrong).* Während der unzuverlässige Erzähler als solcher für den Leser erkennbar ist, der ihn durchschauen und damit die Verformung der Erzählung bewußt goutieren kann, ist Rushdies Erzähler auf neue Weise unzuverlässig. Daß er in der Hindu-Mythologie und im System der Busrouten Bombays Fehler macht, daß er sich in den Rängen der pakistanischen Armee und in den Zigaretten-Marken vergreift, nehmen ihm die meisten Leser nicht übel, weil sie es niemals herausfinden würden. Sie gelangen deshalb auch schwerlich zu einer positiven Anerkennung dieser Schreibweise, die Rushdie mit seinem Essay freilegt.

[56] Salman Rushdie, «‹Errata›: Or, Unreliable Narration in Midnight's Children», in: ders., Imaginary Homelands. Essays and Criticism 1981–1991, London 1992, 22–25; hier: 24.

Worum es ihm geht, ist jedoch etwas sehr Entscheidendes: *memory's truth* nennt er es in einem Satz. In der Suche nach der Wahrheit der Erinnerung versteht sich Salman Rushdie als Kompagnon von Marcel Proust. Allerdings unterscheiden sich die Bedingungen des modernen und des postmodernen Erzählers in einem wichtigen Punkt. Während Proust von den Erlebnissen, die er beschreiben möchte, nur durch die Zeit getrennt ist, ist Rushdie von seiner Welt durch Zeit und Migration getrennt. Der Schleier, der ihn von seinem Gegenstand trennt, ist dadurch noch dichter, und die Hoffnung, daß vereinzelte Erinnerungen durch diesen Schleier hindurchschießen könnten, wird für ihn immer mehr zu einer Illusion.

«Als ich den Roman begann, hatte mein Projekt Proustsche Züge. Zeit und Auswanderung hatten einen doppelten Filter zwischen mich und meinen Gegenstand gelegt, und ich hoffte, daß, wenn ich mir die Dinge nur lebhaft genug vorstellen würde, ich durch diese Filter hindurchdringen und schreiben könnte, als ob die Jahre nie vergangen, als ob ich Indien nie um des Westens willen verlassen hätte. Doch als ich weiterarbeitete, stellte ich fest, daß mich diese Filter immer mehr interessierten. Also änderte sich mein Projekt; ich war nicht mehr auf der Suche nach der verlorenen Zeit, sondern untersuchte jetzt die Art und Weise, in der wir die Vergangenheit umschaffen, um unsere gegenwärtigen Bedürfnisse zu befriedigen, wobei wir das Gedächtnis als ein Werkzeug benutzen.» (24)

4. Kriegstrauma in der Literatur

Trauma wird hier als eine körperliche Einschreibung verstanden, die der Überführung in Sprache und Reflexion unzugänglich ist und deshalb nicht den Status von Erinnerungen gewinnen kann. Das für Erinnerungen konstitutive Selbstverhältnis der Distanz, welches Selbstbegegnung, Selbstgespräch, Selbstverdoppelung, Selbstspiegelung, Selbstverstellung, Selbstinszenierung, Selbsterfahrung ermöglicht, kommt beim Trauma nicht zustande, das eine Erfahrung kompakt, unlösbar und unlöschbar mit der Person verbindet. Die Metapher für diesen komplexen Sachverhalt ist die ‹körperliche Einschreibung›. Eine spezifische Variante des Traumas ist das Kriegstrauma («battle shock»), das als ein epidemischer Befund männlicher Hysterie während des ersten Weltkriegs zum ersten Mal medizinisch diagnostiziert und therapiert wurde. Nachdem Charcot, Janet, Freud und Breuer in den achtziger und neunziger Jahren des 19. Jahrhunderts zur Behandlung von Hysterie mit Hypnose-Therapien experimentiert und sie teilweise zugunsten kommunikativer Verfahren wieder verworfen hatten, erlebte die Hypnose-Therapie zwanzig Jahre später ihr comeback, als es darum ging, psychisch gestörte Soldaten wieder kampffähig zu machen und Kriegsveteranen zu resozialisieren. Die psychische Störung schlug sich in Zuständen der Amnesie, Schlaflosigkeit, Desori-

entierung, Depression sowie Blind- und Taubheit nieder, eine körperliche Symptomatik, die auf verdrängte Gefühle zurückgeführt wurde.
Man ging davon aus, daß wie die Hysterikerinnen auch die im Krieg
Traumatisierten an bestimmten Erinnerungen litten, die durch Abspaltung unzugänglich geworden waren, jedoch durch trance-artige Wiederholung der Schreckensszenen abermals freigesetzt und abreagiert werden
konnten. Mit dieser Kur konnten zwar schnelle Erfolge einer ‹Revirili-
sierung› erzielt werden, doch kam es unter Fachleuten auch zu einer
Kontroverse, weil manche in der hypnotischen Therapie und der emo-
tionalen Katharsis weniger eine Bewußtwerdung als eine Abfuhr von
Erinnerungen und damit eine Vergessenstherapie sahen.[57]

Im folgenden soll auf drei Texte eingegangen werden, die ein Kriegstrauma in den Mittelpunkt stellen. Der erste Text stammt von Hugo von
Hofmannsthal und ist auf den ersten Weltkrieg bezogen, wenn auch nur
in sehr indirekter Weise. Es folgen zwei amerikanische Romane, die sich
in sehr viel expliziterer Form auf den zweiten Weltkrieg beziehen. Der
eine stammt von einem Mann, der an der Ostküste lebt und von deutschen Einwanderern abstammt, der andere von einer Frau, die in der
Gegend von Neu-Mexiko und Arizona lebt und von Laguna Pueblo
Indianern abstammt.

Trauma und Mythos – Hofmannsthals Die ägyptische Helena

Hugo von Hofmannsthal suchte seit 1920 nach einer künstlerischen
Form, in der er die zentralen Erschütterungen der Kriegsgeneration
verarbeiten könnte. Wie andere Künstler der Zeit entdeckte er in dieser
Situation den klassischen Mythos neu. Die fernen alten Geschichten
Homers gewannen im Lichte der allernächsten und bedrängendsten
Erfahrungen eine neue Aktualität: «Eine Art Neugierde hatte sich der
Phantasie bemächtigt, sie war auf diese mythischen Gestalten gerichtet
wie auf lebende Personen, von deren Leben man einen Teil kennt, für
eine wichtige Zeitspanne aber auf Kombinationen angewiesen ist.»[58]
Insbesondere an den Figuren Helena und Menelaos entzündete sich
Hofmannsthals Neugierde, denn ihre Geschichte wies in der Form, in
der Homer sie überliefert hat, eine krasse Leerstelle auf. Wir erfahren
von ihm nicht, was passiert ist zwischen der Nacht, in der die siegrei-
chen Griechen das brennende Troja stürmen, die Trojaner niedermet-
zeln und Menelaos als wichtigste Kriegsbeute seine schöne Helena

---

[57] Ruth Leys, «Traumatic Cures. Shell Shock, Janet, and the Question of Memory», in: Paul Antze, Michael Lambek, Hgg., Tense Past. Cultural Essays in Trauma and
Memory, New York, London 1996, 103–145.
[58] Hugo von Hofmannsthal, «Die ägyptische Helena» (1928), in: Dramen V:
Operndichtungen, Werke in zehn Bänden, Frankfurt a. M. 1979, 498–512; hier: 499.

zurückerobert, und dem Tag, an dem Telemachos auf der Suche nach
seinem verschollenen Vater in Sparta zu Gast im Palast des Menelaos ist
und dort Zeuge des friedlich unscheinbaren Familienlebens dieses nicht
mehr ganz jungen Ehepaares wird. Die Lücke in der Geschichte, die ein
Bruch im Stoff ist, war vor Hofmannsthal schon Euripides aufgefallen;
er hat eine Brücke konstruiert von den Grauen des Krieges zur häusli-
chen Idylle. Diese Brücke bestand in folgender Konstruktion: Die Figur
der Helena wurde verdoppelt in ein Trugbild, welches die Kriegsfron-
ten wechselte und zur Mätresse des Paris und anderer Trojaner wurde,
während ihre leibhaftige Gestalt, die die Götter vor all diesen Gewalt-
tätigkeiten und Turbulenzen geschützt und in Ägypten stationiert hatten, sich rein hielt für ihren zurückkehrenden Ehemann. Die Auffüllung
der Leerstelle, die sich Euripides ausgedacht hat, folgt dem Schema einer typischen Männerphantasie. Die Frau wird verdoppelt bzw. aufge-
spalten in die beiden konträren Hälften der Hure und der Heiligen. Die
nach Troja verschlagene Helena entspricht dem Bild der faszinierenden
Schönheit, die männliche Begierde und Gewalt entfesselt und dann für
den Untergang einer ganzen Kulturwelt verantwortlich gemacht wird.
Die von Hermes entführte und von Proteus in Ägypten geschützte
Helena entspricht dagegen dem Idealbild des treuen Weibes, das sich
vom Ort des Handelns und Kämpfens fernhält und wie Penelope absti-
nent und geduldig auf den heimkehrenden Ehemann wartet.

Die Lösung, die Euripides anbietet, besteht in der Rückstufung einer
traumatischen Erinnerung zur ‹falschen Erinnerung›. Menelaos wird
von der traumatischen Vergangenheit abgekoppelt, indem ihm die Last
seiner Erinnerungen abgenommen und das Angebot einer reinen, un-
beschwerten Gegenwart gemacht wird. Was immer er in Troja erfahren
hat, alle Demütigungen, Gewalttaten, Racheakte seien nichts als Luft-
gespinste gewesen. Obwohl er sich zunächst dagegen sträubt: «Der
Wucht erlittener Leiden trau ich mehr als dir!», nimmt Menelaos
schließlich das Angebot an, denn es bleibt ihm nach dem Exorzismus der
Erinnerungen gar nichts anderes mehr übrig als die neue ägyptische
Helena. Jene Erinnerungen, die die Möglichkeit des Weiterlebens und
einer Zukunft nach diesem Krieg untergruben, sind von ihm genommen worden. Jetzt können beide unbeschwert nach Hause zurückkehren. Im Gegensatz zu Menelaos konnte Hofmannsthal dieses verführe-
rische Angebot der Vergangenheitsbewältigung nicht akzeptieren. In
einem Text zu seinem Stück hat er sich dazu geäußert. Nachdem er die
euripideische Version nacherzählt hat, fährt er fort:

«So weit Euripides. Aber wenn um eines Phantoms willen der Trojanische Krieg
geführt worden und diese, die ägyptische Helena, die einzig wirkliche ist, dann
war der Trojanische Krieg ein böser Traum, und das Ganze fällt in zwei Hälften
auseinander – eine Gespenstergeschichte und eine Idylle, die beide nichts miteinander zu tun haben, und dies alles ist nicht sehr interessant. Ich vergaß den

Euripides wieder (...), aber meine Einbildungskraft ließ nicht ab, sich um die
Episode der zusammen rückkehrenden Ehegatten zu bewegen, und was Furcht-
bares und schließlich Sühnendes zwischen beiden vorgefallen sein könne.»[59]

Für Hofmannsthal war die Leerstelle nach der Patentlösung der neuen
Helena intrigierender denn je, und er war stimuliert, tiefer nachzudenken über eine mögliche Geschichte dieses besonderen Heimkehrer-
paares. Seine ‹Arbeit am Mythos› wurde zu einer Arbeit am Kriegstrauma. Das Problem, um das es dabei ging, stellte sich ihm in der Form eines
Paradoxes: Wie konnte man weiterleben, wenn die bewahrte «Wucht erlittener Leiden» die Identität der Person ebenso zerstörte wie die Abkoppelung von diesen Leiden? Hofmannsthal erkannte in der Figur des
Menelas, wie er ihn nannte, den exemplarischen Fall eines Kriegstraumas. «Wie furchtbar gestört mußte seine Seele sein! So viel Schicksal, so
viel Verstrickung, und Verschuldung – und er war doch nur ein
Mensch.»[60] Und weiter heißt es: «Er ist kein Wahnsinniger, aber er ist in
dem Zustand völliger Zerrüttung, den man in so vielen Kriegslazaret-
ten bei denen, die aus allzu furchtbaren Situationen kamen, tage- und
wochenlang beobachtet hat.»[61] Mit Hilfe des antiken Mythos dramati-
sierte Hofmannsthal das aktuelle Problem eines Kriegstraumas, bei dem
es um eine zerbrochene Normalität und die (Un-)Möglichkeit einer
Resozialisierung geht. Seine Frage lautete allgemein: Wie können Menschen, die im Banne einer mörderischen Vergangenheit stehen, wieder
zukunftsfähig werden? Wie können sie mit ihren Erinnerungen weiterleben, ohne von deren Druck deformiert zu werden?

Hofmannsthal erzählt diese Heimkehrergeschichte noch einmal neu
im Lichte der neuesten Erfahrungen mit Trauma und Psychoanalyse,
und er erzählt sie mit den Kunstmitteln eines lyrischen Dramas in zwei
Akten. Wie andere Dichter der klassischen Moderne ist er davon überzeugt, daß Mythos und Musik mit ihren Zaubereien und Masken dem
Seelendrama des Unbewußten um vieles näher kommen als das psychologische Drama mit seinem Standard der «Natürlichkeit». Der erste
Akt spielt auf einer Felseninsel, auf die das schiffbrüchige Paar verschla-
gen wird durch die Kraft der Nymphe Aithra, die als ein weiblicher Prospero den Elfen gebietet und die Geschicke auf dieser Insel lenkt. Zu
Beginn des Stücks ist Menelas im Begriff, Helena mit demselben Dolch
die Kehle durchzuschneiden, mit dem er schon Paris ermordete. Nach
allem, was geschehen ist, kann er seine Frau nicht mehr zurücknehmen;
obwohl er sie liebt, steht er unter dem Zwang, sie um der vielen Toten
willen zu opfern. Seine wiederholten Anschläge auf Helena, mit denen
er sich von der quälenden Vergangenheit zu befreien hofft, kann die

---

[59] Hofmannsthal, «Die ägyptische Helena», 502.
[60] Hofmannsthal, «Die ägyptische Helena», 502.
[61] Hofmannsthal, «Die ägyptische Helena», 506.

Zauberin der Insel dreimal abwenden, das erstemal durch einen Sturm, bei dem das Schiff der beiden Heimkehrer untergeht, das zweitemal durch ein Phantom des Paris und der Helena, das Menelas in blindem Wiederholungszwang verfolgt, und das drittemal durch einen Betäubungstrank, der den gegen sein Weib gerichteten Aggressionstrieb lähmt. Von dieser Droge der Zauberin Aithra bekommt auch Helena zu kosten und verbündet sich darauf mit ihr:

> DIENERIN
> Ein halbes Vergessen
> wird sanftes Erinnern
> Du fühlest im Innern
> dir wiedergegeben
> dein unschuldig Leben.[62]

> AITHRA
> – damit das Böse
> vergessen bleibe
> und ruhe unter
> der lichten Schwelle
> auf ewige Zeit!

> HELENA *mit ihr, wie ein Gebet*
> Damit das Böse drunten bleibe,
> vergraben unter
> der lichten Schwelle
> auf ewige Zeit!

Mit der Vergessenstherapie der Droge kann sich das Paar zum erstenmal nach zehn Jahren wieder sexuell vereinigen. Für diesen Rausch wird es an einen einsamen Wüstenort entrückt, der die Möglichkeit einer tabula rasa, eines völligen Neubeginns suggeriert. An diesem Punkt endet aber nur der erste Akt, nicht das Stück selbst. Denn durch Vergessen ist, wie sich gleich herausstellt, gar nichts gelöst. Es hat wohl die Liebesvereinigung ermöglicht, doch Menelas erkennt seine Helena nicht mehr. Der Anblick seines Schwerts bringt ihm ein Stück seiner Identität zurück, und er eilt mit ihm fort, um Gazellen zu jagen, doch erschlägt er statt der Gazelle einen vermeintlichen Nebenbuhler. Das Trauma zwingt ihn dazu, die Rache an Paris immer wieder neu zu vollstrecken. Aus diesem Teufelskreis führt nicht Vergessen, sondern allein Erinnerung heraus. Deshalb greift Helena jetzt zum anderen Fläschchen, das ihr irrtümlich statt des Lethetranks mitgegeben wurde:

---

[62] Hofmannsthal, «Die ägyptische Helena», 442, vgl. 429.

HELENA *sehr bestimmt*
Dies ist der Trank, den ich bedarf!
Erinnerung! (. . .)
Und was von drunten
wiederkommt,
ist einzig, was
dem Helden frommt!

Und dann folgt ein Dialog, der nicht mehr aus dem Mythos, sondern aus der Therapiesitzung der Psychoanalyse stammt:

HELENA
Uns birgt keine Höhle vor unserm Geschick,
sondern wir müssen ihm stehn. –
Freventlich hassest du Paris
über sein Grab
und verfolgst in der Welt
noch sein schuldloses Bildnis
in einem wehenden Baum
oder einem Knaben – aber nicht um der Rache willen,
sondern dies ist der einzige Weg,
nahezukommen – Menelas, sage mir, wem?

MENELAS
Ihr, die tot ist, und allen Toten,
die um mich starben, unbedankt!

HELENA
Ihr, die lebt und bei der zu bleiben
einzig trachtet dein Herz.[63]

Nicht genug, daß Helena dem Menelas seine unbewußten Wünsche so beredt entschlüsselt, sie reicht ihm auch den Erinnerungstrank, mit dem sie sein Erkennen und ihren Tod riskiert. Doch er wirft das Schwert weg und nimmt Helena in die Arme, deren durch Euripides mythologisch gespaltene Hälften er in diesem Augenblick wieder zusammenfügt:

O wie du nahe,
Unnahbare, scheinest,
beide zu einer
nun dich vereinest![64]

Mit dem Lotustrank wurden aus den Partnern «Tot-Lebendige», mit dem Erinnerungstrank werden aus ihnen «Lebendig-Tote». Statt im Wiederholungszwang ihrer Körperschrift zu erstarren, die sie zum beständigen Ausagieren eines unbewußten Skripts zwingt, führen sie das

---

[63] Hofmannsthal, «Die ägyptische Helena», 481.
[64] Hofmannsthal, «Die ägyptische Helena», 488.

Trauma über die «lichte Schwelle» und nehmen es als bewußte Erinnerung in sich auf. Die ägyptische Helena war keine Lösung für das Heim-
kehrer-Problem; mit dem Phantom einer vergangenheitslosen Unschuld konnte der Übergang aus der Vergangenheit und Gegenwart in
die Zukunft nicht gelingen. Über die Durchgangsstufe der ägyptischen
Helena konnte jedoch die griechisch-trojanische wiedergefunden und
mit dem doppelten Zaubertrank des Vergessens und Erinnerns der
Schritt aus dem Bannkreis der Vergangenheit in die Zukunft getan werden. Hofmannsthals lyrisches Drama inszeniert einen Schwellenritus,
der den Übergang von der Kriegswirklichkeit zum zivilen Nachkriegs-
Alltag zu regulieren hilft. Es zeigt, wie diese Schwelle im Geiste der
Verleugnung und Verdrängung (wie im ersten Akt) sowie im Geiste
der Erinnerung und Anerkennung (wie im zweiten Akt) überschritten
wird.

Trauma und Phantastik – Kurt Vonneguts Slaughterhouse Five

«Eine der wichtigsten Wirkungen des Krieges ist wohl die, daß Menschen kein Bedürfnis mehr danach haben, Charaktere zu sein.» *(One of
the main effects of war, after all, is that people are discouraged from being characters.)*[65] So schreibt der amerikanische Autor Kurt Vonnegut in seinem
Roman *Slaughterhouse Five*, in dem er seine Erinnerungen an den zweiten Weltkrieg literarisch verarbeitet hat. ‹Charakter› dürfen wir hier vielleicht mit dem ‹Tatmenschen› gleichsetzen, den Bergson folgendermaßen definiert hat: «Den Tatmenschen kennzeichnet das Vermögen,
einschlägige Erinnerungen aufrufen und eine unüberwindliche Schran-
ke an der Schwelle des Bewußtseins zu den unzusammenhängenden Erinnerungen aufrecht erhalten zu können.»[66]

Der Tatmensch – Bergson denkt hier sicherlich an den *Mann* der
Tat – zeichnet sich durch jene aktive Verfügungsgewalt über die eigenen
Erinnerungen aus, die wir als Melete bezeichnet haben und die Nietzsche als Herrschaft des Willens über das Gedächtnis beschrieben hat. Als
ein ebensolcher Tatmensch stellt sich Kurt Vonnegut im ersten Kapitel
seines Romans dar, in dem er sich und sein Projekt vorstellt. Als Ju-
gendlicher war er als «Infantry Scout» der amerikanischen Streitkräfte in
Frankreich eingesetzt, von wo aus er in deutsche Kriegsgefangenschaft
geriet und mit anderen Kriegsgefangenen nach Dresden gebracht wurde, wo er den Bombenangriff in der Nacht des 13. Februar 1945 miter-
lebte. Für den Schriftsteller Vonnegut war es selbstverständlich, daß er
diese biographischen Erfahrungen literarisch verarbeiten würde: «Als

---

[65] Kurt Vonnegut, Jr., Slaughterhouse-Five or The Children's Crusade. A Duty-
Dance with Death (1969), London 1991, 119.
[66] Henri Bergson, Matière et mémoire, Paris 1896, 166.

ich vor 23 Jahren aus dem Zweiten Weltkrieg zurückkehrte, dachte ich,
daß es für mich leicht sein würde, über die Zerstörung Dresdens zu
schreiben, da ich ja nur niederzuschreiben hätte, was ich selbst gesehen
habe. Und ich dachte auch, daß es ein Meisterwerk werden oder mich
zumindest reich machen müsse, da das Thema doch so groß war.»[67]

Das Thema, so stellte sich aber bald heraus, war ‹too big›, zu groß fürs
kleine Nadelöhr der Erinnerung und Erzählung. Die von Hemingway
im Ersten Weltkrieg erprobten Techniken der präzisen, empfindungs-
losen Beobachtung und Berichterstattung kamen nicht mehr in Frage.
Die Figur des unbeteiligten Beobachters war zusammen mit den Idealen von männlicher Härte, Askese und Ausdauer zusammengebrochen.
Vonneguts Roman ist bedeutsam als ein Zeugnis literarischer Trauma-
Verarbeitung. Er entstand in den 60er Jahren nach jenem kulturellen
Wertewandel, der mit der Opposition gegen den Vietnamkrieg und der
Friedensbewegung verbunden ist. Mit diesem Wertewandel war die
Nachkriegsära abgeschlossen und die Vergangenheit des Krieges konnte
neu thematisiert – d. h. perspektiviert, rekonstruiert, konfiguriert wer-
den. Das literarische Projekt dieses Kriegsromans füllt in barocker Ma-
nier die Titelseite, auf der Folgendes zu lesen ist:

Schlachthaus Nr. 5 / oder / der Kinder-Kreuzzug / ein pflichtgemäßer Toten-
tanz / von / Kurt Vonnegut, Jr. / einem Deutsch-Amerikaner der vierten Generation, / der jetzt in guten Verhältnissen / in Cape Cod lebt / (und zuviel
raucht) / und der als ein amerikanischer Infanterie-Scout / außer Gefecht, / als
ein Kriegsgefangener, / den Luftangriff / auf Dresden in Deutschland / im ‹Flo-
renz an der Elbe› / vor langer Zeit miterlebt hat / und überlebte, um die Geschichte zu erzählen. / Dies ist ein Roman / in der etwas telegraphisch
schizophrenen / Art von Geschichten / des Planeten Tralfamadore, / wo die
fliegenden Untertassen herkommen. / Frieden.[68]

Vonnegut beginnt seinen Roman mit dem Scheitern seines Projekts.
Wie der Bergsonsche Tatmensch hatte er zunächst einmal versucht, sich
seiner Erinnerungen zu bemächtigen. Da Erinnerungen ja der Stoff wa-

---

[67] «When I got home from the Second World War twenty-three years ago, I
thought it would be easy for me to write about the destruction of Dresden, since all
I would have to do would be to report what I had seen. And I thought, too, that it
would be a master-piece or at least make me a lot of money, since the subject was so
big.» (2)

[68] «Slaughterhouse-Five / or / The Children's Crusade / A Duty-Dance with
Death / by / Kurt Vonnegut, Jr. / a fourth-generation German-American / now living in easy circumstances / on Cape Cod / (and smoking too much), / who, as an
American Infantry Scout / *hors de combat* › / as a prisoner of war, / witnessed the
fire-bombing / of Dresden, Germany, / ‹the Florence of the Elbe,› / a long time ago,
/ and survived to tell the tale. / This is a novel / somewhat in the telegraphic schiz-
ophrenic / manner of tales / of the planet Tralfamadore, / where the flying saucers
/ come from. / Peace.»

ren, aus dem dieser autobiographische Roman gewirkt sein sollte, machte er sich auf die Suche nach ihnen. Er meldete sich bei einem Kriegs-
kameraden an, der seinem Gedächtnis auf die Sprünge helfen sollte. Es
wird beschrieben, wie die beiden Veteranen gemeinsam versuchen, ihre
Erinnerungen zu sammeln: «So versuchten wir uns an den Krieg zu erinnern (...), aber keiner von uns brachte eine brauchbare Erinnerung
zustande» *(So we tried to remember the war (...) but neither one of us could
remember anything good.*10). Die ganze Ausbeute ihrer Erinnerungen
beläuft sich auf eine Handvoll irrelevanter Details, aus denen man kein
Buch machen kann: *It wasn't much to write a book about.* Der Weg von den
zurückgerufenen Erinnerungen zum Roman entpuppt sich als eine
Sackgasse.

Das liegt zum einen an der Spärlichkeit der willentlich reproduzier-
ten Erinnerungen, zum anderen an den Formgesetzen des Romans. Seine Kompetenz als professioneller Schriftsteller stand Vonnegut plötzlich
im Wege. Er hatte nicht erwartet, daß alle Bemühungen, den Stoff der
Erinnerung zu fiktionalisieren, zum Scheitern verurteilt waren. «Als ein
Händler in Höhepunkten und Nervenkitzeln und Charakterisierung
und wunderbarem Dialog und Spannungseffekten und dramatischen
Begegnungen hatte ich die Dresden-Geschichte schon mehrfach konzipiert. Das beste Konzept, das ich je dafür gemacht habe, oder immerhin das hübscheste, habe ich auf der Rückseite einer Tapetenrolle skiz-
ziert.»[69]

Die Konventionen und Schematisierungen der Fiktion, mit denen er
so gut vertraut ist, helfen dem Autor in diesem Fall nicht weiter. Im Gegenteil stellen sie, wie er immer mehr realisiert, eine gefährliche Einladung zur Verfälschung dar. Nicht nur, daß ihn sein gelerntes Handwerk
hier im Stich läßt, er muß sich dazu durchringen, es im Stich zu lassen,
wenn er sein Dresdenbuch schreiben will, das offensichtlich ganz anderes von ihm verlangt als alle seine anderen Romane.

Welcher Weg bleibt dann aber noch übrig, wenn die beiden Wege der
persönlichen Erinnerungen und der Fiktion verschlossen sind? Das historische und biographische Trauma erfordert eine andere literarische
Technik, ein radikales Experiment. Anders auch als die literarischen
Techniken und Experimente des ‹Neuen› und Avantgarde Romans.
Vonnegut kann sich hier nicht einfach bestimmter literarischer Verfahren und Traditionen bedienen, er muß seine Form, das Trauma zu schreiben, selbst erfinden. Diese Form ist «kurz und konfus, denn über ein
Massaker läßt sich nichts Intelligentes sagen» *(It is so short and jumbled be-*

---

[69] «As a trafficker in climaxes and thrills and characterization and wonderful dia-
logue and suspense and confrontations, I had outlined the Dresden story many times.
The best outline I ever made, or anyway the prettiest one, was on the back of a roll
of wallpaper.» (4)

cause there is nothing intelligent to say about a massacre 14). Was kann man schon verlangen, so fragt der Autor im Einleitungskapitel, von einem Buch, das von einem geschrieben ist, der zurückblickend zur Salzsäule erstarrt ist? Der das Schweigen weiterhin in sich trägt, das auf dieses Massaker folgte, ein Schweigen, das nur die Vögel zu brechen imstande sind. «Poo-tee-weet» sind die letzten Worte des Romans. Und dennoch hat seine Form, das Trauma zu schreiben, Methode. Sie läßt sich mit zwei Stichworten beschreiben: Collage und Science Fiction.

Collage.– Das ausgeschlagene Modell der Fiktionalisierung betrifft die herkömmlichen Techniken der Erzählung. Narration ist eine story-line, eine plot-Konstruktion, die sich linear über eine Ereigniskette hinweg aufbaut in den Schritten, die Aristoteles Anfang, Mitte und Ende genannt hat. Diese Struktur der Erzählung ist so grundlegend, wie sie unumgänglich ist; ihren Zwängen kann man auch mit allergrößter Anstrengung kaum entgehen, weshalb es zur Abwehr dieser Grundstruktur eines Gegenmusters bedarf. Vonneguts Gegenmuster zur Narration ist die Collage, ein räumliches Ordnungsprinzip, das Heterogenes in unerwartete Nachbarschaften bringt/zwingt. Als Verfahren hat die Collage nicht nur etwas Zufälliges, sondern auch etwas Gewalttätiges oder zeugt von einem Einschlag von Gewalt, was sich in einer bestimmten Metaphorik der Rede niederschlägt: Sie ‹zerbricht› das Rückgrat der Erzählung, die zeitlich-chronologische Abfolge, sie ‹zerreißt› Ereigniszusammenhänge und sortiert die Fragmente in freien Arrangements. Collage ist nicht nur eine Form des Ordnungsverlusts, sondern auch der Erschütterung von Ordnung.

Die Hauptfigur, die Vonnegut für seinen Roman erfindet, Billy Pilgrim, leidet an einem Kriegstrauma. Die spezifische Form seiner psychischen Krankheit besteht darin, daß er seinen Zeitsinn verloren hat. Es ist dieser Figur unmöglich, sich in der Zeit zu orientieren und kontinuierlich in einem Zeitraum zu bewegen. Über unkontrollierbare somatische Assoziation öffnen sich ihm Pforten von einer Zeitstufe zur nächsten. Vergangenheit, Gegenwart und Zukunft werden auf diese Weise gleichgeschaltet. So wird der Roman zu einer vorwärts, rückwärts, kreuz und quer verlaufenden Zeitreise, bei der mehrere Handlungsstränge und Erfahrungsschichten, die palimpsestartig übereinanderliegen, mit größter Leichtigkeit durchschritten werden: das Kriegs-Jahr 1944/1945 in Frankreich und Deutschland, das Jahr 1948 in einem psychiatrischen Krankenhaus, das Jahr 1967, in dem die Tochter des Helden heiratet und er von der Besatzung einer Fliegenden Untertasse geraubt wird, und der 13. 2. 1976, der Tag seines Todes, den Vonnegut auf den 31. Jahrestag der Zerstörung Dresdens legt.

Trauma wird von Vonnegut so als Haltlosigkeit in der Zeit inszeniert. Die erste Attacke dieser sonderbaren Krankheit trifft die Hauptfigur gleichzeitig mit ihrer Gefangennahme durch deutsche Soldaten in der

Nähe eines belgischen Dorfes. Das Trauma führt zu einer Wahrneh-
mungserweiterung, die die Grenzen des Bewußtseins und der Erinnerung sprengt. Billy Pilgrim schwingt in diesem Moment zurück in einen Zustand vor seiner Geburt, und er schwingt voraus ins Jahr 1967, in
dem er mit seinem Cadillac zu einem Lions Club Meeting fährt. «Billy's smile as he came out of the shrubbery was at least as peculiar as Mona Lisa's, for he was simultaneously on foot in Germany in 1944 and
riding his Cadillac in 1967.» (43) Der Verweis auf Leonardos Mona Lisa
in einem Kriegsroman am dramatischen Höhepunkt der Gefangennahme ist ein überraschendes Detail, das die karnevaleske Schreibweise dieses Romans kennzeichnet. Mona Lisas Lächeln ist jedoch nicht nur ein
skurriles Element im Zentrum des Krieges; wenn wir dabei an Paters
Beschreibung dieses Lächelns denken, ist es auch ein Signal für historische Zeittranszendenz, für das hintergründige Überschreiten von Zeit-
horizonten.

Als «Zeitspastiker», wie er mit seiner psychischen Krankheit infolge
des Kriegstraumas klassifiziert wird, kann die Figur nicht umhin, ständig von einer Zeitebene in die andere vorwärts und rückwärts zu glei-
ten. Daran wird ablesbar, daß die Gewalt des Traumas das Kontinuum
der Zeit zerschlägt, welches eine labile soziale Konstruktion ist. Die
Hauptfigur des Romans ist aus ihrer Zeitverankerung herausgesprengt.
Wer von einer Zeitstufe in die andere übergleitet und dabei auch noch
die Schwelle von Geburt und Tod überschreitet, hat seine Bindungen,
Hoffnungen, Ängste verloren. Er wird, um es in der Sprache des amerikanischen Philosophen R. W. Emerson zu sagen, zum «transparent ey-
eball», zum freischwebenden Auge ohne Körper- und Bodenhaftung.
Bei diesem freien Traversieren durch die Zeit erinnert sich Billy Pilgrim
rückwärts und vorwärts; er hat alles hinter sich und alles vor sich: die
kommenden Katastrophen der Bombardierung Dresdens ebenso wie einen späteren Flugzeugabsturz oder seinen eigenen Tod.

Mit diesen an LSD-Rausch erinnernden Zuständen von Bewußtseinserweichung ist ein Darstellungsprinzip verbunden, das den Helden
zur Passivität verurteilt und ihn zum willenlosen Schauplatz seiner unwillkürlichen Erinnerungen und Antizipationen macht. Diese Form
von Apathie ist genau der umgekehrte Zustand von dem, der in
Bergsons und Nietzsches Beschreibung des Tatmenschen dargestellt
wird. Die Kraft willentlicher Konzentration auf Erinnerungen ist vollkommen ausgeschaltet, und an die Stelle tritt die Überflutung der Person mit unsteuerbaren Erinnerungsimpulsen. Wie durch eine Drehtür
wird sie von einer Raum-Zeit-Ebene in eine andere gestoßen. Diese
Drehtür-Funktion erfüllen bestimmte Erinnerungen, die sich in ihrer
ständigen Wiederkehr zu verbalen Leitmotiven verdichten. Beispiele
dafür sind körperliche, unwillkürliche Erinnerungen wie das Bellen eines Hundes oder die blauweiß gefrorenen Füße, die mit der Logik

zwanghafter Assoziationsreflexe die Wahrnehmung/Erinnerung/Erzäh-
lung in eine andere Zeitebene stoßen.

Science Fiction. – Das Genre, in dem Zeitreisen gattungstypisch sind,
heißt Science Fiction. Vonnegut scheut sich nicht, das psychiatrische
Syndrom des Kriegstraumas mit den Klischees dieser Trivialgattung zu
instrumentieren. Dadurch kommt zur Zeitentbundenheit noch die ter-
restrische Schwerelosigkeit hinzu. Die Hauptfigur, die vorübergehend
in eine andere Galaxie entführt wird, macht sich die Weltanschauung
der zeitenthobenen Außerirdischen zu eigen. Die Bücher, die dort geschrieben werden, sind nicht mehr mit Zeitfäden zusammengehalten:
«Es gibt keinen Anfang, keine Mitte und kein Ende, keine Spannung,
keine Moral, keine Ursachen, keine Wirkungen. Was wir in unseren
Büchern lieben, ist die Tiefe vieler wunderbarer Augenblicke, die alle
gleichzeitig erlebt werden.»[70]

Vonnegut erfindet eine kindliche Figur, die er zum verfremdenden
Träger seiner eigenen biographischen Erfahrungen macht. Diese Figur
steht der gesamten Kriegswelt zugleich als ein äußerster Fremdling gegenüber. Fremdheit, wie sie durch das psychische Vagabundieren in der
Zeit inszeniert ist, ist Teil der Trauma-Symptomatik. Als karnevalistisch
stilisierte Fremdheit ist sie jedoch auch Teil einer Trauma-Therapie im
Medium literarischer Bearbeitung. Durch diese spielerische Aura der
Fremdheit kann Vonnegut das Kriegsgeschehen an sich heranlassen und
sich gleichzeitig sicher vom Leibe halten.

In der Mitte des Buches wird der Zusammenhang von Literatur und
Trauma thematisch. Billy Pilgrim verbringt im Jahre 1948 einige
Monate in einem amerikanischen Militär-Krankenhaus. Von seinem
Zimmernachbarn, der ausschließlich die Romane eines bestimmten
Science-Fiction Autors liest, wird er mit reichlichem Lesestoff versorgt.
Von beiden heißt es im Roman: «Sie waren damit beschäftigt, sich selbst
und ihr Universum neu zu erfinden. Die Wissenschaft erwies sich dabei
als eine große Hilfe» *(So they were re-inventing themselves and their universe.
Science fiction was a big help.).* Die Emphase, mit der dieser Kriegsroman
auf Science Fiction rekurriert, überrascht. Diese Gattung gewinnt Bedeutung in einer Welt, die durch das Trauma ihre realistisch dokumentarischen Konturen verloren hat und durchgreifend fiktionalisiert worden ist. Allgemeiner gesprochen: Das Trauma des Weltkriegs hat die
Strukturen der Wirklichkeitserfahrung und Standards der Normalität
gesprengt; um weiterzuleben, bedurfte es neu zu erfindender Orientie-
rungen. Ein Patient legt dies in die Verantwortung der Psychiater: «Ich
glaube, ihr müßt eine Menge wunderbarer neuer Lügen erfinden, sonst

---

[70] «There is no beginning, no middle, no end, no suspense, no moral, no causes,
no effects. What we love in our books are the depths of many marvellous moments
seen all to one time.» (64)

werden die Menschen keine Lust haben, weiterzuleben» *(I think you guys are going to have to come up with a lot of wonderful new lies, or people just aren't going to want to go on living. 73)*.

Wonderful new lies werden massenweise von der Gattung Science Fiction produziert mit ihrem Versprechen der Tiefe, der Gleichzeitigkeit, der Todestranszendenz.[71] Vonnegut benutzt diese unverbindliche und bindungslose Fiktion der Phantastik als Alibi im Wortsinne, als einen fremden Ort, in den er nicht nur sein eigenes Trauma, sondern auch das Trauma des Weltkrieges schlechthin hineinschreiben kann.

Trauma und ethnisches Gedächtnis – Leslie Marmon Silkos Ceremony

Unser drittes Beispiel eines Kriesgstrauma-Romans heißt *Ceremony* und stammt von einer Autorin, die zu den Laguna Pueblo Indianern gehört, die in einem Reservat an den Grenzen zwischen Arizona und Neu-Mexiko leben. Im Mittelpunkt steht ebenfalls das Kriegstrauma eines Kriegsveteranen, das zunächst erfolglos und später erfolgreich therapiert wird. *Ceremony* ist ein Roman über den Zusammenhang von Trauma und Identität. Das Kriegstrauma macht das Identitätsproblem für den Helden, der ein Mischling ist, dramatisch deutlich: Wer sich im Krieg als voller Amerikaner fühlen durfte, gehört nach dem Krieg wieder zu einer diskriminierten Minderheit.

«Auch sie waren America the Beautiful, dies war das Land der freien Menschen, genau so, wie es die Lehrer in der Schule verkündet hatten. Sie bekamen ihre Uniformen und sahen nicht mehr anders aus. Sie wurden respektiert. (...) Dann war der Krieg vorbei und die Uniform weg. Plötzlich wird man von dem Typ im Laden als letzter bedient, darf man warten, bis all die weißen Kunden bekommen haben, was sie wollen. Und die weiße Frau am Busbahnhof, die dir das Wechselgeld zurückgibt, gibt sich größte Mühe, deine Hand dabei nicht zu berühren.»[72]

Die ehemaligen Helden sind nach dem Krieg versprengte und ihrer Herkunft entfremdete Veteranen, die dem Alkohol, der Gewalt und der Kriminalität verfallen. Nach vergeblichen psychiatrischen Behandlungen durch weiße Ärzte in weißen Krankenhäusern, die das Trauma zu indi-

---

[71] Was im 18. Jahrhundert Esoterik war (Emanuel Swedenborgs), wird im 20. Jahrhundert Science Fiction. Die Grenzen der Diskurse und die Standards der Wahrheit haben sich verschoben.

[72] «They were America the Beautiful too, this was the land of the free just like teachers said in school. They had the uniform and they didn't look different no more. They got respect. (...) The war was over, the uniform was gone. All of a sudden that man at the store waits on you last, makes you wait until all the white people bought what they wanted. And the white lady at the bus depot, she's real careful now not to touch your hand when she counts out your change.» (42)

vidualisieren und auf einer rein psychologischen Ebene zu halten versuchen, erprobt der Held die Fähigkeiten und Praktiken indianischer Schamanen.

Der Roman beginnt mit den Alp- und Fieberträumen, in die Tayo nach seiner Rückkehr aus japanischer Kriegsgefangenschaft verstrickt ist. Einen Exekutionsbefehl im Dschungel einer pazifischen Insel konnte er nicht vollstrecken, weil er den zu erschießenden japanischen Soldaten für seinen Onkel hielt. Obwohl ihm der Unterschied zwischen Freund und Feind immer wieder umständlich erklärt und bewiesen wird, ist diese Logik für ihn plötzlich zerbrochen. Sein Wissen und seine Überzeugung wird durch eine körperliche Reaktion verdrängt, die ihn beherrscht. «Er fing an zu zittern; es begann in den Fingerspitzen und lief in seine Arme hinauf. Er zitterte, weil all die Tatsachen, all die Gründe ihm nichts mehr bedeuteten; er konnte Rockys Worte hören, und er konnte der Logik seiner Worte folgen, aber er konnte nichts anderes mehr fühlen als ein Anschwellen in seinem Bauch, als einen geschwollenen Schmerz, der auf seinen Hals drückte.»[73]

Tayo bleibt an bestimmte traumatische Szenen angekettet, die sich ihm durch alltägliche und harmlose Bilder hindurch unversehens immer wieder in ihrer ursprünglichen Wucht präsentieren. Das Einst läßt sich vom Jetzt nicht trennen, es ist ins Jetzt eingeschlossen und zersprengt es immer wieder. Wie bei Billy Pilgrim schlägt sich auch bei Tayo das Kriegstrauma in einer Aufweichung des Zeitsinns nieder. «Years and months had become weak, and people could push against them and wander back and forth in time.» (18) Der Roman inszeniert eine Trauma-Therapie als Suche nach einer verlorenen Identität. Nicht mit Schocks und Medikamenten, sondern mit einer Zeremonie wird schließlich der Heilungsprozeß eingeleitet, bei dem das seelisch schwerbeschädigte Individuum Halt an einer überindividuellen ethnischen Identität findet. Diesen Zusammenhang von Krankheit und Heilung entfaltet der Roman als einen Initiations-Prozeß, in dessen Verlauf die zerstörte individuelle Identität an ein kulturelles Gedächtnis angeschlossen wird. Das kulturelle Gedächtnis der Pueblo Indianer ist ähnlich wie das der australischen Aborigines nicht nur in die Körper, sondern auch in die Topographie ihres Landes eingeschrieben. Dabei spielt in der Therapie eine von weißen Ärzten gänzlich unberücksichtigte Größe eine Hauptrolle, nämlich das Land. Identitätsverlust wird mit dem Verlust einer sinnlichen Beziehung zum Land gleichgesetzt, und Hei-

---

[73] «He felt the shivering then; it began at the tips of his fingers and pulsed into his arms. He shivered because all the facts, all the reasons made no difference any more; he could hear Rocky's words, and he could follow the logic of what Rocky said, but he could not feel anything except a swelling in his belly, a great swollen grief that was pushing into his throat.» (8–9)

lung kann nur als allmähliche Wiederherstellung dieses Verhältnisses praktiziert werden.

In diesem therapeutischen Prozeß hat der Held eine weite Strecke zurückzulegen. Die dem Ziel entfernteste Position wird vom Gegenspieler des Helden markiert, ebenfalls ein indianischer Kriegsveteran, der mit folgenden, vom Alkohol verschärften Worten seine Kumpanen anstachelt:

«‹Wißt ihr was?›, fragte er mit lallenden Worten, ‹wir Indianer haben was Besseres verdient als dieses gottverlassene verdorrte Land hier. Wo alles täglich weggeblasen wird. (. . .) Wir wollen das, was sie haben. Ich würde San Diego nehmen. (. . .) Ihren Krieg durften wir führen. (. . .) Aber sie haben alles. Und was haben wir? Keinen Scheiß, oder? Stimmt's? (. . .) Sie haben uns unser Land, sie haben uns alles weggenommen. Also nehmen wir uns dafür ihre Frauen!›».[74]

Während die Runde ihm zujubelt, sind die Augen des ebenfalls betrunkenen Protagonisten auf das Etikett der Bierflasche fixiert, das eine schäumende Quelle darstellt mit der Unterschrift: «COORS BIER, gebraut aus reinem Rocky Mountain Quellwasser, Adolph Coors, Co., Golden, Colorado». (. . .) «Er wußte von keinen Quellen, die auch nur annähernd so groß waren. Gab es denn überhaupt Dürren in Colorado? Vielleicht hatte Emo unrecht: vielleicht hatten die Weißen doch nicht alles. Nur die Indianer hatten Dürren». (55–56)

Laguna ist ein Reservationsgebiet, das ständig von Dürren heimgesucht wird. In der Tat ist die Aufteilung von reichem, fruchtbarem Land für die Weißen und ausgelaugtem, dürrem Land für die Indianer schreiend ungerecht. Der Roman macht jedoch deutlich, daß diese Wahrnehmung bereits die Übernahme einer weißen Perspektive bedeutet. Eben diese possessive Gier ist es, die den Sinn für das Land zerstört. Polarisierungen wie diese, die Aggressionspotentiale entzünden und in unbeendbare Dauerkonflikte münden, werden im Roman dem Bereich der ‹witchery›, Verhexung, zugeordnet, d. h. einem Mechanismus, der auf universale Zerstörung abzielt. Die ‹Zeremonie› mobilisiert Gegenkräfte gegen diesen destruktiven Mechanismus.

Der Protagonist lernt allmählich, eine andere Qualität des Landes zu entdecken, die jenseits von Dürre und Fruchtbarkeit liegt und nichts mit seiner unmittelbaren Nutzbarkeit zu tun hat – er entdeckt seine Lebendigkeit. Das Land lebt in Tieren, Sinneswahrnehmungen und insbe-

---

[74] «‹You know›, he said, slurring the words, ‹us Indians deserve something better than this goddam dried-up country around here. Blowing away, every day. (. . .) What we need is what they got. I'll take San Diego. (. . .) We fought their war for them. (. . .) But they've got everything. And we don't got shit, do we? Huh? (. . .) They took our land, they took everything! So let's get our hands on white women!›» Leslie Marmon Silko, Ceremony, Harmondsworth 1986, 55.

sondere in Geschichten. Das Land wiederzugewinnen heißt, die Geschichten wiederzugewinnen, die in die Topographie des Landes eingeschrieben sind. Das Land ist mehr als nur eine Grundlage materieller Versorgung; es ist selbst das kulturelle Gedächtnis, an das der Protagonist wieder angeschlossen wird. Es ist überzogen mit Geschichten, und der Protagonist lernt, seine eigene Geschichte als Teil dieser uralten Geschichten zu lesen. Die indianische Folklore – Mythen, Geschichten, Lieder, Rätsel und Gebete – durchziehen den Roman wie ein filigranes Netz. Wo das Trauma Löcher gerissen und zur Auflösung des Bewußtseins geführt hatte (der Psychoanalytiker Lyman Wynne spricht in diesem Zusammenhang von ‹thought disorder›), ermöglichen diese Elemente eine Musterung der desorganisierten Wahrnehmung. Sinnliche Gestaltwahrnehmung muß von der zerrütteten Psyche ganz neu erlernt werden. Der Sinn für Gestalten und Zusammenhänge, für Korrespondenzen und Verwandtschaften bildet ein Netz, das allmählich über die Wunde – das Trauma – wachsen muß.

Nicht nur die weiße Medizin, sondern auch der indianische Medizinmann scheitern an der Aufgabe, das Kriegstrauma zu heilen. Old Ku'oosh, der auf Betreiben der Großmutter hinzugezogene Schamane, muß an diesem Fall die Grenzen seiner Macht eingestehen. Er kann nur noch beteuern, daß die Ordnung der Welt so delikat und verletzlich ist wie ein Spinnennetz, aber er vermag der von weißer Macht ausgehenden Zerstörung nichts entgegenzusetzen. In einer posttraditionalen, qualitativ veränderten Welt kann er das irreversibel zerrissene Netz der Symbole nicht mehr flicken. Old Betonie ist ein anderer Medizinmann, dessen Weisheit nicht da aufhört, wo die Macht des weißen Mannes beginnt. Er leistet dieser Macht keinen Widerstand, sondern integriert sie in seine Geschichten, verknüpft sie in die Muster seiner kosmischen Visionen. Da die indianischen Traditionen, nachdem sie von der westlichen Zivilisation erfaßt worden sind, keine stabilen und verläßlichen Strukturen mehr aufweisen können, setzt er an die Stelle der überlieferten Rituale und Zeremonien die offene Form einer Geschichte. Diese Geschichte bewegt und verändert sich auf der Suche nach ihrem eigenen Ende, das erst noch ge-/er-funden werden muß. Das Muster der ‹Zeremonie› existiert also noch nicht, sondern muß im Vollzug gefunden werden. Das Stichwort in diesem Zusammenhang heißt ‹transition› und eröffnet eine Perspektive, die über bestehende Wert- und Zielsetzungen hinausgeht. Sie wird im Roman denen zugetraut, die an den Grenzen der Rassen, Sprachen und Kulturen leben.

««Es ist schon komisch›, sagte der Medizinmann, ‹daß sich die Leute darüber wundern, wie ich es so nah bei dieser schmutzigen Stadt aushalten kann. Aber es ist doch ganz klar: dieser Hogan (erdbedeckte Balkenhütte, A. A.) war zuerst hier. Er wurde gebaut, lange bevor die Weißen kamen. Also ist es die Stadt da unten, die fehl am Platze ist, und

nicht dieser alte Medizinmann.»[75] Das kulturelle Gedächtnis der Indianer, das der Medizinmann verkörpert, ist um vieles länger als das der
weißen Einwanderer. Und dieses Gedächtnis wird in der Situation der
Desintegration der Person durch das Trauma zur vitalen Ressource. Dieses Gedächtnis zu reaktivieren heißt, den Teufelskreis der Zerstörung
und Ausbeutung zu verlassen und eine überlegene Sicht zu gewinnen.
Deshalb kann Old Betonie lachen, mitten in der Stadt-Wüste zwischen
Bahngleisen und Mülldeponie: «Er lachte. ‹Sie können das nicht verstehen. Wir kennen diese Berge, und wir sind hier bequem.› Es war etwas
besonderes in der Art und Weise, wie der alte Mann das Wort ‹bequem›
aussprach. Es hatte eine andere Bedeutung – nicht die Bequemlichkeit
großer Häuser und üppiger Nahrung oder auch sauberer Straßen, sondern das Gefühl, zum Land zu gehören und den Frieden zu spüren, der
darin besteht, ein Teil dieser Berge zu sein.»[76] Diese Perspektive kann
der Protagonist zum Zeitpunkt des Gesprächs noch nicht teilen. Er ist
noch nicht in der Lage, die neue Bedeutung des alten Wortes zu verstehen: *comfortable*. «Aber die besondere Bedeutung, die der alte Mann diesem englischen Wort gegeben hatte, wurde aufgezehrt vom Gleißen der
Sonne auf den Blechbüchsen und dem zerbrochenen Glas, durch blen-
dende Reflexe von Spiegeln und dem Chrom der Autowracks auf dem
Schrottplatz da unten.»[77]

In indianischer Perspektive ist das Kriegstrauma nicht nur in die
Körper von Soldaten eingeschrieben; die nukleare Rüstungsindustrie
schreibt sich mit ihrem wachsenden Zerstörungspotential auch in den
Erdkörper ein. Deshalb kann Traumatherapie auch niemals Individu-
altherapie sein, sondern steht in engstem Zusammenhang mit der Ma-
krogeschichte einer ebenfalls traumatisierten Erde. Das Kriegstrauma
des jungen indianischen Soldaten und die Möglichkeit nuklearer Welt-
zerstörung müssen zusammen gesehen und bearbeitet werden. Die Topographie der Laguna Region, die mit indianischen Geschichten und
Mythen belebt ist, ist zugleich die Topographie nuklearer Forschung. In
Trinity Site wurde die erste Atombombe gezündet, und die Laborato-

---

[75] «‹It strikes me funny›, the medicine man said, shaking his head, ‹people won-
dering why I live so close to this filthy town. But see, this hogan was here first. Built
long before the white people ever came. It is that town down there which is out of
place. Not this old medicine man.›» (117–118)

[76] «He laughed. ‹They don't understand. We know these hills, and we are comfortable here›. There was something about the way the old man said the word ‹comfortable›. It had a different meaning – not the comfort of big houses or rich food or
even clean streets, but the comfort of belonging with the land, and the peace of being
with these hills.» (117)

[77] «But the special meaning the old man had given to the English word was burned
away by the glare of the sun on tin cans and broken glass, blinding reflections off the
mirrors and chrome of the wrecked cars in the dump below.» (117)

rien, in denen der Grundstein für die neue Zerstörungswaffe gelegt
wurde, liegen in den Jemez Mountains, «in einem Land, das die Regierung den Cochiti-Pueblo-Indianern weggenommen hat: Los Alamos,
nur hundert Meilen nordöstlich von ihm, umgeben von elektrischen
Zäunen und den Ponderosa Kiefern und dem gelben Sandstein des
Jemez-Gebirgszugs, wo sich der Schrein der Zwillings-Berglöwen befand». So eng im Raum liegen die fernen Welten indianischer Mythologie und westlicher Technologie beieinander! Die Vision der Einheit,
zu der der Protagonist in diesem Augenblick gelangt, ist zunächst die
katastrophische Einheit des universalen Zerstörungszusammenhangs:

«Seither waren die Menschen wieder ein einziger Klan, vereinigt durch das
Schicksal, das die Zerstörer für sie und für alles Lebendige geplant hatten; vereinigt durch einen Todeskreis, der Menschen in Städten vernichtete, die
zwölftausend Meilen entfernt waren, Opfer, die niemals diese Mesas gesehen
hatten, die nie die zarten Farben der Felsen gesehen hatten, wo ihre Vernichtung ausgekocht wurde. (...) Er weinte vor Erleichterung, als er endlich das
Muster erkannte, die Art und Weise, in der alle Geschichten zusammenhingen –
die alten Geschichten, die Kriegsgeschichten, ihre eigenen Geschichten –, um
sich zu jener Geschichte zusammenzufügen, die noch immer weitererzählt
wurde.»[78]

Diese drohende Gefahr universaler Zerstörung, diese Zusammenbal-
lung der Kräfte der *witchery*, erfordert eine noch umfassendere Vision,
die die Geschichte der Zerstörung umspannt und ihren fatalen Verlauf
umbiegt. Diese Geschichte muß von Menschen erfunden werden, die
ihrerseits wiederum von dieser Geschichte erfunden werden. Diese um-
spannende Geschichte aktiviert das älteste kulturelle Gedächtnis, ein
kosmisches Gedächtnis, über das die Menschen nicht verfügen können,
weil sie selbst in ihm enthalten sind. Die Etappen der symbolischen
Handlung, die den Initiationsprozeß der Ceremony strukturieren, kon-
vergieren am Schluß in einem Bewußtsein, das sich in immer größeren
Kreisen weitet. Die Indianer waren da, bevor die Weißen kamen, und die
Sterne waren da, bevor die Indianer kamen. Die Konstellation der Ge-
stirne wird damit zur Signatur eines kosmischen Gedächtnisses, welches
alles andere einschließt: «Die Sterne hatten sie stets begleitet, sie waren
seit unvordenklichen Zeiten da, und sie hielten da oben alle fest zusammen. Unter denselben Sternen waren die Leute aus dem Weißen Haus

---

[78] «From that time on, human beings were one clan again, united by the fate the
destroyers planned for all of them, for all living things; united by a circle of death that
devoured people in cities twelve thousand miles away, victims who had never known
these mesas, who had never seen the delicate colors of the rocks which boiled up
their slaughter. (...) He cried the relief (sic!) he felt at finally seeing the pattern, the
way all the stories fit together – the old stories, the war stories, their stories – to become the story that was still being told.» (246)

im Norden gekommen. Sie hatten die Berge weichen und die Flüsse ihr
Flußbett ändern und sogar im Erdboden verschwinden sehen, aber die
Sterne waren immer noch dieselben.»[79] Diese Therapie des Kriegstraumas besteht in der Erlernung eines neuen Weltverhältnisses. Im Falle der
indianischen Kriegsveteranen, deren kulturelle Traditionen durch die
Geschichte der Enteignung und Vernichtung bereits zerstört sind und
deren persönliche Identität der Krieg ein zweites Mal zerbrochen hat,
bedeutet das, eine Perspektive zurückzugewinnen, die sie aus der passiven Opferrolle befreit. Das Rückgrat der Identität, das neue Selbstbewußtsein wird dabei nicht auf Macht gegründet, sondern auf Sinn. Am
Ende steht die Einsicht, daß die weißen Siedler, die die Indianer ver-
trieben, enteignet und vernichtet haben, diesen ihr Land dennoch nicht
haben nehmen können. Den Indianern gehört das Land noch immer,
solange sie nur zum Land gehören, solange sie hier ‹komfortabel› sind,
und das heißt: solange sie «ihr Ohr für die Geschichte und ihr Auge für
das Muster behielten, solange sie ihr eigenes Gefühl behielten: wir kamen aus diesem Land und wir gehören zu ihm.» *(the ear for the story and
the eye for the pattern were theirs; the feeling was theirs; we came out of this land
and we are hers. 255)*
    Beide amerikanischen Romane aus den 60er und 70er Jahren behan-
deln ein Trauma aus dem Zweiten Weltkrieg aus einer Distanz von mehr
als zwei oder drei Jahrzehnten. Die Rahmenbedingungen für dieses
Thema haben sich in den sechziger und siebziger Jahren in den U. S. A.
deutlich verschoben. Beide Autoren partizipieren zwar an einem kontinuierlichen Klima des Unbehagens im Umgang mit U. S. - amerikanischer Kollektiv-Identität, doch gehen die Konsequenzen dieser Des-
identifikation in deutlich andere Richtungen. Vonnegut schreibt auf dem
Höhepunkt der Anti-(Vietnam-)Kriegs-Stimmung. Sein Programm eines globalen Pazifismus verbindet sich mit einer (männlich imaginier-
ten) Verkindlichung der Kultur. Die Tatmenschen haben abgewirtschaf-
tet, von Holden Caulfield bis zu Billy Pilgrim triumphiert der
Kindmensch. Durch eine Welt, die der Militarismus von Tatmenschen
zerstört hat, geistert der karnevalesk kindhafte Held Billy Pilgrim als
shakespearescher Narr und quixotische Erscheinung. Sein Trauma hält
Erinnerungen fest, die sich der Normalität der Nachkriegszeit nicht un-
terordnen lassen. Diese Erinnerungen zersprengen jegliche Erfahrungs-
kontinuität, welche Bedingung für Handlungsfähigkeit und Identitätsbildung ist. Durch Anleihen bei trivialen Topoi und Klischees der
populären Gattung Science Fiction (wie die Entführung durch Aliens in

---

[79] «The stars had always been with them, existing beyond memory, and they were
all held together there. Under these same stars the people had come down from
White House in the north. They had seen mountains shift and rivers change course
and even disappear back into the earth; but always there were these stars.» (254)

einer fliegenden Untertasse und die sexuelle Vereinigung mit einem Hollywood Sex-Idol in outer space) wird das Trauma ins irreal Phantastisch-Phantasmatische übersetzt. Erfahrungsbrüche und Wirklichkeitsentzug manifestieren sich in einem Vagabundieren des Imaginären, das nicht zuletzt vor dem Höhepunkt der amerikanischen Drogenwelle zu lesen ist. Vonnegut macht kein Versprechen an die Leser, daß die am Falle Pilgrim wahrzunehmende Bewußtseinserweichung auch als eine Bewußtseinserweiterung aufgefaßt werden kann. Ebensowenig geht es ihm darum, das Trauma zu heilen. Vielmehr ist er daran interessiert, ein literarisches Korrelat für das Trauma zu schaffen, in dem dieses sich manifestieren kann.

Silko schreibt über das Kriegstrauma als weibliche Autorin aus der Perspektive einer ethnischen Minderheit in Amerika, von der gilt, daß deren Kollektivgeschichte bereits die Qualität eines Traumas angenommen hat. Bei ihr verbindet sich das individuelle Kriegstrauma sowohl mit dem historischen Trauma der Indianer wie mit dem globalen nuklearen Trauma. Auch sie entwickelt neue Techniken, um das Trauma zu literarisieren. Statt bei der Popkultur und ihrer Nähe zum Imaginären macht sie Anleihen bei der indianischen Folklore und deren Nähe zum Kulturellen Gedächtnis. Ebenso wie Vonnegut geht Silko vom linearen Erzählverlauf ab und strukturiert ihren Roman collageartig in assoziativ vernetzten Mustern. Doch darüber hinaus verzichtet sie auch noch auf das Organisationsprinzip der Kapiteleinteilung; an die Stelle von Zwischenräumen und Zahlen treten bei ihr die Versatzstücke indianischer Überlieferung, zunächst nur Fäden eines Subtextes, die im Laufe des Romans immer mehr zu einem Netz verwoben werden.

Im Gegensatz zu Vonnegut präsentiert Silko nicht nur die Manifestation, sondern auch die Heilung des Traumas, was ihrem Text die Dynamik einer narrativen und performativen Progression, die Gestalt einer Geschichte gibt, deren Verlaufsform allerdings nicht vorherbestimmt ist und bis zum Schluß offengehalten wird. Der Heilungsprozeß wird als Suchen und (Er-)Finden von Identität inszeniert, wobei die eigene, vergessene Überlieferung, das kulturelle Stammes-Gedächtnis die entscheidenden Orientierungspunkte vorgibt. Die Erneuerung dieser Identität ist gekoppelt an die Beziehung zum Land, das nicht durch Eroberung wieder zurückzugewinnen ist, wohl aber durch Erzählung und Erinnerung. Nicht um Bewußtseinserweichung, sondern um emphatische Bewußtseinserweiterung geht es Silko, die diesen Wandel als einen offenen Prozeß darstellt, offen – im Sinne der Exploration – für den Helden, offen – im Sinne der Partizipation – aber auch für die Leser.

V.

ORTE

«The soil is sacred», he said.
«But I wish it grew more potatoes.»
(Ernest Hemingway, *A Farewell to Arms*)

If we elide both voice and look, or allow them
to slip away as purely phenomenal, what is left?
What ‹demeure›, substance, rock, foundation, house, path?
(Geoffrey Hartman, *Saving the Text*)

Wenn die Menschen schweigen, so werden die Steine schreien.
(J. G. Herder, *Briefe zur Beförderung der Humanität*)

1. Das Gedächtnis der Orte

Wer von dem «Gedächtnis der Orte» spricht, bedient sich einer ebenso bequemen wie suggestiven Formel. Bequem ist die Wendung, weil sie offenläßt, ob es sich hier um einen genetivus objectivus, ein Gedächtnis an die Orte, oder einen genetivus subjectivus und also um ein Gedächtnis handelt, das in den Orten selbst lokalisiert ist; suggestiv ist die Wendung, weil sie die Möglichkeit nahelegt, daß die Orte selbst zu Subjekten, Trägern der Erinnerung werden können und womöglich über ein Gedächtnis verfügen, das weit über das der Menschen hinausgeht. Von der suggestiven Kraft dieser Unschärfen ausgehend soll im folgenden genauer untersucht werden, was es mit einem «Gedächtnis der Orte» auf sich haben kann.

«Groß ist die Kraft der Erinnerung, die Orten innewohnt» – dieser Satz Ciceros kann einen Anstoß geben, um die Frage nach der spezifischen Gedächtnis- und Bindungskraft von Orten zu stellen.[1] Der große Theoretiker der römischen Mnemotechnik hatte eine deutliche Vorstellung von der Bedeutung von Orten für den Aufbau eines Gedächtnisses. Als Bausteine der Gedächtniskunst bestimmte er Bilder und Örter (imagines et loci), wobei die Bilder für die affektive Einprägung bestimmter Wissensgehalte und die Örter für deren Ordnung und Wiederauffindbarkeit genutzt wurden. Cicero hat selbst den Schritt von den *Örtern des Gedächtnisses* zu den *Erinnerungsorten* vollzogen, als er in

---

[1] Cicero, De finibus bonorum et malorum. Über das höchste Gut und das größte Übel, übers. und hg. v. Harald Merklin, Stuttgart 1989, V. 1–2, 394–396.

eigener Erfahrung entdeckte, daß Eindrücke, die an einem historischen
Schauplatz empfangen werden, «um einiges lebhafter und aufmerksamer» sind als die, die vom Hörensagen und Lesen herrühren.

Selbst wenn Orten kein immanentes Gedächtnis innewohnt, so sind
sie doch für die Konstruktion kultureller Erinnerungsräume von hervorragender Bedeutung. Nicht nur, daß sie die Erinnerung festigen und
beglaubigen, indem sie sie lokal im Boden verankern, sie verkörpern
auch eine Kontinuität der Dauer, die die vergleichsweise kurzphasige
Erinnerung von Individuen, Epochen und auch Kulturen, die in Artefakten konkretisiert ist, übersteigt. Zu einem ersten Einstieg in dieses
Thema kann ein Brief von Goethe verhelfen, den dieser am 16. August
1797 an Schiller geschrieben hat.[2] In ihm weihte er den Freund in die
ersten Ahnungen dessen ein, worauf man sich später als auf seine Theorie des Symbols beziehen sollte.

Der Hintergrund dieses Briefes ist die für Goethe schmerzliche Dissoziation von Mensch und Welt, Subjekt und Objekt, Bedeutung und
Sein, die dem Dichter nur noch die bange Wahl läßt zwischen Phanto-
men, die er aus seinem Innersten «hervorarbeitet», und der «millionenfachen Hydra der Empirie». Auf der Suche nach einer Brücke über diesen garstigen Graben erfindet Goethe das Symbol. Das Symbol ist eine
außerliterarische Kategorie; symbolisch heißen «glückliche Gegenstände», die im Betrachter bestimmte Empfindungen zu erzeugen vermögen. Wirkungen also wie der Eindruck von Allgemeinheit, «Einheit und
Allheit» will Goethe primär von bestimmten Gegenständen erfahren
haben. Und er besteht darauf, daß seine symbolisch genannten Gegenstände nicht vom Betrachter mit Bedeutungen aufgeladen wurden, sondern aus sich heraus bedeutsam sind.[3]

Uns interessieren hier die beiden Beispiele, die Goethe für solche
symbolischen Gegenstände anführt. Es sind nämlich gar keine Gegenstände, sondern zwei Orte: «der Platz, auf dem ich wohne» und «der
Raum meines großväterlichen Hauses, Hofes und Gartens». Die symbolische Kraft, die Goethe diesen Orten zuspricht, scheint etwas mit
Gedächtnis zu tun zu haben. Beide Orte verkörpern für den Betrachter
ein Gedächtnis, an dem er als Individuum zwar teilhat, das ihn jedoch
bei weitem übersteigt. An diesen Orten entschränkt sich das Gedächtnis des einzelnen in Richtung auf das der Familie; und hier verschränkt
sich die Lebenssphäre des einzelnen mit jenen, die zu dieser Lebens-

---

[2] Briefwechsel zwischen Schiller und Goethe, Band 1, Jena 1905, 415–418.

[3] Schiller weicht in seinem Antwortbrief vom 7. September 1797 von dieser Meinung Goethes ab: «Sie drücken sich so aus, als wenn es hier sehr auf den Gegenstand
ankäme; was ich nicht zugeben kann. Freilich, der Gegenstand muß etwas bedeuten,
so wie der poetische etwas sein muß; aber zuletzt kommt es auf das Gemüt an, ob
ihm ein Gegenstand etwas bedeuten soll.» Briefwechsel, 438.

sphäre dazugehören, aber nicht mehr da sind. An beiden Orten geht individuelle Erinnerung in einer allgemeineren Erinnerung auf.

Goethe macht deutlich, daß es ihm wirklich um die Orte selbst geht und nicht etwa um die Gegenstände, die dort als Relikte der Vergangenheit anzutreffen sind. Das Haus des Großvaters, von dem nur noch ein Schutthaufen übriggeblieben ist, ist für ihn nicht von Belang. Indem er das betont, fällt Goethe unvermittelt in die Sprache der Immobilien-Spekulanten: Das Anwesen ging «bei dem Bombardement zugrunde und ist jetzt, größtenteils als Schutthaufen, noch immer das Doppelte dessen wert, was vor elf Jahren von den gegenwärtigen Besitzern an die Meinigen bezahlt worden.» Wie das finanzielle Kapital, so liegt auch das symbolische Kapital nicht in den Bauten, sondern im Boden. Um dieses Kapital im Boden zu entdecken, bedarf es allerdings besonderer Übung. Goethe schildert, wie er schrittweise und systematisch seine Empfänglichkeit für symbolische Orte zu steigern versucht. Er beginnt mit solchen Orten, mit denen er verwachsen ist, d. h. bei denen ihm «eine liebevolle Erinnerung» den ersten Anstoß gibt. Nach und nach will er so vom «Merkwürdigen» zum «Bedeutenden» gelangen, wobei der Anteil privater Erinnerungen abnehmen und die dem Ort eigene Aura immer stärker werden soll. «Ich will es erst noch hier versuchen, was ich Symbolisches bemerken kann, besonders aber an fremden Orten, die ich zum erstenmal sehe, mich üben. Gelänge das, so müßte man ohne die Erfahrung in die Breite verfolgen zu wollen, doch, wenn man auf jedem Platz, in jedem Moment, soweit es einem vergönnt wäre, in die Tiefe ginge, noch immer genug Beute aus bekannten Ländern und Gegenden davon tragen.»

Goethes Symboltheorie hat zunächst den Charakter eines offenen Experiments. Nachdem die Räume in der Horizontalen entdeckt und erschlossen sind, gilt es, ihre symbolische Tiefe in der Vertikalen noch zu entdecken. *Räume* im Sinne von «bekannten Ländern und Gegenden» sind erforscht, durchmessen, kolonisiert, annektiert, vernetzt; *Orte* dagegen, wo man «auf jedem Platz, in jedem Moment» in die Tiefe gehen kann, bewahren noch ein Geheimnis. Während ‹Raum› zu einer neutralisierten, entsemiotisierten Kategorie der Fungibilität und Disponibilität geworden ist, richtet sich die Aufmerksamkeit auf den ‹Ort› mit seiner geheimnisvollen, unspezifischen Bedeutsamkeit. Dieses Geheimnis, das bestimmten Orten innewohnt, will er entbergen und, wie Silber aus den Bergwerken, als Beute davontragen.

2. Generationenorte

Was bestimmte Orte mit einer besonderen Gedächtniskraft ausstattet, ist allem voran ihre feste und langfristige Verbindung mit Familiengeschichten. Das Phänomen solcher ‹Familien-› oder ‹Generationenorte›, wie wir sie nennen wollen, hat der amerikanische Schriftsteller Nathaniel Hawthorne in einer autobiographischen Skizze beschrieben, die er seinem Roman *Der scharlachrote Buchstabe* (1850) vorangestellt hat. Dort heißt es:

«Durch diese lange Verbindung einer Familie mit einer bestimmten Stelle, dem Ort von Geburt und Begräbnis, wird eine Art Verwandtschaft zwischen Örtlichkeit und Menschen geschaffen, die gänzlich unabhängig ist von landschaftlichem Reiz oder moralischer Bedeutung. Diese Beziehung ist nicht auf Liebe, sondern auf Instinkt gegründet. Der neue Bewohner, der aus einem fremden Land kommt oder dessen Vater oder Großvater von dort gekommen sind, (...) hat wenig Ahnung von dieser austernhaften Zähigkeit, mit der ein alter Siedler, über den das dritte Jahrhundert hinwegzieht, sich an die Stelle klammert, wo seine Ahnen über Generationen begraben liegen. (...) Die Magie des Ortes bleibt bestehen.»[4]

An einem solchen Generationenort sind die Mitglieder einer Familie in einer ununterbrochenen Kette der Generationen geboren und begraben worden. Während Hawthorne die Bindungskraft des Ortes in klaren Farben ausmalt, mischt er zugleich Töne mit ein, die anzeigen, daß er dieses Phänomen als archaisch und unzeitgemäß beurteilt. Moderne Lebensformen lassen solche austernartige Zähigkeit nicht mehr zu, die Menschen an einen bestimmten Flecken Land bindet; das Beharrungsvermögen des Alteingesessenen kann nicht mehr geduldet werden, wo es den Forderungen moderner Mobilität einen Widerstand entgegensetzt. Solche Familienorte hemmen den Fortschritt. Hawthorne streicht den obsoleten Charakter der bodenständigen Lebensform heraus, indem er sie als instinktgebunden kennzeichnet. Der Instinkt gehört in dieser Argumentation zur menschlichen Natur; er signalisiert eine Lebensform, die noch nicht auf die Stufe kultureller Reflexion gehoben ist. Dauer und Kontinuität, so legt Hawthornes Ausdrucksweise nahe, sind

---

[4] Nathaniel Hawthorne, The Scarlet Letter, New York 1962, 22. «This long connection of a family with one spot, as its place of birth and burial, creates a kindred between the human being and the locality, quite independent of any charm in the scenery or moral circumstances that surround him. It is not love, but instinct. The new inhabitant – who came himself from a foreign land, or whose father and grandfather came – has (...) no conception of the oysterlike tenacity with which an old settler, over whom his third century is creeping, clings to the spot where his successive generations have been imbedded. (...) The spell survives.»

an sich noch keine zivilisatorischen Werte. Sie stellen sich naturwüchsig ein und sind nicht Sache kultureller Formung und Bearbeitung. Ebenso haftet der Magie des Ortes etwas Anrüchiges an; der archaische Mensch, der alte Siedler, ist kein selbstbestimmtes Wesen, sondern läßt sein Schicksal von fremden Mächten beeinflussen.

Aus dieser negativen Einschätzung des archaisch ortsgebundenen Menschen ergibt sich spiegelbildlich das Programm des mobilen Modernen. Dieser sagt sich von archaisch-instinktiven Mächten los und mißachtet eine Wertstruktur, die sich auf Alter, Dauer und Kontinuität stützt. Die Verwandtschaft zwischen Mensch und Ort muß aufgekündigt, das affektive Band gekappt und die Magie des Bodens überwunden werden, wenn der Mensch die in ihm angelegten zivilisatorischen Potentiale verwirklichen soll. Bereits die Wahl seiner Worte und Bilder hilft Hawthorne, sich von archaischen Denkstrukturen zu befreien. Mit leichter Hand schaltet er von der Instinkt-und-Boden-Sprache um auf eine Sprache landwirtschaftlicher Nutzung: «Es bekommt der menschlichen Natur ebenso schlecht wie einer Kartoffel, wenn sie über eine allzu lange Folge von Generationen immer wieder in denselben ausgelaugten Boden gepflanzt wird. Meine Kinder hatten andere Geburtsorte, und sie werden, sofern es in meiner Macht steht, ihr Glück anderswo suchen und ihre Wurzeln in fremde Erde treiben.»[5] Wer sich diese funktionalistische Perspektive zu eigen macht, hat wenig Verständnis für das Prinzip der Bodenständigkeit, das hier als archaisch und instinkthaft denunziert wird. Das moderne Amerika sagt sich damit nicht nur von seiner eigenen Vergangenheit los, sondern von einem Traditionsbewußtsein überhaupt, wie es einerseits für Alt-Europa und andererseits für die Indianer kennzeichnend ist, deren Kulturen ortsverbunden sind und den Kontakt mit ihren Toten pflegen. Ahnengeister sind nicht mobil. Modernisierung erfordert dagegen ein bewegliches Bewußtsein, das sich freigemacht hat von ortsfesten Mächten und Kräften. Die Bindungskraft erinnerungsträchtiger Orte wird dabei ersetzt durch den neutralen Raum als eine der menschlichen Verfügung freigegebene Dimension.

Das Beispiel von Leslie Marmon Silkos Roman *Ceremony*, auf den wir im Zusammenhang der Traumatherapien eingegangen sind, zeigt, daß heute in den Vereinigten Staaten eine Literatur entsteht, die diese Haltung gründlich revidiert hat und im Begriff ist, die spirituelle Kraft des Landes neu zu entdecken. Diese Literatur, die nichts mit der milieuschildernden local-color-Bewegung zu tun hat, registriert vornehmlich

---

[5] Hawthorne, 23: «Human nature will not flourish, any more than a potato, if it be planted and replanted for too long a series of generations in the same worn-out soil. My children have had other birthplaces, and, so far as their fortunes may be within my control, shall strike their roots into unaccustomed earth.»

Verluste. Sie nimmt die Stimmen derer auf, denen das Land vor der Besiedlung durch Weiße gehört hatte, und bringt auf diese Weise Lebensformen, Werte und Mythen wieder zur Geltung, die mit dieser Besiedlung vernichtet wurden. Man kann hier von einer Wiederkehr des im Zuge der Modernisierung verdrängten Sinns für Orte und deren symbolische Kraft sprechen. Das kulturelle Gedächtnis der Laguna Pueblo ist in die Topographie ihres Landes eingeschrieben und kann, wie Silkos Roman zeigen möchte, aus diesem Land auch wieder reaktiviert werden. Ein neues Bewußtsein ist damit von der Bedeutung jener Orte entstanden, die der weißen Herrschaft über den Raum zum Opfer gefallen sind. «Herrschaft und Unterdrückung beruhen auf subtilen oder brutalen Methoden, mit denen in Lebensformen eingegriffen wird, die der Unterdrücker nicht versteht. Sie zerstören die Orte, die der buchstäbliche Grund des Verstehens sind. Die Navaho Frau entgegnet den Modernisierern, die gekommen sind, um ihr das Land wegzunehmen: ‹Wenn ihr mich von diesem Ort vertreibt, was kann ich dann noch meinen Kindern beibringen?› Diese Frau weiß, daß Weisheit und Überleben die Früchte des Dauerns sind.»[6]

3. Heilige Orte und mythische Landschaften

Als heilig gelten Orte, an denen die Anwesenheit von Göttern erfahren werden kann. Ein solcher Ort ist durch besondere Tabus herausgehoben. Die Stimme Gottes aus dem brennenden Dornbusch spricht Moses mit den Worten an: «Ziehe die Schuhe von den Füßen, denn die Stätte, darauf du stehst, ist heiliges Land!» (Exodus 3. 5) Der heilige Ort ist eine Kontaktzone zwischen Gott und Mensch.

Bevor sich Gott in Büchern offenbarte, offenbarten sich die Götter in der Welt. Ihr Wohnsitz war nicht nur der Himmel, sondern auch der Berg, die Grotte, der Hain, die Quelle, wo auch ihre Kultorte errichtet wurden. Die Götter der polytheistischen Religionen wollten an ihrem Ort aufgesucht und verehrt werden. Die Menschen mußten zu den heiligen Orten pilgern, die Götter hatten ihre festen Wohnsitze. Jenseits des Landes und seiner sakralen Topographie konnte man nicht mit den Göttern kommunizieren; die Vorstellung einer überräumlichen Allgegenwart Gottes gehört zu den (bereits in den polytheistischen Religionen

---

[6] Reyes Garcia, «Senses of Place in Ceremony», in: Melus – The Journal of the Society for the Study of the multi-ethnic Literature of the United States, 10 (4) (1983), 37 – 48; hier: 37. Der Aufsatz, der sich mit Leslie Marmon Silkos *Ceremony* befaßt, erläutert das Thema dieses Romans wie folgt: «In *Ceremony* the feeling of being at home and of belonging to the land realized by Tayo derives from a special sense of place that is also participation in culture and community.» (40).

sich anbahnenden) Voraussetzungen des Monotheismus. Ein besonders eindrucksvolles Beispiel für eine sakrale Topographie sind die mythischen Gedächtnislandschaften der australischen Ureinwohner. Deren verschiedene Stämme leben in einem Raum, der von den totemischen Ahnen durchgängig markiert, um nicht zu sagen: beschriftet ist. Der Raum wird diesen Bewohnern zu einem heiligen Text, der nicht gelesen und kommentiert, sondern memoriert und rezitiert wird. Die Einheiten dieses heiligen Textes sind die sogenannten «songlines», von denen jeder einzelne und jede Gruppe nur Bruchstücke des Gesamttextes besitzt und behütet.[7]

Im Zuge von Migrationen, Kriegen und Eroberungen wird ein vorgängiges Gedächtnis durch Überschreibung gelöscht und das neue Gedächtnis für unauslöschlich erklärt. Von einer solchen Neu-Beschriftung des Bodens handelt der Schlußchor von T. S. Eliots Drama *Murder in the Cathedral.* Der folgende Chor der Frauen von Canterbury erinnert daran, wie die sakralen Landschaften der heidnischen Antike, von denen nur noch zerbrochene Relikte übriggeblieben sind («the broken imperial column»), ein neues, mit christlichem Märtyrerblut geschriebenes Gedächtnis erhielten:

> *We thank Thee for Thy mercies of blood, for Thy redemption by blood.*
> *For the blood of Thy martyrs and saints*
> *Shall enrich the earth, shall create the holy places.*
> *For wherever a saint has dwelt, wherever a martyr has given his blood*
>   *for the blood of Christ,*
> *There is holy ground, and the sanctity shall not depart from it*
> *Though armies trample over it, though sightseers come with guidebooks*
>   *looking over it;*
> *From where the western seas gnaw at the coast of Iona,*
> *To the death in the desert, the prayer in forgotten places by the broken*
>   *imperial column,*
> *From such ground springs that which forever renews the earth*
> *Though it is forever denied. Therefore, O God, we thank Thee*
> *Who hast given such blessing to Canterbury.*[8]

---

[7] Bruce Chatwin, The Songlines, Harmondsworth 1988, 13: «Each totemic ancestor, while travelling through the country, was thought to have scattered a trail of words and musical notes along the line of his footprints, and (...) these Dreamingtracks lay over the land as ‹ways› of communication between the most far-flung tribes. ‹A song›, he said, ‹was both map and direction-finder. Providing you knew the song, you could always find your way across the country›. (...) In theory, at least, the whole of Australia could be read as a musical score. There was hardly a rock or creek in the country that could not or had not been sung (...) every ‹episode› was readable in terms of geology. ‹By episode›, I asked, ‹you mean ‹sacred site?› ‹I do.› «

[8] T. S. Eliot, Murder in the Cathedral (1935), London 1969, 93 f.

Wir danken Dir für Deine Gnade des Bluts, für Deine Erlösung durch Blut.
Denn das Blut Deiner Märtyrer und Heiligen
Wird die Erde veredeln, wird heilige Orte schaffen.
Denn wo immer ein Heiliger gewohnt hat, wo immer ein Märtyrer sein Blut
    vergossen hat um des Blutes Christi willen,
Da ist der Boden heilig, und die Heiligkeit wird nicht vom Ort weichen,
Auch wenn Armeen darüber trampeln und Touristen sich tummeln
    mit ihrem Baedecker;
Von dort, wo die westliche See an der Küste Ioniens nagt
Bis zum Tod in der Wüste, das Gebet an vergessenen Orten an der
    zerbrochenen herrscherlichen Säule,
Aus solchem Boden wächst, was ewig die Erde erneuert
Auch wenn es ewig geleugnet wird. Darum, O Gott, danken wir Dir,
Daß Du Canterbury so reich gesegnet hast.

Diese Textprobe deutet an, welche Bedeutung heiligen Orten und
sakralen Landschaften im Rahmen des Christentums zukommt. Das
menschliche Grundbedürfnis nach heiligen Orten, von denen Wunder,
Sühne, Heilung und spirituelle Erneuerung ausgehen, hat die Institution des Reliquienkultes und der Pilgerreise hervorgebracht.[9] Der
mittelalterliche englische Dichter Chaucer hat die Reise einer solchen
Pilgergruppe beschrieben, deren Ziel eben jener von Eliot in seinem
Text verewigte Gedächtnisort Canterbury mit dem Märtyrergrab des
Thomas Becket war.

4. Exemplarische Gedächtnisorte – Jerusalem und Theben

Im alten Israel gab es keine heiligen Orte, die eine dauerhafte Präsenz
Gottes verbürgten. Dort waren die heiligen Orte historische Gedenkorte einer einmaligen und vergangenen Gottesbegegnung. Diese Orte,
die das Gedächtnis an solche historische Ereignisse festhielten, wurden
zu Erinnerungsorten, in denen die Geschichte Gottes mit seinem Volk
räumlich konkretisiert und beglaubigt war. Nach Jakobs Kampf mit dem
Engel zum Beispiel wurde die Stätte der Gottesbegegnung von diesem
umbenannt in «Pniel» (Angesicht Gottes); durch ein Zeichen – die
Namengebung – wird der Ort ins Gedächtnis der Gruppe eingeschrieben.[10]
    Die Stadt Jerusalem ist ein exemplarischer Gedächtnisort, der aus
zwei Gründen besonders aufschlußreich ist. Er zeigt zum einen, wie ein

---

[9] Vgl. dazu Friederike Hassauer, Santiago. Schrift. Körper. Raum. Reise. Eine me-
dienhistorische Rekonstruktion, München 1993.
[10] Vgl. G. Hartmans Lektüre von Gen. 32.1–23 und 33: «The Struggle for the
Text», in: Geoffrey H. Hartman, Sanford Budick, eds., Midrash and Literature, New
Haven and London 1986, 3–18.

Gedächtnisort zwischen heilig numinosem Ort und historischem Gedenkort changiert, und er zeigt zum anderen, wie ein Gedächtnisort
zum Kampfplatz rivalisierender Erinnerungsgemeinschaften wird.

> «Lechzend klebe mir die Zunge
> An dem Gaumen, und es welke
> Meine rechte Hand, vergäß ich
> Jemals dein, Jerusalem –»[11]

so dichtete Heine den 137. Psalm nach. Jerusalem war jedoch nicht von
jeher ein obligatorischer Gedächtnisort. Zu einem solchen machte ihn
erst David, der diesen Ort von den Jebusitern eroberte und auf dem
Zionsberg die Davidsstadt gründete. Im Zuge dieser Neugründung
Jerusalems als Residenz ließ er die Bundeslade, die bis dahin in einem
Privathaus untergebracht war, in einer großen und feierlichen Prozes-
sion nach Jerusalem bringen. Sein Sohn Salomon baute dann den Tempel auf dem gegenüberliegenden Berge Moria («Ort des Schauens»), der
als historischer Schauplatz der im letzten Moment abgebrochenen
‹Opferung Isaaks› durch Abraham galt. Mit dem Tempel als Wohnsitz
Gottes erhielt Israel einen heiligen Ort numinoser Präsenz, der nicht
mehr nur ein Gedenkort war: «Ich werde inmitten Israels Wohnung
nehmen und ich werde mein Volk Israel nicht verlassen», verspricht der
Herr in 1. Könige 6.13. Mit der Zentralisierung des Kultes im Jerusale-
mer Tempel verloren die anderen heiligen Orte des Landes an Bedeutung. Nach Zerstörung des Tempels trat die Torah an die Stelle des zentralen Kultheiligtums. Die Aufwertung der ortsentbundenen Heiligen
Schrift als ein mobiler Tempel bzw. «portatives Vaterland» (Heinrich Heine) ermöglichte später das Überleben der jüdischen Gemeinden im
Exil. Bis der Zionismus den Ort symbolisch wiederbesetzte, blieb Jerusalem im Judentum ein jenseitiger, ein eschatologischer Ort, ein Ort des
Sterbens, des Gerichts und der Erwartung der Ankunft des Messias.

Unabhängig davon entwickelt sich die christliche Gedenkgeschichte
dieses Ortes.[12] Die Kirchenväter hatten wenig von der Bedeutung des
irdischen Jerusalem gehalten; im allegorischen System vom vierfachen
Schriftsinn ordneten sie die historische Stätte auf der untersten Stufe des
literalen Schriftsinns ein. Diesen räumlich konkreten Sinn galt es in der
Lektüre der Bibel in Richtung auf höhere, spirituelle Bedeutungen zu
überwinden. Jerusalem war mit der Seele, nicht mit den Füßen zu suchen. Das christliche Interesse an Jerusalem als heiliger Stätte begann erst
im 4. Jahrhundert, nachdem die heilige Helene, Mutter Konstantins des
Großen, dort eine Grabeskapelle gestiftet hatte. Dieses topographische

---

[11] Heinrich Heine, Jehuda Ben Halevy, Hebräische Melodien, 3. Buch, in: Romanzero, hg. v. Joachim Bark, Berlin 1988, 145.
[12] Ich danke Wolf-Daniel Hartwich für viele Hinweise.

Interesse blieb zunächst auf Byzanz beschränkt, bis zwischen dem 9. und 12. Jahrhundert die historischen Schauplätze der Jesus-Überlieferung auch für die Westkirche wichtig wurden. Jerusalem wurde zum Ziel der von kirchlicher und weltlicher Macht gemeinsam organisierten Kreuzzüge, nachdem der Islam diese Stätte symbolisch besetzt hatte und seinerseits universalistische Ansprüche geltend machte. Die Kreuzzüge sind ein Religionskrieg um diesen Gedächtnisort. Erst mit der symbolischen Aufteilung dieses Ortes in islamische und christliche Kultorte durch Friedrich II. wurde im 13. Jahrhundert das Motiv der Kreuzzüge beseitigt; seither bestand die christliche terra sancta Israels mit ihrer «topographie légendaire» Israels in Koexistenz neben der sakralen Landschaft der islamischen und jüdischen Glaubensgemeinschaften.[13]

Städtegründungen in Antike und Mittelalter fanden nicht im neutralen Raum statt; dazu bedurfte es bestimmter ‹Standortvorteile›, die neben ökonomischem Nutzen die symbolische Bedeutsamkeit der Orte einschloß. Die wichtigste Quelle solcher Bedeutsamkeit waren neben der Lokalisierung von Mythen die Heroengräber.[14] Der griechische Alexander-Roman berichtet unter anderem, wie Alexander die Stadt Theben eroberte und dort ein Blutbad anrichtete. In dieser Situation trat ein Dichter aus der Stadt mit Namen Ismenias, der sich aufs Flötenspiel verstand, vor Alexander, um ihn davon abzuhalten, die Stadt dem Erdboden gleichzumachen. Die Zerstörungswut Alexanders führt der Dichter auf Verblendung und Vergessen zurück und setzt deshalb die Erinnerung als letztes Mittel der Rettung ein. Er beginnt damit, Alexander daran zu erinnern, daß er selbst zur Familie der heroischen Söhne dieser Stadt, Dionysos und Herakles, gehört. Die Stadt seiner Vorfahren, die ein Teil seiner selbst ist, kann er doch unmöglich zerstören wollen. An diesem Punkt wird die Prosa-Erzählung durch ein langes Gedicht unterbrochen, in dem der Sänger die Topographie der Stadt Theben mit ihrer mythischen Vorgeschichte verknüpft. Raum und Zeit werden in diesem Gedicht verkoppelt durch das deiktische Wörtchen ‹hier›, welches das Gedicht rhythmisch skandiert.

> Dies ist das Haus des Labdacus. Hier hat die unglückliche Mutter
> Des Ödipus den Mörder seines Vaters geboren.
> Hier war der Schrein des Herakles, einstmals
> Das Haus des Amphitryon; hier schlief Zeus

---

[13] Vgl. Maurice Halbwachs, La topographie légendaire des évangiles en Terre Sainte, Paris 1941. Seit dem 13. Jahrhundert sind islamische Familien in Jerusalem vor Ort als Wächter der heiligen christlichen Stätten beauftragt.

[14] Von «polis talismans» spricht Jan N. Bremmer, Religious Secrets and Secrecy in Classical Greece, in: Hans G. Kippenberg u. Guy G. Stroumsa, Hgg., Secrecy and Concealment, Studies in the History of Religions 65, Leiden, New York, Köln 1995, 60–78, hier: 62.

> Eine dreimal lange Nacht. (...)
> Dies ist das Haus des Tiresias, des Sprachrohrs Apolls.
> Hier wohnte der dreimal alte Prophet,
> Den Athena in ein Weib verwandelte. (...)
> Von hier wurde der blinde Ödipus auf Kreons Geheiß vertrieben,
> Mit seiner Tochter Ismene als einzger Gefährtin.
> Dieser Fluß hier, der vom Cithaeron herabfließt,
> Ist der Ismenus, sein Wasser ist das Wasser des Bacchus. (...)[15]

Die mit Mythenkunde versetzte Stadtführung verfehlt ihre Wirkung,
denn alte Geschichten machen auf Alexander ebensowenig Eindruck
wie fabulöse Genealogien.

> Du glaubst wohl, du könntest Alexander täuschen
> Mit schlau erklügelten Lügengeschichten der Mythen?
> Ich bin entschlossen, die Stadt in Feuer zu legen
> Bis sie zu Asche verbrennt. (...)
> Dir aber, Ismenias, Erster der Pfeifer,
> Befehle ich, hier zu stehn, wo die Häuser verbrennen,
> Und mit dem schrillen Ton deines doppelten Rohrs
> Zu begleiten das Werk der Zerstörung.[16]

Diese brutale Geschichte ist für unser Thema in mehrfacher Hinsicht
aufschlußreich. Alexander steht nämlich der Macht des kulturellen
Gedächtnisses keineswegs ganz so gleichgültig gegenüber, wie es diese
Szene bezeugt. Er, der sich so leichtfertig über die Erinnerung an die
Vergangenheit, über Genealogien und Mythen hinwegsetzt, urteilt ganz
anders, wenn es um sein eigenes Andenken in der Zukunft geht. Für die
Fama hat er sehr viel übrig, und er wünscht sich, wie wir oben gesehen
haben, einen Dichter, der seinen unsterblichen Ruhm durch Verse befestigen kann. Auch hier haben wir es also mit imperialen Akten der
Überschreibung des kulturellen Gedächtnisses zu tun; der Eroberer
schafft sich eine tabula rasa, auf der dann die Geschichte seines Ruhms
eingetragen werden soll.

5. Gedenkorte – Petrarca in Rom, Cicero in Athen

Die Bedeutung der Generationenorte entsteht mit einer langfristigen
Bindung von Familien oder Gruppen an einen bestimmten Ort. Dabei
entsteht ein enges Verhältnis zwischen Menschen und geographischem
Ort: Dieser bestimmt die Lebens- und Erfahrungsformen der Menschen

---

[15] The Greek Alexander Romance, 46, hg. v. Richard Stoneman, Harmondsworth
1991, 81–82.
[16] The Greek Alexander Romance, 83–84.

ebenso, wie diese den Ort mit ihrer Tradition und Geschichte imprägnieren. Ganz anders verhält es sich beim Gedenkort, der durch Diskontinuität, das heißt: durch eine eklatante Differenz zwischen Vergangenheit und Gegenwart gekennzeichnet ist. Am Gedenkort ist eine bestimmte Geschichte gerade nicht weitergegangen, sondern mehr oder weniger gewaltsam abgebrochen. Die abgebrochene Geschichte materialisiert sich in Ruinen und Relikten, die sich als fremde Überreste von der Umgebung abheben. Das Abgebrochene ist in Überresten erstarrt und steht beziehungslos zum örtlichen Leben der Gegenwart, das nicht nur weitergegangen, sondern über diese Reste auch achtlos hinweggegangen ist.

Pierre Nora hat diese Verlagerung von einem Ort, an dem sich traditionale Lebensformen stabilisieren, zu einem Ort, der nur noch die Spuren eines abgebrochenen oder zerstörten Lebenszusammenhanges festhält, mit einem französischen Wortspiel erläutert. Er spricht von einem Übergang vom ‹milieu de mémoire› zum ‹lieu de mémoire›.[17] Ein Gedenkort ist das, was übrigbleibt von dem, was nicht mehr besteht und gilt. Um dennoch fortbestehen und weitergelten zu können, muß eine Geschichte erzählt werden, die das verlorene Milieu supplementär ersetzt. Erinnerungsorte sind zersprengte Fragmente eines verlorenen oder zerstörten Lebenszusammenhanges. Denn mit der Aufgabe und Zerstörung eines Ortes ist seine Geschichte noch nicht vorbei; er hält materielle Relikte fest, die zu Elementen von Erzählungen und damit wiederum zu Bezugspunkten eines neuen kulturellen Gedächtnisses werden. Diese Orte sind allerdings erklärungsbedürftig; ihre Bedeutung muß zusätzlich durch sprachliche Überlieferungen gesichert werden.

Die Kontinuität, die durch Eroberung, Verlust und Vergessen zerstört worden ist, kann nicht nachträglich wiederhergestellt werden, aber es kann im Medium der Erinnerung an sie angeknüpft werden. Die Gedenkorte, an denen sich etwas von dem erhalten hat, was nicht mehr ist, aber von der Erinnerung reaktiviert werden kann, markieren Diskontinuität. Hier ist noch etwas anwesend, aber dies verweist vor allem auf Abwesenheit; hier ist noch etwas gegenwärtig, aber es signalisiert in erster Linie dessen Vergangensein. Das Vergangenheitsbewußtsein, das an einem Gedenkort haftet, ist von ganz anderem Charaker als das Vergangenheitsbewußtsein, das zur bodenständigen Ortsfestigkeit gehört. Jenes fußt auf der Erfahrung von Diskontinuität, dieses auf der Erfahrung von Kontinuität.

Die abgebrochene und nur noch in Spuren zu fassende Vorgeschichte kann für eine spätere Zeit von großer Bedeutung sein, dann nämlich, wenn diese in jener Vergangenheit eine normative Grundlegung ihrer

---

[17] Pierre Nora, Zwischen Geschichte und Gedächtnis, Berlin 1990, 11.

eigenen Zeit erkennt bzw. anerkennt. Ruinen und Relikte, die über längere Zeit als unbeachtete Trümmerhaufen existierten und dabei unscheinbar und unsichtbar geworden waren, können plötzlich wieder sichtbar werden, wenn der Aufmerksamkeitsstrahl dieses neuen Interesses auf sie fällt. Charakteristisch für dieses neue Interesse sind die Bildungsreisen, die humanistische Gelehrte der Renaissance an die Gedenkorte der griechischen und römischen Antike führten. «Ja es ist alles beseelt in deinen heiligen Mauern», affirmierte der Rom-Tourist Goethe in seiner «Römischen Elegie», und er folgte damit einer humanistischen Anweisung, die vorschrieb, daß an diesem Ort die Vergangenheit zum gegenwärtigen Erlebnis werden sollte. Die mit diesem Bildungstourismus verbundene Einstellung hat der Humanist Justus Lipsius im Jahre 1578 sehr genau in einem Brief artikuliert. Er schrieb diesen Brief an einen Freund, der im Begriff war, eine Italienreise anzutreten:

«Ja, und dann auch noch der Nutzen von den Augen her, die sind dir hier schon allein Führer zum Wissen. Sieh, du kommst jetzt nach Italien, geschmückt mit Früchten, Männern, Städten, berühmt in Rede und Schriften. Dort wirst du nirgendwo deinen Fuß hinsetzen, dein Auge wenden, ohne irgendein Denkmal anzutreffen oder eine Erinnerung zu gewinnen an einen alten Brauch, eine alte Geschichte. (...) Wie groß und geheimnisvoll ist die Freude solchen Anblicks! Wenn nicht allein in den Geist, sondern beinahe in die Augen jene großen Manen eintreten, und wir den Boden betreten, den sie selbst so oft betreten haben.»[18]

Der lange Weg der schriftlichen Überlieferung wird belebt und bekräftigt durch den kurzen Weg der Autopsie; das geistige Vermächtnis der Vergangenheit wird sinnlich erfahrbar durch kundige Augen, die auf sichtbare Relikte stoßen. Dabei, so wird erwartet, soll ein geheimnisvoller Funke von der Vergangenheit in die Gegenwart hinüberspringen – allen Brüchen und Vergessen zum Trotz. Renaissance heißt ‹Wiedergeburt›; diese erneuernde Wiedergeburt findet im Medium einer Erinnerung statt, bei der neben den Originaltexten antiker Autoren auch die historischen Stätten und ihre Relikte ‹Wiedergeburtshilfe› leisten.

Einige Generationen vor Lipsius und seinem Freund hatte bereits Petrarca eine Bildungsreise zu den historischen Gedenkorten unternommen. Im April des Jahres 1341 machte er mit seinem Freund und Gönner Giovanni Colonna einen Spaziergang durch Rom.[19] Die bei diesem

---

[18] Brief Justus Lipsius vom 3. 4. 1578 an den jungen Philippe de Cannoy, Justi Lipsi Epistolae, Pars I: 1564–1583, hg. v. A. Gerlo, M. A. Nauwelaerts, H. D. L. Velvliet, Brüssel 1978, 199–200, ll. 64 ff. Ich verdanke den Hinweis und die Übersetzung E. A. Schmidt.

[19] Vermutlich handelt es sich um gemeinsame Spaziergänge im Frühjahr 1341, nachdem Petrarca dort am 8. April zum Dichter gekrönt und festlich empfangen worden war. Colonna stammt aus einer mächtigen römischen Adelsfamilie, lebte

Anlaß geführten Gespräche hat Petrarca dem Freund ein halbes Jahr später in einem lateinischen Brief in die Erinnerung zurückgerufen:

«Wir durchstreiften nicht nur die Stadt, auch ihre Umgebung, und jeder Schritt brachte Anregungen für Gespräch und Besinnung: Hier war der Hof des Euander, hier der Bau der Carmentis, hier die Höhle des Cacus; hier die nährende Wölfin und der ruminalische Feigenbaum, der richtiger romularisch heißen würde. Hier war der Tod des Remus, hier das Kampfspiel und der Raub der Sabinerinnen, hier der Ziegenpfuhl und das Entschwinden des Romulus. (...) Hier triumphierte Caesar, hier ging er zugrunde. Im hiesigen Tempel sah Augustus die Könige zusammenströmen und den Erdkreis Abgaben zahlen. (...) Hier begegnete Christus seinem fliehenden Stellvertreter; hier wurde Petrus ans Kreuz geschlagen, hier Paulus enthauptet, hier Laurentius geröstet; hier machte der Begrabene dem Ankömmling Stephanus Platz.»[20]

Für die beiden Spaziergänger verdichtet sich die Zeit zum Raum; was die Zeit unsichtbar macht, indem sie raubt und zerstört, halten die Orte immer noch auf geheimnisvolle Weise fest. Aus der Chronologie wird eine Topologie der Geschichte, die man durch Rundgänge abschreiten, die man Stück für Stück vor Ort entziffern kann. In ihrer baulichen Substanz ist die Stadt Rom der Garant des Kontinuums von zwei Kulturen, der alten heidnischen und der neuen christlichen. Beide Welten kreuzen und verbinden sich auf diesem Schauplatz der Geschichte. Petrarcas Vorliebe fürs antike Rom wird ergänzt durch Colonnas Vorliebe fürs christliche Rom, beide Perspektiven verschmelzen in einer einzigen sakralen Landschaft.[21]

So gut sich Antike und Christentum zur Übereinstimmung bringen lassen, so wenig gilt das für zwei andere Welten: die der Vergangenheit und die der Gegenwart. Zwischen diesen dehnt sich ein Abgrund, der die Stadt Rom unsichtbar zerschneidet. «Wer weiß denn heute weniger von römischen Dingen als die Bürger Roms?» fragt Petrarca seinen Adressaten, und er fährt fort: «Ich sage es ungern: Nirgends kennt man Rom schlechter als in Rom.» Das Rom, durch das die beiden Freunde pilgern, ist nicht das der zeitgenössischen Einwohner, die gänzlich den Bezug zu dieser Vergangenheit verloren haben. Der Humanist Petrarca lebte, wie Arno Borst es ausgedrückt hat, «auf der Suche nach der verlorenen Zeit»; während die Masse der Zeitgenossen nur in der Gegen-

---

aber in dominikanischen Klöstern in Avignon, Rom und Tivoli. Vgl. Arno Borst, Lebensformen im Mittelalter, Frankfurt a. M., Berlin 1979, 41–46.
[20] Zit. nach Borst, Lebensformen, 41.
[21] Die zu den christlichen Gedenkorten gehörenden Märtyrer- und Heiligenlegenden sind in der *legenda aurea* des Jacobus de Voragine aus dem späten 13. Jahrhundert, übers. v. R. Benz, Heidelberg [9]1979, gesammelt. Zur Nachgeschichte von Gedenkorten vgl. Karlheinz Stierle, «Der Tod der großen Stadt. Paris als neues Rom und neues Karthago», in: Manfred Smuda, Hg., Die Großstadt als ‹Text›, München 1993.

wart lebte, verkörperte er das Bewußtsein von Traditionsbruch und Vergessen ebenso wie den Traum von einer politischen und kulturellen Wiedergeburt der Antike. Er war davon überzeugt, daß sich der Identitätsverlust der gegenwärtigen Römer durch die Wiederherstellung des Gedächtnisses heilen ließe: «Denn wer kann daran zweifeln, daß sich Rom auf der Stelle wieder erheben würde, wenn es anfinge, sich selbst zu erkennen?»[22] Kulturelle Identität setzt für Petrarca jenes lebendige kulturelle Gedächtnis voraus, das er und sein Freund verkörpern. Sind sie doch in der Lage, die Orte als stumme Zeugen der Vergangenheit zum Sprechen zu bringen, ihnen ihre verlorenen Stimmen wiederzugeben. Denn den Text dieser Memoriallandschaft vermag nur zu lesen, wer dessen Inhalt schon kennt, es ist ein eingedenkendes, kein informatives Lesen. Über die Ruinenlandschaft Roms wird ein «Memoriaraum» projiziert. Man kann auch von einer Deckerinnerung sprechen: «Der Textraum der Memoria, der in Rom spielt, wird am Ort, in Rom, auf die Überreste der Stadt projiziert.»[23] Die Ruinen Roms sind Doppelzeichen; sie kodieren sowohl Vergessen als auch Erinnerung. Sie markieren ein vergangenes Leben, das erloschen und vergessen, das fremdgeworden und verlorengegangen ist in der Dimension der Geschichte, und sie markieren gleichzeitig die Möglichkeit einer Erinnerung, die in der Dimension des Gedächtnisses wiedererweckt und belebend zusammenfügt, was die Zeit entrissen und vernichtet hat.

Petrarca und Colonna sind nicht die ersten, die historische Orte mit der Pietät für eine verlorene Vergangenheit besuchen. In seinem Werk *De finibus bonorum et malorum* (45 BCE) beschreibt Cicero, wie er mit einer Gruppe von Freunden Athen besuchte und von dort aus die Umgebung besichtigte. Dabei kam ihnen zu Bewußtsein: «Wir setzen unseren Fuß ja überall, wohin wir treten, auf ein Stück Geschichte». (V. 5) Zu den auratischen Gedenkorten, die bei dieser Gelegenheit aufgesucht wurden, gehörte auch die nahegelegene Akademie. Man wählte einen Zeitpunkt, an dem dieser Ort ganz menschenleer zu sein versprach, denn je leerer der Ort von gegenwärtigem Leben, desto lesbarer die in ihn eingegrabenen Spuren der Vergangenheit:

«Als wir nun das nicht ohne Grund berühmte Gelände der Akademie erreichten, war es dort so einsam, wie es unser Wunsch gewesen war. Da sagte Piso: ‹Soll ich es wohl durch unsere Naturanlage oder eine Art Wahn erklären, daß wir beim Anblick solcher Stätten, an denen sich denkwürdige Persönlichkeiten dem Vernehmen nach oft aufgehalten haben, mehr beeindruckt werden, als wenn wir

---

[22] Borst, Lebensformen, 42.
[23] Barbara Vinken, «Petrarcas Rom: Tropen und Topoi», in: Gerhard Neumann, Hg., Poststrukturalismus. Herausforderung an die Literaturwissenschaft, DFG-Kolloquium XVIII, Stuttgart und Weimar 1997, 554.

einmal von ihren eigenen Leistungen hören oder eine Schrift von ihnen lesen? So fühle ich mich nun beeindruckt; denn ich muß an Platon denken, der dem Vernehmen nach als erster hier zu diskutieren pflegte. (...) Hier war Speusipp, hier war Xenokrates und hier sein Hörer Polemon, der ja gerade auf dem Platz dort saß, den wir da sahen. So mußte ich auch, wenn ich unser Rathaus sah (...) gewöhnlich an Scipio, Cato, Laelius, vor allem aber an unseren Großvater denken, so groß ist die Kraft der Erinnerung, die Orten innewohnt (tanta vis admonitionis inest in locis); man hat deshalb nicht ohne Grund die Mnemotechnik von ihnen abgeleitet.»[24]

Aus Ciceros Interesse am Gedächtniswert der Orte spricht deutlich der Pragmatiker der Mnemotechnik. In entsprechenden Schriften hatte er Bilder und Orte (imagines et loci) als Bausteine der Gedächtniskunst benannt und besonders auf die Notwendigkeit der Mitwirkung der Affekte für das nachhaltige Haften von Vorstellungsbildern in der Erinnerung hingewiesen.[25] Die Eindrücke, die am Schauplatz selbst empfangen werden, sind «um einiges lebhafter und aufmerksamer» (acrius aliquanto et attentius, V. 4) als die, welche vom Hörensagen und Lesen herrühren. Das Gedächtnis der Orte unterscheidet sich jedoch deutlich von den Örtern des Gedächtnisses. Während nämlich das Gedächtnis der Orte an eine bestimmte Stelle fixiert ist, von der es nicht abzulösen ist, zeichnen sich die Örter der Gedächtniskunst gerade durch ihre Übertragbarkeit aus. Die räumliche Struktur der Mnemotechnik funktioniert wie eine Planskizze oder eine Landkarte, losgelöst von ihrem konkreten Ursprungsort. In dieser örtlichen Abstraktionskraft nähert sich die Mnemotechnik einer Schrift an, die nicht Buchstaben in Zeilen anordnet, sondern eine räumliche Syntax aus Bildern erstellt.

Der berühmteste Bildungsreisende der Antike war ein Grieche des 2. Jahrhunderts n. Chr. Er hieß Pausanias und war ein Bürger des römischen Kaiserreichs, das die historisch bedeutsamen Stätten griechischer Kultur längst in sich vereinnahmt hatte. Im Jahre 146 v. Chr. war die Stadt Korinth durch die Römer erobert und zerstört worden, wie Alexander fast zwei Jahrhunderte zuvor das böotische Theben erobert und zerstört hatte. Solche Daten markieren Epochenschwellen, an denen Traditionen und Lebenszusammenhänge gewaltsam abgebrochen wurden. Seine Reisen führten Pausanias an ehemals bedeutsame Stätten griechischer Kultur, die inzwischen in Trümmern lagen, wo die Steppe wuchs und die Schafe weideten. Er kehrte zurück zur Stelle, wo Kadmos Theben gegründet hatte, und gab dem ausgelöschten Ort mit seiner Bestandsaufnahme eine zweite Bedeutsamkeit in der Erinnerung zurück. Er registrierte mit derselben Sorgfalt historische und mythische

---

[24] Cicero, De finibus bonorum et malorum. Über das höchste Gut und das größte Übel. Übers. u. hg. v. Harald Merklin, Stuttgart 1989, V. 1–2, 394–396.
[25] Vgl. Cicero, De Oratore 2, 350–360.

Spuren. Die am Ort noch lebendig gebliebene Legendenbildung sammelte er wie ein Ethnologe, der mit einem Tonband unterwegs ist. Anders als der Sänger Ismenias, der Alexander umzustimmen versucht hatte, verbürgte sich Pausanias jedoch nicht für den Wahrheitsgehalt der Überlieferung. «Nicht weit vom Tor befindet sich ein Massengrab; hier liegen die, die gegen Alexander und die Makedonen fielen. Nicht weit davon zeigt man die Stelle, wo man erzählt, wer es glaubt, daß Kadmos die Zähne des Drachen, den er an dem Brunnen tötete, säte und die Erde aus den Zähnen Männer wachsen ließ.»[26]

Diese intensive Spurensuche und -sicherung machte aus der vergangenen Kultur Griechenlands eine Gedächtnislandschaft, in der die Orte vergangenen Lebens zu mnemotechnischen Topoi wurden. Diese Topoi sind Orte, «an denen geopfert, gegründet, getötet und geschworen wurde. Sie lokalisieren und befestigen mythische Erinnerungen an Tod, Opfer und blutigen Agon, und damit an den Ursprung der im Kult verbundenen Sozietät.»[27] Die Relikte, die Pausanias in seiner ethnographischen Bestandsaufnahme festhielt, hatten einst die urkundliche Bedeutung von Legaten und Testaten; sie fundierten die Heiligkeit von Tempeln, die Legitimität von Dynastien und Rechtmäßigkeit von Besitzansprüchen. Im zweiten nachchristlichen Jahrhundert hatten die Topoi diese Bedeutung unwiederbringlich verloren, doch waren sie damit nicht automatisch irrelevant geworden. Sie gingen ein ins Bildungsgedächtnis einer Gruppe, die diese verflossene Kultur zu ihrer normativen Vergangenheit erhob. Die Erinnerungsarbeit des Pausanias dokumentiert geradezu idealtypisch den Zusammenhang von Abkehr und Rückkehr, von historischem Bruch, Vergessen und Reaktivierung im Medium der Erinnerung. Die in der Geschichte untergegangene Kultur erfährt eine Metamorphose: sie wird ‹klassisch›, d. h. sie taucht noch einmal auf als normativer Bezugshorizont im Bildungsgedächtnis einer späteren Epoche.

6. Genius Loci – Ruinen und Geisterbeschwörung

Peter Burke hat darauf hingewiesen, daß man im Mittelalter die Ruinen Roms mit anderen Augen betrachtete als in der Renaissance. «Sie wurden als ‹Wunder›, als *mirabilia* betrachtet. Aber man nahm sie als selbst-

---

[26] Pausanias, Beschreibung Griechenlands, Buch IX, 10,1, übers. v. Ernst Meyer, Zürich 1952, Bd. 2, 443.

[27] Stefan Goldmann, Topoi des Gedenkens. Pausanias' Reise durch die griechische Gedächtnislandschaft, in: Anselm Haverkamp, Renate Lachmann, Hgg., Gedächtniskunst: Raum – Bild – Schrift. Studien zur Mnemotechnik, Frankfurt a. M. 1991, 145–164, hier: 150. Vgl. auch Christian Habicht, Pausanias und seine ‹Beschreibung Griechenlands›, München 1985.

verständlich hin. Die Menschen schienen sich nicht gewundert zu haben, wie sie dort hingekommen waren, wann sie errichtet wurden, oder warum ihre Architektur sich von der heimischen unterschied.»[28] In der Renaissance verschärfte sich die Wahrnehmung von Ruinen. Der Blick, der auf die Fossilien einer vergangenen Epoche fiel, konnte diese allerdings sehr unterschiedlich wahrnehmen. Für Petrarca verwandelten sich die Ruinen Roms in eine Gedächtnislandschaft, in der die mit diesen Orten verbundene Geschichte sich beim Betrachter wieder lebhaft in Erinnerung brachte. Ruinen bezeugen – in einer schönen Formulierung Walter Benjamins –, wie «Geschichte in den Schauplatz hineinwandert».[29] Sofern diese Geschichte weiter tradiert und erinnert wird, bleiben die Ruinen Stütze und Unterpfand des Gedächtnisses, und das gilt auch für die Geschichten, die man für sie erfindet und die sich wie Efeu um die Trümmer ranken. Sofern sie jedoch kontext- und wissenslos in eine fremd gewordene Welt hineinragen, werden sie zu Monumenten des Vergessens. Die von ihren Geschichten getrennten und dem Vergessen überlassenen Ruinen können dann wiederum sekundär als malerisch erscheinen.[30] In einer von Wandlungsbeschleunigung und Industrialisierung gezeichneten Epoche werden die wandlungsbeständigen Ruinen der Geschichte entzogen und der Natur zugerechnet. Ende des 18. Jahrhunderts wurde in England eine Ruinen-Romantik entwickelt, die die Baureste vergangener Kulturen ästhetisierte. Dabei wurde zwischen griechischen und gotischen Ruinen unterschieden. Gotische Ruinen signalisieren nach diesem ästhetischen Kode den Triumph der Zeit über menschliche Kraft, was als ein melancholischer, aber nicht unangenehmer Gedanke gilt; griechische Ruinen dagegen signalisieren den Triumph der Barbarei über den Geschmack, was als ein depressiver und entmutigender Gedanke gilt.

In seinen Aufsätzen über die hohe Kunst des ‹malerischen Reisens› erklärte William Gilpin die Ruinen als Schnittpunkte von Kunst und Natur: «der zerfallene Turm, der gotische Bogen, die Ruinen einer Burg oder eines Klosters (...) sind das kostbarste Erbe der Kunst. Sie sind von der Zeit geweiht und verdienen fast dieselbe Verehrung wie die Werke der Natur.»[31] Für Wordsworth sind Ruinen Schauplätze, in die nicht die Geschichte, sondern die Ewigkeit hineingewandert ist. In seiner Beschreibung einer verfallenen Abtei haben sich die Reste des Bauwerks mit der Natur vermählt:

[28] Peter Burke, The Renaissance Sense of the Past, London 1969, 2.

[29] Walter Benjamin, Ursprung des deutschen Trauerspiels, Frankfurt a. M. 1963, 197.

[30] Vgl. Edgar Zilsel, Die Entstehung des Genie-Begriffs, Tübingen 1926, 62–70, 139–211; Rose Macaulay, The Pleasure of Ruins, New York 1966.

[31] William Gilpin, Essays on Picturesque Travel, London 1792, 46.

the antique walls
Of that large abbey which within the Vale
of Nightshade, to St. Mary's honour built,
Stands yet a mouldering pile with fractured arch,
Belfry, and images, and living trees,
A holy scene!

die Reste
Von einer großen Kirche, die, zu Ehren
Mariens einst erbaut, heut als Ruine
– Mit Turm, geborstnem Bogen, morschem Bildwerk –
Verwittert steht im Tale der Nachtschatten,
Wo frische Bäume wachsen auf den Trümmern.
Ein heil'ger Ort![32]

Inmitten der vegetabilen Natur, die nach einem Regen gärt, tropft, rauscht, seufzt, mit anderen Worten: lebt, erhebt sich der Gesang des Zaunkönigs in der offenen Ruine des Kirchenschiffs über die Zyklen des Werdens und Vergehens und kündet von der überzeitlichen Dauer des Ortes:

that single Wren
Which one day sang so sweetly in the Nave
Of the old church, (. . .) that there I could have made
My dwelling-place, and lived for ever there
To hear such music. (II, 125-135)

und der Zaunköng,
Der einst an solchem Tag im Kirchenschiff
So lieblich sang (. . .), daß
Ich mir zur Heimstatt hätt' erkoren
Den Ort, um ewig dort zu leben und
Auf die Musik zu lauschen.

Die malerische romantische Ruine verweist weniger auf Vergangenheit als auf eine überzeitliche Dauer. Im Zustand der Ruine nähert sich die Kultur der Natur an. Damit die Ruinen als Index einer spezifischen Vergangenheit gelesen werden können, bedarf es keines ästhetischen, sondern eines neugierig antiquarischen Blicks. In diesem Zusammenhang ist eine Bemerkung aufschlußreich, die ein Mitglied von Ciceros Besichtigungsgruppe beim gemeinsamen Rundgang machte. Er unterschied nämlich zwischen einem illegitimen und einem legitimen Blick auf die Vergangenheit:

«Da sagte Piso: ‹Freilich, Cicero, verraten diese Interessen nur dann geistiges Format, wenn sie der Nachahmung hervorragender Männer gelten, dagegen

---

[32] Wordsworth, William, The Prelude II, 103–108.

bloße Neugier, wenn es nur darum geht, die Spuren alter Zeiten zu erkennen.»
(studia ingeniosorum ... studia curiosorum V.6)

Ein auf bloßes Wissen zielendes Studium der Vergangenheit gilt als nicht
legitim; man soll das Vergangene nur aus dem Abgrund des Vergessens
heraufholen, wenn man beabsichtigt, es neu zu beleben und fortzuset-
zen. Pietät ist die Haltung, in der man sich der Vergangenheit zuzuwen-
den hat. Rein antiquarische Neugier wird hier deutlich von lebendigem
Traditionsbewußtsein geschieden. Mit der geforderten Pietät haben
auch Petrarca und Colonna trotz wachsender Verdunklung der Zeiten
die Zeichen der Ruinen zu lesen verstanden und die Vergangenheit in
ihrer Erinnerung wiederbelebt. Sie verkörpern den klassizistischen Anspruch einer Kultur, die über die dunklen Zeiten des Vergessens hinweg
eine Brücke der Überlieferung und Erinnerung baut.

Wenn nun dieser Erinnerungs- und Überlieferungszusammenhang
einer lebendig gehaltenen Tradition abbricht, werden damit auch die
Gedächtnisorte unlesbar. Damit können aber auch ganz neue Lektüre-
weisen zum Zuge kommen. An die Stelle der Pietät tritt die Neugier.
Aus Gedenkorten werden dann archäologische Schauplätze, deren Entzifferung in die Kompetenz von Spezialisten übergeht. Wo sich zuvor
die Pilger einfanden, tummeln sich nun die Epigraphen, Archäologen
und Historiker, die das mühselige Geschäft der Spurensicherung im
Namen der von Cicero abgewehrten historischen Wißbegier übernehmen. Der historische Forschergeist entwickelt sich auf Kosten von
Traditionsbruch und Vergessen normativer Vergangenheiten. «Die kul-
turhistorische Zeitmessung», so schreibt George Kubler in seinem Buch
Die Form der Zeit[33], «beruht hauptsächlich auf zerstörten Gegenstands-
fragmenten, die von Abfallplätzen und Friedhöfen stammen, von verlassenen Städten und verschütteten Dörfern.» Soll das bedeuten, daß das
Gedächtnis, das die Menschen verloren haben, auf die Orte übergeht?
Kann man, was sich nicht mehr über Erinnerungen erreichen läßt, noch
indirekt über Relikte erreichen? Auf dieser Zuversicht beruht das Prinzip der methodischen Spurensicherung. Sie stellt über den allmählichen
zeitlichen Verfall hinweg ein historisches Vergangenheitsbewußtsein her,
das mit Ciceros oder Petrarcas lebendigem Traditionsbewußtsein nichts
mehr zu tun hat.

Wenn man allerdings die Altertumswissenschaft in ihren Anfängen
betrachtet, dann verwischt sich leicht die Grenze zwischen Pietät und
Neugier. Als eindrucksvolles Beispiel kann hier das Werk des italienischen Architekturmalers Giovanni Battista Piranesi gelten. Im Jahre 1756
erschienen vier Folio-Bände mit dem Titel *Le Antichità Romane*. Deren
Verfasser beanspruchte nicht weniger, als «die Spuren der ewigen Stadt

---

[33] George Kubler, Die Form der Zeit, 47.

von den Schändungen und Verwundungen der Zeiten errettet» zu haben (VRBIS AETERNA / VESTIGIA / E RVDERIBUS / TEMPORVMQUE INIVRIIS / VINDICATA). Im lateinischen Titel sind die Worte «Spuren» und «retten» durch Einzelstellung besonders hervorgehoben und signalisieren auf komprimierteste Weise ein überaus ehrgeiziges antiquarisches Projekt. Der Künstler wollte mit über 250 Radierungen das Zerstörungswerk der Zeit rückgängig machen und Rom in der Phantasie wieder auferstehen lassen. Angestoßen war das Unternehmen durch eine akute Erfahrung von Zerstörung und Verlust. Piranesi stellte fest, daß die umfangreichen, aber bereits stark zerstörten Grabanlagen, die die Ausfallstraßen des antiken Rom säumten, einem rapiden Verfall ausgesetzt waren. Die Furie des Verschwindens mobilisierte in ihm eine erstaunliche konservatorische Energie. Was in seiner dreidimensionalen Materialität dem unaufhaltsamen Verfall preisgegeben war, das konnte dank moderner technischer Reproduktionstechniken wie Buchdruck und Kupferstich wenigstens in Schrift und Bild aufgezeichnet und für die Nachwelt erhalten werden. Schrift und Bild, Monument und Buch rivalisieren hier nicht mehr als Gedächtnismedien, vielmehr ermöglicht das Buch dem Monument auch dann noch ein Nachleben, wenn es in seiner Substanz gänzlich abgetragen sein wird. Im Vorwort erläutert Piranesi die Absicht seines Projekts als ein Memorialwerk:

«Da ich sah, daß die Überreste der antiken Bauten Roms, die zum großen Teil über die Gärten und andere landwirtschaftlich genutze Flächen verstreut sind, von Tag zu Tag mehr zusammenschrumpfen, teils durch die Verwüstungen der Zeit, teils durch die Habgier der Besitzer, die mit barbarischem Gleichmut die Ruinen heimlich abreißen und die Steine zur Verwendung bei Neubauten verkaufen, habe ich mir vorgesetzt, sie durch den Druck zu bewahren. (...) Deshalb habe ich in den vorliegenden Bänden mit aller erdenklichen Sorgfalt die erwähnten Relikte abgebildet: ich habe bei vielen nicht nur ihr äußeres Erscheinungsbild wiedergegeben, sondern auch ihren Grundriß und das Innere, ich habe die einzelnen Teile durch Schnitte und Aufrisse unterschieden und die Materialien, gelegentlich auch die Konstruktionsweise der Bauten angegeben, wozu ich mir die Einsichten im Verlauf langer Jahre unermüdlicher und genauester Beobachtungen, Grabungen und Untersuchungen erworben habe.»[34]

Piranesi hat die Ruinen des antiken Rom mit anderen Augen betrachtet als Petrarca und Colonna; während diese sich auf einen engen Kreis historischer und legendärer Relikte bezogen und von der ewigen Permanenz der Überreste ausgingen, dehnte jener seine Aufmerksamkeit flächendeckend auch auf die unscheinbareren und anonymen Monumente aus, deren Fragilität und Ungeschütztheit er erkannte. In Pirane-

---

[34] Zit. nach Norbert Miller, Archäologie des Traums. Ein Versuch über Giovanni Battista Piranesi, München 1994, 159.

Giovanni Battista Piranesi, Le Antichità Romane (1756)

sis Blick hat die Ruine ihre robuste Konsistenz als allegorischer Zeichenträger verloren und ist zu einem flüchtigen Objekt geworden. Die Ruine ist nicht mehr sichere Erinnerungsstütze für eine unsichtbare Vergangenheit, sondern wird selbst Objekt der Erinnerung, der Konservierung, der Bestandsaufnahme, der Rekonstruktion. Wie immer man heute die antiquarische Leistung Piranesis einschätzen mag, die pedantische Genauigkeit, mit der er schriftliche Überlieferungen gesammelt und ausgewertet, mit der er Maße, Pläne, Ansichten und Details aufgenommen hat, läßt keinen Zweifel daran, daß seine Dokumentation der Denkmäler vom Ethos einer archäologischen Publikation getragen war.

Vom modernen Archäologen unterscheidet Piranesi allerdings, daß er der Imagination eine ebenso große Bedeutung zugemessen hat wie der Erfahrung. Die Verschmelzung von Wissenschaft und Phantasie ist ihm in dem Werk gelungen, auf das sich sein späterer Ruhm gründet. Es handelt sich um die erweiterte Fassung der *Vedute di Roma*, die er 1760 im Selbstverlag erscheinen ließ. In dieses Werk nahm er den frühen Zyklus der *Carceri* auf, jener phantastischen Kerkerskizzen, die die romantische Phantasie so stark beflügelten. In der Neuausgabe wurden sie jedoch stilistisch tiefgreifend umgearbeitet; das Spielerische, Skizzenhafte wich insgesamt einer Verdeutlichung samt Steigerung von Gewicht und Eindruckskraft. Die wichtigste Veränderung bestand jedoch darin, daß die im freien Raum der Phantasie entworfenen Kerkerkonstruktionen jetzt mit historischem Index versehen und in die frühe römische Kaiserzeit datiert wurden. Damit wurden sie zu jenem legendären Meilenstein der historischen Imagination, als den sie die Romantiker bewunderten. Die Kerker-Konstruktionen präsentieren eine «Archäologie des Traums» (Norbert Miller), sowohl als virtuelle Labyrinth-Architektur der menschlichen Seele als auch als verborgene, aber dauerhafte Substruktion des römischen Imperiums, als unterirdische Gewölbe und Hohlräume, die dem historischen Bewußtsein entzogen bleiben und sich nur der historischen Imagination öffnen. In ihrer neuen Fassung sind die *Carceri d'Invenzione* ein imposantes Beispiel für die Erforschung einer «unter der Oberfläche der Erfahrungswelt begrabene(n) Gegenwirklichkeit».[35]

Als ein Jahrhundert später Edgar Allan Poe die Erfahrung des römischen Vergangenheitstourismus beschrieb, verdichtete sich der Kontakt mit der Vergangenheit auf die Aura der Relikte. Im Kollosseum bewegte den Besucher keine antiquarische Neugier mehr, ebenso fern lag ihm konservatorischer Eifer. Zwischen Steinen, Säulen-Trümmern und Postamenten konzentrierte er sich einzig und allein auf seine Imagination. Er überließ sich dabei einer Anzahl höchst vager Empfindungen. Abstraktion und Emphase sind die hervorstechenden Eigenschaften einer Poesie, die diese Empfindungen festzuhalten versucht:

> *grandeur, gloom, and glory!*
> *Vastness! and Age! and Memories of Eld!*
> *Silence! and Desolation! and dim Night!* [36]

> Größe, Schwermut und Ruhm!
> Weite! und Alter! und Ur-Erinnerungen!
> Schweigen! und Verzweiflung! und trübe Nacht!

In dieses, durch Ehrfurcht und milden Schrecken in Trance versetzte Bewußtsein sprechen im Laufe des Gedichts die Stimmen der Vergangenheit unmittelbar hinein. Die steinernen Zeugen bleiben nicht stumm. Das Gedicht beschreibt ein Renaissance-Erlebnis aus dem Geist des 19. Jahrhunderts, bei dem nicht mehr Klassik und Philologie den Kontakt zur Vergangenheit bestimmen, sondern eine morbid nekromantische Phantasie. Die Botschaft der Steine ist dabei nicht besonders informativ; bei der Geisterbeschwörung ist die Stimme als solche wichtiger als das, was sie zu sagen hat:

> *We are not impotent — we pallid stones.*
> *Not all our power is gone — not all our fame —*
> *Not all our magic of our high renown —*

---

[35] Norbert Miller, Archäologie des Traums, 151.
[36] Edgar Allan Poe, The Coliseum (1833, 1845) in: The Poems of Edgar Allan Poe, hg. v. Floyd Stovall, Charlottesville 1965, 57 f.

Not all the wonder that encircles us
Not all the mysteries that in us lie –
Not all the memories that hang upon
And cling around us as a garment (. . .).

Wir sind nicht ohnmächtig – wir blassen Steine.
Nicht gänzlich sind verloren Macht und Ruhm –
Nicht aller Zauber unsres hohen Ansehns –
Nicht all die Wunder, die noch um uns schweben
Nicht die Geheimnisse, die in uns leben –
Nicht die Erinnerungen, die an uns hängen
Und an uns haften wie ein weites Kleid (. . .).

Poes Gedicht illustriert, wie im 19. Jahrhundert die beiden Seiten des Historismus, Philologie und Phantasie, die Piranesi so virtuos zusammengehalten hatte, auseinandertreten. Je endgültiger die Vergangenheit als vergangen und abgeschlossen erkannt wurde, desto intensiver wurden die Bemühungen der Phantasie, sich dieses Vergangenen auf anderem Wege zu versichern. Die historische Imagination wurde zu einer wichtigen Domäne der Dichter, von denen Walter Scott, der Erfinder des Historischen Romans, hier an erster Stelle zu nennen ist.[37] In seinen Romanen ebenso wie in seinem Landsitz Abbotsford in Schottland und der dort zusammengetragenen Sammlung von Büchern und Relikten hat er sich als Antiquar betätigt und imaginativ eine Vergangenheit rekonstruiert, die einem neuen schottischen Nationalbewußtsein als Bezugshorizont dienen konnte.

Die neuzeitliche Konstruktion eines abstrakten Raumes ist die wichtigste Voraussetzung der kolonialen Geopolitik gewesen.[38] Der Raum mußte entsakralisiert und entdämonisiert werden, bevor er abstrakt vermessen werden konnte. Während die alten Weltkarten konzentrisch auf Jerusalem als heiligen Ort bezogen waren und alle anderen Orte nach Art eines Streubildes sich über die vorhandene Fläche verteilten, wurden erstmals auf den neuen Landkarten die Zwischenräume wichtig und exakt spezifiziert. Die Neuordnung des Raumes auf der abstrakten Grundlage eines Koordinatennetzes wurde zur Grundlage für Landkarten, die zur Orientierung im Raum dienen konnten.[39]

---

[37] Vgl. dazu Stephen Bann, The Clothing of Clio, Cambridge 1984.

[38] Der Raum wird dabei zu einer Schiefertafel, auf der alte Zeichen gelöscht werden, um neuen Platz zu machen. Mit dieser symbolischen Umdeutung des Raumes als «a neutral grid on which cultural difference, historical memory, and societal organisation is inscribed» befassen sich Akhil Gupta und James Ferguson, Culture, Power, Place: Explorations in Critical Anthropology, Duke U. P. 1997.

[39] Über den kolonialen Raum schreibt David Harvey, The Urban Experience, Baltimore 1989, 176: «the conquest of space first required that it be conceived of as something usable, malleable, and therefore capable of domination through human action.»

Gegen diese Tendenzen wurde in der Romantik das Gedächtnis der
Orte zu neuen Ehren gebracht. Gewiß gab es keine Götter mehr an
ihren ehemaligen Wohnsitzen, an Grotten, Quellen, Hainen, Berges-
spitzen, wo auch ihre Tempel und Kapellen errichtet worden waren. Die
Orte wurden vielmehr reauratisiert als Schauplätze, an denen eine verschollene Vorzeit unverhofft wieder zur Erscheinung kam. Die Romantik, die mit einer traditionsbestimmten Kultur gebrochen hatte, gelangte
zu einem Modell von Vergessen und eruptiver Wiederkehr des Vergessenen, das den Prozeß der Kultur ins Unbewußte verlegte. In diesem
Zusammenhang ist das Genre des Schauerromans aufschlußreich, in
dem die Geisterstimmen der Vergangenheit wie die von Hamlets Vater
schockartig in eine von Vergessen und Verdrängen bestimmte Gegenwart
einbrechen. Die Autoren dieser Gattung interessierten sich für gotische
Ruinen als Zeugen einer verlorenen feudalen Zeit, die sie in ihren
Romanen wiederbelebten. In einer seiner Bedeutungen meinte das
Wort ‹romantisch› die imaginäre Vergegenwärtigung einer verschollenen Vorzeit, um nicht zu sagen: galvanisierte Vergangenheit. Was unwiederbringlich vergangen war, wurde noch einmal mit «infusorischem
Leben» erfüllt.[40] In einer zunehmend aufgeklärten Welt wurde der
Schauerroman zum Eintrittsbillet in eine verlorene verzauberte Welt, in
der Geister, Zeichen und Wunder an der Tagesordnung waren. Man hat
mit Recht betont, daß die eigentlichen Helden des Schauerromans die
Gebäude sind, die vom Geist der Vorzeit heimgesucht sind.[41] Je mehr
die Menschen vergessen, desto auratischer werden die Orte und ihre
Relikte. In Schauerromanen und -erzählungen wie denen von Poe werden die Gebäude zu Orten eines Gedächtnisses, das die Menschen, die
es verloren haben, wieder einholt, zu Schauplätzen, an denen die
Wiederkehr des Verdrängten inszeniert wird.

7. Gräber und Grabsteine

Der spezifische Ort wird in der Romantik nicht nur als Schauplatz des
Geschehens relevant, sondern gewinnt auch als Schauplatz des Dichtens,
des Schreibens und der Lektüre eine neue Bedeutung. Im Zeichen einer neuen Naturlyrik werden Wandern und Dichten zu komple-
mentären Tätigkeiten; die Gedichte legen es darauf an, den spezifischen
Index eines Ortes authentisch zu bewahren. So entsteht eine ‹In situ-
Literatur›, deren Prinzip Thomas Gray in den Worten zusammengefaßt
hat: «Half a word fixed upon or near the spot, is worth a cart-load of re-

---

[40] Norbert Miller, Archäologie des Traums, 100.
[41] Henry A. Beers, A History of English Romanticism in the 18th Century, New
York 1899, 253.

collection».[42] Ähnliches gilt für das Lesen, besonders wenn es sich dabei um die im 18. Jahrhundert so beliebte Kirchhof-Lyrik handelt. Davon hat Christian Fürchtegott Gellert in einem Brief ein ausführliches Zeugnis abgelegt. In diesem Gemälde mischen sich alle Farben des ‹Gedächtnisses der Orte›:

«Nie habe ich *Youngs Klagen* und *Creuzens Gräber* mit so gleichgestimmten Ton der Seele gelesen, als in einigen Sommernächten, unter einem bestirnten Himmel, in der schweigenden Laube eines Gärtchens, das an einen Kirchhof stieß, wo alte heilige Linden, vom Hauche der Nacht beseelt, Schauder in die Seele rauschten, und aus den etwas entfernten Trümmern eines sinkenden ritterlichen Schlosses, und aus ihren Wohnungen im alten gotischen Kirchturme die philosophische Eule ihre hohle Akzente manchmal darunter stieß – Alsdann findet man sich in einer Lage, da die Stürme von Gedanken herabbrausen und ruhn, und die Seele wird stille, wie eine stille See in der Sommernacht, und hört gleichsam die Stimmen aus den Gräbern der Toten, und präget sie in ihr Innerstes.»[43]

In diesen Zusammenhang gehört auch das autobiographische Zeugnis Johann Jakob Bachofens, das wir bereits Gelegenheit hatten zu zitieren. Bachofen wurde 1841 auf den Lehrstuhl für römisches Recht der Universität Basel berufen, hat dieses Amt jedoch bereits drei Jahre später wieder aufgegeben und lebte als Privatgelehrter. Seinem Fachgebiet näherte er sich mit eindeutig historischem Interesse: «Das Antike war der Reiz, der mich fesselte, nicht das heute Anwendbare, und ich wollte so recht wahrhaftig altes römisches Recht studieren, keineswegs heutiges römisches Recht.»[44] Die rechte Wahrhaftigkeit ist, wie er feststellt, nicht nur Sache philologischer Gelehrsamkeit, sondern auch gefühlsintensiver Anschauung von Kunst. Vor dem Hintergrund der «Armut und Dürre unserer heutigen Welt» kultiviert er im Umgang mit der Antike «eine tiefe Innigkeit des Gefühls». Nicht von klassischen Texten, sondern von dinglichen Relikten geht für ihn das aus, was er den «stärkenden Hauch des Altertums» nennt (3). Es sind für ihn vor allem die Grabsteine, deren Formen und Bilder mehr als Worte auszusagen vermögen: «Was am Grabe gedacht, empfunden, still gebetet wird, das kann kein Wort aussprechen, sondern nur das in ewig gleichem Ernst ruhende Symbol ahnungsreich andeuten.» (11) Der Klarheit und Begrenztheit des Wortes ist der Ahnungsreichtum des Symbols gegenübergestellt, jenes führt in die Geschichte, dieses gehört der Ewigkeit, den «ältesten Völkern», ja «der Erde». Beiden Medien korrespondiert ein langsamer und ein

---

[42] Zit. nach Malcolm Andrews, The Search for the Picturesque. Landscape, Aesthetics and Tourism in Britain, 1760–1800, Stanford 1989, 155.

[43] Zit. nach Johann Gottfried Herder, Frühe Schriften 1764–1772, hg. v. Ulrich Gaier, Deutscher Klassiker Verlag, Frankfurt a. M. 1985, 490.

[44] Johann Jakob Bachofen, «Lebens-Rückschau», in: Mutterrecht und Urreligion, hg. v. Rudolf Marx u. Hans G. Kippenberg, Stuttgart 1984, 2.

schneller Weg der Erkenntnis. Der lange mühsame Weg ist der der Philologie und historischen Wissenschaften, deren Kritik und Methode den Verstand diszipliniert und von seinem Gegenstand distanziert hat. Der kurze und direkte Weg ist der der Phantasie, der das erfaßt, was der historischen Gelehrsamkeit grundsätzlich verschlossen bleibt: den unmittelbaren, lebendigen Bezug. Piranesi hat beide Wege gekannt, separat entwickelt und dann miteinander verwoben: den asketischen Weg geduldigen Sammelns, detailgetreuer Aufzeichnung und akribischer Rekonstruktion sowie den Weg illusionistischer Nähe in der geisterhaften Beleuchtung einer erregten Subjektivität.

Der genius loci, den Cicero und Petrarca aufgesucht hatten, wäre nichts gewesen ohne seine Verankerung in der lebendigen Erinnerung an eine normative Vergangenheit. Die stummen Ruinen konnten nur mit Hilfe der im Gedächtnis bewahrten Überlieferung zum Sprechen gebracht werden. Die Inschrift, die den Ort erklärend beschriftet, kann dieser Erinnerung zu Hilfe kommen. Ihre Grundform ist die Grabinschrift mit ihrem unveränderlichen ‹Hier ruht›, ‹hic jacet›, ‹po tamun›. Solche Schrift ist vom spezifischen Ort nicht nur nicht ablösbar, sie ist selbst das Wahrzeichen räumlicher Unverrückbarkeit. Der Schreibakt solcher Inschrift artikuliert dasselbe «Hier», das bei Ismenias, Cicero, Pausanias und Petrarca litaneiartig den Rundgang skandiert. *Hier* war Xenokrates und *hier* sein Hörer Polemon, *hier* wurde Petrus ans Kreuz geschlagen, *hier* Paulus enthauptet. Im indexikalischen Gestus des Zeigens vollzieht sich der Erinnerungsakt der Gedächtnisorte. Auch die Ruinen und Relikte sind nur Zeigefinger auf die konkrete Stelle, wo sich einst Leben und Handlungen abspielten. Während diese aber auf etwas zeigen, was abwesend ist, bleibt das Grab als Ruhestätte des Toten (ebenso wie die mit Reliquien bestückten Orte) ein Ort numinoser Präsenz.

In einem Kapitel von Goethes *Wahlverwandtschaften* werden diese Fragen der Ortsfestigkeit und Beweglichkeit von Denkmälern sowie der Präsenz und Absenz ausführlich diskutiert. Am Anfang des zweiten Buches heißt es:

«Wir erinnern uns jener Veränderung, welche Charlotte mit dem Kirchhofe vorgenommen hatte. Die sämtlichen Monumente waren von ihrer Stelle gerückt und hatten an der Mauer, an dem Sockel der Kirche Platz gefunden. Der übrige Raum war geebnet (... und) mit verschiedenen Arten Klee besät, der auf das schönste grünte und blühte. Nach einer gewissen Ordnung sollten vom Ende heran die neuen Gräber bestellt, doch der Platz jederzeit wieder verglichen und ebenfalls besät werden. Niemand konnte leugnen, daß diese Anstalt beim sonn- und festtägigen Kirchgang eine heitere und würdige Ansicht gewährte (...).»[45]

[45] Johann Wolfgang von Goethe, Die Wahlverwandtschaften, in: Sämtliche Werke in 18 Bänden (Artemis-Ausgabe), Bd. 9, Zürich und München 1977, 137. Für wich-

Charlotte räumt selbst auf dem Friedhof dem Tod keinen Vorrang vor dem Leben ein; Gesichtspunkte wie der heitere Anblick für den Kirchgänger, der «statt der holprigen Grabstätten einen schönen bunten Teppich vor sich sah», und die Nutzung für den Geistlichen stehen im Vordergrund ihrer Neuordnung. Damit stößt sie allerdings auf den Widerstand einiger Dorfbewohner, die in der Verlagerung der Grabsteine nichts weniger als einen Akt der damnatio memoriae erkennen. Sie mißbilligen, «daß man die Bezeichnung der Stelle, wo ihre Vorfahren ruhten, aufgehoben und das Andenken dadurch gleichsam ausgelöscht: denn die wohlerhaltenen Monumente zeigen zwar an, wer begraben sei, aber nicht wo er begraben sei, und auf das Wo komme es eigentlich an.» (137) Das Für und Wider einer ortsfesten Gedenkpraxis wird anschließend ausführlich erörtert. Auf der einen Seite stehen die Interessen einer Totenmemoria, die hartnäckig am Orte haftet; dieser Gedächtnisort wird in gewissem Sinne zu einem geheiligten Ort, welcher durch die Präsenz des Toten geweiht ist. Auf der anderen Seite stehen die Ansprüche der Moderne, die sich von dieser Pietät gegenüber den Toten lossagt, indem sie buchstäblich die im Boden verankerte Erinnerung ausgräbt und auf ortsunspezifische Denkmäler überträgt. Archaik heißt hier Unverrückbarkeit, Haften an dem Stückchen Erde, das die Präsenz des geliebten Menschen garantiert. Auf diese Präsenz und nicht das Monument kommt es dabei an; weder das Holzkreuz, noch auch das Eisenkreuz und ebensowenig der Stein ist es, so erläutert ein junger Rechtsgelehrter diesen Standpunkt, «der uns anzieht, sondern das darunter Enthaltene, das daneben der Erde Vertraute. Es ist nicht sowohl vom Andenken die Rede, als von der Person selbst, nicht von der Erinnerung, sondern von der Gegenwart. Ein geliebtes Abgeschiedenes umarme ich weit eher und inniger im Grabhügel als im Denkmal.» (138) Das Gedächtnis des Ortes verbürgt die Präsenz des Toten; das Monument dagegen lenkt die Aufmerksamkeit vom Ort auf sich selbst als repräsentierendes Symbol. Zwischen dem archaischen Monument, das lediglich den Ort, auf den es ankommt, indiziert, und dem modernen Monument, das das Verlorene im Zeichen substituiert, liegt für die einen der Sündenfall, für die anderen

---

tige Anregungen zu diesem Abschnitt danke ich Eva Horn, auf deren Dissertation ich hier verweisen möchte: Trauer schreiben. Die Toten im Text der Goethezeit. München 1998. Es ist bemerkenswert, daß gleichzeitig der englische Dichter Wordsworth ebenfalls von dem Thema Grabsteine bewegt ist und drei *Essays Upon Epitaphs* zu Papier bringt, in denen er auch über Modernisierung und Totenkult reflektiert. Die Bedeutung eines Epitaphs liegt für Wordsworth in seiner engen räumlichen Verbindung mit den Gebeinen jener Person, auf die er sich bezieht: «which record is to be accomplished, not in a general manner, but in *close connection with the bodily remains of the deceased*». (Herv. im Orig.) William Wordsworth, Essay Upon Epitaph I (1810), in: Literary Criticism of William Wordsworth, hg. v. Paul M. Zall, Lincoln 1966, 96.

der Fortschritt der Repräsentation, der Ersetzung des Fetisches durch das Zeichen. Im Zeitalter moderner Mobilität und Erneuerung wird das Gedächtnis des Ortes zusammen mit der Haftung an einem bestimmten Fleck Erde obsolet. Ähnlich wie Hawthorne, mit dem wir dieses Kapitel einleiten, artikuliert Charlotte in Goethes Roman diesen Geist der Moderne: «Ihre Argumente haben mich nicht überzeugt. Das reine Gefühl einer endlichen allgemeinen Gleichheit, wenigstens nach dem Tode, scheint mir beruhigender als dieses eigensinnige starre Fortsetzen unserer Persönlichkeiten, Anhänglichkeiten und Lebensverhältnisse.» (139)

Die in den *Wahlverwandtschaften* entwickelte Kontroverse um verschiedene Prinzipien kultureller Zeichenpraxis ist die zwischen dem Gedächtnis der Orte und dem Gedächtnis der Monumente. Während sich im ersten Falle die Aussagekraft des Monuments auf das deiktische «Hier» konzentriert, wird im zweiten Falle der Gedenkinhalt mit den Mitteln künstlerischer Repräsentation gestaltet. Mit dem Schritt vom Index zum Symbol wird das Zeichen ortsunabhängig; was es mitzuteilen hat, kann es hier wie dort ausdrücken. Wir dürfen hier von Fortschritt sprechen, wenn wir darunter wörtlich das Loskommen von bindenden Orten und somit Mobilität durch Rationalisierung verstehen. Die Grundprinzipien einer ortsentbundenen Gedächtniskunst mittels Repräsentationen werden auf eine Nachfrage hin folgendermaßen erläutert:

«Und ohne irgend ein Zeichen des Andenkens, ohne irgend etwas das der Erinnerung entgegen käme, sollte das alles so vorübergehen? versetzte Ottilie.

Keineswegs! fuhr der Architekt fort: nicht vom Andenken, nur vom Platze soll man sich lossagen. Der Baukünstler, der Bildhauer sind höchlich interessiert, daß der Mensch von ihnen, von ihrer Kunst, von ihrer Hand, eine Dauer seines Daseins erwarte; und deswegen wünschte ich gut gedachte, gut ausgeführte Monumente, nicht einzeln und zufällig ausgesäet, sondern an einem Orte aufgestellt, wo sie sich Dauer versprechen können.» (140)

Die Aura, die dem Gedächtnisort seine Weihe gibt, ist in keine noch so kunstfertigen Monumente übersetzbar. Diese sind von Menschenhand und Menschenbewußtsein gebildet; ihre Botschaften sind steinerne Briefe, die einen bestimmten Erinnerungsinhalt an die Nachwelt adressieren. Dieses von Goethe behandelte Problem eines Transfers vom Gedächtnis der Orte zum Gedächtnis der Monumente hat heute eine unerwartete Aktualität gewonnen. Die vom Hitlerstaat durchgeführte Vernichtung der europäischen Juden hat überall in Europa weiße Flecken auf der Landkarte hinterlassen. Zentren jüdischen Lebens und jüdischer Kultur sind zusammen mit den Menschen vernichtet und ausradiert worden. Auf ein Gedächtnis der Orte ist – wie sich dabei herausstellt – wenig Verlaß; eher müßte man hier von einem ‹Vergessen der

Orte› sprechen. Wie sich die Oberfläche sofort wieder schließt, wenn ein Stein ins Wasser gefallen ist, so schließen sich auch an den Orten die Wunden bald wieder; neues Leben und neue Nutzung lassen bald kaum noch die Narben erkennen. Dafür bedarf es nicht einmal des deckenden Klees, den Charlotte aussäte; das sprichwörtliche Gras des Vergessens tut seine Wirkung, und es bedarf im Gegenteil ungeahnter Anstrengungen, die Lücke, die Leerstelle als Spur der Vernichtung zu bewahren.

Ein Ort – so wird hier deutlich – hält Erinnerungen nur dann fest, wenn Menschen auch Sorge dafür tragen. Diese Sorge um Spurensicherung und Markierung von Gedächtnisorten in einer Landschaft des Vergessens hat in Osteuropa seit Beginn der achtziger Jahre verstärkt eingesetzt. Mit dem Aussterben der überlebenden Opfer muß die Erinnerung an die an ihnen vollzogenen Verbrechen auf andere Weise stabilisiert werden. Diese kommemorative Funktion bindet sich verstärkt wieder an die Orte der Deportation und Vernichtung. Zwei Generationen nach Verschleppung und Ermordung der osteuropäischen Juden hat sich diese Region in eine Gedenklandschaft verwandelt, die von Reisegruppen aus Israel, Amerika und Westeuropa besucht wird: «Diese Monumente sind große Attraktionen für Touristen geworden, die Hunderte von (meist jüdischen) westlichen Besuchern in Dörfer ziehen, die wenig mehr zu bieten haben als die Erinnerung an eine Abwesenheit. Statt lebendiger Familien und Gemeinden sind es die Monumente, für und oft auch von westlichen Besuchern erbaut, die nun die Überlebenden dazu bewegen, als Touristen zurückzukehren.»[46]

«Ein geliebtes Abgeschiedenes umarme ich weit eher und inniger im Grabhügel als im Denkmal», hieß es in Goethes Wahlverwandtschaften. Wenn Gräber aber nicht mehr besucht werden können, weil die Bevölkerung deportiert, ihre Familien ermordet oder über die Welt zerstreut sind, dann löst sich mit ihnen auch dieses Orts-Gedächtnis auf. Was übrigbleibt, sind Relikte, die, in ein Monument verarbeitet, ein neues Gedächtnis des Ortes befestigen. In Kazimierz, einem kleinen Dorf in Polen, dessen Bevölkerung vor dem Kriege fast zur Hälfte jüdisch war, hat man die Grabsteine des jüdischen Friedhofes auf diese Weise in ein Monument «übersetzt».[47] Außerhalb des Dorfes wurde eine Mauer von 3 Metern Höhe und 25 Metern Länge errichtet, die von einem Riß gespalten ist. Auf diese Mauer wurde ein Fries aus jüdischen Grabplatten gegipst. Die Grabsteine wurden nicht nur vom Friedhof geborgen, sondern auch aus dem Straßenpflaster eines ehemaligen Franziskanerklosters ausgegraben, wo die Nazis ihr Gestapo-Hauptquartier eingerichtet hatten. Bei ihrer Wiederverwendung waren die Grabsteine mit

---

[46] James E. Young, «Jewish Memory in Poland», in: G. H. Hartman, Hg., Holocaust Remembrance. The Shapes of Memory, Oxford and Cambridge, Mass. 1994, 228.
[47] Young, Jewish Memory, 215–231.

ihrer glatten Rückseite nach oben gelegt worden, womit das Gedächtnis an die eigentliche Bestimmung gelöscht war. Dadurch war jedoch
zugleich die Inschrift vor Abnützung und Zerstörung gesichert worden,
wie man bei ihrer Wiederfreilegung feststellte.

8. Traumatische Orte

Gedenkorte sind solche, an denen Vorbildliches geleistet oder exemplarisch gelitten wurde. Mit Blut geschriebene Einträge wie Verfolgung,
Demütigung, Niederlage und Tod haben im mythischen, nationalen und
historischen Gedächtnis einen prominenten Stellenwert. Sie sind unvergeßlich, sofern sie von einer Gruppe in eine positiv verpflichtende
Erinnerung übersetzt werden. Traumatische Orte unterscheiden sich
von Gedenkorten dadurch, daß sie sich einer affirmativen Sinnbildung
versperren. Das religiöse und nationale Gedächtnis ist reich an Blut und
Opfern, doch sind diese Erinnerungen nicht traumatisch, weil sie nor-
mativ besetzt sind und für eine persönliche oder kollektive Sinnstiftung
in Anspruch genommen werden.

An diesem Punkt möchte ich noch einmal auf den eingangs zitierten
Autor Hawthorne zurückkommen und seinem Roman ein weiteres
Beispiel, diesmal für den traumatischen Ort, entnehmen. Es handelt sich
dabei um eine Variante der sprichwörtlichen Bindung des Verbrechers
an den Ort seines Verbrechens. Die Heldin des Romans *The Scarlet Letter*, der die puritanische Gesellschaft mit dem Buchstaben A wie ‹adul-
tery› (Ehebruch) das Stigma ihrers Verbrechens aufgeprägt hat, macht
keinen Gebrauch von der Möglichkeit eines Ortswechsels, der sie von
belastender Bekanntheit hätte befreien und ihr zu neuer Identität hätte
verhelfen können.

«Es mag sonderbar erscheinen, daß diese Frau weiterhin ausgerechnet jenen Ort
ihr Zuhause nannte, wo sie zum Wahrzeichen der Schande geworden war. Es
gibt jedoch einen geheimnisvollen Zwang, ein Gefühl, das so unwiderstehlich
und unausweichlich ist, daß es die Macht des Schicksals annimmt, das Menschen
unweigerlich dazu zwingt, fast geisterhaft an dem Ort zu verweilen, wo ein
großes und einschneidendes Ereignis ihrem Leben seine Prägung eingebrannt
hat, und zwar desto unwiderstehlicher, je dunkler der Schatten ist, der auf ihnen
lastet. Ihre Sünde, ihre Schande waren die Wurzeln, die sie in den Boden geschlagen hatte.»[48]

---

[48] Nathaniel Hawthorne, The Scarlet Letter, New York 1962, 83. «It may seem marvellous, that this woman should still call that place her home, where, and where only, she must needs be the type of shame. There is a fatality, a feeling so irresistible and
inevitable that it has the force of doom, which almost invariably compels human
beings to linger around and haunt, ghostlike, the spot where some great and marked
event has given the color to their lifetime; and still the more irresistibly, the darker

Während der Erinnerungsort stabilisiert wird durch die Geschichte, die
von ihm erzählt wird, wobei der Ort seinerseits diese Erzählung stützt
und verifiziert, kennzeichnet den traumatischen Ort, daß seine Geschichte nicht erzählbar ist. Die Erzählung dieser Geschichte ist durch
psychischen Druck des Individuums oder soziale Tabus der Gemeinschaft blockiert. Ausdrücke wie Sünde, Schande, Zwang, Schicksals-
macht, Schatten sind solche Tabu-Worte, Deck-Begriffe, die nicht
mitteilen, sondern Unaussprechliches abwehren und in seiner Unzugänglichkeit einschließen.

Hawthorne thematisiert Schuld und Trauma als Symptome sozialer
Krankheit, die auf Heuchelei und Selbstverkennung beruhen. Das Ereignis, das hier zugrunde liegt, ein uneheliches Kind, wird zum ‹Verbrechen› erst durch die Stigmatisierung der Heldin sowie die Verdrängungen und den moralischen Kode der puritanischen Gesellschaft. Hester
bleibt zwanghaft an den Ort ihrer Schande gebunden, wo der Ehebruch
nicht zur Vergangenheit wird, sondern anhaltende, virulente Gegenwart
bleibt. Der traumatische Ort hält die Virulenz eines Ereignisses als
Vergangenheit fest, die nicht vergeht, die nicht in die Distanz zurück-
zutreten vermag.

Auschwitz

Der Name Auschwitz ist inzwischen zu einem Kürzel für den fabrik-
mäßigen Massenmord der Nazis an Juden und anderen ausgegrenzten
und wehrlosen Opfern geworden. So eindeutig und unmißverständlich
die sprachliche Bedeutung dieses *Namens* ist, so unklar ist die Bedeutung
dieses *Ortes*. Der Ort Auschwitz, so schreibt Jonathan Webber, «ist kein
Museum, obwohl er auf den ersten Blick so erscheinen mag, er ist kein
Friedhof, obwohl er wesentliche Voraussetzungen dafür hat, er ist kein
Touristen-Ort, obwohl er oftmals überquillt von Besucherströmen. Er
ist all dieses in einem. (...) Wir haben keine Kategorie in unserer Sprache, mit der wir ausdrücken könnten, was Auschwitz für ein Ort ist.»[49]

Um die formelhaft verfestigte Bedeutung des Namens aufzurastern
und der Erinnerungsarbeit zurückzugeben, ist es immer wieder notwendig, zum Ort und der mit ihm verbundenen Problematik zurückzukehren. Die Vielschichtigkeit und Komplexität dieses traumatischen
Ortes ergibt sich nicht zuletzt durch die Heterogenität der Erinnerungen und Perspektiven derer, die ihn aufsuchen. Für die Polen, die das KZ

---

the tinge that saddens it. Her sin, her ignomy, were the roots which she had struck
into the soil.»

[49] Jonathan Webber, The future of Auschwitz. Some Personal Reflections, The First
Frank Green Lecture, Oxford Centre for Postgraduate Hebrew Studies, 1992, 8.

im eigenen Lande verwalten und zu einem zentralen Erinnerungsort ihrer nationalen Opfergeschichte gemacht haben, bedeutet er etwas anderes als für die überlebenden jüdischen Häftlinge; und für die Deutschen und ihre Nachkommen bedeutet er wiederum etwas anderes als für die Angehörigen der Opfer. Mit dem sehr allgemeinen Wort ‹Betroffenheit› wird eine ganze Palette unterschiedlich akzentuierter Affekte ab- und zuweilen auch zugedeckt. Ruth Klüger betonte zu Recht: «Alle, die nach Auschwitz in westlichen Ländern leben, haben Auschwitz in ihrer Geschichte.»[50] Doch wir wissen auch, daß diese Affekte so unterschiedlich eingefärbt sind wie die individuellen und kollektiven Geschichten, die Menschen mit diesem Ort verknüpfen.

Diese unterschiedlichen Affekte, die am selben Ort verankert sind, machen seine Komplexität aus. Für einige Gruppen ehemaliger Häftlinge, für die der Ort gesättigt ist mit der Erfahrung erlittenen Leids, ist er das konkrete Unterpfand einer gemeinsamen Erfahrung. Für die Überlebenden und ihre Kinder, die hier ihre ermordeten Angehörigen betrauern, ist er vorrangig ein Friedhof. Für diejenigen, die keine persönliche Verbindung zu den millionenfachen Opfern haben, steht das Museum im Vordergrund, das den konservierten Tatort in Ausstellungen und Führungen präsentiert. Für kirchliche oder politische Gruppen steht der Wallfahrtsort als Leidensstätte prominenter Märtyrer im Vordergrund. Für Staatsoberhäupter wird der historische Schauplatz zur Kulisse für öffentliche Bekenntnisse, Mahnungen, Erklärungen, Ansprüche. Für Historiker bleibt der Ort ein archäologischer Schauplatz der Spurensuche und Spurensicherung. Der Ort ist all das, was man an ihm sucht, was man von ihm weiß, was man mit ihm verbindet. So gegenständlich konkret er ist, so vielfältig präsentiert er sich in den unterschiedlichen Perspektivierungen. Die Phase, in der die zuständigen Regierungen versuchten, traumatische Orte wie Auschwitz oder Buchenwald in Gedenkstätten mit einer eindeutigen politischen Botschaft zu verwandeln, scheint vorbei zu sein. Unter dem Firnis offizieller Sinnstiftungen kommt heute immer mehr die Vielstimmigkeit und meist auch Unvereinbarkeit von Erinnerungen zum Vorschein.

Die Konservierung und Musealisierung traumatischer Orte ist geleitet von der Überzeugung, daß die nationalsozialistischen Massenverbrechen, für die es weder moralische Verjährung noch historische Distanzierung gibt, dauerhaft im historischen Gedächtnis verankert werden müssen. Von den Erinnerungsorten erhofft man sich über den Informationswert hinaus, den ortsunabhängige Gedenk- und Dokumentationsstätten vermitteln, eine Intensitätsverstärkung durch sinnliche Anschau-

---

[50] Ruth Klüger, «Kitsch, Kunst und Grauen. Die Hintertüren des Erinnerns: Darf man den Holocaust deuten?», in: FAZ (Nr. 281) vom 2. 12. 1995.

ung. Was schriftliche oder visuelle Medien nicht vermitteln können, soll den Besucher am historischen Schauplatz unvermittelt anwehen: die in keinem Medium reproduzierbare Aura des Ortes. Diese Einstellung entspricht nicht nur einer uralten inneren Bereitschaft von Wallfahrern und Bildungstouristen, sondern auch einer neuen museumspädagogischen Ausrichtung, die Geschichte als Erlebnis vermittelt. Sinnliche Konkretion und affektive Kolorierung sollen die rein kognitive Erfassung historischen Wissens im Sinne einer persönlichen Auseinandersetzung und Aneignung vertiefen.

Krzysztof Pomian, der das Sammeln und die Geschichte des Museums erforscht hat, illustriert an einem Beispiel die unterschiedlichen Phasen, die ein Gegenstand durchläuft, dem ein musealer Wert zugesprochen wird. Sein Beispiel ist eine Fabrik, die zunächst Teil eines produktiven, nützlichen Kreislaufs ist, deren Maschinen schließlich abgenutzt und unwirtschaftlich sind und die deshalb aufgegeben wird, «nachdem alles Nützliche oder Verkäufliche daraus entfernt worden» ist. Unsere Fabrik, so fährt Pomian mit seinem Beispiel fort,

«ist ein Überrest, ein Relikt der Vergangenheit. Man stellt in ihr keine zum Gebrauch bestimmten Gegenstände mehr her. Man zeigt sie der Öffentlichkeit. Die Öffentlichkeit sieht, traurig oder entrüstet, in den Mauern und Maschinen ein Denkmal des Proletariats oder der Industriekapitäne, des Klassenkampfes oder der Sorge des Unternehmers um seine Arbeitnehmer, ein Denkmal der Ausbeutung des Arbeiters durch die Bourgeoisie und der Akkumulation des Kapitals oder, im Gegenteil, ein Bild des Unternehmergeistes, des Fortschritts der Technik und der Eroberung von Märkten. Aus unserer Fabrik ist ein Gegenstand der Diskussionen und der Gesten geworden, Ausdruck für verschiedene Haltungen gegenüber der Vergangenheit, die sie versinnbildlicht. Von jetzt an wird sie in einem semiotischen Kreislauf funktionieren.»[51]

Einiges von dem, was Pomian über die ausrangierte Fabrik sagt, gilt auch für die Todesfabrik Auschwitz. Als Überrest wird sie unter der Bedingung erhalten, daß sie zum Träger neuer Bedeutungen und zum Index von Erzählungen wird. Wie die Sammlungsobjekte funktioniert auch ein Gedächtnisort in einem semiotischen Kreislauf. «Die Funktion der Fabrik besteht nun darin, auf eine verschwundene Vergangenheit zu verweisen. Sie zeigt auf etwas, das nicht mehr vorhanden ist, sie bezieht sich auf eine unsichtbare Realität.»[52] Wie die Gegenstände einer Sammlung sind auch die Orte «Mittler zwischen Vergangenheit und Gegenwart»; wir können auch sagen: sie sind Gedächtnismedien; sie verweisen auf eine unsichtbare Vergangenheit und halten den Kontakt zu ihr aufrecht.

[51] Krzysztof Pomian, «Museum und kulturelles Erbe», in: Gottfried Korff, Martin Roth, Hgg., Das historische Museum. Labor – Schaubühne – Identitätsfabrik, Frankfurt a. M. 1990, 41–64, hier: 42.
[52] Pomian, «Museum und kulturelles Erbe», 43.

Als Peter Weiss in den sechziger Jahren Auschwitz besuchte, versuchte er, ebenso wie Cicero oder Petrarca an den von ihnen besuchten Bildungsorten, sein mitgebrachtes Wissen mit dem Territorium zu verknüpfen. Obwohl der zeitliche Abstand viel geringer war, war die Koppelung von Einst und Jetzt im indexikalischen «Hier» für ihn ungleich schwieriger, denn sie überstieg trotz gewissenhafter Rekonstruktion das Vorstellungsvermögen des nachträglich am Tatort Eingetroffenen:

«Hier sind sie gegangen, im langsamen Zug, kommend aus allen Teilen Europas, dies ist der Horizont, den sie noch sahen, dies sind die Pappeln, dies die Wachtürme, mit den Sonnenreflexen im Fensterglas, dies ist die Tür, durch die sie gingen, in die Räume, die in grelles Licht getaucht waren und in denen es keine Duschen gab, sondern nur diese viereckigen Säulen aus Blech, dies sind die Grundmauern, zwischen denen sie verendeten in der plötzlichen Dunkelheit, im Gas, das aus den Löchern entströmte. Und diese Worte, diese Erkenntnisse sagen nichts, erklären nichts. Nur Steinhaufen bleiben, vom Gras überwuchert.»[53]

Peter Weiss geht dem nachträglichen Besucher an diesem Ort die absolute Differenz von Lerngedächtnis und Erfahrungsgedächtnis auf: «Der Lebende, der hierherkommt, aus einer andern Welt, besitzt nichts als seine Kenntnisse von Ziffern, von niedergeschriebenen Berichten, von Zeugenaussagen, sie sind ein Teil seines Lebens, er trägt daran, doch fassen kann er nur, was ihm selbst widerfährt.»[54] Ruth Klüger ist Auschwitz selbst widerfahren. In ihrem autobiographischen Roman *weiter leben* hat sie sich Gedanken gemacht über den Nutzen und Nachteil von KZ-Gedenkstätten. Sie sieht in diesen Erinnerungsorten in erster Linie eine therapeutische Stütze für die Überlebenden. Die Pietät, so stellt sie fest, mit der die Überlebenden beharrlich am Ort, an den Steinen und an der Asche festhalten, kommt nicht den Toten zugute, sondern allenfalls ihnen selbst: «Der ungelöste Knoten, den so ein verletztes Tabu wie Massenmord, Kindermord hinterläßt, verwandelt sich zum unerlösten Gespenst, dem wir eine Art Heimat gewähren, wo es spuken darf.»[55] Sie glaubt nicht daran, daß «man Gespenster in Museen bannen kann».[56] Als Gegenstück zu Auschwitz führt sie Theresienstadt an, wo sie ihre Erinnerungsspuren ungestört von Besucherrummel und Konservierungseifer aufnehmen konnte. Die zu Wohnlichkeit und Gewöhnlichkeit zurückgekehrte kleine tschechische Stadt Terezín nahm ihre Erinnerungen bereitwillig in sich auf: «Dann schlenderte ich durch die Straßen, wo Kinder spielten, ich sah meine Gespenster unter

---

[53] Peter Weiss, «Meine Ortschaft», in: Atlas, zusammengestellt von deutschen Autoren, München 1968, 27–36; hier: 35.

[54] Weiss, «Meine Ortschaft», 36.

[55] Ruth Klüger, weiter leben, Göttingen 1992, 70.

[56] Ruth Klüger, weiter leben, 75.

ihnen, sehr deutlich und klar umrissen, aber durchsichtig, wie Geister sind und sein sollen, und die lebenden Kinder waren fest, laut und stämmig. Da ging ich beruhigt fort. Theresienstadt war kein KZ-Museum geworden.»[57]

Über diejenigen, die nach Auschwitz reisen, schreibt Ruth Klüger: «Wer dort etwas zu finden meint, hat es wohl schon im Gepäck mitgebracht.»[58] Die Überlebenden, die an die Stätte des Grauens zurückkehren, haben ganz anderes im Gepäck als die, die ihre Kenntnisse über Auschwitz nur aus Büchern und Bildern bezogen haben. Das Gepäck der von diesem Geschehen nicht unmittelbar Betroffenen ist unweigerlich leichter als das derer, die hieran persönliche Erinnerungen und Bindungen haben. Es ist vorstellbar, daß in dem Maße, wie das Gepäck der Besucher leichter wird, die Erwartung an die Eindruckskraft des Ortes zunimmt. Was man selbst, da man dem Geschehen bereits zu fern steht, nicht mehr mitbringt, soll durch eine ortsimmanente Gedächtniskraft, soll durch den überwältigenden Appellcharakter des Ortes aufgewogen werden.

Die zu Gedenkstätten und Museen umgestalteten Erinnerungsorte unterliegen einem tiefgreifenden Paradox: Die Konservierung dieser Orte im Interesse der Authentizität bedeutet unweigerlich einen Verlust an Authentizität. Indem der Ort bewahrt wird, wird er bereits verdeckt und ersetzt. Das geht gar nicht anders. Nur ein kleiner Teil des Bestandes kann als repräsentativ erhalten werden, und auch hier muß Baufälliges in der Substanz erneuert und ausgetauscht werden. Die Authentizität wird sich mit der Zeit immer mehr von den Relikten auf das schiere ‹Hier› der Örtlichkeit zurückziehen. Wer zuviel Gewicht legt auf die Gedächtniskraft des Ortes, läuft Gefahr, den umgestalteten Gedenkort, den Ort der Besucher, mit dem historischen Ort, dem Ort der Häftlinge, zu verwechseln. «Dachau habe ich einmal besucht», schreibt Ruth Klüger, «weil amerikanische Freunde es wünschten. Da war alles sauber und ordentlich, und man brauchte schon mehr Phantasie, als die meisten Menschen haben, um sich vorzustellen, was dort vor vierzig Jahren gespielt wurde. Steine, Holz, Baracken, Appellplatz. Das Holz riecht frisch und harzig, über den geräumigen Appellplatz weht ein belebender Wind, und diese Baracken wirken fast einladend. Was kann einem da einfallen, man assoziiert eventuell eher Ferienlager als gefoltertes Leben.»[59]

Für die Zeugin, die eine lebendige Anschauung von dem gefolterten Leben hat, besitzen diese Orte nicht nur keine Erinnerungskraft, sie verstellen obendrein die Erinnerung. Man braucht Phantasie, um an ihnen

---

[57] Ruth Klüger, weiter leben, 104.
[58] Ruth Klüger, weiter leben, 75.
[59] Ruth Klüger, weiter leben, 77.

vorbeizusehen, um sich ihrer Suggestion zu entziehen. Die musealisier-
ten Erinnerungsorte sind für sie zu Deckerinnerungen geworden. Um
nicht zu verfälschenden Erlebnisorten zu werden, muß deshalb die Illusion einer unmittelbaren Anschauung zerstört werden. Der Hiat zwischen dem Ort der Opfer und dem der Besucher muß sinnfällig gemacht werden, wenn das affektive Potential, das der Erinnerungsort
mobilisiert, nicht zu einer ‹Horizontverschmelzung› und illusionären
Identifikation führen soll. «Wir haben keine Kategorie in unserer Sprache, mit der wir ausdrücken könnten, was Auschwitz für ein Ort ist»,
schrieb Jonathan Webber. Klüger hat sich auf die Suche gemacht nach
einem neuen Wort. Für den traumatischen Ort Auschwitz schlägt sie folgendes vor: «Das KZ als Ort? Ortschaft, Landschaft, landscape, seascape
– das Wort Zeitschaft sollte es geben, um zu vermitteln, was ein Ort in
der Zeit ist, zu einer gewissen Zeit, weder vorher noch nachher.»[60]

Gedächtnisorte wider Willen – die Topographie des Terrors

Im Lande der Täter sind die Städte, und allen voran Berlin, «ein einzigartiges Erinnerungsdepot».[61] Die amerikanische Journalistin Jane Kramer, die sich aufmerksam in Berlin umgesehen hat, schreibt dazu: «Nun
hat auf einmal in der psychologischen Archäologie der Stadt, die erneut
die deutsche Hauptstadt ist, die Vergangenheit die Mauer ersetzt, und
niemand weiß wirklich, wo er die Vergangenheit hintun oder wie er sie
ansprechen oder was er mit so viel Erinnerung anfangen soll, während
die Leute, die sich noch erinnern, sterben.»[62]

Die These ist bedenkenswert, daß an die Stelle der Mauer, die die Stadt
in der Horizontale zerteilte, eine vertikale Schattenlinie getreten ist, die
die Gegenwart der Stadt von ihrer Vergangenheit trennt. Die Markierung
bestimmter erinnerungsträchtiger Orte der NS-Geschichte ist bis in die
8oer Jahre hinein keine Selbstverständlichkeit gewesen; einige Erinne-
rungstafeln an Gebäuden mit Hinweisen auf ihre Funktionen in der NS-
Verwaltung, die örtliche Initiativen anbrachten, wurden kurzerhand im
Müll entsorgt.[63] Für einen Gedächtnisort wider Willen ist das ehemalige
Gestapo-Gelände in der Mitte Berlins ein aufschlußreiches Beispiel.[64]

---

[60] Ruth Klüger, weiter leben, 78.

[61] Bogdan Bogdanovic, Die Stadt und der Tod. Essays, Klagenfurt, Salzburg 1993,
22; ders., Architektur der Erinnerung, Klagenfurt 1994.

[62] Jane Kramer, Unter Deutschen. Briefe aus einem kleinen Land in Europa, Berlin 1996, 17.

[63] Z.B. die Gedenktafel vor dem ehemaligen Reichskriegsgericht, Witzlebenstr.
4–5, vgl. Peter Reichel, Politik mit der Erinnerung. Gedächtnisorte im Streit um die
nationalsozialistische Vergangenheit, München 1995, 191–192.

[64] Bauwelt Heft 18 (1993), 916–917. Vgl. auch Peter Reichel, Politik mit der Erinnerung, München 1995, 196–202.

Nach dem Kriege sind hier die Gebäude, in denen zwischen 1933 und 1945 die Zentralen der Geheimen Staatspolizei, der SS und des Reichssicherheitshauptamts untergebracht waren, abgerissen worden. Eine genaue Lokalisierung der Prinz-Albrecht-Straße 8, wie die amtliche Adresse dieses Hauptquartiers lautete, war seitdem weder vor Ort noch auf den Stadtplänen möglich. Von ostdeutscher Seite war diese Straße durch eine neue Straße ersetzt worden, die Niederkirchnerstraße, deren Name dem Andenken der Näherin und kommunistischen Widerstandskämpferin Käthe Niederkirchner gewidmet war, die im KZ Ravensbrück ermordet worden ist. Auf dem eingeebneten westdeutschen Teil des Geländes wurde jahrzehntelang Bauschutt verarbeitet; «Erdverwertung» ist dafür der terminus technicus gewesen. Als Bazon Brock 1981 diesen Platz in einen Kulturlehrpfad einbezog und für die historische Imagination aufbereitete, griff er den Begriff auf, in dem er eine sprechende Metapher für geschichtlichen Wandel erkannte: «Dort wurden und werden die Trümmer des Gewesenen angehäuft, sortiert und umgewidmet.»[65] Ein Ergebnis dieser Erdverwertung war die Wiederaufbereitung der Trümmer dieser Ruinen als Unterfütterung des Tegeler Flugplatzes. Diese Konstellation von Abriß, Verödung und Schuttabdeckung ist, wie nachträglich deutlich wird, von hoher symbolischer Signifikanz. Brock vermerkt noch, daß ein Teil dieses Geländes über Jahrzehnte für das Fahren ohne Führerschein genutzt wurde, und er kann sich die folgende Pointe nicht verkneifen: «Aber es besteht kein Zweifel, daß der Führer und seine Unterführer zumindest seit 1938 über vom deutschen Volke ausgestellte Führerscheine verfügten.»[66]

1983 war ein Wettbewerb ausgeschrieben worden, der die Stadtwüste in einen «Gedenkpark für die Opfer des Nationalsozialismus» verwandeln sollte. Der mit dem 1. Preis ausgezeichnete Entwurf, der nicht realisiert wurde, hätte den Zugang zum geschichtsträchtigen Boden mit einer imposanten Stahlkonstruktion versiegelt. Der Schritt vom Vergessen zum symbolischen Gedenken ist wesentlich kürzer als der zur aktiven Erinnerungsarbeit. Der Status dieses Geländes als historischer Erinnerungsort wurde hartnäckig verkannt; ein Antrag der SPD Fraktion, die Baureste an diesem Ort freizulegen, wurde noch am 31. Januar 1985 von der Mehrheit des Berliner Abgeordnetenhauses abgelehnt. Als wenige Monate danach zur Feier des 8. Mai Kohl und Reagan zum politischen Gedenken auf dem Soldatenfriedhof von Bitburg antraten, fand gleichzeitig in Berlin eine symbolische Gegenaktion statt. Eine schaufelnde Menschenmenge grub dort auf dem fraglichen Gelände gegen die land-

---

[65] Bazon Brock, «Geschichte als Differenz in der Gegenwart», in: Ästhetik gegen erzwungene Unmittelbarkeit. Schriften 1978–1986, hg. v. Nicola von Velsen, Köln 1986, 191–197; hier: 194.
[66] Bazon Brock, «Geschichte als Differenz», 195.

läufige Meinung an, «am Ort der SS- und Gestapo-Zentrale sei nichts mehr zu suchen und zu finden».[67]

Im Sommer 1985 förderte eine systematische Spurensicherung unter der Leitung des Berliner Historikers Reinhard Rürup dann die Reste eines Kellergeschosses mit Waschräumen und Küchentrakt zutage. Damit war ein symbolischer Durchbruch geleistet, der im Herzen Berlins den materiellen Kontakt zur nahen Vergangenheit herstellte, wo er seither, von einer Ausstellungshalle überwölbt, als ‹Topographie des Terrors› zu besichtigen ist.[68] ‹Der umschwiegene Ort›, wie das Gestapo-Gelände in einer Berliner Ausstellung genannt wurde, ist zu einem Testfall für den Umgang mit deutscher Geschichte geworden. Diese archäologische Spurensicherung zeigt, was ein traumatischer Ort im Land der Täter ist: hautnah und zugleich bewußtseinsweltenfern. Sie sind ‹Steine des Anstoßes›, die gegen beträchtlichen Widerstand freigelegt und zur Besichtigung freigegeben werden.[69] Anders als bei den von den Opfern markierten Erinnerungsorten handelt es sich beim Gestapo-Gelände um eine ‹mémoire involontaire›, eine «rumorende Erinnerung», die ein später und unvermittelter Durchbruch ans Licht holt. Erinnerung ist offensichtlich nicht nur eine Sache der verlängernden Konservierung oder künstlichen Restitution dessen, was längst vergangen und verloren ist, sondern auch eine Kraft, die sich gegen den Wunsch des Vergessens und Verdrängens zur Geltung bringt. Nach Heiner Müller sind Traumata mnemischer Explosivstoff, der in Langzeitwirkung zum Ausbruch kommt: «Erinnerungsarbeit oder Trauerarbeit geht von Schocks aus», äußerte er in einem Interview.[70] Ähnlich wie Nietzsche, Warburg und Freud vertritt Müller eine Gedächtnistheorie, die dauerhafte Erinnerungsspuren an Urszenen der Gewalt bindet. Für ihn wie für Benjamin ist die Erinnerung obendrein eine revolutionäre Kraft, die «die Blutspur der vergessenen Ahnen» und unabgegoltene Problemüberhänge zur Erscheinung bringt. Diese revolutionäre Rückerinnerung ist der wichtigste Einspruch gegen das Leid und Unrecht der Geschichte.

Wenn sich Hitler hätte durchsetzen können, hätte er auf den jüdischen Genozid einen Mnemozid folgen lassen. Dann sähe die deut-

---

[67] Sibylle Wirsing, «Die Freilegung des Gestapo-Geländes. ‹Der umschwiegene Ort› – eine Berliner Ausstellung», FAZ vom 24. 12. 1986.

[68] Reinhard Rürup, Topographie des Terrors – Gestapo, SS und Reichssicherheitshauptamt auf dem ‹Prinz-Albrecht-Gelände›. Eine Dokumentation. Berlin 1987, 10. verb. Aufl. 1995. Vgl. auch die Internet-Seite der «Stiftung ‹Topographie des Terrors›».

[69] Jochen Spielmann, «Steine des Anstoßes – Denkmale in Erinnerung an den Nationalsozialismus in der Bundesrepublik Deutschland», in: Kritische Berichte 16/3 (1988), 5- 16.

[70] «Verwaltungsakte produzieren keine Erinnerungen», Interview am 7. Mai 1995 in Berlin mit Hendrik Werner, Ms., 1.

sche Memoriallandschaft heute anders aus – die Gestapo-Zentrale stünde weiterhin an ihrem Ort, und es gäbe keine Spuren mehr von den Vernichtungslagern. Nach dem Zusammenbruch eines Regimes und dem mit diesem verbundenen Wertsystem ordnen sich die Zeichen neu – was einst im Zentrum war, wird randständig und umgekehrt, die offizielle Botschaft verstummt, die zum Schweigen verurteilten Stimmen werden hörbar, Verfolger und Verfolgte tauschen ihre Reputation. Anders als Denkmäler, Gedenkstätten und -rituale gehen Erinnerungsorte jedoch nicht auf in den «Identitätsstiftungen der Überlebenden»[71]. Als historische Schauplätze mit ihren kärglichen materiellen Überresten sind sie bei aller symbolischen Ausdeutung und Ausbeutung immer noch etwas anderes als ein Symbol, nämlich sie selbst. Während kulturelle Zeichensetzungen aufgebaut und wieder abgetragen werden, verpflichtet die Persistenz von Orten, die auch in einer geopolitischen Neuordnung nicht ganz zum Verschwinden gebracht werden können, auf ein Langzeitgedächtnis, das neben den normativen Bezugspunkten für die Gegenwart obendrein im Auge behält, wie sich diese im historischen Gedächtnis verschoben haben.

Die Aura der Gedächtnisorte

Das Gedächtnis kennt nicht den behäbigen und unbestechlichen Maßstab chronologischer Zeitrechnung: Es kann das Allernächste in unbestimmte Ferne und das Ferne in bedrängende Nähe rücken. Während über das Geschichtsbewußtsein einer Nation die chronologisch geordneten Geschichtsbücher Aufschluß geben, findet das Gedächtnis einer Nation seinen Niederschlag in der Gedächtnislandschaft seiner Erinnerungsorte. Die eigentümliche Verbindung von Nähe und Ferne macht diese zu auratischen Orten, an denen man einen unmittelbaren Kontakt mit der Vergangenheit sucht. Die Magie, die den Erinnerungsorten zugeschrieben wird, erklärt sich aus ihrem Status als Kontaktzone. Heilige Orte, die eine Verbindung zu den Göttern herstellten, gab es in allen Kulturen. Gedenkorte kann man als ihre Nachfolge-Institution betrachten; von ihnen erwartet man sich, daß sie einen Kontakt mit den Geistern der Vergangenheit herstellen. Die Bindungskraft der Orte ist dabei ganz unterschiedlich fundiert: Im Falle des Generationenortes beruht sie auf der Verwandtschaftskette der Lebenden und Verstorbenen, im Falle der Gedenkorte auf der wiederhergestellten und weitertradier-

---

[71] Zitat aus einem Titel von Reinhart Koselleck, «Kriegerdenkmale als Identitätsstiftungen der Überlebenden», in: O. Marquard, K. H. Stierle, Hgg., Identität. Poetik und Hermeneutik 8, München 1979, 255–276.

ten Erzählung, im Falle der Erinnerungsorte auf rein antiquarisch-historischem Interesse, im Falle der traumatischen Orte auf einer Wunde, die nicht vernarben will.

Walter Benjamin, der den Begriff der Aura aufgenommen und in seinen Reflexionen über den Zusammenhang von Kunst, Technik und Massenkultur entwickelt hat, verwendete ihn allerdings mit umgekehrter Stoßrichtung. Seine berühmte Beschreibung von Aura lautet: «Ein sonderbares Gespinst aus Raum und Zeit: einmalige Erscheinung einer Ferne, so nah sie sein mag.»[72] Nach Benjamin besteht die Erfahrung einer Aura gerade nicht in nahebringender Unmittelbarkeit, sondern, ganz im Gegenteil, in Ferne und Unnahbarkeit. Was man nahe wähnte, zeigt sich plötzlich in einem anderen Licht, das es einem entrückt und entzieht. Das in der Aura enthaltene Heilige gründete für Benjamin nicht in einem Nähe-, sondern in einem Ferne- und Fremdheitsgefühl. Ein auratischer Ort in diesem Sinne macht kein Unmittelbarkeits-Versprechen; eher ist es ein Ort, an dem die unnahbare Ferne und Entzogenheit der Vergangenheit sinnlich wahrgenommen werden kann. Der Erinnerungsort ist in der Tat ein «sonderbares Gespinst aus Raum und Zeit», das Präsenz mit Absenz, sinnliche Gegenwart mit historischer Vergangenheit verschränkt. Wenn das Merkmal der Echtheit die Verbindung von Hier und Jetzt ist, dann ist der Erinnerungsort als Hier ohne Jetzt halbierte Echtheit. Weit entfernt davon, die beiden getrennten Hälften zusammenzufügen, hält sie der Erinnerungsort als Hier und Einst hartnäckig auseinander. Die auratische Dimension des Erinnerungsortes läge gerade in seiner Fremdheit, in diesem kategorischen Bruch, der sich vor Ort schwerer überspringen läßt als in der imaginativen Rezeption eines Buches oder Films.

Der Schritt vom Generationen- zum Gedenk- und Erinnerungsort, vom ‹milieu de mémoire› zum ‹lieu de mémoire›, erfolgt mit dem Abbrechen, Zerbrechen von kulturellen Bedeutungs-Rahmen und gesellschaftlichen Kontexten. Wie die Gebrauchsgegenstände, die ihren ursprünglichen Funktions- und Lebenszusammenhang verloren haben, als Relikte vom Museum aufgenommen werden, unterliegen auch Lebensformen, Haltungen, Handlungen und Erfahrungen einer ähnlichen Metamorphose, wenn sie aus dem Zusammenhang lebendiger Aktualität heraustreten und zu Erinnerungen werden. Gegenstände, die ihren Kontext verloren haben, nähern sich Kunstgegenständen an, die von vornherein auf funktionsfreie Kontextlosigkeit angelegt sind. Dieser schleichenden Ästhetisierung von Gegenständen im Museum entspricht eine schleichende Auratisierung der Relikte an Erinnerungsorten. Nora

---

[72] Walter Benjamin, Das Kunstwerk im Zeitalter seiner technischen Reproduzierbarkeit (1936), in: Gesammelte Schriften, hg. v. R. Tiedemann u. H. Schweppenhäuser, Band 1.2, Frankfurt a. M. 1974, 440.

schreibt die Transformation vom ‹milieu› zum ‹lieu de mémoire› in erster Linie der Dialektik von Modernisierung und Historisierung zu. In einem Prozeß beschleunigten Erneuerns und Veraltens forciert die Moderne einen permanenten Wandel der Lebenswelt, der dazu führt, daß Museen und Erinnerungsorte immer zahlreicher werden: «Wir erleben einen Augenblick des Übergangs, da das Bewußtsein eines Bruchs mit der Vergangenheit einhergeht mit dem Gefühl eines Abreißens des Gedächtnisses, zugleich aber einen Augenblick, da dies Abreißen noch so viel Gedächtnis freisetzt, daß sich die Frage nach dessen Verkörperung stellen läßt. Es gibt *lieux de mémoire*, weil es keine *milieu de mémoire* mehr gibt.»[73]

Noras Paradigma ist das von Moderne, Traditionsbruch und Historismus. Die deutschen Erinnerungsorte sind mit diesem Paradigma nur unzureichend zu erfassen. Daß ganz Europa nach dem Zweiten Weltkrieg mit Erinnerungsorten überzogen ist, hat nichts mit Modernisierung zu tun, sondern mit dem Gewaltregime der Nationalsozialisten und dem Verbrechen planmäßiger Massenvernichtung. Die Vernichtungslager sind traumatische Orte, weil der Exzeß der dort verübten Greueltaten menschliches Fassungs- und Darstellungsvermögen sprengt. Durch sie sind heute überall dort Gedenk- und Erinnerungsorte entstanden, wo über Jahrhunderte hinweg Generationenorte lebendiger jüdischer Tradition gewesen waren. Traumatische Orte, Erinnerungorte und Generationenorte überlagern sich in dieser Gedächtnislandschaft wie die Schriftzüge in einem Palimpsest.

---

[73] Pierre Nora, Zwischen Geschichte und Gedächtnis, Berlin 1990, 11.

Dritter Teil

SPEICHER

Ruin hath taught me thus to ruminate
(Shakespeare, Sonett 64)

Wir sollten lernen, uns selbst schon als Gewesene
zu betrachten und das Gegenwärtige als ein Vergangenes.
(Bazon Brock)

What is a thing? What remains?
What, after all, of the remains?
(J. Derrida)

Jenseits von Identität und Differenz liegt der Bereich
des Undifferenzierten, Indifferenten, Beliebigen,
Banalen, Unscheinbaren, Uninteressanten,
Nichtbeachtenswerten, Nichtidentischen
und Nichtdifferenten.
(Boris Groys, *Über das Neue*)

I.

ARCHIV

Das Wort ‹Archiv› geht auf das griechische Wort ‹arché› zurück, das neben ‹Anfang›, ‹Ursprung› und ‹Herrschaft› auch ‹Behörde› und ‹Amtsstelle› bedeutet. Derrida hat den irreduziblen Doppelsinn des Wortes ‹arché› betont, als er auf die Verknüpfung von «commencement» und «commandment» (‹Anfang› und ‹Befehl›) hinwies. Zu seiner Definition von Archiv gehören darüber hinaus die Bedeutungskomponenten von ›Substrat‹ und ‹Residenz› sowie die Institution von Wächtern, die das Gesetz hüten, es in Erinnerung rufen und auslegen. Das Archiv ist von Anfang an mit Schrift, Bürokratie, Akten und Verwaltung verbunden.[1] Die Bedingung der Möglichkeit eines Archivs sind Aufzeichnungssysteme, die als externe Speichermedien fungieren, allen voran die Technik der Schrift, die das Gedächtnis aus dem Menschen auslagert und es unabhängig von lebendigen Trägern befestigt hat. In den frühen Hochkulturen des Vorderen Orients wurde die Schrift vornehmlich zu Wirtschafts- und Verwaltungszwecken eingesetzt; der Schreiber war der Beamte par excellence, der die Herrschaft des Königs durch Verwaltung, Registratur und Kanzleiwesen absicherte. Durch die Stütze der Schrift konnte in Ägypten ein komplexes System der Redistributionswirtschaft aufgebaut werden: Die erwirtschafteten Erträge mußten an den Staat abgegeben werden, und dieser verteilte sie wiederum als zentrale Versorgungsinstanz. Auf diese Weise ließ sich mit der Organisationsstütze der Schrift ein großräumiges Speicher- und Versorgungssystem aufbauen. Da Schriftdokumente nach dem Ende ihres Gebrauchs nicht wie Naturalien verfallen, bilden sie einen Rest, der eigens gesammelt und aufbewahrt werden kann. So entsteht aus dem Archiv als Gedächtnis der Verwaltung und Wirtschaft das Archiv als Zeugnis der Vergangenheit.

Vor dem Archiv als Gedächtnis der Historie kommt allerdings das Archiv als Gedächtnis der Herrschaft. Dieses besteht aus Legaten und Testaten, aus Urkunden, die Beweischarakter haben für Ansprüche auf Macht, Besitz und Abstammung. In den Archiven der Fürsten, Klöster, Kirchen und Städte wurden im Mittelalter jene Dokumente aufbewahrt, die zur Beglaubigung von Institutionen und Gruppen dienten. Derrida versteht unter Archiv eine grundsätzlich politische Kategorie: «Die Frage kann niemals als eine politische Frage unter anderen gestellt werden. Sie bestimmt das ganze Feld und entscheidet in Wirklichkeit

---

[1] Eckhart G. Franz, Einführung in die Archivkunde, Darmstadt 1974.

von A bis Z über die res publica. Es gibt keine politische Macht ohne
Kontrolle über die Archive, ohne Kontrolle über das Gedächtnis.»[2]
Kontrolle des Archivs ist Kontrolle des Gedächtnisses. Nach einem
politischen Herrschaftswechsel verschiebt sich mit den Legitimations-
strukturen auch der Bestand des Archivs. Eine neue Werthierarchie und
Relevanzstruktur wird aufgebaut, was vormals geheim war, wie die Stasi-
Akten, wird nun öffentlich zugänglich. Ein tiefgreifender Strukturwandel des Archivs war mit der Französischen Revolution verbunden. Durch
den gewaltsamen Bruch mit der feudalen Vergangenheit wurden die vor-
maligen Rechts- und Verwaltungsstrukturen entwertet und mit ihnen
das Schrifttum, das diese Ordnung beglaubigt hatte. Dokumente, die
rechtlich entwertet waren, wurden jedoch nicht vernichtet, sondern im
Gegenteil gesammelt; sie gewannen einen neuen, nunmehr historischen
Beweiswert. Nachdem sie ihre Legitimierungsfunktion verloren hatten,
erhielten sie einen Quellenwert für Historiker.

Das Archiv ist ein kollektiver Wissensspeicher, der verschiedene
Funktionen erfüllt. Dabei spielen wie bei jedem Speicher drei Merkmale eine besondere Rolle: Konservierung, Auswahl und Zugänglichkeit. Da ich auf Probleme der Konservierung im folgenden Kapitel ausführlicher eingehen werde, beschränken ich mich hier auf die beiden
anderen Stichworte. Zunächst zur *Zugänglichkeit*. Archive definieren sich
über Schließung und Öffnung. Ob es sich um eine demokratische oder
repressive Institution handelt, zeigt sich an seiner Zugänglichkeit. In
Athen zum Beispiel wurden im Archiv die Gesetze und die in ihnen ver-
brieften Rechte der Bürger auf Dauer verwahrt und gesichert. Es sind
dies die Texte, auf die sich ein Gemeinwesen gründet oder über die sich
eine Gruppe definiert. In antiliberalen und totalitären Staaten sind die
Bestände geheim, in demokratischen sind sie ein öffentlicher Gemeinbesitz, der individuell genutzt und gedeutet werden kann. «Es gibt keine politische Macht ohne Kontrolle des Archivs», um noch einmal Derrida zu zitieren. Aber ohne Archiv gibt es auch keine Öffentlichkeit und
keine Kritik. Ohne Archiv keine res publica, keine Republik. Totalitäre
Regimes eliminieren das Speichergedächtnis zugunsten des Funktionsgedächtnisses. Demokratische Regimes tendieren dazu, das Speichergedächtnis auf Kosten des Funktionsgedächtnisses zu expandieren. Wo das
Archiv wie das Museum einen öffentlichen Gemeinbesitz darstellt, un-
tersteht es dem amtlichen Schutz von Behörden, die für die Bestandserhaltung besondere Sicherungsvorkehrungen treffen. Zum Repertoire

---

[2] Jacques Derrida, «Archive Fever. A Freudian Impression», in: Diacritics 25.2
(1995), 9–63; hier: 10–11. Derridas Aufsatz geht zurück auf einen Besuch des Freud-
Museums in London und beschäftigt sich vorrangig mit der Geschichte Freuds und
der Psychoanalyse.

solcher institutioneller Schutzmaßnahmen gehören «Verbote, Inventar, Kontrolle, Restauration».[3] Der Status des Archivs als institutionalisiertes Gedächtnis der Polis, des Staates, der Nation, der Gesellschaft ist zwischen Funktionsgedächtnis und Speichergedächtnis anzusetzen, je nachdem, ob es eher als Herrschaftsinstrument oder als ausgelagertes Wissensdepot organisiert ist. In totalitären Staaten, die eine zentrale Kontrolle über das soziale und kulturelle Gedächtnis ausüben, oder dort, wo die Kriterien der Aufnahme zu einer engen Begrenzung führen, wird das Archiv die Form eines Funktionsgedächtnisses annehmen. Die identischen Bestände können aber auch vom Funktionsgedächtnis ins Speichergedächtnis überwechseln, wenn, wie im Zuge der Französischen Revolution, Legitimationsurkunden als historische Quellen eingestuft werden. Wo der unmittelbare Funktionswert verloren ist, muß eine kritische Deutung der Dokumente an die Stelle treten, wenn die Bestände nicht zu einem reinen Speichergedächtnis und materiellen Depot verkommen sollen. «Archive, die Material speichern», müssen «gelesen und interpretiert werden (...), wenn ihr Inhalt in ein Gedächtnis zurückgerufen werden soll.»[4] Als einem potentiellen Gedächtnis, beziehungsweise als materieller Voraussetzung zukünftiger kultureller Gedächtnisse kommt dem Archiv eine hervorragende Bedeutung zu. Darüber hinaus ist in das Archiv als Speichergedächtnis auch ein Funktionsgedächtnis eingelagert, das mit dem Namen ‹kulturelles Erbe› bezeichnet wird und ebenfalls den Archivaren in Verwahrung gegeben ist, die damit beauftragt sind, es gegen mögliche Natur- und Kulturkatastrophen wie Erdbeben und Atomkriege zu sichern.

Das zweite Stichwort heißt *Auswahl*. Nachdem zunächst das Aufheben und Konservieren im Mittelpunkt des Archivs gestanden hatte, wurde seit dem 19. Jahrhundert das Ausmisten und Wegwerfen zu einer nicht weniger wichtigen Tätigkeit der Archivare. Die Speicherkapazität der Archive, die nach Regalmetern gemessen wird, kann zwischen 3 und mehr als 55 Kilometern betragen.[5] Der Prozentsatz des Aufhebenswerten sinkt in dem Maße, wie die Schriftgutlawine anschwillt. Er ist mittlerweile auf circa 1 % zurückgegangen.[6] Für die ‹Kassation›, wie die Vernichtung von Archivbeständen in der Fachsprache heißt, gibt es in jeder

---

[3] Krzysztof Pomian, «Museum und kulturelles Erbe», in: Gottfried Korff, Martin Roth, Hgg., Das historische Museum. Labor – Schaubühne – Identitätsfabrik, Frankfurt a. M. 1990, 41–64; hier: 57, 59.

[4] Andreas Schelske, «Zeichen einer Bildkultur als Gedächtnis», in: Klaus Rehkämper, Klaus Sachs-Hombach, Hgg., Bild. Bildwahrnehmung, Bildverarbeitung, Wiesbaden 1998.

[5] Franz, Archivkunde, 37.

[6] Franz, Archivkunde, 75.

Epoche gewisse Aussonderungsprinzipien und Wertmaßstäbe, die aber
nicht unbedingt von späteren Generationen geteilt werden. Was der ei-
nen Epoche Abfall ist, ist der anderen kostbare Information. Deshalb sind
Archive nicht nur Orte der Informationsbestände, sondern ebensosehr
Orte der Informationslücken, die keineswegs nur auf Katastrophen- und
Kriegsverluste zurückgehen, sondern zu einem wesentlichen, strukturell
nicht zu eliminierenden Teil auch auf eine «aus späterer Sicht verfehlte
Kassation».[7]

Das Problem der Auswahl spielt in zwei Definitionen des Archivs eine besondere Rolle, die eine metaphorische Ausweitung dieses Begriffs
vornehmen. Beide haben in ihren Beschreibungen des Archivs den
Aspekt der institutionellen materialen Bestandssicherung ausgeklam-
mert. Die folgende Definition stammt von Michel Foucault: «Mit diesem Ausdruck (i. e. Archiv, A. A.) meine ich nicht die Summe aller Texte, die eine Kultur als Dokumente ihrer eigenen Vergangenheit oder als
Zeugnis ihrer beibehaltenen Identität bewahrt hat; ich verstehe darunter auch nicht die Einrichtungen, die in einer gegebenen Gesellschaft
gestatten, die Diskurse zu registrieren und zu konservieren, die man im
Gedächtnis und zur freien Verfügung behalten will.» Nach diesen
Negativbestimmungen, mit denen er die landläufigen Definitionen von
Archiv erfaßt hat, kommt Foucault zu seiner eigenen Definition:

«Das Archiv ist zunächst das Gesetz dessen, was gesagt werden kann, das System,
das das Erscheinen der Aussagen als einzelne Ereignisse beherrscht. Aber das
Archiv ist auch das, was bewirkt, daß all diese gesagten Dinge sich nicht bis ins
Unendliche in einer amorphen Vielzahl anhäufen, auch nicht allein schon bei
zufälligen äußeren Umständen verschwinden. (...) Das Archiv (...) ist das, was
an der Wurzel der Aussage selbst als Ereignis und in dem Körper, in dem sie sich
gibt, von Anfang an *das System ihrer Aussagbarkeit* definiert.»[8]

Eine materiale Definition von Archiv reicht für Foucault nicht aus, um
auf die in dieser Institution verankerte Machtstruktur aufmerksam zu
machen. Das Archiv ist für ihn kein vom gesellschaftlichen Leben abgekoppeltes Depot von Daten, sondern ein repressives Instrument, das den
Umfang von Gedanken und Artikulationen einschränkt. Als «Gesetz
dessen, was gesagt werden kann», wird das Archiv von einem inerten Gedächtnis der Kultur zu einer Programmierung kultureller Aussagen umgedeutet. Gleichzeitig ist diese Definition recht unspezifisch, denn als
das «Gesetz dessen, was gesagt werden kann» ließe sich wohl ebensogut
der ‹Diskurs› definieren. Mit seinem transmedialen und entmateriali-
sierten Diskursbegriff kann sich Foucault auch über die Materialität des
Archivs hinwegsetzen.

---

[7] Franz, Archivkunde, 120.
[8] Michel Foucault, Die Archäologie des Wissens, Frankfurt a. M. 1973, 186–188.

Boris Groys, der vom «kulturellen Archiv» als einer Bezugsgröße für «das Neue» spricht, hat diese Bedenken angemeldet und Foucaults Definition des Archivs als zu immateriell kritisiert. Er schlägt demgegenüber vor, das Archiv als real existierend zu verstehen «und in diesem Sinne auch durch die Zerstörung bedroht und deswegen endlich, exklusiv, begrenzt, so daß nicht alle möglichen Aussagen in ihm vorformuliert gefunden werden können».[9] In seinem Entwurf einer Kulturökonomie hat er das Archiv (das er mit ‹Museum› und ‹kulturellem Gedächtnis›, aber nicht mit ‹Bibliothek› gleichsetzt) als den Sammlungsort alles dessen definiert, was in der Kultur zu einem gegebenen Zeitpunkt einmal als «neu» bewertet worden ist. Das Alte und das Neue sind für ihn dialektisch miteinander verbunden, denn die Innovation ist der einzige Weg, der ins Archiv führt. «Jedes Ereignis des Neuen ist im Grund der Vollzug eines neuen Vergleichs von etwas, das bis dahin noch nicht verglichen wurde, weil niemandem dieser Vergleich früher in den Sinn kam. Das kulturelle Gedächtnis ist die Erinnerung an diese Vergleiche, und das Neue findet nur dann Eingang ins kulturelle Gedächtnis, wenn es seinerseits ein neuer derartiger Vergleich ist.»[10] Das Archiv ist bei Groys das Gedächtnis der Kunst, in das die innovativen Werke eingegangen sind, an deren Maßstab der innovative Gehalt neuer Werke gemessen wird. Mit anderen Worten: Das Archiv ist für Groys die Basis des Vergleichs für die Differenzqualität des Neuen. Auf Groys werden wir noch einmal zurückkommen, denn er interessiert sich nicht nur für die Grenze zwischen dem Alten und dem Neuen, sondern auch für die Grenze zwischen Archiv und Müll.

---

[9] Boris Groys, Über das Neue. Versuch einer Kulturökonomie, München 1992, 179.
[10] Boris Groys, Über das Neue, 49.

II.

DAUER, VERFALL, REST –
KONSERVIERUNGSPROBLEME
UND DIE ÖKOLOGIE DER KULTUR

In einer Kultur des Konsums und einer Ökonomie, die zusammen mit einer permanenten Steigerungsrate in der Produktion materieller Güter immer kürzere Zyklen des Erneuerns und Wegwerfens diktiert, wird die Ansammlung des ausrangierten Bestandes zu einem Problem, ja angesichts der Menge hochgiftiger, nicht abbaubarer Rückstände zu einem ökologischen Überlebensproblem. Seither haben Worte wie ‹Zerfall› und ‹Abbau› einen positiven Klang angenommen. Ein wachsendes ökologisches Bewußtsein dringt darauf, die Materialität der Produkte gleich so zu gestalten, daß sie nach ihrer Gebrauchsphase nicht mehr als Relikte überdauern, sondern sich in den Kreislauf wenn nicht des organischen Vergehens und Werdens, so doch des technischen Zerfalls und der Erneuerbarkeit eingliedern. Während auf dem Felde der Kultur der Traum von der unbefristeten Beständigkeit der Produkte geträumt wird, sehnt man sich auf dem Felde des Mülls nach der spurenlosen Vergänglichkeit der Produkte. Dem kulturellen Wert der Dauer, dem «dur désir de durer» (Paul Eluard) korrespondiert in ironischer Spiegelung der ökologische Wert des Verfalls. Der technische Ausdruck für solchen Verfall heißt ‹kompostierbar› *(biodegradable)*. Damit ist der mikrobiologische Prozeß gemeint, der organische Materie zersetzt: «Abfall, sofern er der Zersetzung durch Mikroorganismen unterliegt, wird kompostierbar genannt.»[1] Eine entsprechende Vergänglichkeit für technische Serienprodukte ist schwer erreichbar und inzwischen das Ziel größter Anstrengungen geworden. Kulturelle Schöpfungen mit Innovations- und Originalitätsanspruch streben dagegen zeitbeständige Dauer an. Was im einen Feld ein Skandalon ist, die physische Persistenz des (u. U. hochgiftigen) Materials, das ist auf dem anderen Feld der höchste Wert. Das Ewigkeitsverlangen der Kunst findet seine Verwirklichung im nuklearen Abfall. Schadstoff und Kulturstoff stehen zueinander in einer paradoxen strukturellen Homologie.

Diese Homologie wird noch erstaunlicher, wenn wir uns die Lagerungsbedingungen von höchstwertigem Kulturstoff und strahlendem Schadstoff ansehen. Im einen Falle geht es um Konservierung und die

---

[1] Jay Benforado and Robert K. Bastian, «Natural Waste Treatment», McGraw-Hill Yearbook of Science and Technology 1985 (New York 1985), 38.

Sicherung von Daten für die Nachwelt, im anderen um eine Entsorgung, die für die Nachwelt möglichst unschädlich ist. Geologen sind damit befaßt, die Gesteinsarten und die Lagerungstiefe für die umweltbedrohenden Industrieabfälle zu bestimmen. Zum Verwechseln ähnelt die Aufbewahrung des «kulturellen Erbes der Nation» im stillgelegten Stollen eines Silberbergwerks in Oberried bei Freiburg einer Giftmüllentsorgung. Beide Depots werden unter höchster Sicherheitsstufe gelagert.

«Tief im Berg unter der schützenden Schicht von einigen hundert Metern hartem Granit lagern strahlengeschützt und atomsicher verbunkert 750 Millionen Mikrofilmaufnahmen, die im Katastrophenfall Zeugnis über das Leben, Denken und Wirken unserer Zivilisation ablegen sollen. ‹Sicherheitsverfilmung› nennt man das im Jargon des Kulturgutschutzes. Der Oberrieder Stollen fungiert als ‹zentraler Bergungsort› für die Bundesrepublik Deutschland, sein Sicherungstrakt heißt ‹das Endlager›, und im Bonner Bundesamt für Zivilschutz spricht man stolz von der ‹Schatzkammer der Nation›».[2]

Die katastrophensichere Schatzkammer birgt in verplombten und 16-fach verschraubten Edelstahlcontainern einen «repräsentativen Querschnitt» von Kulturgütern in mediencodierter Form. Bauwerke, Denkmäler, Kunstwerke, Manuskripte, Bücher und andere Objekte von künstlerischem, archäologischen oder historischen Interesse sind auf Filmrollen platzsparend verstaut. Die Container erhalten eine Flaschenpost für diejenigen, die von unserer Welt durch eine Katastrophe abgeschnitten sind und auf kontinuierlichem Wege keine Anschauung mehr haben. Wenn die Originale und Objekte untergegangen sind, werden ihre Schattenbilder auf Mikrofilm noch lange fortbestehen. Francis Bacon hatte den Buchdruck als Sicherung gegen einen Verlust des Menschheitsgedächtnisses gepriesen. Wordsworth, der kein vergleichbares Vertrauen mehr in die Gedächtniskraft der Schrift hatte, imaginierte bereits einen durch Katastrophen bedingten vollständigen Abbruch der Kultur. Diese Sorge ist nun gegenstandslos: Im Bunker kann sich das entmaterialisierte kulturelle Gedächtnis selbst überleben. Es ist gerüstet für seinen Auftritt im zweiten Futur.[3]

Doch nicht nur ein kollektiver kultureller Besitz wird auf diese Weise katastrophensicher für eine unbestimmte Nachwelt eingelagert. In den

---

[2] Stephan Krass, «Alexandria – London und zurück. Via Oberried, Bukarest, Paris. Kleine Exkursion für Bibliothekare, Brandstifter und Bunkerspezialisten», in: Kunstforum 127 (September 1994), 126–133; hier: 127 f.

[3] Ein ähnliches Depot mit dem Namen «The Crypt of Civilization» wurde 1940 an der Oglethorpe University von Thornwell Jacobs angelegt. Der Dichter und presbyterianische Pfarrer legte ein swimmingpool-großes Depot mit Materialien auf Mikrofilm an, die über sechstausend Jahre Menschheitsgeschichte Aufschluß geben sollen. Dieses Archiv darf nicht vor dem Jahre 8113 geöffnet werden. Newsweek vom 14. April 1997, 10 f.

U. S. A. gibt es mittlerweile Firmen, die es auch Individuen ermöglichen, ihre persönliche Flaschenpost in eine ferne Zukunft zu schicken.
Sogenannte ‹Zeitkapseln› (time capsules) sind luftdicht verschlossene
Aluminiumbehälter mit einem amtlichen Zollstempel, in denen persönliche Habe wie zum Beispiel Unterwäsche, Videos mit Fitness-
Programmen und Kekse ‹eingemacht› werden.[4] Die Nachfrage nach
solchen Zeitkapseln hat sich im letzten Jahr verdreifacht. Wer die plom-
bierten Behälter in 50 oder 150 Jahren öffnen wird, wird keine Botschaften empfangen, sondern Materialien zur Rekonstruktion einer
vergangenen Alltagskultur in Händen halten. Die Konservierung des
Eigennamens ist damit kein elitäres kulturelles Privileg mehr; jede und
jeder einzelne hat Zugang zur Verewigungsindustrie; jeder und jede
kann sich den Menschheitstraum einer Kommunikation mit der Nachwelt erfüllen. Die Zeitkapseln, so kurios sie erscheinen mögen, zeigen
die wichtige Tendenz einer Dezentralisierung in der Archivierungs-
Geschichte auf. Als Archivare und Absender von Zeitkapseln treten nicht
nur Institutionen auf, sondern zunehmend auch Individuen.

Jacques Derrida, der sich seit langem mit Fragen des Bestehens und
Zerfallens, des Verlustes und des Rests beschäftigt hat, hat sich mehrfach
zur Materialität der Datenträger geäußert.[5] Um die Jahreswende
1988/1989, als er seine Stellungnahme zum Fall Paul de Man formulierte, hat er damit eine grundsätzliche Reflexion über das Problem des
Dauerns und Vergehens verbunden. Diesen Fall hat er in der Frage zusammengefaßt: Was kann es bedeuten, einen Toten nochmals umzu-
bringen?[6] Daran anschließend hat er die Grundfrage des kulturellen Archivs reformuliert: «Was wird von all dem in ein paar Jahren, in zehn,
zwanzig Jahren, noch übrigbleiben? Was wird ins Archiv gelangen? Welche Texte werden noch gelesen werden?»[7] In diesem Zusammenhang
spielt für ihn der abfall-technische Begriff ‹biodegradable› eine besondere Rolle, der, wenn man so will, eine gewisse Affinität zum Begriff
und Verfahren der Dekonstruktion hat. Geht es doch hier wie dort um

---

[4] Newsweek vom 14. April 1997, 10 F.

[5] Jacques Derrida, «Biodegradables. Seven Diary Fragments», in: Critical Inquiry
15 (1988/1989), 812–873 und ders., «Archive Fever», in: Diacritics 25.2 (1995), 9–63.
Ich danke Rembert Hüser für Hinweise, die ich aus Gesprächen und seinem Aufsatz
«Art ratlos» in: Renate von Heydebrand, Hg., Kanon Macht Kultur, München 1998
empfangen habe.

[6] Diese meine Reduktion des Problems tut natürlich den Windungen derridisti-
scher Prosa Gewalt an. Deshalb dazu eine Probe des Wortlauts: «Yes, to condemn the
dead man to death: they would like him *not to be dead* yet so they could put him to
death. To put him to death this time without remainder. Since that is difficult, they
would want him to be *already dead without remainder*, so that they can put him to death
without remainder.» Derrida, «Biodegradables», 861.

[7] Derrida, «Biodegradables», 816.

Zerfallen und Zerscheiben, um Prozesse der Auflösung und Neu-zusammensetzung sowie um die unterschwellige Auflösung der Grenze zwischen Erinnern und Vergessen. Das künstlerische *Werk*, das in einer Rhetorik organischer Ganzheit als ‹lebendig›, absolut, identisch und ewig gepriesen wird, erscheint in Derridas Perspektive als ein *Wrack*, das untergegangen und in den Meeresboden eingerammt ist, kaum mehr sichtbar und unkenntlich in seiner ehemaligen Gestalt, über und über mit Algen bedeckt.

Die Fokussierung auf die physische Seite des Werks macht auf seine Fragilität und Zerstörbarkeit aufmerksam. Das Kunstwerk, das gesell-schaftlich in den Zyklen der Konjunktur bzw. der Ehrung und Ächtung existiert, hat in seiner Physis teil am Biozyklus, wo nicht des Werdens, so doch des Vergehens. Wird Kunst damit rückführbar auf Natur, Kultur auf Agrikultur? Derrida, der der organischen Rhetorik in jeglicher ih-rer Erscheinungsformen mißtraut, bezweifelt dies und warnt, in diesem Zusammenhang die alte Dichotomie von Kultur und Natur wieder auf-zunehmen. Die Frage nach dem, was einen Text zerstörbar und unzer-störbar macht, führt er zurück auf die Ebene seiner intrinsischen Qualität. Diese Qualität ist in sich widersprüchlich: Einerseits muß das Werk auflösbar, verwertbar, assimilierbar sein, um so den kulturellen Nährboden der Tradition anzureichern, andererseits muß es seine Iden-tität, seine einmalige Signatur bewahren. Das Kunstwerk existiert somit im Überschneidungsfeld zweier Ökonomien; der Ökonomie der Agri-kultur, die auf Anverwandlung und Verfall beruht, und der Ökonomie der Kultur, die diesem Verfall etwas entgegensetzt. Von der Metaphysik der Dauer geht jedoch auch ein Derrida nicht ab, der an der Unzer-störbarkeit großer Werke festhält. Für ihn sind es zwei Eigenschaften, die einen Text vor Zerfall schützen: die Signatur des Eigennamens und die Resistenz seiner Schreibweise.

Für Derrida bedroht bereits der Akt des Verstehens einen Text in sei-ner Integrität, insofern, als er ihn rekomponiert und – im übertragenen Sinne – kompostiert. Deshalb setzt er Dauer mit einer Resistenz gegen Lesbarkeit gleich. Diesen Gedanken entwickelt er mit Hilfe des Leit-begriffs der ‹biodegradability›:

«In der allgemeinsten und neusten Bedeutung des Begriffs muß ein Text kom-postierbar (‹(bio)degradable›) sein, um die ‹lebendige› Kultur, das Gedächtnis, die Tradition nähren zu können. (...) Und dennoch muß er, um den ‹organischen› Boden jener Kultur anzureichern, ihr auch widerstehen, sie bekämpfen, in Fra-ge stellen und hinreichend kritisieren, um nicht zu sagen: dekonstruieren, also darf er in dieser Hinsicht nicht assimilierbar, kompostierbar sein. Oder er muß mindestens als unassimilierbar assimiliert werden, in Reserve gehalten, unver-geßlich weil unempfänglich, fähig, Bedeutungen zu generieren, die vom Verste-hen nicht erschöpft werden, unverständlich, elliptisch, geheim. (... Ein solcher Text) gehört zu nichts und niemandem, kann durch nichts und niemanden an-

geeignet werden, nicht einmal durch seinen eigenen Träger. Es ist diese einzigartige Un(zu)gehörigkeit (impropriety) des Textes, die seinen Zerfall verhindert
– niemals für immer, aber doch für eine lange Zeit. So besteht eine geheimnisvolle Verwandtschaft zwischen Abfall, zum Beispiel nuklearem Abfall, und dem
Meisterwerk.»[8]

Im kulturellen Archiv sind solche Texte zur Dauer bestimmt, die die erratisch unverwechselbare Qualität eines Eigennamens haben und in ihrer
Struktur widerständig sind. Persistenz und Resistenz, Beständigkeit und
Widerständigkeit gehören für Derrida wie für Harold Bloom zusammen,
für den «Fremdheit» (strangeness) die wichtigste Qualität kanonischer
Texte ist.[9] Ausgespart bleibt bei diesen Autoren freilich die Frage, wer solchen Texten in welchen institutionellen Kontexten derartige Prädikate
zuspricht. Ausgespart bleibt auch die Frage der materiellen Medien.
Derrida war sich hier einer Lücke bewußt und notierte sich das Desiderat, gelegentlich auf die Materialität der Texte zurückzukommen: «Es ist
aber auch nötig, die Stützen (‹supports›), die Zeichenträger mit zu
berücksichtigen – das Papier zum Beispiel, aber dieses Beispiel ist schon
nicht mehr angemessen. Es gibt die Diskette und so weiter. (...) Offizielle
Institutionen sind damit beschäftigt, Entscheidungen zu treffen angesichts der Masse nicht einlagerbarer Kopien oder der Rettung von
Werken, deren Papier allmählich zerfällt: Verschiebungen, Umstrukturierung des Archivs, und so weiter.»[10] Tatsächlich sind die pragmatischen
Probleme, die heute und morgen in der Sphäre der materiellen Datenträger und ihrer Speicherbedingungen anfallen, so komplex, daß man sie
am liebsten wie Derrida mit einem «und so weiter» übergehen möchte.
Mit diesen Problemen der Konservierung und Auswahl des kulturellen
Gedächtnisses sind die Archivare als professionelle Bewahrer betraut.
Werfen wir deshalb einen Blick auf die praktische Seite der *Bestandserhaltung* von Kulturzeugnissen, um festzustellen, wie sich hier das Verhältnis von Dauer und Verfall, Aufzeichnung und Konservierung unter den
Bedingungen der neuen elektronischen Speichermedien gestaltet.
    Für diese Entwicklung ist eine Anekdote aus dem Jahre 1980 auf-
schlußreich. Damals erhielt der Semiotiker Thomas A. Sebeok einen ungewöhnlichen Auftrag: eine Firma, die mit der Lagerung radioaktiver
Abfallstoffe in den USA befaßt ist, bat ihn, ein Zeichensystem auszuar-
beiten, in dem über zehntausend Jahre hinweg irrtumsfrei kommuniziert werden könnte. Der Grund lag auf der Hand: Die Firma wollte
Nachrichten über das gefährliche Material und seine physikalischen

---

[8] Derrida, «Biodegradables», 845.
[9] Harold Bloom, The Western Canon. The Books and School of the Ages, New
York 1994, 4 ff.
[10] Derrida, «Biodegradables», 865.

Eigenschaften für eine noch in zehntausend Jahren davon betroffene Nachwelt kodieren. Der Wunsch, mit der Nachwelt zu kommunizieren, wurde hier einmal nicht vom Bedürfnis nach Selbstverewigung angestoßen, sondern entsprang der Persistenz einer Gefahr. Die Nachwelt war vomals eine Instanz, an deren Urteil man appellierte und in deren Schutz man sich begab; nun war sie zu einem Adressaten geworden, um deren Schutz man besorgt sein mußte. Sebeok hat den Wünschen der Firma nicht entsprochen; er erfand kein absolut zeitresistentes Zeichensystem. Statt dessen machte er geltend, daß eine solche Botschaft nur dadurch zu stabilisieren sei, daß sie von einer «Atompriesterschaft» der betroffenen Experten immer wieder neu kodiert würde.[11]

Diese Reaktion des Semiotikers ist inzwischen auf einem anderen Gebiet bestätigt worden. Es ist das Gebiet der Konservierung, auf dem, wie die Archivare versichern, ganz neue Probleme auf uns zukommen. In ihrer Sicht stellt sich das Archiv nämlich immer weniger als ein sicherer Speicher und immer mehr als ein gigantischer Vergessensmechanismus dar. Das mit der Schrift erfundene Pathos von der Ewigkeit der Mitteilung auf unvergänglichen Datenträgern ist am Ende des Buchzeitalters der Dauersorge um Konservierung des kulturellen Archivs gewichen. Haltbarkeit war einst eine Frage der Beschaffenheit des Materials und der klimatischen Bedingungen. Auf Papyrus geschriebene Dokumente sind aus der Antike nur in Ausnahmefällen überliefert, wenn sich das Material in Gräbern und Höhlen im trockenen Wüstengebiet erhalten hat. Auch Papier ist heute in seiner Langzeitstabilität in Frage gestellt. Die Bayerische Staatsbibliothek hat 1995 eine Hauptabteilung ‹Bestandserhaltung› eingerichtet, deren Aufgabe es ist, dem drohenden Papierzerfall von Beständen des 19. und 20. Jahrhunderts entgegenzuwirken. Aber noch sehr viel dramatischer stellt sich die Konservierungsfrage im Falle analoger Datenspeicher im Bereich der audiovisuellen Medien, die inzwischen neben Kunstgegenständen, Baudenkmälern und Büchern als unverzichtbare historische und kulturelle Zeugnisse Anerkennung gefunden haben. Diese Dokumente können nicht mehr dadurch gesichert werden, daß man sie einfach nur aufhebt; sie unterliegen einem schleichenden, aber absehbaren Erosionsprozeß, der anschaulich als ein «alexandrinischer Schwelbrand» beschrieben worden ist.[12] Ein Feuerleger ist heute gar nicht mehr nötig, um das kulturelle Gedächtnis zu löschen, denn die Datenträger verglühen ganz von allein.

---

[11] Manfred Schneider, «Liturgien der Erinnerung, Techniken des Vergessens», in: Merkur 8 (1987), 676–686.

[12] Dietrich Schüller, «Materialien und Reflexionen», in: Das Audiovisuelle Archiv, Informationsblatt der Arbeitsgemeinschaft audiovisueller Archive Österreichs, Heft 27/28 (1990/1991), 17 – 34, hier: 30. Ich danke Herrn Hofrat Dr. Schüller für Anregungen und Informationen.

Gerade im Bereich der audiovisuellen Medien wiederholt sich damit ein akutes Problem. Oralkulturen waren bekanntlich von den Möglichkeiten einer Archivierung so gut wie ausgeschlossen gewesen, solange die Verschriftlichung der einzige Weg einer Aufzeichnung war. Erheblich weniger reduktiv verfahren demgegenüber die analogen audiovisuellen Medien, die auch Tanz und Musik festhalten und damit etwas von der sinnlichen Vielfalt oralkultureller Performanz bewahren. Doch ebendiese Datenträger, die den herkömmlichen Archivierungskanal umgingen und einzigartige ethnographische Dokumente sowie wichtige Materialien für eine Geschichte von unten sichern, sind jetzt einem drastischen Alterungs- und Verfallsprozeß ausgesetzt. Wenn dieser Prozeß fortschreitet, würde das bedeuten, daß die Oralkulturen nach einem kurzen Aufschub im Archiv noch einmal untergehen, diesmal im Medium ihrer vergänglichen Datenträger.

Weit radikaler als die Printmedien machen die Analogmedien wie Photographie, Tonband, Schallplatte und Film das Problem der archivalischen Konservierung deutlich. Sowohl in ihrer strukturellen Organisation – geringere Redundanz und hohe Datendichte – als auch in ihrer materiellen Beschaffenheit – chemische Veränderungen affizieren mechanische Eigenschaften – erfordern sie ganz andere Erhaltungsmaßnahmen. In diesem Zusammenhang zeichnet sich ein Paradigmawechsel der Archivierung ab. Die Suche nach dem dauerhaften Datenträger, der einen ewigen Fortbestand garantiert, mußte ebenso aufgegeben werden wie die Hoffnung auf ein garantiert zeitbeständiges Zeichensystem. An ihre Stelle tritt die permanente Praxis einer Umschreibung der Informationen in eine digitale Domäne. Das Fortkopieren der Inhalte auf immer neue Träger ist freilich mit dem Verlust des authentischen Trägermaterials verbunden. Damit eröffnet sich eine neue Zukunftsperspektive für das kulturelle Archiv:

«Ein derartiges System ist vorstellbar als Massenspeicher mit hoher Kapazität, in dem auf jeden gespeicherten Datensatz vollautomatisch zugegriffen werden kann. In Zeiten der geringeren Auslastung prüfen derartige Systeme nach vorgegebenen Kriterien (Alter bzw. Benutzungsfrequenz der Datenträger) die Integrität der Daten und überspielen innerhalb der vollen Fehlerkorrektur-Kapazität vollautomatisch Datenträger mit erhöhter Fehlerrate auf neue Träger, bevor Interpolationen, also Fehlerverdeckungen, auftreten. Wird ein derartiges System nach vielleicht zehn Jahren als solches obsolet, weil neue Massenspeichersysteme leistungsfähiger und ökonomischer zu betreiben sind, dann kann die Transmigration der Daten, also die Überführung in ein neues System, ebenfalls vollautomatisch erfolgen.»[13]

---

[13] Dietrich Schüller, «Von der Bewahrung des Trägers zur Bewahrung des Inhalts. Paradigmenwechsel bei der Archivierung von Ton- und Videoträgern», in: Medium, 4 (1994), 24. Jahrgang, 28–32, hier: 31.

Daten, die konserviert werden sollen, dürfen nicht mehr stillgestellt bleiben, sondern müssen sich auf eine permanente Wanderschaft begeben, um sich wie die Seelen bei der Reinkarnation auf immer neuen Datenträgern zu verkörpern. ‹Transmigration der Daten› lautet dieser folgenreiche Paradigmawechsel in der Konservierungstechnologie. An die Stelle des Archivs als Datenspeicher, in dem Dokumente von Kustoden aufbewahrt, konserviert und geordnet wurden, soll in Zukunft ein vollautomatisches Gedächtnis treten, das sich selbst reguliert, indem es darauf programmiert wird, wiederzuerinnern, was es permanent vergißt. Das Modell eines materiellen Fortbestehens weicht dem Modell einer dynamischen Reorganisation von Daten. Ein vollautomatisches Archiv, das selbst vergessen und sich erinnern kann, funktioniert wie ein Megahirn. In seiner technischen Konstruktion kommt es dabei der neuronalen Struktur des menschlichen Gedächtnisses erstaunlich nahe. Das kulturelle Gedächtnis wird sich damit nicht nur aus menschlichen Köpfen und Körpern, sondern auch aus menschlicher Wartung und Betreuung zurückziehen und ganz in die Technik verlagern. Diese Technik wird sich im Zeichen kommerzieller Entwicklungen immer weiter verändern, sowohl durch Obsoleszenz der Hardware wie durch den Wechsel der Speicherformate. Das Archiv wird damit zu einem selbstregulierenden, d. h. sich selbst lesenden und schreibenden Gedächtnis. Je mehr es sich menschlicher Organisation entzieht, desto verfügbarer wird es. Durch vollautomatischen Zugriff auf alle Informationen läßt sich die Datenmenge, die als Schrift, Bild oder Ton in die digitale Domäne hineingewandert ist, auf neuartige Weise organisieren und vernetzen. Multimedia-Formen, die über Breitbandnetzwerke und Daten-Highways Informationen mit Informationen zusammenschließen, lösen die Grenzen der Archive auf und laden ein zu freien Navigationsmöglichkeiten. Die digitalen Massenspeicher versprechen, das Wissen von seiner Gebundenheit an Raum und Materie zu befreien und ubiquitär verfügbar zu machen. In diesem Szenario, das als eine absehbare Zukunftsperspektive beschrieben wird, löst sich das Bild vom Archiv als einem räumlich abgeschlossenen kulturellen Gedächtnis-Ort des Festhaltens auf.

Neben dem Konservierungsproblem ist den Archivaren, die von Amts wegen mit der Pflege des kulturellen Gedächtnisses betraut sind, auch das Selektionsproblem zugefallen. Derzeit machen sie sich Gedanken darüber, wie groß der weltweite Speicherbedarf eigentlich ist, «der für die Bewahrung der bisherigen Bestände sowie für das Funktionieren des kommenden Informationszeitalters unerläßlich ist».[14] Während die einen die technische Seite der weltweiten Kapazitätsberechnung beden-

---

[14] Dietrich Schüller, «Jenseits von Petabyte – zum weltweiten Speicherbedarf für Audio- und Videoträger», in: 18. Tonmeistertagung Karlsruhe 1994, München 1995, 859.

ken, sind die anderen unter den Bedingungen der kommerziellen Streu-
ung und des permanenten materiellen Schwunds kultureller Medien-
Artefakte mit der Sichtung und Sicherung des nationalkulturellen Erbes
beschäftigt. In diesem Zusammenhang ist das Projekt ‹Memory of the
World› der UNESCO zu erwähnen, das sich auf Dokumente und Kul-
turzeugnisse aller Art bezieht und eine internationale Archivierung und
Vernetzung digital gespeicherter Daten anzielt.[15] Ein Beispiel für solch
ein nationales Archivierungs-Projekt ist die Initiative der australischen
Nationalbibliothek, die mit dem Film- und Ton-Archiv verbunden ist.
Sie hat empfohlen, eine Pflichtabgabe (legal deposit) zum Zwecke zentraler Archivierung einzuführen: «Legal deposit is essential if Australia is
to safeguard its published cultural heritage material through its collect-
ing institutions.»[16] Diese Initiative zur Bestandssicherung kultureller
Materialien steht vor dem Hintergrund akuter Verlusterfahrung, auf die
in der Empfehlung auch ausdrücklich eingegangen wird: «Der unwiederbringliche Verlust eines Großteils des audiovisuellen Erbes Austra-
liens beweist die Verletzlichkeit kultureller Bestände, für die keine rechtlichen Vorkehrungen in Gestalt von Pflichtkopien getroffen wurden.
Heute besitzen wir nur noch 5 % der australischen Stummfilm-Kultur.
Viele frühe Fernsehserien und Radiosendungen, einschließlich fast
aller Folgen der berühmten Serie *Die blauen Berge* sind für immer verloren.»[17]
Hier stellen sich ganz neue Probleme fürs kulturelle Gedächtnis: Was
kann oder soll von der Radio-, Fernseh- und Internet-Kultur gespeichert werden? Ist ein konservatives Archivierungsdenken überhaupt
noch angemessen im elektronischen Zeitalter, das dem Prinzip eines
permanenten Stirb und Werde huldigt? Wo hört das notwendige Einsammeln auf, und wo fängt das legitime Vergessen an? Solche Fragen
sind auf Anhieb nicht zu beantworten, sie stehen derzeit zur Diskussion
an. Die Frage nach der Auswahl der zu archivierenden Bestände wirft
erhebliche Probleme auf. Die säkularen demokratischen Staaten, die
zentralistische Zensur-Instanzen bekämpft haben und die Regulation
der kulturellen Güter weitgehend dem Gesetz des Marktes überließen,
sehen sich vor eine neue Aufgabe und Verantwortung gestellt. Ihnen
kommt die Pflicht zur Konservierung, jedoch nicht unbedingt die der
Auswahl zu. Deshalb müssen öffentliche Diskussionen diesen Prozeß
begleiten und dabei die Bedürfnisse einer zunehmend multikulturellen
Gesellschaft im Auge behalten.

---

[15] Dietrich Schüller, in: Das Audiovisuelle Archiv, 33/34 (1993/1994), 4–5.
[16] National Film and Sound Archive, National Library of Australia, Submission to
the Copyright Law Review Committee on Legal Deposit, August 1995, 2.
[17] Submission, 7.

In dieser Situation füllt sich die konservative Formel ‹kulturelles Erbe› mit einer neuen, pragmatischen Aktualität. Die UNESCO veranstaltet jährlich eine Tagung, bei der neue Bewerber für die Aufnahme in die Liste des Weltkulturerbes diskutiert werden. Im Jahre 1997 kamen auf der Tagung in Neapel 38 Kulturstätten und acht Naturwunder in fünf Kontinenten hinzu, die damit von der UN-Organisation für Kultur und Wissenschaft unter besonderen Schutz gestellt sind. Zu den Neuaufnahmen gehörten u. a. das österreichische Salzkammergut, Buddhas Geburtsort Lumbini und der Sundarbans-Urwald in Bangladesch. Die Kultur-Organisation führt auch eine «Rote Liste» der bedrohten Weltkulturerbe-Stätten, um historische Altstadtkerne und Monumente wie Schloß und Gärten von Potsdam vor Vereinnahmung in den modernen Urbanisierungsprozeß zu schützen.

Im Rückblick lassen sich von hier aus einige epochale Wandlungen im Verhältnis von Medientechnologie und kulturellem Gedächtnis erfassen. Das Archiv entsteht mit der Schrift. Schriftlose Gesellschaften haben keine Restbestände und also auch keine Archive. Nur wo es Schrift gibt, differenziert sich das kulturelle Gedächtnis in das Alte und das Neue, das Aktuelle und das Vergangene, in den Vordergrund eines Funktionsgedächtnisses und den Hintergrund eines Speichergedächtnisses. Mit dem Aufzeichnungsmedium der Schrift erweitert sich nicht nur die Reichweite der politischen Herrschaft, der wirtschaftlichen Organisation und der gesellschaftlichen Kommunikation, es sedimentieren sich auch Reste sprachlicher Zeugnisse, die weggeworfen oder auch aufbewahrt werden können und von späteren Generationen zu unterschiedlichen Zwecken bewahrt und verwaltet werden. Mit der Erfindung der Schrift war die menschliche Sehnsucht nach einer säkularen Ewigkeit, einem zweiten Leben im Gedächtnis der Nachwelt entstanden. Für dieses Gedächtnis der Nachwelt bietet das Archiv einen Zwischenspeicher, aus dem niedergelegte Zeichen wieder als Botschaften abgerufen werden können. Dieser Zwischenspeicher ist mit jeder neuen Entwicklungsstufe in der Technologie der Aufzeichnungsmedien sprunghaft angewachsen. Das gilt für die gedruckten Bücher, die die Bibliotheken anschwellen ließen, ebenso wie für das Lumpenpapier und die Photographie, die die Archive anschwellen ließen. Denn mit den neuen Aufzeichnungstechnologien haben sich nicht nur die Bestände erweitert, sondern auch die Typen der Archive ausdifferenziert. Neben Schrift-Archiven gibt es Bild-Archive, die das «visuelle Erinnerungsvermögen» (André Malraux) der Menschen stützen sollen und seit Erfindung der Photographie auch Denkmäler-Archive und medizinisch wie kriminalistisch genutzte Datenbanken von Menschenbildern mit einschließen.[18]

---

[18] Vgl. dazu Herta Wolf, «Das Denkmälerarchiv Photographie», in: Camera Austria International (51/52 1995), 133–145.

Im Zuge dieser Entwicklung bedeutete die Aufnahme von Film- und Tonträgern eine weitere Ausdehnung des archivischen Zwischenspeichers. Noch entscheidender jedoch als die materiale Ausdehnung des kulturellen Archivs durch neue Medien ist die Reorganisation des Archivs durch das neue Medium der digitalen Speichersysteme. Mit der Umschreibung der materiellen Dokumente in die Schrift elektronischer Impulse gewinnen Schrift und Archiv eine neue Qualität. Sie sind nicht mehr als ein stabiler Datenspeicher faßbar, sie sind zu einem flüssigen System der Selbstorganisation von Daten geworden. Damit ist auch der Traum von der Schrift als immanenter Transzendenz, als einem Raum der individuellen Unsterblichkeit, der schon in den frühen Hochkulturen geträumt wurde, an seine Grenze gestoßen.

III.

GEDÄCHTNIS-SIMULATIONEN IM BRACHLAND DES VERGESSENS – INSTALLATIONEN VON GEGENWARTSKÜNSTLERN

Die Künstler, von denen im folgenden die Rede sein soll, gehören zur Generation derer, die, im oder kurz nach dem Zweiten Weltkrieg geboren, in einer Umwelt aufgewachsen sind, die von Trümmern und Wiederaufbau geprägt war: Anselm Kiefer 1945, Sigrid Sigurdsson 1943 und Anne und Patrick Poirier, 1941 und 1942. Bei allen steht das Thema Gedächtnis im Mittelpunkt ihrer bildkünstlerischen Arbeiten, oder, anders ausgedrückt, bei ihnen wird Kunst zum hervorragenden und letzten Medium des Gedächtnisses in einer Welt, die sich dieses Gedächtnisses entledigt hat. Und natürlich nicht nur bei ihnen. Sie stehen hier als Beispiele für jene allgemeine Hinwendung der Kunst zum Thema Gedächtnis, die in den siebziger Jahren begann und mit den achtziger Jahren dominant wurde. Den Höhepunkt der Gedächtniswelle in der Kunst haben wir wohl noch nicht überschritten, und es wird zu beobachten sein, wie sich diese Gedächtnis-Faszination weiter entwickelt. Die Beschäftigung mit dem Gedächtnis ist bei den einzelnen Künstlern sehr unterschiedlich motiviert. In Deutschland hat sie zu tun mit dem traumatischen Überhang einer Vergangenheit, die nicht vergehen will, kann, darf, und die in keiner gesellschaftlichen Erinnerungspraxis aufzuheben ist. Sie hat ferner zu tun, wie exemplarisch bei Heiner Müller, mit einem politischen Interesse an der subversiven Kraft der Erinnerung, die die totalitären und restaurativen Verhärtungen des Vergessens und Verdrängens erschüttern soll. Sie hat nach den Verheerungen des Zweiten Weltkriegs und der atomaren Bedrohung weiterhin zu tun mit einem gesteigerten Bewußtsein für all das Verlorene sowie für das Selbstzerstörungspotential moderner Gesellschaften. Und sie reflektiert schließlich die grundsätzlich prekäre Situation des Gedächtnisses im Zeitalter der industriellen Massenkultur mit ihren elektronischen Speicher- und Zirkulationstechniken. Es scheint, als hätte sich das Gedächtnis, das keine kulturelle Form und gesellschaftliche Funktion mehr hat, in die Kunst geflüchtet.

Die Künstler, die das Gedächtnis in ihre Obhut nahmen, haben neue, bemerkenswerte Formen einer *Gedächtnis-Kunst* entwickelt. In der alten Tradition der *Gedächtniskunst* half die Kunst dem Gedächtnis auf die Sprünge; sie stellte sich als eine unterstützende Technik in seinen Dienst, indem sie seine Erschließung optimierte und zuverlässige Verfügbarkeit garantierte. Die neue Gedächtnis-Kunst setzt woanders an. Sie kommt nicht *vor*, sondern *nach* dem Vergessen; sie ist keine Technik oder Präventivmaßnahme, sondern bestenfalls eine Schadenstherapie, ein behutsames Einsammeln zerstreuter Reste, eine Bestandsaufnahme des Verlusts. Wenn wir mit Nietzsche annehmen dürfen, daß der Mensch ein Tier ist, das sich erinnert, dann verhilft ihm die Gedächtniskunst zur Steigerung dieser Kapazität, die Gedächtnis-Kunst hingegen erinnert ihn an ein kulturelles Vermögen, das er im Begriff ist zu verlieren. Simonides, der legendäre Patron der Gedächtniskunst, konnte die Toten der Festgesellschaft nach Einsturz des Daches identifizieren, weil er bereits vor dem Unglück am Schauplatz war und das Bild der Lebenden in seinem Kopf gespeichert hatte. Die Gedächtnis-Künstler am Ausgang dieses Jahrtausends sind in einer anderen Situation. Sie haben den Schauplatz der Katastrophe erst nachträglich betreten, und es ist keine Kunst mehr denkbar, die eine Gedächtnis-Brücke zwischen dem Jetzt und Einst schlagen könnte. Für sie gibt es nichts mehr zu rekonstruieren oder gar wiederherzustellen, es gilt lediglich einzusammeln, Spuren zu sichern, zu ordnen und zu bewahren, was an verstreuten Relikten noch übriggeblieben ist. Diese Gedächtnis-Künstler dokumentieren mit ihrer Arbeit nicht den Kraftakt der Erinnerung, der über den Tod hinweggreift, sondern sie bilanzieren das Ausmaß des Verlusts.

1. Anselm Kiefer

Seit den frühen Schriftkulturen Kleinasiens und des Mittelmeerraums sind *Buch und Bibliothek* die zentralen Medien des Gedächtnisses gewesen. Dies galt auch noch unvermindert für die Gutenberg-Phase der Buchkultur.[1] Was Buch und Bibliothek am Ende dieser Phase mit der elektronischen Wende der Kultur an gesellschaftlicher Bedeutung verloren haben, haben sie jedoch an künstlerischer Bedeutung gewonnen. Mit dem dramatischen Verlust ihrer instrumentellen Bedeutung geht eine neue Faszination an ihrer Objekthaftigkeit einher. Während Buch und Bibliothek im Begriff sind, ihren Rang als *Medien* des kulturellen Gedächtnisses an andere Datenträger und -banken abzugeben, machen sie in der Kunst Karriere als zentrale *Metaphern* des kulturellen Gedächtnisses. Diesen Übergang von technischer Dysfunktionalisierung und künstlerischer Auratisierung des Buches möchte ich an zwei Gegenwartskünstlern aufzeigen: Anselm Kiefer und Sigrid Sigurdsson.

---

[1] Vgl. Uwe Jochum, Kleine Bibliotheksgeschichte, Stuttgart 1993; Günther Stocker, Schrift, Wissen und Gedächtnis. Das Motiv der Bibliothek als Spiegel des Medienwandels im 20. Jahrhundert, Würzburg 1997.

*Anselm Kiefer,
Zweistromland. Doppel-
regal mit Bleibüchern*

*Anselm Kiefer,
Aufgeschlagenes Bleibuch*

Beide entdecken im Zeitalter der zunehmenden Virtualisierung von Bild und Schrift die Materialität des Buches.[2] Anselm Kiefer hat sein obsessives Interesse am Gedächtnis und seinen Medien immer wieder betont. Nach seinen Worten arbeitet der Künstler «mit einem riesigen Kultursack auf dem Rücken». Was in diesem Sack so alles enthalten ist, ist dem Bewußtsein weitgehend entzogen und wird erst über den Umweg der Kunst in der Materialisierung von Werken andeutungsweise sichtbar. Den Gedächtnis-Künstler Kiefer unterscheidet von wissenschaftlichen Sachwaltern der Erinnerung seine anamnetische Sensibilität, die darauf eingestellt ist, das zeitlich Fernste mit dem räumlich Nächsten zusammenzuschließen. Wenn er zusammenspannt, was historisch weit auseinanderliegt, zeigt er sich wie Warburg als ein Seismograph mnemischer Wellen im kulturellen Gedächtnis, das durch Verlust, gewaltsamen Abbruch von Erinnerungen und Verdrängungen zu einem kulturellen Unbewußten geworden ist. So hat Kiefer die Reste einer stillgelegten Ziegelei in Buchen im Odenwald, in der er sein Atelier eingerichtet hat, durch anamnetische Sensibilität mit der Palastbibliothek Assurbanipals im Ninive des 7. Jahrhunderts vor Chr. verbunden. Der Künstler sieht das Ferne im Nahen und das Nahe im Fernen: In den sperrigen verlassenen Lager-Regalen entdeckt er die kulturelle Grundfunktion des Archivierens und Magazinierens, in den Ziegeln die Tontafeln der antiken Bibliothek, im Lehm, aus dem die Ziegel geformt werden, ebenso wie im Wasser und Feuer das materielle Substrat schlechthin von Kultur, ihre Konstruktion und Fragilität aus und auf der überdauernden Erde.

Aus solchen Assoziationen ist die Arbeit *Zweistromland* herausgewachsen, die 1985 begonnen wurde und sich als work in progress entwickelte. Sie besteht aus zwei kolossalen Bücherregalen im Maßstab 4 x 8 x 1 m, die im stumpfen Winkel eines aufgeschlagenen Buches aufgestellt sind. Zur Installation gehören zwei Reagenzgläser mit Wasser, die «Euphrat» und «Tigris» benannt sind und die zweiflüglige Struktur des Werks näher erläutern. Das Doppelregal ist mit ca. 200 Bleibüchern bestückt. Dieses Blei ist kein reiner Rohstoff, sondern seinerseits ein kulturelles Produkt, das von Kiefer recycelt wird; seine Bleivorräte stammen von den ausrangierten Dächern des Kölner Doms. Blei konnotiert den Bleisatz, die beweglichen Typen, die Gutenbergs Innovation in der Drucktechnologie markieren. Nach der elektronischen Wende ist es in der Schrifttechnologie das obsolete Material schlechthin. In Kiefers Fo-

---

[2] In diesem Zusammenhang ist ein schöner Aufsatz von Monika Wagner zu nennen: «Bild – Schrift – Material. Konzepte der Erinnerung bei Boltanski, Sigurdsson und Kiefer», in: Birgit Erdle und Sigrid Weigel, Hgg., Mimesis, Bild und Schrift. Ähnlichkeit und Entstellung im Verhältnis der Künste, Wien 1996, 23–39.

lianten ist das Blei von den Druckbuchstaben auf die Buchseiten übergegangen.[3] Diese können wegen ihrer Größe und ihres Gewichts nur
von mehreren Männern gewuchtet werden, was ihre Einsehbarkeit und
Benutzbarkeit so gut wie ausschließt. Die Intransparenz der Bleibücher
wird durch einen großen gedruckten Kunstband kompensiert, der, in
bleifarbenem Leinen bezogen, eine kleine Auswahl des Entzogenen in
Photographien ansichtig macht: Je 9 Doppelseiten aus 28 Büchern sind
hier veröffentlicht.[4] Die emphatische Präsenz des Materials verdrängt
die Funktion des Buches als Medium. Zugleich ist bereits der Blick auf
die Bleibücher medial vermittelt, nämlich durch Texte und Photographien. Die kompakten Buchobjekte werden zugänglich und einsichtig
durch ihre Publikation in einem Metabuch, aus dem ich meine Information und Anschauung beziehe.

Bei den Bleibüchern muß man geradezu von Anti-Büchern sprechen: Sie vereinseitigen die stoffliche Komponente des Objekts Buch
und eliminieren die Dimension der kodierten Information. An die Stelle
von Schriftzeichen treten neben organischen Materialien wie Erbsen,
Lehm, Wasser, Haar oder Wolle Photographien, die, weitgehend in
Luftaufnahmen, Wolkenformationen, Landschaft, Großstadt-Horizonte,
Trümmerfelder oder Bahnlinien zeigen. Den Bildern von Zivilisationen
in unterschiedlichen Stadien des Aufbaus und der Zerstörung korre-
spondieren die ebenso ephemeren wie ewigen Wolkenformationen als
ihr naturhaftes Pendant. Kiefers Bücher erzählen keine einzige menschliche Geschichte, eher die Geschichte der Erde aus einer fernen außer-
menschlichen Perspektive, die zeigt, wie sie vorübergehend von den
Menschen in Besitz genommen wurde. Was sie erzählen, bleibt ah-
nungsvoll vage und unausgesprochen bedeutungsvoll. Die Bedeutung
dieser Anti-Texte, die nicht in Zeichen kodiert sind, ist in die Materialien abgesunken und in die schweren Folianten wie in Bleisärge eingeschlossen, in denen sie aufgehoben ist und konserviert wird. Dank der
hervorragenden Konservierungskraft des Bleis können diese Bücher einen GAU ebensogut überstehen wie die Tontafeln Assurbanipals einen
Bibliotheksbrand. Kiefers Anti-Bücher oder Buchsärge verabsolutieren
deutlich die Verewigungs- oder Gedächtnisfunktion des Buches auf
Kosten seiner Informations-, Vervielfältigungs- und Veröffentlichungs-
funktion. Sie sind nicht nur ein Denkmal des Erinnerns und Vergessens,
worauf der Titel «Zweistromland» verweist, sie sind auch ein Hort ent-

---

[3] Diese Beobachtung übernehme ich von Reinhold Grether, dem ich für wichtige Hinweise danke.
[4] Anselm Kiefer, Zweistromland. Späte Plastik im Zweistromland, Köln 1989. Kiefer ist auch der Wiedererfinder des Historienbildes, der in Werken wie der «Her-
mannsschlacht» oder «Nürnberg» die Schrunden und Brüche eines verminten nationalen Gedächtnisses ausstellt.

zogenen, okkulten Wissens, worauf der andere Titel des Werks verweist; er heißt: «die Hohenpriesterin» und spielt auf die zweite Figur aus dem Tarot-Kartenspiel an.

Cees Nooteboom, der sich Kiefers Installationen im zum Museum umgebauten Hamburger Bahnhof in Berlin angeschaut hat, hatte bei den Bleibüchern weniger die Assoziation einer Bibliothek als eines Archivs: «die Bücher, die hier stehen, kommen mir eher wie die Bücher eines Katasteramts vor, Register der Lebenden und der Toten, so ungefähr.»[5] Mit «so ungefähr» verweist er auf den Scheincharakter der Inszenierung, die Simulation des Archivs: «In diesen Büchern müssen bleierne Namen stehen, aber es sind Namen des Zufalls, so wie die langen Streifen von Standfotos, die aus den halb deformierten bleiernen Videorecordern auf den oberen Regalen heraushängen, nur zufällige Menschen zeigen, Anonymi, Zeitgenossen, Menschen, die es gab oder gibt und deren Namen in diesen bleiernen Kolossen weiterschlummern werden, ungesehen, weil niemand sie lesen kann.»[6] Kiefers Installation simuliert für Nooteboom nicht nur ein Archiv, sie dementiert es auch. Damit entsteht die paradoxale Konstruktion eines Archivs als Hort eines Wissens, das unlesbar und unzugänglich ist.

2. Sigrid Sigurdsson

Vor der Stille heißt eine Installation, mit der Sigrid Sigurdsson Ende der achtziger Jahre im Ernst Osthaus-Museum in Hagen begonnen hat. Auch hier steht im Mittelpunkt das Bibliotheksregal, das eine wachsende Anzahl von Büchern aufnimmt, die von der Künstlerin geschaffen wurden.[7] In der ersten Phase umfaßte das Werk ein Regal mit 72 Fächern, in denen Buchobjekte und Vitrinen lagerten; davor stand ein quadratischer Arbeitstisch, auf dem die Besucher einzelne Bände aufschlagen und durchblättern konnten. 1993, nach vier Jahren, war die Installation auf 12 Regale mit 380 Fächern und 730 Büchern angewachsen, die rund 30 000 Dokumente unterschiedlicher Art enthielten. Durch «Besucher-Bücher», die die Betrachter mitgestalten können und «Reise-Bücher», die an 500 Adressaten versandt wurden und gelegentlich in das Museum zurückkehren, wurden der Umfang und der räumliche Horizont des Werks noch einmal deutlich erweitert. Die Folian-

---

[5] Cees Nooteboom, Die Dame mit dem Einhorn. Europäische Reisen, Frankfurt a. M. 1997, 250. Für den Hinweis danke ich Max Brocker.

[6] Nooteboom, Dame mit dem Einhorn, 251.

[7] Michael Fehr, Barbara Schellewald, Hgg., Sigrid Sigurdsson: Vor der Stille. Ein kollektives Gedächtnis, Köln 1995.

ten, die mit Nessel überzogen und mit Erde geschlämmt sind, muten archaisch an. Unter ihnen sind verschlossene Bücher, deren Inhalt unzugänglich bleibt, andere können geöffnet und betrachtet werden. Die Bücher, die aus diesen Regalen kommen, sind wie bei Kiefer keine Informationsmedien, sondern Erinnerungsträger. Ihr Inhalt kann nicht gelesen und benutzt, sondern höchstens meditiert werden. Dieser Inhalt besteht aus unterschiedlichen Materialien: Photos, Briefen, Postkarten, Zeitungsausschnitten, Formularen, amtlichen Dokumenten, Plänen, Karten, Zeichnungen − kurz: jenem Kaleidoskop von Relikten und Fragmenten, die ein Mensch im Laufe seines Lebens sedimentiert. Diese Überreste sind in den Büchern unvermittelt nebeneinander gestellt, manche sind zusätzlich mit filigranen Zeichnungen überzogen. Einen vermittelnden Text oder Stichworte, die als Leitfaden durch das Labyrinth der Erinnerungen führen könnten, gibt es nicht. Das collage-artige Arrangement wirkt allein durch die Kontiguität und Kontingenz der Fundstücke.

Sigurdssons Bücher vermitteln kein Wissen, sondern speichern persönliche, biographische Erinnerungen. Die in den Buchobjekten gesammelten und aufbewahrten Relikte sind durchdrungen mit persönlichen Geschichten, aber sie belegen diese nur, sie erzählen sie nicht. Wenn hier die Zusammenhänge entzogen sind und die Bedeutung unklar bleibt, dann hat das nichts mit Esoterik zu tun wie bei Kiefer, sondern mit der Fragmentiertheit der Dokumentation und der Fremdheit der Personen. Über die Art der Dokumente gewinnt der Betrachter gleichwohl Einblicke in die Art und Weise, wie die abstrakte und kollektive Dimension, die wir ‹Geschichte› nennen, sich im Prisma individueller Erinnerungen und Lebensläufe bricht. Ein großer Teil der Dokumente stammt aus der Zeit des Nationalsozialismus und belichtet die Perspektive der Opfer wie der Täter. Die trivialen Knipserphotos zum Beispiel, die eine stereotype Familienidylle festhalten, stammen aus Bergen-Belsen und werden durch Briefcouverts ergänzt, die an einen dort tätigen Stabsarzt adressiert sind. Oder das Photo eines namenlosen Mädchens findet sich kommentarlos auf das Dokument eines amtlichen Frachtbriefs geklebt. Das Alltägliche und Normale wird so mit dem singulären Verbrechen des Massenmords in eine unmittelbare Verbindung gebracht. In den Buchkollagen wird Geschichte als persönliche Erinnerung präsentiert in der feinkörnigen Struktur individueller Lebens- und Todesgeschichten. Diese Erinnerung bleibt erratisch und fragmentiert. Die Bände bergen Treibgut des Vergessens; sie sind ein Aufschub «vor der Stille», ein Vorhalt vor dem endgültigen Verlust. Die Bücher sind deshalb weniger Speicher als Friedhöfe von Dokumenten. Nicht das Medium, sondern das markierte Material ist hier die Botschaft. In ihrer emphatischen Materialität sind die Bücher Sigurdssons ebensowenig reproduzierbar wie die von Kiefer. An die Stelle der Reproduzierbarkeit tritt ei-

Sigrid Sigurdsson, Vor der Stille.
Installation im Ernst Osthaus-Museum, Hagen

Sigrid Sigurdsson, Aufgeschlagenes Buch
aus der Installation ‹Vor der Stille›

ne andere Qualität, die Einzigartigkeit, Authentizität und Beweiskraft einer Reliquie. Dennoch versteht sich die Künstlerin nicht nur als Nachlaßverwalterin von biographischen Spuren. Die Kristallisation ihrer eigenen Erinnerungsarbeit soll anstecken und den Erinnerungsimpuls auf die Betrachter übertragen. Ihre Montage und Aufbereitung der Dokumente und Fragmente will Assoziationen bei den Betrachtern auslösen und in ihnen eigene Erinnerungsprozesse anstoßen. In Sigurdssons Arbeiten verlagert sich z. Z. der Akzent von der Gedächtnis-*Simulation* zur *Stimulation* von Erinnerungen. Dafür sprechen verschiedene Aktionen wie die in einem kleinen Dorf bei Danzig oder in Braunschweig, wo Sigurdsson im Medium der Kunst soziale Räume für den Umgang mit belasteten Erinnerungen geschaffen hat.

3. Anne und Patrick Poirier

Ein Schlüsselerlebnis hatte das Künstlerehepaar, als es 1970 in Angkor die alte Königs- und Tempelstadt in Kambodscha besuchte und eine imposante meditative Architektur vor sich sah, die von tropischer Feuchtigkeit zersetzt, von Wurzeln gesprengt und von Vegetation überwuchert war. Das Problem des kulturellen Gedächtnisses stand ihm hier gleichsam emblematisch vor Augen. Von da an wurde die Frage, wie Kulturen mit ihrer Vergangenheit umgehen, zur Passion des Ehepaars. Gemeinsam machten sie sich auf die Suche nach den verlorenen Vergangenheiten der eigenen Kultur. Ihr Vorbild fanden sie in der Archäologie, die mit der Exhumierung einer abgelebten Gegenwart beschäftigt ist. Von der Archäologie übernahmen die Künstler ihre Wahrnehmungsmuster, Stilisierungen und Gesten. Ihre Kunst wurde zur Pseudo-Archäologie. Dieses Künstler-Paar spielt ebenso passioniert Archäologie, wie die Kinder in dem französischen Film «Verbotene Spiele» unmittelbar nach Kriegsende Tod und Begräbnis spielen.

Die Grenzen zwischen Kunst und Wissenschaft werden von ihnen spielerisch verwischt, wo es um die Vergewisserung und Exploration des Gedächtnisses geht. In ihrem Projekt *Ostia Antica* von 1971–1972 haben sie ein archäologisches Modell geschaffen, in dem Rekonstruktion und Konstruktion ineinander übergehen.[8] Das archäologische Skelett des einst vibrierend geschäftigen Hafenortes wird bei ihnen zur Arbeit am kulturellen Gedächtnis. In dem Projekt *Mnemosyne* inszenieren sich die Künstler in gut romantischer Manier als Nachlaßverwalter, die die Papiere eines verstorbenen Freundes herausgeben. Dieser Freund ist ein

---

[8] Anne et Patrick Poirier. Texte von Jean-Michel Foray, Lóránd Hegyi, Günter Metken, Jérome Sans, Milano 1994.

Grenzgänger zwischen Archäologie und Architektur. Der eine baut für die Zukunft und schreibt sich in den Raum ein, der andere legt die Spuren der Vergangenheit frei und bringt die Erde zum Sprechen. Für die Poiriers gehören beide zusammen; einer ist der Schatten des anderen. Das fiktive Projekt, das sie von ihrem Freund übernehmen, ist die Ausgrabung der Gedächtnisstadt Mnemosyne. Im Gegensatz zu Atlantis, der Utopie der versunkenen Stadt, ist Mnemosyne allüberall auszugraben und zu retten, freilich immer in ihrem Doppelaspekt von Gegenwart und Vergangenheit, lebendiger Funktion und erstarrter Ruine, Erinnern und Vergessen.

Das Wort Gedächtnis-Kunst ist ganz besonders bei dem Werk der Poiriers am Platze. Von Erinnerungen im Sinne von biographischen Reminiszenzen, die im Mittelpunkt des Werks von Sigurdsson stehen, gibt es hier keine Spur. Es geht ihnen um die Geheimnisse des kulturellen Gedächtnisses, seine Qualität als künstlerische Ressource und terra incognita. Die Stadt Mnemosyne ist ein psychischer Raum; jede Ausgrabung, die unter die Erdoberfläche dringt, ist für die Poiriers zugleich ein Vorstoß in die dunklen Regionen unserer Seele. Für diese Regionen spendet die Archäologie, die ja immer nur partielles Licht ins Dunkel des Vergessens bringt, anschaulichere Bilder als die ausgeleuchteten, plastischen und farbigen Gehirne der Magnet-Resonanz-Bilder, denen jegliche Suggestivität abgeht. In ihrem fiktiven Grabungstagebuch findet sich folgender Text:

LE PAYSAGE
S'OUVRAIT DEVANT LUI
COMME UN CERVEAU
MIS À NU DONT
ON POUVAIT VOIR
LES FONCTIONS
MULTIPLES.

Die Landschaft / öffnete sich vor ihm / wie ein bloßgelegtes / Gehirn, in dem man / die unterschiedlichen / Funktionen / beobachten konnte.

Die Kunst der Poiriers rivalisiert mit dem sog. ‹Imaging› der Neurowissenschaften, die gegenwärtig das Innere nach außen stülpen und mit neuer Computertechnologie bis in seine letzten Windungen ausleuchten und vermessen. Hier ist noch einmal ein Rückblick auf die Gedächtniskunst angebracht; denn auch in der Renaissance wurden Modelle entwickelt, die die Landkarte des Gedächtnisses entwarfen und seine Kapazität bis in die letzten Winkel vermaßen und kolonisierten. Wie die Renaissance-Künstler konstruieren die Poiriers Gedächtnis-Räume; und vergleichbar dem Gedächtnis-Theater Camillos oder den in Paläste, Plätze und Kathedralen projizierten Gedächtnisräumen bauen sie in kleinem Maßstab oder raumfüllenden Konstruktionen an immer neuen Varianten eines mythologisch kosmologischen Weltgedächtnisses. Die Hirnphysiologie arbeitet heute der Computertechnologie zu, was bedeutet, daß das Organische nicht mehr ausschließlich innen und das Technische nicht mehr ausschließlich außen ist. Die paradigmatische Schnittstelle zwischen Technosphäre und Biospäre ist das menschliche Gehirn, das im Begriff ist, sich technisch zu implementieren, wie umgekehrt die Technik dabei ist, sich am physiologischen Modell zu optimieren. Indem die Gedächtnis-Kunst der Poiriers Ruinen in den menschlichen Schädel implantiert, wird eben diese unhintergehbar gewordene Interferenz von Innen und Außen affirmiert und die Möglichkeit einer klaren Analogie, wie sie für die alte Gedächtniskunst strukturbildend war, dementiert. Säulenstümpfe und Fragmente überblenden nicht nur die psychischen Strukturen mit solchen des kulturellen Gedächtnisses, sie lösen auch die Grenzen zwischen Erinnern und Vergessen auf.

Vor diesem Hintergrund erschließt sich, wie ich meine, die stilistische Dimension ihres Werks. Die Arbeiten sind gekennzeichnet von akribischer Ordnung, aseptischer Reinheit und klassizistischer Perfektion. Hier gibt es keine sinnliche Rhetorik des Materials wie bei Kiefer und keine ostentative Authentizität wie bei Sigurdsson. Im Mittelpunkt steht vielmehr die sorgfältige Bearbeitung und die akribische Ordnung der Relikte lange, lange nach der Katastrophe des Vergessens. Die ästhetische Perfektion tritt an die Stelle der Authentizität; Perfektion ist dabei ebenso zu verstehen als eine Technik der Konservierung wie als eine Mnemotechnik des Schönen. Die liebevolle Geduld und Sorgfalt in der Geste des Sortierens und Registrierens stellt einen affektiven Zug dieser Erinnerungsarbeit heraus, der weniger von inneren Erschütterungen und Nachbeben geprägt ist als von höchstem handwerklichen Anspruch. Diese im Vergleich mit den anderen Gedächtnis-Künstlern so markante Abwesenheit von persönlichem Pathos umgibt die Arbeiten der Poiriers mit einer gewissen Glätte und Kälte. Sie sind phantastische Konstruktionen, die (pseudo-) wissenschaftlich geläutert und dennoch ganz und gar vom Geheimnis des Gedächtnisses durchdrungen sind. Dieses Geheimnis kann nicht gelüftet, wohl aber beschworen werden in der spiegelnden Perfektion künstlerischer Bearbeitung.

Ganz im Gegensatz zu den Arbeiten Sigurdssons vermeiden die Arbeiten der Poiriers das Expressive und suchen das Allegorische. In einer Installation mit dem barocken Titel «DE LA FRAGILITÉ DU POUVOIR» lassen die Poiriers in einen Haufen von dekorativ arrangierten Fragmenten und Säulenstümpfen riesige metallene Blitze fahren. Der Pfeil der Zerstörung, der von Zeus geschleuderte Blitz, wird zur allegorischen Abbreviatur eines katastrophischen Einbruchs. Als einziges Zeugnis solcher plötzlichen Einbrüche von Gewalt bleiben die Trüm-

*Anne und Patrick Poirier,
Hirnschale mit Ruine
aus der Installation
‹Mnemosyne›*

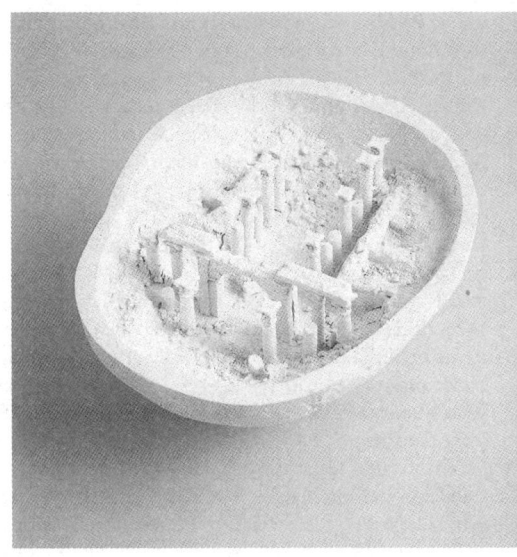

Anne und Patrick Poirier, De la Fragilité du Pouvoir

mer und das isolierte überdimensional große Auge, in dem sich noch das Entsetzen spiegelt. «LA PEUR DANS LES YEUX» ist auch ein Blatt überschrieben, das das Antlitz einer Statue zeigt. In den schreckenge-weiteten Augen konzentriert sich der Schock, der auch diese künstleri-sche Erinnerungsarbeit in Gang gesetzt hat und den die Objekte wie ei-ne ‹Energiekonserve› festhalten. Doch diesen Schock halten sie nicht wie bei Kiefer und Sigurdsson durch die Authentizität des Materials und der Sammlungsgegenstände fest. Die Neuschöpfung ist vollkommen und beabsichtigt, an die Stelle des Pathos von Authentizität tritt die Her-vorkehrung der ästhetischen Fiktion. Dabei wird die Rolle der Imagi-nation im Akt künstlerischer Neuschöpfung von Vergangenheit betont. Man fühlt sich fast an Wordsworths Recollection und seine oben be-schriebene Form der Vergangenheitsrekonstruktion auf dem Boden der Nachträglichkeit erinnert. Auch bei ihm trat an die Stelle der ursprüng-lichen Emotion eine künstlerisch simulierte, die, aus Kontemplation und Imagination geschaffen, zum Ersatzkörper einer verschollenen Vergan-genheit wird.

In den hier vorgestellten Fällen möchte ich von Gedächtnis-Simula-tionen sprechen. Die verschiedenen Installationen exponieren paradig-matische Medien des kulturellen Gedächtnisses – Buch und Bibliothek, aber auch Stadtpläne, Grundrisse und Relikte. Sie speichern selbst nichts, vielmehr stellen sie die Bedeutung individuellen und kulturellen Speicherns und Archivierens aus. Die neue Gedächtnis-Kunst, die Erin-nerungsarbeit im Modus des Als Ob leistet, hält dem kulturellen Ge-dächtnis einen Spiegel vor. Dieses kulturelle Gedächtnis wird im Medi-um der Kunst reflexiv. Die Kunst unterstreicht insbesondere die Materialität, die Dinghaftigkeit, an die sich das Gedächtnis klammert im Zeichen einer ubiquitären Immaterialisierung aller Daten. In einer Kul-tur, die sich ihrer Vergangenheit nicht erinnert und auch ihre Erinne-rungslosigkeit vergessen hat, nehmen sich die Künstler verstärkt des Ge-dächtnisses an, indem sie die verlorenen Funktionen durch ästhetische Simulationen sichtbar machen. Die Kunst, so könnte man es auch aus-drücken, erinnert die Kultur daran, daß sie sich nicht mehr erinnert.

IV.

DAS GEDÄCHTNIS ALS LEIDSCHATZ

Die Formel vom ‹Gedächtnis als Leidschatz› ist für Künstler der letzten Jahrzehnte wichtig geworden. Sie geht zurück auf Aby Warburg, Kunsthistoriker und Begründer der Kulturwissenschaftlichen Bibliothek Warburg. Mit dieser Bibliothek und einem Freundeskreis inaugurierte Warburg in den ersten Jahrzehnten dieses Jahrhunderts eine Forschungsrichtung, die sich gegen disziplinäre Einschränkungen wandte und grundlegende Fragen der Kultur und ihrer Vermittlung ins Zentrum rückte. Warburg selbst ging dabei von einem menschheitlichen Fundus intensiver Urerlebnisse aus. In dieser archaischen Seelenschicht vermutete er die perpetuelle Antriebsenergie menschlicher Kultur. Dieses psychische Grundkapital war für ihn von gefährlicher Ambivalenz. Es konnte sich ebenso in zerstörerischen Affekten entladen wie in Gipfelleistungen der Kunst oder Wissenschaft sublimiert werden. Warburg studierte individuelle Kunstwerke im Rahmen dieser «energetischen Lehre» und suchte ihre Verbindungen mit den «Prägewerken» in «halbunterirdischen Regionen» der Seele auf. Die Terminologie für dieses Projekt einer psychisch grundierten Kulturwissenschaft übernahm er von Richard Semon, der dem Begriff der «Spur» wissenschaftliche Dignität verliehen hatte. Starke Erschütterungen, so lernte Warburg von Semon, schlagen sich in der «reizbaren Substanz des Organismus» in einer Spur, einem Engramm nieder. Solche Spuren werden nach Semon unterhalb des Bewußtseins über längere Zeit bewahrt und können bei einer späteren Gelegenheit reaktiviert und entladen werden. Warburg übertrug dieses Modell auf die Kulturgeschichte, in der nach seiner Sicht Erschütterungen als «mnemische Energie» gespeichert werden. Inbegriff solcher Erschütterungen waren für ihn kollektive Erregungszustände, die in archaischen Kulten, aber beispielsweise auch in Massenszenen des Festwesens der Renaissance geprägt werden. Orgiastische ebenso wie traumatische Erfahrungen aber, das ist eine Einsicht, die er mit Freud teilte und auf die Kultur übertrug, können vom betroffenen Kollektiv weder erinnert noch vergessen werden. Sie gehen ins kollektive Unbewußte ein, genauer: Sie bilden das Substrat, die Dauerspur einer sozialen Mneme, die in veränderten historischen Konstellationen wieder aktiviert werden kann. Dieses Menschheitsgedächtnis, das die magisch-phobischen Erschütterungen bzw. kultisch-orgiastischen Leidenschaften registriert, nannte Warburg den «Leidschatz der Menschheit».[1] Es ist nicht zu verkennen, daß er sich dabei sowohl von den

---

[1] «Der Leidschatz der Menschheit wird humaner Besitz.» Aby Warburg, Notiz zu

neuen ethnologischen Forschungen wie von jenen Kulturhistorikern inspirieren ließ, die im Laufe des 19. Jahrhunderts die Nachtseite der antiken Kultur zutage förderten (von Creuzer, Bachofen, Nietzsche bis zu Usener und Rohde).

Die Kunst ist nach Warburg an diese Motorik des kulturellen Unbewußten angeschlossen. Auf welche Weise dies geschieht, beschreibt der folgende, syntaktisch verschlungene Satz, der zugleich etwas von der Anstrengung deutlich macht, derartig ungeschützten Gedankengängen das Gepräge einer wissenschaftlichen Tatsache zu geben:

«In der Region der orgiastischen Massenergriffenheit ist das Prägewerk zu suchen, das dem Gedächtnis die Ausdrucksformen des maximalen inneren Ergriffenseins, soweit es sich gebärdensprachlich ausdrücken läßt, in solcher Intensität einhämmert, daß diese Engramme leidschaftlicher (sic!) Erfahrung als gedächtnisbewahrtes Erbgut überleben und vorbildlich den Umriss bestimmen, den die Künstlerhand schafft, sobald Höchstwerte der Gebärdensprache durch Künstlerhand im Tageslicht der Gestaltung hervortreten wollen.»[2]

Bei Warburg erscheint das Symbol als «Energieconserve» für das Kollektivgedächtnis der Kultur.[3] Dieselbe Wirkung wird den «Pathosformeln» zugeschrieben, auf die wir oben im Zusammenhang der erinnerungswirksamen Bilder («imagines agentes») hingewiesen haben. Warburg versteht darunter «Superlative der Gebärdensprache», die eine intensive Erfahrung in stilisierter Geste unter Verschluß halten und im Bilde sistieren.[4] Sie sind Transformatoren kultureller Gedächtnisenergie, die an menschheitsgeschichtlichen Wendepunkten (etwa von der paganen zur christlichen Welt) semantisch umgepolt werden können, ohne dabei ihren Kontakt mit der prägenden Grundschicht zu verlieren. Aus dem verblaßten Topos vom «Nachleben der Antike» wurde bei Warburg eine energetische Kulturwissenschaft, um nicht zu sagen: eine Dämo-

---

einem Vortrag in der Hamburger Handelskammer, 10. April 1928, London, The Warburg Institute, Archiv-Nr. 12.27; vgl. Werner Hofmann, Georg Syamken, Martin Warnke, Die Menschenrechte des Auges. Über Aby Warburg, Frankfurt a. M. 1980; Horst Bredekamp, Michael Diers, Charlotte Schoell-Glass, Hgg., Akten des internationalen Aby Warburg-Symposions Hamburg 1990, Weinheim 1991.

[2] Zit. nach E. H. Gombrich, Aby Warburg, 331.

[3] Die Formel «Energiekonserve – Symbol» findet sich im Notizbuch von 1929, 21; zit. bei Gombrich, Aby Warburg, 327.

[4] Der Kunsthistoriker Wolfgang Kemp, «Walter Benjamin und die Kunstwissenschaft. Teil 2: Walter Benjamin und Aby Warburg», in: Kritische Berichte 3, H. 1, 5–25; hier: 24, Anm. 45 hat in bezug auf Warburg von einer «rationalisierten Bilderfurcht» gesprochen. Dieser für einen jüdischen Kunstwissenschaftler bemerkenswerte Aspekt läßt sich noch vertiefen. Denn der Bilderfurcht unterliegt eine Körperfurcht, die erst das spezifische «Pathos» im Begriff der Pathosformel anzeigt. Vgl. auch Konrad Hoffmann, Angst und Methode nach Warburg: Erinnerung als Veränderung, in: Bredekamp u. a., Hgg., Akten, 261–267.

nologie, die er im Rahmen einer Theorie des kulturellen Unbewußten erforschte.[5]

Die Arbeiten des 1938 in Istanbul geborenen und seit 1964 in Paris lebenden Künstlers Sarkis sind untrennbar mit dem Gedächtnis verbunden. Darunter versteht er die ganze Menschheitsgeschichte, die er aber zum individuellen Gedächtnis hin durchlässig halten möchte:

«Meine Arbeit ist immer an das Gedächtnis gebunden. Alles, was ich gelebt habe, ist darin. Geschichte aber ist wie ein Schatz. Sie gehört uns. Alles, was sich in der Geschichte vollzogen hat, gehört uns. Alles, was durch die Menschheit entstanden ist, in Leid und Liebe, das ist in uns, und das ist unser größter Schatz. Und alles, was ich erlebt, gelebt und gemacht habe, das ist mein Schatz.»[6]

Von Aby Warburg, der sich als ein Erbgutverwalter des europäischen Gedächtnisses verstand, hat Sarkis den Begriff des «Leidschatzes» übernommen. Während Warburg darunter eine archaische Urenergie verstand, die in bestimmten Bildformeln eingeprägt war und reaktiviert werden konnte, denkt Sarkis dabei eher an die kumulative Wucht eines materialen Bestandes.

«Mit dem Begriff hatte ich plötzlich das Gefühl, an die innere Anhäufung von Gedächtnis und das Leiden um dieses Gedächtnis zu stoßen, an das, was sich innerlich aufgeschichtet hat. Aber um sich anhäufen zu können, muß etwas Form annehmen, eine Form muß geschaffen werden, damit Gedächtnis, damit ein Schatz entstehen kann. Und in diesem Sinne ist das extrem schmerzhafte Arbeit. Der Umgang mit Leiden heißt immer eine Energie entwickeln, eine Form finden, um mit dem Gedächtnis von Leid umzugehen.»[7]

Auch Künstler wie Heiner Müller oder Jochen Gerz beziehen sich auf einen kollektiven Leidschatz als Fundus ihrer Arbeit. Für Müller geht Erinnerungsarbeit und Trauerarbeit von Schocks aus.[8] Sie einfach sprachlich zu veräußern bringt die Gefahr eines Verlusts mit sich. Denn was noch nicht verbalisiert ist, befindet sich noch im Zustand reiner Energie. Auch das Leid ist ein Schatz, den einem die Sprache rauben kann. Diese Haltung entspricht der oben zitierten Theorie Lyotards, der

---

[5] Warburg gebraucht den Begriff der «energetischen Metamorphose», der an den von O. Spengler in Umlauf gebrachten Begriff der «Pseudomorphose» erinnert. Spengler entlehnt seinen Begriff aus der Geologie und bezeichnet damit ebenfalls eine kulturtypologische Umprägung. Die Pseudomorphose ist beides, Verstellung und Konservierung vorgängiger Form.

[6] Doris von Drateln, Sarkis, in: Kunstforum International 114 (1991), 290–315; hier: 295.

[7] Doris von Drateln, Sarkis, 295.

[8] «Verwaltungsakte produzieren keine Erinnerungen», Interview mit Hendrik Werner am 7. 5. 1995. Vgl. dazu: Michael Roth, The Ironist's Cage. Memory, Trauma and the Construction of History. Columbia University Press 1995.

das Trauma, das keine Repräsentation zuläßt, im Status solcher virulenter Energie bewahren wollte. Im folgenden soll von zwei Künstlern die Rede sein, deren Werke als Arbeit am ‹Leidschatz› zu sehen sind, und zwar konkret an jenem Leidschatz der Geschichte, der mit dem Holocaust verbunden ist.

1. Christian Boltanski – ‹The Missing House›

Für Christian Boltanski, 1944 in Paris geboren, ist das Wissen vom Holocaust der Initialschock, der seine künstlerischen Arbeiten enerviert, auch wenn diese nur selten direkt auf dieses Ereignis Bezug nehmen. Ein zentrales Thema von Boltanski ist der Verlust – der Verlust von Objekten wie in einer Installation aus vollbeladenen Regalen mit Fundsachen, der Verlust von Erinnerungen wie in einem bis an die Decke mit großen schwarz-weiß Photographien gepflasterten und dämmrig beleuchteten Raum, der Verlust von Wissen wie in den schmalen Gängen entlang an einem Archiv aus hoch gestapelten silbernen Blechbüchsen, der Verlust von Körpern wie in den Räumen mit leeren Betten und Bahren. In einigen seiner Arbeiten steht der Prozeß des Vergessens als allmähliches Ausbleichen im Vordergrund, in anderen werden leere Hüllen und Restbestände besichtigt, nachdem sich das menschliche Leben und Handeln aus ihnen zurückgezogen hat. Es sind minimalistisch komponierte Räume, in denen die Betrachter in bestimmte Stimmungslagen eintreten und in denen subjektive Erfahrungen des Vergessens, des Verlusts und des Todes gemacht werden.

Die Arbeit Boltanskis, die hier vorgestellt werden soll, hat etwas mit dem Sichtbarmachen eines Abwesenden zu tun. Das paradoxe künstlerische Darstellungsproblem der Präsenz einer Absenz ist kein neues Thema, sondern wurde schon einmal zu Beginn der Neuzeit diskutiert. Der Kontext ist eine Schrift Francis Bacons über den Fortschritt der Wissenschaften, in der er den menschlichen Geist in seiner ‹naturwüchsigen› Form scharf kritisiert hat. Ohne besondere methodische Disziplinierung sei dieser ein unzuverlässiges und verzerrendes Medium der Erkenntnis und durchaus nicht wahrheitsfähig. «Denn der menschliche Geist ist von Natur aus alles andere als ein klarer und glatter Spiegel, in dem sich die Strahlen der Dinge entsprechend ihrer wahren Gestalt brechen. Im Gegenteil, wenn er nicht diszipliniert und kurzgehalten wird, entspricht er eher einem Zauberspiegel voller Aberglauben und Gaukeleien.[9]

---

[9] «For the mind of man is far from the nature of a clear and equal glass, wherein the beams of things should reflect according to their true incidence; nay, it is rather like an enchanted glass, full of superstition and imposture, if it be not delivered and reduced.» Francis Bacon, The Advancement of Learning (1605) and New Atlantis, hg. von Thomas Case, London 1974, 153.

Für die anthropozentrische Verformung der Wirklichkeit führt Bacon ein Beispiel an, das in unserem Zusammenhang von besonderem Interesse ist. Er will mit diesem Beispiel belegen, daß der menschliche Geist ungleich stärker auf das Affirmative und Aktive eingestellt ist als auf das Negative und Abwesende. Für Negativität sei der menschliche Geist überhaupt nicht aufnahmefähig. Deshalb werde durch einen Trick des Geistes immer wieder etwas Abwesendes durch etwas Anwesendes verstellt: «So daß wenige positive Wahrnehmungen oft die Erfahrung von Mangel und Abwesenheit verstellen» *(So that a few times hitting or presence, countervails oft-times failing or absence.)* Diese Unfähigkeit des menschlichen Geistes zur Lücke und Leerstelle belegt Bacon mit der Geschichte des Diagoras, dem im Tempel des Neptun die vielen Bilder derjenigen gezeigt wurden, die einem Schiffbruch entkamen und die sich auf Votivtafeln für ihre Rettung bedankten. Auf die Frage, ob er angesichts dieser Rettungszeichen nicht doch an die Wirksamkeit von Gebeten glaube, soll Diagoras geantwortet haben: Schön und gut. Aber wo sind bitte die Bilder derjenigen, die ertrunken sind?[10] Was Bacon für den menschlichen Geist feststellt, gilt ebenso für das menschliche Gedächtnis. Es ist ungleich schwerer, Lücken, Leerstellen und Abwesenheiten zu speichern als die Erfahrung einer Präsenz. Seit der Ermordung von sechs Millionen Juden und anderen Opfern durch das nationalsozialistische Regime ist die Wucht der Abwesenden übermächtig geworden, und es stellt sich die Frage, mit welchen Mitteln das kulturelle Gedächtnis diese Lücke fassen, bearbeiten, bewahren und tradieren kann.

Das Problem der Gedächtnisarbeit im Zusammenhang mit dem Holocaust besteht in der überwältigenden Zahl der Ermordeten und Verschollenen. Es führt zu der von Bacon anschaulich beschriebenen Gefahr der Verdrängung der Lücke durch abstrakte oder konkrete Repräsentationen. Den Künstlern, die die schmerzhafte Erinnerungsarbeit an diesem Leidschatz aufnehmen, geht es darum, Spuren zu sichern, Lücken zu markieren und die Aufmerksamkeit auf die Mechanismen der Erinnerung zu lenken, ganz im Sinne der von Bacon beschriebenen Anekdote.

Wie die Markierung einer Lücke aussehen kann, wie Abwesenheit konkret zu machen ist, ohne dabei in trügerische Präsenz rückverwandelt zu werden, kann an Boltanskis Arbeit mit dem Titel «The Missing House» gezeigt werden. Im Jahre 1990 lud der Berliner Senat Künstler ein, einen Beitrag zur Situation der vereinigten Hauptstadt zu schaffen. In einer Baulücke aus dem Zweiten Weltkrieg im Ostteil der Stadt errichtete Boltanski sein «abwesendes Haus», indem er die Brandmauern

---

[10] «‹Yea, but› (saith Diagoras) ‹where are they painted that are drowned?›» Bacon, Advancement, 153.

der angrenzenden Gebäude mit Schrifttafeln versah. Durch gezielte Recherchen in Archiven, wo seine Mitarbeiter Adreßbücher, Bombenberichte, Vermögensakten, Brandakten, die Stammbäume des Reichssippenamtes und Deportationsakten durchsahen, konnten die Namen der ehemaligen Bewohner, ihre Berufe und ein Teil ihrer Geschichten rekonstruiert werden. Auf der Höhe der ursprünglichen Geschosse brachte Boltanski die Namensschilder der Personen und Familien an, die vor dem Krieg und während des Krieges dieses Haus bewohnt hatten. Auf den Schildern war auch eingetragen, wie lange die einzelnen Mieter unter diesem Dach gewohnt hatten, bis das Haus durch eine Bombe zerstört wurde. Während die meisten bis 1945 blieben, haben zwei Personen, der Beamte J. Schnapp und der Kraftwagenführer R. Jaroszewski, das Haus zwischen 1939 und 1943 verlassen. Während dieses Zeitraums gab es keine guten Gründe, aus einem Berliner Mietshaus auszuziehen. Erzwungene Emigration oder Deportation lösten damals in Berlin die Wohngemeinschaften auf. Dieses Faktum, das allgemein bekannt ist, gewinnt eine andere Qualität, wenn es an konkrete Namen und Adressen zurückgebunden wird.

Mit seiner Arbeit hat Boltanski ein unscheinbares Stück Boden, das als Durchgang diente, in einen Geschichtsort verwandelt. Mit einem Minimum an Zeichensetzung hat er die unsichtbar gewordenen Geschichtszeichen wieder lesbar gemacht. Gleichzeitig hat er demonstriert, daß Erinnern ohne Wissen nicht möglich ist. Erinnern wird zu einem Suchvorgang, der in Bücher und Archive führt. Durch die Verknüpfung archivalischer Daten mit dem konkreten Ort werden aus abstrakt papiernen Daten Fingerzeige auf unverwechselbare Individuen mit je besonderen Geschichten. Boltanskis Arbeit zeigt diese persönlichen Geschichten im Kreuzungsbereich mit der Geschichte des Nationalsozialismus, welche die Lebensläufe erfaßt, verformt und abgeschnitten hat. Boltanski, dessen Thema «der abwesende, der verlorene Körper» ist, hat mit dem «Missing House» einen Raum gestaltet, in dem – ganz im Sinne der Anekdote von Diagoras – das Verschwundene sichtbar gemacht wird: «Die Schrift mit den Namen weist den Abwesenden einen Ort zu, der aber unbehaust bleibt. (...) Die Besetzung des leeren Raumes mit den Namen läßt das Loch durch die Macht des Ortes zum Material werden. Die Präsenz des Abwesenden und Vernichteten ist auf diese Weise unausweichlich.»[11]

---

[11] Monika Wagner, «Bild – Schrift – Material. Konzepte der Erinnerung bei Boltanski, Sigurdsson und Kiefer», in: Birgit Erdle, Sigrid Weigel, Hgg., Mimesis, Bild und Schrift. Ähnlichkeit und Entstellung im Verhältnis der Künste, Wien 1996, 23–39, hier: 28.

2. Naomi Tereza Salmons Photographienzyklus ‹Asservate›

«Du brauchst da nicht mehr lang zu gehen», höre ich in einer Ziegel-
baracke des Stammlagers Auschwitz einen deutschen Besucher zu seiner Begleiterin sagen, «da kommen nur noch Schuhe». Dieser Satz
macht mit unreflektierter Schonungslosigkeit auf ein Problem aufmerksam, das die Besucher von Auschwitz mit einem Ort haben, der zugleich
Museum, Tatort und Gedenkstätte ist. Mit welchen Gefühlen und Einstellungen betritt man diesen Ort? Welche Sehgewohnheiten sind hier
angemessen oder unangemessen? Wie wird man als Besucher dieser
komplexen Stätte gerecht?

Wir wissen, daß sich Menschen gegen eine überkomplexe Umwelt
mit Strategien der Vereinfachung wappnen. Sie könnten vermutlich
nicht überleben, wenn sie nicht über jene ‹Weltabkürzungskunst› verfügten, die jeder Zeichenpraxis zugrunde liegt. Tief in unseren Wahr-
nehmungsapparat sind kulturelle Schematisierungen eingelassen, die uns
(tiefer als uns bewußt ist) gelehrt haben, im Teil das Ganze, im Beispiel
die Reihe, im Besonderen das Allgemeine zu erkennen. Wenn man einen Kubikmeter Schuhe in Auschwitz gesehen hat, kann man sich den
Rest unschwer ergänzen. Kann man sich ihn also ersparen? Solche Ab-
kürzungsverfahren des menschlichen Geistes, die sonst selbstverständlich
sind, werden in Auschwitz problematisch. Das abkürzende Verallgemei-
nern wird zu einem ethisch unhaltbaren Verfahren, wenn jeder Schuh
auf ein unverwechselbares Einzelschicksal verweist, auf ein singuläres
Leben und Sterben in der gigantischen Fabrik des Todes. Doch mit diesem Anspruch wiederum überfordert uns der Raum, dessen Mittelgang
rechts und links von Glaswänden gesäumt ist, hinter denen sich unab-
sehbare Schuhberge auftürmen. Unser geistiges und seelisches Fassungsvermögen wird durch diese Ausstellung hoffnungslos überfordert.

Die Bilderserie von Naomi Tereza Salmon mit dem Titel ‹Asservate›
setzt sich mit den Schranken und Konventionen unserer Sehgewohnheiten auseinander. Was für sie als ein technischer Auftrag begann – es
galt, eine Anzahl von Objekten des Holocaust-Archivs in Yad Va
Shem in Jerusalem zum Zweck ihrer Registrierung durchzuphotogra-
phieren –, erwuchs der Photographin, einer jungen Israelin der dritten
Generation, unter der Hand zu einer Praxis des Gedenkens, zu einem
Akt der Pietät im Medium der Photographie. In ihrer Bestandsaufnahme der Objekte überkreuzen sich die Erfahrungs-Dimensionen der
Todeslager als Tatort, Museum und Gedenkstätte.

Während archäologische Funde in der Regel einen unmittelbaren
dinglichen Kontakt zu einer vergangenen Lebenswelt herstellen, sind
die Relikte, die in Yad Va Shem, Buchenwald und Auschwitz photogra-
phiert wurden, von der Bürokratie des Todes gezeichnet. Die armseligen

Überreste aus der Habe der Opfer wie Kämme, Zahnbürsten, Rasierpinsel stehen neben Relikten der Täter, meist Rangabzeichen der SS. Doch das Wort ‹Habe› ist schon zu hoch gegriffen, denn die Gebrauchsgegenstände der Opfer sind zumeist Beutestücke der Mörder geworden. Mit derselben wahnhaften Effizienz, mit der in den Todeslagern menschliches Leben vernichtet wurde, wurde materielle Habe gesammelt, sortiert, magaziniert. Die knauserige Sparsamkeit, die jeden Gegenstand – als Rohmaterial neutralisiert – einer Wiederverwendung zuführen wollte, steht im paradoxen Gegensatz zur exzessiven Verschwendung, die bei der Vernichtung menschlichen Lebens dominierte. Beides, der Rausch der Produktion wie der Destruktion erscheinen als zwei Seiten einer pervertierten Logik.

Die scheinbar so zweckrationale Effizienz war allerdings von fanatischen Symbol-Strategien durchwirkt. Materielle Wiederverarbeitung wurde praktiziert als gezielter Akt der Entweihung, wenn zum Beispiel Torah-Rollen zu Portemonnaies, Aktentaschen und Kleidern verarbeitet wurden, oder gar zu Einlegesohlen, wobei die Heilige Schrift, die nach jüdischem Zeremonialgesetz den Boden nicht berühren darf, sprichwörtlich mit Füßen getreten wurde. Materielle Wiederverarbeitung wurde darüber hinaus zum symbolischen Akt der Vernichtung schlechthin, indem Destruktion durch Produktion so ergänzt wurde, daß auch noch die materiellen Spuren der Opfer in neuen Produkten aufgehen und damit vollständig gelöscht werden sollten. Die physische Vernichtung wurde vollstreckt und ist in ihrem Resultat irreversibel; die symbolische Vernichtung dagegen kann wenigstens ein Stück weit rückgängig gemacht werden, indem den geschändeten Objekten ihre Würde zurückgegeben wird, ohne daß dabei die Spuren des Frevels getilgt werden.

Eben das tun die Photographien von Naomi Salmon. Ihre Bilder sind als Erinnerungsmale stumme Zeugen des Verbrechens. Diese Stummheit wird durch kein Pathos, keine subjektive Geste gemildert. Der unbestechlich registrierende Blick blockiert eine einfühlende Betrachtungsweise; er setzt sich scharf vom Blick des Augenzeugen oder nachträglichen Betrachters ab. Mit jeglichem subjektiven Element sind auch Raum und Zeit aus dem Motiv getilgt; es ist eingefroren und fixiert in einem Raum dauernder Gegenwart. In dieser Objektivierung liegt die Wirkung der Bilder, an denen man nicht vorbeigucken kann. Tiefer als eine dramatische Inszenierung kerbt sich die lakonische Wiederholung der Motive ins Gedächtnis ein.

In unerbittlicher Akkuratesse stehen die vergrößerten Objekte vor uns als Elemente, die sich zu keiner Erzählung zusammenfügen lassen. Ihre sperrige Eigenheit und Vereinzelung wird durch die Reihenbildung nicht aufgehoben. Dieses Ordnungsprinzip widersetzt sich persönlicher Einfühlung und Aneignung; seine Erinnerungskraft entspricht der ob-

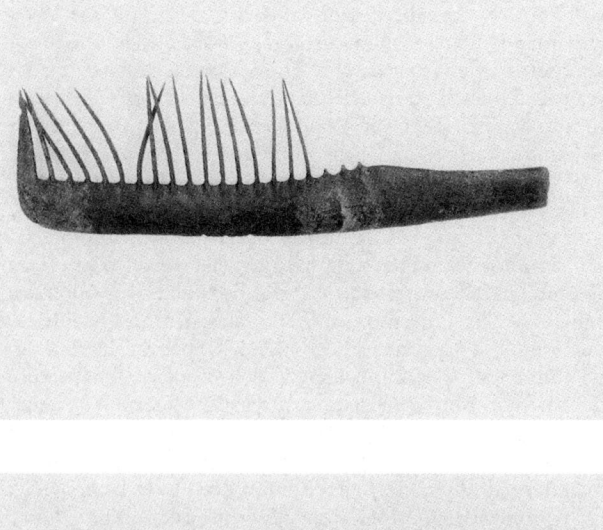

Naomi Tereza Salmon, Asservate

Naomi Tereza Salmon, Asservate

jektiven externen Speichertechnik des Archivs. In diesem Sinne bauen die Bilderreihen ein technisch präzises Gedächtnis gegen die von den Tätern betriebene Spurenverwischung auf. Vor weißem Grund heben sich die klaren Konturen der isolierten Gegenstände ab. Der aseptische Hintergrund besiegelt stumm die Zerstörung der lebendigen Kontexte, aus denen die Relikte herausgerissen sind. Er markiert so die tabula rasa, die die Todesmaschinerie hinterlassen hat. Der Leere dieses Schweigens gehen diese Bilder nicht aus dem Weg; ebenso vermeiden sie jeden Anflug einer Ästhetisierung. Sie sind um eine klinische Reinheit der Dokumentation bemüht und zeigen den einzelnen Gegenstand in unnahbarer Konkretion als – ‹Ding an sich›. Vor allem aber produzieren diese Bilder eine eigene Mnemotechnik; sie zwingen uns, ganz genau hinzusehen. In seiner Detailtreue ist jedes von ihnen nicht nur ein kriminalistisches Indiz gegen Leugnung und Vergessen, sondern auch ein künstlerisches Veto gegen verhüllendes Pathos und entlastende Fluchtwege in die Abstraktion.

V.

JENSEITS DER ARCHIVE

Das Archiv, das eine Sammel- und Konservierungsstelle für das Vergangene, aber nicht zu Verlierende ist, kann als ein umgekehrtes Spiegelbild zur Mülldeponie betrachtet werden, auf der das Vergangene eingesammelt und dem Zerfall überlassen wird.[1] Archiv und Müll sind aber nicht nur durch eine bildliche Analogie, sondern auch durch eine gemeinsame Grenze miteinander verbunden, die von Gegenständen in beiden Richtungen überschritten werden kann. Was nicht ins Archiv kommt, landet auf der Mülldeponie; und was im Archiv von Zeit zu Zeit aus Platzmangel aussortiert wird, landet ebenfalls dort. Aber auch manches, was heute im Archiv lagert, befand sich zwischenzeitlich, worauf K. Pomian hingewiesen hat, im Status des Abfalls. Er schreibt: «Die Abfolge: Ding, Abfallprodukt, Zeichen mit Symbolcharakter wird von der Mehrheit der Gegenstände durchlaufen, aus denen sich das kulturelle Erbe zusammensetzt.»[2] Damit Abfallprodukte, die aus ihrem primären Gebrauchskontext herausgefallen sind, überhaupt die Chance eines Nachlebens im Archiv oder Museum haben können, müssen sie allerdings über die Qualität von Überresten verfügen, die dem ‹Zahn der Zeit› (diese umgangssprachliche Wendung bewahrt noch eine schwache Erinnerung an die allegorische Figur des ‹Tempus edax›) durch ihre robuste Materialität widerstehen. Archiv und Müllhalde können obendrein als Embleme und Symptome für das kulturelle Erinnern und Vergessen gelesen werden, und in dieser Funktion haben sich Künstler, Philosophen und Wissenschaftler in den letzten Jahrzehnten zunehmend für sie interessiert.

Zum Abfall zählen solche Objekte, die aus dem Nützlichkeitskreislauf ‹herausgefallen› sind, nachdem sie abgenutzt, zerstört oder durch neuere Objekte ersetzt wurden. Das Wort ‹Abfall› hat, wenn man es genauer betrachtet, metaphysische Konnotationen. Denn Abfall gab es schon im Paradies, den Abfall vom Urzustand der Schöpfung, von der Einheit mit Gott. Abfall konnotiert Gesetz und Hierarchie sowie Tren-

---

[1] Zum Müll allgemein: Michael Thompson, Rubbish Theory, Oxford 1979; William Rathje, Gullen Murphy, Müll. Eine archäologische Reise durch die Welt des Abfalls, München 1992; Volker Grassmuck, Christian Unverzagt, Das Müll-System. Eine metarealistische Bestandsaufnahme, Frankfurt a. M. 1991; Horst Baier, Schmutz. Über Abfälle in der Zivilisation Europas, Konstanzer Universitätsreden 178, Konstanz 1991.

[2] Krzysztof Pomian, «Museum und kulturelles Erbe», in: Gottfried Korff, Martin Roth, Hgg., Das historische Museum. Labor – Schaubühne – Identitätsfabrik, Frankfurt a. M. 1990, 41–64, hier: 43.

nung und Urschuld, ja man kann das Wort geradezu als ein Synonym von Sünde auffassen. Im alltäglichen Wortgebrauch meinen wir natürlich einen anderen Abfall, sowohl das, was vom Tisch und aus der Hand fällt und achtlos auf dem Boden liegenbleibt, als auch das, was ganz allgemein seinen Gebrauchswert verliert und in die Nutzlosigkeit fällt. Mit dem Verlust des Gebrauchswertes sind einem Gegenstand zugleich auch Funktion und Bedeutung abhanden gekommen. Abfall, das sind demnach jene Gegenstände, denen die Gesellschaft Interesse und Aufmerksamkeit entzogen hat. Was zurückbleibt, ist ihre schiere Materialität. Die Kunst allerdings, die sich schon immer mit der Nutzlosigkeit verbündet hat, folgt einer anderen Ökonomie als die Wirtschaft und kann deshalb auch dem Abfall ihre Aufmerksamkeit schenken. Indem Künstler Abfall, also das aus der Ökonomie Ausgeschlossene in ihre Werke und Installationen integrieren, erreichen sie zweierlei. Sie bauen eine andere Ökonomie auf und zwingen den Betrachter, die Außengrenze seiner symbolischen Sinnwelt zu überschreiten und sich das System Kultur mit seinen Mechanismen der Entwertung und Ausgrenzung bewußt zu machen. Solche Kunst operiert nicht mimetisch sondern strukturell; sie bildet nichts ab und stellt nichts nach, vielmehr macht sie das schlechthin Unsichtbare, nämlich die Grundstrukturen kultureller Wert- und Unwert-Produktion sichtbar. Im folgenden möchte ich auf einige Künstler eingehen, die den Abfall thematisieren und ihn dabei primär unter dem Aspekt des kulturellen Gedächtnisses, oder genauer: Gegengedächtnisses fassen. An literarischen Texten und künstlerischen Installationen der 60er bis 90er Jahre soll gezeigt werden, wie sich im Westen und Osten in unterschiedlichen Medien die Kunst zu einem Gedächtnis des Vergessenen und Verlorenen macht.

1. Lumpensammler – Zum Verhältnis von Kunst und Abfall

Im 19. Jahrhundert bekam der Abfall einen gewissen Wert, weil ein Teil von ihm durch neue industrielle Verfahren wieder als Rohstoff in die Produktion Einlaß fand. Das galt vor allem für die Papierherstellung, bei der große Mengen an Lumpen verarbeitet wurden. Damit entstand, wie Walter Benjamin es ausgedrückt hat, eine Art Heimindustrie, die auf der Straße lag. «Der Lumpensammler faszinierte seine Epoche. Die Blicke der ersten Erforscher des Pauperismus hingen an ihm wie gebannt mit der stummen Frage, wo die Grenze des menschlichen Elends erreicht sei.»[3] Benjamins Blick auf den Lumpensammler ist vor allem durch Bau-

---

[3] Walter Benjamin, «Das Paris des Second Empire bei Baudelaire», in; Gesammelte Schriften, I,2, hg. v. Rolf Tiedemann und Hermann Schweppenhäuser, Frankfurt a. M. 1978, 521.

delaires Texte geprägt. Dieser hat den *chiffonnier* als ein Produkt der modernen Großstadt gesehen und ihn wie einen ‹Charakter› von Theophrast beschrieben:

«Hier ist ein Mann, der damit beauftragt ist, den Unrat eines Tages in der Großstadt einzusammeln. Alles, was die große Stadt zurückgewiesen hat, alles, was sie verloren hat, alles, was sie verschmäht hat, alles, was sie zerstört hat, das ordnet und sammelt er. Er verwaltet die Archive der Ausschweifung, die Rumpelkammer des Mülls. Er sortiert und wählt mit Bedacht aus; wie ein Geiziger einen Schatz, so sammelt er Abfall, der, wenn ihn die Kiefer des Industrie-Gottes abermals zermahlen, in Objekte des Gebrauchs und des Vergnügens verwandelt wird.»[4]

Baudelaire stellt hier explizit die Analogie von Archiv und Müll her und ordnet den *chiffonnier* dem Typus des Sammlers zu. Er fasziniert ihn als ein inverses Gegenbild zum Archivar, der im Reich des Abfalls auswählt, sammelt, sortiert, ordnet und seinen Bestand wie einen Schatz hütet.

Baudelaires *chiffonnier* kehrt mit ähnlichen Zügen im zeitgenössischen amerikanischen Roman wieder. Doch ist er dort nicht mehr in erster Linie eine Figur des sozialen Elends, sondern Träger eines kulturellen Gegengedächtnisses. In Leslie Marmon Silkos Roman *Ceremony*, der von der Heilung eines Kriegstraumas an einem indianisch-amerikanischen Soldaten namens Tayo handelt, gelingt es dem Medizinmann old Betonie, eine Zeremonie zu erfinden, die schließlich den Heilungsprozeß einleitet. Tayo hat einmal die Gelegenheit, die Hütte des alten Mannes zu betreten, die nach traditioneller Manier halb in die Erde hineingegraben ist. Der runde Raum mit seinem offenen Dach ist zu Tayos Erstaunen bis unter die Balkendecke mit Pappschachteln gefüllt, die unordentlich aufeinandergetürmt sind. Aus manchen quellen alte Kleidungsstücke und Lumpen heraus, andere lassen getrocknete Wurzeln und Weidenzweige erkennen, ebenso wie Woolworthtüten mit getrockneter Minze und Tabakblättern, die mit ungesponnener Wolle umwickelt sind. Andere Stapel bestehen aus mehreren Jahrgängen von Zeitungen und Telefonbüchern großer amerikanischer Städte. Tayo, der sich im Raume umsieht, schwindelt es, eine Reaktion, mit der old Betonie gerechnet hat. «Der alte Mann lächelte. Seine Zähne waren groß und weiß. ‹Nimm's leicht, sagte er, versuch gar nicht erst, alles auf

---

[4] «Voici un homme chargé de rammasser les débris d'une journée de la capitale. Tout ce que la grande cité a rejeté, tout ce qu'elle a perdu, tout ce qu'elle a dédaigné, *tout ce qu'elle a brisé, il le catalogue, il le collectionne.* Il compulse les archives de la débouche, le capharnaüm des rebuts. Il fait un triage, un choix intelligent; il ramasse, comme un avare un trésor, les ordures qui, remachées par la divinité de l'Industrie, deviendront des objets d'utilité ou de jouissance.» Charles Baudelaire, «Du vin et du haschisch», Œuvres I, 249–250, zit. nach Walter Benjamin, Das Passagen-Werk. Aufzeichnungen und Materialien, 1. Band, hg. von Rolf Tiedemann, Frankfurt a. M., 1983, 441.

einmal zu sehen›. Er lachte. ‹Wir haben diese Dinge über eine lange Zeit gesammelt – über hunderte von Jahren.›»[5]

Tayo entdeckt über den Haufen von Altpapier die traditionellen Utensilien eines Medizinmannes, die dieser für seine Zeremonien benötigt, und ist erleichtert. Aber direkt daneben hängen alte Kalender übereinander, die bis ins Jahr 1939, 1940 zurückgehen. Diese letzten beiden geben ihm einen Stich. «‹Ich erinnere mich an diese beiden›, sagte er. ‹Das gibt mir einen Anhaltspunkt, wo ich anfangen kann›, sagte Old Betonie, während er sich seine kleine braune gerollte Zigarette anzündete. ‹In all diesen Dingen sind lebendige Geschichten enthalten. (…)› Er wies auf die Telefonbücher. ‹Ich hab mir diese Bücher mit all den Namen drin hierher mitgebracht. Um Spuren zu verfolgen.› Er rieb sich den Bart, als ob er sich an etwas erinnerte.»[6]

Die Sammler-Kultur des indianischen Medizinmannes ist das genaue Gegenbild zur Wegwerf-Kultur der weißen Amerikaner. Sie umgibt sie wie ihr Schatten, in dem das Weggeworfene gesammelt und das Vergessene erinnert wird. Die Utensilien, die im Müll-Archiv des Medizinmanns zusammengepfercht sind, sind kein beziehungsloser Abfall, sondern das dingliche Unterpfand von Handlungen und Geschichten. Wie die Tabakblätter, die mit Wolle umwickelt sind, sind sie eingewickelt in Geschichten. Was isoliert betrachtet als verstreuter und beziehungsloser Ramsch erscheint, wird zu einem geheimnisvollen Wissenskosmos, wenn es durch Erzählungen und Zeremonien ergänzt wird. Da die Welt durch die Weißen so tiefgreifend verändert worden ist, reicht das traditionelle Wissen der Schamanen für eine wirksame Zeremonie nicht mehr aus. Deshalb müssen neue Geschichten hinzuerzählt und neue Teile zur Zeremonie hinzuerfunden werden. Und es muß ein neues kulturelles Gedächtnis aufgebaut werden, das die Geschichten und Handlungen materiell abstützt: ein Archiv aus Abfall.

Der erste Roman in Paul Austers *New York Trilogy* heißt *City of Glass*. Darin wird unter anderem erzählt, wie ein Mann namens Quinn dazu kommt, die Rolle eines Detektivs zu spielen und einen ihm unbekannten Mann, einen gewissen Stillman, zu beschatten. Das Verhalten dieses Mannes ist in der Tat auffällig, wenn auch nicht unbedingt kriminell. Tag für Tag bricht er aus seinem Hotel auf und macht sich auf Streifzüge

---

[5] «The old man smiled. His teeth were big and white. ‹Take it easy,› he said, ‹don't try to see everything all at once.› He laughed. ‹We've been gathering these things for a long time – hundreds of years.›» Leslie Marmon Silko, Ceremony, Harmondsworth 1986, 120.

[6] «‹I remember those two,' he said. ‹That gives me some place to start,› old Betonie said, lighting up the little brown cigarette he had rolled. ‹All these things have stories alive in them.› (…) He pointed at the telephone books. ‹I brought back the books with all the names in them. Keeping track of things.› He stroked his mustache as if he were remembering things.» Silko, Ceremony, 121.

durch die Großstadt innerhalb eines exakt umschriebenen Bezirks. Die Routen des Mannes lassen weder Plan noch Ziel erkennen, er bewegt sich langsam, mäandernd und stets mit einem auf den Boden gerichteten Blick. Von Zeit zu Zeit bleibt er stehen, hebt etwas vom Boden auf und inspiziert es aufmerksam. Manchmal wirft er den Gegenstand wieder weg, meistens jedoch wandert er in eine mitgebrachte Tüte. In diesem Falle zieht der Mann ein Notizbuch aus der Tasche und macht sich darin eine Eintragung, ähnlich wie ein Archäologe, der sich auf prähistorischem Gelände befindet und die Fundstelle einer wichtigen Scherbe markiert. Stillman entpuppt sich ebenso wie Old Betonie als ein Nachfahre von Baudelaires *chiffonnier*.

«Soweit Quinn das beurteilen konnte, waren die Gegenstände, die Stillman sammelte, wertlos. Es schien sich lediglich um kaputte Gegenstände, weggeworfene Sachen, verstreute Fragmente von Abfall zu handeln. Über die Tage registrierte Quinn einen zusammenklappbaren Schirm ohne Stoff, den abgetrennten Kopf einer Gummipuppe, einen schwarzen Handschuh, das Gewinde einer zerbrochenen Glühbirne, verschiedene gedruckte Schriftstücke (feuchte Zeitschriften, Fetzen von Zeitungen), eine zerrissene Photographie, unkenntliche Maschinenteile und weitere Stücke Abfall, die er nicht identifizieren konnte.»[7]

Ebenso wie Silko interessiert Auster an diesem Typus nicht die Armut, sondern eine geheimnisvolle Metaphysik. Quinn, der die Chance eines Interviews mit Stillman erhält, läßt sich von diesem über dessen sonderbare Rundgänge aufklären. «Sie sehen, mein Herr, die Welt ist in kleine Stücke zerbrochen. Und es ist meine Aufgabe, sie wieder zusammenzusetzen.» *(You see, the world is in fragments, sir. And it's my job to put it back together again.)*[8] Stillman präsentiert sein metaphysisches Projekt ironischerweise in der Pose eines gewissen Hamlet aus Dänemark, der bekanntlich die Last der Berufung trug, eine aus den Fugen geratene Welt wieder einzurenken. Tatsächlich steht sein Projekt aber einem anderen H. D. noch näher, nämlich der Figur des englischen Kinderreims, die durch Autoren wie Lewis Carroll und Joyce in die Weltliteratur geriet: Humpty Dumpty, das Ei, das, einmal zerbrochen, nie wieder ein Ganzes werden kann. Und so klingt dann der postmoderne Genesis-Kommentar: «Der Mensch ist eine gefallene Kreatur – das wissen wir aus der Schöpfungsgeschichte. Humpty Dumpty ist auch eine gefallene Krea-

---

[7] «As far as Quinn could tell, the objects Stillman collected were valueless. They seemed to be no more than broken things, discarded things, stray bits of junk. Over the days that passed, Quinn noted a collapsible umbrella shorn of its material, the severed head of a rubber doll, a black glove, the bottom of a shattered light bulb, several pieces of printed matter (soggy magazines, shredded newspapers), a torn photograph, anonymous machinery parts, and sundry other clumps of floatsam he could not identify.» Paul Auster, The New York Trilogy, London 1987, 59.

[8] Auster, New York Trilogy, 76.

tur. Er fällt von seiner Mauer, und keiner kann ihn wieder zusammensetzen, weder der König, noch seine Pferde, noch seine Männer. Aber
wir haben diese Last geerbt. Es ist unsere Pflicht als Menschen: wir müssen das Ei wieder zusammensetzen.»[9]

Für Stillman gibt es nur einen Weg, um das Grundübel der Welt zu
kurieren, und das ist die Erfindung einer neuen Sprache, die die Qualität der Sprache Adams vor dem Sündenfall haben soll. Seit dem Fall hat
die Sprache aufgehört, ein transparentes Bild der Welt zu sein, zwischen
Worte und Dinge ist ein Schleier getreten, der das Weltverhältnis ver-
zerrt und den Menschen mit einem Haufen zusammenhangloser
Bruchstücke zurückgelassen hat. Nur eine wahrhaftige Sprache, die die
richtige Korrespondenz zwischen Worten und Dingen wiederherstellt,
vermag diesen gefallenen Zustand zu überwinden.

«Meine Arbeit ist ganz einfach. Ich bin nach New York gekommen, weil dies der
verlassenste, aufgegebenste Ort ist. Überall Zerbrochenes, die Unordnung ist
universal. Sie müssen nur die Augen öffnen, um das zu sehen. Die zerbrochenen
Menschen, die zerbrochenen Dinge, die zerbrochenen Gedanken. Die ganze
Stadt ist ein Müllhaufen. Das kommt mir sehr gelegen. Ich entdecke die Straßen
als eine endlose Quelle von Material, als einen unerschöpflichen Speicher
kaputter Dinge. Tag für Tag ziehe ich mit meiner Tüte aus und sammle Gegen-
stände, die der Untersuchung wert scheinen. Meine Fundstücke belaufen sich
mittlerweile auf einige hunderte – vom Zersprengten zum Zerstoßenen, vom
Gekerbten zum Zerpreßten, vom Zermahlenen zum Verrotteten.
Und was tun Sie mit diesen Dingen?
Ich gebe ihnen Namen.
Namen?
Ich erfinde Worte, die vollständig mit den Dingen übereinstimmen.»[10]

Old Betonie sammelte Müll für eine schamanistische Zeremonie, um
ein Kriegstrauma zu heilen. Stillman sammelt Müll, um das Urtrauma
der Welt zu heilen, um den Sündenfall rückgängig zu machen. Dieser

---

[9] «Man is a fallen creature – we know that from Genesis. Humpty Dumpty is also a fallen creature. He falls from his wall, and no one can put him back together
again – neither the king, nor his horses, nor his men. But that is what we must all
now strive to do. It is our duty as human beings: to put the egg back together again.»
Auster, New York Trilogy, 82.
[10] «My work is very simple. I have come to New York because it is the most for-
lorn of places, the most abject. The brokenness is everywhere, the disarray is universal. You have only to open your eyes to see it. The broken people, the broken things,
the broken thoughts. The whole city is a junk heap. It suits my purpose admirably.
I find the streets an endless source of material, an inexhaustible storehouse of shattered things. Each day I go out with my bag and collect objects that seem worthy of
investigation. My samples now number in the hundreds – from the chipped to the
smashed, from the dented to the squashed, from the pulverized to the putrid.› ‹What
do you do with these things?› ‹I give them names.› ‹Names?› ‹I invent words that will
correspond to the things.»› Auster, New York Trilogy, 78.

erste Abfall hat auch die Sprache verformt und damit den wahren Zugang des Menschen zur Welt verstellt. Die Umbenennung der Welt, die beim Abfall einsetzt, soll die Folgen des mythischen Abfalls, des Turmbaus zu Babel rückgängig machen, mit dem die Sprachverwirrung über die Menschen kam. Dieses ehemals äußerst wirkungsmächtige Stück Metaphysik ist im postmodernen Roman des belesenen Autors Auster selbst nur noch ein Splitter, das zerbrochene Relikt einer verlorenen Geistesgeschichte, das als ein karnevalesk-kabbalistisches Paradestück der Verblüffung und Mystifikation literarisch noch einmal aufbereitet, recycelt wird, ein spielerischer Spannungseffekt ohne anhaltende Anspannung.

Wenden wir uns nach diesen literarischen Streifzügen der bildenden Kunst zu. Auch hier besteht ein Verhältnis zwischen Kunst und Müll, das mit dem Anstieg des Abfalls in der industriellen Massenproduktion immer wieder neu definiert wurde. Susanne Hauser, die sich mit dem Zusammenhang von Abfällen und Kunst beschäftigt hat, stellt verschiedene Phasen in der künstlerischen Arbeit am Müll fest.[11] Diese Entwicklung beginnt in der zweiten Hälfte des 19. Jahrhunderts und findet ihren ersten Höhepunkt in den 20er Jahren des 20. Jahrhunderts. Für diese frühe Phase sind zwei Zitate von Künstlern aufschlußreich. Das erste stammt aus einem Brief von van Gogh, den er 1883 an Anton van Rappard geschrieben hat:

«Heute bin ich mal auf dem Fleck gewesen, wo die Aschenmänner den Müll usw. jetzt hinbringen. Donnerwetter, war das schön (...). Morgen bekomme ich einige interessante Gegenstände von diesem Müllablageplatz zur Ansicht als Modelle, wenn Du willst – unter anderem kaputte Straßenlaternen, verrostet und verbogen – der Aschenmann wird sie mir mitbringen. Das wäre was für ein Andersensches Märchen, diese Sammlung ausgedienter Eimer, Körbe, Kessel, Soldaten-Kochgeschirre, Ölkannen, Draht, Straßenlaternen, Ofenrohre. (...) Wenn Du je nach Den Haag kommst, führe ich Dich mal hin und auch an ein paar andere Stellen – wahre Paradiese für den Künstler, so unansehnlich sie auch sind.»[12]

Das andere Zitat stammt von Kurt Schwitters, der schreibt: «Ich sah nämlich den Grund nicht ein, weshalb man die alten Fahrscheine, angespülte Hölzer, Garderobenummern, Drähte und Radteile, Knöpfe und altes Gerümpel aus Bodenkammern und Müllhaufen nicht ebensogut als Material für Gemälde verwenden sollte, wie die von Fabriken hergestellten Farben.»[13]

---

[11] Susanne Hauser, «Die schönste Welt ist wie ein planlos aufgeschichteter Kehrichthaufen». Über Abfälle und Kunst», Paragrana. Internationale Zeitschrift für Historische Anthropologie 5 (1996), 244–263.
[12] Vincent van Gogh, Sämtliche Briefe. Band V, Zürich 1968, 174f. Zit. nach S. Hauser.
[13] Aufzeichnung vom 4.3. 1927, in: Kurt Schwitters, 1887 – 1948. Der Künstler von Merz, Bremen 1989. Zit. nach S. Hauser.

Van Gogh wünscht sich die Trophäen vom Schuttabladeplatz «zur Ansicht als Modelle» für seine Bilder. Als Gegenstände mit Patina und einer expressiven, von langfristigem Gebrauch geprägten Physiognomie dienen sie ihm als Requisiten, die er malend in seine Bilder integriert. Von diesem mimetischen Zugang unterscheidet sich Schwitters Interesse am Müll. Er sucht sich nicht Straßenlaternen und Ofenrohre, sondern Kleinteiliges wie Knöpfe und Fahrkarten aus, das er als Objekte in seine Bilder integriert. Van Gogh malt altes Gerümpel mit Farben, Schwitters malt mit altem Gerümpel statt mit Farben. Die Collage zerbricht die homogene Oberfläche der Leinwand, macht sie uneben und sperrig. An die Stelle der gegenständlichen Malerei rückt eine Malerei der Gegenstände, das Sortiment, die Assemblage, die Komposition heterogener Bestandteile.

Von den Bildern, die Abfallstoffe als Motive verwenden oder als Gegenstände integrieren, ist es wiederum ein erheblicher Schritt zu jenen künstlerischen Arbeiten, die den Müll selber ausstellen. Im objet trouvé und erst recht im ready made tritt die künstlerische Komposition zurück. Was andere fallen lassen und vergessen, hebt der Künstler auf und bringt es den Betrachtern auch gegen ihren Willen in Erinnerung. Arman, geb. 1928 in Nizza, der 1959 damit begann, gefüllte Abfallkübel auf Ausstellungen zu zeigen und ins Museum zu stellen, zielt auf diesen Schockeffekt. Er behauptet, «daß die Ausdruckskraft von Müll und unbrauchbaren Gegenständen schon ihren eigenen Wert besitzt, in ganz direkter Weise, ohne sie ästhetisch ordnen zu wollen, was sie verwischen und den Farben einer Palette gleichmachen würde».[14] Bei ihm ist der Müll nicht mehr ästhetisch gerechtfertigt. Es geht um nichts anderes als um die paradoxale Geste der Monumentalisierung des Abfalls. Dabei wird nicht nur zu Bewußtsein gebracht, wie prekär die Grenze ist, die die Kultur zwischen Kunst und Müll, zwischen Archiv und Abfall aufbaut. Es wird auch anschaulich begreifbar, daß der Müll als zu entsorgende aber nicht mehr loszuwerdende Altlast selbst im Begriff ist, die Form der Monumentalität anzunehmen.

2. Ein kleines Museum für den Rest der Welt – Ilya Kabakow

Boris Groys nannte die private Müllkollektion des russischen Künstlers Ilya Kabakow «das einzige Museum der modernen Kunst im Moskau der siebziger, achtziger Jahre».[15] Müll hat in den letzten Jahrzehnten der

---

[14] Arman, zit. nach S. Hauser 256.

[15] Ilya Kabakow, Boris Groys, Die Kunst des Fliehens. Dialoge über Angst, das heilige Weiß und den sowjetischen Müll, München 1991, 110. Ich danke Schamma Schahadat für den Hinweis auf Kabakow und Tomáš Glanc für ein Manuskript über Kabakov mit dem Titel: «Hierarchie und Verdoppelung» (Konstanz 1996).

Wohlstands- und Wegwerfgesellschaft zunehmend die Aufmerksamkeit der Künstler auf sich gezogen: als die verdrängte Seite des Konsums, als Symbol einer Ökonomie der Verschwendung, als Signal einer ökologischen Bedrohung. Diese naheliegenden Assoziationen stehen bei Kabakow nicht im Vordergrund. Müll ist für ihn nicht die Signatur des postindustriellen Gesellschaftssystems, eher schon die des Systems der Sowjetunion: «alles ist absichtlich kaputtgemacht, oder irgend etwas fehlt an ihm. Der Müll ist eine gute Metapher für eine solche nichtfunktionierende Zivilisation.»[16] Noch grundsätzlicher jedoch ist der Müll eine Metapher für das Leben selbst in seiner ephemeren Gestalt, beherrscht von der Furie des Verschwindens. Verlust, Vergessen und Vergängnis ist die monotone Teleologie alles Lebendigen. Doch auch diese neu-barocke Haltung der vanitas, der mutabilitas, des memento mori verbindet sich mit einer Vision von Ewigkeit. In den barocken religiösen Meditationen konnte man dem allgemeinen Zerfall so scharf ins Auge sehen, weil man sich einer nach-irdischen Ewigkeit sicher war. Für Kabakow dagegen fallen Müll und Ewigkeit zusammen: «Es verschwindet, es wird grau und zerfällt, um seine Bestimmung als Müll zu finden. Der Müll aber ist für mich ewig wie das Leben selbst. Darum sehe ich das bunt leuchtende Plakat schon in Fetzen auf der Erde liegen. Es verwandelt sich für mich in Müll und wird als Müll ewig bestehen.»[17]

Genau genommen spricht Kabakow von zwei Ewigkeiten: der Ewigkeit des Mülls als dem unentrinnbaren, stetigen Einerlei des Zerfalls, und der Ewigkeit der Kunst und des Museums als der anderen Form des Dauerns im «Feld der Unsterblichkeit». Diese beiden Ewigkeiten hat er aber nicht gegeneinander polarisiert, sondern, wie noch näher zu zeigen sein wird, ineinander übersetzt und miteinander verschränkt.

Wie kam Kabakow auf den Müll? Er selbst hat sehr genau beschrieben, wie der Müll allmählich und unabweisbar ins Zentrum seiner Aufmerksamkeit rückte.[18] In Moskau besaß er ein Atelier auf dem Dachboden eines größeren Mietshauses. Um dorthin zu gelangen, mußte er tagtäglich seinen Weg durch diverse Müll-Milieus zurücklegen. Vorbei an den Mülltonnen am Tor, über den mit Schmutz und Resten aller Art bedeckten Hof, die Treppen hinauf bis zum fünften Stock vorbei an den Mülleimern vor den Wohnungstüren, vorbei am Hausmeister, der einen schweren Eisenkübel mit Müll die Steintreppe herunterwuchtete, eine Prozedur, die sich über die Jahre und Jahrzehnte in die Stufen eingekerbt hatte, und zuletzt vorbei an dem Sperrmüll auf dem Dachboden,

[16] Kabakow, Groys, 115.

[17] Kabakow, Groys, Die Kunst des Fliehens, 15.

[18] Ilya Kabakov, Söppelmannen / The Garbage Man, The National Museum of Contemporary Art, Norway, Series Nr. 1 (1996), 122–125. Ich danke Natalia Nitikin und Boris Groys, die mir dieses Buch geschenkt haben.

ehe er sein Atelier betrat. Statt an seinen Bildern und Texten weiterzu-
arbeiten, begann Kabakow damit, seinen eigenen Müll mit anderen Augen zu sehen, sein von Erinnerungen aromatisiertes Altpapier zu sammeln, das er als das letzte kostbare Unterpfand so vieler Erinnerungen
erkannte.

Seine Mengen persönlichen Altpapiers hat Kabakow in verschiedene
künstlerische Formate gebracht, die den Formaten der Archive folgen.
Es gibt Arrangements in Pappschachteln, die an die Ausrüstung des indianischen Medizinmanns Old Betonie in Silkos Roman erinnern. Sie
enthalten unsortierte Mengen von persönlichen Papieren, wie sie rasch
für die Zwecke eines Umzugs zusammengeklaubt und verpackt zu werden pflegen. Er packt Gedächtniskisten mit Gegenständen aller Art, die
Erinnerungen an das festhalten, was man üblicherweise zu vergessen
pflegt. Manche Gegenstände sind zu Sträußen zusammengebunden, wobei jedes Teil penibel beschriftet ist. Überhaupt sind bei Kabakow Ordnen, Sortieren und Beschriften die wichtigsten Bearbeitungsformen des
Mülls. Das wohl eindrucksvollste Beispiel für diese Praxis ist der Inhalt
eines Staubtuchs, das er in seine Körnchen zerlegt und einzeln registriert
hat. Die sogenannten «Lebensbücher» sind Schnellhefter aus Pappe, die
den alltäglichen Papieranfall bzw. -abfall zusammenhalten. Jeder Ordner
endet mit einer in säuberlicher Kanzleischrift geschriebenen Liste der
enthaltenen Materialien, die die unsortierte Kontingenz des Lebens, den
authentischen Zufallsstrom der Papiere in jene bürokratische Ordnung
des Archivs überführt, welche zusammen mit dem ‹Staatsgedächtnis› zugleich auch die Assoziation von ‹Staatskontrolle› aufruft. Mit ihren Zer-
tifikaten, Einladungen, Zeichnungen, Rezepten, Zeitungsausschnitten
und anderen Schnipseln dokumentieren die Lebensbücher in paradigmatischer Form den alltäglichen menschlichen Kontakt mit der Wirklichkeit, und das heißt mit der gestaltlosen, sperrigen und ephemeren
Realität eines gelebten Lebens.

Kabakow interessiert sich nicht für Biomüll, Wohlstandsabfall und In-
dustrieschutt, sondern ausschließlich für jenen biographisch relevanten
Kulturabfall, der die Spuren persönlicher menschlicher Bearbeitung und
Benutzung trägt. Nur dieser Abfall hat eine Schnittstelle mit dem Archiv. Zwischen Kulturabfall und Kulturarchiv verläuft jene bewegliche,
nicht festlegbare Grenze zwischen Wert und Unwert, die eine Sache
permanenten Entscheidens und Aushandelns ist. Weniger geht es ihm
dabei um die pauschale Aufhebung der Grenze zwischen Wert und Unwert, um die totale Musealisierung des Lebens, als um die Verschiebung
dieser Grenze, und dabei um das Sichtbarmachen des individuellen und
offiziellen Aktes der Entscheidung über Erinnern und Vergessen, Dauern und Vergehn. Im Gegensatz zu den *Poubelles* von Armand ist der
Müll, mit dem Kabakow arbeitet, nicht anonym; es sind Relikte seines
eigenen Lebens, die von ihm als Erinnerungsstützen und Beweisstücke

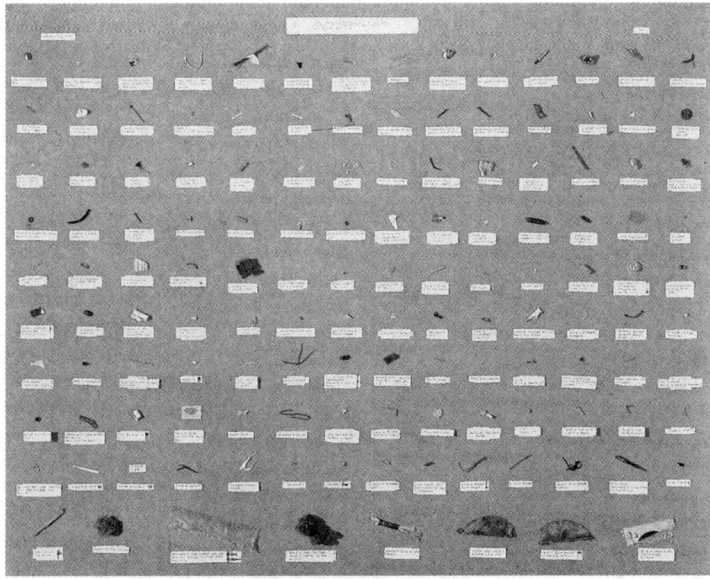

*Ilya Kabakow, Die Archivierung des Staubs
in der Installation ‹Müllmann›*

sortiert und aufbewahrt werden. Er selbst schreibt dazu: «Natürlich, genau das ist es: ein kleines Museum für den Rest der Welt. Ich sammle nichts um des Sammelns willen, sondern für die Besucher. Und vielleicht sogar für den Revisor, für den Kontrolleur, der Rechenschaft verlangt, was ich z. B. an diesem und jenem Tag getan habe. Und dann kann ich Ordner Nr. 8 öffnen, und da liegt die entsprechende Dokumentation. Das ist etwas wie eine Selbstdenunziation oder vielleicht eine Beichte.»[19]

Im ungewissen Schwanken zwischen Wegwerfen und Aufbewahren, zwischen Müll und (privatem) Museum, gibt es einen zuverlässigen Ratgeber, nämlich die Erinnerung. Der Wert eines Gegenstandes ist für Kabakow «von einer bestimmten Erinnerung diktiert». Über Wert und Wichtigkeit eines aufgetürmten Papierbergs, der aus «bezahlten Rechnungen, alten Kinokarten oder Fahrkarten, geschenkten oder gekauften Reproduktionen, längst gelesenen Zeitungen und Zeitschriften und Notizen über Erledigtes und Unerledigtes» bestehen mag,

---

[19] Kabakow, Groys, 107.

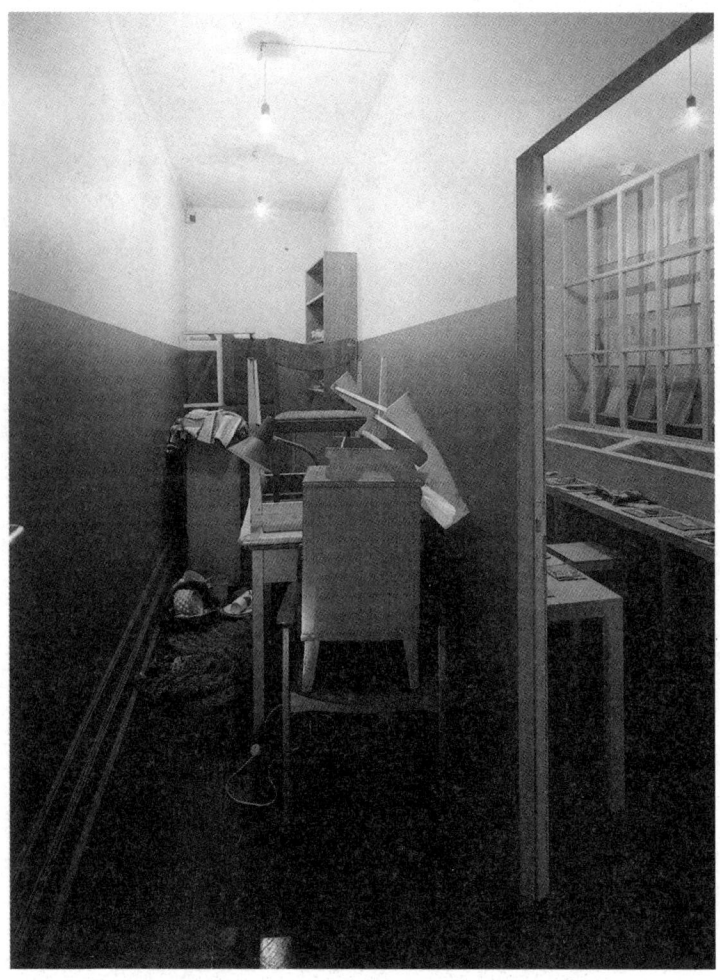

Ilya Kabakow, Installation ‹Müllmann›

«gibt ein einfaches Gefühl Bescheid, das jeder kennt, der sich einmal mit der Durchsicht und dem Sortieren seiner angehäuften Papiere beschäftigt hat. Es ist das intensive Gefühl für die Ereignisse, die mit jedem dieser Papiere verbunden sind. Jedes einzelne Papier versetzt uns einen Stich: es erinnert an einen bestimmten Augenblick unseres Lebens. Sich von all diesen Punkten, von diesen papierenen Merkzeichen und Zeugnissen zu trennen, würde bedeuten, sich von seinen Erinnerungen zu trennen. In unseren Erinnerungen, in unserem Gedächtnis wird alles gleich wichtig und bedeutsam. All diese Erinnerungspunkte verbinden sich miteinander und bilden in unserem Gedächtnis Ketten und Verbindungen, die letztlich unser Leben ausmachen, die Geschichte unseres Lebens.»[20]

Einerseits geht es bei dieser Archivierung des Mülls darum, Beweisstücke für einen Prozeß zu sammeln, in dem die individuelle Existenz auf dem Spiele steht und vor einer höheren Instanz gerechtfertigt werden muß. Die Bürokratie, die schon im Rußland eines Gogol das Leben beherrschte, wurde unter stalinistischem Druck zu einem Zwangsapparat. Gegenüber solchen Instanzen steht das Individuum unter permanentem Rechtfertigungsdruck. Die Selbstvergewisserung individueller Identität schließt aber auch das uralte Projekt der Selbstverewigung, der künstlerischen Transformation von Ephemerem in Dauerndes ein. Kabakows Kunst vollzieht eine geheimnisvolle Transsubstantiation von Müll in Archivalien und Archivalien in Kunst. Er organisiert mit dieser Kunst den Umzug aus der Welt der Vergängnis in das Museum, das Haus der Ewigkeit. Auch dies ist ein metaphysisches Projekt, bei dem sich Selbstrechtfertigung und Selbstverweigung kreuzen. Hinter juridischen und soteriologischen Metaphern steht der Wunsch nach Anerkennung und Rechtfertigung des gefallenen Menschen «Ja, es ist der Wunsch, mit allem Gekröse, mit all meiner schmutzigen Wäsche in die Kultur einzutreten – ohne Furcht vor irgend etwas.»[21]

Doch geht es Kabakow bei seinem Müllprojekt nicht nur um sein eigenes Selbst. Der Müll wird für ihn auch zum Unterpfand einer kollektiven Utopie. Das wird aus einem Text deutlich, in dem er einen Rundgang über die Mülldeponie Moskaus beschrieben hat.

«Mir erschien die Welt, die ich bereits mit einem rückwärtsgewandten Blick sah, wie ein riesiger Abfallhaufen. Ich war selbst auf den Mülldeponien von Moskau und Kiew, es sind rauchende Hügel aus allem und jedem, die bis an den Horizont reichen. Im Ganzen gesehen ist dies der Dreck, der Schmutz, der Auswurf einer großen Stadt, aber wenn man darin herumwandert, entdeckt man, daß das Ganze auf majestätische Weise atmet, daß es von all dem vergangenen Leben animiert ist, daß diese Halde voller Funken ist, die Sternen gleichen, Kultursternen.

---

[20] Ilja Kabakow, SHEK Nr. 8, Bauman-Bezirk, Stadt Moskau, hg. von Günter Hirt und Sascha Wonders, Leipzig 1994, 111.

[21] Kabakow, Groys, 115.

Man erkennt Reste von Büchern, ein Meer von Zeitschriften, in dem Photographien, Texte und Ideen verborgen sind, sowie Dinge, die einmal gebraucht
wurden. Und so tut sich eine enorme Vergangenheit auf hinter all diesen Kisten,
Flaschen, Säcken, all den Paketen, die einst von Menschen benötigt wurden. Sie
haben ihre Formen nicht verloren, sie sind nicht abgestorben, als sie weggeworfen wurden, sie sind ein Schrei des Lebens, das noch in ihnen wohnt.»[22]

Diese Utopie verheißt, daß das Leben stärker ist als der Tod, daß menschliche Artikulationen robuster sind als die Mächte der Zerstörung. Die
Kraft dieses Lebens entdeckt Kabakow aber erst unter dem Druck ihrer
Negation. Unter diesem Druck härtet sich ein Gegengedächtnis, aus
dem das Neue hervorgehen kann. In dieser Perspektive wird nachvoll-
ziehbar, warum sich dieser Künstler in einem totalitären Staat mit solcher Hingabe der Gedächtnisarbeit am Müll gewidmet hat. Die folgenden Sätze fassen dieses Credo nocheinmal zusammen: «Die Empfindung
einer umfassenden kosmischen Natur, einer wirklichen Existenz packt
einen auf solchen Plätzen. Es ist keineswegs ein Gefühl der Verlassenheit
und des Absterbens, sondern genau das Gegenteil: ein Gefühl der Rückkehr, der Revolution des Lebens. Denn solange noch irgendwo ein
Gedächtnis des Lebens besteht, wird alles auch wieder ins Leben zurück-
finden. Dieses Gedächtnis behält alles, was einmal gelebt hat, in Erinnerung.»[23]

In West und Ost, in literarischen Texten und Installationen hat die
Kunst der Gegenwart den Abfall entdeckt. Autoren und Künstler haben
mit ihren Abfall-Archiven, ihrem Hort für das Vergessene und Abge-
stoßene, ein kulturelles Gegengedächtnis geschaffen. Diese Gedächtnis-
Kunst kommt nach der ars memorativa, deren Verfahren sie getreulich
kopiert. Sie kommt auch nach der ars oblivionalis, denn es handelt sich
um eine neue paradoxe Kunst, die das Vergessen erinnert.

3. Die Enzyklopädie der Toten – Danilo Kiš

Die Spurensuche der Oedipa Maas, die Pynchon in seinem Roman
The Crying of Lot 49 inszeniert, verwies uns auf den Zusammenhang
von kulturellem Gedächtnis, organisierten Kommunikationskanälen,
kommerziellen Medien und neuer Speichertechnologie. Obwohl die
Aufzeichnungsmöglichkeiten insbesondere von Ton und Bild immer
lebensnäher und die Speicherbedingungen immer ökonomischer geworden sind, wurde zugleich doch auch deutlich, daß das Wesentliche

---

[22] Kabakov, Garbage Man, 141–143.
[23] Ilya Kabakov, aus: «The Apology of Personalism in the 1960's», in: The Garbage
Man, 143.

eines menschlichen Lebens nicht aufgezeichnet wird und auch gar
nicht aufzeichenbar ist. Denn was für das menschliche Bewußtsein und
das Gedächtnis gilt, gilt in vergrößertem Maßstab auch für das Archiv:
es geht nicht alles hinein, es bestehen strukturelle Ausschlußmechanis-
men, die nicht hintergehbar sind. Boris Groys, der sich für die Bedingungen für die Entstehung des Neuen interessiert, konzentriert sich
dabei auf das Jenseits der Archive als Raum kultureller Innovation. Seine Frage ist,

«inwieweit diese Archive, die wir besitzen, diese Museen, diese Galerien, Biblio-
und Filmotheken usw., alles umschließen, was geschichtlich zu produzieren wäre. Sicherlich ist dies nicht der Fall, vielmehr befindet sich außerhalb dieser doch
immerhin endlichen Archive ein Meer von Ungeschichtlichem, von Alltägli-
chem, nicht Relevantem, vielleicht nicht Bedeutendem, nicht Bemerkbarem,
von all dem, was geschichtlich gar nicht zur Kenntnis genommen wird. Das ist
ein potentielles Reservoir für das Neue. Für mich ist das Neue nicht die von der
Zeit diktierte Entwicklung, sondern ein Spiel zwischen dem, was man schon
kennt und schon in die Archive aufgenommen hat, und dem, was außerhalb dieser Archive bleibt: dem Unscheinbaren, nicht zur Kenntnis Genommenen. Und
diese Ebene des Ungeschichtlichen, des Nicht-Archivierten, des bloß Alltäglichen kann sich nicht auflösen. Jedes Leben der Gesellschaft und des einzelnen
hat diese nicht-artikulierte, vielleicht auch nicht artikulierbare Dimension des
bloß Vorhandenen.»[24]

Für Groys bleibt die nicht artikulierbare Dimension des bloß Vorhandenen die wesentliche, unverlierbare und unerschöpfliche Ressource
der Kunst. Sie interessiert ihn nicht als solche, in ihrer unantastbaren
Eigensphäre, sondern als Rohstoff und Mechanismus künstlerischer
Innovation. Die Kunst, die an den Auftrag der permanenten Innovation
gebunden wird, muß sich beständig an der Grenze zwischen Archiv und
Nicht-Archivierbarem bewegen. Innovation ist die Bewegung eines
permanenten Hereinholens ins Archiv, und doch, so will es die Ökonomie der Kultur, bleibt die Sphäre des ‹Profanen› unerschöpflich. Eine
Welt, in der alles archiviert wird, ist deshalb schlechterdings nicht vorstellbar. Oder doch?

Aufschlußreich ist in diesem Zusammenhang eine Erzählung des ser-
bisch-ungarisch-jüdischen Autors Danilo Kiš (1935–1989), der das Bild
eines totalen Archivs entwirft. Die Erzählung heißt: «Die Enzyklopädie
der Toten».[25] Im Gegensatz zu den Enzyklopädien der Lebenden ist die-

[24] Boris Groys, Wolfgang Müller-Funk, «Über das Archiv der Werte. Kulturöko-
nomische Spekulationen. Ein Streitgespräch», in: Wolfgang Müller-Funk, Hg., Die
berechnende Vernunft, Wien 1993, 170–194, hier: 175.

[25] Danilo Kiš, Enzyklopädie der Toten. Erzählungen, aus dem Serbokroatischen
von Ivan Invanji, Frankfurt a. M. 1988, 43–74. Den Hinweis auf diesen Text verdanke ich Barbara Hahn.

se der vergessenen und nicht artikulierten Dimension des Gewesenen gewidmet. Kiš entwirft eine imaginäre Bibliothek, deren verstaubte Bände ausschließlich dem gewidmet sind, was von den kulturellen Speichern als unbedeutend aussortiert wird. Wie Kabakow mit seinen Installationen konstruiert Kiš in seiner Erzählung ein paradoxes Gegen-Gedächtnis, das all das festhält, was als bloß Vorhandenes gar nicht kodierbar ist und deshalb auch nicht aufgezeichnet werden kann, und das, wenn es vergangen ist, unwiederbringlich verloren ist. Kiš richtet also seinen Blick auf das Jenseits der Archive und entwirft in paradoxer, Borges'scher Manier ein Archiv des Nicht-Archivierten.

Nach einer kurzen Einleitungspassage verstärken sich in der Erzählung die Züge des Phantastischen. Eine Wissenschaftlerin wird nach einem Kongreßtag von ihrer Gastgeberin aufgefordert, mit ihr eine große Bibliothek in Stockholm zu besuchen. Es ist bereits spät abends, und das, was die junge Frau betritt, erweist sich als eine phantastische Bibliothek, die Ähnlichkeit mit dem Totenreich aufweist. Es bedarf eines Passierscheins, mit dem sie an einem stummen Pförtner vorbei in die Unterwelt gelangt, wo die Enzyklopädie der Toten auf verstaubten, von Spinnenweben überzogenen Regalen steht. Das Projekt dieser inversen Enzyklopädie besteht darin, das, was im Jenseits der kulturellen Archive verbleibt, das nicht Namhafte, Unscheinbare, Unbedeutende, Ephemere, in die üblichen Formate des Archivs zu bringen: Inventar, Liste, Register, Aufzählung, Sammlung, Beschreibung, Chronologie – und all das sorgfältig abgedruckt und zusammengebunden in dicken Folianten, die durchaus mit Kabakows Lebensbüchern verglichen werden dürfen. Der Untertitel der Erzählung heißt: «Das ganze Leben». Ganz wird ein Leben erst durch den Tod, der die Summe all der Tage zieht, die «wie ein Fluß der Zeit der Mündung entgegen» fließen». (54) In einem anderen Text träumt Kiš von Büchern, die er schreiben möchte, «und in denen meine ganze Vergangenheit und Gegenwart die Gnade der Formgebung erfahren würden».[26] Das *ganze* Leben kann jedoch niemals Gegenstand irgendeiner Darstellung sein; die Idee einer solchen Archivierung ist reine Utopie – oder Alptraum. Sie wird ja nicht einmal annähernd den Heroen der Geschichte zuteil, deren Namen zwar im kulturellen Gedächtnis registriert sind, jedoch stets um den Preis extremer Verkürzung, Stilisierung und rigoroser Selektivität. In der Enzyklopädie der Toten kehrt sich das Verhältnis um: Das Leben derjenigen, von denen wir sehr bald gar nichts mehr wissen, findet sich hier vollständig dokumentiert. Die junge Frau, die versucht hatte, durch Reisen und Arbeit den Tod ihres Vaters zu überwinden, widmet sich in der Geisterbibliothek eine

---

[26] Danilo Kiš, Schuhe. Gedichte und eine Betrachtung. Mit Zeichnungen von Leonid Sejka, übers. v. Peter Urban, Berlin 1997, 29. In diesem Bändchen findet sich auch ein Gedicht von Kiš aus dem Jahre 1966 mit dem Titel «Müllhaufen».

Nacht dem Lebens- oder Totenbuch ihres verstorbenen Vaters, in dem sie blättert, liest, und aus dem sie sich abschreibt, so viel es ihre frierenden Finger erlauben.

Die Totenbücher Ägyptens enthielten wichtiges magisches und liturgisches Wissen, das die Verstorbenen auf ihrer gefahrvollen Reise durch die Unterwelt brauchten, weswegen diese Bücher ihnen in großer Zahl als Beigaben mit ins Grab gelegt worden sind. Die «Meister der Enzyklopädie», wie in Kiš' Erzählung die Archivare des Vorschollenen genannt werden, verfolgen ebenfalls ein religiöses Projekt: In der Stunde der Auferstehung soll jeder Verstorbene mit Hilfe der sorgfältig zusammengetragenen Aufzeichnungen den Beweis für die Einmaligkeit seines gelebten Lebens antreten können: «Deshalb bestehen die Verfasser der *Enzyklopädie der Toten*, dieses großartigen Denkmals der Verschiedenartigkeit, auf allen Einzelheiten, deshalb ist ihnen ein jedes menschliche Wesen ein Heiligtum.» (57) Die Enzyklopädie der Toten ist also ein Denkmal der Einmaligkeit und Unverwechselbarkeit jeder individuellen Lebensgeschichte. Aus dieser Perspektive, die im Jenseits des Lebens verankert ist, leitet sich eine andere Ökonomie der Daten und eine unbestechliche Aufmerksamkeit her, die die gängige Differenz zwischen Bedeutendem und Unbedeutendem ebenso aufhebt wie die zwischen Erinnern und Vergessen. Da die Deutung des Lebenstextes bis zum Schluß offenbleibt, gehört zur Logik dieses Aufzeichnungs-Programms, «daß es im menschlichen Leben keine unbedeutenden Dinge innerhalb der Hierarchie der Ereignisse gibt» (63). Jenseits der herrschenden Selektionskriterien gibt es ebensowenig Grenzen zwischen Produktivem und Unproduktivem, zwischen Leistung und Leiden, zwischen Ehre und Schmutz:

> «Geschichte ist für das Buch der Toten die Summe menschlicher Schicksale, die Gesamtheit ephemerer Ereignisse. Deshalb ist hier jede Tätigkeit eingetragen, jeder Gedanke, jeder tätige Atemzug, jeder Auswurf ist registriert, jede Schaufel voller Schlamm, jede Bewegung, die einen Ziegelstein der Ruine bewegt.» (64)

Die akribische ars memorativa dieser Totenbücher ist ein phantastisches Projekt. Es artikuliert ein Bedürfnis, das von keiner Kultur eingelöst werden kann und soll: Erinnerung, Ruhm und Andenken für *jedes* gelebte Leben! Es negiert damit die kulturelle wie psychische Notwendigkeit des Vergessens. Vergessen wird hier nicht mit produktiver Ermöglichung, sondern ausschließlich mit Vernichtung gleichgesetzt. Was vergessen wird, ist, als wäre es nie gewesen. Das Zurückfallen in die Anonymität und ins Vergessen löscht das Leben nachträglich aus; es ist umsonst gelebt worden. Die Meister der Enzyklopädie arbeiten gegen dieses Vergessen an. Sie geben der Tochter, die mit klammen Fingern das Dossier des Vaters kopiert, einen Beweis in die Hand, «daß sein Leben nicht überflüssig gewesen war, daß es auf der Welt noch Menschen gibt, die ein jedes Leben aufzeichnen und hoch schätzen, jedes Leiden, jede menschliche Existenz. (Ein Trost, wie immer er auch sei.)« (73) Die Leser der Erzählung werden aus dem Text jedoch weniger den Trost mitnehmen als einen Denkanstoß, der sie aufmerksam macht auf die ‹negativen Datenberge› des für immer Verlorenen. Sie werden die *Enzyklopädie der Toten* als eine kontrafaktische Enzyklopädie des Vergessens lesen und einen sinnlichen Geschmack mitnehmen vom Reichtum und der Fülle eines *ganzen* Lebens als Nicht-Archiviertem, als Nicht-Archivierbarem.

In diametralem Gegensatz zu den totalitären militärischen und staatlichen Archiven ist die Anlage dieser Datensammlung nicht von Mißtrauen, Verleumdung und Verfolgung geleitet, sondern von dem biblischen Wunsch, eingeschrieben zu sein ins Buch des Lebens. Aus diesem Wunsch haben die Mormonen, worauf Kiš im Nachwort verweist, ein technologisches Großprojekt gemacht. Sie haben Gott gewissermaßen die Buchführung aus der Hand genommen, und ihr megalomanes Projekt nimmt für Kiš den Charakter eines Alptraums an. In ein Granitmassiv des Felsengebirges östlich von Salt Lake City sind Tunnel und Korridore gebohrt, in denen sich ein riesiges durch Stahltüren gesichertes Archiv befindet, in dem die besten Konservierungsbedingungen herrschen. «Hier werden die Namen von 18 Milliarden Menschen, lebenden und toten, aufbewahrt, die sorgfältig auf 1 000 250 Mikrofilmen registriert sind. (...) Endziel dieses gewaltigen Unternehmens ist die Registrierung des gesamten Menschengeschlechts auf Mikrofilm – sowohl jenes Teils, der noch zu den Lebenden gehört, als auch des anderen, der schon ins Jenseits umgezogen ist.»(210) Mit diesem totalen Gedächtnis, das permanent mit Suchen und Registrieren beschäftigt ist, legt sich die Menschheit, Individuum für Individuum, von ihrer Existenz Zeugnis ab.

4. Die Bibliothek der Gnade – Thomas Lehr

Es gibt ein Seitenstück zur Enzyklopädie der Toten von Danilo Kiš, das ein Archiv nicht der kompletten Personalakten aller Lebensverläufe, sondern des gesamten nicht zum Druck zugelassenen Schrifttums beschwört. Im Mittelpunkt des Romans von Thomas Lehr *Zweiwasser oder die Bibliothek der Gnade* steht ein Mensch mit einer panischen Angst vor Tod, Vergängnis und Vergessen sowie einer intensiven Sehnsucht nach Dauer und Unsterblichkeit. Als Kind bereits entdeckt Zweiwasser mit Hilfe eines Seeräuberromans die Magie der Buchstaben, die ihn in eine sinnlich dichte Hafenszene entführen, obwohl es sich nur um schwarze Zeichen auf weißem Grund handelt. Als er erfährt, daß der Autor des Buches schon seit hundert Jahren tot ist, ist das Wunder für ihn vollkommen.

«Alles konnte von einem einzigen Menschen verwandelt und gerettet werden, sogar das leise Klatschen von Meereswellen und Küchenabfälle, die ein Schiffsjunge dereinst achtlos über Bord geworfen hatte. Der Abstand der sauber in die weiße Ewigkeit des Papiers gesetzten Buchstaben zu seinen Augen erschien ihm unendlich. Er sah nur bis zu den eigenen Händen und doch in die ganze Tiefe der Zeit. Was auf diesen Seiten stand, war nicht mehr zu zerstören.»[27]

Daß Zweiwasser nach dieser Offenbarung selbst die Unsterblichkeit durch Autorschaft anstrebt, versteht sich von selbst. Gedrucktes ist beständig und nicht mehr aus der Welt zu schaffen. Doch um diese tiefe Sehnsucht nach Verewigung durch Schrift realisieren zu können, ist er leider auf die Unterstützung der Verlage angewiesen. Und diese wird ihm nicht zuteil. Überall, wo er es versucht, erhält er seine Manuskripte mit Absagebriefen zurück. Um gedruckt zu werden, kämpft er zehn Jahre lang vergeblich seinen privaten Trojanischen Krieg. Sein Programm der Verleugnung des Todes durch die Schrift erfüllt sich für ihn erst posthum, indem ein Text aus seinem Nachlaß gedruckt wird. Er füllt das letzte Kapitel des Buches und ist dem Roman als «Epitaph», als ein Grabstein für den glücklosen Helden angefügt. Der Text im Anhang handelt von einer anderen Bibliothek, von einer Bibliothek des Anderen, die die Veröffentlichungsstrategien der Verlage ebenso unterläuft wie die Selektionskriterien der Archive und alles sammelt, ordnet und konserviert, was überhaupt in schriftlicher Form vorliegt. Mit einer Zeitungsanzeige im November des Jahres 1997 begann diese andere Bibliothek der Gnade damit, ihre Bestände einzuwerben. Alle Arbeiten, die keinen Verlag gefunden haben, so heißt es in der Anzeige, seien hier willkommen. «Die Bibliothek mache keine Unterschiede. Tagebücher, verschmähte Enzyklopädien, Waschzettel, Abhandlungen, Träume, Spruchsammlungen, Witze, Pamphlete, Romane – und was auch immer in Schriftform vorliege und gedemütigt sei, es fände seine Signatur.»[28]
Die Menge des disparaten Schrifttums solle nicht nur gesammelt, geordnet und konserviert, sondern auch mit den neusten Methoden elektronischer Bearbeitung erschlossen und der Öffentlichkeit zugänglich gemacht werden. Auf diese Weise solle ein «einzigartiges, absolut wertfreies zweites Gehirn der Menschheit» entstehen, das von den Interessen, Zwängen und Wertungen des Zeitgeistes gänzlich frei ist. Nach einer Entwicklungsphase, in der die Institution zu ihrer Struktur und Systematik findet, und nach Problemlösungen, die für die krisenhafte Expansion gefunden werden, florierte die Gnadenbibliothek, die ihrem zwanzigjährigen Jubiläum entgegensah.

---

[27] Thomas Lehr, Zweiwasser oder die Bibliothek der Gnade, Berlin 1993, 11.

[28] Vgl. Günter Stocker, Schrift, Wissen und Gedächtnis. Das Motiv der Bibliothek als Spiegel des Medienwandels im 20. Jahrhundert, Würzburg 1997. Ich danke Günter Stocker für den Hinweis auf den Roman von Thomas Lehr.

«Weiterhin trug man Liebesbriefe und Gedichte, abgelehnte Artikel und von Mißachtung schwer verwundete Romane, wie Aussatz behandelte Lyrikbände und wissenschaftliche Arbeiten, Fragmente, lose Zettel, in einigen Fällen sogar einzelne Sätze, die einem genial dünkten, wenn auch nicht fortsetzbar, durch die offenen Flutschleusen der Mater Libraria. Weiterhin archivierte und dokumentierte das weltweite Gnadensystem jedes ihm anvertraute papierne Herz. Aufgenommen und verteilt zu werden, sich durch die erdumspannenden Netze und die Gehirne der Mitmenschen bewegen zu können, konserviert wie ein Pharao der Nachwelt erhalten zu sein, war kein Privileg mehr, sondern der Alltag von Millionen.»[29]

Dieser Traum von unbegrenzter Dauer und millionenfach vervielfältigtem Ruhm hat jedoch keinen Bestand. In seinem dreißigsten Jahr bricht das «Millionenarchiv der Eitelkeiten» in sich zusammen. Zweiwassers Bibliothek endet am 9. November 2027 wie die Bibliothek von Alexandria durch einen Brand. Doch muß hier nicht mehr von außen Feuer an die Bestände gelegt werden; diese Zerstörung geschieht durch die Implosion des Datennetzes. Auf den Monitoren der Terminals taucht plötzlich anstelle der aufgerufenen Daten das Symbol einer Flamme auf, die die immateriellen Bestände der Bibliothek in wenigen Tagen vollständig verzehrt. So geheimnisvoll, wie sie entstanden ist, geht die Gnadenbibliothek auch wieder unter.

Die Konstruktion dieses grenzenlosen Speichergedächtnisses ist auf mehreren Ebenen zu lesen. Zunächst ist sie die Vision eines verletzten Gemüts, ein Traum des frustrierten Autors Zweiwasser, der mit seinen eigenen Veröffentlichungsprojekten gescheitert ist. Darüber hinaus ist sie eine Satire auf den verallgemeinerten Unsterblichkeitswunsch des Individuums unter den Bedingungen einer neuen Schrifttechnologie. Mit der durch die elektronischen Medien sprunghaft angestiegenen Speicherkapazität darf jeder hoffen, Einlaß in die grenzenlose digitale Bibliothek des world wide web zu finden. Die Bibliothek der Gnade, die auf jegliche Informationsfilter und Selektionskriterien verzichtet, spiegelt das wogende Datenmeer des Internets, das von keinem Punkt mehr zu überschauen, geschweige denn zu kontrollieren ist, das dagegen aber von jedem Punkt aus zugänglich und erweiterbar ist. Die Bibliothek der Gnade ist ein allegorisches Lehrstück, das zeigt, wie sich heute zwei Kulturen überlagern: die materiale Schriftkultur, die die Sehnsucht nach der Dauer des Geschriebenen und der Unsterblichkeit des Namens hervorgebracht hat, und die elektronische Schriftkultur, die die Sehnsucht nach grenzenloser Partizipation, virtueller Gegenwart und absoluter Verfügbarkeit hervorgebracht hat.

---

[29] Lehr, «Zweiwasser», 354.

5. Lava und Müll – Durs Grünbein

Im März 1998 erschien in der FAZ von dem Dichter Durs Grünbein ein Bericht über die Stadt Los Angeles, der mit folgenden Worten beginnt: «Los Angeles. Diese Stadt ist ein Frontalangriff auf das Gedächtnis. Ihr wucherndes Territorium, das die Urbanologen erschreckt und die Historiker zum Stottern bringt, ist ein Diagramm jener Amnesie, die am Jahrhundertende über den ganzen Globus fegt. Weniges überdauert die letzten fünf Jahre, den magischen Turnus der Investitionen und Auslöschungen. ‹History is five years old›, sagt eine kalifornische Redensart.»[30]

Die Stadt an der äußersten Westgrenze der USA, einst Symbol für Aufbruch und das Pathos unerschöpflicher Erneuerung, hat im Triumph des Neuen das Alte vergessen. Nicht zufällig, wie einem eben etwas abhanden kommt, sondern mit bekenntnishaftem Enthusiasmus. Grünbein nimmt die Metropole im Genre der Phantastik als eine Geister- und Totenstadt wahr. Anstelle der Straßenzüge und Häuserreihen sieht er einen gigantischen Friedhof mit Gräbern, Mausoleen, Grabplatten. «Denn es ist Tod, eine besonders kurzfristige, heimtückische Form der Auslöschung, die hier alles beherrscht.» An den Rändern dieser Nekropole türmt sich in Müllcontainern der verschrottete, gestern erworbene Hausrat. Zu Ablagerungen, die von späteren Archäologen entziffert werden könnten, kommt es jedoch nicht, denn Polizisten sorgen für Sauberkeit und tüten «mit weißem Handschuh ein, was an Leichenteilen und Glücksbringern herumliegt». Die Dimension zeitlicher Dauer, die Menschen in dieser Stadt verloren haben, taucht kompensatorisch an anderer Stelle wieder auf: in den Konservierungsstoffen, die den Lebensmitteln beigefügt sind, und in den toxischen Stoffen, die im Boden lagern und die Verwesungsprozesse verlangsamen.

Ein Gedicht mit dem Titel «Sunset Boulevard» ergänzt Grünbeins Prosa-Vision. «Überall Tivoli, nirgendwo Rom» heißt es darin, und: «Zum Vergessen kommt man, zum Phantasieren hierher.» Vergessen und Phantasieren, Geschichtslosigkeit und Hollywood werden in einen wechselseitigen Bedingungszusammenhang gebracht. Denn es ist für Grünbein durchaus kein Zufall, daß die «Hauptstadt des Vergessens» zugleich das Zentrum kollektiver Traumproduktion ist, in der «kalifornische Paradiesgärtner und Luftschloßbauer (...) ihr Geld mit Augentäuschung und Gemütsmassage verdienen».

Die literarische Optik des Phantastischen ist grundiert von persönlicher Bitterkeit und Melancholie. So kann nur einer sprechen, der die alte Welt nicht verlassen hat, als er auf dem LAX Airport landete. Der

---

[30] Durs Grünbein, «Aus der Hauptstadt des Vergessens. Aufzeichnungen aus einem Solarium», in: FAZ, Bilder und Zeiten vom 7.3. 1998, Nr. 56, I.

Gegensatz von U. S.-Amerika und Europa als einer ‹Kultur des Vergessens› bzw. einer ‹Kultur des Gedächtnisses› hat eine lange Geschichte, handelt es sich doch um einen Topos, der immer wieder sowohl von amerikanischer wie von europäischer Seite aus bekräftigt worden ist. Wie Grünbein seine eigene Herkunft und Position verortet, geht aus einem anderen Text hervor, der ebenfalls das Thema von Kultur, Gedächtnis, Vergessen und Abfall behandelt und in seiner Struktur ungleich komplexer angelegt ist. Es handelt sich um eine Meditation über zwei äußerst unterschiedliche Berge: den Vesuv bei Pompeji und den Müllberg von Dresden.[31] Darin stellt er eine Beziehung zwischen den beiden Bergen her, die wohl am besten mit Walter Benjamins Begriff des ‹Dialektischen Bildes› zu beschreiben ist. In Grünbeins Meditation gerät der Müllberg von Dresden nämlich zum inversen Spiegelbild des Vesuv: Während jener eine Lava ausschüttet, die die Häuser und Tempel der nahegelegenen Orte unter sich begräbt, stoßen die Häuser Dresdens Abfälle aus, die auf Lastwagen verladen an einen nahegelegenen Ort gebracht werden, der über die Jahre und Jahrzehnte zu einem hohen Berg angewachsen ist. Die Lava floß damals vom Berg in die Stadt, der Müll fließt heute von der Stadt auf den Berg. Indem Grünbein beide Vorgänge in einem dialektischen Bild übereinander blendet, stellt er einen überraschenden Zusammenhang zwischen Archiv und Müll, zwischen Verfall und Konservierung her.

Pompeji und Dresden spenden beide Bilder für das kulturelle Gedächtnis. Für die Stadt am Fuße des Vesuvs fiel die katastrophische Zerstörung mit ihrer dauerhaften Konservierung zusammen. Was in Geröll und Lava versiegelt war, fiel aus den Zyklen des Werdens und Vergehens, des Erneuerns und Verfallens heraus und nahm die Qualität der Beständigkeit an. Der gewaltsame Tod wurde so zur Voraussetzung für die Bewahrung eines Ausschnitts des Lebens dieser Stadt in einem Latenzgedächtnis, in einem Erinnerungsraum, aus dem es die Archäologie 17 Jahrhunderte später wieder befreien konnte. Dieser katastrophische Bedingungszusammenhang von Tod und Gedächtnis ist für Grünbein zugleich ein Bild für das Gedächtnis der Kunst, das quer steht zu den Konjunktur-Zyklen der Waren und den Rhythmen von Innovation und Antiquation, und das ebenfalls eher den «Wellen von Verschütten und Wiederfinden, Sedimentierung und archäologischer Grabung entspricht. In solchen Gezeiten, diskontinuierlich, verläuft die Kunstgeschichte».

Den Berg bei Dresden nennt Grünbein einen «künstlichen Vesuv», den Müll, der auf ihm endgelagert wird, «eine andere Lava». Dieser Berg

---

[31] Durs Grünbein, «Etwas wird dem Strom der Dinge entrissen», in: FAZ vom 27. Mai 1994, Nr. 121, S. 33. Ich danke Esther Sünderhauf, daß sie diesen Zeitungsartikel dem Strom der Dinge entrissen und mir zugeschickt hat.

birgt die Reste verzehrten Lebens und Relikte, die mit ihren Kontexten auch ihre Bedeutung verloren haben. Wie Oedipas Datenbank für all das Verlorene, wie Kabakows ‹atmende› Müllberge von Moskau und Kiew ist er ein Gegen-Gedächtnis für das materialisierte Vergessen, für alles Weggeworfene, Verworfene. Und noch mehr. Denn unter den Schichten Müll liegt der «Ruinenkehrricht einer untergegangenen Stadt», des alten Dresden, des barocken Pompeji, das keiner Naturkatastrophe zum Opfer gefallen, sondern im Zweiten Weltkrieg zerstört worden ist; die Trümmer der Geschichte verbinden sich mit den regelmäßigen Ausstößen der Zivilisation. Der künstliche Vesuv ist das abgelöste Gedächtnis der Städte: «Heute weiß ich, daß beinah jede größere Stadt ihren Vesuv hat. Die zeitgenössischen Vulkane sind die großen Abraumhalden (...). Von Zeit zu Zeit holen sie zum Gegenschlag aus, dann fällt ihr Ascheregen zurück auf die Siedlungen, dann speien sie Gifte und Dreck, das Grundwasser färbt sich, und die Ballaststoffe bleiben auf den Dächern liegen.»

Als Junge zog es Grünbein zum Müllberg, zur vom Fäulnisgeruch umwitterten Fundgrube des Vergessenen und Verlorenen. Den Dichter Grünbein fasziniert ebensosehr das Gegenteil von Fäulnis und Verwitterung, die konservierende Lava des Vesuvs, die bestimmten Fragmenten des Lebens eine Chance des Überlebens bietet. Die Kostbarkeit des Bewahrten bemißt sich in Pompeji wie in Dresden nach der Masse des unwiederbringlich Verlorenen, ‹letter› hebt sich hervor vor dem Hintergrund von ‹litter›. Zu seiner Poetik gehört deshalb, wie Grünbein betont,

«beides, der zivilisatorische Auswurf und jene Lava, in der die ersten Augenblicke, Dinge und Gesten, Szenen und Gedanken, konserviert sind gleich überraschten Lebewesen. Denn das Gesetz der Formerhaltung, das lange einen vulkanischen Untergrund hatte, wandelt sich in der Moderne unterm Druck der in Schüben ausgestoßenen Waren. Etwas wird dem Strom der Dinge entrissen, kühlt sich ab und wird unter Luftabschluß versiegelt. Obsolet geworden, lädt es sich mit eben der Zeit auf, die der Gegenwart, von der es sich abschied, fortwährend fehlt. Sprengt man den Einschluß auf, werden Laute zu Artefakten, Verszeilen erweisen sich als Kapseln, aus denen die Denkbilder fallen. Das wenige, worauf später die Spitzhacke stößt, der Pinsel des Ausgräbers, die Schaufel des Müllsammlers, dies ist der Stoff, aus dem die Gedichte sind.»

Boris Groys, der Kunst unter dem Gesetz der Innovation sah, siedelte sie auf der beweglichen Grenze zwischen Archiv und Müll, zwischen Bedeutungstragendem und Bedeutungslosem an. Für Grünbein dagegen, der das Neue mit dem Veralteten eng zusammensieht, besitzen Archiv und Müll, Lava und Abfall eine geheimnisvolle Affinität, die darin besteht, daß sie beide von der Gegenwart abgesprengt sind und als Latenzzeit existieren. Was aus dem Nutzungskreislauf herausgefallen ist, steht ebenso außerhalb der Gegenwart wie das, was durch das Gesetz künstlerischer Formerhaltung erhärtet und damit «dem Strom der Dinge entrissen» worden ist. Paradox mutet an Grünbeins Überblendung von Vesuv und Müllberg an, daß sich die Gegensätze von Verfall und Verfestigung berühren. Da für ihn die Zeit der Kunst nicht in einer stabilen Dauer, sondern in «Wellen von Verschütten und Wiederfinden» besteht, schließen sich Erinnern und Vergessen in diesem Denkbild des kulturellen Gedächtnisses nicht aus.

SCHLUSS:

ZUR KRISE DES KULTURELLEN GEDÄCHTNISSES

Die Gestalt und Qualität kultureller Erinnerungsräume, soviel ist nach den vorangehenden Seiten deutlich geworden, sind sowohl von politischen und sozialen Interessen als auch vom Wandel der technischen Medien bestimmt. Im ersten Teil, der den Gedächtnisfunktionen gewidmet ist, traten uns Erinnerungsräume in doppelter Gestalt entgegen: als bewohntes ‹Funktionsgedächtnis› und als unbewohntes ‹Speichergedächtnis›. Zum einen entstehen Erinnerungsräume durch jene partielle Ausleuchtung von Vergangenheit, wie sie ein Individuum oder eine Gruppe zur Konstruktion von Sinn, zur Fundierung ihrer Identität, zur Orientierung ihres Lebens, zur Motivierung ihres Handelns brauchen. Solche an einen individuellen oder kollektiven Träger gebundene Erinnerung ist grundsätzlich perspektivisch angelegt; von einer bestimmten Gegenwart aus wird ein Ausschnitt der Vergangenheit auf eine Weise beleuchtet, daß er einen Zukunftshorizont freigibt. Was zur Erinnerung ausgewählt wird, ist stets von den Rändern des Vergessens profiliert. Fokussierendes und konzentrierendes Erinnern schließt Vergessen notwendig mit ein, so wie man, um noch einmal ein Bild von Bacon zu gebrauchen, den Rest des Raumes verdunkelt, wenn man eine Kerze in die Ecke trägt.[1] Dieser ‹bewohnte› Erinnerungsraum steht quer zu jenem historischen Zeitkonzept, das die «Trennung von Vergangenheit und Zukunft» (J. Ritter), bzw. die «Kluft zwischen Erfahrungen und Erwartungen» (R. Koselleck) betont. Neben historischer Zeiterfahrung, die davon ausgeht, daß seit der Neuzeit Vergangenheit und Zukunft, Erfahrungsraum und Erwartungshorizont immer weniger miteinander zu tun haben, gibt es Erinnerungsräume, in denen sich Zukunftserwartungen keineswegs von Bildern der Vergangenheit ablösen, sondern von bestimmten Geschichtserinnerungen angestoßen und untermauert sind.

Die Möglichkeit, mehr niederzuschreiben, als das menschliche Gedächtnis behalten kann, hat zu einer Durchbrechung des Gleichgewichts im Haushalt des kulturellen Gedächtnisses geführt. Gedächtnisumfang und Erinnerungsbedarf sind auseinander getreten und lassen sich seither nicht mehr in eine einfache Gleichgewichtslage bringen, weshalb in schriftverwendenden Gesellschaften nicht mehr die Bewahrung des Ge-

---

[1] «When you carry the light into one corner, you darken the rest.» Bacon, Advancement of Learning, I, IV, 6.

dächtnisses sondern die Auswahl und Pflege des Erinnernswerten im Mittelpunkt steht. Buchdruck und neue Medien haben die Speicherkapazität der Schrift ständig erweitert und damit zugleich die Diskrepanz zwischen bewohnten und unbewohnten, verkörperten und ausgelagerten Erinnerungsräumen drastisch verschärft. Wie man dieses Verhältnis beurteilt, ist eine Frage des Temperaments: ob als eine unsichtbare und dunkle Bürde, die das Leben beschwert, oder als ein Reservoir an Möglichkeiten, Alternativen und Fremderfahrungen, die die Gegenwart in ihrem Absolutheitsanspruch relativieren. Das Funktionsgedächtnis als ein gleichmäßig ausgeleuchteter Erinnerungsraum kann die Gestalt eines Thesaurus, eines Bildungskanons, eines Pantheons annehmen. Als ein verbindlicher Gegenstand des Lernens und Deutens ist es darauf angelegt, an die nächste Generation weitergegeben zu werden; ferner wird es in einer auf Wiederholung gegründeten rituellen Kommemoration befestigt, was durch entsprechende Zeiten und Kalenderdaten abgestützt wird. Das unbewohnte Speichergedächtnis bildet dagegen einen eher unsinnlichen, in seiner Totalität unübersehbaren Erinnerungsraum, dessen Verwaltung in die Hände von Spezialisten übergegangen ist. Archive können sowohl als Funktions- wie als Speichergedächtnis organisiert sein; im einen Falle enthalten sie jene Dokumente und Beweisstücke, die die Legitimationsgrundlage bestehender Machtverhältnisse absichern, im anderen Falle bergen sie potentielle Quellen, die die Grundlage des historischen Wissens einer Kultur ausmachen. Als ein potentieller Erinnerungsraum, der sich um den engen Kreis des bewohnten Funktionsgedächtnisses legt, stellen ausgelagerte Wissensspeicher ein Reservoir möglicher noch nicht aktualisierter Erinnerungsanlässe und damit Chancen der Wiederanknüpfung bereit, die die Bilder von dem, was ebenso kurz wie bequem ‹Vergangenheit› genannt wird, immer wieder verschieben. Je nach Fragestellung kann man in diesem Wissensspeicher einen Datenfriedhof oder das Beweismaterial für eine andere Wirklichkeit sehen, die mit dem Status quo der bestehenden Verhältnisse konkurriert.

Neben dem aktiv präsentgehaltenen Funktionsgedächtnis und dem zur potentiellen Verfügung bereitgestellten Speichergedächtnis gibt es allerdings noch ein Drittes, und das ist der für die Dynamik des kulturellen Gedächtnisses so wichtige Bereich des ‹Verwahrensvergessens› (F. G. Jünger), in dem die Begriffe Erinnern und Vergessen zur Unterschiedslosigkeit nivelliert sind. Dabei handelt es sich um Spuren, Reste, Relikte, Sedimente einer vergangenen Zeit, die zwar noch da sind, aber (vorübergehend) bedeutungslos, unsichtbar geworden sind. Was im derzeit physisch oder geistig unzugänglichen Latenz-Zustand existiert, kann von einer späteren Epoche wiederentdeckt, gedeutet, imaginativ wiederbelebt werden. Nicht nur durch *Auslagerung* wie beim Speichergedächtnis, sondern auch durch die permanente *Ablagerung* von unbrauchbar Gewordenem und achtlos Aufgegebenem wird in Erinnerungsräumen jene Qualität der ‹Tiefe› erzeugt, welche nicht nur unerwartete Renaissancen und Reanimationen möglich macht, sondern auch Vorstellungen eines ‹kulturellen Unbewußten› genährt hat. Aus dieser Schichtungs-Struktur erklärt sich obendrein die Wichtigkeit des Kulturschutts und Abfalls für Geschichtswissenschaft und Kunst.

Im zweiten Teil wurde sichtbar, daß Struktur und Konsistenz kultureller Erinnerungsräume wesentlich von der Materialität ihrer Gedächtnis-Medien bestimmt sind. Schrift galt über lange Zeit als ein ‹transparentes› Medium, das vergangenen ‹Geist› raum- und zeitübergreifend verlustlos konserviert. Gegen die von Renaissance-Humanisten gerühmte Transparenz der Schrift ist im 19. und 20. Jahrhundert die Prägnanz des Bildes als kulturelles Gedächtnismedium zur Geltung gebracht worden, dem durch Qualitäten wie Verdichtung und Ambivalenz eine besondere Nähe zum Unbewußten zuerkannt worden ist. Von einer über Bilder geführten Überlieferung wird daher vermutet, daß sie anders als jene, die auf Texten fußt, durch Sprunghaftigkeit, Unkontrollierbarkeit, Affektivität und möglicherweise auch bestimmte Formen von ‹Unmittelbarkeit› gekennzeichnet sei. Im Gegensatz zu Schrift und Bild ist der menschliche Körper das Andere eines Aufzeichnungsmediums, was in den oben behandelten Beispielen zu besonderen Formen von Unzugänglichkeit (im Falle des Traumas) und Unzuverlässigkeit (im Falle ‹falscher› Erinnerungen) führt. Wiederum anders als die mobilen Übertragungsmedien Schrift und Bild zeichnet sich der Ort als Gedächtnismedium durch unverrückbare Festigkeit aus, er ist ein sinnlicher und beständiger Halt für vergängliche Erinnerungen, ein hic ohne nunc, ein hier ohne jetzt, das nichts dar- oder vorstellt, sondern die Spur eines Abwesenden mehr oder weniger emphatisch markiert.

Mit der Entwicklung von Aufzeichnungssystemen, die neben Sprache auch optische und akustische Signale kodieren, haben sich die Erinnerungsräume in ganz neue Richtungen ausgedehnt. Neben Schrift- und Bilddokumenten bergen die Archive inzwischen auch immer mehr Photographien, Tonbänder und Videoaufzeichnungen, die in der Dokumentation vergangener Wirklichkeiten ungleich differenzierter, dabei aber in ihrer Langzeitstabilität aber auch wesentlich fragiler geworden sind. Die neuen Datenträger erlauben durch immer schnellere Sortier- und Suchverfahren eine immer effizientere Verwaltung der Daten, doch geht die Haltbarkeit der Datenträger gleichzeitig dramatisch zurück. Sie haben immer kürzere Verfallszeiten und stellen die Archivare damit vor ganz neue Konservierungsprobleme. In seiner letzten Metamorphose hat sich der kulturelle Erinnerungsraum einem vollautomatischen Computer-Gehirn angeglichen, das seine Daten nach bestimmten Programmen selbständig verwaltet und erneuert. Angesichts dieser Entwicklung der Speichertechnologie erscheinen anthropomorphe Kategorien wie Erinnern und Vergessen immer mehr als unangemessen. Die ars-Seite, die technische Beherrschung der Memoria, hätte sich damit verselbständigt auf Kosten der vis-Seite der Memoria, der unkontrollierbaren psychischen Energien. Mit Anbruch des digitalen Zeitalters geht nicht nur die Epoche des Buchdrucks zu Ende, sondern die Ära des materialen Schreibens überhaupt. Nicht, daß nicht mehr gedruckt und nicht mehr geschrieben würde; diese Formen kultureller Praxis bleiben in vielen Bereichen unersetzlich. Jedoch wird an der Schwelle der neuen Medientechnologie zum erstenmal die ‹Geschichtlichkeit› der älteren Phasen sichtbar. Das gilt vor allem auch für die kulturellen Ausdeutungen, um nicht zu sagen: für die Metaphysik der Schrift. Hatte diese mit ihrer beeindruckenden Langzeitstabilität in der westlichen Kultur den Willen zur säkularen Dauer hervorgebracht, so wird dieser derzeit von der fließenden Bewegung der digitalen Datenströme in Frage gestellt. Das *Transhistorische* ist vom *Transitorischen* eingeholt worden. Die so alte wie zentrale Metaphorik von der Schrift als Spur, als Index einer verlorenen Präsenz, die zur Entzifferung ansteht, als Einschreibung im Sinne einer Gravur und dauerhaften Prägung, wird sich im Zeichen der Digitalschrift unmerklich auflösen. Diese Umorientierung weist auf einen entscheidenden ‹Konsistenzwandel› des Erinnerungsraums hin. Denn mit dem materialen Schreiben waren die Erfahrungen von Tiefe, Hintergrund, Sedimentierung und Schichtung verbunden, die sich vor allem in der Vorstellung eines Latenzgedächtnisses zwischen Absenz und Präsenz verdichtet haben. Unter elektronischen Bedingungen werden sich solche Bilder und Vorstellungen kaum noch aufrechterhalten lassen. Was hier herrscht, ist die Oberfläche, hinter der sich nichts anderes verbirgt als gerechnete Zustände und Schaltungen im Code von 1 und 0.

Vom Erinnern, das ist eine durchgehaltene These dieses Buches gewesen, ist das Vergessen nicht abzulösen, es hat notwendig an ihm teil und geht in es ein. Diese konsequente Verbindung von Erinnern und Vergessen zeigte sich am Schluß noch einmal in seiner paradoxen Form am Abfall, der von Künstlern und Schriftstellern als ein umgedrehtes Archiv thematisiert wird. Die erinnernde Hinwendung zum Abfall und Vergessen ist nicht unplausibel in einer Kultur, die seit der Neuzeit programmatisch auf Innovation gesetzt und damit die Mülleimer der Geschichte bis an den Rand gefüllt hat. Alles Geschriebene, so faßte es Emerson in einer genialen Formulierung zusammen, «stürzt in den unvermeidlichen Abgrund, den die Schöpfung des Neuen für das Veraltete öffnet». Aus diesem Abgrund des Abgestoßenen, unbrauchbar Gewordenen, Vergessenen haben Künstler neue materiale Archive gebastelt, in denen sie die Gesellschaft an ihre verdrängten traumatischen Grundlagen erinnern und dem gesellschaftlichen Prozeß des Erinnerns und Vergessens ihren künstlerischen Spiegel vorhalten.

An diese zum Teil verwirrenden Verwandlungen von Erinnern und Vergessen schließt sich eine letzte Frage an: Ist die digitale Schrift noch ein Gedächtnismedium, oder eher ein Medium des Vergessens? Und löst die digitale Schrift nicht auch das Leitbild dieses Buches, das Bild des Erinnerungsraumes gleich mit auf? «Whiles memory holds a seat / In this distracted globe», heißt es im oben zitierten Hamlet-Monolog. Diese Frage ist heute aktueller denn je: Wie lange wird das Gedächtnis noch hausen in unserer Welt der Zerstreuungen? Gegen elektronische Medien und ihre Zerstreuungspotentiale, so ist immer wieder zu lesen, kann sich kein Gedächtnis behaupten: «Die Bildkaskaden der audiovisuellen Medien erheben kaum (noch) Anspruch auf aktives Erinnern. Zur Gedächtnispolitik kommerzialisierter Kommunikation gehört es, daß die Bilder auf vergessensintensive Serialität angelegt sind, nicht auf bewertendes Erinnern. Erinnern, das einen Riß im Informationskontinuum voraussetzt, wird unwahrscheinlich und störend.»[2]

Diese Sätze lösen bei mir selbst eine Erinnerung aus, nämlich an zwei Texte, die eben diesen «Riß im Informationskontinuum, der unwahrscheinlich und störend» ist, anthropologisch ausdeuten. Der erste stammt von Herder, der den Ursprung der Sprache in der Reflexion und diese wiederum im Erinnerungsvermögen verankert hat. Diese Fähigkeit war für Herder ebenfalls unwahrscheinlich und gerade darum von anthropologischer Bedeutung. Statt vom Informationskontinuum oder vom Internet sprach Herder vom «Ozean der Empfindungen» und «dem ganzen schwebenden Traum der Bilder», gegen den der Mensch seine Erinnerungsräume aufbaut.

«Der Mensch beweiset Reflexion, wenn die Kraft seiner Seele so frei würket, daß sie in dem ganzen Ozean von Empfindungen, der sie durch alle Sinnen durchrauschet, eine Welle, wenn ich so sagen darf, absondern, sie anhalten, die Aufmerksamkeit auf sie richten, und sich bewußt sein kann, daß sie aufmerke. Er beweiset Reflexion, wenn er aus dem ganzen schwebenden Traum der Bilder, die seine Sinne vorbeistreichen, sich in ein Moment des Wachens sammeln, auf Einem Bilde freiwillig verweilen, es in helle ruhigere Obacht nehmen, und sich Merkmale absondern kann, daß dies der Gegenstand und kein andrer sei.»[3]

Für Herder ist «Besonnenheit», wie er den Oberbegriff von Erinnerung und Reflexion genannt hat, das Grundvermögen, das dem Menschen «charakteristisch eigen, und seiner Gattung wesentlich» ist und aus dem Sprache, Reflexion und Kultur gleichursprünglich hervorgehen. Besonnenheit produziert Erinnerungsräume, die dem Strom des Geschehens als Falten, Höhlen und Schichtungen entgegenstehen, und Mög-

---

[2] Siegfried J. Schmidt, Die Welten der Medien. Grundlagen und Perspektiven der Medienbeobachtung, Braunschweig/Wiesbaden 1996, 68.

[3] Johann Gottfried Herder, «Abhandlung über den Ursprung der Sprache» (1772), in: Frühe Schriften 1764–1772, hg. v. Ulrich Gaier, Bibliothek deutscher Klassiker, Frankfurt a. M. 1985, 722.

lichkeiten für Aufschub, Resonanz, Wiederholung, Wiederanknüpfung, Erneuerung bilden. Man mag einwenden, daß Besonnenheit Wahrnehmung voraussetzt und daß unsere Wahrnehmung heute in wachsendem Maße durch die Medien konditioniert wird. Deshalb ist es beruhigend zu hören, daß Erinnern möglicherweise schon immer etwas mit dem Unterbrechen von Strömen, mit dem Arretieren und Festhalten von Bildern und Zeichen zu tun gehabt hat. Herder hat mit der Tätigkeit des Anhaltens und Absonderns, des Aufmerkens, Sammelns und Verweilens die *aktive* Seite des Erinnerns beschrieben. Sollte das Vermögen zu dieser Form der Besonnenheit unter dem Einfluß der neuen Medien tatsächlich abnehmen, so ist das Ende der Erinnerung damit doch noch keineswegs besiegelt. Dafür kann man sich an Nietzsche halten, der Herders Beschreibung der Besonnenheit hundert Jahre später um die *passive* Seite des Erinnerns, um die unwillkürliche und heimsuchende Erinnerung ergänzte: «Es ist ein Wunder: der Augenblick, im Husch da, im Husch vorüber, vorher ein Nichts, nachher ein Nichts, kommt doch noch als Gespenst wieder und stört die Ruhe eines späteren Augenblicks. Fortwährend löst sich ein Blatt aus der Rolle der Zeit, fällt heraus, flattert fort – und flattert plötzlich wieder zurück, dem Menschen in den Schoss. Dann sagt der Mensch ‹ich erinnere mich› und beneidet das Thier, welches sofort vergisst.»[4] So ist das also mit der Erinnerung: Auch wenn wir sie vernachlässigen, läßt sie uns darum noch lange nicht los.

---

[4] Friedrich Nietzsche, «Vom Nutzen und Nachteil der Historie für das Leben», in: Sämtliche Werke. Band I, 248 f.

BIBLIOGRAPHISCHE NOTIZ

Die deutschen Übersetzungen fremdsprachiger Texte stammen, sofern nicht anders angegeben, von der Verfasserin. Nach folgenden Ausgaben wurde zitiert:

William Shakespeare
King Richard II, edited by Peter Ure. The Arden Edition of the Works of William Shakespeare. London, fifth edition, reprinted 1969.
King Richard III, edited by Antony Hammond. The Arden Edition of the Works of William Shakespeare. London and New York 1981.
   dt.: Richard der Dritte. Shakespeares Dramatische Werke, übersetzt von A. W. v. Schlegel und L. Tieck, hg. v. Hans Matter Bd. 8, Basel 1979.
The First Part of King Henry IV, edited by A. R. Humphreys. The Arden Edition of the Works of William Shakespeare. London and New York, reprinted 1983.
   dt.: Heinrich der Vierte, erster Teil, Shakespeares Dramatische Werke, übersetzt von A. W. v. Schlegel und L. Tieck, hg. v. Hans Matter, Bd. 9, Basel 1979.
The Second Part of King Henry I., edited by A. R. Humphreys. The Arden Edition of the Works of William Shakespeare. London 1966.
   dt.: König Heinrich der Vierte, Zweiter Teil, Shakespeares Dramatische Werke, übersetzt von A. W. v. Schlegel und L. Tieck, hg. v. Hans Matter, Bd. 9, Basel 1979.
King Henry V, edited by J. H. Walter. The Arden Edition of the Works of William Shakespeare. London and New York, reprinted 1983.
   dt.: Heinrich der Fünfte, Shakespeares Dramatische Werke, übersetzt von A. W. v. Schlegel und L. Tieck, hg. v. Hans Matter, Bd. 10, Basel 1979.
Hamlet, edited by Harold Jenkins. The Arden Edition of the Works of William Shakespeare. London and New York 1982.
The Tempest, edited by Frank Kermode. The Arden Edition of the Works of William Shakespeare. London, reprinted with corrections 1962.
   dt.: Der Sturm, Shakespeares Dramatische Werke, übersetzt von A. W. v. Schlegel und L. Tieck, hg. v. Hans Matter, Basel 1979.
As You like it, edited by Agnes Latham. The Arden Edition of the Works of William Shakespeare. London 1975.
   dt.: Wie es Euch gefällt. Shakespeares Werke, Englisch und Deutsch, Tempel Studienausgabe, übersetzt von A. W. v. Schlegel und L. Tieck, hg. v. L. L. Schücking, Berlin und Darmstadt 1970, Bd. 6.
The Poems, edited by F. T. Price. The Arden Edition of the Works of William Shakespeare. London and New York, reprinted 1961.
Shakespeare's Sonette. Englisch und Deutsch, Nachdichtung von Karl Kraus, Basel 1977.

William Wordsworth
Poetical Works, 5 vols., ed. by Ernest de Selingcourt, Oxford 1954.
The Prelude or the Growth of a Poet's Mind, ed. with introduction by Ernest Selincourt, second edition rev. by Helen Darbishire, Oxford 1959.

dt.: Präludium oder das Reifen eines Dichtergeistes, übersetzt von Hermann
Fischer, Stuttgart 1974.

Marcel Proust
Auf der Suche nach der verlorenen Zeit, übers. v. Eva Rechel-Mertens, Werkausga-
be Edition Suhrkamp, 13 Bde., Frankfurt a. M. 1964.
franz.: A la Recherche du Temps Perdu. 3 Bde., Edition Gallimard, 1954.

Friedrich Nietzsche
Sämtliche Werke. Kritische Studienausgabe in 15 Einzelbänden, herausgegeben
von Giorgio Colli und Mazzino Montinari. 2., durchgesehene Auflage Berlin/
New York 1988.

Sigmund Freud
Gesammelte Werke, chronologisch geordnet, hg. v. Anna Freud u. a., 3. Aufl., Frankfurt a. M. 1969.

REGISTER

BILDQUELLENVERZEICHNIS

Ilya Kabakov: Foto Morten Thorkildsen. Mit freundlicher Genehmigung des Museet for samtidskunst, Oslo, und des Künstlers.

Sigrid Sigurdsson: Foto Achim Kukulies, Düsseldorf. Mit freundlicher Genehmigung des Karl Ernst Osthaus-Museums Hagen.

Anselm Kiefer, Anne und Patrick Poirier, Naomi Tereza Salmon: mit freundlicher Genehmigung der Künstler.

AUS DEM
VERLAGSPROGRAMM

Aleida Assmann bei C.H.Beck

Erinnerungsräume
Formen und Wandlungen des kulturellen Gedächtnisses
2018. 424 Seiten mit 15 Abbildungen
C.H.Beck Paperback Band 6331

Der lange Schatten der Vergangenheit
Erinnerungskultur und Geschichtspolitik
3. Auflage. 2018. 320 Seiten
Broschiert

Das neue Unbehagen an der Erinnerungskultur
Eine Intervention
2. Auflage. 2016. 231 Seiten. Klappenbroschur
C.H.Beck Paperback Band 6098

Geschichte im Gedächtnis
Von der individuellen Erfahrung zur
öffentlichen Inszenierung
2. Auflage. 2014. 220 Seiten mit 11 Abbildungen
Broschiert

Verlag C.H.Beck

Jan Assmann bei C.H.Beck

Das kulturelle Gedächtnis
Schrift, Erinnerung und politische Identität
in frühen Hochkulturen
8. Auflage. 2018. 344 Seiten
C.H.Beck Paperback Band 1307

Religion und kulturelles Gedächtnis
Zehn Studien
5. Auflage. 2018. 255 Seiten
C.H.Beck Paperback Band 1375

Ma'at
Gerechtigkeit und Unsterblichkeit im Alten Ägypten
2., um ein Nachwort erweiterte Auflage. 2006
327 Seiten mit 13 Abbildungen. Paperback
Beck'sche Reihe Band 1403

Exodus
Die Revolution der Alten Welt
3., durchgesehene Auflage. 2015
493 Seiten mit 40 Abbildungen. Leinen

Verlag C.H.Beck

Geschichte bei C.H.Beck

Emmanuel Todd
Traurige Moderne
Eine Geschichte der Menschheit von der Steinzeit
bis zum Homo americanus
Aus dem Französischen von Werner Damson
und Enrico Heinemann
2018. 537 Seiten mit 15 Karten und 17 Grafiken. Gebunden

Ewald Frie
Die Geschichte der Welt
Illustriert von Sophia Martineck
4. Auflage. 2018. 464 Seiten mit zahlreichen Abbildungen
und 28 Karten. Gebunden

Bernd Roeck
Der Morgen der Welt
Geschichte der Renaissance
Historische Bibliothek der Gerda Henkel Stiftung
4. Auflage. 2018. 1304 Seiten mit 115 Abbildungen,
davon 32 in Farbe. Leinen

Karl Schlögel
Das sowjetische Jahrhundert
Archäologie einer untergegangenen Welt
Edition der Carl Friedrich von Siemens Stiftung
4., durchgesehene Auflage. 2018
912 Seiten mit 86 Abbildungen. Gebunden

Verlag C.H.Beck